Formação Humanística e Noções Gerais de Direito

Coleção
Sinopses
para
Concursos
59

Coordenação
Leonardo Garcia

Lucas Appel Mazo
Maurício da Cruz Rossato
Eliana Endres Viero

Formação Humanística e Noções Gerais de Direito

5ª
Edição
Revista,
atualizada
e ampliada

2025

EDITORA *Jus*PODIVM
www.editorajuspodivm.com.br

EDITORA *Jus*PODIVM
www.editorajuspodivm.com.br

Rua Canuto Saraiva, 131 – Mooca – CEP: 03113-010 – São Paulo – São Paulo
Tel: (11) 3582.5757
• Contato: https://www.editorajuspodivm.com.br/central-de-relacionamento

Diagramação: Equipe *Jus*PODIVM

Capa: Ana Caquetti

M476s Mazo, Lucas Appel

Sinopses para Concursos – v.59 – Formação Humanística e Noções Gerais de Direito / Lucas Appel Mazo, Maurício da Cruz Rossato e Eliana Endres Viero – 5.ed., rev., atual. e ampl. – São Paulo: Editora JusPodivm, 2025.

580 p.

ISBN: 978-85-442-5689-3.

1. Concursos. 2. Filosofia. 3. Formação Humanística. I. Mazo, Lucas Appel. II. Rossato, Maurício da Cruz. III. Viero, Eliana Endres. IV. Título.

CDD 340.1

Bibliotecária responsável

Ana Carolina Ribeiro Mois – CRB7 – RJ 007348/0

5.ª ed., *2.ª tir.:* jun./2025.

Apresentação

NÃO DEIXE DE LER!

Onde está a sociedade, está o Direito.

A frase de Ulpiano (150 - 223 d.C), que inaugura esta apresentação, não foi aqui inserida com intuito meramente ilustrativo ou decorativo. Ela representa, em poucas palavras, a importância do estudo da formação humanística e das noções gerais do direito por quem pretende ser verdadeiro protagonista em carreiras jurídicas.

Veja, prezado leitor, que o termo "sociedade" é exposto na frase em momento anterior ao termo "Direito". É sobre isso, em resumo, que trata a formação humanística.

A partir do século XX, a ciência jurídica passou a ser concebida como uma ciência dogmática, ou seja, as atenções dos estudiosos da área voltaram-se quase exclusivamente para a análise do direito positivo (aquele exposto em normas positivadas), sistematizando e classificando informações para propor decisões a possíveis conflitos.

Há, todavia, um equívoco elementar nessa dedicação exclusiva. Muitos juristas, dotados tão somente de conhecimento dogmático, viram-se em estado de alienação quando, ao se depararem com determinado caso, conheciam a resposta **"legal"**, mas não encontravam a resposta **"justa"**.

Assim, por não serem capazes de visualizar o Direito como um instrumento de pacificação social, de alteração de paradigmas e de prática virtuosa a favor do ser humano, tiveram de voltar seus olhos àquilo que é anterior ao Direito, e, assim, retornaram ao **estudo** da **formação da sociedade**, da **construção do pensamento ocidental** e da **mente humana**.

Nessa jornada, os estudiosos do Direito retomaram as reflexões sobre a antropologia, a sociologia, a psicologia e os diversos pensamentos filosóficos que, dialogando no decorrer da história, fundaram as bases do Direito então positivado e por eles tão conhecido (muito embora esse conhecimento fosse apenas "textual", como mencionado acima).

Assim, tornando-se detentores dessas lições básicas, os cientistas jurídicos habilitaram-se a avaliar mais adequadamente o ordenamento em si e o seu objetivo primordial: **fazer justiça**.

A **formação humanística** adequada é **pressuposto** para a formação de um jurista completo (no sentido de completude de formação acadêmica), pois somente com ela é possível visualizar um profissional que, conhecendo o passado, aplica o Direito no presente com olhos à edificação de um futuro melhor.

O livro "Formação Humanística e Noções Gerais de Direito", da coleção Sinopses para Concursos, da Editora Juspodivm, tem a **intenção** de se tornar um **guia seguro** para aqueles que se dispõem a estudar esses temas **para concursos** da magistratura estadual, federal e do trabalho (balizados pela Resolução nº 75/2009 do CNJ), bem como para provas de ingresso em outras carreiras que, com razão, passaram a exigir esses conhecimentos em seus processos seletivos.

A intenção da obra – ser um guia da matéria para concursos – guarda vinculação direta com a **escolha**, **organização** e **profundidade** dos temas abordados no livro, que foram estudados, compilados e filtrados considerando **aquilo que efetivamente é cobrado** do candidato em provas.

Portanto, não há espaço nessas páginas para divagações impertinentes, discussões protelatórias e inserção de opiniões pessoais ou de temas de interesse individual. Este **livro não é direcionado** para pesquisadores acadêmicos de **mestrado ou doutorado**, e também não tem a intenção de se tornar uma obra doutrinária. Aqui, da forma mais clara possível, tem-se a missão de ajudar **aqueles que estudam para concursos públicos.**

Da mesma forma, este livro não tem a intenção de exaurir pontos teóricos de grande complexidade em disciplinas como filosofia, psicologia e sociologia, até porque essas matérias são objeto de profundo estudo em seus cursos próprios. Na elaboração desta obra, sempre que se deparou com a necessidade de escolha entre *exatidão acadêmica vs. compreensão do leitor*, esta última foi prestigiada.

O **foco,** portanto, resume-se a mostrar:

(i) o que é cobrado em provas de concurso;

(ii) como esses assuntos são exigidos;

(iii) de que forma as respostas a esses questionamentos devem ser apresentadas em prova.

Justamente por ter um objetivo definido (porém audacioso), a proposta de escrita apresentada é diferente daquela existente em obras correlatas. Aqui, o candidato será inserido no **período histórico** que contempla cada pensamento filosófico e sociológico exposto no corpo dos capítulos, evitando-se que a leitura seja desinteressante e desconexa a outros temas propostos nos editais de concursos. Em alguns momentos, até mesmo curiosidades históricas e fatos pitorescos são mencionados para facilitar a memorização da informação fornecida.

Ademais, cada capítulo apresenta um ponto inaugural denominado **"organização do estudo"**, no qual são demonstradas a ordem de tratamento dos assuntos, a importância da atenção redobrada em determinadas abordagens e a necessidade, ou não, de realização de leituras complementares sobre temas específicos.

Como se verá, **as questões de prova** não estão inseridas no final do livro ou de cada capítulo, mas **imediatamente após a abordagem do tema**, tendo como **objetivo comprovar que o ponto cobrado é explicado no livro**, reforçando que a obra aborda aquilo que normalmente é exigido em provas.

Espera-se, sinceramente, que esse esforço na compilação de informações de áreas diversas como história, filosofia e Direito propicie uma experiência agradável e um estudo proveitoso a quem aceitou receber essa ajuda em sua jornada de aprimoramento intelectual e preparação para provas de concursos.

Tenha uma boa leitura e lembre-se: *à medida que o Direito se abre para o humano, ele se abre, na verdade, para o mundo.*

Coleção Sinopses para Concursos

A *Coleção Sinopses para Concursos* tem por finalidade a preparação para concursos públicos de modo prático, sistematizado e objetivo.

Foram separadas as principais matérias constantes nos editais e chamados professores especializados em preparação de concursos a fim de elaborarem, de forma didática, o material necessário para a aprovação em concursos.

Diferentemente de outras sinopses/resumos, preocupamo-nos em apresentar ao leitor o entendimento do STF e do STJ sobre os principais pontos, além de abordar temas tratados em manuais e livros mais densos. Assim, ao mesmo tempo em que o leitor encontrará um livro sistematizado e objetivo, também terá acesso a temas atuais e entendimentos jurisprudenciais.

Dentro da metodologia que entendemos ser a mais apropriada para a preparação nas provas, demos destaques (em outra cor) às palavras-chaves, de modo a facilitar não somente a visualização, mas, sobretudo, a compreensão do que é mais importante dentro de cada matéria.

Quadros sinóticos, tabelas comparativas, esquemas e gráficos são uma constante da coleção, aumentando a compreensão e a memorização do leitor.

Contemplamos também questões das principais organizadoras de concursos do país, como forma de mostrar ao leitor como o assunto foi cobrado em provas. Atualmente, essa "casadinha" é fundamental: conhecimento sistematizado da matéria e como foi a sua abordagem nos concursos.

Esperamos que goste de mais esta inovação que a Editora Juspodivm apresenta.

Nosso objetivo é sempre o mesmo: otimizar o estudo para que você consiga a aprovação desejada.

Bons estudos!

Leonardo Garcia

Instagram: @professorleonardogarcia

Guia de leitura da Coleção

A Coleção foi elaborada com a metodologia que entendemos ser a mais apropriada para a preparação de concursos.

Neste contexto, a Coleção contempla:

- **DOUTRINA OTIMIZADA PARA CONCURSOS**

Além de cada autor abordar, de maneira sistematizada, os assuntos triviais sobre cada matéria, são contemplados temas atuais, de suma importância para uma boa preparação para as provas.

> Muitos dos conceitos do nosso Direito Administrativo foram concebidos ainda no período do **Estado Liberal**. Outra parte desse ramo jurídico foi concebida durante o **Estado Social**. A concepção democrática, hoje pretendida, exige a acomodação dos conceitos e normas tradicionais ao novo paradigma constitucional (**Estado Democrático de Direito**), impondo uma "outra qualidade de Estado".
>
> Perceber essa mutação no direito administrativo é um diferencial que auxilia no estudo da matéria e no desenvolvimento do jurista, sendo importante para a compreensão de algumas questões objetivas, além de essencial para questões suscitadas em provas subjetivas e orais, pelas melhores bancas.

- **ENTENDIMENTOS DO STF E STJ SOBRE OS PRINCIPAIS PONTOS**

> Segundo precedente do STF, é compatível com o princípio da impessoalidade, dispositivo de Constituição Estadual que vede ao Estado e aos Municípios atribuir nome de pessoa viva a avenida, praça, rua, logradouro, ponte, reservatório de água, viaduto, praça de esporte, biblioteca, hospital, maternidade, edifício público, auditórios, cidades e salas de aula (STF, ADI 307/CE, rel. Min. Eros Grau, 13.2.2008).

• QUADROS, TABELAS COMPARATIVAS, ESQUEMAS E DESENHOS

Com esta técnica, o leitor sintetiza e memoriza mais facilmente os principais assuntos tratados no livro.

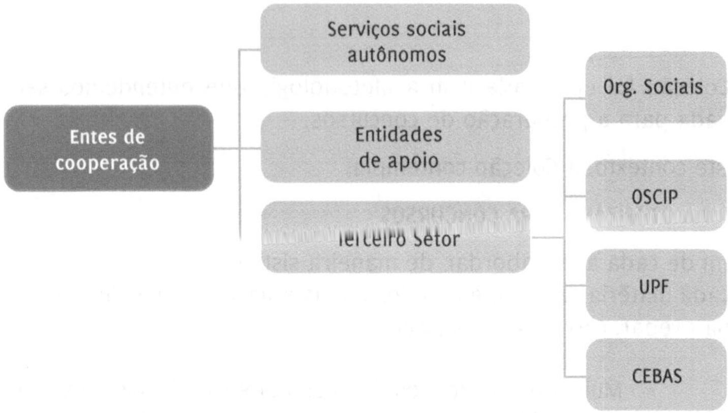

• QUESTÕES DE CONCURSOS NO DECORRER DO TEXTO

Por meio da seção *"Como esse assunto foi cobrado em concurso?"* é apresentado ao leitor como as principais organizadoras de concurso do país cobram o assunto nas provas.

Sumário

CAPÍTULO I

Teoria Geral do Direito e da Política

1. ORGANIZAÇÃO DO ESTUDO

Eu sei
Já faz tanto tempo
Que a gente volta aos princípios
Tentando acertar o passo
Usando mil artifícios
Mas sempre alguém tenta um salto
E a gente é que paga por isso

(Lobão, Revanche. 1986)

O estudo da Teoria Geral do Direito nos faz retornar aos primeiros semestres da graduação em Ciências Jurídicas e Sociais. Naquele momento, muitas vezes embebidos pela empolgação juvenil ou apressados pelo interesse dogmático puro, não damos a devida atenção a ensinamentos basilares que, se bem compreendidos, poderiam ser utilizados como bússolas seguras nos estudos subsequentes.

O retorno ao estudo das bases do conhecimento jurídico é, da mesma forma, jornada muito interessante de se fazer após o término da graduação. Seguramente, depois de conhecido o ordenamento, o jurista pode visualizar com maior clareza alguns institutos que, no início do aprendizado acadêmico, pareciam distantes ou causadores de dúvidas teóricas.

No estudo para concursos públicos, a objetividade da abordagem em livros ganha protagonismo, a fim de que os pontos efetivamente cobrados em prova sejam retomados com segurança e sem exageros desmedidos. Afinal, tal como ocorre em diversas áreas jurídicas, a Teoria Geral do Direito e da Política poderia fazer o candidato perder-se em centenas de livros com grande complexidade técnica, armadilha que deve ser evitada para aqueles que se dedicam aos concursos.

Pelo texto da Resolução 75/2009 do CNJ, que disciplina o conteúdo programático da maioria dos concursos da carreira da magistratura no Brasil e serve de guia à elaboração dos editais das demais carreiras que cobram formação humanística em provas, os temas que podem ser cobrados neste ponto são:

TEORIA GERAL DO DIREITO E DA POLÍTICA
1 – Direito objetivo e direito subjetivo.
2 – Fontes do Direito objetivo. Princípios gerais de Direito. Jurisprudência. Súmula vinculante.
3 – Eficácia da lei no tempo. Conflito de normas jurídicas no tempo e o Direito brasileiro: Direito Penal, Direito Civil, Direito Constitucional e Direito do Trabalho.
4 – O conceito de Política. Política e Direito.
5 – Ideologias.
6 – A Declaração Universal dos Direitos do Homem (ONU).

A tabela acima será o **mapa** de uma jornada de estudos que, juntos, passaremos a enfrentar. Sempre que houver dúvidas, volte a ela e organize seus pensamentos, reflexões e metas.

Alguns dos itens inseridos no "mapa" acima apresentam interligações diretas com outros pontos de disciplinas específicas dos concursos, a exemplo da Lei de Introdução às Normas do Direito Brasileiro, a Teoria da Norma em Direito Penal, Poder Constituinte e Controle de Constitucionalidade em Direito Constitucional. Por isso, o estudo contribuirá também para a revisão desses assuntos pelo leitor.

Por fim, cabe salientar que o candidato deve analisar se o edital do concurso pretendido prevê outros pontos de exigência na disciplina (*o edital é a lei do concurso!*), eis que, conforme delimitado na apresentação desta obra, o referencial aqui seguido é o da Resolução 75/2009 do CNJ, com ampliações inseridas a partir da constatação da existência de questões de concursos sobre outros pontos da disciplina analisada.

Não é demais lembrar que, no mundo dos concursos, **estudo eficiente** é sinônimo de **estudo organizado.** Entretanto, não confunda organização prévia com estagnação. Na essência, é estudando que se aprende a estudar.

Como dizia Antônio Machado: "*Caminhante, não há caminho / Faz-se o caminho ao andar.*".

2. PONTOS DE DESTAQUE

Analisando as questões de Teoria Geral do Direito e da Política em concursos, pode-se dizer que os pontos de maior cobrança são:

- ➔ Eficácia da lei no tempo
- ➔ Fontes do Direito. Costumes e jurisprudência
- ➔ Direitos Humanos

Cabe uma **ressalva de atenção** para o novo título inserido na disciplina pela Resolução 423/2021 do CNJ que, alterando a Resolução 75, acrescentou o tema "Agenda 2030 e os 17 Objetivos do Desenvolvimento Sustentável". Por ser inovação, há boa tendência de ser cobrado em provas.

3. INTRODUÇÃO

A visão do Direito como instrumento de disciplina social remonta aos primórdios dos agrupamentos humanos. Cansados de viver dotados de uma liberdade irrestrita que não podia ser gozada em sua plenitude, pois limitada pela ameaça iminente de predadores naturais, nossos ancestrais passaram a formar grupos (hordas) a fim de se proteger dessas ameaças, encontrando no agrupamento (sociabilidade) um modo de usufruir de sua liberdade de maneira mais segura.

Esse instinto protetivo que justificou o agrupamento inicial logo culminou na percepção humana de que a convivência social fazia bem, pois viabilizava novas conexões humanas, conferia facilidades aos membros do grupo pela divisão do trabalho, permitia compartilhar prazeres em atividades cotidianas e facilitava a reprodução da espécie.

Essa noção de que a sociabilidade é inerente à raça humana fez pensadores elevarem-na à condição de uma de nossas mais importantes características. John Donne (1572-1631) já dizia que

> Nenhum homem é uma ilha
> Isolado em si mesmo.
> Todos são pedras do continente,
> Uma parte de um todo.
> Se um torrão de terra o mar arrasta,
> A Europa diminui.
> Como se fosse um promontório.
> Como se fosse sua própria casa.
> Ou a de seu amigo.

A morte de qualquer homem me diminui.
Pois pertenço à humanidade.
Por isso, não me perguntes
Por quem os sinos dobram,
Eles dobram por ti.

O poeta John Donne (1572 - 1631), clérigo da Igreja Anglicana, escreveu essas frases enquanto estava internado em seu leito de morte. Do local, Donne podia ouvir os sinos da igreja que anunciavam a morte de alguém da localidade. As pessoas perguntavam *"por quem os sinos dobram?"* (ou seja, quem morreu?), ao que Donne refletia não importar quem tinha morrido pois, ao fim e ao cabo, todo ser humano que morre leva consigo um pouco dos demais.

Por mais natural que essa sociabilidade possa ser (ou parecer ser), o homem passou a perceber que a ameaça às suas liberdades poderia advir não apenas de elementos externos ao grupo (como animais, forças da natureza ou outras hordas de humanos), mas também ser resultado do mau comportamento de algum membro do próprio grupo, demandando-se daí a criação de um **sistema de regras** internas para regular as relações daquela formação humana coletiva.

Essas regras, em um primeiro momento, tiveram fundamento e justificativa em **preceitos sagrados** aceitos por aquela coletividade, ou ainda nos **costumes** daquele determinado grupo. Essa organização abstrata foi o nascedouro dos primeiros Estados, aqui considerados como criações humanas dotadas das noções de coletividade e abstração.

A criação do **Direito** como **sistema de regras** vigentes em determinado Estado está, portanto, umbilicalmente ligada à formação das sociedades humanas, confirmando-se o brocardo *"onde está a sociedade, está o Direito"*, bem como a noção de que ele é um verdadeiro fato ou fenômeno social.

O autor José Roberto de Castro Neves (2020, p.19), no espetacular livro "O Espelho Infiel - Uma História Humana da Arte e do Direito", faz um ótimo paralelo sobre a importância da arte e do direito também como elementos que nos diferenciam das outras espécies de animais, e que se revelam em seguros pergaminhos que relatam a nossa história:

> Tanto a arte quanto o direito existem em nossa sociedade porque não são apenas necessários, mas contemplam nossa humanidade.
>
> A partir disso, ao longo da nossa caminhada na história, a arte e o direito possivelmente funcionam como as mais fortes testemunhas do desenvolvimento da humanidade. Trata-se de uma vitrine de como andam os valores morais de um tempo. Caso se queira compreender as formas que movimentam o mundo, mirem-se o direito e a arte.

O estudo da teoria geral do Direito tem como premissa a noção de que ele (Direito) seja um **conjunto de regras** que garante a viabilidade da **convivência social**, estabelecendo **limites** à ação dos membros de um grupo em determinado espaço e tempo.

Em outras palavras, o Direito está ligado à exigência que os membros do grupo fazem por uma convivência ordenada, sendo instrumento comunitário para atingimento dessa finalidade.

Como dito, na formação das **sociedades primitivas**, as regras sociais ainda eram vinculadas aos **costumes** e à ideia de **ordem divina**. Entretanto, com o passar dos séculos, o Direito assumiu posição de instrumento protagonista de ordenação social, passando a ser fundamentado em premissas **lógicas** e de **racionalidade** humana. A conscientização do Direito foi, nas palavras de Miguel Reale, a semente da Ciência do Direito.

A Teoria Geral do Direito, assim, representa a parte geral comum a todas as expressões de conhecimento do Direito, e dela desdobram-se interessantes abordagens teóricas que até hoje funcionam como bases para o conhecimento jurídico e, por consequência, para formação dos Estados.

A evolução da abordagem técnica fez nascer uma primeira diferença que, como se verá, explica que a palavra "direito" pode guardar relação conceitual com o sujeito protegido pelo sistema ou com o próprio sistema que protege este sujeito, seja criando (positivismo) ou reconhecendo direitos (jusnaturalismo). Fala-se, então na diferença entre direito objetivo e subjetivo.

4. DIREITO OBJETIVO E DIREITO SUBJETIVO

A classificação dicotômica ora sugerida pode ser vista por alguns como desnecessária e desimportante para provas de concursos públicos. Entretanto, é justamente em situações de maior amplitude de questionamento e em momentos de extrema tensão que elas são cobradas.

> **Dica:** Não é raro, por assim dizer, vermos examinadores de provas orais iniciarem a arguição dos candidatos com perguntas supostamente simples como essa: *"quais as diferenças entre direito objetivo e subjetivo?"*. A simplicidade do tema inicialmente imaginada cai por terra nesses momentos.
>
> É imperioso, então, trabalhar essa abordagem teórica com a seriedade que ela exige, viabilizando-se a obtenção de subsídios para formulação de raciocínios jurídicos completos e suficientes para as mais variadas profundidades de exigência em todas etapas de concursos. Fique atento!

Na língua portuguesa, a palavra "direito" ganha diversas acepções, o que exige sua complementação ou classificação para a adequada compreensão de institutos muito diversos na essência (direito objetivo, subjetivo, natural, adquirido, etc.).

Isso não acontece, por exemplo, na língua inglesa, que se utiliza do vocábulo *law* para se referir ao direito objetivo e o vocábulo *right* para se referir ao direito subjetivo.

4.1. Direito objetivo

Dentro da proposta de classificação e diferenciação entre direito objetivo e subjetivo, conceitua-se, de forma simplificada, que o direito **objetivo** é sinônimo de **norma,** ou seja, é a **ordem jurídica posta** de onde se extraem as normas em si consideradas, que englobam tanto as regras quanto os princípios.

Em uma definição dotada de maior rigor técnico, fala-se que o direito objetivo representa o **conjunto de normas vigentes** em um determinado espaço e tempo e que tem o objetivo de regular as relações humanas mediante comandos impostos a todos pelo Estado.

Em seu consagrado livro Lições Preliminares de Direito, Miguel Reale (2006, pg. 186) menciona que é no direito objetivo que se desenvolvem as fontes de direito, assim compreendidas como:

> normas e "situações normadas", por serem estruturas objetivas, que ou disciplinam classes de comportamentos possíveis, ou instituem entidades e ordens de competência; e, concomitantemente, determinam ou possibilitam situações subjetivas constituídas sob a garantia daquelas estruturas.

O direito objetivo é, portanto, uma entidade objetiva frente aos sujeitos de direitos, ou ainda, verdadeira dimensão do direito enquanto dado cultural objetivo, sendo representado pelo **conjunto de normas que o Estado mantém em vigor**. Fala-se, nesse ponto, que o direito objetivo é sinônimo de direito como *norma agendi*.

As normas que compõem o direito objetivo não são, todavia, simples enunciados desprovidos de valor e/ou meras formas lógicas vazias. O legislador, quando da elaboração desses modelos jurídicos, antevê fatos sociais e norteia o modo dos acontecimentos, em verdadeira hipótese de aplicação da nominada função pedagógica da lei, como classificou Montesquieu.

O Direito, ao tempo em que reconhece e se adapta às mudanças sociais, legitimando-se quando responde aos anseios da comunidade, também estabelece balizas para as evoluções sociais futuras.

Em subdivisão amplamente difundida pela doutrina, fala-se que **o direito objetivo** tem fontes materiais e formais:

a) **Materiais:** são as fontes relacionadas com os **fatores sociais** que criam o direito, originando os dispositivos válidos. São, enfim, as **razões fáticas da existência de alguma norma**, sendo sua busca mais filosófica do que propriamente jurídica, eis que guardam relação com elementos econômicos, ideológicos e políticos que permeiam determinada realidade social, interferindo na produção jurídica.

b) **Formais:** são as fontes que representam **o modo como o direito se articula (comunica-se ou manifesta-se) com os seus destinatários** dentro de um espaço e tempo. São apontadas como fontes formais pela doutrina: a **lei**, o **costume**, a **jurisprudência**, os **princípios gerais do direito** etc. Essas fontes passaram por importante releitura no movimento conhecido como neoconstitucionalismo, tema que será trabalhado à exaustão em tópico posterior.

4.2. Direito subjetivo

Enquanto a conceituação de direito objetivo parece estar consolidada na doutrina, o mesmo não ocorre com a conceituação de direito subjetivo.

Para vários autores, o direito **subjetivo** guarda referência com uma **faculdade** incorporada à esfera jurídica do sujeito em decorrência de previsão existente no direito objetivo. Essa definição é a **majoritária** dentre os juristas.

De modo mais simples, o direito subjetivo seria a possibilidade de exercício do direito previsto na norma (direito objetivo).

Pelo exercício desse direito, o sujeito pode realizar uma conduta comissiva (ação), omissiva (omissão) ou exigi-la de outro sujeito. Essa era a posição, por exemplo de Pontes de Miranda, que colocava o direito objetivo sempre como anterior ao direito subjetivo.

> **Exemplo:** José é proprietário registral de um bem imóvel. Por norma disposta no direito objetivo, pode-se considerar dono do objeto e, assim, tem o direito subjetivo (faculdade) de renunciar ou dispor desta propriedade quando bem entender.

Para outros autores, a exemplo de Vicente Rao, o direito subjetivo é anterior e superior ao objetivo, oferecendo como exemplos desse posicionamento a existência de direitos naturais, que seriam existentes inclusive na ausência de norma objetiva que os dispusesse.

A partir do século XIX, diversas **teorias** passaram a tentar explicar o direito subjetivo. Vamos a elas:

a) **Teoria individualista:** Tem seu auge no Século XVIII, com **Locke e Rousseau** guardando aproximada vinculação com as lições de direito natural, e com a exaltação destes após a Revolução Francesa, essa teoria aponta que o direito objetivo existe apenas a título derivado e só tem valor quando assegura direitos subjetivos do homem que, como dito, lhe são anteriores. Ou seja, o fato de ser pessoa, por si só, basta para que o homem tenha direitos, esse direito surge antes da sociedade, assim, o direito objetivo existe unicamente para garanti-los.

b) **Teoria da vontade:** com expoente em Windscheid, afirma que o direito subjetivo tem na vontade do sujeito seu elemento central, conferindo protagonismo ao que então denomina **poder de vontade**. O direito subjetivo seria, então, o *domínio da vontade livre do homem que é, pelo ordenamento jurídico, protegido e conferido*. Essa teoria, todavia, não explica o reconhecimento de direitos subjetivos para incapazes ou até mesmo nascituros, frente aos quais não existe (sobretudo nos últimos) qualquer poder ou domínio de vontade legitimamente manifestável.

c) **Teoria da garantia:** aponta como direito subjetivo a garantia entregue pelo direito objetivo que pode ser invocada quando houver violação a normas jurídicas definidoras de direitos. É criticada porque deixa o direito subjetivo subordinado ao objetivo.

d) **Teoria do interesse:** capitaneada por Ihering e percebendo que a teoria da vontade não vencia o desafio do questionamento sobre incapazes, essa teoria defende que o direito subjetivo seria composto pelo interesse juridicamente protegido, substituindo o termo vontade da concepção teórica. A teoria não explica alguns ramos do direito, a exemplo da esfera penal, onde não existe um conflito de interesses entre acusado e a sociedade.

e) **Teoria mista:** Do confronto entre as teorias da vontade e do interesse, autores como Jellinek, Saleilles e Michoud passaram a defender a chamada **teoria mista**, que aponta que o direito subjetivo se apresenta pela *união de vontade e interesse jurídico, ou como o interesse protegido que a vontade tem o poder de realizar*. Seria, portanto, uma vontade qualificada. Trata-se, basicamente, de um mescla das duas teorias anteriores que, no entanto, não supera as críticas feitas a cada uma delas isoladamente.

> **▸ Como esse assunto foi cobrado em concurso?**
>
> **(CESPE / CEBRASPE – 2014 – MPE-AC – Defensor Público)** No que se refere às vertentes teóricas acerca da natureza jurídica do direito subjetivo, (...)
>
> Segundo a teoria da garantia, o direito subjetivo constitui interesse tutelado pela ordem jurídica mediante o reconhecimento da vontade individual, o que pressupõe um direito subsistente na volição.
>
> *Gabarito: errada.*

O jurista Miguel Reale, por sua vez, manifesta ser inconcebível o direito subjetivo de forma anterior ou independente da regra jurídica, devendo o direito subjetivo e o objetivo serem vistos como concomitantes e complementares.

> **Como esse assunto foi cobrado em concurso?**
>
> **(CESPE – 2017 – TJPR – Juiz de Direito – Prova Dissertativa)** O direito objetivo contempla o direito subjetivo? Fundamente.
>
> **Espelho de gabarito fornecido pela Banca:** – Resposta: 1. RESPOSTA Sim. Direito objetivo como conjunto de normas impostas e direito subjetivo como a permissão de agir conforme o direito objetivo. Um não pode existir sem o outro. O direito objetivo existe em razão do direito subjetivo, para revelar a permissão de praticar atos. O direito subjetivo constitui-se das permissões dadas pelo direito objetivo. Teoria circular. 2. IDEIA CENTRAL DO CONCEITO Direito objetivo é o complexo de normas jurídicas que regem o comportamento humano, as relações entre as pessoas e entre elas e o Estado. Direito posto. É a norma de agir (norma agendi), abrange o direito existente e concretizado em forma de leis. Compreende a série de direitos existentes e implantados. Conjunto de normas que a todos se dirige e a todos vincula. Direito subjetivo refere-se à posição do sujeito frente ao Direito Objetivo. Facultas agendi. É o poder que a ordem jurídica confere a alguém de agir e de exigir de outrem determinado comportamento. Permissão dada por meio da ordem jurídica para um sujeito fazer ou deixar de fazer alguma coisa. Direito de forma concreta 3. ELEMENTOS DE DEFINIÇÃO Direito Objetivo: norma, norma agendi, direito existente e concretizado em normas ou leis, direito implantado, regulamentação da conduta humana, conjunto de regras que rege os mais variados setores da vida, previsão abstrata, erga omnes. Direito Subjetivo: invocação da norma, facultas agendi, prerrogativa do sujeito frente à norma, poder de exigir que vigore a norma; permissão dada por meio da norma jurídica para fazer ou não algo; previsão concreta. Classificação de direito subjetivo comum da existência (permissão de fazer ou não fazer, de ter o u não ter – sem violação de preceito normativo) e direito subjetivo de defender (autorização de assegurar o uso do direito subjetivo, de modo que o lesado pela violação da norma está autorizado a opor resistência, a fazer cessar o ilícito, reclamar a reparação do dano e processar os violadores da norma, com imposição de sanção ou pena). 4. ABORDAGEM TEÓRICA Dentro do direito subjetivo, são apontamentos teóricos pertinentes: · Hans Kelsen (citado por T- nega a existência autônoma do direto subjetivo. Estabelece que o direito deve ser visto como um sistema de normas e o direito subjetivo nada mais é do que o reflexo de um dever jurídico, que existe por parte dos outros em relação ao indivíduo de que se diz ter um direito subjetivo. Como o dever jurídico é a própria norma, o direito subjetivo é o fenômeno normativo

> colocado à disposição do sujeito. Três teorias que procuram definir a natureza do direito subjetivo: 1) TEORIA DA VONTADE de Savigny e Windscheid – direito subjetivo é o poder da vontade reconhecido pela ordem jurídica (críticas – há direitos sem vontade do titular; há casos em que há uma vontade real, porém o que o ordenamento jurídico protege não é a vontade do titulas, mas sim seu direito; o direito pode existir sem a vontade. 2) TEORIA DO INTERESSE de Ihering – direito subjetivo é o interesse juridicamente protegido (críticas: há interesses protegidos que não se confundem com direitos subjetivos; direitos subjetivos onde não existe interesse por parte do titular; confunde o interesse seria o objeto que interessa, o que não tem sentido. 3) TEORIA MISTA de Jellinek, Saleilles e Michoud – direito subjetivo seria o poder da vontade reconhecido e protegido pela ordem jurídica, tendo por objeto um bem ou interesse. Críticas: mesma acima. Direito não é objeto.

Inobstante as discussões doutrinárias, consolidou-se o entendimento de que o direito subjetivo tem em sua estrutura os seguintes **elementos**:

(i) sujeito de direito

(ii) conteúdo do direito

(iii) objeto do direito

(iv) proteção do direito

4.2.1. *Direitos subjetivos absolutos e relativos*

Os direitos subjetivos absolutos são aqueles que possuem eficácia *erga omnes*, ou seja, são exercidos contra uma coletividade indeterminada. A doutrina oferece como exemplo a propriedade de bem imóvel devidamente registrada.

Já os direitos subjetivos relativos apresentam eficácia *interpartes*, ou seja, são aqueles exercidos contra um sujeito passivo determinado. Ex: direito de crédito a uma prestação obrigacional.

4.3. Teorias negacionistas

O doutrinador **Leon Duguit** posicionou-se contra a bipartição proposta entre direito objetivo e subjetivo, argumentando que apenas existe o direito objetivo.

Substituindo o conceito de direito subjetivo pelo de situação jurídica subjetiva, Duguit defende que o indivíduo em si não tem poder de comando sobre outro, algo que apenas o direito objetivo detém. Logo, quando o direito objetivo é aplicado a um caso, o que se tem não é a criação de um direito subjetivo, mas apenas de uma **situação jurídica subjetiva**.

Para **Hans Kelsen**, o direito objetivo impõe uma regra de conduta para a coletividade, e o descumprimento dessa regra viabiliza a imposição de **sanções** estatais ao descumpridor da ordem de conduta.

Para o autor, quando alguém, individualmente, reclama atitude estatal para garantia de determinado direito ou correção de uma injustiça, não o faz em nome próprio (como detentor de direito subjetivo a alcançar tal providência), mas tão somente como comunicador da violação de deveres do outro que será, então, corrigida pelo Estado.

Essa visão, de certo modo, se aproxima da teoria da garantia

4.4. Conclusões

Como visto, pode-se dizer que o direito subjetivo é o poder de agir do indivíduo, concedido e tutelado pelo ordenamento, a fim de que possa satisfazer um interesse próprio, pretendendo de outra pessoa um determinado comportamento.

Em outras palavras, é a possibilidade que a norma dá a um indivíduo de exercer determinada conduta descrita na lei, observada do ponto de vista do titular do direito.

Ademais, como bem esquematiza Caio Mário, se o comportamento esperado é dirigido a uma pessoa certa e determinada, fala-se que aquele é um direito subjetivo relativo. Por outro lado, se o comportamento esperado é exigido da coletividade indeterminada, aí se trata de direito subjetivo absoluto.

Ainda, é importante mencionar que o direito subjetivo se diferencia da pretensão jurídica. A **pretensão,** como bem define a doutrina processualista, é identificada como a **viabilidade de exigência judicial** de determinado direito subjetivo. Um exemplo pode facilitar a compreensão:

> **Exemplo:** suponha que Marcos deve mil reais a José em decorrência de uma aposta de jogo de azar. Pela aplicação do enunciado no art. 814 do Código Civil, conclui-se que José tem direito subjetivo patrimonial ao crédito, mas não pode cobrá-lo via ação judicial, pois não tem pretensão. O ordenamento jurídico o impede de exercer coativamente a cobrança. Utilizando-se a nomenclatura do direito alemão que eventualmente aparece nos concursos públicos, fala-se que há *shuld* sem *raftung.*

Por fim, deve-se mencionar também a existência dos chamados **direitos potestativos**, que se caracterizam por apresentarem força decorrente de mera liberalidade de seus titulares, sendo **independentes** e não vinculados a um **dever de terceira pessoa**.

Em outras palavras, os direitos potestativos são exercidos de maneira **unilateral** pelo titular e **produzem efeitos** perante terceiros **independentemente de aceitação**.

> **Exemplos:** Revogação de contrato de mandato, realização de cessão de crédito etc.
>
> **Questão de prova oral.** A doutrina contemporânea de Direito de Família discute se o divórcio pode ser considerado, atualmente, como um direito potestativo, pois, ao ser requerido por uma das partes, não poderia ser negado pelo juiz ou rejeitado pela parte contrária, que estaria em verdadeiro estado de sujeição à escolha da parte que apresentou o pedido. Em um cenário de prova oral, o candidato pode ser questionado sobre essas discussões que ainda reverberam na doutrina, sendo interessante que conceitue os direitos potestativos e os diferencie de direitos subjetivos.

5. FONTES FORMAIS DO DIREITO OBJETIVO

O estudo das fontes do direito está relacionado com a análise das **espécies de normas** jurídicas existentes no direito objetivo. Conforme acima delimitado, as fontes formais representam o **modo como o direito se articula** (comunica-se ou manifesta-se) com os seus destinatários dentro um espaço e tempo.

Pode-se dizer que a enumeração das fontes do direito objetivo passou, no decorrer da história, por diversas revoluções. Ter o conhecimento dessas transformações é de grande importância ao estudante, pois estão vinculadas ao momento histórico em que foram propostas.

A origem do estudo das fontes do direito remonta ao momento em que o Direito deixa de ser visto como algo dado pela natureza ou pela ordem divina e passa a ser analisado como uma construção racional humana.

Em **termos históricos**, pode-se falar que essa racionalização do Direito encontra um primeiro momento crucial no **liberalismo** inaugurado na Revolução Francesa, quando há evidente intenção de limitar os poderes do soberano pela via da criação de disposições abstratas aplicáveis a todos os membros do grupo social.

A posterior formação de um estado burocratizado contribuiu para a consagração da formalização e sistematização do Direito em um conjunto de regras reunidas, afastando-se a ideia de regulamentação social por costumes não dispostos expressamente, ou por legislações diversas para cada localidade.

Nesse ponto, **a lei** eleva-se à condição de protagonista dentre as fontes do Direito, tendo inclusive Rousseau sustentado que o Direito autêntico é aquele que tem a lei como expressão da vontade geral, eis que ela é o centro irradiador da ordem.

A partir da adoção da premissa jurídica de que "todos são iguais perante a lei", surge a necessidade de unificação das leis antes formadas de maneira diferente em cada espaço territorial. A **codificação** decorrente dessa unificação logo dá origem também à **sistematização** dos códigos legais.

Essa evolução histórica "da lei" passa a justificar a redução da força jurídica dos costumes que, afinal de contas, não guardam a mesma objetividade, segurança e certeza em sua aplicação do que aquelas.

Aprofundamento: O positivismo jurídico foi utilizado como fundamento para legitimar o nazismo?

É possível encontrar em algumas leituras a informação de que o positivismo justificou o nazismo, porquanto as atrocidades cometidas durante a 2ª Guerra Mundial estavam previstas em leis que deveriam ser seguidas pelos militares e povo alemão. No entanto, trata-se de interpretação simplista que não reproduz a verdade sobre o positivismo jurídico.

Inicialmente, deve-se levar atentar para o fato de que o positivismo jurídico não leva em consideração apenas o conteúdo de uma norma, mas também o formalismo, seu processo de elaboração, de forma que as leis criadas durante o governo nazista eram desprovidas de constitucionalidade, levando-se em consideração que a Constituição de Weimar não foi substituída por uma nova ordem constitucional.

O que ocorreu, em verdade, foi a vitória do entendimento esposado por Carl Schimitt, segundo o qual não caberia a uma Corte Constitucional a apreciação da constitucionalidade das normas, mas ao líder do Reich (como defende na obra O guardião da Constituição, de 1929), detentor do poder que emanava do povo que o escolheu para liderá-los, de forma que surgiram normas escritas (e não escritas) que desbordavam completamente do regime constitucional vigente, legitimadas, no entanto, pela decisão do soberano da nação.

O positivismo jurídico tem como base não somente o fato de o direito ser um conjunto de normas, devendo essas serem formalmente legítimas e estarem sob o crivo de uma Corte Constitucional capaz de apreciar a sua constitucionalidade, o que, por óbvio, não ocorreu durante o regime nazista.

Essa fixação na **"supremacia da lei"** dá azo à formação de um **positivismo desvirtuado ou distorcido** que, posteriormente, passa a ser questionado diante das atrocidades cometidas durante a II Guerra Mundial, notadamente pelos nazistas, que "legitimavam" suas ações em disposições legais vigentes em seu ordenamento jurídico.

A lei, antes concebida como instrumento limitador do poder arbitrário do soberano, passou a ser utilizada ao extremo da má-fé, ou seja, como legitimadora de ações violadoras de direitos, pelo simples fato de "estar positivada" no ordenamento.

> **Dado histórico: a Lei da Proteção do Sangue Alemão e da Honra Alemã,** dispunha em seu texto algumas das absurdas limitações a seguir descritas.
>
> Art. 1º., 1. Os casamentos entre judeus e indivíduos do estado de sangue alemão, ou com ele relacionado, são proibidos. Os casamentos, no entanto, já concluídos, são inválidos, mesmo que concluídos no exterior para circundar esta lei.
>
> Art. 2º As relações extraconjugais entre judeus e indivíduos do estado de sangue alemão, ou com ele relacionado, são proibidas.
>
> Art. 3º Os judeus não podem empregar nas suas casas mulheres do estado de sangue alemão, ou com ele relacionado, com menos de 45 anos de idade.

A ideia de que "se está na lei é Direito" passou a ser contestada pois, na prática (e da maneira mais cruel), viu-se que ela poderia justificar barbáries humanas de total inadmissibilidade em uma civilização dita evoluída.

Como a história bem conta, as disposições da Lei de Proteção do Sangue Alemão e da Honra Alemã foram apenas a primeira amostra de uma série de manifestações legislativas que, ao fim e ao cabo, causaram a morte de milhões de judeus, ciganos, estrangeiros e tantos outros não-arianos.

Como solução, propôs-se a abordagem de uma nova **leitura moral do Direito.** Desse movimento surge uma nova ideia de constitucionalismo, que Paulo Bonavides chama de **pós-positivismo.**

Com o fim da 2ª Guerra Mundial, as constituições passaram a consagrar expressamente a **dignidade da pessoa humana** em seus textos, elevando-a ao patamar de direito fundamental inafastável. Essa consagração da dignidade como valor supremo também é chamada na doutrina de **rematerialização constitucional.**

A proteção da dignidade passa a ser instrumentalizada por meio da estipulação de **direitos fundamentais** nos textos constitucionais que, muito além de delimitar meras "intenções" do estado constitucional, impunham verdadeiros comandos normativos para todos os poderes atuantes naquele Estado.

Para a força desse comando dá-se o nome de **"força normativa da constituição"**, fenômeno que impõe a consagração infraconstitucional dos valores expostos no texto constitucional, direciona as ações do poder público e, ainda, impõe uma releitura dos institutos jurídicos infraconstitucionais com base nos valores agora consagrados expressamente pela lei maior.

A partir dessas causas de revisão das fontes do direito, algumas consequências foram constatadas na teoria respectiva, impondo-se uma releitura de todo o ordenamento a fim de que a lei passe a ser analisada "conforme a constituição".

No contexto da constitucionalização do Direito, vê-se também desabrochar o movimento de reconhecimento da força normativa dos princípios, sendo hoje indiscutível que os princípios são espécie de norma jurídica ao lado das regras.

Como consequência prática dessa premissa, fala-se que, na atualidade, é plenamente possível pleitear determinado direito em juízo com fundamentação jurídica exclusiva em ditames principiológicos, estando o Poder Judiciário, da mesma forma, autorizado a exarar decisão com fundamentação exclusivamente principiológica.

O movimento pós-positivista também dá origem à chamada **força normativa da jurisprudência** (ou dos precedentes). Para autores como Fredie Didier Jr., a jurisprudência é, sem dúvidas, espécie de norma jurídica. O que se discute é o papel da jurisprudência enquanto fonte do direito. A jurisprudência seria, com base nessa doutrina, uma espécie de norma jurídica com duas grandes características que a diferenciam da lei:

a) é uma norma construída a partir de um caso concreto;

b) é uma norma destinada a ser aplicada a fatos semelhantes futuros.

A mudança de perspectiva jurídica inaugurada pelo **pós-positivismo** também refletiu luzes sobre a **técnica legislativa**. Nesse ponto, fala-se que, considerando as mudanças acima mencionadas, o legislador passou a fazer uso ainda mais intenso da elaboração de normas dotadas de uma técnica conhecida como **"cláusulas gerais"**, que são enunciados normativos abertos tanto na hipótese de incidência quanto no consequente normativo.

O objetivo dessa técnica é tornar o sistema jurídico mais permanente (duradouro), estável, embora com maior mobilidade interpretativa da norma. São exemplos de utilização dessa técnica legislativa a inserção da cláusula geral da função social da propriedade no Código Civil, o poder geral de cautela no Código de Processo Civil etc.

> **Exemplos:**
>
> Art. 4º, do CPC. As partes têm o direito de obter em prazo razoável a solução integral do mérito, incluída a atividade satisfativa.
>
> Art. 113, do CC. Os negócios jurídicos devem ser interpretados conforme a boa-fé e os usos do lugar de sua celebração.

Como **características** marcantes desse momento, podem ser ainda elencadas a **expansão da jurisdição constitucional** por meio do controle de constitucionalidade, e a consagração de uma **nova interpretação constitucional**, adicionando aos tradicionais métodos de interpretação a noção de que as cláusulas constitucionais, por serem abertas, permitem o exercício de interpretação criativa, desde que sempre resguardadas a proporcionalidade e a razoabilidade.

Conhecida essa evolução histórica, a análise volta-se para a conceituação daquelas que são doutrinariamente consagradas como **fontes formais** do direito objetivo, merecendo destaque preliminar, ainda, a diferenciação entre fontes formais imediatas e mediatas.

As fontes formais **imediatas** são as **normas legais**, ou lei em seu **sentido lato**, aqui vistas como objeto de produção do Poder Legislativo em seu âmbito de competência, no que se inclui a Constituição e, obviamente, a leis em sentido estrito.

De outro lado, as fontes formais **mediatas** são representadas pelos mecanismos nos quais o julgador se apoia para solucionar o caso que lhe é posto em análise. A doutrina aponta como fontes formais mediatas os **costumes**, os **princípios gerais do direito**, a **doutrina** e a **jurisprudência**.

> ▸ **Como esse assunto foi cobrado em concurso?**
>
> **(FCC – 2014 – TJ/AP – Juiz de Direito)** São fontes formais da norma processual civil a Constituição Federal, bem como os demais atos que ela prevê ou consente, quais sejam, a lei, os tratados internacionais, os princípios gerais do direito e os usos e costumes forenses.
>
> *Gabarito: Certo.*

5.1. Lei

Por intermédio da atividade típica do Poder Legislativo, um Estado emana suas regras de conduta (legislação) por meio de um conjunto de disposições jurídicas composto por princípios e regras. Esses princípios e regras são descritos em enunciados normativos que podem apresentar diversas formas: leis ordinárias, leis complementares, emendas constitucionais, etc.

Portanto, a **lei** (em sentido amplo) é a forma de que se reveste um enunciado normativo que, em termos ideais, apresenta um **preceito primário** (hipótese de incidência) e um **preceito secundário** (consequência), descritos de maneira **expressa**, na forma **textual**, **aprovado por processo legislativo** feito por um **emissor qualificado** para tanto e **publicado oficialmente** como vigente.

O autor Vitor Kümpel (2012, pg. 51) resume o conceito afirmando que a lei é um preceito jurídico escrito, proveniente da autoridade estatal competente, com caráter geral e obrigatório.

Na sequência, o mesmo autor toma o cuidado de advertir que a palavra "lei" pode ser utilizada em três acepções diversas, dependendo da amplitude que se dá a ela. Em **sentido muito amplo**, é utilizada como sinônimo de **norma**, abrangendo todas as fontes formais de direito. Em **sentido amplo**, abrange os **enunciados criados pelo Legislativo e pelo Executivo**, inclusive atos regulamentares. Por fim, em **sentido estrito**, refere-se àquela disposição **emanada pelo Poder Legislativo em sua função típica**.

Para a doutrina majoritária, a lei deve sempre apresentar um fator de constituição de direito, introduzindo algo de novo no ordenamento jurídico. Assim, afastam-se do conceito de lei os chamados regulamentos e decretos (acepção ampla acima indicada), que tão somente explicam e especificam a aplicação das leis, não podendo ir além dos limites postos pela própria lei que lhes serve de referência.

Trabalharemos, portanto, com a acepção estrita da palavra.

5.1.1. *Características da lei*

São características da lei amplamente aceitas pela doutrina:

a) ser uma proposição constituída por preceito primário e secundário;

b) ser dotada de objetivo harmônico e justo, diferenciando-se aqui da moral (que busca o bom), da religião (que busca o santo) e da estética (que busca o belo);

c) ter origem estatal, reconhecendo o monopólio do órgão político soberano na elaboração de leis (embora não se desconheça a função atípica legislativa do Poder Judiciário e do Poder Executivo);

d) ser emanada por autoridade constitucionalmente competente para tanto;

e) ter caráter geral;

f) ser dotada de obrigatoriedade.

Para Kelsen, o descumprimento da lei sempre daria azo à imposição de sanções. Em alguns casos, esse poder de coerção da norma seria expresso no próprio enunciado normativo (a exemplo dos tipos penais), e em outros, seria mencionada de forma indireta em preceitos amplos e aplicáveis a diversas hipóteses (a exemplo da multa civil nas obrigações).

Atualmente, essa concepção de Kelsen não prevalece, afirmando-se que a norma é um **imperativo autorizante**. Trata-se de um imperativo, pois emanada de autoridade competente, sendo dirigida a todos. Constitui um autorizamento, pois autoriza ou não determinadas condutas. Não haveria, portanto, mais vinculação obrigatória com a estipulação de sanções.

5.1.2. *Hierarquia entre lei complementar e lei ordinária*

A constituição brasileira assinala a possibilidade de edição de leis ordinárias e complementares, criando a dúvida sobre a existência de hierarquia entre essas manifestações legislativas de natureza diversa.

De forma peremptória, pode-se afirmar que **não há hierarquia** entre lei complementar e lei ordinária, pois ambas retiram seu fundamento de validade diretamente da Constituição Federal.

Aprofundamento para segunda fase ou provas orais: As dúvidas, todavia, podem alcançar dimensões mais profundas, a exemplo da possibilidade jurídica de uma lei ordinária revogar uma lei complementar.

Nesse ponto, cabe salientar que a lei ordinária e a lei complementar possuem: **(i) diferença de conteúdo** (material) e **(ii) diferença de procedimento** (formal – quórum diferenciado de aprovação). Com relação à diferença material, diz-se que a lei complementar tem conteúdo reservado pela Constituição Federal, que expressamente indica as matérias que serão tratadas por lei complementar dento do ordenamento jurídico. A lei ordinária, de outro lado, tem conteúdo residual.

Desse modo, a regra é que nenhum outro ato normativo pode tratar de matéria reservada à lei complementar, pois assim determina a Constituição Federal ao reservar a ela determinados pontos de abordagem.

Por interpretação lógica, conclui-se que uma lei complementar pode tratar de matéria atinente à lei ordinária. A afirmação, nesse caso, carrega a informação de que essa lei complementar (que eventualmente tratar de matéria de lei ordinária) será apenas formalmente complementar (pois aprovada com *quórum* diferenciado), sendo materialmente ordinária. Por ser materialmente ordinária, pode ser revogada por lei ordinária posteriormente editada.

5.1.3. Hierarquia entre lei federal, estadual e municipal

Em regra, existe uma repartição horizontal de competências legislativas. Ou seja, cada lei retira o seu fundamento de validade diretamente da Constituição Federal, sendo a norma constitucional quem indica quais matérias serão tratadas pela União, pelos Estados e Distrito Federal, e quais são aquelas reservadas aos Municípios.

Cada um dos entes federativos tem, em regra, um campo material distinto estabelecido na Constituição. Por isso não há hierarquia entre essas leis.

No entanto, existem casos pontuais em que há repartição vertical de competências, que Raul Machado Horta denomina de "condomínio legislativo." A lei federal, nessas hipóteses, estabelece normas gerais, a lei estadual estabelece normas específicas e a lei municipal trata de assunto de interesse local.

Quando ocorre essa repartição vertical de competência, há hierarquia entre as normas. São dados como exemplos os casos do art. 24 da CF/88, dispositivo que trata da competência concorrente.

Exemplo: Art. 24, da CF. Compete à União, aos Estados e ao Distrito Federal legislar concorrentemente sobre:
(...)
§ 1º No âmbito da legislação concorrente, a competência da União limitar-se-á a estabelecer normas gerais.

§ 2º A competência da União para legislar sobre normas gerais não exclui a competência suplementar dos Estados.

Art. 30, da CF. Compete aos Municípios:
I - Legislar sobre assuntos de interesse local.

▸ **Como esse assunto foi cobrado em concurso?**

(CETRO - 2015 - IPHAN) Sobre o tema da existência de hierarquia entre normas federais, estaduais e municipais, analise as assertivas abaixo.

I. As normas previstas nas Constituições Estaduais não precisam, necessariamente, obedecer às normas da Constituição Federal.

II. Se uma lei federal e lei municipal legislam sobre funcionamento do comércio local, prevalecerá a lei municipal, pois atende à competência dada pela Constituição Federal.

III. Há hierarquia entre as leis federais, estaduais e municipais, devendo as leis municipais estarem em consonância com as leis estaduais, e estas, com as leis federais.

IV. A superveniência de lei federal sobre normas gerais suspende a eficácia de lei estadual, no que lhe for contrário.

É correto o que se afirma em

a) I e II, apenas.
b) I e III, apenas.
c) II e III, apenas.
d) II e IV, apenas.
e) III e IV, apenas.

Gabarito: Alternativa D

5.2. Costume

É a fonte mais antiga do Direito, o costume é criado, formado e imposto por **comportamento social reiterado** e **desprovido de sanção**. Ele é, em suma, uma regra de conduta seguida em um grupo social de forma continuada e que é obedecido por **convicção coletiva** de ser **obrigatório** e **necessário**.

Essa convicção de obrigatoriedade é o que diferencia os costumes de outros hábitos sociais simples, estando eles em um patamar superior desse sentimento social de vinculação de comportamento. É justamente essa obrigatoriedade dos costumes que funciona como suporte para a segurança e a certeza dos negócios jurídicos celebrados com base neles.

Exemplo: É comum que negócios rurais feitos no interior do Rio Grande do Sul sejam estipulados em extensões costumeiras de "quadras de campo". Obviamente, na formulação das escrituras públicas, a metragem é feita de maneira oficial, mas o importante aqui é ver que, para os contratantes, o trato foi iniciado e celebrado a partir de uma noção completamente costumeira.

Diferentemente da lei, que tem data de edição certa, o costume não informa o momento de sua inicial aplicação social. Igualmente, enquanto a lei é oficializada mediante publicação oficial, o costume não tem meio de divulgação e consolidação, cabendo a quem o alega comprovar sua existência.

Essa observação encontra correspondência explícita no art. 376 do CPC, que prevê que a *"parte que alegar direito municipal, estadual, estrangeiro ou **consuetudinário** provar-lhe-á o teor e a vigência, se assim o juiz determinar."*.

▸ **Como esse assunto foi cobrado em concurso?**

(CESPE / CEBRASPE – 2010 – DPU – Defensor Público) No que diz respeito às fontes brasileiras de direito internacional e à aplicação do direito estrangeiro no Brasil, julgue os itens subsequentes.

No Brasil, não se admite o costume como recurso de integração ao direito.

Gabarito: Errado.

(CESPE / CEBRASPE – 2015 – DPU – Defensor Público) Julgue o seguinte item com base nas normas gerais de direito tributário.

Os costumes, como as práticas reiteradamente observadas pelas autoridades administrativas, não são expressamente citados entre as fontes destinadas a colmatar lacunas na legislação tributária; eles são, sim, considerados normas complementares das leis, dos tratados e convenções internacionais e dos decretos

Gabarito: Certo.

5.2.1. *Classificações dos costumes*

Os costumes normalmente são classificados pela doutrina da seguinte forma:

a) *contra legem*, que são os que se opõem à lei, também chamados de costumes negativos.

b) *praeter legem*, aqueles que suprem lacunas, disciplinando matérias que a lei não conhece;

c) *secundum legem*, quando os costumes coincidem com a lei, sendo por esta absorvidos.

▸ **Como esse assunto foi cobrado em concurso?**

(MPE-SC – 2016 – MPE-SC – Promotor de Justiça Público) De acordo com o Decreto-lei n. 4657/42 (Lei de Introdução às Normas do Direito Brasileiro) são formas de integração jurídica a analogia, os costumes e os princípios gerais de direito. Quanto aos costumes, a legislação refere-se a espécie praeter legem, ou seja, aquele que intervém na falta ou omissão da lei, apresentando caráter supletivo.

Gabarito: Certa.

(FGV – 2024 – Exame Nacional da Magistratura – ENAM 2024.2) O texto a seguir aborda o problema das fontes do Direito por meio da História e traz luzes sobre o fenômeno jurídico em suas fases iniciais.

(...) O Direito foi, em primeiro lugar, um fato social bem pouco diferençado, confuso com outros elementos de natureza religiosa, mágica, moral ou meramente utilitária. Nas sociedades primitivas, o Direito é um processo de ordem costumeira. Não se pode nem mesmo di-

zer que haja um processo jurídico costumeiro, porquanto as regras jurídicas se formam anonimamente no todo social, em confusão com outras regras não jurídicas. Os costumes primitivos são como que uma nebulosa da qual se desprenderam, paulatinamente, as regras jurídicas, discriminadas e distintas das regras morais, higiênicas, religiosas e assim por diante. (REALE, Miguel. Lições Preliminares de Direito. 27ª ed. São Paulo: Saraiva, 2002. p. 143).

A respeito das fontes do Direito, assinale a afirmativa correta.

a) Fontes formais do Direito são evidenciadas a partir de uma pesquisa de natureza filosófica, que diz respeito às condições lógicas e éticas do fenômeno jurídico, e consistem nos motivos que condicionam o aparecimento e as transformações das regras de Direito.

b) Os órgãos formais de jurisdição surgiram desde os primórdios da experiência jurídica, sendo responsáveis pela resolução de casos a partir da aplicação dos primeiros usos e costumes catalogados no curso da História.

c) O costume jurídico existe quando se apresentam dois elementos fundamentais: a repetição de um comportamento de maneira habitual (objetivo) e a compreensão dos cidadãos quanto à necessidade e conveniência da prática ao interesse social (subjetivo).

d) O Direito costumeiro tem origem certa e se localiza de maneira predeterminada, pois, embora não se possa especificar onde e como surge determinado uso ou hábito social, é possível testemunhar o momento de sua conversão em hábito jurídico, ou uso jurídico.

e) Fontes materiais do Direito consistem nos meios ou processos pelos quais as regras jurídicas se positivam com legítima força obrigatória, ou seja, com vigência e eficácia no contexto de uma estrutura normativa.

Gabarito: Alternativa C

5.2.2. Requisitos dos costumes

Existem duas teorias que abordam os requisitos do costume.

Para a teoria **ampliadora**, o costume tem como requisitos a continuidade, a uniformidade, a diuturnidade, a moralidade e a obrigatoriedade.

Já para a teoria **simplificadora**, os costumes exigem um requisito objetivo consistente na prática constante, e um subjetivo consistente na chamada *oponio necessitatis*, ou seja, na convicção coletiva de obrigatoriedade.

Há, ainda, quem fundamente o costume como norma jurídica nas teorias **monista** e **dualista**.

Segundo a **Teoria Monista**, há apenas um fundamento, ou a *elaboração da consciência coletiva* pelo povo, ou a constante repetição dos atos, que fazem com que algo se torne um costume.

Por sua vez, a **Teoria Dualista** afirma serem dois os fundamentos do consueto: a convicção jurídica (*opinio juris et necessitatis*) e sua exteriorização por meio de atos (*usus*), devendo ambos atuarem conjuntamente, sob pena de não serem capazes de constituírem o costume.

5.2.3. Fundamento jurídico dos costumes

São quatro as teorias que tratam do fundamento jurídico dos costumes.

A primeira teoria é a **teoria da vontade tácita do legislador**. Seu fundamento seria a vontade popular que manifestar-se-ia de forma indireta através da lei instituída pelo legislador. Falha ao utilizar a formalidade como forma de expressão dos costumes que, sabe-se, exteriorizam-se de modo informal, bem como não foi capaz de explicar costumes que extrapolam as fronteiras de competência do legislador (costumes nacionais ou internacionais) e outros não instituídos legalmente.

A segunda, chamada **teoria da vontade popular**, aponta que o elemento volitivo e a adesão coletiva são os fundamentos dos costumes. Retira seu fundamento da convicção geral de um povo, o costume é autônomo, independe da lei, porém, levado ao exagero, pode superar a própria lei.

A terceira, chamada de **teoria da sanção**, indica que os costumes têm como fundamento a eficácia gerada pela decisão judicial que os reconhecem como fonte de direito. Para essa corrente, o povo, por si só, não seria capaz de impor um costume jurídico, devendo, para tanto, ser regulado por decisão judicial, formando jurisprudência a qual, só então, poderia tornar-se obrigatória.

A quarta, chamada de **teoria do direito natural**, menciona que o costume não nasce como vontade popular ou coerção, mas é inerente à natureza do homem. Segundo François Geny (1932, pg. 319), defensor desta teoria, os costumes ressaltam da natureza das coisas e não são fatos: "De um lado a segurança indispensável aos interesse privados e a estabilidade necessária dos direitos individuais, não menos do que a necessidade de igualdade, que constitui fundamento de toda justiça, exigem que uma regra, admitida por um longo uso, com o caráter de obrigação jurídica, se impõe, de modo igual à lei, de maneira a guiar, sem hesitação, a atividade de todos. De outro, esse resultado torna-se eco de um sentimento profundo da natureza humana, que envolve, com um respeito entremisturado de temos, o costume dos ancestrais.

> **Aprofundamento para segunda fase ou provas orais:** Pelo princípio da reserva legal, é sabido que normas penais incriminadoras somente podem ser decorrentes da lei. Em outras palavras, costumes não criam tipos penais incriminadores. A questão posta é: costumes poderiam revogar crimes? Admite-se, em alguma hipótese, o costume abolicionista?
>
> Para responder essa pergunta, existem três correntes na doutrina:
>
> 1ª Corrente – Admite-se o costume abolicionista, e ele deve ser aplicado nos casos em que a infração penal não mais contraria o interesse social e não mais repercute negativamente na sociedade.
>
> 2ª Corrente – Não existe costume abolicionista, mas nas hipóteses em que o fato já não é mais indesejado pelo meio social, a lei deixa de ser aplicada. Para essa corrente, não há efetiva revogação, mas apenas reconhecimento da perda da eficácia social. Os adeptos desse pensamento conferem os exemplos do "jogo do bicho" no Brasil.
>
> 3ª Corrente – Não existe costume abolicionista. Enquanto não revogada por outra lei, a norma tem plena eficácia.
>
> Prevalece a 3ª corrente, que está, inclusive, de acordo com a LINDB.

5.3. Doutrina

Inicialmente, cabe ressaltar que boa parte dos estudiosos não elenca a doutrina como fonte imediata de direito, pois **sua produção não gera qualquer obrigação de obediência à coletividade ou aos tribunais**.

Miguel Reale, por exemplo, entende que a doutrina não deve ser considerada fonte de direito porque não se desenvolve em uma estrutura de poder, elemento que seria primordial para sua classificação como fonte de direito.

De toda forma, a fim de conceituá-la, diz-se que a doutrina é o **conjunto organizado de estudos e pesquisas dos cultos do Direito**.

Como não é considerada fonte de direito para a maioria dos estudiosos, as discussões a respeito de sua natureza jurídica apontam que a doutrina pode ser um costume, um método de integração ou, por fim, um método de interpretação do direito.

Para os juristas que consideram a doutrina detentora da natureza jurídica de **costume**, ela será fonte formal do Direito (pois este o é). Utiliza-se, neste ponto, inclusive um argumento de direito comparado, referindo-se que no Direito suíço, por exemplo, a doutrina é considerada como fonte formal.

De outro lado, aqueles que entendem que a doutrina é **método de integração** do Direito o fazem por compreender que ela, ao lado da jurisprudência, seria componente do rol exemplificativo de métodos de integração da lei (analogia, costumes e princípios gerais do direito).

Por fim, considerando que a doutrina elabora conceitos, classificações, sistemas e teorias, tem também apontada a natureza jurídica de método de interpretação do direito.

Considerando a divergência, a doutrina tem sido apontada mais como uma espécie de **mola intelectual propulsora** da organização e sistematização do sistema jurídico, ou ainda bússola para elaboração de efetivas fontes formais do Direito, a exemplo da lei.

5.4. Princípios gerais do direito

O ordenamento jurídico, como sabemos, apresenta condição de sistema justamente porque retira de determinados postulados básicos a sua fonte de criação e, ao mesmo tempo, seu paradigma de interpretação. Esses determinados postulados são os princípios gerais do direito.

Conceitualmente, diz-se que os princípios gerais do direito são as normas jurídicas fundamentais (gerais), que orientam determinado sistema jurídico. Eles são **proposições de caráter amplo e geral que englobam um conjunto de normas e atuam como os primeiros pilares fundantes de um sistema.**

Mesmo quando não são expressos na legislação, **constituem os pressupostos lógicos das normas**, sendo possível dizer que são a faceta máxima do espírito de uma legislação.

Assim, fala-se que os princípios gerais do direito atuam como balizas para a produção de efeitos das disposições normativas ao mesmo tempo em que atuam na atividade de integração de lacunas sistêmicas.

A respeito da atividade integrativa, cabe relembrar que os princípios gerais de direito se encontram previstos na Lei de Introdução às Normas do Direito Brasileiro, em seu artigo 4º, o qual reza que *"quando a lei for omissa, o juiz decidirá o caso de acordo com a analogia, os costumes e os princípios gerais de direito."*

De acordo com a formulação de Crisafulli (2003, pg. 257):

> Princípio é, com efeito, toda norma jurídica, enquanto considerada como determinante de uma ou muitas outras subordinadas, que a pressupõem, desenvolvendo e especificando ulteriormente o preceito em direções mais particulares (menos gerais), das quais determinam, e, portanto, resumem, potencialmente, o conteúdo: sejam, pois, estas efetivamente postas, sejam, ao contrário, apenas dedutíveis do respectivo princípio geral que as contém.

5.4.1. *Mas quais seriam os princípios gerais do direito? Existe uma lista deles?*

Não é possível elencá-los na forma de um rol exaustivo, sendo sua existência aberta e ampla. A história e a cultura de determinado lugar farão essas bases principiológicas serem mais ou menos importantes em um ordenamento jurídico. Essa construção, atualmente, também tem sido resultado da atividade jurisprudencial.

Na doutrina, fala-se que seriam princípios gerais do direito, a título exemplificativo, os seguintes enunciados:

> *a) Dar a cada um o que é seu;*
>
> *b) Fazer aos outros o que gostaria que fizessem a ti;*
>
> *c) Agir de acordo com máximas que possam ser erigidas a leis gerais;*
>
> *d) O humano é um fim em si mesmo e não deve ser tratado como um meio.*

5.4.2. *Características*

Os princípios gerais do direito apresentam as seguintes características:

a) não valem sem exceção, sempre existindo a possibilidade de entrarem em colisão entre eles;

b) não são exclusivos;

c) se analisados de forma isolada, não apresentam autêntico valor (o que faz demandarem complementações);

d) para aplicação adequada, precisam ser associados a regras e a outros princípios.

Os princípios são, desse modo, não apenas as fundações da estrutura do ordenamento, mas também os pilares que sustentam a segurança jurídica, viabilizando por meio de suas "orientações abertas" a constante busca histórico-cultural pela Justiça.

5.4.3. Classificações

O doutrinador Miguel Reale (2002, pg. 304) divide os princípios gerais em três categorias:

Omnivalentes	Válidos para todas as formas de saber
Plurivalentes	Aplicáveis a diversos campos de conhecimento
Monovalentes	Válidos somente no âmbito de uma determinada ciência, a exemplo dos princípios gerais de direito

Como visto, Reale aponta tal classificação levando em conta todas as formas do saber, e não insere as espécies classificatórias apenas no contexto do saber jurídico.

Já a doutrina de Vitor Kümpel (2012, pg. 74) especifica a abordagem classificatória ao saber jurídico, e assim divide os princípios gerais do direito:

Omnivalentes	Incidem em todos os ramos do ordenamento jurídico, a exemplo da boa-fé e da dignidade da pessoa humana. Não se consegue cogitar de um sistema que despreze esses dois princípios;
Polivalentes	Incidem em alguns ramos do ordenamento, a exemplo do princípio da inércia, aplicável tão somente às relações processuais, mas não às regras de direito material;
Monovalentes	Incidem em apenas um ramo do ordenamento, a exemplo do princípio da reciprocidade, aplicável em sede de direito internacional.
Setoriais	Incidem em apenas uma parcela de um ramo do ordenamento. Nestes, há uma segmentação ainda maior do que aquela encontrada nos monovalentes. Exemplo: princípio da individualização dos bens de raiz, da Lei de Registro Públicos.

5.4.4. *Noção e aplicação no curso da história*

Como consequência da caminhada em direção à normatividade, muitos princípios gerais do direito foram elevados ao patamar de postulados constitucionais expressos.

Essa **constitucionalização** dos princípios é característica, como já abordamos, do movimento conhecido como **pós-positivismo**, e sugere ser um "amadurecimento" da normatividade visualizada nas correntes jusnaturalista e positivista.

Na escola **jusnaturalista**, os princípios gerais do direito identificavam-se com o direito natural, e coadunavam-se com a ideia de preexistência de alguns postulados normativos perante o homem. Nela, os princípios habitam uma esfera abstrata, e sua normatividade tende a zero.

Já na concepção **positivista**, os princípios gerais de direito passaram a ser identificados como aqueles que embasavam e serviam de fundamento para a instituição da norma. Não eram vistos como superiores às leis, mas sim como pilares de segurança do sistema jurídico ou simples normas programáticas, direcionando a atividade legislativa.

Com o **pós-positivismo** (Dworkin, Alexy etc.) a força normativa dos princípios toma grandiosa dimensão, elevando os princípios ao patamar de representações normativas mais importantes do sistema, eis que viabilizadoras da atividade de produção da justiça por meio do diálogo, interpretação e construção de soluções justas.

Com a transposição dos princípios para os textos constitucionais, deixam eles de ter valor apenas secundário (supletivo), e tornam-se **verdadeiros fundamentos da ordem jurídica**, de onde se extrai que as leis agora é que devem a eles adequação, concordância e respeito hierárquico.

O fato de muitos princípios gerais terem sido elencados no rol de enunciados constitucionais faz com eles tenham suas naturezas modificadas. Assim, os princípios constitucionais devem passar pela análise interpretativa do jurista em um primeiro plano, reconhecendo-se a assumida força normativa da constituição. Os demais princípios gerais do direito continuam tendo utilização viabilizada apenas em um segundo momento, quando constatada uma ocorrência de lacuna legislativa no caso (função integrativa).

5.5. Jurisprudência

Define-se a **jurisprudência** como a maneira de se revelar o direito por meio do exercício da jurisdição, em virtude de uma **sucessão harmônica de decisões dos tribunais.**

Como sabido, o direito brasileiro foi construído sob as balizas da chamada *civil law*, tendo o sistema romano-germânico como sua fonte de concepção e desenvolvimento. Essa forma de organização jurídica, repita-se, prima pelo **protagonismo da lei** como fonte formal primária e imediata do direito, renegando um segundo plano às decisões judiciais (precedentes).

Classicamente, sempre se entendeu que a **jurisprudência não seria fonte formal** de direito porque teria, primordialmente, a função de esclarecer o sentido e o alcance da norma jurídica. Dizia-se que a função jurisprudencial não era de fonte, mas de meio de interpretação do direito (revelando um direito já existente) e que, no máximo, alcançaria status de forma de integração do direito por aplicação do que se nominava "costume jurisprudencial".

Atualmente, embora continue sendo inquestionável que a jurisprudência é uma forma de interpretação do direito, a doutrina contemporânea abre discussão para sua classificação também como fonte de direito. As **concepções** então, passam a ser vistas como uma **soma**, e não mais como excludentes.

Para a **teoria negacionista**, a jurisprudência jamais será fonte formal do direito, eis que o artigo 4º da LINDB teria natureza taxativa e elencou apenas costumes e princípios gerais do direito em sua redação. O processualista Cândido Rangel Dinamarco, por exemplo, menciona que a jurisprudência não é fonte do direito porque não é portadora de normas gerais e abstratas e não tem força vinculante.

De outra banda, a **teoria jurisprudencialista** manifesta-se pela ampla aceitação da jurisprudência como fonte secundária de direito, aceitando que ela inclusive se contraponha à lei.

Já a **teoria realista** afirma que a jurisprudência é uma fonte secundária do direito, mas que não tem prevalência em casos de conflito com a lei ou até mesmo com os costumes. A acessoriedade da jurisprudência seria ratificada, para esta teoria, mediante referência ao art. 8º da CLT.

A verdade é que os novos ares do constitucionalismo abriram espaço para um protagonismo judicial até então não experimentado em nosso sistema jurídico. A decisão judicial passou a ser vista não apenas como um meio de decisão de um caso concreto, mas também como um instrumento para promoção da unidade do sistema jurídico.

Em inovação legislativa, o CPC/15 indicou, em seu art. 927 que os juízes e os tribunais **observarão** as decisões do Supremo Tribunal Federal em controle concentrado de constitucionalidade, os enunciados de súmula vinculante, os acórdãos em incidente de assunção de competência ou de resolução de demandas repetitivas e em julgamento de recursos extraordinário e especial repetitivos, os enunciados das súmulas do Supremo Tribunal Federal em matéria constitucional e do Superior Tribunal de Justiça em matéria infraconstitucional e a orientação do plenário ou do órgão especial aos quais estiverem vinculados.

Essa previsão legal, sem sombra de dúvidas, aproximou o sistema de *civil law* até então "soberano" em nosso país ao sistema da *common law*, que confere força normativa aos precedentes e os transforma, assim, em fontes de direito.

> ▸ **Como esse assunto foi cobrado em concurso?**
>
> **(MPE-SC – 2016 – MPE-SC – Promotor de Justiça Público)** Partindo-se do pressuposto de que o significado de uma norma jurídica pode ser extraído de sua interpretação, não há como negar à Jurisprudência a categoria de fonte do direito, doutrinariamente classificada como fonte material.
>
> *Gabarito: errada.*

5.6. Súmula vinculante

As súmulas vinculantes são uma **técnica jurídica** introduzida em nosso sistema jurídico pela EC nº 45/2004 (CF, art. 103-A), que foi posteriormente regulamentada pela Lei nº 11.417/06. Elas são **enunciados editados pelo Supremo Tribunal Federal**, na forma da Constituição Federal, que passam a **vincular determinados entendimentos a respeito de temas com relevância jurídica**.

O objetivo de tais súmulas é **indicar a eficácia, a validade e a interpretação de normas** sobre as quais eventualmente paire alguma controvérsia atual entre os órgãos do judiciário ou entre esses e a administração pública e que acarrete em grave insegurança jurídica e multiplicação de processos sobre a questão (CF, art. 103-A, § 1º).

No direito brasileiro, a análise de aspectos jurídicos e econômicos foram decisivos para a inserção desse instituto no ordenamento, que foi resposta jurídica e legislativa às críticas reiteradamente direcionadas contra a morosidade dos processos judiciais e à baixa eficácia das decisões do Supremo Tribunal Federal.

A **eficácia vinculante** do enunciado, que obriga os demais ao respeito e à observância, tem **caráter racionalizador**, gerando isonomia e segurança jurídica, além de contribuir para uma maior celeridade processual e previsibilidade das decisões.

Comparativamente, poder-se-ia cogitar que a súmula vinculante é próxima do *stare decisis (stare decisis et non quieta movere)*, instituto existente em países que adotam a *common law*, e que confere aos precedentes força normativa interna, de observância dentro do tribunal, e externa, de observância pelos demais órgãos jurisdicionais e administração pública (*binding effect*).

Entretanto, há doutrinadores que refutam essa suposta "aproximação" ao afirmar que o sistema de precedentes da *common law* não permite a edição de enunciados genéricos a partir de conclusões retiradas de um caso.

A utilização de precedentes, para eles, retira sua riqueza justamente do confronto entre *ratio decidendi* e hipótese fática existente no caso decidido, o que não existe nas súmulas vinculantes, que acabam "generalizando" as situações fáticas que as elas deram origem, fazendo com que as súmulas sejam, no futuro, aplicadas por simples encaixe textual, mesmo quando o caso concreto em nada guarde relação com aqueles que deram origem à edição do enunciado sumular.

Diferenciando-se institutos que poderiam gerar alguma confusão, cabe ressaltar que a **"súmula comum"** é uma **simples síntese** de decisões do tribunal, ao passo que as **súmulas vinculantes** são **"normas de decisão"** exaradas pelo Supremo Tribunal Federal, tendo verdadeiro poder normativo.

No Brasil, duas circunstâncias devem estar presentes para que se tenha afirmada a existência de **pressuposto** para edição de súmula vinculante:

(i) a existência de reiteradas decisões sobre a matéria constitucional;

(ii) a existência de controvérsia atual entre órgãos judiciários, ou entre esses e a administração pública, capaz de ensejar grave insegurança jurídica e multiplicação de processos sobre o tema (CF, art. 103-A).

Para ser publicada, a súmula vinculante tem como **requisitos**:

(i) Ser proposta de ofício ou por legitimado descrito no art. 3º da Lei 11.417/06;

(ii) Manifestação do Procurador-Geral da República, salvo nos casos propostos por ele mesmo;

(iii) Aprovação do texto sumular por voto de dois terços dos membros do Supremo Tribunal Federal (CF, art. 103-A).

As súmulas já existentes também poderão passar a produzir efeitos vinculantes desde que aprovadas pelo mesmo quórum, conforme delimitou o texto da emenda constitucional nº 45/04, em seu art. 8º.

Em caso de inobservância ou aplicação indevida do verbete de súmula vinculante pelo poder público, o ato administrativo em questão poderá ser anulado e poderá haver cassação da decisão judicial mediante oferecimento de reclamação (CF, art. 103-A, § 3º).

5.6.1. *A quem se aplica o teor da súmula vinculante*

O verbete de súmula vinculante obriga os demais órgãos do Poder Judiciário e a administração pública, direta e indireta, de todas as unidades da Federação (CF, art. 103-A). Embora vincule apenas os poderes públicos, afeta indiretamente os particulares em suas interações com aqueles.

> **Aprofundamento para segunda fase ou provas orais:** A vinculação que obriga os demais órgãos do Poder Judiciário e a administração pública, direta e indireta, de todas as unidades da Federação não poderia "amarrar" o próprio Supremo Tribunal Federal em futuras alterações de entendimento?
>
> As Turmas do Supremo Tribunal Federal devem obediência ao disposto nas súmulas vinculantes. De outro lado, o **Plenário pode adotar mudança formal** de orientação a qualquer momento, **revisando ou cancelando o enunciado.** Da mesma forma, o entendimento exarado em súmula vinculante **não vincula** o **Poder Legislativo em sua atividade típica,** viabilizando que ele crie lei incompatível com o enunciado em questão.

5.6.2. *Conclusão*

Por ter essa importante carga vinculante frente ao poder público e, indiretamente, aos particulares, entende-se modernamente que **a súmula vinculante é fonte formal do direito,** afinal de contas, ela é uma espécie de enunciado normativo proveniente da *ratio decidendi* de uma jurisprudência dominante, assim caracterizada pela reiteração de um precedente.

Alguns doutrinadores, todavia, ainda não a elencam como tal, razão pela qual se acredita que, se tal tema for objeto de questionamento, isso ocorrerá em fases dissertativas ou orais de prova, onde será exigido que o candidato mencione a divergência ainda pendente na doutrina.

6. EFICÁCIA DA LEI NO TEMPO

O estudo da eficácia da lei no tempo (vigência) guarda estrita relação com o interesse maior de **segurança jurídica** do cidadão no contexto da vida cotidiana. Se, como preceitua o art. 5º da Constituição da República, *ninguém será obrigado a fazer ou deixar de fazer alguma coisa senão em virtude de lei*, é de bom tom que os afetados pela norma jurídica, principalmente quando limitadora de direitos ou incriminadora de comportamentos, conheçam o momento em que ela passa a valer.

É sobre isso, em resumo, que trata o estudo da eficácia da lei no tempo.

Reforçando esse interesse e atenção para a vigência da norma, o art. 3º da Lei de Introdução às Normas do Direito Brasileiro menciona que *ninguém se escusa de cumprir a lei, alegando que não a conhece*. Esse dispositivo corresponde ao que a doutrina chama de **obrigatoriedade da norma**.

Três são as correntes doutrinárias procuram justificar a inserção do princípio da obrigatoriedade no ordenamento jurídico pátrio:

a) **Teoria da ficção legal** – aponta que a obrigatoriedade foi instituída pelo ordenamento para a segurança jurídica de todos, evitando que o Estado tenha o difícil ônus de comprovar que o sujeito conhece a norma.

b) **Teoria da presunção absoluta** – pela qual haveria uma dedução *iure et de iure* de que todos conhecem as leis, evitando-se a necessidade dilação probatória sobre o tema.

c) **Teoria da necessidade social** – vinculada à premissa de que as normas devem ser conhecidas para que melhor sejam observadas. Como instrumento para tanto, o ordenamento aponta a necessidade de conhecimento da norma pelo cidadão ao dizer que ele (cidadão) não poderá alegar desconhecimento da lei em eventual situação de descumprimento das ordens impostas pela norma.

▸ **Como esse assunto foi cobrado em concurso?**

(UEG – 2013 – PC/GO – Delegado de Polícia) Segundo o artigo 3º da Lei de Introdução às normas de Direito Brasileiro – LINDB, "ninguém se escusa de cumprir a lei, alegando que não a conhece". Diante do exposto, verifica-se que

a) se Paulo casa com Ana, sem saber que Ana é sua irmã, o erro em questão é de fato, assim Paulo tem motivos para pleitear a nulidade do contrato de casamento.

b) no ordenamento jurídico brasileiro é cabível escusa de cumprimento da lei, alegando não conhecê-la, em casos de erro de fato (error facti).

c) o Princípio da Obrigatoriedade, artigo 3º da LINDB, perde seu caráter absoluto, admitindo temperamentos, em hipóteses nas quais a lei, expressamente, possibilite o erro de direito ou erro de conteúdo legal (error iuris).

d) o erro substancial existe no ordenamento jurídico pátrio como causa de invalidade ou nulidade de um negócio jurídico, sendo ele qualquer, pois refere-se ao conteúdo de norma jurídica.

Gabarito: Alternativa C

De acordo com o Art. 1º da Lei de Introdução às Normas do Direito Brasileiro, *salvo disposição contrária, a lei começa a vigorar em todo o país* ***quarenta e cinco*** *dias depois de oficialmente publicada*. Já Nos estados estrangeiros, a obrigatoriedade da lei brasileira, quando admitida, se inicia três meses depois de oficialmente publicada.

▸ **Como esse assunto foi cobrado em concurso?**

(VUNESP – 2012 – MP/SP – Promotor de Justiça) No que tange às normas do Direito Brasileiro:

I. Salvo disposição contrária, a lei começa a vigorar em todo o país trinta dias depois de oficialmente publicada.

II. As correções a texto de lei já em vigor consideram-se lei nova.

III. A lei do país em que domiciliada a pessoa determina as regras sobre o começo e o fim da personalidade, o nome, a capacidade e os direitos de família.

IV. Só à autoridade judiciária brasileira compete conhecer das ações relativas a imóveis de estrangeiros situados no Brasil.

V. As leis, atos e sentenças de outro país, bem como quaisquer declarações de vontade, não tendo eficácia no Brasil enquanto não homologadas pelo Superior Tribunal de Justiça.

Está correto o que se afirma APENAS em

a) I, II, III e V.

b) II, III e IV.

c) III, IV e V.

d) I, II, IV e V.

e) I, II e III.

Gabarito: Alternativa B

Nos termos do art. 8º, § 1º da LC 95/98, a **contagem** do prazo para entrada em vigor das leis que estabelecem período de vacância far-se-á com a **inclusão da data da publicação e do último dia de prazo**, entrando em vigor no dia subsequente à sua consumação integral. Como aponta a doutrina, não interessa se a data final seja um feriado ou final de semana (sábado e domingo), não sendo a entrada em vigor postergada para o próximo dia útil.

O lapso temporal que compreende o intervalo entre a publicação da lei e a sua entrada em vigor é chamado de *vacatio legis*, sendo visto como um período em que norma já é válida, mas ainda não é vigente. Quando a lei **obedece** ao período de *vacatio legis*, diz-se que ela tem **vigência mediata**. De outro lado, quando **dispõe expressamente** que suas disposições passam a valer da publicação, fala-se que elas têm vigência **imediata**.

Nos termos do art. 8º, *caput*, da LC 95/98, a vigência da lei será indicada de forma expressa e de modo a contemplar prazo razoável para que dela se tenha amplo conhecimento, reservada a cláusula "entra em vigor na data de sua publicação" para as leis de pequena repercussão.

Em havendo **norma corretiva,** mediante nova publicação do texto legal, os prazos mencionados devem correr a partir da nova publicação. A norma corretiva é aquela que existe para afastar equívocos importantes cometidos pelo texto legal, sendo certo que as correções do texto já em vigor devem ser consideradas como sendo lei nova.

▸ Como esse assunto foi cobrado em concurso?

(VUNESP – 2011 – TJ/SP – Juiz de Direito) Assinale a alternativa correta.

a) Se durante a vacatio legis ocorrer nova publicação de texto de lei, destinada a correção, o prazo da obrigatoriedade, com relação à parte corrigida, começará a correr da nova publicação.

b) Os direitos adquiridos na vigência de lei publicada com incorreções são atingidos pela publicação do texto corrigido.

c) As correções a texto de lei em vigor consideram-se lei nova, tornando-se obrigatórias de imediato.

d) A lei nova que estabelece disposições gerais a par das já existentes revoga a lei anterior.

e) A lei nova que estabelece disposições especiais a par das já existentes revoga a lei anterior.

Gabarito: Alternativa A

(FCC – 2011 – TJ/PE – Juiz de Direito) No caso de publicação para corrigir texto de lei publicado com incorreção,

a) deverá, necessariamente, ser estabelecido um prazo para sua nova entrada em vigor, além de disciplinar as relações jurídicas estabelecidas antes da nova publicação.

b) deve o conflito entre os textos ser resolvido pelo juiz por equidade, porque a Lei de Introdução às Normas do Direito Brasileiro não regula os efeitos da nova publicação de texto de lei.

c) não haverá novo prazo de vacatio legis depois da nova publicação, se ocorrer antes de a lei ter entrado em vigor.

d) tratando-se de lei já em vigor, as correções consideram-se lei nova.

e) não se considerarão lei nova as correções, tenha ou não já entrado em vigor o texto incorreto.

Gabarito: Alternativa D

No art. 2º da LINDB, a legislação prevê a aplicação do chamado **princípio da continuidade da lei**, ou seja, não se destinando à vigência temporária, a lei terá vigor até que outra a modifique ou revogue.

▸ **Como esse assunto foi cobrado em concurso?**

(UEG - 2013 - PC/GO - Delegado de Polícia) Supondo-se que a Lei "W", de vigência considerada temporária pelo ordenamento jurídico, revoga, de forma expressa, a Lei "X" e que, devido a mudanças de comportamentos socioeconômicos, a lei revogadora vem a perder sua vigência, tem-se que:

a) a lei revogada fica impossibilitada de ser restaurada por ter a lei revogadora perdido a vigência, pois ao ordenamento jurídico pátrio é incabível o princípio da caducidade.

b) as correções promovidas no texto da Lei "W", ainda em vigor, consideram-se lei nova.

c) de acordo com o estudo da Lei de Introdução às Normas de Direito Brasileiro, a Lei revogada "X" é imediatamente restaurada, como uma resposta aos anseios socioeconômicos da evolução e porque não se pode ficar sem lei.

d) de acordo com a Lei de Introdução às Normas de Direito Brasileiro, a Lei destinada à vigência temporária possuirá vigor até que outra a revogue.

Gabarito: Alternativa B

Em classificação simples, fala-se que a lei pode ser chamada de **permanente** quando não tem prazo final delimitado e, de outra banda, será nominada **provisória** ou **temporária** quando tiver termo final de vigência.

A norma (seja permanente ou temporária) pode ser revogada durante sua vigência de forma **total**, mediante o que se denomina **ab-rogação**, ou de forma **parcial**, no que se denomina **derrogação**.

Essa revogação pode ocorrer de forma direta (expressa) ou indireta (tácita), conforme bem aponta o art. 1º, § 2º da LINDB ao dizer que a lei posterior revoga a anterior quando expressamente o declare, quando seja com ela incompatível ou quando regule inteiramente a matéria de que tratava a lei anterior.

A doutrina elenca a possibilidade de revogação pela chamada **"normação geral"** quando uma norma regula inteiramente a matéria que antes era tratada por uma ou várias normas esparsas.

Ademais, expondo a regra de impossibilidade do fenômeno conhecido como repristinação, o art. 2º, § 3º da LINDB informa que, salvo disposição em contrário, a lei revogada não se restaura por ter a lei revogadora perdido a vigência.

Exemplo: Suponha que a Lei A foi revogada pela Lei B. Posteriormente, a Lei C revogou a Lei B.

As disposições da Lei de Introdução às Normas do Direito Brasileiro informam que, salvo disposição expressa, a edição da Lei C não faz com que a Lei A volte a ter eficácia, muito embora a lei que a tenha revogado (Lei B, no caso) não mais pertença ao ordenamento jurídico como norma dotada de eficácia.

Haveria repristinação, por exemplo, se a Lei C indicasse em seu texto que todas as normas revogadas pela Lei B voltam a ter eficácia ou, ainda, que a Lei A (especificamente) voltaria a produzir efeitos.

Atenção! O efeito repristinatório pode ser constatado, por exemplo, com a prolação de **decisão declaratória de inconstitucionalidade em controle concentrado**, quando a norma é extirpada do ordenamento jurídico pela declaração de inconstitucionalidade e daí se conclui que sequer produziu efeitos para revogar aquela que anteriormente regulava a matéria. Essa noção parte da interpretação do art. 27 da Lei 9.868/99.

A doutrina mais técnica fala que não há nesse caso uma hipótese de repristinação, mas somente aquilo que se denominou de "efeito repristinatório" da declaração de inconstitucionalidade.

▸ **Como esse assunto foi cobrado em concurso?**

(CESPE / CEBRASPE – 2011 – TJ/PB – Juiz de Direito) À luz das disposições legais e da jurisprudência acerca da vigência e da eficácia da lei, assinale a opção correta.

a) A norma declarada inconstitucional é nula ab origine e, em regra, não se revela apta à produção de efeito algum, sequer o de revogar a norma anterior, que volta a viger plenamente nesse caso.

b) As regras de direito intertemporal, segundo as quais as obrigações devem ser regidas pela lei vigente ao tempo em que se constituíram, não são aplicáveis quando a obrigação tiver base extracontratual.

> c) O fato de, antes da entrada em vigor de determinada lei, haver nova publicação de seu texto para simples correção não é capaz, por si só, de alterar o prazo inicial de vigência dessa lei.
>
> d) Como, em regra, a lei vigora até que outra a modifique ou revogue, lei nova que estabeleça disposições especiais a par das já existentes revoga ou modifica a lei anterior.
>
> e) A repristinação ocorre com a revogação da lei revogadora e, salvo disposição em contrário, é amplamente admitida no sistema normativo pátrio.
>
> *Gabarito: Alternativa A*

6.1. Aplicação da norma jurídica no tempo

No ordenamento jurídico brasileiro, a **irretroatividade** da norma é a **regra**, ao passo que a **extra-atividade** é a **exceção**.

A **extra-atividade** subdivide-se em **ultra-atividade** e **retroatividade**, fenômenos que serão analisados detidamente a seguir em cada esfera do direito.

6.2. Direito Civil – Retroatividade excepcional

No Direito Civil, a doutrina menciona que prevalece a chamada **retroatividade mínima**, ou seja, **para que a retroatividade seja possível, ela deve estar prevista expressamente em lei.**

De acordo com o art. 6º da LINDB, a lei em vigor terá efeito imediato e geral, respeitados o ato jurídico perfeito, o direito adquirido e a coisa julgada.

A conceituação legal indica que se reputa ato jurídico perfeito o já consumado segundo a lei vigente ao tempo em que se efetuou (§ 1º). Também pela própria norma, consideram-se adquiridos assim os direitos que o seu titular, ou alguém por ele, possa exercer, como aqueles cujo começo do exercício tenha termo prefixo, ou condição preestabelecida inalterável, a arbítrio de outrem (2º).

Por fim, a **LINDB** chama de coisa julgada ou caso julgado a decisão judicial de que já não caiba recurso (3º). Essa conceituação traz ao leitor tão somente a noção de coisa julgada formal. Carece, portanto, da noção de coisa julgada material, que atualmente, nos termos do art. 502 do CPC, é mencionada como a autoridade que torna imutável e indiscutível a decisão de mérito não mais sujeita a recurso.

6.3. Direito Penal. Retroatividade da lei benéfica

Na seara penal, o estudo da eficácia da lei penal no tempo ganha importância para se descobrir qual norma será aplicada para análise e julgamento da prática de determinado delito.

Em razão disso, pergunta-se primeiramente **quando** o crime é considerado efetivamente **praticado** para, depois, analisar-se a forma de abordagem temporal da norma a ele incidente.

De acordo com o art. 4º do Código Penal, considera-se praticado o crime no momento da ação ou omissão, ainda que outro seja o momento do resultado. O Código Penal claramente adotou a chamada **teoria da atividade** para explicar o "tempo do crime", afastando as chamadas teoria do resultado ou da ubiquidade.

> **▸ Como esse assunto foi cobrado em concurso?**
>
> **(CESPE – 2011 – TJ/PI – Juiz de Direito)** No que se refere à aplicação da lei penal, assinale a opção correta.
>
> a) Em relação ao lugar do crime, o legislador adotou, no CP, a teoria do resultado, considerando praticado o crime no lugar onde se produziu ou deveria produzir-se o resultado.
>
> b) Desprezam-se, nas penas privativas de liberdade e nas restritivas de direitos, as frações de dia, mas, nas de multa, não se desconsideram as frações da moeda.
>
> c) A abolitio criminis, que possui natureza jurídica de causa de extinção da punibilidade, conduz à extinção dos efeitos penais e extrapenais da sentença condenatória.
>
> d) Desde que em benefício do réu, a jurisprudência dos tribunais superiores admite a combinação de leis penais, a fim de atender aos princípios da ultratividade e da retroatividade in mellius.
>
> e) Em relação ao tempo do crime, o legislador adotou, no CP, a teoria da atividade, considerando-o praticado no momento da ação ou omissão
>
> *Gabarito: Alternativa E*

Conhecido o "tempo do crime" pela **teoria da atividade**, e em decorrência do princípio da legalidade, aplica-se, em regra, a lei penal vigente ao tempo da realização do fato criminoso. A regra aqui exposta está em consonância com o princípio do *tempus regit actum*.

Excepcionalmente, na seara penal, será permitida a retroatividade da lei penal para alcançar os fatos passados, desde que benéfica ao réu.

Em representação do fenômeno da **extra-atividade**, fala-se que a lei penal pode ter **ultratividade** (ex: quando nova lei penal é prejudicial ao réu e, então, a norma antiga permanece regendo os fatos praticados na sua vigência) e **retroatividade** (ex: quando a nova lei penal é benéfica ao réu, e por isso retroage para abranger fatos passados).

Então, na seara penal, quando se fala em conflito da lei penal no tempo, quatro situações podem se fazer presentes:

1 – No momento da conduta, o fato é atípico e lei posterior criminaliza o fato (*novatio legis* incriminadora). Essa norma não retroage e o agente não responderá pelo fato.

2 – No momento da conduta, o fato é punível com pena privativa de liberdade de 1 a 3 anos. Lei posterior altera a sanção para 5 a 10 anos. A nova norma não retroage e o agente responderá pelo fato nos limites sancionatórios da lei anterior.

3 – No momento da conduta, o fato era criminalizado. Em momento posterior, o legislador revogou a norma incriminadora. Essa lei posterior é retroativa, nos termos do art. 2º, do Código Penal, e o agente não mais responderá pelo fato.

4 – No momento da conduta, o fato era criminalizado com sanção de pena privativa de liberdade de 2 a 4 anos. Posteriormente, lei nova estipula que a pena passa a ser privativa de liberdade de 1 a 2 anos. Essa norma é retroativa, nos termos do art. 2 º, parágrafo único do CP e o agente responderá pelo fato e serão considerados os novos parâmetros sancionatórios (mais benéficos) para seu caso.

▸ **Como esse assunto foi cobrado em concurso?**

(PUC/PR – 2010 – TJ/PR – Juiz de Direito) Dadas as assertivas abaixo, escolha a alternativa CORRETA.

I. A lei posterior, que de qualquer modo favorecer o agente, aplica-se aos fatos anteriores, inclusive sobre os afetados por leis temporárias ou excepcionais.

II. Considera-se tempo do crime o momento da ação ou omissão, porém se o resultado ocorrer em outro momento, nesta ocasião considerar-se-á o mesmo praticado.

III. A lei posterior que, de qualquer modo, favorecer o agente, aplica-se aos fatos anteriores, mesmo tendo sido decididos por sentença irrecorrível.

IV. A lei excepcional ou temporária, depois de decorrido o tempo de sua duração ou cessadas as circunstâncias que a determinaram, não mais se aplica ao fato praticado durante a sua vigência.

a) Apenas a assertiva III está correta.

b) Apenas as assertivas III e IV estão corretas.

c) Apenas a assertiva I está correta.

d) Apenas as assertivas I e III estão corretas.

Gabarito: Alternativa A

Cumpre relembrar que a lei que revoga norma penal incriminadora não respeita sequer coisa julgada anterior. Nesses casos, caberá ao juiz da execução reconhecer a *abolitio criminis* e determinar os efeitos dali decorrentes no processo. O enunciado 611 da súmula do STF trata do tema afirmando que *"Transitada em julgado a sentença condenatória, compete ao juízo das execuções a aplicação de lei mais benigna."*

A respeito do ponto, importante lembrar que há entendimento sedimentado no enunciado 711 da Súmula do STF, que diz: *"A lei penal mais grave aplica-se ao crime continuado ou ao crime permanente, se a sua vigência é anterior à cessação da continuidade ou da permanência."*

> **Como esse assunto foi cobrado em concurso?**
>
> **(VUNESP – 2011 – TJ/RJ – Juiz de Direito)** Pedro é sequestrado e os agentes exigem dinheiro de familiares dele como preço do resgate. Enquanto Pedro está privado da sua liberdade, é promulgada lei aumentando a pena cominada ao crime de extorsão mediante sequestro, previsto no art. 159, do Código Penal. Os agentes são presos em flagrante, e Pedro, libertado pela polícia, mas somente após a entrada em vigor da alteração legislativa. A pena a ser imposta aos agentes do sequestro, neste caso, será:
>
> a) a pena anteriormente prevista, pelo princípio da ultratividade da lei penal benéfica.
>
> b) a pena anteriormente prevista, pois a extorsão mediante sequestro é crime instantâneo de efeitos permanentes.
>
> c) a pena prevista pela nova legislação, pelo princípio da retroatividade da lei penal.
>
> d) a pena prevista pela nova legislação, pois a extorsão mediante sequestro é crime permanente.
>
> *Gabarito: Alternativa D*

6.3.1. *Retroatividade da lei penal em branco*

A lei penal em branco é aquela que depende de **complementação normativa** no seu preceito primário para aplicação a casos concretos. Ela pode ser classificada como homogênea ou heterogênea.

Na lei penal em branco **homogênea**, a norma penal é complementada por disposição constante em instituto normativo de **mesma natureza jurídica**. Ex: o sentido de uma palavra mencionada na lei penal é complementado ou especificado por enunciado de outra lei.

Na lei penal em branco **heterogênea**, a norma penal é complementada por disposição inserida em **espécie normativa diversa**, a exemplo de portaria (que tem natureza jurídica de ato administrativo) que complementa ou especifica o sentido de um termo ou expressão inseridos na norma penal.

Nesses casos, é possível falar em retroatividade?

Nos casos de norma penal em branco **homogênea**, toda alteração do complemento normativo que seja mais benéfica ao réu deve retroagir, aplicando-se ao caso em concreto.

No caso de lei penal em branco **heterogênea**, fala-se que a retroatividade do complemento depende da **intenção da alteração**. Se a alteração tiver apenas intenção de atualizar determinada margem incriminadora, não há retroatividade. Se houver, de outro lado, alteração para descriminalizar a conduta por completo, há retroatividade. Em resumo, deve-se avaliar se a alteração da norma extrapenal implica ou não em supressão criminosa. Se a alteração implicar em supressão da norma incriminadora, há retroatividade.

> ▸ **Como esse assunto foi cobrado em concurso?**
>
> **(CESPE – 2013 – TC/DF – Procurador)** De acordo com o CP, com relação à sucessão das leis penais no tempo, não se aplicam as regras gerais da irretroatividade da lei mais severa, tampouco a retroatividade da norma mais benigna, bem como não se aplica o preceito da ultra-atividade à situação caracterizada pela chamada lei penal em branco.
>
> *Gabarito: Incorreta.*

6.3.2. Ultratividade das leis excepcionais e temporárias

De acordo com o art. 3º do Código Penal, a lei excepcional ou temporária, embora decorrido o período de sua duração ou cessadas as circunstâncias que a determinaram, aplica-se ao fato praticado durante sua vigência.

O art. 3º traz claramente uma hipótese de **ultratividade** das leis penais excepcionais e temporárias.

A doutrina observa que, por serem de curta duração, essas leis precisam ter a proteção da ultratividade, sob pena de os agentes que cometerem os fatos nelas incriminados sempre se beneficiarem de suas revogações posteriores.

> ▸ **Como esse assunto foi cobrado em concurso?**
>
> **(FUNCAB – 2014 – PC/RO – Escrivão)** O artigo 3º do Código Penal dispõe: "a lei excepcional ou temporária, embora decorrido o período de sua duração ou cessadas as circunstâncias que a determinaram, aplica-se ao fato praticado durante sua vigência". O referido artigo prevê o fenômeno da:

a) coculpabilidade.
b) tipicidade conglobante.
c) retroatividade da lei.
d) *abolitio criminis*.
e) ultra-atividade da lei.
Gabarito: Alternativa E

6.3.3. Princípio da Continuidade Normativo-típica

Aplica-se o princípio da continuidade normativo-típica sempre que, embora formalmente revogado, o **fato típico** continua previsto na nova norma (revogadora).

Esse princípio é aplicado para as hipóteses em que a conduta criminosa migra para outro tipo penal. A intenção do legislador, neste caso, é manter o caráter criminoso do fato e, por isso, não há irretroatividade.

6.4. Direito Constitucional

Como regra, as normas constitucionais **originárias** têm **retroatividade mínima**, ou seja, atingem apenas os fatos anteriores a elas quando estes produzirem efeitos após a entrada em vigor da nova ordem constitucional. (RE 242740/GO)

Excepcionalmente, as normas constitucionais originárias podem ter retroatividade máxima (atacando fatos consumados) ou média (atingindo efeitos pendentes de atos anteriores). Para tanto, essas normas precisam prever expressamente essa retroatividade.

Fala-se também que o poder constitucional **originário** não é limitado por direitos ditos adquiridos, e a incidência das novas disposições constitucionais é imediata, embora o constituinte possa criar exceções ou regras de transição, se entender conveniente.

No que se refere ao poder constitucional derivado, seja reformador ou decorrente, há necessidade de respeito ao direito adquirido (retroatividade mínima), entendendo-se a palavra "lei" do texto constitucional (art. 5º, XXXVI) em sentido amplo – ADI 3133.

6.4.1. Nova constituição e repristinação

Entende-se por repristinação o **restabelecimento da norma revogada em razão da revogação da sua norma revogadora**. Nos termos da Lei de Introdução às Normas do Direito Brasileiro, este fenômeno, como regra, não acontece, salvo se a nova norma assim se pronunciar. Esta regra é também aplicada ao direito constitucional intertemporal.

6.4.2. Desconstitucionalização

Trata-se da recepção de disposições do texto da Constituição anterior pela nova ordem constitucional com o status de lei infraconstitucional, desde que com esta materialmente compatíveis.

A maioria da doutrina entende que o fenômeno da desconstitucionalização **só é admitido se houver previsão expressa na nova constituição**. Do contrário, ocorre uma revogação por normação geral, ou seja, a Constituição anterior fica inteiramente revogada pela promulgação da nova.

6.4.3. Fenômeno da recepção

Fala-se que, com a promulgação de um novo texto constitucional, não ocorre tecnicamente "revogação" das leis eventualmente incompatíveis com os dispositivos do novo texto constitucional.

A adequada técnica aponta que as leis anteriores à nova Constituição podem ser, ou não, **recepcionadas** pela ordem jurídica recém-inaugurada.

Essa recepção, todavia, precisa ser tão somente **material**, ou seja, o conteúdo da norma precisa ser compatível com o novo texto constitucional, abandonando-se a exigência de que tal norma tenha sido aprovada formalmente nos moldes exigidos pelo novo texto constitucional (a exemplo de quóruns de aprovação até então não existentes).

Um claro **exemplo** de recepção na Constituição da República de 1988 foi a do Código Tributário Nacional. Pela CR/88, tal norma deveria ser editada na forma de lei complementar. O CTN, mesmo tendo sido aprovado na forma de **lei ordinária** sob a vigência da Constituição anterior, foi **recepcionado** pela nova carta, eis que, como dito, apenas se analisam questões de ordem material neste fenômeno.

Tal informação **não pode ser confundida** com o que doutrina nomina de **"constitucionalidade superveniente"**. Ou seja, se uma norma foi elaborada de maneira formalmente inconstitucional diante da constituição anterior, ela não ganha "validade" pela edição da nova Constituição, ainda que o rigor formal para sua edição tenha sido reduzido.

> **Aprofundamento para segunda fase ou provas orais:** O que ocorre com a norma produzida por um ente da federação no regime constitucional anterior em caso de transferência da competência, pela nova Constituição, a ente distinto (lei estadual que passa a ser de competência federal, por exemplo)?
>
> Trata-se de uma incompatibilidade formal. Segundo Gilmar Mendes, a manutenção da norma só seria possível em se tratando de ante-

> rior atribuição federal posteriormente transferida para competência dos estados ou municípios, admitindo, portanto, que a lei fosse estadualizada ou municipalizada.
>
> Não há como se cogitar, todavia, de uma federalização de normas estaduais ou municipais, inclusive em razão da impossibilidade prática de se "federalizar" simultaneamente tantas leis que, provavelmente, seriam conflitantes.

6.5. Antinomias jurídicas

Antinomia é o fenômeno jurídico caracterizado pela presença de duas normas conflitantes, válidas e emanadas de autoridade competente, sem que se possa dizer qual delas deve ter aplicação em determinado caso concreto.

Quando constatada a ocorrência de antinomia, o conflito de normas aparentemente conflitantes deve ser solucionado pela utilização dos seguintes critérios:

a) **hierárquico** – norma superior prevalece sobre norma inferior.

b) **de especialidade** – norma especial prevalece sobre norma geral.

c) **cronológico** – norma posterior prevalece sobre norma anterior.

As antinomias podem ser:

a) **de 1º grau ou aparentes** – conflito de normas que pode ser solucionado pela utilização de apenas um dos critérios acima informados.

b) **de 2º grau ou reais** – conflito de normas que não pode ser solucionado utilizando-se de critérios básicos (antinomia real) ou que, para ser solucionado, exige a utilização de dois critérios.

Como visto, haverá antinomia de segundo grau quando não for possível resolver o conflito de normas pelos critérios tradicionais. Nesse caso, a doutrina aponta o que chama de meta-critérios de resolução de antinomias:

a) **Norma especial e anterior X Normas geral e posterior:** prevalece a primeira, em razão da especialidade.

b) **Norma superior anterior X Norma inferior posterior:** prevalece a primeira, pela hierarquia.

c) **Norma geral superior X Norma especial inferior:** nesse caso, não há uma solução, razão pela qual se denomina a situação de antinomia real, segundo Maria Helena Diniz, podendo-se preferir para a solução do conflito qualquer um dos critérios. Todavia, para Bobbio, deve prevalecer a lei superior.

7. CONCEITO DE POLÍTICA

Todo Estado encontra na política um indiscutível elemento de interligação e intercomunicação entre os diversos fatores de poder que são determinantes para sua constituição e formatação.

A política é, por assim dizer, atividade inafastável de todo centro de poder instituído em determinado Estado soberano, podendo ser mais ou menos aberta ao diálogo, considerando as próprias características do Estado constituído.

Em abordagem **etimológica**, fala-se que a palavra política decorre de *polis*, mais especificamente a *politikós*, que se refere ao que é urbano, civil e social, ou seja, aquilo que é **relacionado "à cidade"**, no sentido de ser relacionado **com o que é público, afeto aos interesses comuns dos membros da coletividade**.

> **Como esse assunto foi cobrado em concurso?**
>
> **(ESAF – 2009 – MPOG)** O termo Política diz respeito ao funcionamento do Estado e ao exercício do poder. Quanto à sua origem, está correto afirmar que:
>
> a) foi criado por Maquiavel.
>
> b) tem sua origem na Revolução Francesa.
>
> c) deriva da palavra grega pólis.
>
> d) surgiu com a formação dos partidos políticos.
>
> e) resultou das disputas dinásticas na antiguidade.
>
> *Gabarito: Alternativa C.*

A noção daquilo que compreende a política se alterou profundamente no decorrer na história, razão por que a retomada histórica a seguir exposta se mostra pertinente.

7.1. História da Política

7.1.1. *O pensamento grego*

Assim como ocorreu com a filosofia, a política também remonta suas origens à Grécia antiga.

Na obra *A República*, **Platão** aborda assuntos relacionados à política geral e menciona a possibilidade de criação de uma **cidade ideal**, que seria baseada na concepção de **preservação do bem coletivo** frente ao particular.

Para que essa formatação fosse mantida, seria necessário, na concepção de Platão, que as escolhas governamentais fossem feitas pelos **sábios filósofos**. No contexto de organização da cidade, a fiscalização das ordens seria feita pelos

guardiões e os **produtores** estariam no terceiro segmento social de escalonamento.

Dois detalhes desbordam dessa ideia de Platão e merecem pontuação:

(i) igualdade de gênero – para conceber sua cidade ideal, Platão não levou em consideração qualquer formatação preconcebida de organização social, aceitando inclusive que mulheres fizessem parte de qualquer dos segmentos acima apontados, inclusive podendo ser sábias filósofas que tomariam as decisões da cidade. Essa ideia destoa da concepção social existente na Grécia antiga, que apresentava uma separação muito específica entre cidadãos e não cidadãos para exercício de voz política (excluindo mulheres, escravos, estrangeiros, pessoa idosa etc.).

(ii) possibilidade de mentir – Plantão entendia que, como os sábios eram dotados da amplitude de pensamento necessária para tomarem as melhores decisões para a cidade (e consequentemente para o povo), poderiam exercer inclusive o direito de mentir para a população sobre suas escolhas, desde que essa mentira trouxesse vantagem à população em geral. Para os demais segmentos da sociedade, a mentira seria proibida.

A análise da política também foi feita por **Aristóteles**, discípulo de Platão. Para ele, que com sua obra *Politica* difundiu o termo, ela é o **ramo do conhecimento** que se propõe a descobrir a **melhor forma de governo** para a estruturação do **bem coletivo**.

Para o filósofo grego, a política representa a maior de todas as ciências, pois, diferentemente das ciências retórica, econômica ou ética, ela se preocupa com o bem geral, que somente pode ser alcançado no contexto de um Estado politicamente bem formado e onde o homem pode aprimorar suas faculdades.

É famosa a divisão de governos proposta por Aristóteles que elenca:

a) **Monarquia:** formato em que um governa em prol de todos.

b) **Aristocracia:** formato em que alguns poucos (chamados virtuosos) governam para o bem de todos.

c) **Democracia:** formato em que todos, seja direta ou indiretamente, governam para o bem de todos.

Essas seriam as três boas formas de governo em determinada organização social e coletiva e, quando desvirtuadas, dariam origem a outros três formatos:

a) **Tirania:** quando o monarca governa a seu bel prazer e sem considerar o bem comum.

b) **Oligarquia:** quando alguns governam direcionados apenas à satisfação de interesses de seu pequeno grupo.

c) **Demagogia:** sistema em que, em tese, todos governam, mas o grupo de representantes eleito rompe com os interesses coletivos e acaba satisfazendo interesses escusos.

Para Aristóteles, a melhor forma de governo seria a monárquica.

7.1.2. O pensamento romano

Com representação maior na figura de Cícero, o pensamento político romano apresentou uma síntese das manifestações gregas.

Para Cícero, que também escreveu uma obra chamada *A República*, a melhor forma de governo seria aquela que unisse a **unidade da monarquia**, a **excelência da aristocracia** e o **consenso característico da democracia**. Para ele, essa representação existia na república romana que, a um só tempo, congregava o Consulado, o Senado e a Assembleia dos cidadãos.

7.1.3. O pensamento medieval

O período medieval deu origem ao pensamento de dois expoentes filosóficos até hoje reconhecidos: São Tomás de Aquino e Dante Alighieri.

O maior pensador do período medieval é, sem dúvidas, **São Tomás de Aquino**, que escreveu a obra *Do governo dos príncipes*. Retomando lições de Aristóteles e Santo Agostinho, o autor propõe que a melhor forma de governo seria a chamada **monarquia temperada**, que destoa da original por ser limitada pelo poder da Igreja e de outras instituições socialmente importantes (universidades, corporações, etc.).

Dentro da prática política de criação de leis, Tomás de Aquino sustentava que as leis ordinárias (criadas positivamente) encontravam **limites** nas **leis eternas** (expostas nos dez mandamentos) e nas **leis naturais** já concebidas pelos estoicos no período grego e ratificadas por Cícero no período romano.

Já o pensador **Dante Alighieri** propôs a ideia de que as esferas de poder seriam divididas em "dois sóis". O primeiro seria o "sol da alma", afeto à vida espiritual e que seria de competência da Igreja. O segundo seria o "sol do corpo", que poderia sofrer limitação por meio do exercício de política estatal (manifestações legislativas).

7.1.4. O pensamento renascentista

Embora o período seja marcado pela existência de diversos pensadores que revolucionaram a história mundial, a análise da política feita por **Nicolau Maquiavel** ganha destaque neste ponto.

Em sua famosa obra *O Príncipe*, Maquiavel esboça um manual de política para se obter sucesso a qualquer custo, com fins justificando os meios de atuação do príncipe sobre os súditos. A genialidade do livro, todavia, mostra-se quando Maquiavel o destina a Lorenzo de Medici, a todos os governantes que eventualmente queiram ter controle sobre a população e, ao mesmo tempo, para o povo, a fim de que conheça as estratégias de dominação.

O que antes era chamado de "República" pelos autores (Platão, Aristóteles, Cícero, etc), passa a ser nominado de **"Estado"** por Maquiavel, nomenclatura que até hoje é mantida.

> **▸ Como esse assunto foi cobrado em concurso?**
>
> **(ESAF – 2012 – CGU – Analista)** O conceito de Estado é central na teoria política. Os enunciados a seguir referem-se à sua formulação. Indique qual a assertiva correta.
>
> a) O conceito de Estado surge com o de Pólis, na Grécia.
>
> b) Sua formulação original integra o Direito Romano.
>
> c) A definição passou a ser utilizada na Revolução Francesa.
>
> d) A primeira referência ao termo é de Maquiavel.
>
> e) A origem não pode ser identificada.
>
> *Gabarito: Alternativa D.*

Interessante análise sobre política também fez o jurista **Thomas More** durante o renascimento. Ao escrever o livro *Utopia*, descreve um Estado em que não existem a propriedade privada e o dinheiro. A única preocupação é a **felicidade** coletiva por meio da organização das formas de produção, lançando bases para o que depois se chamou de socialismo econômico.

7.1.5. Pré-iluminismo

Esse período tem em Thomas Hobbes e em John Locke seus maiores expoentes.

Em *O Leviatã*, **Hobbes** insere sua clássica frase que diz ser "o homem lobo do homem" (*homo homini lupus*), buscando retratar o que conceituou como contratualismo pessimista, indicando que é a necessidade de todos (medo) que faz com que um Estado seja criado e seja tão forte que intimide o indivíduo a não violar regras sociais. A força do Estado, desse modo, é o que intimida os cidadãos individualmente considerados, razão pela qual Hobbes defendia a formatação absolutista do Estado.

Por outro lado, o médico e pensador **John Locke** não coadunava com a visão pessimista de Hobbes e, inclusive, apontava que o estado natural dos homens não era de guerra e medo, mas sim de paz e liberdade. A ideia de propriedade privada é apresentada por Locke como uma extensão dos direitos do corpo e, defendendo a proposta de livre iniciativa, moldou um sistema liberal até hoje conhecido.

O pensamento dos referidos filósofos será tratado com maiores minúcias no capítulo a seguir.

> ▸ **Como esse assunto foi cobrado em concurso?**
>
> **(CESPE – 2013 – ANTT – Analista)** Com relação ao Estado e sua evolução histórica, julgue o item seguinte.
>
> A visão de Estado, no pensamento político de Locke, consiste na unidade que se estrutura, conforme o estado de natureza, passando pela constituição de sociedade civil, fundada no pacto ou contrato social e desemboca no Estado Absolutista.
>
> ( ) Certo
>
> ( ) Errado
>
> *Gabarito: Errado.*

7.1.6. Iluminismo

O iluminismo foi um movimento cultural que decorreu do desenvolvimento intelectual valorizado desde o renascimento e que, como frutos, gerou ideais de liberdade política e econômica elevadas ao patamar de pilares da nova sociedade pela burguesia. Neste período, destacam-se os pensamentos de Montesquieu e Rousseau.

O **Barão de Montesquieu**, em sua obra *O espírito das leis*, investigou e comparou sistemas legislativos levando em conta critérios climáticos, étnicos e culturais. Ao explicar o Estado, faz menção a ser ele uma instituição social e jurídica, acrescentando tais elementos à característica meramente política até então mencionada por outros autores. Quando aborda as formas de governo, propõe como ideal a monarquia constitucional com **tripartição de poderes** (Executivo, Judiciário e Legislativo) enriquecida de um sistema de freios e contrapesos (embora essa expressão não tenha sido cunhada pelo autor), onde os poderes exercem funções típicas e atípicas para harmonização do sistema.

> ▸ **Como esse assunto foi cobrado em concurso?**
>
> **(VUNESP – 2015 – Prefeitura de São Paulo)** É preciso que, pela disposição das coisas, o poder freie o poder. (Montesquieu, O Espírito das Leis. Adaptado)
>
> A afirmação de Montesquieu, filósofo iluminista francês do século XVIII, indica uma importante característica das democracias contemporâneas, expressa corretamente na ideia de

a) dissociação do poder soberano e sua partição com base nas três funções fundamentais do Estado – a legislativa, a executiva e a judiciária.
b) pertencimento a uma comunidade política nacional, com direitos e deveres comuns e responsabilidades sobre os poderes constituídos.
c) controle do território por um governo amparado por um sistema legal e com capacidade de utilizar a força militar para implementar suas políticas.
d) autoridade do governo sobre uma área com fronteiras claras, dentro da qual ele representa o poder supremo e soberano.
e) autodeterminação dos povos baseada no direito natural das nações que compartilham uma origem, uma cultura e uma língua comuns.

Gabarito: Alternativa A.

O francês **Jean Jaques Rousseau** escreveu duas espetaculares obras: *O contrato social* e *O discurso da origem da desigualdade entre os homens.* No mais famoso deles (*O contrato social*) o autor aponta a criação de um contrato fictício que fora objeto de adesão tácita pelos indivíduos com a finalidade de, em sociedade, preservarem-se a vida e as posses. Ao celebrarem tal contrato, as pessoas renunciam a parte de seus direitos e dão origem à criação de um corpo político que Rousseau denomina de *soberano* e que consiste na soma dos direitos dos homens. Esse soberano passa a ter vontade própria, elemento nominado por Rousseau como "vontade geral".

▸ **Como esse assunto foi cobrado em concurso?**

(FADESP – 2017 – COSANPA – Sociólogo) J. J. Rousseau define o contrato social como

a) o pacto corresponde às vontades individuais do corpo coletivo, sem obedecer a nenhuma lei.
b) o contrato corresponde ao modo de associação, onde, com base na união, todos obedecem a todos.
c) uma livre associação do gênero humano, que decide compor uma determinada forma de sociedade política, com base na vontade geral, com vistas ao pacto social.
d) a expressão da permanência da desigualdade formal e da injustiça entre os homens, resolvidas sem que haja necessidade da alienação de cada componente do pacto social.

Gabarito: Alternativa C.

7.1.7. *Política no Século XX*

A primeira metade do século XX foi marcada pelo aparecimento de autores que defendiam o chamado "positivismo". Posteriormente, retomaram-se os ideais de neoliberalismo inspirados na experiência americana, principalmente no período posterior à guerra fria.

7.1.8. *Discussões contemporâneas*

Atualmente, a política está vinculada às relações firmadas entre as pessoas e as decisões públicas que disso decorrem, principalmente no que se refere a representantes da vontade geral para direcionamento das decisões estatais.

As instituições jurídicas, por serem as responsáveis pela construção e pela aplicação do Direito em um determinado Estado, fazem parte desse diálogo na consecução do desenvolvimento e da evolução da sociedade.

Reconhecendo os valores importantes para a coletividade, a exemplo do trabalho, da justiça, da ordem etc., o Direito participa da política de formação de um Estado cada vez mais evoluído, atuando em seu âmbito de especialidade e, via de consequência, contando que os demais também o façam nos seus.

Desse modo, embora pareçam distantes, os discursos político e jurídico não são absolutamente autônomos e excludentes, havendo sempre uma relação dialógica de causa e efeito entre eles, na qual não é possível se identificar (em diversos casos) qual deu origem a qual, tamanha a sua interlocução.

O conceito de **política**, como se viu, está ligado à **noção de poder**. Este, por sua vez, apresenta uma noção que se alterna no tempo e em função da corrente de pensamento que se adota para justificar e visualizar a política. A fim de exemplificar a complexidade de que se reveste o conceito, passamos a mencionar alguns autores:

a) Nicos Poulantzas, a partir de Marx e Lênin e da teoria da luta de classes, chama de poder "a capacidade de uma classe social de realizar os seus interesses objetivos específicos".

b) Para Lasswell, poder é "o fato de participar da tomada das decisões".

c) Max Weber conceitua o poder como "a probabilidade de um certo comando com um conteúdo específico ser obedecido por um grupo determinado".

7.1.9. *O que distingue a política das outras formas de poder?*

A resposta vem das palavras de Julien Freund, para quem a política é *"a atividade social que se propõe a garantir pela força, fundada geralmente no direito, a segurança externa e a concórdia interna de uma unidade política particular...".* Essa possibilidade de fazer uso da força distingue o poder político das outras formas de poder.

Política e Direito, todavia, nem sempre estão interligados. Enquanto a **política** encontra seus fundamentos na **soberania popular** e no princípio **majoritário**, o **direito** está fundado no respeito à **ordem jurídica constitucional**, o que justifica sua postura muitas vezes **contramajoritária**.

Fala-se, também, que o direito é regulado pela política ao mesmo tempo que a regula. Em outras palavras, partindo-se do pressuposto que o direito é expressado por meio de leis criadas pelo poder legislativo, e que este é formado por legitimados democraticamente a ali estarem, conclui-se que o direito é um produto da política.

Do mesmo modo, os políticos que criam as leis estão sujeitos a normas preestabelecidas para elaboração das novas normas, no que se conclui também existir um controle do direito sobre a política.

Diante da nova formatação de **precedentes vinculativos** das decisões, a pergunta que se faz é se o direito continua sendo produto exclusivo da política. Em um cenário de positivismo puro, de onde se extraia direito apenas de uma fonte formal imediata (lei), essa resposta até poderia ser afirmativa. Todavia, os novos rumos da ciência jurídica podem mudar essa perspectiva. Afinal de contas, a partir da delimitação de precedentes em recursos repetitivos, por exemplo, o Poder Judiciário elevará determinados enunciados à condição de norma de obrigatória observação em decisões judiciais.

A discussão a respeito de ser o julgador um agente político não é nova. Hoje, não persiste mais a tese de que a atuação do juiz seja mera atividade de conhecimento. Não há como se cogitar que o juiz se desvista de suas ideologias no momento de exercer sua função e não houvesse, por isso, qualquer parcela de criação do direito em sua decisão.

8. IDEOLOGIAS

Atualmente, a palavra ideologia é utilizada de forma constante para definir um **segmento de ideias** ("visão de mundo") que **guia** determinados **movimentos políticos ou sociais** em uma coletividade.

Essa noção, todavia, é resultado de mutação de significado da palavra.

Inicialmente explorado por Antoine Destutt de Tracy, o termo ideologia foi mencionado como o *resultado da relação entre o ser pensante e o meio ambiente*. Para ele, ideologia seria a "ciência das ideias".

Posteriormente, a noção foi deturpada por **Napoleão Bonaparte** que, em discurso, utilizou o termo "ideólogos" para ofender seus opositores, rotulando-os como **alienados da realidade**.

O sentido inaugurado por Napoleão foi adotado por **Marx** posteriormente, que trabalhou o termo como sinônimo de **"ideia falsa"**. Para ele, a ideologia (enquanto falsa ideia ou consciência) geraria a inversão ou a camuflagem da realidade, e seria um instrumento de manipulação social em prol dos ideais ou interesses da classe dominante (e não de instituições ou órgãos, que são apenas instrumentos para tanto).

> ▸ **Como esse assunto foi cobrado em concurso?**
>
> **(CESPE - 2015 - DPU - Defensor Público)** Quanto à sociologia jurídica, julgue o item subsequente.
>
> Sob o ponto de vista da teoria marxista, a ideologia pode ser compreendida como uma falsa representação. De acordo com esse entendimento, a ideologia jurídica pode ser um instrumento de dominação exercido pelo Poder Judiciário em relação aos seus jurisdicionados.
>
> Certo
>
> Errado
>
> *Gabarito: Errada.*

A partir das diferentes conceituações feitas ao termo, passou-se a dizer que a palavra ideologia pode ter uma **concepção neutra ou clássica** (ciência das ideias) **ou crítica** (ilusão de realidade criada para manutenção de dominação).

Para Marx, um exemplo de ideologia liberal seria a ideia de meritocracia, uma ilusão de realidade criada para manutenção da dominação das classes mais ricas sobre as mais pobres que, teoricamente, estaria legitimada pela ideia de "livre competição" como meio para consecução de justiça na distribuição dos bens.

> ▸ **Como esse assunto foi cobrado em concurso?**
>
> **(CONSUPLAN - 2018 - SEDUC/PA - Professor)** "A ideologia tornou-se mecanismo de desautorização de discurso e suspensão de debates. Tem servido para escancarar os mais íntimos preconceitos [...]. Ela não nasceu hoje, mas nunca esteve tão presente quanto agora. Invenção do século XIX, a 'ideologia' circula pelo imaginário contemporâneo como um interruptor, acionado conforme conveniência pra suspender qualquer transformação a ela relacionada." (Disponível em: https://www.cartacapital.com.br/sociedade/a-ideologia-e-um-delirio-5568.html.)
>
> Ideologia, em um sentido amplo, significa aquilo que seria ou é ideal. Este termo possui diferentes significados, sendo que no sen-

so comum é tido como algo ideal, que contém um conjunto de ideias, pensamentos, doutrinas ou visões de mundo de um indivíduo ou de determinado grupo, orientado para suas ações sociais e políticas. Especificamente na teoria marxista, o termo Ideologia está relacionado:

a) À origem e à formação das ideias tais como a razão, a vontade própria e a percepção moral. É a partir da divulgação das ideologias que os seres humanos se tornam "animais políticos".

b) À própria formação da sociedade desde seus primórdios. A ideologia é negativa porque nasce de uma noção individualista e, por isso mesmo, imprópria para o desenvolvimento da realidade social.

c) A um conjunto de proposições elaborado, na sociedade burguesa, com a finalidade de fazer aparentar os interesses da classe dominante com o interesse coletivo, construindo uma hegemonia daquela classe.

d) À função de ser um 'cimento' social, ou seja, ser uma estrutura que sustenta a própria condição de interação e manutenção da sociedade, possibilitando a participação integral de seus componentes à vida social.

Gabarito: Alternativa C.

9. A DECLARAÇÃO UNIVERSAL DOS DIREITOS HUMANOS

9.1. Introdução e conceito

Os direitos humanos são aqueles **inerentes ao homem** enquanto **condição para sua dignidade** e usualmente são descritos em **documentos internacionais** para que sejam mais seguramente garantidos.

Complementando o conceito, fala-se que os direitos humanos são necessariamente supranacionais, porque resultantes de uma revolução HISTÓRICA que culminou na consagração desses postulados em documentos internacionais, entendimentos de paz, tratados, etc.

No que se refere à **comparação com direitos fundamentais**, uma corrente minoritária, composta por autores como Manoel Gonçalves Ferreira Filho e Alexandre de Moraes, não reconhece qualquer diferença entre direitos humanos e direitos fundamentais. A corrente majoritária, por sua vez, entende que, materialmente, ambos visam à proteção e à promoção da dignidade da pessoa humana; a dissonância entre eles estaria no **plano** em que esses direitos são consagrados, sendo os **fundamentais** dispostos no **corpo interno do ordenamento jurídico** e os **direitos humanos** enunciados em legislação produzida no **plano externo**. Os Direitos Humanos, então, são os ***previstos em instrumentos***

internacionais *que proporcionam a todos os seres, independentemente de qualquer condição, a* ***base essencial*** *para que tenham uma vida digna e para que se protejam contra violações* ***praticadas ou toleradas*** *pelo Estado.*

André de Carvalho Ramos (2017, p. 151), menciona a compreensão da diferença entre os institutos a partir dos conceitos de *Locus* de Normatividade, local onde o direito está positivado (tratados internacionais versus constituição de cada país), e *Locus* de Exigibilidade, local onde o direito poderá ser exigido (plano internacional *versus* plano interno de cada país).

Não se deve confundir, também, direitos humanos com direito humanitário (aquele voltado para circunstâncias de guerra) e direito dos refugiados (direito ao acolhimento, como asilo e refúgio).

▸ Como esse assunto foi cobrado em concurso?

(2022 – FUNDEP – TJM/MG – Juiz de Direito Substituto) Sobre a proteção do homem quanto aos seus direitos, assinale a alternativa correta.

a) A expressão "direitos do homem" caracteriza-se pela falta de positivação interna e internacional cuja existência se justifica no plano do Direito Natural.

b) A expressão "direitos fundamentais" trata dos direitos inscritos em tratados e declarações ou de correntes dos costumes de índole internacional.

c) A expressão "direitos humanos" é afeta à proteção constitucional dos direitos dos cidadãos que os textos constitucionais houveram por bem registrar.

d) A expressão "direitos humanos fundamentais" procura realizar uma unificação formal da proteção de matriz constitucional com a salvaguarda de cunho internacional de tais direitos.

Gabarito: Alternativa A.

(2024 – VUNESP – TJ/SP – Juiz de Direito Substituto) Assinale a alternativa correta e mais adequada, no que toca à distinção entre direitos humanos e direitos fundamentais positivados.

a) Os direitos humanos são exclusivamente aqueles indicados na Declaração Universal dos Direitos Humanos, adotada pela Assembleia Geral das Nações Unidas, em 1948. Direitos fundamentais são aqueles apontados nas Constituições Federais.

b) Direitos humanos são os positivados em tratados e convenções internacionais e os direitos fundamentais são os positivados exclusivamente na Constituição Federal do Brasil.

c) Direitos humanos são direitos ligados à liberdade e à igualdade, em geral positivados no plano internacional. Trata-se de direitos universais e inalienáveis, de que as pessoas não podem voluntariamente dispor. Direitos fundamentais são os direitos humanos positivados nas Constituições Federais dos países. O que os difere é o plano em que estão previstos.

d) Direitos humanos são os previstos na Declaração Universal dos Direitos Humanos e na Convenção da Corte Interamericana de direitos humanos. Direitos fundamentais são os previstos na Constituição Federal do Brasil.

Gabarito: Alternativa C.

9.2. Análise Histórica dos direitos inerentes à condição humana

A consagração de direitos vistos como inerentes à condição humana advém de data muito anterior à da publicação da Declaração Universal dos Direitos Humanos ou de outras normas consagradas na atualidade.

A constatação de que alguns direitos pareciam ter características diferenciadas na comparação com outros já era realizada em civilizações muito antigas que, embora não se utilizassem da expressão "direitos humanos" em suas designações, apresentavam essas garantias em diversas manifestações jurídicas. No formato de linha do tempo, vamos conhecê-las:

A noção atual do que conhecemos como direitos humanos teve como gênese primeira o ideário de lei natural.

Em **Antígona**, tragédia escrita pelo grego Sófocles, a personagem confronta o rei Creonte sobre o direito "natural" de enterrar seus familiares e, fundamentando seus argumentos no respeito a um costume sagrado sobre o qual não poderia prevalecer nem mesmo o decreto do rei, enterra o corpo de Polinices. Em seu discurso, fala sobre **"leis divinas, nunca escritas, porém irrevogáveis".**

Na tragédia grega denota-se o debate sobre a validade absoluta do direito positivo e a contraposição com algo que determinada sociedade considera superior às enunciações positivadas, ou seja, direitos que seriam decorrentes da mera condição natural do humano.

O direito natural apresenta ponto central na ideia de imutabilidade de certos princípios que não são alterados no decorrer da história, independem de onde sejam invocados e sob qual formação de Estado em que vindicados. Ele não é dotado da historicidade característica dos direitos humanos, eis que enquanto estes se desenvolvem e maturam no decorrer da evolução humana, aqueles teriam sua força fundamentada em uma base sólida e imutável.

Com o passar do tempo, algumas ponderações a respeito do direito natural começaram a ser feitas ainda no seio da sociedade grega. Os **sofistas** questionaram essa concepção de lei natural, pois a lei estabelecida na *polis*, fruto da vontade dos cidadãos, seria variável no tempo e no espaço, não havendo que se falar num direito imutável.

O filósofo **Aristóteles**, por outro lado, estabeleceu uma divisão entre justiça positiva e a natural, reconhecendo que a lei posta poderia não ser justa, caso se confrontasse com tais direitos.

Após Aristóteles, o mundo grego presenciou o surgimento do **estoicismo**, doutrina que encontra em Zenão de Cítio um de seus expoentes máximos. O estoicismo pregava a ideia de formação do mundo em *cosmos* (um todo perfeito que esperava do homem tão somente um exercício de encaixe harmônico). Em razão disso, este pensamento filosófico já abordava que existem direitos inatos e iguais em todas as partes do mundo.

Na **república romana**, Cícero foi um dos principais responsáveis pela discussão sobre a diferença entre o lícito moral e o lícito jurídico, entendendo caber ao homem bom e justo desrespeitar leis postas que contrariem a justiça universal. Essa subdivisão deixa clara a proposta de um direito possivelmente "superior" àquele posto na norma.

Na **idade média**, o pensamento descolou-se da noção "natural" como fonte primária de direitos e voltou-se ao aspecto "divino". São Tomás de Aquino entendeu que a lei é um dos modos pelos quais Deus instrui os homens a alcançarem o bem e que estes, regidos pela razão divina, não estariam "reconhecendo" direitos naturais como atividade criativa, mas apenas reconhecendo-as como vontades de Deus. A isso o pensador chamou de lei eterna.

A lei eterna seria a diretriz para as leis que se estabelecem no plano humano, que poderiam ser natural e humana, sendo a lei natural aquilo que sempre se espera do homem em sociedade, independentemente do que esteja previsto na lei humana. Por ser um fundamento de validade da lei humana, a lei natural seria reflexo da lei eterna na lógica racional.

A igualdade essencial da pessoa pregada no cristianismo é, para boa parte da doutrina, a fonte primária da concepção dos direitos humanos. Essa igualdade essencial dita que todos os homens são iguais perante Deus, independentemente de suas formações biológicas ou de ordem cultural.

Em 1215, os nobres ingleses, cansados dos abusos do Rei João, forçaram-no a reconhecer uma série de direitos aos nobres e aos cidadãos. Estes direitos seriam oponíveis inclusive ao próprio monarca. Desse modo, reconheceu-se que ninguém, seja o Rei ou o legislador, estaria acima da lei. Da referida Magna Carta histórica foram concebidas as ideias de devido processo legal, *habeas corpus* e tribunal do júri popular. Ela é apontada como a primeira carta de direitos que se tem notícia na história.

> ▸ **Como esse assunto foi cobrado em concurso?**
>
> **(CESPE / CEBRASPE – 2012 – DPE/AC – Defensor Público)** Assinale a opção correta no que diz respeito à afirmação histórica dos direitos humanos.
>
> O Bill of Rights, de 1689, foi a primeira carta de direitos de que se tem notícia na história.
>
> *Gabarito: Incorreta.*

A **Idade Moderna** (1500 a 1800) foi marcada pela retomada do debate sobre a distinção entre Direito e moral. Tendo como importante marco histórico o *Bill of Rights*, de 1689 na Inglaterra, esses estudos deram origem a uma formalização extrema do direito, desvinculando-se de qualquer noção divina.

O posterior **iluminismo** lançou base para dois principais eventos que ocorreram no início da Idade contemporânea, a Revolução Francesa e a Revolução Industrial. A partir disso, as questões de limitação do poder (Locke) foram aprimoradas, o que desaguou na teoria da divisão dos poderes (Montesquieu).

As manifestações iniciais de divisão dos poderes e limitação do poder tiveram intuito claramente liberal. Ou seja, buscavam limitar a ingerência desmedida do Estado-soberano na vida dos cidadãos.

Com o passar dos anos, a análise social evoluiu e passou-se a perceber que o estado liberal poderia dar origem a injustiças aos economicamente desprotegidos. Visionárias sobre tal aspecto, a Constituição do México e a Constituição alemã de Weimar marcam o avanço do período liberal para o social.

> ▸ **Como esse assunto foi cobrado em concurso?**
>
> **(FCC – 2016 – DPE/BA – Defensor Público)** Com relação à origem histórica dos direitos humanos, um grande número de documentos e veículos normativos podem ser mencionados, dentre eles é correto afirmar que cada um dos documentos abaixo mencionados está relacionado com um direito humano específico, com EXCEÇÃO de:
>
> a) Declaração de Direitos do Estado da Virgínia, 1776, que disciplinou os direitos trabalhistas e previdenciários como direitos sociais.

b) Declaração de Direitos (Bill of Rights), 1689, que previu a separação de poderes e o direito de petição.

c) Convenção de Genebra, 1864, que teve relevante destaque no tratamento do direito humanitário.

d) Constituição de Weimar, 1919, que trouxe a igualdade jurídica entre marido e mulher, equiparou os filhos legítimos aos ilegítimos com relação à política social do Estado.

e) Constituição Mexicana, 1917, que expandiu o sistema de educação pública, deu base à reforma agrária e protegeu o trabalhador assalariado.

Gabarito: Alternativa A

(CESPE / CEBRASPE - 2012 - DPE/AC - Defensor Público) Assinale a opção correta no que diz respeito à afirmação histórica dos direitos humanos.

A Constituição Mexicana de 1917 e a Constituição de Weimar de 1919 são marcos da afirmação dos direitos humanos de segunda geração.

Gabarito: Correta.

A ocorrência de guerras passou a aumentar a preocupação internacional com a proteção de direitos dos homens. **Em 1863**, criou-se a primeira **Convenção de Genebra** na forma de comitê e, em 1876, o mesmo comitê dá origem à Cruz Vermelha.

No final da primeira guerra, assinou-se o Tratado de Versalhes, onde a Alemanha foi obrigada a pagamento de vultuosa indenização, bem como condenada a entregar territórios e armamentos. O documento foi resultado dos esforços da chamada Sociedade das Nações, também conhecida como **Liga das Nações**, organização internacional idealizada em 1919 em Versalhes pelas potências vencedoras da 1ª Guerra Mundial. A Liga das Nações funcionou de 1929 a 1946, tendo seus bens transferidos para a ONU.

Mesmo tendo alcançado seu ápice teórico no século XIX, o jusnaturalismo foi superado de forma surpreendente e avassaladora pelo positivismo filosófico.

O Direito, no **positivismo**, passa a ser visto como instrumento de gestão e comando da sociedade dotado do fundamento de validade consistente na existência de uma norma fundamental: a Constituição.

A proposta de solução jurídica para os problemas humanitários verificados na 2ª Guerra Mundial se deu com o resgate dos conceitos de leis naturais e de direitos imanentes ao homem por sua própria condição humana. Desse modo, baseando-se, nas lições de **Kant** de que todo homem é **um fim em si mesmo,** e não pode ser tratado como meio ou instrumento para consecução de algo, um novo fundamento para os ordenamentos jurídicos foi edificado.

▸ Como esse assunto foi cobrado em concurso?

(2011 – Procurador do Estado/PA) Quanto à dignidade da pessoa humana, analise as proposições abaixo e assinale a alternativa CORRETA:

I - É a ideia que informa a segunda formulação do imperativo categórico kantiano, segundo a qual cada indivíduo deve ser sempre tratado como um fim em si mesmo, e não apenas como um meio, exceto para a produção de consequências que promovam o bem-estar e atendam ao interesse da maioria.

II - Ante o choque das atrocidades cometidas contra a humanidade durante a Segunda Guerra Mundial, passou a figurar em documentos internacionais como a Declaração Universal de Direitos Humanos (1948), o Pacto Internacional dos Direitos Civis e Políticos (1966) e o Pacto Internacional dos Direitos Econômicos, Sociais e Culturais (1966).

III - A Constituição brasileira de 1988 foi inovadora, ao ser a primeira, no âmbito mundial, a incorporá-la em seu texto normativo.

IV - No paradigmático caso Morsang-sur-Orge, o Conselho de Estado francês, com fundamento na dimensão objetiva da dignidade humana ("o respeito à dignidade humana é um dos componentes da ordem pública"), manteve ato administrativo que interditou a atividade conhecida como lancer de nain (lançamento de anão), apesar de recurso do próprio arremessado e da casa noturna que o empregava.

V - Expressa um conjunto de valores civilizatórios, incorporado ao ordenamento jurídico brasileiro com força vinculante para todos os órgãos do Poder Público, apesar das violações cotidianas ao seu conteúdo.

a) Apenas as proposições I, III e IV estão corretas.

b) Apenas as proposições III, IV e V estão corretas.

c) Apenas as proposições II, IV e V estão corretas.

d) Todas as proposições estão corretas.

e) Apenas as proposições I, II e V estão corretas.

Gabarito: Alternativa C.

Com o fracasso do positivismo e o resgate do elemento axiológico do Direito pelo humanismo, diversos documentos internacionais e nacionais passaram a ser produzidos naquilo que se denominou de movimento pós-positivista.

> **Como esse assunto foi cobrado em concurso?**
>
> **(VUNESP – 2008 – DPE/MS – Defensor Público)** Quando se fala em Direitos Humanos, considerando sua historiciedade, é correto dizer que
>
> a) somente passam a existir com as Declarações de Direitos elaboradas a partir da Revolução Gloriosa Inglesa de 1688.
>
> b) foram estabelecidos, pela primeira vez, por meio da Carta Magna de 1215, que é a expressão maior da proteção dos Direitos do Homem em âmbito universal.
>
> c) a concepção contemporânea de Direitos Humanos foi introduzida, em 1789, pela Declaração dos Direitos do Homem e do Cidadão, fruto da Revolução Francesa.
>
> d) a internacionalização dos Direitos Humanos surge a partir do Pós-Guerra, como resposta às atrocidades cometidas durante o nazismo.
>
> *Gabarito: Alternativa D.*

9.3. Características dos Direitos Humanos

a) **Historicidade:** são produto de um processo temporal e complexo no qual vão formando suas nuances. São mutáveis, adaptáveis e aperfeiçoáveis. Observam fluxo evolutivo contínuo.

b) **Universalidade:** destinam-se a todos os seres humanos. Embora exista corrente que defenda a dignidade da pessoa não humana, isso não prevalece. A essa característica se opõem os adeptos do relativismo cultural, para quem direitos humanos nunca poderiam ser universais, porque cada região ou país possui sua cultura própria.

c) **Inalienabilidade:** os direitos humanos são intransferíveis e inegociáveis. Não se limita, entretanto, a mercantilização do resultado das liberdades, como os produtos criados por um criador (direito autoral).

d) **Imprescritibilidade:** não existe um termo final para serem exigidos ou invocados. Todavia, a pretensão de reparação econômica de eventual dano pode não ser imprescritível.

e) **Irrenunciabilidade:** o máximo que se admite é a limitação voluntária de seu exercício, desde que em um estrito caso concreto.

f) **Inviolabilidade:** não podem deixar de ser observados por disposições infraconstitucionais.

g) **Indivisibilidade:** não podem ser conferidos de maneira parcial ou segmentadas, e nem mesmo ser divididos em processo de seleção. Não basta garantir um direito humano e abrir mão de outro.

h) **Complementaridade:** os sistemas regionais descentralizam a Organização das Nações Unidas para respeitar a complementaridade, ou seja, os diferentes elementos de base cultural, religiosa e social das diversas regiões especificam a aplicação dos direitos humanos na sociedade.

i) **Interdependência:** a dignidade da pessoa humana deve ser buscada por meio da implementação mais eficaz e uniforme das liberdades clássicas, dos direitos sociais, econômicos e de solidariedade como um todo único e indissolúvel.

j) **Efetividade:** não devem estar apenas previstos a título figurativo. Esse é um dos motivos para a subdivisão da ONU.

k) **Relatividade:** a relatividade possui dois sentidos. Pelo amplo, é vista como um relativismo cultural, buscando um diálogo entre a universalidade e as diversidades culturais. Pelo sentido estrito, a relatividade é vista como limitabilidade dos direitos humanos, não reconhecendo nenhum deles como absoluto.

l) **Proporcionalidade:** as restrições aos direitos devem ser estabelecidas por normas que atendam aos requisitos da generalidade e da abstração, e dotadas de proporcionalidade em suas propostas. A Convenção Americana de Direitos Humanos especifica três fatores que limitam os direitos de cada pessoa: os direitos para com os demais; a segurança coletiva e as exigências do bem comum.

▸ Como esse assunto foi cobrado em concurso?

(CESPE – 2009 – DPE/PI – Defensor Público) Os direitos fundamentais possuem determinadas características que foram objeto de detalhado estudo da doutrina nacional e internacional. A respeito dessas características, assinale a opção correta.

a) O princípio da universalidade impede que determinados valores sejam protegidos em documentos internacionais dirigidos a todos os países.

b) A irrenunciabilidade dos direitos fundamentais não destaca o fato de que estes se vinculam ao gênero humano.

c) É característica marcante o fato de os direitos fundamentais serem absolutos, no sentido de que eles devem sempre prevalecer, independentemente da existência de outros direitos, segundo a máxima do "tudo ou nada".

d) A imprescritibilidade dos direitos fundamentais vincula-se à sua proteção contra o decurso do tempo.

e) A inviolabilidade evita o desrespeito dos direitos fundamentais por autoridades públicas, entretanto permite o desrespeito por particulares.

Gabarito: Alternativa D.

9.4. Estrutura normativa da previsão dos Direitos Humanos

Na estruturação normativa dos direitos humanos coexistem os sistemas **geral** e **especial** de proteção dos direitos humanos. Para que se considere a existência de um SISTEMA de proteção, são necessários **órgãos de proteção, mecanismos de proteção e normas de proteção.**

O esquema abaixo facilita a compreensão dessa estruturação:

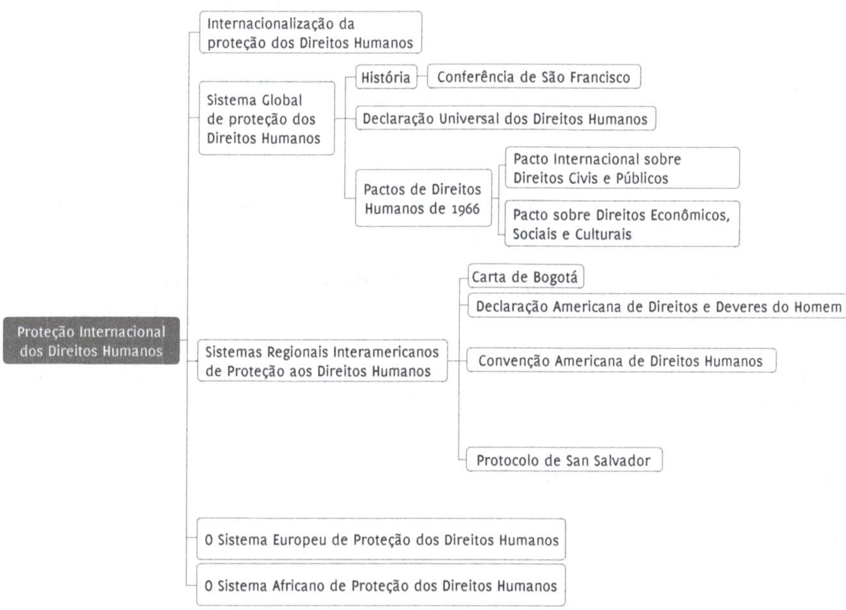

O sistema especial realça o processo de especificação do sujeito de direito, passando ele a ser visto em sua especificidade e concretude (ex: crianças, pessoas idosas, mulheres).

O sistema **geral** é endereçado a toda e qualquer pessoa.

O sistema global/geral é formado notadamente no âmbito da ONU, criada em 1945 para manter a paz e a segurança internacional. Ao lado da Declaração Universal dos Direitos Humanos, de 1948, a Carta da ONU de 1945 é considerada um dos principais marcos à concepção contemporânea de direitos humanos.

O sistema **regional** de proteção se apresenta em europeu, interamericano, africano e islâmico-árabe.

O sistema interamericano foi criado em 1948, entrando em vigência em 1951. Após a criação da OEA (Organização dos Estados Americanos), foi elaborado o Pacto de San José da Costa Rica, também chamado de Convenção Americana sobre Direitos Humanos, de 1969, mais importante documento de normatização de direitos humanos em nosso sistema especial.

Ainda no contexto da estruturação dos Direitos Humanos, também aplicável aos Direitos Fundamentais, importante mencionar a classificação apresentada pelo professor Karel Vasak, em palestra no Curso do Instituto Internacional dos Direitos do Homem, em Estrasburgo, no ano de 1979. Ele procedeu à distinção dos direitos humanos em três gerações, relacionando-os aos ideais da Revolução Francesa, da seguinte forma:

1ª geração: direitos de **liberdade, direitos civis e políticos;**

2ª geração: direitos de **igualdade**. São os **direitos sociais, econômicos e culturais;**

3ª geração: direitos de **fraternidade** ou **solidariedade**. Seriam os **direitos transindividuais, difusos e coletivos.**

Essa separação geracional, também difundida por Norberto Bobbio, no livro "A Era dos Direitos", recebe críticas da doutrina, inclusive pela utilização do termo 'gerações', pois o reconhecimento de novos direitos humanos se dá por meio de um processo cumulativo, complementar, e não de alternância ou de substituição entre gerações.

9.5. Declaração Universal dos Direitos Humanos

No dia 10 de dezembro de 1948, a Assembleia Geral das Nações Unidas elaborou a Declaração Universal dos Direitos Humanos, primeiro e principal documento que reconheceu, em âmbito internacional, os direitos humanos. Inclusive, a doutrina utiliza a expressão "internacionalização dos Direitos Humanos" para se referir a esse processo histórico, político e jurídico, iniciado após a Segunda Guerra Mundial.

Existem três marcos do processo de internacionalização dos Direitos Humanos que são analisados nos planos histórico, político e jurídico. No plano histórico, tem-se o término da Segunda Guerra Mundial; no plano político, a criação da ONU; e no plano jurídico, a elaboração da Declaração Universal dos Direitos Humanos.

> ▸ **Como esse assunto foi cobrado em concurso?**
>
> **(CESPE - 2012 - DPE/ES - Defensor Público)** A concepção contemporânea dos direitos humanos surgiu com o término da Primeira Grande Guerra Mundial.
>
> Gabarito: incorreto.

Em 1945, na Conferência de Yalta, Ucrânia, os líderes das maiores potências mundiais passaram a dialogar sobre as bases de uma futura paz que evitasse as barbáries deflagradas nas duas grandes guerras. Acertaram, então, pela criação de uma organização multilateral que promovesse negociações em casos de conflitos, evitando a guerra e fortalecendo os direitos humanos. A ONU teve aí a sua origem.

Na **Carta das Nações Unidas**, elaborada em junho de 1945, a ONU é formada com forte intuito de promoção da paz. Sua elaboração, todavia, **não previa um enunciado de direitos** consagrados universalmente à raça humana, fato que foi consumado com a Declaração Universal dos Direitos Humanos em 1948, via Resolução 217-A da Assembleia Geral da ONU.

> ▸ **Como esse assunto foi cobrado em concurso?**
>
> **(Delegado/MG - 2012)** Acerca da Declaração Universal dos Direitos do Homem, julgue os itens a seguir.
>
> I - De inspiração iluminista, encontra raízes no liberalismo e no enciclopedismo do período de transição entre a idade moderna e a idade contemporânea.
>
> II - Corresponde ao tratado firmado no âmbito da Organização das Nações Unidas, após a Segunda Guerra Mundial.
>
> III - Possui natureza jurídica de ato de organização internacional e, como tal, é fonte não-codificada de direito internacional público.
>
> IV - Conforma declaração de princípios que, apesar de serem respeitados pela comunidade internacional, não integram o ordenamento jurídico brasileiro.
>
> V - Como norma de direito internacional, gera obrigações jurídicas apenas para Estados que a tenham subscrito e ratificado.
>
> Estão certos apenas os itens

a) I e III.

b) I e IV.

c) II e IV.

d) II e V.

e) III e V.

Gabarito: Alternativa A.

(2022 – FGV – TJ/SC – Juiz de Direito Substituto) Após a Segunda Guerra Mundial, mais precisamente em 10 de dezembro de 1948, foi proclamada a Declaração Universal dos Direitos Humanos, reconhecendo a dignidade como direito a toda categoria humana, além de outros direitos iguais e inalienáveis cujo fundamento é a liberdade e a justiça. Assim sendo, tendo por norte a aludida Declaração e a nossa Constituição da República de 1988, analise os tópicos a seguir.

I. Segundo prescreve a Declaração Universal dos Direitos Humanos, de 1948, todos os homens nascem livres e iguais em dignidade e direito. Dotados de razão e consciência, devem agir uns para com os outros em espírito de fraternidade.

II. A Declaração Universal dos Direitos Humanos, em determinado dispositivo, estabelece que ninguém pode ser exilado.

III. No ordenamento constitucional brasileiro vigente, o princípio do primado do trabalho é a base da ordem social. A falta de trabalho (direito social) afeta a igualdade entre os homens, dando azo às desigualdades sociais.

IV. A Declaração Universal prevê a possibilidade de que toda pessoa tem o direito de abandonar o país em que se encontra e o direito de retornar ao seu país.

V. Toda pessoa individual tem direito à propriedade, a coletiva não, conforme consta da Declaração Universal dos Direitos Humanos.

Está correto somente o que se afirma em:

a) I, II e IV;

b) I, II e V;

c) I, III e IV;

d) II, III e IV;

e) II, III e V.

Gabarito: Alternativa C.

Dos enunciados denotam-se as características da **universalidade** e da **indivisibilidade** destes direitos, elementos que inclusive afastaram a superficial ideia de que o documento teria apenas força diretiva.

Alguns dos direitos enunciados pela DUDH são: direito à vida, à igualdade, à liberdade, à fraternidade, à segurança pessoal, vedação à tortura, à escravidão, à não discriminação, direito ao juiz natural, à presunção de inocência, à vedação de prisões ilegais, direito ao contraditório, à ampla defesa, direito de petição, direito à vida privada, proteção ao domicílio, direito ao trabalho, dentre outros. Abaixo, colacionam-se os artigos:

> Artigo 1º
>
> Todos os seres humanos nascem livres e iguais em dignidade e em direitos. Dotados de razão e de consciência, devem agir uns para com os outros em espírito de fraternidade.
>
> Artigo 2º
>
> Todos os seres humanos podem invocar os direitos e as liberdades proclamados na presente declaração, sem distinção alguma, nomeadamente de raça, de cor, de sexo, de língua, de religião, de opinião política ou outra, de origem nacional ou social, de fortuna, de nascimento ou de qualquer outra situação. Além disso, não será feita nenhuma distinção fundada no estatuto político, jurídico ou internacional do país ou do território da naturalidade da pessoa, seja esse país ou território independente, sob tutela, autônomo ou sujeito a alguma limitação de soberania.
>
> Artigo 3º
>
> Todo indivíduo tem direito à vida, à liberdade e à segurança pessoal.
>
> Artigo 4º
>
> Ninguém será mantido em escravatura ou em servidão; a escravatura e o trato dos escravos, sob todas as formas, são proibidos.
>
> Artigo 5º
>
> Ninguém será submetido a tortura nem a penas ou tratamentos cruéis, desumanos ou degradantes.
>
> Artigo 6º
>
> Todos os indivíduos têm direito ao reconhecimento, em todos os lugares, da sua personalidade jurídica.
>
> Artigo 7º
>
> Todos são iguais perante a lei e, sem distinção, têm direito a igual proteção da lei. Todos têm direito a proteção igual contra qualquer discriminação que viole a presente Declaração e contra qualquer incitamento a tal discriminação.
>
> Artigo 8º

Toda a pessoa tem direito a recurso efetivo para as jurisdições nacionais competentes contra os atos que violem os direitos fundamentais reconhecidos pela Constituição ou pela lei.

Artigo 9º

Ninguém pode ser arbitrariamente preso, detido ou exilado.

Artigo 10º

Toda a pessoa tem direito, em plena igualdade, a que a sua causa seja equitativa e publicamente julgada por um tribunal independente e imparcial que decida dos seus direitos e obrigações ou das razões de qualquer acusação em matéria penal que contra ela seja deduzida.

Artigo 11º

1. Toda a pessoa acusada de um ato delituoso presume-se inocente até que a sua culpabilidade fique legalmente provada no decurso de um processo público em que todas as garantias necessárias de defesa lhe sejam asseguradas.

2. Ninguém será condenado por ações ou omissões que, no momento da sua prática, não constituíam ato delituoso à face do direito interno ou internacional. Do mesmo modo, não será infligida pena mais grave do que a que era aplicável no momento em que o ato delituoso foi cometido.

Artigo 12º

Ninguém sofrerá intromissões arbitrárias na sua vida privada, na sua família, no seu domicílio ou na sua correspondência, nem ataques à sua honra e reputação. Contra tais intromissões ou ataques toda a pessoa tem direito a proteção da lei.

Artigo 13º

1. Toda a pessoa tem o direito de livremente circular e escolher a sua residência no interior de um Estado.

2. Toda a pessoa tem o direito de abandonar o país em que se encontra, incluindo o seu, e o direito de regressar ao seu país.

Artigo 14º

1. Toda a pessoa sujeita a perseguição tem o direito de procurar e de se beneficiar de asilo em outros países.

2. Este direito não pode, porém, ser invocado no caso de processo realmente existente por crime de direito comum ou por atividades contrárias aos fins e aos princípios das Nações Unidas.

Artigo 15º

1. Todo o indivíduo tem direito a ter uma nacionalidade.

2. Ninguém pode ser arbitrariamente privado da sua nacionalidade nem do direito de mudar de nacionalidade.

Artigo 16º

1. A partir da idade núbil, o homem e a mulher têm o direito de casar e de constituir família, sem restrição alguma de raça, nacionalidade ou religião. Durante o casamento e na altura da sua dissolução, ambos têm direitos iguais.

2. O casamento não pode ser celebrado sem o livre e pleno consentimento dos futuros esposos.

3. A família é o elemento natural e fundamental da sociedade e tem direito à proteção desta e do Estado.

Artigo 17º

1. Toda a pessoa, individual ou coletiva, tem direito à propriedade.

2. Ninguém pode ser arbitrariamente privado da sua propriedade.

Artigo 18º

Toda a pessoa tem direito à liberdade de pensamento, de consciência e de religião; este direito implica a liberdade de mudar de religião ou de convicção, assim como a liberdade de manifestar a religião ou convicção, sozinho ou em comum, tanto em público como em privado, pelo ensino, pela prática, pelo culto e pelos ritos.

Artigo 19º

Todo o indivíduo tem direito à liberdade de opinião e de expressão, o que implica o direito de não ser inquietado pelas suas opiniões e o de procurar, receber e difundir, sem consideração de fronteiras, informações e ideias por qualquer meio de expressão.

Artigo 20º

1. Toda a pessoa tem direito à liberdade de reunião e de associação pacíficas.

2. Ninguém pode ser obrigado a fazer parte de uma associação.

Artigo 21º

1. Toda a pessoa tem o direito de tomar parte na direção dos negócios, públicos do seu país, quer diretamente, quer por intermédio de representantes livremente escolhidos.

2. Toda a pessoa tem direito de acesso, em condições de igualdade, às funções públicas do seu país.

3. A vontade do povo é o fundamento da autoridade dos poderes públicos: e deve exprimir-se através de eleições honestas a realizar periodicamente por sufrágio universal e igual, com voto secreto ou segundo processo equivalente que salvaguarde a liberdade de voto.

Artigo 22º

Toda a pessoa, como membro da sociedade, tem direito à segurança social; e pode legitimamente exigir a satisfação dos direitos econômicos, sociais e culturais indispensáveis, graças ao esforço nacional e à cooperação internacional, de harmonia com a organização e os recursos de cada país.

Artigo 23º

1. Toda a pessoa tem direito ao trabalho, à livre escolha do trabalho, a condições equitativas e satisfatórias de trabalho e à proteção contra o desemprego.

2. Todos têm direito, sem discriminação alguma, a salário igual por trabalho igual.

3. Quem trabalha tem direito a uma remuneração equitativa e satisfatória, que lhe permita e à sua família uma existência conforme com a dignidade humana, e completada, se possível, por todos os outros meios de proteção social.

4. Toda a pessoa tem o direito de fundar com outras pessoas sindicatos e de se filiar em sindicatos para defesa dos seus interesses.

Artigo 24º

Toda a pessoa tem direito ao repouso e aos lazeres, especialmente, a uma limitação razoável da duração do trabalho e as férias periódicas pagas.

Artigo 25º

1. Toda a pessoa tem direito a um nível de vida suficiente para lhe assegurar e à sua família a saúde e o bem-estar, principalmente quanto à alimentação, ao vestuário, ao alojamento, à assistência médica e ainda quanto aos serviços sociais necessários, e tem direito à segurança no desemprego, na doença, na invalidez, na viuvez, na velhice ou noutros casos de perda de meios de subsistência por circunstâncias independentes da sua vontade.

2. A maternidade e a infância têm direito a ajuda e a assistência especiais. Todas as crianças, nascidas dentro ou fora do matrimônio, gozam da mesma proteção social.

Artigo 26º

1. Toda a pessoa tem direito à educação. A educação deve ser gratuita, pelo menos a correspondente ao ensino elementar fundamental. O ensino elementar é obrigatório. O ensino técnico e profissional dever ser generalizado;

o acesso aos estudos superiores deve estar aberto a todos em plena igualdade, em função do seu mérito.

2. A educação deve visar à plena expansão da personalidade humana e ao reforço dos direitos do Homem e das liberdades fundamentais e deve favorecer a compreensão, a tolerância e a amizade entre todas as nações e todos os grupos raciais ou religiosos, bem como o desenvolvimento das atividades das Nações Unidas para a manutenção da paz.

3. Aos pais pertence a prioridade do direito de escolher o género de educação a dar aos filhos.

Artigo 27º

1. Toda a pessoa tem o direito de tomar parte livremente na vida cultural da comunidade, de fruir as artes e de participar no progresso científico e nos benefícios que deste resultam.

2. Todos têm direito à proteção dos interesses morais e materiais ligados a qualquer produção científica, literária ou artística da sua autoria.

▸ **Como esse assunto foi cobrado em concurso?**

(Delegado/MG – 2012) A Declaração Universal dos Direitos Humanos pode ser caracterizada, primeiramente por sua amplitude, compreendendo um conjunto de direitos e faculdades, sem as quais um ser humano não pode desenvolver sua personalidade física, moral e intelectual. Em segundo lugar, pela universalidade, aplicável a todas as pessoas de todos os países, raças, religiões e sexos, seja qual for o regime político dos territórios nos quais incide. Assinale abaixo a assertiva que é **CONTRÁRIA** ao enunciado acima:

a) Como uma plataforma comum de ação, a Declaração foi adotada em 10 de dezembro de 1948, pela aprovação de 48 Estados, com 8 abstenções.

b) Objetiva delinear uma ordem pública mundial fundada no respeito à dignidade da pessoa humana, para orientar o desenvolvimento de uma raça humana superior.

c) Introduz a indivisibilidade dos direitos humanos, ao conjugar o catálogo dos direitos civis e políticos, com o dos direitos econômicos, sociais e culturais.

d) Teve imediatamente, após a sua adoção, grande repercussão moral ao despertar nos povos a consciência de que o conjunto da comunidade humana se interessava pelo seu destino.

Gabarito: Alternativa B.

(2022 – CEBRASPE – TJ/MA – Juiz de Direito Substituto) Os direitos sociais expressamente previstos na Declaração Universal dos Direitos do Homem (1948) incluem:

I – a organização sindical.

II – férias remuneradas periódicas. III proteção em face da automação.

III – proteção em face da automação.

IV – limitação razoável das horas de trabalho.

V – proteção contra o desemprego.

Estão certos apenas os itens

a) I, III e IV.

b) II e III.

c) III, IV e V.

d) I, II, III e V.

e) I, II, IV e V.

Gabarito: Alternativa E.

Com a intenção de respeitar as particularidades sociais, econômicas e culturais de cada país, mas sem desvincular o ideário de universalidade dos direitos humanos, a ONU incentivou a criação de sistemas regionais.

No **Brasil**, o texto da Constituição da República de 1988 bem representa o momento social e a intenção dos constituintes. A formatação do texto, que insere direitos e garantias individuais logo no início do texto, reforça a intenção de consagração de limites à atuação estatal contra o cidadão, respeito à condição humana e observância às normas internacionais de direitos humanos. Os temas de organização do Estado e formatação dos poderes são deixados a um segundo momento também por essa simbólica razão.

A simbologia também foi fator determinante na escolha da natureza jurídica da declaração universal dos direitos humanos. Para o presidente americano Eleonor Roosevelt, uma declaração teria a mesma influência na comunidade internacional que a Declaração da Independência teve nos Estados Unidos.

Por ser uma declaração e não um tratado, parte da doutrina ensina que ela **não tem força vinculante** perante os signatários. A ausência de força vinculante **impediria a imposição de sanções** a quem eventualmente descumprisse seus enunciados.

Neste ponto, destaca-se a explicação de Nascimento (2024, p. 595) a respeito das três correntes que abordam a força vinculante ou não da DUDH. Uma primeira corrente entende que seria caraterizada como norma internacional de "*Hard Law*", já que corresponderia a uma interpretação autêntica dos Direitos Humanos, tendo caráter impositivo. Uma segunda corrente a define como "*Hard Law*" por revelar costume internacional na seara dos Direitos Humanos, sendo fonte do Direito Internacional, gozando de caráter impositivo. A terceira corrente, por sua vez, entende que a Declaração teria apenas função de orientar a ação futura dos Estados, sem força vinculante, sendo norma de "*Soft Law*".

A terceira corrente é o entendimento minoritário na Doutrina do Direito Internacional, prevalecendo que a DUDH tem caráter vinculante, ainda que considerada formalmente como uma resolução.

A Declaração Universal foi adotada pela Assembleia Geral da ONU no dia 10 de dezembro de 1948 com 48 votos a favor, nenhum contra e oito abstenções.

Importante assinalar, por fim, que a Declaração informa em seu texto ser a **democracia** o único regime político que respeita os direitos humanos.

Por fim, é sempre salutar lembrar que, na Constituição Federal de 1988, expressa de que os direitos e garantias expressos na carta constitucional não excluem outros decorrentes do regime e dos princípios por ela adotados, ou dos tratados internacionais em que a República Federativa do Brasil seja parte.

Da mesma forma, indica-se que os tratados e convenções internacionais sobre direitos humanos que forem aprovados, em cada Casa do Congresso Nacional, em dois turnos, por três quintos dos votos dos respectivos membros, serão equivalentes às emendas constitucionais.

10. AGENDA 2030 E OS 17 OBJETIVOS DE DESENVOLVIMENTO SUSTENTÁVEL

10.1. Introdução e conceito

A agenda 2030 é um documento que reúne objetivos e metas delineados via consenso dos representantes de 193 Estados-membros da ONU que, no ano de 2015, durante reunião realizada na cidade de Nova York, entenderam ser a **erradicação da pobreza** o maior desafio global de nosso tempo, sendo também um elemento primordial para um **verdadeiro desenvolvimento sustentável.**

> **O que significa "desenvolvimento sustentável"?** É a formatação de um desenvolvimento global que objetiva satisfazer as necessidades da geração atual sem comprometer a capacidade das gerações futuras de satisfazerem as suas próprias necessidades.

No encontro, os países assumiram o compromisso de adotar uma série de **ações e medidas concretas e transformadoras** que viabilizariam o desenvolvimento sustentável nos próximos 15 anos.

Ao todo, o plano tem 17 Objetivos de Desenvolvimento Sustentável (chamados de ODS), bem como 169 metas para erradicar a pobreza. O documento assinado é, por assim dizer, um guia para as ações da comunidade internacional nos próximos anos.

> **Qual a relação da Agenda 2030 com os Direitos Humanos?** A partir da consolidação da Declaração Universal dos Direitos Humanos como um dos documentos mais importantes da sociedade ocidental, as atenções dos países voltaram-se à identificação de maneiras para a efetiva concretização dos direitos básicos nela elencados. Os 17 Objetivos de Desenvolvimento Sustentável da ONU e a Agenda

2030 firmam compromissos de atuação no direcionamento das políticas públicas dos países, demandando-se uma correlação entre os esforços estatais e os objetivos da sociedade integrada aos valores expostos na Agenda.

Os 17 objetivos elencados apresentam uma reunião das **três dimensões do desenvolvimento sustentável**: a **econômica**, a **social** e a **ambiental**.

1. Erradicação da Pobreza – Acabar com a pobreza em todas as suas formas, em todos os lugares.

2. Fome Zero e Agricultura Sustentável – Acabar com a fome, alcançar a segurança alimentar e melhoria da nutrição e promover a agricultura sustentável.

3. Saúde e Bem-Estar – Assegurar uma vida saudável e promover o bem-estar para todos, em todas as idades.

4. Educação de Qualidade – Assegurar a educação inclusiva e equitativa de qualidade, e promover oportunidades de aprendizagem ao longo da vida para todos.

5. Igualdade de Gênero – Alcançar a igualdade de gênero e empoderar todas as mulheres e meninas.

6. Água Potável e Saneamento – Assegurar a disponibilidade e a gestão sustentável da água e saneamento para todos.

7. Energia Acessível e Limpa – Assegurar o acesso confiável, sustentável, moderno e a preço acessível à energia para todos.

8. Trabalho Decente e Crescimento Econômico – Promover o crescimento econômico sustentado, inclusivo e sustentável, o emprego pleno e produtivo e o trabalho decente para todos.

9. Indústria, Inovação e Infraestrutura – Construir infraestruturas resilientes, promover a industrialização inclusiva e sustentável e fomentar a inovação.

10. Redução da Desigualdades – Reduzir a desigualdade dentro dos países e entre eles.

11. Cidades e Comunidades Sustentáveis – Tornar as cidades e os assentamentos humanos inclusivos, seguros, resilientes e sustentáveis.

12. Consumo e Produção Responsáveis – Assegurar padrões de produção e de consumo sustentáveis.

13. Ação Contra a Mudança Global do Clima – Tomar medidas urgentes para combater a mudança do clima e seus impactos.

14. Vida na Água – Conservar e promover o uso sustentável dos oceanos, dos mares e dos recursos marinhos para o desenvolvimento sustentável.

15. Vida Terrestre – Proteger, recuperar e promover o uso sustentável dos ecossistemas terrestres, gerir de forma sustentável as florestas, combater a desertificação, deter e reverter a degradação da terra e deter a perda.

> 16. Paz, Justiça e Instituições Eficazes – Promover sociedades pacíficas e inclusivas para o desenvolvimento sustentável, proporcionar o acesso à justiça para todos e construir instituições eficazes, responsáveis e inclusivas em todos os níveis.
>
> 17. Parcerias e Meios de Implementação – Fortalecer os meios de implementação e revitalizar a parceria global para o desenvolvimento sustentável.

Dentre todos os importantíssimos objetivos acima descritos, aquele mais caro ao tema desta obra é o de número 16, que versa justamente sobre a promoção da paz e da justiça, valores intimamente ligados com a atividade jurisdicional.

As metas de: (i) **proporcionar o acesso à justiça para todos e (ii) construir instituições eficazes, responsáveis e inclusivas em todos os níveis** já podem ser visualizadas em um contexto de concretização em algumas realidades brasileiras, a exemplo do fortalecimento das Defensorias Públicas (acesso à justiça aos mais pobres), bem como na consolidação das autonomias institucionais e, ainda, nas pautas inclusivas para seleção de candidatos em concursos considerando a igualdade material.

No documento da Agenda 2030, as metas do Objetivo 16 são assim descritas:

> 16.1 Reduzir significativamente todas as formas de violência e as taxas de mortalidade relacionada, em todos os lugares.
>
> 16.2 Acabar com abuso, exploração, tráfico e todas as formas de violência e tortura contra crianças.
>
> 16.3 Promover o Estado de Direito, em nível nacional e internacional, e garantir a igualdade de acesso à justiça, para todos.
>
> 16.4 Até 2030, reduzir significativamente os fluxos financeiros e de armas ilegais, reforçar a recuperação e devolução de recursos roubados, e combater todas as formas de crime organizado.
>
> 16.5 Reduzir substancialmente a corrupção e o suborno em todas as suas formas.
>
> 16.6 Desenvolver instituições eficazes, responsáveis e transparentes em todos os níveis.
>
> 16.7 Garantir a tomada de decisão responsiva, inclusiva, participativa e representativa em todos os níveis.
>
> 16.8 Ampliar e fortalecer a participação dos países em desenvolvimento nas instituições de governança global.
>
> 16.9 Até 2030, fornecer identidade legal para todos, incluindo o registro de nascimento.
>
> 16.10 Assegurar o acesso público à informação e proteger as liberdades fundamentais, em conformidade com a legislação nacional e os acordos internacionais.

16.a Fortalecer as instituições nacionais relevantes, inclusive por meio da cooperação internacional, para a construção de capacidades em todos os níveis, em particular nos países em desenvolvimento, para a prevenção da violência e o combate ao terrorismo e ao crime.

16.b Promover e fazer cumprir leis e políticas não discriminatórias para o desenvolvimento sustentável.

Como esse assunto foi cobrado em concurso?

(2023 – VUNESP – TJ/SP – Juiz de Direito Substituto) A agenda 2030 constitui um plano global que reúne 17 objetivos. Assim, partindo-se de quatro dimensões, ou seja, social, ambiental, econômica e institucional, os Objetivos de Desenvolvimento Sustentável indicam a necessidade de se encarar o mundo com medidas transformadoras. Na orientação da própria ONU, "a visão é ambiciosa e transformadora, porque prevê um mundo livre dos problemas atuais, como pobreza, miséria, fome, doença, violência, desigualdades, desemprego, degradação ambiental, esgotamento dos recursos naturais, entre outros" (www.odsbrasil.gov.br). Considerado isso, indique a alternativa que não faz parte dos objetivos da agenda 2030.

a) Assegurar a educação inclusiva, equitativa e de qualidade, e promover oportunidades de aprendizagem ao longo da vida para todos.

b) Acabar com a fome, alcançar a segurança alimentar e melhoria da nutrição e promover a agricultura sustentável.

c) Estabelecer um valor de salário-mínimo global que assegure bem-estar para todos e reduza as desigualdades dentro dos países e entre eles.

d) Tomar medidas urgentes para combater a mudança do clima e seus impactos.

Gabarito: Alternativa C.

(FGV – 2024 – Exame Nacional da Magistratura – ENAM 2024.1) Com 17 Objetivos de Desenvolvimento Sustentável (ODS) e 169 metas universais construídos após intensa consulta pública mundial, a Agenda 2030 da Organização das Nações Unidas possui propósitos ambiciosos e transformadores, com grande foco nas pessoas mais vulneráveis. Um compromisso internacional de tal porte exige a atuação de todos os Poderes da República Federativa do Brasil e a participação do Supremo Tribunal Federal (STF) é fundamental para a efetivação de medidas para este desafio mundial tendo em vista a possibilidade de se empreender no âmbito da Corte políticas e ações concretas. Como primeiras iniciativas, todos os processos de controle de constitucionalidade e com repercussão geral reconhecida indicados pelo Presidente para a pauta de julgamento estão classificados com o respectivo objetivo de desenvolvimento sustentável. Da mesma forma, o periódico de informativo de jurisprudência do STF já conta com essa marcação, permitindo a correlação clara e direta sobre o julgamento e os ODS. Avançou também neste momento para os processos julgados, com acórdãos publicados no ano de 2020. Neste amplo projeto de aproximação do STF com a Agenda 2030, estão programadas para as próximas etapas a identificação de processos de controle concentrado e com repercussão geral reconhecida ainda em tramitação, mesmo sem indicação de julgamento próximo. (Disponível em https://portal.stf.jus.br/hotsites/agenda-2030/)

Entre os ODS, o objetivo 16 visa a promover sociedades pacíficas e inclusivas para o desenvolvimento sustentável, proporcionar o acesso à justiça para todos e construir instituições eficazes, responsáveis e inclusivas em todos os níveis, mediante o cumprimento de algumas metas. As opções a seguir apresentam, corretamente, algumas dessas metas, **à exceção de uma**. Assinale-a.

a) Até 2030, fornecer identidade legal para todos, incluindo o registro de nascimento.

b) Reduzir substancialmente a corrupção e o suborno em todas as suas formas.

c) Garantir a tomada de decisão responsiva, inclusiva, participativa e representativa em todos os níveis.

d) Até 2030, zerar os fluxos financeiros e os de armas ilegais, reforçar a recuperação e a devolução de recursos roubados e combater as formas de crime organizado ligadas a crimes hediondos.

e) Fortalecer as instituições nacionais relevantes, inclusive por meio da cooperação internacional, para a construção de capacidades em todos os níveis, em particular nos países em desenvolvimento, para a prevenção da violência e o combate ao terrorismo e ao crime.

Gabarito: Alternativa D.

(FGV – 2024 – Exame Nacional da Magistratura – ENAM 2024.1 – Reaplicação) A Agenda 2030 para o Desenvolvimento Sustentável da ONU, que possui metas importantes a serem cumpridas, conta com a participação e o engajamento do Poder Judiciário brasileiro. Acerca do tema, assinale a afirmativa correta.

a) Na esteira de Conferências como a Eco-92, a Agenda 2030 tem como principal objetivo o desenvolvimento de projetos com escopo na proteção ambiental.

b) Apesar da execução dos objetivos e das metas estabelecidos na Agenda 2030 ser atribuição de cada Estado, a atuação deve ser feita de acordo com as prioridades internacionais dispostas no instrumento, dado o caráter global das iniciativas.

c) Alguns tópicos como mudança climática, energia limpa e saúde foram propositadamente retirados da Agenda 2030, pois já são abordados em Tratados e outros instrumentos específicos.

d) A impossibilidade de executar os projetos e ações em parceria e em sistema de cooperação é objeto de críticas doutrinárias, pois enfraquece a consecução dos objetivos propostos na Agenda 2030.

e) A Agenda 2030 é composta por objetivos e metas de desenvolvimento sustentável, tratando-se de um típico diploma de *soft law*, no qual há o dever de proteger os direitos humanos em paralelo ao desenvolvimento sustentável.

Gabarito: Alternativa E.

10.2. Agenda 2030 e o Poder Judiciário brasileiro

O Poder Judiciário brasileiro não ficou alheio às disposições da Agenda 2030 e, por meio da Portaria n. 133 de 28 de setembro de 2018, depois alterada pela Portaria Nº 351 de 29 de setembro de 2022, instituiu o Comitê Interinstitucional, criado para promover a integração das metas do Poder Judiciário às metas e indicadores dos Objetivos de Desenvolvimento Sustentável (ODS), Agenda 2030, e elaborar relatório de trabalho com apoio de todos os Tribunais do País.

Em agosto de 2019, realizou-se o **I Encontro Ibero-Americano da Agenda 2030 no Poder Judiciário,** onde o Presidente do CNJ à época, Min. Dias Toffoli, assinou o Pacto pela Implementação dos Objetivos de Desenvolvimento Sustentável da Agenda 2030 no Poder Judiciário e no Ministério Público e a Portaria n. 119/2019, que criou o Laboratório de Inovação, Inteligência e ODS (LIODS).

Em 19 de setembro de 2019, o Plenário do CNJ publicou a Resolução CNJ n. 296/2019, que criou a Comissão Permanente de Acompanhamento dos Objetivos de Desenvolvimento Sustentável e da Agenda 2030.

Em novembro de 2019, durante o XIII Encontro Nacional do Poder Judiciário, foi aprovada a Meta Nacional 9 do Poder Judiciário – Integrar a Agenda 2030 ao Poder Judiciário, que prevê a implementação de prevenção ou desjudicialização de litígios voltadas aos objetivos de desenvolvimento sustentável (ODS), da Agenda 2030.

Por meio da Resolução 296/2019, o Conselho Nacional de Justiça criou a Comissão Permanente de Acompanhamento dos Objetivos de Desenvolvimento Sustentável e da Agenda 2030, a quem compete, dentre outras atribuições:

I – acompanhar a atuação do Comitê Interinstitucional destinado a apresentar estudos e proposta de integração de metas do Poder Judiciário com as metas e indicadores dos Objetivos de Desenvolvimento Sustentável – ODS, da Agenda 2030 para o Desenvolvimento Sustentável;

II – propor estudos sobre temas abordados na Agenda 2030 para o Desenvolvimento Sustentável, observadas as diretrizes da Estratégica Nacional do Poder Judiciário;

III – propor políticas judiciárias voltadas à promoção do desenvolvimento sustentável;

IV – representar o CNJ no processo de diálogo com entes federativos e sociedade civil para a implantação da Agenda 2030 no âmbito do Poder Judiciário;

V – monitorar as ações relacionadas à Agenda 2030 para o Desenvolvimento Sustentável e aos Objetivos de Desenvolvimento Sustentável no âmbito do Poder Judiciário; e

VI – coordenar o Laboratório de Inovação, Inteligência e Objetivos de Desenvolvimento Sustentável – LIODS, atividades, projetos e eventos relacionados à temática dos objetivos de desenvolvimento sustentável.

O **Laboratório de Inovação, Inteligência e Objetivos de Desenvolvimento Sustentável – LIODS**, criado pela Portaria nº 119/2019 do CNJ, é um programa que busca unir o conhecimento institucional, a inovação e a cooperação em um espaço de diálogo e articulação de políticas públicas entre o Poder Judiciário, os entes federativos e a sociedade civil.

Segundo o site do próprio CNJ, mesmo antes da instituição formal do LIODS, alguns laboratórios foram realizados durante o ano de 2019, e trabalharam na construção de soluções para temas relevantes na pauta do Poder Judiciário, a exemplo da questão do **fornecimento de medicamentos pelo Estado e da judicialização da saúde**.

No ano de 2020, foram implementadas ações para tratamento dos seguintes temas: LIODS Amazônia Legal e Povos Indígenas – ODS 15; LIODS Auxílio Emergencial – ODS 1; LIODS Perícias Paralisadas – ODS 1; LIODS Execução Fiscal – ODS 17.

Tendo em vista que os objetivos de desenvolvimento sustentável da Agenda 2030 estão incorporados à Estratégia Nacional do Poder Judiciário 2021-2026, o CNJ editou inúmeras Resoluções para a consolidação dos objetivos expostos na Agenda.

Como exemplo, pode-se citar a Res. 395/2021, que institui a Política de Gestão da Inovação no âmbito do Poder Judiciário e prevê, dentre várias iniciativas, a criação da **Rede de Inovação do Poder Judiciário Brasileiro (RenovaJud)**, para impulsionar a gestão de inovação no âmbito do Poder Judiciário, com a finalidade de torná-la um processo contínuo e produzir alto impacto nos resultados dos órgãos componentes da estrutura do Judiciário.

Segundo o art. 2° da Resolução, considera-se inovação a implementação de ideias que criam uma forma de atuação e geram valor para o Poder Judiciário, seja por meio de novos produtos, serviços, processos de trabalho, ou uma maneira diferente e eficaz de solucionar problemas complexos encontrados no desenvolvimento das atividades que lhe são afetas.

A Resolução traz, em seu art. 3°, os princípios da gestão de inovação no Poder Judiciário:

a) cultura da inovação: promoção da cultura da inovação a partir da adoção de valores voltados ao estímulo da inovação incremental ou disruptiva, com prospecção e desenvolvimento de procedimentos que qualifiquem o acesso à justiça e promovam a excelência do serviço judicial, processual ou administrativo, com vistas a propiciar melhor atendimento ao usuário do Poder Judiciário;

b) foco no(a) usuário(a): observância, sempre que possível, da construção de solução de problemas a partir dos valores da inovação consistentes na concepção do(a) usuário(a) como eixo central da gestão;

c) participação: promoção da ampla participação de magistrados(as) e servidores(as), bem como de atores externos ao Poder Judiciário, sempre buscando a visão multidisciplinar;

d) colaboração: trabalho em rede de inovação para a coordenação de esforços, cocriação, criatividade, experimentação e o compartilhamento de boas práticas;

e) desenvolvimento humano: desenvolvimento de novas habilidades de magistrados(as) e servidores(as) que lhes permitam adquirir conhecimentos necessários às novas competências para solução de problemas complexos, pensamento crítico, flexibilidade cognitiva, orientada a serviços e criatividade;

f) acessibilidade: fomento à acessibilidade e à inclusão;

g) sustentabilidade socioambiental: promoção da sustentabilidade socioambiental;

h) desenvolvimento sustentável: desenvolvimento econômico-social com a preservação da qualidade do meio ambiente e do equilíbrio ecológico, alinhado aos Objetivos de Desenvolvimento Sustentável – Agenda 2030;

i) desburocratização: aprimoramento e simplificação de tarefas, procedimentos ou processos de trabalho, de modo a promover agilidade, otimização de recursos e ganho de eficiência à prestação de serviços; e

j) transparência: acesso à informação e aos dados produzidos pelo Poder Judiciário, respeitadas as hipóteses de restrição e de sigilo legal e a proteção de dados pessoais.

▸ **Como esse assunto foi cobrado em concurso?**

(FGV – 2024 – Exame Nacional da Magistratura – ENAM 2024.2) Considerando as resoluções do Conselho Nacional de Justiça (CNJ) que tratam das inovações tecnológicas na atividade jurisdicional e a Política de Gestão da Inovação no âmbito do Poder Judiciário, trazida pela Resolução nº 395, de 7 de junho de 2021, do CNJ, assinale a afirmativa correta.

a) Um dos princípios da gestão de inovação no Poder Judiciário é o da participação, segundo o qual é estimulada a participação de magistrados na construção das soluções de inovação do Poder Judiciário, para que as políticas judiciárias sejam pensadas a partir do ponto de vista dos executores dessas estratégias.

b) Inovação no Poder Judiciário consiste na implementação de ideias que criam uma forma de atuação e geram valor para o Poder Judiciário, seja por meio de novos produtos, serviços, processos de trabalho, ou uma maneira diferente e eficaz de solucionar problemas complexos encontrados no desenvolvimento das atividades que lhe são afetas.

c) A gestão de inovação no Poder Judiciário deve contar com o desenvolvimento de habilidades tradicionais dos magistrados, como a redação de sentenças e decisões jurídicas, considerando que as novas tecnologias da informação e comunicação suprem a atuação do magistrado nas atividades gerenciais mais complexas, que demandam flexibilidade cognitiva.

d) A transparência na gestão da inovação do Poder Judiciário consiste no acesso pleno à informação e aos dados produzidos pelo Poder Judiciário e deve ser reforçada, motivo pelo qual não deve ceder ante as hipóteses de restrição legal e de proteção de dados pessoais.

e) A cultura da inovação consiste na adoção de valores voltados ao desenvolvimento de soluções disruptivas, que tenham por finalidade facilitar a atuação dos integrantes do Poder Judiciário com foco na saúde de magistrados e servidores.

Gabarito: Alternativa B.

(2024 – VUNESP – MPE/RO – Promotor de Justiça) Entre os Objetivos de Desenvolvimento Sustentável (ODS) que integram a Agenda 2030 da Organização das Nações Unidas, pretende-se

a) assegurar uma vida saudável e promover o bem-estar e a saúde mental para todos, em todas as idades; até 2030, reduzir pela metade, via prevenção e tratamento, a mortalidade prematura por doenças não transmissíveis.

b) até 2030, erradicar a pobreza extrema – atualmente medida como pessoas vivendo com menos de US$ 2,00 por dia – para todas as pessoas em todos os lugares.

c) assegurar a educação inclusiva, equitativa e de qualidade e promover oportunidades de aprendizagem ao longo da vida para todos; até 2030, garantir que todos os jovens e uma substancial proporção dos adultos, homens e mulheres, estejam alfabetizados e tenham adquirido o conhecimento básico de matemática.

d) erradicar a fome, alcançar a segurança alimentar e a melhoria da nutrição e promover a agricultura sustentável, sendo que, até 2030, será mantida a diversidade genética de sementes, plantas cultivadas, animais de criação e domesticados e suas respectivas espécies selvagens.

e) assegurar o acesso confiável, sustentável, moderno e a preço acessível à energia para todos, aumentando, até 2030, em pelo menos um terço a taxa global de melhoria da eficiência energética.

Gabarito: Alternativa C.

10.3. Meta 9 do CNJ

A fim de proporcionar à sociedade um **serviço mais célere, com maior eficiência e qualidade**, o Conselho Nacional de Justiça desenvolveu um programa de **metas representativas dos compromissos dos tribunais** brasileiros para aperfeiçoamento dos serviços.

A chamada Meta 9 busca integrar a Agenda 2030 ao Poder Judiciário brasileiro, tendo como objetivo primordial a realização de **ações de prevenção ou desjudicialização de demandas** voltadas aos objetivos de desenvolvimento sustentável (ODS).

Para desenvolver a meta, cada tribunal deve escolher um dos 17 ODS, e selecionar, por meio de consulta a sua base de dados, um dos três assuntos, relacionados na Tabela Processual – TPU, mais demandados no tribunal, relativos àquele ODS e, então, elaborar um Plano de Ação para viabilizar o alcance da meta proposta para aquele assunto.

A intenção é **reverter a judicialização excessiva**, não necessariamente reduzindo o número de processos em juízo, mas identificando as verdadeiras origens dos problemas que culminam na judicialização excessiva de demandas identificadas com direitos previstos nos ODS da Agenda 2030.

Um exemplo teórico seria a escolha da ODS 3 (saúde) por um Tribunal de Justiça, especificando-se a abordagem para a questão da "judicialização da saúde". A implementação de um trabalho conjunto e coordenado, via Meta 9, permitiria a identificação de quais insumos são os mais solicitados nos processos judiciais, viabilizando a comunicação com os setores de listagem e aquisição de tais medicamentos na via administrativa pelos entes federativos, com identificação de soluções de economia de recursos públicos para o futuro.

A título de exemplo concreto, O Tribunal de Justiça do Estado do Rio Grande do Sul, no ano de 2021, elegeu o ODS 05 – Igualdade de Gênero como foco de trabalho. Elaborou-se, então, um plano de ação para identificação de medidas de desjudicialização e prevenção voltadas ao combate à violência doméstica e ao feminicídio.

A proposta englobou a efetivação de **programas de educação em direitos**, pela via da entrega do "Guia de serviços e informações para as vítimas de violência doméstica", a atualização contínua da página da Coordenadoria Estadual da Violência Doméstica e Familiar contra a Mulher – CEVID – RS junto ao site do TJRS, a qualificação e incentivo ao atendimento e orientação às vítimas por *Whatsapp*, em atendimento ao Ato Digital (Res. 354/2020- CNJ) e ao Balcão Virtual (Res. 372/2021- CNJ), dentre outros.

No mesmo ano, o TRF4 elegeu as ODS 13 (Ação contra a mudança global do clima), 14 (Vida na água) e 15 (Vida terrestre) como foco de atuação, e elaborou um programa de o georreferenciamento das ações ambientais, especialmente para as ações civis públicas (ACPs) que tramitam na Justiça Federal da 4ª Região. A proposta visou a dotar os principais atores implicados na defesa ambiental de um mecanismo para compreensão ampla dos conflitos ambientais, ensejando atuação rápida, específica e detalhada e, inclusive, auxiliar no desenvolvimento de políticas públicas em matéria ambiental.

Os Tribunais que têm reconhecido seu trabalho de alinhamento com os objetivos da Agenda 2030 recebem o chamado "Selo Agenda 2030", uma forma de reconhecimento das práticas que estiverem alinhadas aos Objetivos de Desenvolvimento Sustentável.

CAPÍTULO

II

Filosofia do Direito

1. ORGANIZAÇÃO DO ESTUDO

A filosofia do direito tem sido cobrada de maneira diversa a depender do concurso público em que é exigida. Considerando a carreira pretendida, existe maior ou menor vinculação do edital aos temas descritos na Resolução nº 75/2009 do CNJ.

Assim, enquanto alguns editais seguem prevendo apenas os temas expressos naquela Resolução, outros têm ampliado a abrangência de cobrança e, por isso, exigirão maior atenção do candidato na organização dos estudos.

Os pontos previstos na Resolução nº 75/2009 do CNJ são os abaixo listados:

FILOSOFIA DO DIREITO

1. O conceito de justiça. Sentido lato de Justiça, como valor universal. Sentido estrito de Justiça, como valor jurídico-político. Divergências sobre o conteúdo do conceito.
2. O conceito de Direito. Equidade. Direito e Moral.
3. A interpretação do Direito. A superação dos métodos de interpretação mediante puro raciocínio lógico-dedutivo. O método de interpretação pela lógica do razoável.

Para facilitar o estudo do leitor, esses pontos serão apresentados neste livro seguindo a precisa divisão ali indicada.

Outros concursos públicos, a exemplo da magistratura de Minas Gerais e de São Paulo, bem como para ingresso na carreira de Defensor Público do Maranhão ou de Promotor de Justiça do Paraná, apresentam editais com pontos diversos da filosofia do direito que merecem atenção especial do candidato.

A fim de tentar abordar ao máximo o tema, este capítulo abordará, além dos temas previstos na Resolução 75/2009 do CNJ, aquelas questões de reiterada cobrança em provas de concurso, abordando os temas de maneira concatenada para que o estudante consiga, mais do que apenas decorar, aprender a lógica por trás da evolução dos pensamentos filosóficos com que terá contato.

Analisando de maneira esquematizada, e para auxiliar na organização dos estudos, vê-se que os editais apresentam a seguinte formatação:

TEMAS EXIGIDOS	CONCURSOS
Resolução 75 do CNJ	MPF, TRF1, TRF2, TRF3, TRF4, TRF5, TJ/RS, TJ/SC, TJ/PR, TJ/BA, TJ/RJ, TJ/MS.
Outros pontos	TJ/MG, TJ/SP, DPE/SP, DPE/PR, DPE/AM, DPE/MA, DPE/TO, MPE/PR, MPE/SC, MPE/AC, MPE/RN, MPE/PI.

Por óbvio, recomenda-se que o leitor faça o estudo integral dos temas aqui expostos, até porque existe uma complementação mútua e transversal de conhecimentos na apresentação dos assuntos.

Para muitos leitores, este é o capítulo que aborda os temas mais complexos e difíceis da formação humanística. ***E estão corretos***. Nele, saem do "anonimato real" alguns pensadores que, embora reconhecidos pelos nomes, nunca foram alvo de efetiva atenção do estudante. Como veremos, mais do que elaborar célebres frases que hoje saltitam nas redes sociais, eles modificaram toda a proposta intelectual de suas épocas, fazendo suas lições repercutirem na vida cotidiana de milhões de pessoas.

Justamente pela importância de se ter uma visão geral do pensamento filosófico, apresenta-se, no último ponto deste capítulo, uma **linha do tempo do pensamento filosófico ocidental**. Nela, cada filósofo é apresentado ao leitor de forma didática, simples e clara, tendo seus conceitos e pensamentos inseridos e explicados conforme a realidade histórica em que estavam inseridos. Sem termos difíceis e sem exageros acadêmicos, mas com linearidade temporal e contextualização. Conhecendo a história, tudo passa a fazer mais sentido.

Obviamente, as informações foram filtradas levando em consideração a proposta deste livro. Portanto, em que pese alguns filósofos tenham trabalhado diversas temáticas em suas vidas (ética, beleza, astronomia, costumes, política, ideologia, etc) as lições aqui explanadas restringem-se aos aspectos relacionados com o Direito, a justiça e a política. Estas, por si, já carregam importância e complexidade suficientes.

De todo modo, a complexidade dessas propostas ou pensamentos filosóficos não deve ser encarada como obstáculo intransponível de nossos estudos, cabendo-nos explorar seus conceitos e nuances com destemor, humildade e perseverança.

Ficou interessado ou teve dúvidas sobre a teoria de algum filósofo? Busque outras fontes e aprofunde seus estudos!

Desenvolver a inteligência e aprimorar a capacidade intelectual não são tarefas fáceis, mas é nos grandes desafios que residem as maiores recompensas.

Nas palavras de A.D Sertillanges em "A Vida Intelectual": *"É preciso entregar-se de todo o coração para que a verdade se entregue. A verdade só está a serviço de seus escravos".*

2. PONTOS DE DESTAQUE

Analisando as questões de Filosofia do Direito em concursos, pode-se dizer que os pontos de maior cobrança são:

- ➔ Positivismo Jurídico. Hans Kelsen
- ➔ Interpretação do Direito
- ➔ Conceito de Justiça. Aristóteles.

3. BREVE INTRODUÇÃO À FILOSOFIA

3.1. Conceito

Antes de adentrarmos no estudo dos temas abordados nos editais, alguns pontos preliminares a respeito da filosofia devem ser rapidamente relembrados.

A pergunta **"o que é a filosofia?"** encontra inúmeras respostas controversas. Em análise etimológica (que diz respeito à origem do termo), filosofia significa "amor à sabedoria". Essa resposta, todavia, simplifica demasiadamente uma pergunta reconhecidamente complexa.

Para alguns estudiosos, a filosofia estaria ligada à "formação do espírito crítico e da autonomia", a um "método de pensamento rigoroso", a uma "arte da reflexão" ou, simplesmente, ao ato de questionar.

Essas definições (visivelmente vagas) não oferecem, na opinião dos mais exigentes, uma resposta adequada à questão. Afinal, diversos profissionais dos mais variados ramos do saber praticam, diariamente, ações questionadoras e nem por isso podem ser considerados filósofos.

De forma mais completa, fala-se que a filosofia consiste no estudo de problemas fundamentais relacionados à **existência, ao conhecimento, à verdade, aos valores morais e estéticos, à mente e à linguagem**. Ela é, enfim, **a arte de bem pensar,** de desenvolver o espírito crítico, a reflexão e a autonomia individual.

3.2. Filosofia e Religião

Assim como as religiões, a filosofia encontra solo fértil para questionamentos na reflexão sobre a **finitude da vida humana**. Para nós, humanos, o tempo é contado, e somos "amaldiçoados" por sermos os únicos seres vivos com consciência e capacidade de reflexão sobre esse fato.

O que distinguiria, então, religião e filosofia?

A diferença entre religião e filosofia reside justamente em como se encara essa consciência de finitude da vida.

Em resposta direta, pode-se dizer que enquanto **as religiões** pregam a possibilidade de "salvação" da alma pela fé em um **ente superior**, **a filosofia** defende que a "salvação" venha de **nós mesmos**, por nossas próprias forças, pela via da razão utilizada com audácia e firmeza.

Assim, a filosofia nasce com o desejo de encontrar respostas capazes de **reduzir a angústia da finitude da vida por intermédio da razão**. Ela seria, enfim, a arte de utilizar o método racional na formação de reflexões sobre questões complexas da vida humana.

Antes da "criação da filosofia", as respostas a esses questionamentos humanos eram fornecidas apenas pelas religiões. Justamente por isso, essas respostas estavam fundadas nos **mitos**, conhecidos como narrativas lendárias que explicam, por meio do apelo ao sobrenatural, ao divino e ao misterioso, a origem do universo, o funcionamento da natureza e o destino humano no pós-morte.

Embora pareçam simplórios e rudimentares, os **mitos** foram um incrível avanço intelectual na história da humanidade, em um período que varia entre 70 mil e 30 mil anos atrás. Como bem salienta Yuval Harari (2015, pg. 71), no seu *best seller* Sapiens – uma breve história da humanidade, o surgimento de mitos, deuses e religiões na vida dos humanos foi talvez o marco fundamental da chamada Revolução Cognitiva de nossa espécie.

Por meio dos mitos, o homem atingiu uma capacidade de cooperação coletiva que ultrapassava a adesão de pequenos grupos, e isso viabilizou a formação de sociedades mais complexas que, por sua vez, deram origem a novas revoluções humanas, das quais a filosofia é uma espécie.

A filosofia, consequência natural dessas revoluções cognitivas, **abandona os mitos** e **adota a razão** para tentar achar respostas aos questionamentos mais importantes da vida, bem como para reduzir a angústia gerada pelo maior dos mistérios: a morte.

Não por acaso, quando faz alusão à sabedoria dos antigos filósofos gregos, Montagne diz que *"filosofar é aprender a morrer"*.

Embora tenha na discussão a respeito da "salvação" (redução do medo da morte) um de seus pontos centrais de análise, a filosofia apresenta outros ramos de desenvolvimento do pensamento crítico, e utiliza, também para eles, sempre a razão como fundamento básico.

Na tentativa elencar as três grandes divisões desse complexo sistema de pensamento, pode-se dizer que a filosofia abrange, nas lições de Luc Ferry (2007, pg. 23):

> **(i) a inteligência do que é** – *theoria;*
>
> **(ii) a análise da justiça** – prática/ética;
>
> **(iii) e a busca da salvação** – sabedoria ou, como acima mencionado, discussão a respeito da finitude humana.

Na Filosofia do Direito, a análise dos pensadores concentra-se na abordagem a respeito do *ponto "II"* acima indicado, ou seja, sobre a justiça ou, como denomina Ferry, prática/ética. Os estudos propostos desbordam para inúmeras ramificações que, como se verá, interligam-se com os troncos comuns do Direito e da justiça.

3.3. Origem da filosofia

Do conflito estabelecido entre mito e razão, a filosofia nasce no chamado "milagre grego" quando **Tales de Mileto**, ao praticar um raciocínio voltado à compreensão dos fenômenos naturais, usou de **metodologia predominantemente racional** para justificar acontecimentos que antes eram explicados por meio de mitos.

Em outras palavras, aqueles fenômenos que antes eram interpretados como recados ou advertências enviados pelos deuses aos homens na terra passaram a ser analisados sob um filtro puramente racional.

Essa busca pela compreensão do que acontece no mundo natural sem se valer de explicações "não-terrenas" ou "sobrenaturais", é a mais importante marca dos primeiros filósofos. Esse é o chamado "milagre grego".

Mas o que teria dado origem a esse "milagre"?

Como será demonstrado neste capítulo, todo grande pensamento filosófico está vinculado ao momento histórico em que foi concebido, bem como às características da sociedade em que foi desenvolvido.

A origem da filosofia remonta ao milagre grego que, na verdade, só ocorreu por ser uma manifestação de pensamento desenvolvida em uma sociedade reconhecidamente evoluída em termos de **liberdade de pensamento, democracia** e **valorização do intelecto** (pelo menos no que diz respeito aos homens – visto que não havia igualdade de gênero).

O **milagre** grego, na realidade, é o **oposto de uma criação divina** inexplicável e sobrenatural, sendo genuíno resultado das características da sociedade grega da época, nascedouro de fatores humanos e sociais que viabilizaram a concepção desse "milagre" ao mundo ocidental.

3.4. Filosofia do Direito

Como sabido, o estudo das normas jurídicas positivadas pelo Estado é denominado costumeiramente de estudo dogmático do Direito. Fala-se, para diferenciar, que a Filosofia do Direito pode ser vista como um estudo inserido na chamada **zetética jurídica** (que compreende também a sociologia, a história do Direito, a teoria geral do Direito, etc.), pois esta abordagem não se limita às normas, adotando verdadeira postura crítica sobre o Direito, sua finalidade e direção futura.

Partindo da premissa de que a filosofia impõe a análise crítica e o questionamento nas mais diversas áreas do conhecimento, Cretella Junior (2007) informa que a Filosofia do Direito deixa de ser expositiva e passa a ser crítica, penetrando, primeiro, na **denominação e conceito** de cada disciplina jurídica, depois na **razão de ser** de cada instituto jurídico, problematizando-o e indagando sua legitimidade.

Assim, diz-se que a Filosofia do Direito **é o estudo crítico** dos **postulados** em que repousam os institutos típicos do Direito e que, em última análise, busca verificar se esses institutos ainda servem para a finalidade a que foram criados: fazer justiça na sociedade.

3.5. As grandes escolas de Filosofia do Direito

Fala-se que a filosofia do Direito apresenta três grandes escolas que servem de base teórica para as análises críticas desenvolvidas no contexto do pensamento jusfilosófico, sendo elas: o jusnaturalismo, juspositivismo e o pós-positivismo.

O **jusnaturalismo** possui base metafísica e tem como premissa básica a existência de **direitos naturais imutáveis** que são **hierarquicamente superiores** aos direitos **positivados** no ordenamento de uma determinada sociedade.

Tomado o exemplo de uma pirâmide normativa, fala-se que a base desta pirâmide, no jusnaturalismo, seria composta pelos direitos positivos e o topo, por sua vez, seria composto dos direitos naturais.

Para o jusnaturalismo, como regra, as normas positivadas devem se fundamentar nas normas naturais. A noção dos direitos naturais, como se verá adiante, foi modificada no decorrer dos séculos, tendo uma origem cosmológica (no período grego), uma mutação para uma visão teológica (na idade média) e, por fim, uma abordagem antropocêntrica e racional (a partir da idade moderna).

O **jusnaturalismo** sustenta que os direitos naturais existem (ontológica), que eles podem ser conhecidos pelos humanos, por meio da razão (epistemologia). Nesse contexto, fala-se que o direito positivo não pode contradizer o direito natural, pois aquele se fundamentaria neste e, nessa perspectiva, conclui-se que direito e justiça teriam vínculos indissociáveis (se é direito, é justo). Ainda, indica-se existir uma obrigação moral de se seguir o direito, pois este é algo justo.

A escola jusnaturalista não foi sobreposta pelas outras duas, e ainda hoje existem autores contemporâneos que, muito embora com enfoques diferentes, continuam sustentando sua existência por meio de um viés diferenciado.

O **juspositivismo** surge a partir do século XIX e se desenvolve em três frentes de maior representatividade, a escola da exegese, na França, a escola da jurisprudência analítica, na Inglaterra e, por fim, a escola histórica do Direito, na Alemanha.

Diferentemente do jusnaturalismo, que ditava haver uma divisão dúplice na pirâmide normativa, o juspositivismo defende uma ideia **monista** de composição do ordenamento jurídico. Ou seja, somente é **direito** aquilo que é **positivado como tal** no ordenamento jurídico.

Segundo o juspositivismo, o Direito é **criação humana** (tese dos fatos sociais), não havendo direitos naturais eternos e imutáveis. Fala-se, também, que não há identidade entre Direito e moral (tese da separação). Por fim, o positivismo aborda a tese da discricionariedade, elemento de forte crítica pós-positivista que acusa ser esta a origem de um ativismo judicial.

Como sabido, pode-se dizer que o positivismo perdeu força e expressão com o falecimento de Kelsen e, posteriormente, de Hart, dois de seus maiores expoentes doutrinários.

O **pós-positivismo** também apresenta uma noção jurídica **dualista**, indicando que o ordenamento é formado por **princípios** e **regras**. Os princípios, todavia, não são metafísicos como no jusnaturalismo, e sim desenvolvidos a partir de uma noção de historicidade e construção cultural das sociedades em que inseridos.

Ainda, enquanto o jusnaturalismo sustenta uma noção de identidade entre **Direito e Moral**, e o juspositivismo sustenta uma noção de separação total entre tais elementos, o pós-positivismo sugere a existência de uma **relação de complementaridade** entre esses elementos.

Realismo jurídico

Além do jusnaturalismo e do positivismo jurídico, há uma quarta via filosófica do Direito que merece atenção, o **realismo jurídico**, a qual foi desenvolvida entre os anos 1920 e 1940.

Seu nome advém do fato de seus estudiosos buscarem captar o que **realmente ocorre no sistema jurídico**, deixando de apreciar situações ideais postas em leis ou, ainda, em condicionamentos morais. Para o realismo, **o direito é aquilo que ocorre na realidade**.

Segundos os autores do realismo jurídico, o direito nasce com a decisão judicial. Ou seja, ainda que haja uma norma anterior, somente no momento em que o magistrado aplica o direito é que ele nasce.

Essa doutrina jurídica possui duas correntes ou escolas, a norte-americana e a escandinava.

O realismo jurídico norte-americano tem como nomes de destaque **Karl Llewellyn e Oliver Wendell Holmes Jr.** e, segundo essa doutrina, as decisões judiciais dependem muito mais dos fatos do que da norma jurídica abstrata posta. A decisão do magistrado não seria uma simples fórmula matemática advinda da aplicação da norma jurídica, mas poderia ser influenciada das mais diversas formas, como, por exemplo, a ideologia do juiz.

Assim, a decisão dependeria da forma como o magistrado reagiria aos fatos postos para julgamento. Consequentemente, se diversos juízes apreciassem a situação concreta, diversas poderiam ser as decisões, chegando os realistas norte-americanos à conclusão de que **o direito é aquilo que o juiz diz**. Dessa forma, seria impossível obter certeza jurídica, uma vez que o direito é constante obra criativa dos magistrados.

Nota-se, portanto, que o realismo norte-americano é **essencialmente empírico**, pois **leva em consideração o Direito na prática, diferentemente das escolas juspositivistas e jusnaturalistas**. Entende-se nele que, como a norma é linguagem, ela pode e será interpretada de forma diversa por seus aplicadores.

Já o **realismo escandinavo**, contemporâneo ao americano, foi criado por **Axel Hägerström** e com expoente maior o dinamarquês **Alf Ross**.

Como ponto de convergência com a corrente filosófica estudada anteriormente, o realismo escandinavo **também critica o normativismo essencialista dos juspositivistas e jusnaturalistas**, porém, diferentemente, **trata-se de uma corrente focada mais na filosofia como forma de buscar os fundamentos do Direito**.

Segundo essa doutrina, as normas não são consideradas Direito no momento de sua criação pelo legislador, mas tão somente quando são aplicadas pelos juízes e pelos particulares, ou seja, há uma visão sociológica da norma jurídica.

Com base nisso, realiza um estudo sobre a reação psicológica dos indivíduos sobre a norma jurídica, de forma que as leis serviriam como forma de **condicionamento do comportamento das pessoas**, dotadas, muitas vezes, do uso da força estatal. Assim, as normas são apreciadas da forma como são aplicadas na sociedade e não como constantes no direto posto.

Neste ponto apresenta-se a divergência entre o realismo norte-americano e o escandinavo. Para o norte-americano, o Direito exsurge das decisões judiciais, ao passo que, para o escandinavo, conforme a doutrina de Alf Ross, **o ordenamento jurídico deve ser analisado com base na realidade social e da forma como as normas são aceitas psicologicamente pela sociedade**.

Para Ross, uma norma é vigente quando possui efetividade social. Segundo o realismo escandinavo, uma norma, mesmo que válida no ordenamento jurídico, se não efetivamente aplicada, não é Direito.

Segundo o autor o direito vigente trata-se de um corpo de normas utilizados para a interpretação dos acontecimentos jurídicos, que são obedecidas pela comunidade (eficiência) ao serem aplicadas pelos juízes, o direito é vigente porque é **aplicado**.

3.6. Vamos ao edital?

Conhecidas essas premissas, é possível ingressarmos no estudo dos pontos delimitados pelos editais de concursos públicos na disciplina de filosofia do direito, adotando-se, para tanto, a ordem de temas exposta na Resolução 75/2009 do CNJ e, posteriormente, a demonstração de outros pontos de reiterada cobrança em provas que exigem do candidato conhecimentos esparsos de filosofia.

4. O CONCEITO DE JUSTIÇA

A palavra justiça é **polissêmica,** ou seja, possui diversos sentidos. Não existe um conceito estanque e definitivo do termo. Essa constatação fez Hans Kelsen, em tom de reclamação, afirmar que todas as tentativas de conceituação até então feitas só levaram a fórmulas completamente vazias, tais como: *'fazer o bem e evitar o mal'*.

Para bem analisar o tema, deve-se pontuar inicialmente que a justiça é vista primordialmente sob o **ponto de vista humano,** pois sua realização supõe conhecimento, liberdade de decisão e interpretação de direitos na escolha dos atos volitivos, elementos que, até o presente estágio da ciência, não foram constatados com segurança na esfera da vida animal.

> **Curiosidade:** o senso de justiça é comumente apontado como sentimento exclusivo da espécie humana. Essa afirmação, todavia, tem sido debatida na ciência biológica moderna. Em seu livro "A In-

teligência Emocional dos Animais", o antropólogo espanhol Pablo Herreros aponta que foi identificado tal sentimento em primatas, como os macacos-prego. Em curiosa experiência, alguns pesquisadores passaram a dar pepinos para que macacos-prego buscassem pedaços de plástico. Todavia, quando uma uva foi fornecida para apenas um dos macacos, colocando os demais em "situação de injustiça" (pois todos tinham desempenhado o mesmo trabalho), os outros se recusaram a continuar colaborando, e alguns inclusive jogaram pepinos nos cientistas.

Aceito o desafio de explicar o termo, pode-se dizer que o conceito de justiça está vinculado à noção de **limites** estabelecidos para as ações humanas em **determinada sociedade.**

A partir do momento em que algum integrante da sociedade extrapola os limites de sua liberdade, e assim viola as regras do "pacto de grupo", dá origem ao que se denomina **injustiça.** A justiça, nesse sentido, estaria vinculada ao **ato de impedir a criação ou continuação** de uma injustiça constatada em determinada situação da vida.

Essa noção de justiça vinculada à **evitação/reparação de injustiças** tem também amparo etimológico, visto que a palavra em si remonta à mitologia romana da deusa *Iustitia*, a quem cabia, de olhos vendados, distribuir a justiça, prática simbolizada pela balança com dois pratos que a deusa segurava. Tais objetos sempre estavam presentes com a figura da deusa pois, de acordo com Jhering (1992, p.01), "a espada sem a balança é a força bruta; a balança sem a espada é a impotência do direito"

Do mesmo modo, entre os gregos a justiça era representada por uma deusa, chamada *Diké*, que segurava uma balança e uma espada mas, ao contrário da correspondente romana, não tinha os olhos vendados (para os romanos, os olhos vendados não significavam "justiça cega", mas sim que a justiça devia atuar de forma justa sem diferenciar destinatários – com isonomia, igualdade).

Na **doutrina jurídica**, em razão da dificuldade de conceituação única da palavra, o termo hoje é analisado em *sentido lato* e em *sentido estrito*. Essa classificação é reiteradamente exigida em provas objetivas de concurso. A leitura, portanto, merece atenção redobrada.

4.1. Sentido lato de Justiça. Um valor universal

Em **sentido lato**, a palavra justiça guarda vinculação com a noção de um "valor universal" e seria conceituada como a **adequação** da conduta humana a uma **ordem natural ou divina que é anterior ao próprio homem.** Cabe notar que essa conceituação carrega uma notável carga de doutrina jusnaturalista em seu teor.

Mais do que um fenômeno que não pode ser conceituado de maneira única, a justiça é um sentimento alimentado pelo inconsciente coletivo de uma comunidade humana em determinado período da história, que apresenta desenvolvimento renovador constante.

Para André Franco Montoro (2000, pg. 20), justiça, em sentido lato, significa o conjunto das virtudes que regulam as relações entre os homens. Incluem-se nela, portanto, além dos deveres de justiça estrita, as virtudes da amizade, da veracidade, do respeito filial etc.

Na filosofia clássica, vários autores elaboraram conceitos de justiça que, conjunta ou separadamente, ainda são objeto de cobrança em provas de concurso.

> **Atenção!**
> As questões costumam vincular o nome do filósofo à noção de justiça por ele criada.

Vejamos:

Para **Sócrates** (469-399 a.C.), a justiça não está atrelada tão somente à observância das leis convencionais (criadas pelo homem), mas também das leis naturais e divinas que regem a vida dos seres humanos.

O filósofo grego estabeleceu a ética com fundamento no comportamento. Devia-se refletir e conhecer-se a si mesmo para tomar-se conhecimento do que é verdadeiro e justo.

Sócrates afirmava que, para que houvesse uma sociedade justa, havia a necessidade de formação de uma república organizada, com cada um exercendo as suas aptidões e atuando sempre com o objetivo do bem comum.

Para ele, sofrer uma injustiça era aceitável, porém, cometê-la, jamais, de forma que o cidadão deve sempre seguir os preceitos indiscutíveis das leis.

Segundo **Platão** (427-347 a.C.), discípulo de Sócrates, há o mundo das ideias, onde pode ser encontrada a verdade real por aqueles capazes de atingir tal conhecimento e há o mundo dos sentidos, humano e falho e, consequentemente, sua justiça também o seria.

No mundo ideal existe a justiça plena, dos deuses, infalível, somente atingível por aqueles que a compreendem plenamente (filósofos). Já no mundo dos sentidos há a justiça dos homens, falha e subvertida.

Deve-se lembrar que as teorias de Platão, principalmente quanto à justiça e o Estado ideal, foram deveras influenciadas pela morte de seu mestre Sócrates, condenado à morte via consumo de cicuta (veneno elaborado através de uma planta extremamente venenosa) por, supostamente, subverter a juventude com suas ideias e questionamentos.

Conta-se, inclusive, que na data da execução de sua sentença, houve um movimento para a fuga de Sócrates, porém, esse negou-se a evadir, porque se descumprisse as leis estabelecidas na sociedade e a sentença contra ele prolatada, tornar-se-ia injusto.

Com conceito e classificações muito cobrados em concursos, e seguindo a noção preliminar de que a justiça está presente quando as leis convencionais se conformam às naturais, **Aristóteles** (384-322 a.C) mencionou que a **justiça é a relação bilateral, preferencial e voluntária, que deve estar em conformidade com a lei e com o bem comum e que deve, ainda, respeitar a igualdade.** Para ele, a justiça pode ser **geral** (soma de todas as virtudes, o respeito às leis morais e às leis do Estado) e **particular**, que é representada pela isonomia ou igualdade.

A **justiça particular** pode ser subdividida em:

(i) **distributiva** – a comunidade deve dar a cada pessoa o que é de seu merecimento, tanto do ponto de vista da pessoa como do ponto de vista do objeto distribuído – ex: é justo que o melhor pianista tenha o melhor piano;

(ii) **comutativa** – um particular dá a outro particular o bem que lhe é devido. Essa justiça regula as relações individuais, trocas e contratos.

(iii) **corretiva/vindicativa** – exige a punição de culpados e restabelece o equilíbrio quebrado em determinada relação humana – justiça realizada pelos juízes, via aplicação prudencial do direito.

Atenção: alguns autores inserem a justiça corretiva/vindicativa na mesma subdivisão da justiça comutativa, afirmando que Aristóteles teria proposto a divisão da justiça particular apenas em: (i) distributiva e (ii) comutativa e corretiva.

Essa especificidade, todavia, não é cobrada em provas. O que se exige do candidato é o conhecimento de cada uma dessas conceituações.

▸ Como esse assunto foi cobrado em concurso?

(2024 – FGV – TJ/SC – Juiz de Direito Substituto) O conceito de justiça é o tema mais importante da Filosofia do Direito. Conforme Santo Tomás de Aquino, é correto se falar em justiça comutativa e justiça distributiva. A definição dada por Santo Tomás a cada uma dessas acepções de justiça é, respectivamente:

a) a que regula as relações mútuas entre pessoas privadas; a que regula a relação entre o todo e as partes, de forma a fazer a distribuição proporcional dos bens comuns;

b) aquela que é comum a uma comunidade política e suas instituições; aquela que distribui as diferentes funções executivas aos órgãos de governo;

c) a que é estabelecida pelas leis e pelos atos de governo; a que resulta das tradições e costumes de uma sociedade, conforme interpretação comunitária;

d) aquela que é instituída e aplicada na forma do direito positivo; aquela que é instituída e aplicada na forma do direito natural;

e) a que determina as relações comerciais e patrimoniais da sociedade; a que determina as relações administrativas e penais da sociedade.

Gabarito: Alternativa A.

(CESPE – 2018 – MPU – Analista) Está, pois, suficientemente esclarecido que a virtude moral é um meio-termo entre dois vícios, um dos quais envolve excesso e o outro, deficiência, e isso porque a sua natureza é visar à mediania nas paixões e nos atos. Do que acabamos de dizer segue-se que não é fácil ser bom, pois em todas as coisas é difícil encontrar o meio-termo.(...) A justiça corretiva será o intermediário entre a perda e o ganho. Eis aí por que as pessoas em disputa recorrem ao juiz; e recorrer ao juiz é recorrer à justiça, pois a natureza do juiz é ser uma espécie de justiça animada; e procuram o juiz como um intermediário, e em alguns Estados os juízes são chamados mediadores, na convicção de que, se os litigantes conseguirem o meio-termo, conseguirão o que é justo. O justo, pois, é um meio-termo, já que o juiz o é. Ora, o juiz restabelece a igualdade.

Aristóteles. Ética a Nicômaco. In: Os pensadores. (Org.) José A. M. Pessanha. 4.ª ed., v. 2, São Paulo: Nova Cultural, 1991 (com adaptações).

A partir das ideias constantes nesse fragmento de texto, julgue o item a seguir.

Aristóteles vincula a justiça à natureza do trabalho de juiz, cuja atuação deve ser ética e corresponder ao exercício da própria noção de justiça.

Certo

Errado

Gabarito: Certo.

(CESPE – 2013 – DPE/TO – Defensor Público) Com relação ao conceito de justiça, assinale a opção correta.

a) O vocábulo justiça é empregado, em sentido lato, como equivalente a organização judiciária.

b) O sentido estrito de justiça está associado ao conjunto das virtudes que regulam as relações entre os homens.

c) De acordo com a doutrina majoritária, caracterizam o sentido lato de justiça a alteridade, o débito e a igualdade.

d) Consoante a doutrina aristotélica, a justiça comutativa caracteriza-se como aquela em que o particular dá a outro o bem que lhe é devido.

e) Na antiguidade clássica, Platão definiu justiça como a vontade constante e perpétua de dar a cada um o que lhe pertence.

Gabarito: Alternativa D.

(FCC – 2013 – DPE/SP – Defensor Público) Na obra O que é justiça?, no capítulo intitulado "a doutrina da justiça de Aristóteles", Hans Kelsen analisa aspectos essenciais da doutrina aristotélica da justiça. Explicite a análise realizada por Kelsen relativamente aos seguintes pontos: a. A relação entre a virtude moral e a Doutrina do Meio em Aristóteles. B. A virtude da justiça em Aristóteles. B1. A justiça em sentido geral. B.2. A justiça em sentido particular(justiça distributiva e justiça corretiva).

Espelho de gabarito fornecido pela banca: Espera-se que o candidato consiga explicitar a análise realizada pelo autor acerca da doutrina da justiça de Aristóteles. Além do conhecimento do conteúdo a ser explicitado, serão considerados os seguintes aspectos: clareza e correção da escrita (conhecimento do vernáculo), capacidade de síntese e coerência na forma de organização da resposta. A) O candidato deve capaz de explicitar a análise de Kelsen acerca da Doutrina do meio (mesótes) enquanto critério utilizado por Aristóteles para definir e caracterizar as virtudes morais. B) 1. O candidato deve ser capaz de explicitar a análise de Kelsen sobre o conceito aristotélico de "justiça em sentido geral", evidenciando a sua implicação com o problema da legitimidade. 2- O candidato deve ser capaz de explicitar a análise de Kelsen sobre o conceito aristotélico de "justiça em sentido particular", evidenciando a sua implicação com o problema da igualdade. Para tanto, deverá explicar as duas formas da justiça particular: a justiça distributiva e a corretiva.

(MPE/MG – 2012 – MPE – Promotor de Justiça) Segundo Michel Villey (Filosofia do Direito) para Aristóteles, a expressão justiça não dizia respeito a uma utopia ou a um ideal vago. Ao contrário, estava próxima da realidade, das virtudes e comportamentos habituais do cidadão. Baseado nessa leitura de Aristóteles, faça um paralelo entre justiça geral X justiça particular e o "lugar do direito" nesse contexto.

Espelho de gabarito formulado pela banca: Espelho: Exigiu-se do candidato, no mínimo, a apresentação dos conceitos de acordo com a bibliografia sugerida, que será amplamente utilizada para as explicações que se seguem. O espelho abaixo não é a "resposta da questão", mas sim a explicação para a feitura da mesma, daí a utilização de um maior número de linhas. A questão demandava um paralelo entre justiça geral e justiça particular e o lugar do direito, baseado na leitura de Aristóteles feita por Villey. Vale acrescentar que Villey (1914-1988), filósofo francês e historiador do direito, colocou suas críticas acerca do pensamento jurídico moderno a partir e inspirado nas obras de Aristóteles e São Tomás de Aquino. Seu trabalho, seja a nível universitário ou literário, é considerado de suma importância para o renascimento da Filosofia do Direito na França. Para Villey, Aristóteles foi o fundador da Filosofia do Direito, visto ter o mesmo se interessado e observado tudo, inclusive o direito e as atividades do mundo judiciário. Muito embora várias de suas obras tenham se perdido, nas obras Retórica, Política e Éticas, existem inúmeras colocações que são fundamentais para a história da ciência do direito e devem ser relevadas. Conforme Villey, o método largamente utilizado pela Escola de Oxford, no que tange à análise da linguagem, foi utilizado já por Aristóteles que observava com atenção a linguagem comum do povo. Neste contexto, a expressão dikaiosunê é o centro dos estudos de Aristóteles, que podemos traduzir por "virtude de justiça". Em seus estudos, Aristóteles se esforçava para explicar esta expressão dentre outras correlatas, sempre focado no sentido delas para o homem comum grego. Assim, para ele justiça não remetia a uma utopia, mas a algo conquistável, posto que uma virtude. Justiça podia significar várias acepções, pois, no dizer de Aristóteles, não existem termos gerais que não possam ser entendidos de múltiplas maneiras. A questão em tela visava a abordagem dos dois sentidos principais – justiça geral e justiça particular. Em geral justiça exprime a moralidade, a conformidade da conduta de um indivíduo com a lei moral. Aristóteles chama a esta justiça geral, legal – "se a lei moral comanda todas as virtudes, a justiça é a soma de todas elas, ou a virtude universal" /(Michel Valley). Contudo, a justiça geral não se confunde exatamente com a plena moralidade. O que não se pode perder de vista é que para ele todas as virtudes – coragem, temperança, prudência, etc – são vivenciadas nos relacionamentos, uns com os outros no seio da sociedade, logo, ao beneficiarem toda uma comunidade, são sempre de cunho "social". Assim, toda justiça é social. Desta forma, a justiça, assim entendida, ultrapassa os limites do direito, já que, praticamente, engloba toda a moral. As leis eram a ossatura da justiça geral, escritas ou não, naturais ou positivas. Da justiça geral e não do direito. Elas se reportam ao direito. Leis morais regerão condutas ao contrário do Direito. A justiça particular faz parte do universo do homem justo que "pega exatamente o que lhe cabe, nada mais, nada menos", Tal justiça é, pois, uma parte da moralidade total e da justiça geral. A justiça particular se opõe a outras virtudes – força prudência e temperança. Ela é uma virtude puramente social, quintessência da justiça. O direito aparecerá como exigência da justiça particular. "A não tomar nem mais nem menos do que lhe cabe; o 'que cada um tenha a sua parte' (...), a que se [illegible], numa comunidade social, a justa divisão dos bens e dos encargos, tendo sido esta divisão reconhecida e determinada previamente. É por isto que escreve Aristóteles, que 'se recorre ao juiz'. (Villey). A tarefa acima descrita não pode ser realizada por particulares, mas sim deve ser ofício dos juristas. O tema está exaustivamente abordado na bibliografia acima mencionada (em especial no capítulo 1, dentre outros). A questão valia 1 ponto. As respostas foram analisadas frase a frase, com o objetivo de ser aproveitado o máximo de acertos e conhecimentos sobre o tema. Relevou-se ainda a capacidade de exposição e o domínio da língua portuguesa. Esperou-se que o candidato utilizasse argumentação dissertativa e um mínimo de conhecimento acerca da obra de Aristóteles.

Para **Zenão de Cítio**, expoente máximo do estoicismo, a justiça confunde-se com a noção de justeza, no sentido de que seria *justo tudo aquilo que se ajustasse ao cosmos dos estoicos*, modelo de mundo que, para essa corrente filosófica, representava a perfeita natureza posta no mundo por Deus. Dentro deste *cosmos* perfeito, caberia ao homem ajustar-se ao sistema natural da forma mais perfeita e adequada possível.

No **período romano**, diferentemente da sistematização proposta pelos gregos, a ideia de justiça não foi desenvolvida com tanta riqueza de abstração. Mais pragmáticos, os romanos entendiam que a justiça e o direito representavam a mesma coisa, ou seja, agarrados à noção de **"dar a cada um o que é seu"**, defendiam a aplicação da **prudência** como forma de se fazer justiça, prática e pensamento que deram origem à palavra "jurisprudência".

Somente no **período medieval,** autores como São Tomás de Aquino e Santo Agostinho, retomando estudos das obras gregas (principalmente aristotélicas), aprimoraram os conceitos gregos e a eles somaram as noções de igualdade (ajustada à proposta Cristã) e de justiça.

Para essa proposta, atribui-se ao súdito uma obrigação de obediência às normas editadas pelo governante independentemente delas se mostrarem justas ou injustas, e ao governante, por sua vez, atribui-se a missão de fazer da justiça humana um instrumento de realização da justiça divina.

4.2. Sentido estrito de Justiça. Um valor jurídico-político

Se em sentido amplo o conceito de justiça mantém relação com a "conformidade com ordem natural e divina anterior ao humano", o conceito de justiça em sentido estrito, ou como valor jurídico-político, parte do pressuposto de ser a justiça **uma construção social**, verdadeira representação de um produto da cultura humana.

Logo, no sentido estrito, a justiça é um produto aceito pela sociedade, e não algo advindo do direito natural ou divino. Enquanto na primeira acepção fala-se em uma atividade "declaratória" do que seria justiça, nesta há uma atividade "criativa e evolutiva" do conceito.

Para Paulo Nader, esse conceito de justiça traz **três características** obrigatórias que se relacionam: **(i) alteridade** – a justiça somente está presente em relações de duas ou mais pessoas; **(ii) devido ou débito** – a inobservância da norma legal dá azo à atuação do Estado em impor sanção; **(iii) igualdade ou equidade** – a ação deve buscar o restabelecimento perfeito da isonomia, do "justo na concretude", igualando ou equalizando as relações humanas.

> **▸ Como esse assunto foi cobrado em concurso?**
>
> **(FCC – 2010 – DPE-SP – Defensor Público)** Ao comentar a doutrina aristotélica da justiça, Tercio Sampaio Ferraz Júnior, em sua obra Estudos de Filosofia do Direito, indica aquele que seria o "preceito básico do direito justo, pois só por meio dele a justiça se revelaria em sua atualidade plena". Este preceito, que também pode ser definido como "uma feliz retificação do justo estritamente legal" ou ainda "o justo na concretude", é denominado:
>
> a) dignidade.
> b) vontade.
> c) equidade.
> d) piedade.
> e) liberdade.
>
> *Gabarito: Alternativa C.*

4.3. Divergências sobre o conteúdo do conceito

Como se pode ver, as diferentes conceituações fornecidas ao termo justiça derivam, na maioria dos casos, de divergências a respeito do conteúdo do próprio conceito, o que obriga o estudante a conhecer outras vertentes de análise que passam, agora, a ser sistematizadas na forma de linha do tempo, conforme sua época de elaboração.

Para os **Romanos,** justiça é a constante e firme vontade de dar a cada um o que é seu.

Na **Idade Média,** desenvolveu-se uma noção de jusnaturalismo fundamentado em conteúdo teleológico (divino), tendo como fundamentos do direito natural a dualidade entre inteligência humana e a vontade divina.

No **século XVII,** Hugo Grócio (ou *Grotius*) passa a sustentar que o jusnaturalismo poderia ser concebido mesmo que não houvesse Deus, afirmando um caráter puramente racional da abordagem. Para ele, o Direito Natural seria a qualidade moral que tornava justo e certo que um homem fizesse algo. Passa-se a afirmar que: (i) Há direitos naturais demonstráveis pela razão. Esses direitos são eternos e absolutos, válidos para todos os homens em todos os tempos e em todos os lugares; (ii) O Direito Natural é um grupo de regras, suscetíveis de verificação por meio da razão, que asseguram perfeitamente todos esses direitos naturais; (iii) O Estado existe tão só para assegurar aos homens esses direitos naturais e; (iv) O direito positivo, o direito aplicado e executado pelos tribunais, é o meio pelo qual o Estado realiza essa função e obriga moralmente somente enquanto está de acordo com o Direito Natural.

No **século XVIII,** o Estado passa a ser visto pelo modelo liberal, tendo como referência a ideia de mínima interferência na vida das pessoas. Busca-se, inicialmente, despertar a valorização da liberdade humana. Essa tendência, todavia, deu origem a um comportamento social egoísta, altamente favorável aos mais hábeis, economicamente favorecidos e menos escrupulosos. Com o incremento das injustiças sociais, estava aberta a porta do "direito de ser livre" mas, ao mesmo tempo, fechava-se a porta ao "poder ser realmente livre".

No **Século XX,** instaura-se o que a doutrina denomina de estado social, que reconhece a desigualdade e a hipossuficiência individual como balizas para a edificação de um sistema efetivamente justo. Cria-se, no mesmo cenário histórico, a noção de **positivismo jurídico,** que afirma ser direito tão somente aquilo que é dito pelo Estado como tal, descolando-se completamente da ideia de vinculação ao sagrado (como se fazia na Idade Média), à natureza ou à razão (como se fazia no Jusnaturalismo).

Os autores positivistas passam a indicar que não há vínculo entre o Direito, a Moral e a Justiça, eis que essas noções são todas relativas, mutáveis e sem força sancionatória.

Dentre os principais filósofos da corrente positivista, podem ser citados Hans Kelsen, autor da *Teoria Pura do Direito*, e Herbert Hart, que escreveu *O conceito de direito*.

Com o término da 2ª Guerra Mundial, as atenções se voltam para a retomada da interligação dos valores morais com o Direito. A dignidade da pessoa humana assume centralidade nos enunciados mais importantes dos ordenamentos jurídicos e os princípios ganham relevância majorada na construção de um sistema que, para boa parte da doutrina, pode ser denominado de pós-positivismo.

Questão de prova oral: Deve-se ter cuidado com perguntas que buscam diferenciar o pós-positivismo do neoconstitucionalismo. Para alguns autores, não há diferença entre as nomenclaturas. Outros, todavia, a exemplo de Dirley da Cunha Jr., Luis Roberto Barroso e Marcelo Novelino, apontam que o neoconstitucionalismo identifica um conjunto de transformações mais amplo que pode englobar o pós-positivismo.

Na opinião de Barroso, o neoconstitucionalismo tem ao total três marcos: (i) *histórico*: consistente na formação do Estado constitucional de direito, consolidado no final do século XX; (ii) *filosófico*: consistente na centralidade dos direitos fundamentais e na reaproximação de Direito e ética, características identificadas com o pós-positivismo; (iii) *teórico*: consistente em mudanças de cunho jurídico, a exemplo do reconhecimento da força normativa da constituição, a expansão da jurisdição constitucional e o desenvolvimento de uma nova interpretação jurídica constitucional.

Também se mostra interessante a advertência de Bernardo Gonçalves Fernandes, que evidencia a inexistência de uniformidade no tratamento do tema em nosso país, chegando a dizer que, dadas as variadas abordagens, dever-se-ia falar em neoconstitucionalismos (no plural).

O mencionado autor adverte, ao final, que embora neoconstitucionalismo e pós-positivismo tenham convergências, não são sinônimos.

Em análise da obra de Marcelo Novelino (2012, pg. 214), vê-se que o pós-positivismo seria uma pretensa teoria aplicável a todos os ordenamentos jurídicos e que tem na conexão entre Direito e moral seu ponto distintivo. Já o neoconstitucionalismo "propõe-se a ser uma teoria desenvolvida para um modelo específico de organização jurídico-política (constitucionalismo contemporâneo) característico de determinados tipos de Estado (Estado constitucional democrático), no qual a incorporação de um extensivo rol de valores morais pelo direito, sobretudo por meio dos princípios constitucionais, inviabiliza qualquer tentativa de separação entre os valores éticos e o conteúdo jurídico".

▸ Como esse assunto foi cobrado em concurso?

(TRF2 – 2017 – TRF2 – Juiz Federal) Blaise Pascal, matemático e filósofo do século XVII, é muitas vezes lembrado por observação no sentido de dividir os homens em duas categorias: os justos, que se creem pecadores, e os pecadores, que se consideram justos. À luz de tal reflexão, é possível dizer que o juiz não deve ser justo, pois se o for produzirá injustiça? Deve o magistrado crer-se injusto, pois assim será justo? A partir de tais provocações, discorra brevemente, em no máximo duas laudas, sobre o fazer justiça em decisões judiciais.

Espelho de gabarito elaborado pela banca: – Resposta: Introdução e objetivo da indagação A questão confronta o candidato com frase paradoxal e propõe debate sobre a justiça em decisões judiciais. Pede-se ao candidato que analise reflexão aparentemente contraditória, respondendo se o juiz justo produz injustiça e se o juiz que se crê injusto produz justiça. Ao buscar breve articulado em torno da correlação da atividade judicante com tema central da filosofia (a justiça), a pergunta procura desmontar respostas prontas e de antemão elaboradas. Assim, o seu centro é discutir o tema a partir da provocação extraída de Pascal. Basta ler o indagado. Boa parte dos candidatos, no entanto, não referiu a provocação e simplesmente apresentou texto sobre o significado e sobre a variada acepção e concepção do vocábulo justiça. Há textos bons, mas, com certeza, todos os que se limitaram a esse aspecto fugiram ao enunciado e ao intuito da questão. A avaliação seguiu duas linhas objetivas: 1) A resposta explícita à provocação foi avaliada em até 0,5 pontos. O candidato que se afastou da pergunta, omitiu tal aspecto e apenas apresentou texto sobre a justiça em decisões judiciais alcançou, no máximo, 0,5 pontos. Também assim se procedeu com alguns candidatos que disseram algo como "o citado pensamento merece reflexão" ou "a frase de Pascal merece reflexão" e, depois, sem qualquer referência à provocação, simplesmente apresentaram texto sobre a acepção da palavra justiça. 2) Além da resposta à provocação, o candidato deveria articular algo sobre a justiça em decisões judiciais, e esse item foi avaliado também em até 0,5 pontos. Aspectos da avaliação: A frase provocativa pode ser analisada por dois ângulos principais: (i) o autoengano, seja enfocando a incapacidade humana de distinguir certos aspectos do mundo exterior, seja enfocando a falibilidade de nossas percepções subjetivas. (ii) a asserção de que a qualidade de ser justo ou ser injusto não pode ser julgada pelo próprio interessado, de modo que o importante é verificar se a decisão é correta ou não. É possível adaptar o desafio lançado no enunciado para vários outros campos. Alguém pode dizer: "os grandes, que se julgam menores; e os menores, que se julgam grandes". Naturalmente, trata-se apenas de repto, e ninguém – seriamente – dirá inexistente o grande médico que se julgue bom. Mas a asserção provoca refletir sobre o autoengano e sobre o aferir se a atuação do médico é ou não adequada. Não se trata e não pode se tratar de julgamento subjetivo, muito menos de julgamento do próprio médico. No campo da atividade jurisdicional, o paradoxo proposto soa ainda mais forte, já que a palavra Justiça é usada para designar o Poder Judiciário. Entra em cena, portanto, o segundo aspecto da questão, o fazer justiça em decisões judiciais. O candidato poderia adotar qualquer linha jurídico-filosófica, desde que, obviamente, centrada na aplicação das normas legais. Não havia necessidade de citar qualquer autor, ou de mostrar erudição com texto pronto sobre o assunto. Tal como na adaptação acima citada, o médico não será bom por se achar bom. O cientista não será bom por se achar bom: ao aplicar método científico ele tem instrumento para contornar o autoengano e a percepção limitada de nossos sentidos. O julgador, por seu turno, deve aplicar as normas legais e justificar como o fez (fundamentação, ou argumentação, à luz do contraditório, demonstrando que todos em igual situação terão igual solução). Observações gerais: 1) É equivocado dizer que a ideia de Pascal está ultrapassada, ou precisa ser oxigenada à luz do neoconstitucionalismo, como fizeram quatro ou cinco candidatos: não se expôs qualquer concepção filosófica de Pascal. Apenas se adaptou, para o Judiciário, paradoxo por ele lançado. 2) Vários candidatos, quase uma centena, apresentaram textos parecidos, começando pela multiplicidade de sentidos do termo Justiça, referindo os antigos (especialmente Aristóteles), passando por Kant e chegando a Rawls e Ronald Dworkin. A maior parte de tais textos fugiu ao enunciado proposto. 3) Embora de pouca relevância para a avaliação, erro comum, em vários textos, foi ligar o nazismo ao positivismo (ideia com certa circulação). Porém, a filosofia jurídica nazista (como a dos vários fascismos) pregava o direito imbuído de e ligado à moral (já se vê, portanto, o mal do subjetivismo). Por outro lado, tanto a ascensão do fascismo, na Itália, quanto a do nazismo, na Alemanha, estiveram ligados a golpes e desvios contra a legalidade Hans Kelsen, que exercia cátedra, na Alemanha, quando da ascensão de Hitler, esteve na primeira leva dos demitidos, ainda em 1933, mudando-se para Genebra e daí para os Estados Unidos. A posterior crítica de Gustav Radbruch, por seu turno, não pregava que a norma injusta não devia ser cumprida, mas sim que a norma extremamente injusta não era direito (algo importante, quando muitos alegavam, como defesa, que apenas cumpriram ordens).

(2022 – FGV – TJ/SC – Juiz de Direito Substituto) Embora muito contestado no decorrer do século XX, fato é que o positivismo jurídico vem ganhando novos ares atualmente por parte dos estudiosos do direito. Novas teorias apelidadas de "pós-positivistas" vêm prevalecendo nos últimos anos, rechaçando as críticas recebidas pela teoria filosófica clássica. Ao fim e ao cabo, o processo positivista relaciona-se com o processo histórico de derrota do direito natural e a substituição, nas sociedades modernas, de normas de origem religiosa e costumeira por leis estatais. Considerando o exposto, é correto afirmar que:

a) Kelsen, em contraponto ao juspositivismo clássico, parte de uma separação entre fato e valor. Afirma que a validade da norma jurídica não pode advir de qualquer elemento factual, e sim somente de uma norma superior;

b) Hart, na mesma linha de Kelsen, sustenta que o direito não pode ter validade somente porque a comunidade jurídica a qual ele governa o reconhece como tal;

c) o positivismo clássico assentava a tese da separação entre Direito e Moral. Essa tese jamais foi superada na Europa Continental;

d) o pós-positivismo pode ser considerado um movimento amplo de se tentar reavivar o positivismo clássico ante os novos paradigmas da modernidade;

e) o pragmatismo jurídico foi um movimento não só de natureza filosófica, mas, na realidade, um conjunto de experiências objetivas em que as ideias seriam um fim em si mesmas.

Gabarito: Alternativa A.

5. O CONCEITO DE DIREITO

Durante muito tempo não houve distinção entre Direito e justiça. Atualmente, essa divisão teórica já está consolidada. Todavia, assim como ocorre com o conceito de justiça, **a palavra direito também é polissêmica.**

Diferenciando os termos, indica-se que, enquanto a justiça é vista como o valor cultural objetivado pelo Direito, este é conceituado como a **produção normativa existente em determinada sociedade.**

O conceito, entretanto, foi moldado no decorrer dos séculos, e sua mutação histórica guarda intrínseca vinculação com a forma de pensamento filosófico predominante em cada momento da história humana ocidental.

Período Grego	O filósofo Aristóteles, por exemplo, afirmava que Direito é o que cria e faz conservar, no todo e nas partes, a **felicidade** para a comunidade política. Seu conceito, obviamente, guarda vinculação com sua **doutrina da vida boa.**
Período Romano	O romano Ulpiano, inserido no contexto pragmatista da época, informava que Direito é viver honestamente, não lesar os outros e **dar a cada um o que é seu.** Esse último trecho tem repetidas referências no período romano.
Idade Média	Na idade média, Santo Agostinho apontava o Direito seria um fenômeno coexistencial que se projeta com rumo à coesão, unidade e concórdia, sendo um postulado de ordem universal.
Positivismo	Já no contexto do positivismo, Kelsen [illegible] o Direito como o conjunto de condições sob as quais a liberdade de um se harmoniza com a liberdade dos outros, por meio de uma lei geral chamada Liberdade.
Teoria Tridimensional do Direito	Pela teoria tridimensional de Miguel Reale, o Direito se manifesta nas dimensões de fato, valor e norma. Em poucas palavras, os fatos sociais são regulados por meio da aplicação de normas jurídicas que consagram os valores importantes para a sociedade. Só há direito, portanto, quando as três dimensões se manifestam de forma positiva em determinada hipótese.

5.1. Direito não-estatal

Interessante questão é levantada sobre a existência do chamado direito não-estatal. Para alguns autores, ele existe e seria representado pela organização normativa existente, por exemplo, entre povos indígenas ou quilombolas, que apresentam diferente regulamentação de condutas daquela prevista pelo Estado soberano.

5.1.1. *Pluralismo Jurídico*

Quanto à existência de um Direito não-estatal, duas são as correntes que tratam sobre o tema, sendo importante conhecê-las.

O **Monismo Jurídico** defende que existe **apenas uma ordem jurídica** válida, seja ela advinda do direito natural ou do direito estatal. Para o **monismo jurídico universal** existe apenas o direito natural e a norma, para sê-la, deverá estar de acordo com o direito natural.

Já o **monismo jurídico estatal** estabelece que existe apenas uma ordem jurídica válida que advém **das normas estabelecidas pelo Estado**, suprimindo-se eventual produção jurídica não advinda do ente estatal.

O monismo jurídico ganha força com a evolução dos estados modernos, a fim de, paulatinamente, reduzir os poderes dos senhores feudais em seus territórios, porquanto cada um estabelecia as suas normas, havendo, assim, mais de um ordenamento jurídico.

O monismo contrapõe-se ao **pluralismo jurídico,** que defende não ser o Estado a única fonte formadora do direito positivo. Exemplo claro do que é defendido pelo pluralismo jurídico é a aplicação de regras independentes por **tribos indígenas isoladas** que regulam suas relações por normas que não advieram do Estado, formando um ordenamento jurídico próprio.

O pluralismo jurídico possui mais de uma doutrina que busca explicar a inexistência de um ordenamento jurídico único advindo do Estado. O **historicismo** jurídico afirma que não há que se falar em regime jurídico único, tendo em vista que as diversas nações soberanas possuem seus regramentos, que não são aplicados de modo uniforme em todos os países.

A Teoria **Funcional** estabelece que a norma não decorre do Estado, mas sim que as regras advêm da sociedade, impostas aos governantes e aos governados, ou seja, as normas são formadas pelo corpo social.

Quem tratou sobre o tema de forma magistral foi o autor português Boaventura de Souza Santos que, em estudo inédito realizado em uma **comunidade de favelas do Rio de Janeiro,** observou as formas de prevenção e resolução de conflitos que eram utilizadas sem a intervenção estatal.

O doutrinador observou que, para resolução de conflitos, eram formadas associações de moradores, com composições semelhantes a de tribunais, nas quais os moradores preveniam e resolviam alguns dos conflitos existentes na comunidade, tendo em vista a insuficiências de atuação e até ausência do Estado naquele local.

Segundo o autor, **em uma situação antijuridicidade, advinda da negligência do Estado, forma-se um novo sistema jurídico, paralegal,** que se perpetua, desde que não atinja o direito estatal que, nesse caso, poderá reagir, a fim de retomar o controle da ordem jurídica soberana.

5.2. Análise histórica

Nos primórdios das sociedades **gregas** e **romanas,** o Direito (assim como a justiça) estava vinculado aos desejos de uma divindade (*Diké* para os gregos e *Iustitia* para os romanos), cabendo a seus aplicadores (juízes) a concretização desses interesses divinos nas relações cotidianas.

Com o avanço das sociedades, a dogmática jurídica começa a ser "descolada" da aplicação do direito, embora se mantivessem vínculos com a natureza sagrada do instituto, consistente principalmente na concretização da prudência como atividade ética. Daí, como dissemos, advém o termo "jurisprudência".

Na **idade média**, o Direito começa a ser analisado definitivamente como dogma, ou seja, base indiscutível para uma exposição intelectual e sistemática tendente a formar um conjunto coerente. Esse período tem como marco histórico os *digestos justinianos*. Todavia, permanece a vinculação ao sagrado, eis que, embora sistematizadas, as normas seriam "reveladas por Deus".

Na chamada **Era Moderna**, afasta-se completamente o direito do caráter sagrado inicialmente a ele vinculado. Ainda estreitado com a dogmática, o Direito assume a missão de conferir segurança jurídica para a economia e para o exercício do poder (manifestação do Direito no estado liberal). Passa a ser, assim, sistemático e objetivo.

Durante o **positivismo,** como o próprio nome sugere, confunde-se o Direito com a norma jurídica posta. A lei passa a ser vista como forma de limitar o poder dos juízes, que até então eram vistos com desconfiança por estarem vinculados a regimes autoritários. **Montesquieu** referia-se a eles em francês como juízes ***buche de la loi*** (em tradução literal "juízes boca da lei") pois, limitados pela legalidade, deveriam ater-se a **aplicar as normas jurídicas** postas pelo poder legislativo ao caso concreto. Prega-se que a interpretação jurídica deva ser literal ou lógico-dedutiva, evitando-se qualquer "papel criador do juiz".

> ▸ **Como esse assunto foi cobrado em concurso?**
>
> **(MP/SC - 2016 - MP/SC - Promotor de Justiça)** Enquanto os naturalistas compreendem o direito como decorrência natural da legislação pátria, os positivistas defendem que o direito se positivou independentemente da vontade humana e das leis, tendo como pressupostos os valores do ser humano e a busca da justiça.
>
> *Gabarito: Incorreta.*

Na **atualidade**, fala-se que o direito é visto como um instrumento decisório, sendo objetos de sua ciência não apenas o conjunto de normas positivadas, mas também métodos de interpretação e outras vertentes de estudo filosófico, econômico, etc. O chamado pós-positivismo busca, por meio de uma visão mais ampla, superar os problemas do positivismo puro (que negava a existência de lacunas) e congrega regras e princípios na busca da concretização dos fins da justiça.

Atenção: Um dos conceitos de Direito mais cobrados em provas de concurso é o firmado por **H. L. A. Hart**, que define o Direito como um sistema complexo que une normas primárias (regras de conduta, que impõem obrigações) e secundárias (que dizem respeito aos modos de se compreender a aplicação das obrigações), demonstrando um caráter institucionalizador do Direito.

Para formular sua conceituação, Hart partiu da crítica à tese de John Austin, para quem o Direito era um modelo "simples" de **ordens coercitivas**. Algumas normas, como aquelas que tipificam os crimes, admite Hart, até podem servir como moduladoras para a prática de ações ou para abstenções. Todavia, em todo sistema jurídico moderno existem também normas que não impõem ao sujeito o dever de se portar de alguma forma, mas fixam as condições sob as quais é possível criar direitos e deveres (que Hart chama de poderes públicos ou privados) dentro da estrutura coercitiva do direito. Essas últimas são chamadas de regras de reconhecimento, validade ou de alteração.

> **Como esse assunto foi cobrado em concurso?**
>
> **(CESPE – 2017 – DPU – Defensor Público)** Tendo como referência as diversas teorias da filosofia do direito, julgue o item a seguir.
>
> Enquanto Hart conceitua o direito como o conjunto de ordens coercitivas emanadas da autoridade soberana, Dworkin entende que o direito é um conceito interpretativo derivado da melhor justificação moral das regras e princípios de uma comunidade política.
>
> *Gabarito: Incorreta.*

5.3. Equidade

Para os romanos, a ideia de equidade se confundia com a própria aplicação do Direito. Para os gregos, todavia, com expoente máximo do tema em **Aristóteles**, a equidade deve ser vista como uma ferramenta de integração do direito, apontando que, diante de um caso concreto que não se encaixa adequadamente na norma, o direito sirva como **instrumento para alcançar ou projetar a vontade do legislador para aquela hipótese excepcional.**

Não por acaso, Aristóteles apresenta seu conceito de equidade como **"a justiça do caso concreto".**

Para alguns intérpretes, Aristóteles desejava dizer que a equidade tem a finalidade de, considerando as circunstâncias e peculiaridades do caso concreto, **corrigir uma injustiça** praticada pela lei.

Na lição do próprio Aristóteles, uma regra geral nem sempre poderá ser justa, pois apenas considera a maioria dos casos na sua elaboração. Assim, quando a lei se pronuncia de forma geral sobre algum tema e, logo após, surge um caso particular perante o qual essa regra geral não se encaixa, é justo suprir essa omissão tal qual o próprio legislador teria feito se tivesse o caso diante de si.

Em resumo, a própria natureza da equidade é a retificação da lei no que esta se revela insuficiente pelo seu caráter universal.

Essa noção grega de **equidade como forma de integração do direito** até hoje encontra respaldo no ordenamento jurídico, a exemplo do disposto no art. 140, parágrafo único, do NCPC.

Cabe notar, como advertência, que **a aplicação da equidade não se equipara à criação de uma norma legal pelo magistrado**, visto que a norma legal é genérica e obrigatória, ao passo que **a norma de equidade é individual**, ou seja, específica para o caso concreto.

A aplicação irrestrita da "cláusula de equidade" daria ao juiz, na visão dos que defenderam sua utilização restrita, poderes superiores daqueles entregues aos legitimados democraticamente a escolherem as leis de um ordenamento jurídico (legisladores).

Por isso, a aplicação da equidade em âmbito judicial deve ser feita apenas de maneira **subsidiária**, ou seja, quando inexistente lei aplicável ao caso e se constatada a efetiva ocorrência de lacuna.

A justificativa para a restrição ao uso da equidade também é histórica. Na França, por exemplo, o Poder Judiciário foi visto pela população revolucionária como "muito íntimo" da nobreza, e por isso deveria ter seu poder limitado às escolhas daqueles democraticamente eleitos para formularem as leis (legisladores).

A partir da experiência francesa, a prática de aplicação residual da equidade foi mantida nas legislações modernas, seja pela via da limitação positivada (*civil law*), seja via da observância aos precedentes (*common law*).

▸ **Como esse assunto foi cobrado em concurso?**

(FCC – 2015 – TRT/6ª Região – Juiz do Trabalho) De acordo com a Lei de Introdução às Normas do Direito Brasileiro, na hierarquia, interpretação e integração da lei, a equidade constitui meio integrativo pelo qual se supre a lacuna da lei, empregando-se sempre que o juiz considerar a hipótese concreta como passível de sua aplicação nos autos.

Gabarito: Incorreta.

(FGV – 2013 – TJ/AM – Juiz de Direito) "...porque o equitativo, embora superior a uma espécie de justiça, é justo, e não é como coisa de classe diferente que é melhor do que o justo. A mesma coisa, pois, é justa e equitativa, e, embora ambos sejam bons, o equitativo é superior" (Aristóteles. Ética a Nicômaco. 1137b 5-10. In Os Pensadores. São Paulo: Abril Cultural, 1973, p. 336) Explique a relação entre justiça, legalidade e equidade, segundo Aristóteles.

Espelho de gabarito fornecido pela banca: Conforme exposto por Aristóteles na obra Ética a Nicômaco, a Justiça se realiza como uma relação de legalidade e de igualdade. Como, em certos casos, a generalidade da lei impede ou dificulta a realização da justiça, aquele que decide no caso concreto deve considerar a singularidade do caso e de seus agentes para tomar a decisão mais justa no contexto daquele caso. Para isso deve tratar igualmente os iguais e desigualmente os desiguais, visando manter a igualdade que produz a justiça. A resposta, para ser considerada correta, deveria essencialmente apresentar que para Aristóteles, conforme exposto na obra Ética a Nicômaco, a Justiça se realiza como uma relação de legalidade e de igualdade. Como, em certos casos, a generalidade da lei impede ou dificulta a realização da justiça, aquele que decide no caso concreto deve considerar a singularidade do caso e de seus agentes para tomar a decisão mais justa no contexto daquele caso concreto. Para isso deve tratar igualmente os iguais e desigualmente os desiguais, visando manter a igualdade que produz a justiça.

(2023 – FGV – TJ/MS – Juiz de Direito Substituto) A equidade é um tema correlato da justiça que diz respeito à atividade jurisdicional. Trata-se de um conceito da filosofia do direito que remete a Aristóteles. Segundo esse autor, em seu livro Ética a Nicômaco, a equidade deve ser entendida como:

a) uma correção da lei quando ela é deficiente em razão de sua universalidade e, por isso, não consegue abranger as peculiaridades do caso concreto;

b) a aplicação da justiça corretiva que distribui posses comuns, sendo caracterizada como aquilo que é um posicionamento intermediário entre a perda e o ganho;

c) uma forma de decisão que se baseia nas convicções morais e filosóficas da autoridade jurisdicional, de modo que prevaleça um sentimento subjetivo de justiça;

d) uma forma de decidir um caso concreto baseada na aplicação da lei nos termos de seu enunciado, afinal o homem sem lei é o homem ímprobo;

e) o princípio geral do direito por meio do qual as antinomias das leis podem ser sanadas, assegurando-se, dessa forma, a decisão justa para o caso concreto.

Gabarito: Alternativa A.

(VUNESP – 2024 – TJ/SP – Juiz de Direito Substituto) A partir das lições de Aristóteles, especialmente em Ética a Nicômaco, afirma-se a necessidade de regulação do justo legal, moldando a lei geral ao caso particular, em suas circunstâncias concretas, tal como a régua de chumbo empregada na edificação de Lesbos. Busca-se, pois, nessa

> linha do pensamento clássico, a justiça do caso concreto, em prol da humanização do direito, isto é, o abrandamento ou a correção do rigor da lei positiva ante as exigências do justo natural, evitando situações injustas em que a letra da lei poderia resultar, não fosse essa retificação das equívocas aparências da regra geral. Isso reporta-se ao julgamento compreensivo à singularidade dos fatos, que se faz com:
>
> a) justiça comutativa.
> b) justiça preditiva.
> c) pragmatismo jurimétrico.
> d) equidade.
>
> *Gabarito: Alternativa D.*

5.4. Direito e Moral

O estudo relativo à diferenciação entre direito e moral é um dos mais inquietantes e difíceis da filosofia do direito. Embora antigo, continua atual, pois os termos apresentam aspectos que se renovam e despertam inéditas discussões no seio das sociedades, por mais desenvolvidas que elas sejam.

Cientificamente, o **Direito** distingue-se da moral por ser, na identificação proposta por **Kant**, dotado de **coercibilidade, exterioridade e intersubjetividade**, ao passo que a **moral** tem como características a **incoercibilidade, a interioridade e a unilateralidade**.

Características do Direito	Coercibilidade – qualidade da norma jurídica que, em última instância, autoriza o uso da força física para o seu cumprimento.
	Exterioridade – preocupa-se com manifestações exteriorizadas pela pessoa.
	Intersubjetividade – atém-se aos atos praticados nas relações entre pessoas.

A análise específica do tema deve compreender uma retomada ao período grego antigo, berço do pensamento filosófico, e que não apresentou o propósito deliberado de indicar distinções entre o Direito e a moral. O Direito, como já mencionado, confundia-se com o exercício de uma atividade prudencial identificada, justamente, pela prática do correto, justo e do ético.

Na Idade Medieval, o Direito, além de estar vinculado à moral, também foi colado às noções da Religião, vinculação explicada pelo monopólio intelectual exercido pela Igreja Católica naquele período.

Com o despertar dos conflitos religiosos entre a Igreja Católica e os cultos protestantes, o estudo do tema voltou a ser feito de maneira mais incisiva, buscando-se principalmente uma maneira de se tutelar a liberdade de pensamento.

Na obra *Metafísica dos Costumes*, **Kant** anunciou que as diferenças entre os dois sistemas são de três ordens:

(i) **moralidade e legalidade** – a moralidade está presente quando a ação é cumprida por *dever desinteressado*, ao passo que a legalidade está presente quando a ação é cumprida em conformidade com o dever, mas segundo alguma inclinação ou interesse.

(ii) **autonomia e heteronomia** – a vontade moral é autônoma, enquanto a vontade jurídica é por excelência heterônoma (pois estatal ou do soberano).

(iii) **imperativo categórico e hipotético** – enquanto os categóricos prescrevem uma ação *boa por si mesmo* (ex: não mentir), os hipotéticos prescrevem uma ação boa para alcançar determinado fim (ex: evitar mentir para não ser condenado por falso testemunho).

Hans Kelsen: expoente máximo do positivismo puro, empenhou-se em desvincular Direito e Moral, e passou a expor os dois como esferas independentes.

Para ele, a **norma** é o único elemento essencial ao Direito, e sua validade não depende de conteúdos morais. Ainda, para Kelsen, ao Direito cabe cuidar da ação humana depois de exteriorizada; a Moral, de outro lado, vincula-se àquilo que se processa no plano da consciência, em projeção de ação ainda não levada a efeito pelo sujeito na prática.

▸ Como esse assunto foi cobrado em concurso?

(FCC – 2015 – TRT/6ª Região – Juiz do Trabalho) *Hans Kelsen, em sua teoria pura do direito, define como elemento primordial para a análise científica do fenômeno jurídico:*

a) os fatos sociais.

b) as normas.

c) os valores.

d) os princípios e as regras.

e) o poder coercitivo.

Gabarito: Alternativa B.

Justamente após a Segunda Guerra Mundial, essa concepção de desvinculação total entre Direito e Moral foi objeto de análise crítica mais aprofundada, e os conceitos voltaram a ser conectados.

Teoria do mínimo ético: entendendo não ser possível desvincular completamente os mundos do Direito e da moral, pois esta tem influência na criação das normas que formam aquele, **Jeremy Bentham e Georg Jellinek** passaram a defender que o Direito estaria compreendido na moral em uma relação de espécie e gênero, ou ainda, continente e contido.

O comportamento moral, portanto, seria desejado e aceito pela sociedade. Na intenção de reforçar esse comportamento, e obviamente punir as violações a tal "regra", o direito reforçaria o comando moral existente na sociedade, viabilizando a condução dos comportamentos sociais com maior rigor e vigor.

Assim, o Direito não seria algo diverso da Moral, mas é uma parte desta que tem armas de garantia de aplicação social mais fortes.

Críticas: nem todas as coisas são morais ou imorais. Essa dualidade não é absoluta, entendendo-se que algumas coisas são simplesmente *amorais* (neutras). Logo, seria possível existir manifestações de direito que não estariam obrigatoriamente inseridas no mundo das regulamentações morais. Qual seria, por exemplo, a carga moral de uma norma que delimita 15 dias para interposição do recurso de apelação em um processo civil?

> ▸ **Como esse assunto foi cobrado em concurso?**
>
> **(CESPE – 2015 – TJDFT – Juiz de Direito)** O que se entende por "Teoria do Mínimo Ético", abordando especialmente os seguintes aspectos: a) Qual sua importância para a filosofia do direito; b) Quais as principais críticas que se fazem a essa teoria; c) Qual ou quais teorias representam alternativas viáveis à Teoria do Mínimo Ético e as razões pelas quais dela se diferenciam. d) Fazer opção crítica pela teoria que entende mais adequada, explicitando os motivos que o levam a assim decidir.
> ***Sem espelho de gabarito.***

Teoria dos círculos secantes: desenvolvida por Claude Du Pasquier, contrapõe-se à teoria do mínimo ético ao dizer que Direito e Moral poderiam ser vistos como círculos que apresentam apenas **uma zona de interseção**, não deixando cada um deles de ter um domínio exclusivo de abordagem.

Teoria de Hurgen Habermas: para o autor alemão, diferentemente do que pregava o positivismo clássico, os campos da Moral e do Direito são **integrados e complementares**, eis que **a argumentação moral integra o Direito**. As coisas, todavia, não se confundem, eis que o Direito tem reforçadas as marcas da **institucionalização** e tem **campo menos abrangente** que a moral.

Deve-se lembrar que Habermas é um filósofo localizado no pós-modernismo, no qual as verdades absolutas, se ainda existentes, são ínfimas, levando

Nietzsche a proferir sua célebre frase "Deus está morto", no sentido de que inexistem mais valores absolutos.

Consequentemente, a moral resta prejudicada, porquanto inexistem mais valores macro para regulamentar uma sociedade com projetos de vida cada vez mais individuais. Dessa forma, Habermas defende a relação de **complementariedade** entre o Direito e a Moral.

O Direito como norma posta retira de cada indivíduo a necessidade de realizar análises demoradas e complexas, criando uma espécie de lista de normas a serem seguidas. Da mesma forma, as normas evitam que os cidadãos possuam dificuldades em decidir quanto a seu agir especialmente nos casos em que a norma vai de encontro aos seus interesses individuais, eis que, inexistente a norma positivada, a decisão baseada puramente na moral poderia ser dificultada e; por fim, o Direito possui um sistema hierarquizado de criação das normas para orientação do comportamento social.

Perdendo, a moral, no mundo pós-moderno, a força para impor-se por conta própria, o Direito assume sua força coercitiva e complementa a moral. No entanto, a moral também pode oferecer complementação ao Direito, especialmente nos casos em que este não tratar de mera operação de subsunção da norma ao fato, quando a moral pode servir como fundamento legitimador do direito.

O doutrinador alemão **Christian Thomasius** propôs a distinção entre o Direito e a moral ao mencionar que o Direito se vinculava ao chamado *foro externo*, pois só cuida das ações já exteriorizadas pelo homem em sociedade. A moral, de outro lado, guarda relação como o chamado *foro íntimo*. O Poder Público só pode, assim, intervir nas relações de *foro externo*, atuando nesses casos com a coercibilidade característica do Direito. Um homem, por exemplo, não poderia ser obrigado a ser Católico ou Protestante, já que essa escolha é restrita ao *foro íntimo*.

▸ **Como esse assunto foi cobrado em concurso?**

(FCC – 2017 – DPE/PR – Defensor Público) Acerca das proposições filosóficas de Immanuel Kant em sua obra Fundamentação da Metafísica dos Costumes, considere as assertivas abaixo.

I. O valor moral de uma ação não depende da realidade objetiva que com ela se busca atingir, mas sim é conhecido a priori pela razão.

II. A fórmula de um mandamento categórico admite a determinação de uma ação como um meio a alcançar um objetivo tomado por bom.

III. Apenas algo que possua valor absoluto e seja um fim em si mesmo pode ser o fundamento de um imperativo categórico (lei prática).

IV. O exercitar prático da autonomia da vontade de impor a si um imperativo hipotético restringe negativamente a liberdade individual.

V. Se dada regra necessita explicitar seu fundamento no objeto da vontade, trata-se de situação de heteronomia e de um imperativo condicionado.

VI. No conceito kantiano de "reino dos fins", as coisas têm ou preço ou dignidade, sendo que apenas as primeiras admitem trocar-se por equivalentes.

Está correto o que se afirma APENAS em

a) II, III e V.

b) II, IV e VI.

c) I, II, IV e VI.

d) I, III, V e VI.

e) I, III, IV e V.

Gabarito: Alternativa D.

(CESPE - 2012 - DPE/RO - Defensor Público) Considerando os conceitos de direito e de moral, assinale a opção correta à luz da filosofia do direito.

a) Kant desenvolveu a teoria do mínimo ético, segundo a qual o direito representa todo o conteúdo moral obrigatório para que a sociedade possa sobreviver minimamente.

b) Hans Kelsen formulou a teoria da bilateralidade atributiva, asseverando que a moral não se distingue do direito, mas o complementa por meio da bilateralidade ou intersubjetividade.

c) Christian Thomasius propôs a distinção entre o direito e a moral, sob a inspiração pufendorfiana, com base na ideia de coação.

d) Thomas Hobbes desenvolveu a teoria da atributividade, segundo a qual direito e moral estão inter-relacionados, tendo ambos origem no direito natural.

e) Max Scheler preconizava uma espécie de moral pura, condição para a existência de um comportamento que, guiado pelo direito e pela ética, não muda segundo as circunstâncias.

Gabarito: Alternativa C

(FCC - 2010 - DPE/SP - Defensor Público) Em sua teoria da norma jurídica, Noberto Bobbio distingue as sanções jurídicas das sanções morais e sociais. Segundo esta distinção, a sanção jurídica, diferentemente da sanção moral, é sempre uma resposta de grupo e, diferentemente da sanção social, a sanção jurídica é regulada em geral com as mesmas formas e através das mesmas fontes de produção das regras primárias. Para o autor, tal distinção oferece um critério para distinguir, por sua vez, as normas jurídicas das normas morais e das normas sociais. Considerando-se este critério, pode-se afirmar que são normas jurídicas as normas cuja execução é garantida por uma sanção

a) interna e não-institucionalizada.

b) interna e institucionalizada.

c) externa e não-institucionalizada.

d) interna e informal.

e) externa e institucionalizada.

Gabarito: Alternativa E

(CESPE – 2019 – MPE/PI – Promotor de Justiça) Considerando as relações entre direito e moral, assinale a opção correta.

a) É próprio do direito e da moral o atributo da imperatividade, de modo que tanto ao destinatário do comando jurídico quanto ao do comando moral não apenas se determina que se faça algo, mas também se assegura o poder de exigir que se cumpra o determinado.

b) A rigorosa tipicidade dos imperativos morais e jurídicos é uma exigência que permite que se obtenha o respeito às pretensões e às prestações moral e juridicamente válidas.

c) Tanto a moral quanto o direito se caracterizam pela espontaneidade e pela insuscetibilidade à coação.

d) A norma moral visa, de maneira imediata e prevalecente, ao bem individual ou aos valores da pessoa; a norma jurídica, a seu turno, visa ao bem social ou aos valores de convivência.

e) Tanto o campo jurídico quanto a esfera moral se caracterizam pela predeterminação e pela declaração formal do conteúdo de suas regras.

Gabarito: Alternativa D

Direito e Moral no Pós-positivismo: Considerando os efeitos negativos da adoção irrestrita do juspositivismo, especialmente após a Segunda Grande Guerra, os termos Direito e moral foram reaproximados pela doutrina na reelaboração dos ideais de dignidade da pessoa humana e na afirmação dos direitos humanos.

Como bem aponta **Friedrich Muller**, texto é diferente de norma, ao passo que o resultado final ("norma") deve ser extraído de uma operação que envolve texto e interpretação, ambos levando em conta as noções de tempo e evolução civilizatória.

Veja-se, por exemplo, o texto do art. 1º do CPC/15, que diz que "o processo civil será **ordenado, disciplinado** e **interpretado** conforme os **valores** e as normas fundamentais estabelecidos na Constituição da República Federativa do Brasil, observando-se as disposições deste Código".

6. A INTERPRETAÇÃO DO DIREITO

6.1. Aspectos gerais

O Direito, assim como a música, é uma **arte alográfica**. Ou seja, da mesma forma que a simples leitura de uma partitura não extrai do papel os sons desejados pelo compositor, o Direito precisa que alguém o interprete e, então, entregue seu verdadeiro sentido ao destinatário. O jurista, nessa comparação de artes alográficas, é o músico que extrai o som da "partitura jurídica".

A interpretação jurídica pode ser conceituada como a atividade que revela sentido e propõe o desentranhamento do significado das normas, com vistas a viabilizar sua aplicação em casos concretos.

Logo, fala-se que interpretar é um processo de duplo sentido pois, em um primeiro momento, propõe-se uma atividade de encaixe entre fato e norma e, no segundo, um encaixe entre "sentido da norma" e fato.

Para **Karl Larenz** (1977, pg. 419) "a interpretação é uma atividade de mediação, pela qual o intérprete traz à compreensão o sentido de um texto que se lhe torna problemático".

Enfim, para **compreender** é preciso **interpretar**, retirando da norma seu verdadeiro sentido, elemento que não é dado pela simples leitura ou recebido por aprendizado espontâneo. Após a apreensão do sentido, cabe ao intérprete a atividade de **tornar o sentido comunicável,** ou seja, explicá-lo utilizando outras palavras.

Para a melhor doutrina, a exemplo de Bernardo Gonçalves Fernandes, o termo **"interpretação"** tem diferença conceitual importante frente ao termo **"hermenêutica",** pois esta representa um **conjunto de teorias** que conduz à interpretação e à compreensão de algo.

> **Curiosidade:** Quando se fala que a hermenêutica é um conjunto de teorias utilizadas para a interpretação de algo, não se pode cometer o equívoco de limitar esse "algo" a textos escritos, afinal, também são objetos de interpretação as mais diversas manifestações de arte em pintura, música, literatura, escultura, etc.
>
> A título de exemplo, quando nos deparamos pela primeira vez com a pintura Abapuru, de Tarsila do Amaral, temos a sensação estarmos na presença de um quadro insignificante e, para alguns, desprovido de sentido.

> Ao se debruçar em atividade interpretativa, e lendo algumas análises de especialistas, é possível alcançar a genialidade da artista que, desenhando membros agigantados, representou o trabalho braçal do povo brasileiro, e também fez a cabeça menor para, possivelmente, indicar uma suposta falta de pensamento crítico e "apaziguamento" da população.

Em análise histórica, fala-se que foi a partir da eclosão do **movimento luterano** (1517) que se viu o desabrochar de uma crítica mais incisiva sobre o monopólio interpretativo de textos por autoridades específicas (no caso, da Bíblia pelos padres católicos). Para Lutero, a bíblia tinha o poder de ser "interpretada por si mesma", bastando que o leitor conhecesse a amplitude do significado das palavras ali expostas.

Os efeitos dessa iniciativa se expandiram para o mundo jurídico, abrindo vias para a elaboração de uma teoria mais completa sobre a interpretação.

De todo modo, cabe advertir que a interpretação nunca é definitiva, pois a constante mutação das situações da vida insere o intérprete num mundo de inéditas e renováveis situações. Toda interpretação está, desse modo, vinculada às circunstâncias de seu tempo (ou, como dizem os alemães, vinculada ao *zeitgeist*, que pode ser traduzido como "espírito da época").

Nas palavras de José Roberto de Castro Neves (2020, pg. 40), "o bom intérprete deve ser capaz de distinguir, mesmo debaixo de muita tinta, cor e som a essência da mensagem", finalizando que "Quem não age assim acaba influenciado pelos belos invólucros, pelo perfume, apaixonando-se pelo continente e menosprezando o conteúdo".

6.1.1. *Objetivo da interpretação*

Qual seria, então, o **objetivo da interpretação?** Conhecer a vontade do **legislador** ou da **lei?** A partir da segunda metade do século XIX, duas teorias debateram sobre isso.

(i) ***mens legislatoris*** (teoria subjetivista) – defendia que a interpretação seria a busca pelo descobrimento e entendimento do pensamento do legislador exposto na lei. São defensores desse posicionamento: Windscheid, Bierling e Philipp Heck.

(ii) ***mens legis*** (teoria objetivista) – defendia que o direito seria resultado de uma composição de vontades, e que o mais importante na atividade interpretativa seria buscar e compreender a "vontade da lei". São defensores desse posicionamento Radbruch, Sauer e Binder.

Para a maioria da doutrina, nenhuma das teorias deve ser aceita de maneira irrestrita e absoluta. Se é verdade que a teoria subjetiva se fortifica no fato de que as leis são produzidas por humanos, e não são meras formalizações de leis naturais, também é verdade a lei incide em relações que apresentam constante mutação, circunstâncias que o legislador sequer poderia ter imaginado abranger quando da elaboração da norma (a lei adquire, no decorrer do tempo, o que a doutrina chama de "vida própria", e isso fortificaria o argumento em prol da *mens legis*).

Já mencionados como defensores da teoria subjetivista, Windscheid e Bierling propuseram duas complementações para reforçar seus posicionamentos. Para o primeiro, importava compreender a vontade "autêntica" do legislador. Já para o segundo, criando a chamada teoria psicológica, adiciona-se a boa-fé do intérprete à suposição de qual seria a interpretação do legislador para eventual caso.

Na busca pelo descobrimento da "intenção da lei" (*mens legis*), foram desenvolvidos os que hoje são conhecidos como **métodos clássicos de interpretação**, a saber: histórico, teleológico, gramatical, lógico, histórico e sistemático.

A respeito deles, corrigindo equívoco constantemente presente na doutrina, é importante mencionarmos que apenas os últimos quatro foram expostos por Savigny de maneira inédita. Os demais (histórico e teleológico) não foram idealizados pelo doutrinador francês.

Mais do que conhecer conceitos básicos, é preciso ter um mínimo de aprofundamento nesses métodos que, infelizmente, tiveram seus conceitos reduzidos a pequenas frases inseridas em tabelas dos livros e resumos atualmente comercializados. A importância desses métodos no decorrer da história faz com que sejam eles merecedores de algumas observações mais aprofundadas, o que se propõe a fazer nas próximas linhas, sem que isso implique em fuga do objetivo sinóptico desta obra.

6.1.2. Métodos clássicos de interpretação

1) **Método gramatical. O sentido literal da lei:** entende-se por sentido literal o significado de um determinado termo ou cadeia de palavras no uso linguístico geral. É, enfim, entender-se o sentido de uma frase a partir do **conhecimento do significado das palavras que compõem aquela oração.** Afinal, quem quer dizer algo, utiliza as palavras no sentido em que elas normalmente são entendidas.

A clareza gramatical deve ser ponto de interesse primordial do legislador, que por meio da lei se dirige ao cidadão, buscando deste o respeito e a obediência.

Todavia, é sabido que no mundo do Direito não se pode alcançar a exatidão matemática da linguagem, de onde se conclui que os termos, por mais perfeitos que sejam, sempre precisarão ser interpretados.

É comum falar-se que toda interpretação deve ser iniciada a partir do sentido literal, ou seja, esse método é o ponto de partida da atividade interpretativa que precisará, a depender da imprecisão gramatical, ser desenvolvida com maior ou menor profundidade.

O que se quer dizer com isso? Simples! A regra que indica que o "prazo para interposição do recurso de apelação é de 15 dias" exige menos complexidade interpretativa do que aquela que prevê "que os negócios jurídicos devem ser entabulados em consonância com a boa-fé".

Além de servir como ponto de partida da atividade interpretativa, **o método gramatical também serve como limite** para tal atividade. Então, aquilo que extrapola o sentido literal básico é modificação de sentido, e não interpretação.

É importante, nesse ponto, relembrar que o legislador sempre parte do uso linguístico do seu tempo e espaço. Por exemplo, se um legislador da Grécia pré-socrática escrevesse que "todos os homens são iguais em direitos", estaria se referindo exclusivamente a pessoas do sexo masculino e, provavelmente, também excluindo escravos. De outro lado, quando o legislador moderno preceitua que "todos os homens são iguais em direitos", engloba também as mulheres (pois utiliza o termo "homens" como representativo de gênero humano). Isso é interpretação adequada ao espaço e tempo em que os termos foram redigidos!

2) **Método histórico. Intenção reguladora do legislador:** Mesmo nas situações de aplicação do Direito a hipóteses não previstas expressamente em lei pelo legislador, é comum que o intérprete busque conhecer a ideia normativa do legislador durante a concepção da norma.

Isto significa que a interpretação histórica busca esclarecer o sentido da lei por meio de um trabalho de reconstituição do seu conteúdo original, tendo como base os documentos relacionados com a elaboração da lei pelo legislador.

A própria norma, por vezes, traz consigo uma "exposição de motivos" que, de maneira formal, esboça as intenções do legislador. Esse documento é seguidamente utilizado como base para interpretação da norma, naquilo que também se denomina como interpretação "autêntica".

> **▸ Como esse assunto foi cobrado em concurso?**
>
> **(CESPE – 2013 – DPE/TO – Defensor Público)** Assinale a opção correta com relação à interpretação do direito.
>
> a) A interpretação autêntica é a que se realiza pelo próprio legislador.
>
> b) Consoante o sistema da livre pesquisa, o direito só pode ser interpretado com base na lei.
>
> c) A escola de interpretação da teoria pura do direito foi criada por Carlos Cossio.

> d) A hermenêutica e a interpretação, conceitos sinônimos, consistem em revelar o sentido da norma jurídica.
>
> e) Segundo a doutrina, toda norma jurídica se ampara em um texto legal que lhe é correspondente.
>
> *Gabarito: Alternativa A.*

3) **Método lógico:** busca explicar a norma através do sentido intrínseco do texto, sem auxílio de elementos exteriores. Ele postula, em resumo, a plenitude jurídica da lei e acredita que o núcleo verbal da norma se mostra suficientemente elástico para abarcar as situações de fato que demandarem análise interpretativa.

Por meio de uma análise predominantemente lógico-formal, utilizam-se princípios para se descobrir o alcance da norma. Dentre os referidos princípios, podem ser citados: (i) da identidade – o que é, é; o que não é, não é. (ii) da contradição – é impossível que uma coisa seja e não seja ao mesmo tempo. (iii) do terceiro excluído – algumas situações impedem uma terceira via, como no famoso exemplo da gravidez, ou seja, a mulher está grávida ou não está. Inexiste terceira opção viável. (iv) da razão suficiente – nada ocorre sem que exista uma causa determinante. (v) da tríplice identidade – se A é B e B é C, então A é C.

4) **Método sistemático:** busca conciliar o dispositivo legal analisado com o todo formador do sistema jurídico, a fim de validar apenas interpretações que se mostrem adequadas a partir da compreensão geral da unicidade do Direito. Esse método indica que a norma não pode ser vista de forma isolada pelo intérprete, pois o direito existe como sistema harmônico e sincronizado.

A utilização do direito comparado também pode ser elencada como uma forma de interpretação sistemática quando, para entender o conteúdo de uma norma, o intérprete busca conhecer o âmbito de aplicação de normas iguais ou semelhantes em ordenamentos jurídicos de outros países e, principalmente, considerando a aplicação do direito internacional.

Esse método de interpretação tem como pressuposto a noção de que o ordenamento jurídico é um todo hermético, e por isso muitos autores consideram este procedimento uma derivação do processo lógico de interpretação, denominando-o de interpretação lógico-sistemática.

5) **Método teleológico e axiológico:** Toda norma jurídica tem uma finalidade. O método teleológico indica que o intérprete se norteie pelas consequências sociais procuradas pela norma.

Esse método de interpretação tem sido aplicado com maior grau na análise das normas processuais que sofreram releitura a partir, por exemplo, da aplicação do princípio da instrumentalidade das formas.

> **Como esse assunto foi cobrado em concurso?**
>
> **(MP/SC – 2016 – MP/SC – Promotor de Justiça)** Se, ao interpretar a lei, o magistrado concluir que a impenhorabilidade do bem de família deve resguardar o sentido amplo da entidade familiar, abrangendo, além dos imóveis do casal, também os imóveis pertencentes a pessoas solteiras, separadas e viúvas, ainda que estas não estejam citadas expressamente no texto legal, essa interpretação, no que se refere aos meios de interpretação, será classificada como
>
> a) sistemática.
>
> b) histórica.
>
> c) jurisprudencial.
>
> d) teleológica.
>
> e) lógica.
>
> *Gabarito: Alternativa D.*

6) **Método sociológico:** Partindo da noção de que toda norma jurídica "se abre" para o mundo humano, este método busca adequar a norma à realidade social em que ela está inserida. Normalmente, esse método é utilizado para justificar a aplicação de uma norma a situações sociais não existentes quando da sua edição.

> **Como esse assunto foi cobrado em concurso?**
>
> **(CESPE – 2017 – PGR/SE – Procurador do Estado)** A adaptação de lei, por um intérprete, às exigências atuais e concretas da sociedade configura interpretação
>
> Parte superior do formulário
>
> a) histórica.
>
> b) sistemática.
>
> c) sociológica.
>
> d) analógica.
>
> e) autêntica
>
> *Gabarito: Alternativa C.*

> **Atenção:** Deve-se tomar cuidado para não confundir os **métodos de interpretação** acima indicados com **espécies** de interpretação, que são: a) doutrinária; b) autêntica; c) judicial.

> **Dica:** Essas espécies são comumente inseridas em alternativas de questões objetivas em confusão com os métodos, em clara intenção de colocar o candidato desatento em situação de erro. O cuidado nesse ponto (mesmo simplório) é necessário.

Da mesma forma, não se confundem com métodos ou espécies os chamados **resultados** de interpretação, que são: a) interpretação declarativa; b) interpretação restritiva; c) interpretação extensiva; d) interpretação ab-rogante.

6.1.3. Novos rumos da interpretação

Retomando a discussão que questiona a aplicabilidade dos métodos clássicos de interpretação para se obter um resultado interpretativo correto, fala-se que, com a criação do chamado **giro hermenêutico** por **Gadamer**, as discussões foram superadas por uma nova noção de atividade interpretativa, que passou a ver a interpretação como resultado de um **ato construtivo** desencadeado pela **relação** firmada entre **intérprete e coisa interpretada.**

Esclarecendo o conceito com impecável didática, Bernardo Gonçalves Fernandes (2014, pg. 175) explica:

> A conclusão é que o querer do legislador é viciado (não traz certeza alguma e nem segurança!) e o querer da norma, visado por meio de métodos como, por exemplo, o teleológico, também é viciado, pois qualquer método não pode ser desenvolvido, escolhido e aplicado fora do horizonte histórico no qual o aplicador (do método) está inserido. Sabemos então que não há um método neutro e a-histórico que ache ou descubra o fim da lei ou mesmo seu bem comum (como ainda querem alguns manuais de hermenêutica e direito constitucional), mesmo porque o método, assim como a norma, não se autoaplicam! Eles necessitam do intérprete (aplicador) para dar concretização à norma.

Desse modo, fala-se que a interpretação pressupõe a concretização de um giro hermenêutico consistente em uma troca de informações entre intérprete e objeto interpretado, atividade que daria sentido ao termo "giro" como uma comunicação informativa entre os elementos que dialogam.

Nessa troca, o intérprete inicia a atividade interpretativa cheio de pré-compreensões, que são oriundas da sua história de vida e da tradição em que está inserido. Essas pré-compreensões, todavia, acabam se chocando com novas informações captadas do objeto interpretado e, a partir disso, o que se tem como resultado não é o "intérprete extraindo o significado da coisa interpretada", mas sim, o término de uma atividade construtiva que, ao fim e ao cabo, amplia os horizontes do intérprete.

Não por acaso que, evoluindo-se na abordagem do tema e reconhecendo que a interpretação é realmente uma atividade de construção, fala-se que esse diálogo não seria como um círculo vicioso (que ao final volta ao ponto de partida), mas de verdadeiro **espiral hermenêutico, onde a circularidade faz avançar na riqueza da análise.**

Finalizando a explicação, Fernandes (2015, pg. 169) pontua que "não se compreende (como alguns pensam por aí) para depois aplicar o compreendido a algo, pois só compreendemos aplicando (e não há outro jeito). Assim, qualquer ato de compreensão já é um ato também de aplicação".

Nas últimas décadas, principiou-se a abordagem também de uma **hermenêutica constitucional**, que se desenvolveu com o propósito de adicionar um novo parâmetro de interpretação jurídica ao Direito, e não efetivamente sobrepor (ou contrapor) a hermenêutica jurídica acima explicada (representada pelos métodos clássicos e, posteriormente, pelo giro hermenêutico).

De toda forma, considerando as mudanças jurídicas decorrentes do constitucionalismo, principalmente no que se refere ao posicionamento da Constituição como elemento central do ordenamento jurídico, passou-se a falar em uma hermenêutica constitucional que apresenta balizas diversas da jurídica.

Para elaborar esse novo braço da hermenêutica (que, como falamos, não exclui os demais), **Konrad Hesse** propôs a criação de um **catálogo de cânones** (também chamados de **princípios de interpretação constitucional** ou *topoi*). Alguns autores ainda vão intitular esses enunciados como postulados ou vetores de interpretação constitucional. Para fins de concurso, de todo modo, o que interessa é a identificação do conteúdo de cada um deles com sua nomenclatura.

6.1.4. Princípios de interpretação constitucional

1) **Unidade da Constituição:** Para Hesse, a fim de prevenir contradições e harmonizar as tensões textuais, as normas constitucionais devem ser vistas como integrantes de um todo que deve ser lido de maneira harmônica, evitando-se a leitura isolada de um dispositivo que, nesta análise superficial, não se integra com o todo e permite chegar a uma conclusão jurídica não desejada pelo conjunto de regras e princípios que norteiam o restante da constituição.

> **Divergência doutrinária:** Luís Roberto Barroso, ao tratar da unidade da constituição no livro "Interpretação e aplicação da Constituição" aborda o tema sob perspectiva diversa, afirmando que a unidade significa que inexiste hierarquia entre as normas previstas na Constituição.

2) **Concordância prática (ou harmonização):** aponta que inexiste prevalência de um bem constitucional sobre outro e, caso haja colisão entre esses bens, deve-se optar pela realização de um juízo de ponderação em que um deles sofrerá redução proporcional para a suficiente aplicação prática do outro, sem que isso represente em extinção ou sacrifício total do primeiro.

3) **Exatidão funcional (conformidade ou correção):** representa a adequada delimitação de competências entre órgãos públicos, impondo a conclusão de que nenhuma interpretação pode dar azo à invasão de atribuições de um poder sobre as do outro (o que representaria usurpação de competências). A premissa da exatidão funcional serviu como base para o desenvolvimento da opinião de parte da doutrina no sentido de que o Poder Judiciário teria legitimidade para atuar apenas como "legislador negativo", tema melhor abordado em obras sobre controle de constitucionalidade.

4) **Efeito integrador (ou eficácia integradora):** ordena que a interpretação constitucional seja percebida como um vetor de manutenção da unidade política. Logo, sempre que várias soluções interpretativas desbordarem da análise, deve-se dar preferência àquela que favoreça a integração do sistema social e político vigente. Esse vetor se aproxima muito da unidade da constituição e da própria força normativa. Buscando explicar uma possibilidade de ampliação da visão sobre o efeito integrador, Virgílio Afonso da Silva (2005, pg. 130), fazendo referência ao grande Canotilho, menciona que esse *topoi* permitiria não apenas a reduzida procura por interpretação integrativa, mas viabiliza a busca por soluções pluralisticamente integradoras.

5) **Força normativa da Constituição:** o postulado em questão não informa um procedimento específico de interpretação, e serve mais como um apelo para que seja respeitada a tendência interpretativa de máxima eficácia da Constituição. A força normativa obriga que se faça uma leitura das demais normas em reconhecimento à natureza jurídica da Constituição. Assim resume Dirley da Cunha Jr (2016, pg. 34). *"as condições de validade das leis e demais normas jurídicas dependem não só da forma de sua produção como também da compatibilidade de seus conteúdos com os princípios e regras constitucionais."*.

> **Aprofundamento para provas orais:** Interpretações divergentes enfraquecem o princípio da força normativa da Constituição. Com base nesse raciocínio, Gilmar Mendes defende que as decisões do STF deveriam ter efeito *erga omnes* sempre, independentemente de serem proferidas em controle abstrato ou concreto de constitucionalidade. Essa opinião defende a chamada abstrativização, objetivação ou verticalização do controle concreto de constitucionalidade. Mas atenção! Existem apenas algumas decisões no STF que acompanham a tese da abstrativização! Ex: decisão conferida em mandados de injunção a respeito de greve dos servidores públicos. Para o STF, anteriormente, o mandado de injunção tinha apenas o efeito de dar ciência ao Poder Legislativo de sua omissão, adotando a corrente não-concretista. Passados quase vinte anos sem a regulamentação do direito de greve dos servidores públicos, o STF proferiu decisão para o caso concreto, mas não apenas para

quem impetrou o mandado de injunção, e sim ampliando os efeitos da decisão de forma transcendente, com força de decisão em ação constitucional abstrata, aplicando a ela efeitos erga omnes. Adotou, então, no que toca ao mandado de injunção, a corrente concretista-geral. Esta tese de abstrativização do controle concreto não tem sido aplicada com frequência pela Corte Suprema.

▸ **Como esse assunto foi cobrado em concurso?**

(VUNESP – 2016 – TJM-SP – Juiz de Direito) Com relação aos princípios e métodos de interpretação constitucional, pode-se afirmar que

a) a interpretação conforme a Constituição, instrumento previsto no artigo 28, parágrafo único, da Lei nº 9.868/1999, permite a interpretação contrária à literalidade da norma (contra legem), desde que necessária à preservação do princípio da supremacia da Constituição.

b) segundo o princípio da concordância prática ou da harmonização, eventual conflito entre bens juridicamente protegidos deve ser solucionado pela coordenação e combinação entre eles, de modo que o estabelecimento de limites recíprocos evite o sacrifício de uns em relação aos outros.

c) por representar ampliação dos poderes do juiz em prejuízo da esfera de opção política do legislador, sem que tenha sido adotado como norma geral pelo texto constitucional, o princípio da proporcionalidade só pode ser aplicado pelos tribunais nas hipóteses específicas previstas em preceitos esparsos da Constituição.

d) segundo o princípio da unidade da Constituição, as normas constitucionais devem ser interpretadas como integrantes de um todo, de modo que, se qualquer delas implica ruptura da unidade, deve ser declarada inconstitucional, conforme já decidiu o Supremo Tribunal na ADIN 815.

Gabarito: Alternativa B.

6) **Máxima efetividade:** as normas constitucionais devem ser interpretadas com vistas a serem aplicadas com a maior efetividade possível. A ressalva que deve ser feita é que, sob o pretexto de conferir à norma maior efetividade, não se pode admitir um resultado que represente alteração do conteúdo da norma.

7) **Interpretação das leis conforme a Constituição:** exige que, diante de normas infraconstitucionais que apresentam múltiplas interpretações, se proceda em uma análise de compatibilidade com a Constituição, eliminando-se sentidos que não apresentam adequação a tal exigência e mantendo-se

apenas aqueles que se compatibilizam com os preceitos constitucionais. Pode-se dizer que esse cânone exalta a produção legislativa e busca a manutenção da segurança jurídica mediante conservação das leis.

Aprofundamento para provas orais: A interpretação conforme a constituição também é estudada como técnica de decisão judicial, e pode ser utilizada em três sentidos (todos aceitos pela jurisprudência): a) no primeiro, o objeto é considerado constitucional, desde que interpretado no sentido indicado pelo órgão julgador; b) no segundo, exclui-se uma das interpretações possíveis da norma, declarando-a inconstitucional (neste sentido, equivale-se ao julgamento de inconstitucionalidade com redução do texto); c) no terceiro, declara-se a não incidência de determinada norma em relação a uma situação de fato específica, ou seja, em concreto.

▸ **Como esse assunto foi cobrado em concurso?**

(***VUNESP – 2019 – TJMT – Juiz de Direito – Fase dissertativa:*** Considerando a doutrina do Direito Constitucional, esclareça a distinção entre hermenêutica e interpretação. Em seguida, aponte e explique quais são os métodos tradicionais de interpretação, esclarecendo os motivos pelos quais esses critérios, baseados no puro raciocínio lógico-dedutivo, estariam superados. Nessa esteira, ainda na seara da interpretação do direito, mencione e explique, brevemente, quatro princípios de interpretação constitucional.

Espelho de resposta da banca: Resposta: Distinção A hermenêutica é a ciência de interpretar as leis e atos normativos, estabelecendo princípios e conceitos, que buscam formar uma teoria adaptada ao ato de interpretar. A interpretação, a seu turno, é de alcance mais prático, que se destina a entender e buscar o real sentido e significado da norma jurídica, utilizando-se dos preceitos da hermenêutica. Métodos Os métodos ou critérios tradicionais de interpretação são o literal ou gramatical, o histórico, o sistemático e o teleológico. O literal ou gramatical recomenda que o intérprete analise a construção gramatical contida no preceito a partir da significação de cada palavra do texto, retirando daí o seu significado. Por intermédio do método histórico, devem ser investigadas as origens da produção da norma, a realidade subjetiva e objetiva que se fazia presente naquele momento, os debates que a antecederam, alcançando, assim, a vontade do legislador. A orientação do método sistemático é no sentido de buscar a significação da norma dentro do ordenamento jurídico, utilizando-se, nesse momento, das regras de subordinação e de coordenação que regem a coexistência das regras, bem como comparando o dispositivo a ser interpretado com outros do mesmo repositório ou contidos em leis diversas, referentes ao mesmo objeto. E o método teleológico privilegia a análise da razão de ser dessa norma, seu espírito e sua finalidade, o valor ou bem jurídico que o preceito busca proteger. Motivos Embora ainda guardem relevante papel na interpretação da norma, os métodos tradicionais se mostraram insuficientes para desvendar a real intenção do legislador ou para se obter o verdadeiro espírito da norma. Quando se fala em hermenêutica ou interpretação, advirta-se que elas não se podem PODER JUDICIÁRIO TRIBUNAL DE JUSTIÇA DO ESTADO DE MATO GROSSO CONCURSO PÚBLICO DE PROVAS E TÍTULOS PARA INGRESSO NA CARREIRA DA MAGISTRATURA DO ESTADO DE MATO GROSSO restringir tão-somente aos estreitos termos da lei, pois conhecidas são as suas limitações para bem exprimir o direito, o que, aliás, acontece com a generalidade das formas de que o direito se reveste. Desse modo, é ao direito que a lei exprime que se devem endereçar tanto a hermenêutica como a interpretação, num esforço de alcançar aquilo que, por vezes, não logra o legislador manifestar com a necessária clareza e segurança. Nesse diapasão, destaca-se a denominada "lógica do razoável" por Luís Recasens Siches, baseada em princípios de razoabilidade, ou seja, elegendo a solução mais razoável para o problema jurídico concreto, dentro das circunstâncias sociais, econômicas, culturais e políticas que envolvem a questão. Essa interpretação adota princípios axiológicos e critérios valorativos, muitas vezes não expressos no texto da lei, devendo o juiz interpretar a norma jurídica de modo e segundo o método que o levasse à solução mais justa dentre todas as possíveis. Outros critérios e métodos vieram em auxílio dos tradicionais elementos de interpretação nessa evolução interpretativa do direito, aplicados, especificamente, à interpretação constitucional. Princípios Assim, na interpretação moderna destacam-se os princípios de interpretação constitucional, que são os seguintes: Princípio da Supremacia da Constituição Esse princípio consagra a prevalência da norma constitucional, independentemente de seu conteúdo, sobre todas as outras regras existentes no sistema jurídico. Princípio da Unidade da Constituição A ideia desse princípio é evitar contradições (devem ser eliminadas as antinomias). Nesse sentido, as normas constitucionais devem ser consideradas em um sistema unitário de regras e princípios. Por ele podemos entender que todas as normas constitucionais possuem a mesma hierarquia. Princípio do Efeito Integrador Por esse princípio devemos resolver os problemas jurídico-constitucionais por intermédio da primazia dos critérios que favoreçam a integração política e social e o reforço da unidade política. PODER JUDICIÁRIO TRIBUNAL DE JUSTIÇA DO ESTADO DE MATO GROSSO CONCURSO PÚBLICO DE PROVAS E TÍTULOS PARA INGRESSO NA CARREIRA DA MAGISTRATURA DO ESTADO DE MATO GROSSO Princípio da Harmonização Também chamado de princípio da concordância prática, no qual os bens constitucionalmente protegidos, em caso de conflito ou concorrência, devem ser tratados de maneira que a afirmação de um não implique o sacrifício do outro, o que só se alcança na aplicação ou na prática do texto. Prega-se, assim, a ideia de igualdade de valor dos bens constitucionais. Importante notar que tanto o Princípio do Efeito Integrador quanto o Princípio da Harmonização decorrem do Princípio da Unidade. Princípio da Máxima Efetividade Esse princípio também é chamado de princípio da eficácia ou da interpretação efetiva, pois tem suas origens ligadas à eficácia das normas programáticas. Como o nome propõe, o intérprete deve atribuir à norma o sentido que lhe traga maior efetividade do ponto de vista social e, consequentemente, maior eficácia. Em caso de dúvida de qual norma deverá prevalecer, reconhece-se aquela que esteja apta a obter maior eficácia. Princípio da Força Normativa Como o próprio nome anuncia, segundo esse princípio, o intérprete deve extrair da norma máxima aplicabilidade. Esse princípio foi idealizado por Konrad Hesse. Enquanto o Princípio da Máxima efetividade busca maior eficácia, o Princípio da força normativa busca máxima aplicabilidade. Princípio da Justeza Esse princípio também pode ser chamado de correção/conformidade ou exatidão funcional. De acordo com esse princípio, o STF, como intérprete da constituição não pode agir como legislador positivo, pois deve observar a separação dos poderes e respeitar as funções constitucionalmente estabelecidas. Em síntese, pode-se dizer que esse princípio limita o intérprete. Interpretação conforme a Constituição Esse princípio preleciona que em caso de normas polissêmicas ou plurissignificativas (que admitem mais de uma interpretação) deve-se interpretar do modo mais compatível com a constituição e seus preceitos, ou seja, conforme a constituição. PODER JUDICIÁRIO TRIBUNAL DE JUSTIÇA DO ESTADO DE MATO GROSSO CONCURSO PÚBLICO DE PROVAS E TÍTULOS PARA INGRESSO NA CARREIRA DA MAGISTRATURA DO ESTADO DE MATO GROSSO Princípio da Proporcionalidade ou da Razoabilidade Esse princípio ganhou força com o controle de legalidade dos atos administrativos discricionários. Registre-se que há possibilidade de análise do mérito dos atos administrativos ficando, restrito, nesses casos, à aferição dos princípios da razoabilidade, da moralidade e da eficiência. Por meio da aplicação do princípio da proporcionalidade, coíbem-se excessos que afrontem os direitos fundamentais e exigem-se mecanismos que os efetivem. (Obs.: quanto aos princípios de interpretação constitucional, foram pontuados até quatro princípios corretamente apresentados na prova pelo candidato, atribuindo-se pontos para cada um deles individualmente até o limite de pontos para esse item). GRADE DE CORREÇÃO Parte Descrição Valor máximo N1 Distinção entre hermenêutica e interpretação 0,4 N2 Métodos tradicionais de interpretação 0,5 N3 Motivos da superação do método do raciocínio lógico-dedutivo 0,6 N4 Princípios de interpretação constitucional 1,0 N5 Descontos (item 5.16 do Edital nº 02/2019/CMAG) -0,25 Total 2,5.

Diferentemente dos princípios de interpretação constitucional acima vistos são os chamados **métodos de interpretação constitucional**, que nada mais são do que propostas metodológicas para efetivação da interpretação constitucional.

6.1.5. Métodos de interpretação constitucional

Atualmente, aponta-se que a interpretação constitucional é obtida a partir de um conjunto de métodos que, após criterioso desenvolvimento pela doutrina, passaram a ser utilizados pela jurisprudência e se mostraram, ao fim e ao cabo, complementares.

Por ampliar a visão do intérprete, esse pluralismo interpretativo tem sido bem visto pela comunidade jurídica. Passemos, então, a eles.

1) **Método jurídico (ou hermenêutico clássico):** defende que a Constituição, por ser uma representação legal em termos amplos, deveria ser alvo dos mesmos métodos de interpretação que a lei em sentido estrito recebe (gramatical, lógico, sistemático, etc).

Embora possa soar estranho, esse método não é totalmente rechaçado pela doutrina e pela jurisprudência. O próprio STF já utilizou do expediente para formar entendimentos consolidados na jurisprudência, a exemplo da leitura gramatical do art. 40, § 1º, inc. II da CF.

Obviamente, tal método é mais compatível com a interpretação de enunciados constitucionais simples e diretos. Quando a complexidade da norma atinge níveis diferenciados, elencando normas abertas e conceitos jurídicos abstratos, a interpretação também deverá tomar caminhos mais complexos para que se alcance um resultado interpretativo satisfatório.

▸ **Como esse assunto foi cobrado em concurso?**

(VUNESP – 2016 – TJM-SP – Juiz de Direito) No que se refere aos métodos de interpretação da CF, assinale a opção correta.

a) No método jurídico, defende-se a identidade entre lei e constituição, esta considerada espécie de lei, devendo, portanto, ser interpretada pelas regras tradicionais de hermenêutica.

b) De acordo com o método tópico-problemático, a interpretação da constituição é concretização, criando-se um processo unitário entre aplicação e interpretação, com primazia do texto sobre o problema.

c) No método normativo-estruturante, busca-se a interpretação da constituição como um conjunto, em um processo de integração comunitária.

d) De acordo com o método científico-espiritual, deve-se priorizar a concretização em detrimento da interpretação, que é apenas uma etapa da concretização, visto que é impossível isolar a norma da realidade.

e) No método hermenêutico-concretizador, há um pensar problemático, dando-se preferência à discussão dos problemas, já que a abertura do texto constitucional inviabilizaria a possibilidade de dedução subsuntiva.

Gabarito: Alternativa A.

2) **Método hermenêutico-concretizador (Konrad Hesse):** projeta-se da noção de que a interpretação de qualquer texto deve iniciar com a constatação da existência de **pré-compreensões** do intérprete, que vive dentro de um contexto histórico próprio. Há nele, assim, elevado cunho subjetivista. A interpretação se dá num **movimento de ir e vir** entre o intérprete e o texto interpretado.

Desse confronto estabelecido entre "idas e vindas" resulta uma reformulação da própria pré-compreensão que o intérprete tinha, e essa constância de movimentos permite que se alcance a solução mais harmoniosa para um problema.

Como bem desenham Vicente Paulo e Marcelo Alexandrino (2017, pg. 67)

> Impõe-se, assim, um "movimento de ir e vir", do subjetivo para o objetivo – e, deste, de volta para aquele –, mediante comparação entre os diversos conteúdos que se extraem do texto, decorrentes de sucessivas reformulações da pré-compreensão do intérprete, e o contexto em que a norma deve ser aplicada (realidade social). Esse "movimento de ir e vir" é denominado "círculo hermenêutico".

Ao contrário do que prima o método tópico-problemático (que será visto a seguir), o método hermenêutico-concretizador firma uma primazia da norma constitucional sobre o problema em si, indicando que a interpretação se inicia e é limitada pelo texto constitucional, a fim de que não se corra o risco de desaguar em demasiada abertura interpretativa.

3) **Método tópico-problemático (Theodor Viehweg):** parte da noção de que a **interpretação** tem um **caráter prático** (para resolver um dado problema), um **caráter aberto** da norma, em razão de sua estrutura normativa, e ainda uma **preferência pela discussão do problema**, indicando que se deve dar preferência para o debate por meio da utilização de um considerável número de intérpretes que, por sua vez, se utilizam de vários *topoi* para alcançar uma solução adequada para a questão posta em análise.

Na atividade interpretativa, os vários intérpretes farão uso dos *topoi* (ou tópicos) por eles escolhidos para alcançarem a interpretação mais conveniente para solucionar o problema.

Ao contrário dos métodos tradicionais de interpretação, que principiam suas atividades pela análise da norma, este método indica que a interpretação deve ter início pela discussão do **problema concreto**, permitindo-se daí que, no final da discussão, identifique-se a norma adequada para o caso.

Por ser tão "conveniente" a intérpretes desprovidos de amarras metodológicas, este método é duramente criticado e apontado como possível causador de arbitrariedades.

▸ Como esse assunto foi cobrado em concurso?

(CESPE – 2008 – TJ/AL – Juiz de Direito) O modo de pensar que foi retomado por Theodor Viehweg, em sua obra Topik und Jurisprudenz, tem por principal característica o caráter prático da interpretação constitucional, que busca resolver o problema constitucional a partir do próprio problema, após a identificação ou o estabelecimento de certos pontos de partida. É um método aberto, fragmentário ou indeterminado, que dá preferência à discussão do problema em virtude da abertura textual das normas constitucionais.

O método de interpretação constitucional indicado no texto acima é denominado

a) tópico-problemático.
b) hermenêutico-concretizador.
c) científico-espiritual.
d) normativo-estruturante.
e) sistêmico.

Gabarito: Alternativa A.

(FGV – 2024 – Exame Nacional da Magistratura – ENAM 2024.2) A interpretação jurídica consiste na atividade de revelar ou atribuir sentido a textos ou outros elementos normativos (como princípios implícitos, costumes, precedentes), notadamente para o fim de solucionar problemas. Trata-se de uma atividade intelectual informada por métodos, técnicas e parâmetros que procuram dar-lhe legitimidade, racionalidade e controlabilidade. A aplicação de uma norma jurídica é o momento final do processo interpretativo, sua incidência sobre os fatos relevantes. Na aplicação se dá a conversão da disposição abstrata em uma regra concreta, com a pretensão de conformar a realidade ao Direito, o ser ao dever-ser. É nesse momento que a norma jurídica se transforma em norma de decisão. *BARROSO, Luís Roberto. Curso de Direito Constitucional*

Contemporâneo: Os conceitos fundamentais e a construção do novo modelo. São Paulo: SaraivaJur, 2024, 12ª ed., p. 212.

O estudo atual da hermenêutica jurídica tem proporcionado aportes teóricos que superam os elementos tradicionais de interpretação do Direito. Acerca desse tema, assinale a afirmativa correta.

a) Ao vincular-se à lógica do razoável, o método tópico-problemático confere ao julgador o papel de construir, por meio de argumentação consistente, a melhor solução para o problema, visando à realização da justiça do caso concreto.

b) Nos países da tradição da common law, nos quais o raciocínio jurídico é estruturado a partir da norma, e não dos fatos, o estudo da Tópica teve papel relevante para reafirmar a ideia de separação absoluta entre o sujeito da interpretação e o objeto a ser interpretado.

c) O uso de conceitos jurídicos indeterminados pelo legislador, fenômeno cada vez mais recorrente, desloca parte da competência de formulação da norma para o seu intérprete, equiparando o poder de valoração concreta desses conceitos, por meio de uma atuação predominantemente técnica, ao poder discricionário.

d) A técnica da ponderação, inicialmente utilizada como recurso excepcional, isto é, reservada apenas para os hard cases, tornou-se prevalente no Direito brasileiro, superando de vez a vetusta técnica da subsunção baseada em raciocínio silogístico.

e) A fixação de regras e princípios de hermenêutica é atribuição prevalente da doutrina e, em alguma medida, da jurisprudência, mesmo porque não há, no Direito brasileiro, norma positivada a respeito do tema.

Gabarito: Alternativa A.

4) **Método científico-espiritual (Rudolf Smend):** prega que a interpretação constitucional deve levar em conta um **aspecto global** e **sistêmico** das **normas constitucionais**, elementos que estão umbilicalmente vinculados com a realidade existente em determinada comunidade e que apontam para o **sistema de valores** exaltado pelo texto constitucional.

Esse sistema de valores deve guiar a interpretação e criar condições para que a constituição seja um instrumento de integração e unidade social.

O termo "espiritual" exposto no nome do método deve ser lido com ressalvas, pois **não exalta** algo abstrato ou vago, mas muito pelo contrário, indica que a interpretação deve buscar o **espírito da Constituição** existente em cada época.

Desse modo, por meio do método científico-espiritual, o intérprete deveria levar em conta **fatores metajurídicos** consistentes na cultura vigente, no modo de vida das pessoas e na economia, por exemplo, avaliando uma interação do texto constitucional com essas realidades, procedendo a integração da própria constituição nessa realidade. Não por acaso, o método também é conhecido como **"integrativo"**.

5) **Método normativo-estruturante (Friedrich Müller)**: aponta que a **norma jurídica** em si **não se identifica** com seu **texto**, pois ela seria, na verdade, resultado de um **processo de concretização**. A parte textual (chamada conteúdo normativo) seria, então, apenas a **"ponta do iceberg"** que representa a norma, sendo esta composta também pela realidade social (ou domínio normativo) sobre o qual a constituição incide.

A produção da norma não dependeria, nesse contexto, apenas de atividade legislativa, mas da complementação exercida pela realidade fática, e inclusive pela atividade dos demais poderes (Judiciário e Executivo).

Esse método, em resumo, indica a existência de uma vinculação entre o texto e a realidade para efetiva formação da norma. Fala-se, em outras palavras, em **confluência** da realidade com o texto (preceito jurídico).

Por meio da interpretação baseada na reunião desses fatores, cria-se a norma, que não é então pressuposto de interpretação, mas verdadeiro resultado dela.

▸ Como esse assunto foi cobrado em concurso?

(VUNESP – 2016 – TJM-SP – Juiz de Direito) Acerca da hermenêutica constitucional, é possível afirmar que para determinado método de interpretação, a realidade normada e os dispositivos constitucionais situam-se tão próximos que o caso concreto é regulamentado quando se dá a implementação fática do comando, ocasião, por exemplo, em que o juiz aplica a lei ao caso. A normatividade, a que se refere o método, não se esgota no texto, como se afirma tradicionalmente, mas vai se exaurir nas situações concretas e até no direito consuetudinário, considerando também os textos doutrinários, já que o texto legal seria apenas uma das fontes iniciais de trabalho. Para este método não há diferença entre interpretação e aplicação. A interpretação não se esgota na delimitação do significado e do alcance da norma, mas inclui, também, sua aplicação. Esse método é denominado

a) hermenêutico-concretizador.

b) científico-espiritual.

c) hermenêutico-clássico.

d) tópico-problemático.

e) normativo-estruturante.

Gabarito: Alternativa E.

> **(CESPE/CEBRASPE – 2018 – TJ/BA – Juiz de Direito Substituto)** A respeito de hermenêutica constitucional e de métodos empregados na prática dessa hermenêutica, assinale a opção correta.
>
> a) A noção de filtragem constitucional da hermenêutica jurídica contemporânea torna dispensável a distinção entre regras e princípios.
>
> b) De acordo com o método tópico, o texto constitucional é ponto de partida da atividade do intérprete, mas nunca limitador da interpretação.
>
> c) Segundo a metódica jurídica normativo-estruturante, a aplicação de uma norma constitucional deve ser condicionada às estruturas sociais que delimitem o seu alcance normativo.
>
> d) O princípio da unidade da Constituição orienta o intérprete a conferir maior peso aos critérios que beneficiem a integração política e social.
>
> e) Os princípios são mandamentos de otimização, como critério hermenêutico, e implicam o ideal regulativo que deve ser buscado pelas diversas respostas constitucionais possíveis.
>
> *Gabarito: Alternativa E.*

6.1.6. A sociedade aberta dos intérpretes (Peter Häberle)

A proposta do autor Peter Häberle leva em consideração a constatação de que, no curso da história, a atividade interpretativa do direito sempre esteve inserida em um **ambiente fechado**, praticamente restrito aos juízes.

Ao criticar essa situação, o autor propõe a substituição desse fechado panorama pelo que denomina de **"sociedade aberta dos intérpretes"** da constituição, defendendo que todos os que vivem sob a regulamentação constitucional são intérpretes dessa norma, ainda que isso se dê apenas de maneira indireta.

Desse modo, sustentando que não são apenas os intérpretes inseridos no mundo jurídico que sentem os efeitos da interpretação ("vivem a norma"), não se pode admitir a existência de um monopólio interpretativo para essa classe, já que toda a sociedade, na verdade, vive a norma.

É fácil perceber que a teoria da interpretação defendida por Häberle tem forte influência da teoria democrática, apontando-se que o cidadão não tem apenas o direito de voto em período eleitoral, mas também tem voz e opinião para outros assuntos que circundam a vida social.

De todo modo, o autor ressalta que, em último caso, sempre existirá a possibilidade de se invocar a interpretação dada pela jurisdição constitucional, mas esta não deve ficar alheia às manifestações dos grupos formadores da sociedade em questão para tomada de decisão final.

No Brasil, fala-se que a figura do *amicus curiae*, prevista na Lei 9.868/99, pode ser vista como um exemplo de ampliação do debate constitucional sobre eventual análise interpretativa. Assim, visando à ampliação do debate constitucional e a democratização das decisões judiciais, com pluralidade de opiniões sociais, admite-se a intervenção do *amicus curiae* em determinadas situações processuais.

Por muito tempo a doutrina discutiu a natureza jurídica da figura do *amicus curiae*. Alguns autores acreditavam tratar-se de "assistência qualificada". Outros, a exemplo de Fredie Didier Jr., salientavam que este era um "verdadeiro auxiliar do juízo".

O Supremo Tribunal Federal, agora acompanhado da redação do Novo Código de Processo Civil, refere que se trata de uma espécie de **"intervenção de terceiros"**, sendo verdadeira exceção à regra de inadmissibilidade destas intervenções nos processos objetivos de constitucionalidade.

A fim de evitar transtornos procedimentais, a inclusão de órgãos ou entidades para figurarem como *amicus curiae* no processo tem sido admitida apenas até o encaminhamento do processo, pelo relator, para inclusão na pauta de julgamento. Se admitido, o *amicus curiae* pode apresentar sua manifestação de forma oral ou escrita.

Os requisitos de admissibilidade desta figura nos processos são de: (i) natureza objetiva – a relevância da matéria e; (ii) de natureza subjetiva – a representatividade dos postulantes.

A jurisprudência do Supremo Tribunal Federal exige, ainda, a demonstração de pertinência temática para aceitação do ingresso desses participantes processuais no feito.

De todo modo, retomando ao tema central da "sociedade aberta dos intérpretes da constituição", bem conclui Dirley da Cunha Jr (2016, pg. 202) que a proposta de Häberle aponta para uma alteração na metodologia jurídica tradicional para indicar que a atividade interpretativa constitucional deve ser enriquecida com a participação dos mais diversos segmentos da sociedade (públicos e privados), visto que todos estão inseridos no contexto de interpretação e realização constitucional.

6.2. A superação dos métodos de interpretação mediante puro raciocínio lógico-dedutivo

As formas de se pensar e chegar a uma conclusão são os caminhos utilizados pelos humanos para obtenção do conhecimento. A lógica, como sabemos, é uma dessas formas de pensamento, e é posta em prática pelo estudo de regras gerais e inferências que estabelecem raciocínios válidos e inválidos.

No raciocínio lógico-dedutivo, a conclusão alcançada decorre **necessariamente das premissas** postas em análise. Para ela, havendo premissas verdadeiras, a conclusão **obrigatoriamente** também será **verdadeira**.

Após a Revolução Francesa, houve um grande movimento burguês para controle das arbitrariedades judiciais, o que resultou na tentativa de se encontrar "amarras" às criações judiciais outrora justificadas como "decisões interpretativas". Surge daí a **concepção mecânica da função jurisdicional**, de sorte que a sentença era considerada um ato meramente formal; um simples exercício de lógica dedutiva, destituída de qualquer elemento valuativo e alheia à realidade dos fatos.

Para melhor compreensão da teoria, é comum utilizar-se um clássico exemplo de raciocínio lógico-dedutivo, composto de premissa maior, premissa menor e síntese (conclusão). Vejamos:

a) Todos os homens são mortais (premissa maior)

b) Sócrates é homem (premissa menor)

c) Sócrates é mortal (síntese ou conclusão)

Sob olhar superficial, esses raciocínios parecem óbvios e desimportantes, pois apenas esclarecem o que está contido implicitamente nas premissas. A conclusão não oferece, por exemplo, qualquer elemento novo ou ampliativo ao conhecimento.

É justamente nesse ponto (o do não oferecimento de elemento novo ou ampliativo) que o raciocínio lógico-dedutivo revela ser **inapropriado para o mundo jurídico**. Afinal de contas, exigir uma conclusão exata a partir de premissas bem definidas é, na prática, uma atividade incompatível com a produção de decisões justas para casos concretos complexos. Um exemplo pode melhor esclarecer essa crítica.

> **Exemplo:** Suponha que um trem de passageiros apresente a placa "nestes vagões, é proibido transportar *pets*". A inferência que se faz é a de que os passageiros não podem levar consigo seus animais (cachorros, gatos, hamsters etc).

No exemplo acima, a realização de um raciocínio lógico-dedutivo poderia impor a seguinte conclusão válida:

a) Não é permitido o transporte de *pets* no trem (premissa maior)

b) Sancho é um cachorrinho de propriedade de Lucas (premissa menor)

c) Sancho não pode ser transportado no trem (síntese)

De outra banda, a utilização pura e simples da lógica-dedutiva também poderia impor a seguinte conclusão:

a) Não é permitido o transporte de *pets* no trem (premissa maior)

b) O funcionário do Zoológico da cidade precisa transportar um elefante

c) O elefante, por não ser um *pet*, poderá ser transportado no trem

Por mais emblemático e exagerado que seja o exemplo, ele demonstra que a realização de raciocínio lógico-dedutivo puro pode, muitas vezes, impor uma conclusão flagrantemente injusta.

Alguém duvida que a companhia de trens, ao proibir o transporte de *pets*, também deseja proibir que animais selvagens sejam transportados junto aos passageiros?

Por isso, a "matemática" interpretativa desse modelo de pensamento não se adapta socialmente ao formato jurídico normalmente existente nas sociedades, razão pela qual não deve ser utilizado de maneira irrestrita, sob pena de impor conclusões que, muito embora sejam válidas do ponto de vista lógico, não são aceitáveis do ponto de vista jurídico.

6.3. O método de interpretação pela lógica do razoável

A interpretação pela lógica do razoável é um método interpretativo que busca, pela via da consideração de questões sociais, históricas e sistemáticas, incorporar a **razoabilidade na análise interpretativa**, vencendo a mera adequação de premissas que, na lógica dedutiva, alcançava resultados válidos, porém injustos em diversas situações.

Com referencial na doutrina de Luís Recanséns Siches, este método de interpretação dirige olhos para a **produção da justiça** nas situações postas ao intérprete, admitindo a utilização da razoabilidade como mecanismo viabilizador de um **alargamento interpretativo** não existente nas fechadas conclusões da lógica dedutiva.

No exemplo acima oferecido, enquanto o raciocínio lógico-dedutivo considerava válida a vedação de ingresso em trens apenas de *pets*, abrindo margem para alegação de viabilidade de transporte de outros animais não domesticáveis, a lógica do razoável aponta que, *se pets não são admitidos, também não será (por razoabilidade) permitido o transporte de animais selvagens. Afinal de contas, dada a análise histórica e social, a intenção da norma é a proteção dos passageiros, a manutenção da higiene, etc.*

Fala-se que a lógica do razoável tem sete marcas fundamentais, a saber:

a) **Marca histórica:** é limitada pela realidade concreta do mundo.

b) **Marca valorativa:** é dotada de valores humanos.

c) **Marca concreta:** estes valores humanos são vinculados a uma determinada relação humana.

d) **Marca teleológica:** seus objetivos e finalidades estão ligados ao agir humano.

e) **Marca cultural:** a realidade humana condiciona seus objetivos e finalidades.

f) **Marca proporcional:** é regido por congruência e adequação.

g) **Marca fática:** elementos da experiência humana histórica lhe servem de base.

Enfim, o que se busca pelo método de interpretação pela lógica do razoável é **alcançar o resultado justo** e em **consonância com uma fundamentação objetiva.**

Via de consequência, busca-se demonstrar que a aplicação de um raciocínio lógico-dedutivo não é apto a alcançar bons resultados na atividade jurídica, pois esta **não busca alcançar a verdade absoluta** demonstrável, e sim a **justiça do caso concreto.**

Como bem conclui Jerson Carneiro Gonçalves Jr (2011, pg. 250):

> Se a norma jurídica é um pedaço de vida humana objetivada, não pode ser uma norma abstrata de moral, de ética, desligada dos fatos concretos, é um enunciado para a solução de um problema humano. A norma jurídica é um instrumento elaborado pelo ser humano, em determinado meio social, num certo momento histórico, para produzir efeitos, cumprindo os propósitos concebidos. Daí ser eminentemente ocasional, circunstancial, valendo como meio para a consecução dos efeitos concretamente desejados. A norma jurídica não é verdadeira nem falsa, logo não pode ser julgada em razão da verdade ou da falsidade, tomada como princípio de verdade absoluta, porque resulta da lógica do legislador, que é razoável e não racional.

Na ciência jurídica, portanto, não se deve empregar a lógica dedutiva, mas sim um alargamento interpretativo compatível com a produção da justiça, estudando-se a norma em sua historicidade e inserindo-a no momento cultural latente ao tempo da decisão prolatada.

> ▸ **Como esse assunto foi cobrado em concurso?**
>
> **(FCC – 2018 – DPE/MA – Defensor Público)** Sobre a hermenêutica jurídica, é correto afirmar:

a) Ao resgatar o pensamento tópico, Chaím Perelman, em Tópica e jurisprudência, propõe que se parta do caso concreto, e não do sistema normativo, para a solução do problema jurídico com justiça.

b) Theodor Viehweg, com sua proposta de nova retórica, vai além da lógica formal ao demonstrar que a lógica jurídica é dialética ou argumentativa.

c) Com a hermenêutica jurídico-filosófica, decorrente da contribuição de Heidegger e Gadamer, o intérprete continua a interpretar por partes, realizando uma tarefa criativa na atribuição de sentido ao texto, a partir de sua historicidade e faticidade, podendo, inclusive, contrariar o texto, a fim de alcançar o resultado que mais lhe convier.

d) De acordo com a hermenêutica jurídico-filosófica, se o intérprete escolher o método correto para o caso que se lhe apresenta, logrará alcançar a verdade e, por conseguinte, a justiça, não sendo por outra razão que a obra fundamental de Gadamer se intitula Verdade e método.

e) Tendo em vista que não há uma regra que ordene hierarquicamente os tradicionais métodos de interpretação do direito, pode-se concluir, em perspectiva crítica, que a escolha arbitrária de quaisquer deles pelo intérprete funciona como justificativa para legitimar os resultados que previamente ele se propôs a alcançar.

Gabarito: Alternativa E.

(TJ/PR – Juiz de Direito – Questão da Prova Discursiva) Disserte sobre a superação dos métodos de interpretação mediante puro raciocínio lógico-dedutivo e o método de interpretação pela lógica do razoável. Para tanto, desenvolva (i) o papel da norma, (ii) o papel do magistrado, (iii) cláusulas gerais e normatividade dos princípios, (iv) colisões entre normas e ponderação e (v) argumentação.

Espelho de Gabarito fornecido pela banca: (i) Na interpretação mediante puro raciocínio lógico-dedutivo (tradicional), os métodos tradicionais de interpretação normativa reduzem o papel da norma a prever hipóteses de incidência para solução dos problemas jurídicos. Na interpretação pela lógica do razoável (contemporânea) o papel da norma é dar um início de significação. (até 0,2) (ii) Na interpretação tradicional, o papel do juiz é identificar a norma aplicável ao caso concreto, por meio da subsunção. Na interpretação contemporânea, o papel do juiz é não apenas aplicar, mas co-criar a norma. (até 0,2) (iii) A interpretação contemporânea aprimora a aplicação das cláusulas gerais,, que são conceitos jurídicos indeterminados (ordem pública, interesse social, boa fé) e a normatividade dos princípios, em prol da aplicação dos valores que fundamentam e imantam o sistema ou o subsistema jurídico (dignidade da pessoa humana, razoabilidade, eficiência) (até 0,2) (iv) Para a interpretação contemporânea, as colisões de normas (inclusive constitucionais) são consideradas naturais, em razão da dialeticidade da constituição e do ordenamento (desenvolvimento x proteção ambiental, livre iniciativa x proteção ao consumidor). Por isso, ganha maior relevância a ponderação, assim entendidas as concessões recíprocas com busca da preservação normativa mútua ou escolha do direito prevalente no caso concreto, por meio da aplicação do princípio instrumental da razoabilidade (até 0,2) (v) A argumentação constitui meio de controle da legitimidade das decisões, especialmente nos casos difíceis em que o juiz deve optar por uma de várias soluções possíveis/razoáveis (ate 0,2).

(TJDFT – 2013 – TJ/DFT – Juiz de Direito) a Explicar o que se entende por "lógica do razoável", abordando, especialmente, os seguintes tópicos: a) Os principais elementos que a diferenciam da lógica formal ou matemática, aplicada ao direito. b) Qual sua importância, se alguma, para o trabalho do julgador?

Espelho de gabarito fornecido pela banca: a "lógica do razoável" é um método interpretativo das normas jurídicas, leva em conta critérios estimativos, de valor e finalísticos. PARTE 2 – Distinção com a Lógica Formal – Apreciação puramente racional x apreciação fundada em valores sociais e pessoais. Utilização de critérios de razoabilidade e proporcionalidade. PARTE 3 – importância para o trabalho do julgador – é de relevância importância para o trabalho do julgador, pois propicia decisões mais aperfeiçoadas ou mais justas.

(CESPE – 2012 – TJ/PI – Juiz de Direito) Disserte acerca do desenvolvimento do método de interpretação dos textos legais, abordando, necessariamente, os seguintes aspectos: 1- concepção mecânica da função jurisdicional; 2- interpretação pela lógica do razoável.

Espelho de gabarito fornecido pela banca: Capacidade de expressão na modalidade escrita e de uso das normas do registro formal culto da língua portuguesa 0.25 – 2 Conhecimento do tema – 2.1 Concepção mecânica da função jurisdicional 1.00 – 2.2 Interpretação pela lógica do razoável 1.25.

7. LINHA DO TEMPO DA FILOSOFIA

Mesmo em tempos de democratização do conhecimento e de ampliação do acesso à educação, é comum ouvirmos opiniões de que o estudo da filosofia e dos ensinamentos dos filósofos é tarefa difícil, pois muitas vezes nos parecem desconexas da realidade e sem importância para a atividade prática.

Essa percepção, todavia, é resultado da deficiente didática que muitos assuntos são apresentados em livros especializados e, principalmente, do desconhecimento do estudante a respeito do **período histórico** em que tais manifestações de pensamento filosófico foram elaboradas. Essa **desconexão entre história e filosofia** acaba sendo fonte de conclusões precipitadas e opiniões mal embasadas a respeito dos temas trabalhados pelos pensadores.

É dizer: o estudante não sabe se Kant viveu na mesma época de Montesquieu; não tem certeza se Kelsen é posterior a Hobbes, e sequer lembra se Sócrates viveu antes ou depois de Aristóteles. **Essa noção temporal, como veremos, é fundamental para o entendimento da filosofia** e facilita muito a memorização e compreensão dos temas trabalhados pelos pensadores de cada época.

Então, para evitar para que o leitor veja-se em estado de alienação durante o estudo, e para que não forme suas convicções com base em pensamentos filosóficos lidos em descompasso com o tempo em que foram propostos, a **abordagem a seguir** apresentará, primeiro, o **contexto histórico** vivenciado em cada época (aspectos econômicos, geográficos, culturais, etc.) e, após, fará a **exposição do pensamento filosófico** nele elaborado.

Com isso, o leitor poderá compreender a **origem das discussões** propostas em cada período do desenvolvimento das sociedades ocidentais, o que evitará algumas precipitadas conclusões que alguns alcançam por simples desconexão dessa relação espaço-tempo tão fundamental para a compreensão da filosofia.

O que se busca, em resumo, é proporcionar **uma viagem que transcorrerá dois milênios da história humana**, mostrando como o pensamento filosófico se desenvolveu em cada etapa. A intenção, assim, é promover a inserção do leitor no chamado *zeitgeist* (espírito da época) que fez com que cada filósofo, inserido em tal contexto, elaborasse suas formulações.

Com essa **contextualização**, acredita-se, **tudo ficará mais fácil e atrativo.**

O **ponto de partida** é o período conhecido como **antiguidade grega**, mais especificamente no período denominado como **pré-socrático.** Nele ocorreu o que se chamou de "milagre grego", ou seja, o **nascimento da filosofia**.

7.1. Filosofia antiga

A filosofia na antiguidade compreende os seguintes momentos.

Período pré-socratico	Séc. VII a.C ao Sec. V a.C
Período Clássico	Séc. V a.C ao Séc III a.C
Período Helenístico	Séc III a.C ao Séc. I a.C

7.1.1. Contexto histórico pré-socrático e clássico

Durante o século VII a.C., as condições de vida das colônias gregas apresentaram significativa melhora devido à revolução econômica causada pela adoção do regime monetário. A **moeda**, facilitando as trocas, fortaleceu econômica e socialmente aqueles que viviam do comércio, da navegação e do artesanato, marcando definitivamente a **decadência** da organização social baseada na **aristocracia de sangue**.

Essa transformação das relações sociais também incutiu nos gregos uma nova noção de segmento social. A partir da "vitória da moeda" como elemento de poder sobre as aristocracias hereditárias, todas as demais **relações sociais** deixaram de ser vistas como um dado imutável e passaram a ser consideradas **passíveis de alteração**.

Esse pensamento racional, desbordando das antigas concepções mitológicas (em que tudo era explicado como decorrência de forças e vontades dos deuses) foi aplicado ao **regime de trabalho** e, aos poucos, também a todas as outras questões da vida humana. Absolutamente tudo começou a passar pelo **"crivo da razão"**.

Você pode achar isso simples e banal, afinal de contas, vive na era da massificação da informação pela internet, da virtualização dos relacionamentos e do amplo acesso ao trabalho. Entretanto, para entender a magnitude do "milagre grego", deve levar em consideração que, por milhares de anos, os homens formataram seus agrupamentos sociais com base na tradição mitológica e na escolha de líderes por aristocracias de sangue.

Então, em menos de cem anos, as condições de vida na Grécia deram vazão a uma nova formatação intelectual que literalmente revolucionou a forma de ver, pensar e refletir sobre tudo. **Se antes "os deuses ditavam" o que era verdade, o que era justo e o que era ético, a partir do nascimento da filosofia o desafio de descobrir e explicar todas essas coisas foi completamente renovado.**

Como visto, o "milagre" grego conhecido como ponto de origem da filosofia não tem nada de divino. Como representação do nascimento do pensamento racional, ele pode ser chamado de "milagre" porque **naquele espaço-tempo reuniram-se elementos sociais adequados para o surgimento de uma nova forma de pensamento humano.**

Em outras palavras, os fenômenos da **monetarização**, da expansão do comércio, da invenção do calendário, da escrita alfabética, da instauração da democracia e **principalmente da vida inserida nas cidades-Estado** são os verdadeiros elementos que viabilizaram o "milagre" grego consistente no **surgimento de um pensamento humano baseado na racionalidade**. Essa é a origem da filosofia.

> **Como esse assunto foi cobrado em concurso?**
>
> **(CESPE – 2007 – DPU – Defensor Público)** Muitas têm sido as explicações das causas históricas para a origem da filosofia na Jônia. Alguns consideram que as navegações e as transformações técnicas tiveram o poder de desencantar o mundo e forçar o surgimento de explicações racionais sobre a realidade. Outros enfatizam a invenção do calendário (tempo abstrato), da moeda (signo abstrato para a ação de troca) e da escrita alfabética (transcrição abstrata da palavra e do pensamento), que teriam propiciado o desenvolvimento da capacidade de abstração dos gregos, abrindo caminho para a filosofia.
>
> Tendo como referência inicial o texto acima, julgue o item a seguir.
>
> A formação da pólis, a cidade-Estado, é a principal determinação histórica para o nascimento da filosofia.
>
> *Gabarito: certa.*

A concepção desse "milagre" fez nascer para a história uma série de expoentes intelectuais que, com suas manifestações filosóficas, modificaram as bases do pensamento ocidental e, como veremos, até hoje exercem influência sobre as escolhas mais simples e cotidianas de nossa vida.

7.1.2. Filósofos Pré-Socráticos

O contexto histórico acima relatado contribuiu, como se viu, para o início de uma revolução intelectual nunca experimentada na história ocidental. Essa revolução teve como primeiros expoentes intelectuais as figuras de **Tales de Mileto**, **Heráclito**, **Anaximandro** e **Parmênides**.

Na definição de "pré-socráticos" incluem-se inúmeros pensadores que, seja por critérios geográficos ou culturais, são inseridos nessa definição. Como regra, poder-se-ia pensar que todos eles foram **anteriores a Sócrates**, mas essa afirmação não é correta, pois alguns eram **contemporâneos** ao famoso filósofo.

Esses pensadores, rompendo com a cultura de mera reprodução e repetição da tradição, passaram a buscar explicações sobre os fenômenos mundanos sob novas perspectivas.

Antes disso, faz-se importante mencionar que apenas no segundo período da filosofia (clássico) houve uma sistematização do estudo da filosofia em três grandes áreas: a) lógica – que estuda o pensamento, o argumento, a linguagem e o significado; b) ética – que estuda a moral, a política e a sociologia; c) física – que abarca o estudo da natureza e seus fenômenos.

Como se verá, as indagações dos filósofos pré-socráticos se encaixam, quase que exclusivamente, na física (item "c" acima).

Até hoje, uma das perguntas mais famosas da filosofia é **"de onde viemos?"**, e essa foi uma das primeiras questões submetidas por estes pensadores a um novo filtro intelectual: o da razão.

Superando as antigas narrativas mitológicas, eles buscaram explicar a origem das coisas por sua própria existência e composição, ou seja, por meio de uma investigação lógica. **Perguntavam-se, em resumo, "o que origina as coisas?"**

A análise da origem e da composição das coisas, nessa época, levava o nome de **cosmologia.**

Considerado o primeiro dos filósofos ocidentais, **Tales de Mileto** ficou conhecido como um dos homens mais inteligentes de seu tempo. Dedicado ao estudo da compreensão da origem das coisas, refutou de maneira inédita as respostas da mitologia e propôs que a **água** seria o **elemento gerador de tudo**. A busca pelo entendimento racional da natureza é considerada o primeiro marco da filosofia.

> **Curiosidade:** Tales de Mileto realmente tinha um intelecto diferenciado. Além de ter formulado o Teorema de Tales, utilizado para descobrir a altura de formas piramidais (que você estudou no colégio), conta-se que ele usou sua inteligência para enriquecer financeiramente. Percebendo que a safra de azeitonas seria grande em determinado ano, reservou antecipadamente todas as prensas para fazer azeite da cidade, pagando um valor antecipado pelo aluguel. Quando os frutos amadureceram, Tales (que não era produtor de azeitonas) cobrou dos agricultores um valor altíssimo simplesmente para abrir mão das reservas por ele feitas anteriormente. Sem plantar uma oliveira e sem colher uma azeitona, Tales enriqueceu com a safra.

Dando sequência à abordagem de Tales na análise racional sobre a origem das coisas (cosmologia), o filósofo **Heráclito** apontou ser o **fogo** a origem das coisas na natureza. Essa premissa indicava que o mundo teria, então, **a mudança como característica marcante**. O fogo transformava todas as coisas de maneira constante.

Ao sustentar a constante transformação do mundo, Heráclito elabora sua famosa frase que diz *"não se pode entrar duas vezes no mesmo rio"*. Há, no mundo, uma inevitável sequência de criação e perecimento. Para ele, essa constante transformação origina movimentos opostos que, somados, dão origem à harmonia (concórdia e discórdia; dia e noite; convergente e divergente).

Por sua vez, a filosofia de **Parmênides** difere daquela exposta por Heráclito no ponto em que, enquanto este sustenta a transformação de tudo, Parmênides indica que "aquilo que é único não muda". Embora aparentemente vaga, essa noção dá origem ao que conhecemos como *pensamento de trajetória lógica*, consubstanciado em **fórmulas gerais** até hoje utilizadas no Direito, a exemplo do **princípio da identidade** (o que é, é) e o **princípio da não contradição** (o que é não pode, ao mesmo tempo, não ser).

As propostas dos filósofos pré-socráticos foram o nascedouro para o desenvolvimento de inúmeros questionamentos que passaram a ser submetidos ao **filtro da racionalidade**. A partir deles, praticamente todos os elementos da vida política, jurídica, econômica e familiar dos ocidentais receberam uma nova via de análise crítica.

5.1.2.1. *Sofistas*

A história dos sofistas está intimamente ligada à história da **democracia.** Esse regime político, no período grego, não tinha a amplitude subjetiva de diálogo que conhecemos na atualidade. Na época, estavam excluídos dos debates os escravos, os estrangeiros, as mulheres, as crianças e as pessoas idosas.

Os poucos homens que se encaixavam na condição de cidadãos exerciam a atividade democrática de forma direta (e não por meio de representantes), expressando-se nas praças públicas da pólis, chamadas de *Ágora*. A exposição de ideias e a adesão do público às opiniões do **orador** exigiam, então, muita capacidade de exposição e boa oratória pelo proponente de determinada ideia.

Nesse contexto, surgiram homens que, dotados de extrema **habilidade retórica** (composta de oratória e eloquência), **ensinavam técnicas de construção de argumentos aos cidadãos.** Não havia por parte destes professores qualquer apego às questões morais ou justas, propondo-se o ensino de **fórmulas objetivas** para que todo e qualquer argumento pudesse ser "vencedor". Ensinando a arte da argumentação, os sofistas tinham nas mãos, ainda que indiretamente, muito poder.

Em razão de tudo isso, embora sempre citados em obras de filosofia, os sofistas **não podem ser considerados filósofos** no verdadeiro sentido da palavra, pois não apresentavam ideias ou argumentos próprios a respeito de determinado assunto, mas apenas lecionavam sobre as formas de exposição dessas ideias. Enquanto os filósofos discutiam o material, os sofistas atuavam tão somente no formal.

Por ensinarem fórmulas de construção e exposição de argumentos, os sofistas **enxergavam a lei da pólis como mera convenção decorrente de uma construção social proposta em um determinado lugar e tempo**. Essa convenção poderia, diante de novos e mais poderosos argumentos, ser **livremente modificada**, afinal, para os sofistas, a verdade se formava por persuasão.

7.1.3. Sócrates

Tendo vivido entre 470 e 399 a.C (período clássico), Sócrates protagonizou o período de maior esplendor das características econômicas, sociais e culturais que viabilizaram o chamado **milagre grego** (nascimento da filosofia). Com a vitória de Atenas sobre os persas, a pólis viveu seu apogeu, tendo assumido a vanguarda do movimento filosófico grego.

Em que pese seja mundialmente famoso, **não existem escritos autorais** de Sócrates, que teve suas ideias expostas por seus discípulos, principalmente por Platão.

Opondo-se ferozmente contra os sofistas, Sócrates afirmava que **a verdade e o justo não poderiam ser resumidos ao convencionado como tal pelos homens**. Elas também não seriam, para ele, mera decorrência da natureza, mas residiriam, na verdade, no resultado de uma **investigação filosófica mais refinada**.

Com sua forma de pensar, Sócrates lança as bases filosóficas para a **razão idealista**, diferenciando-se dos sofistas, que defendiam a apreciação das situações postas **caso a caso**, ou seja, eram **relativistas**.

Esse **processo investigatório** é o que caracteriza a filosofia de Sócrates. A conhecida frase **"só sei que nada sei"** advém dessa premissa fixa de busca da verdade desprovida de noções preestabelecidas. Nesse contexto, o filósofo desenvolve o chamado **"método socrático"** de indagação, que tem como objetivo primordial extrair das diversas opiniões e manifestações o núcleo e a essência da verdade.

Valendo-se da ironia e da maiêutica, Sócrates estimulava seus interlocutores a defenderem suas opiniões para, então, utilizando-se de perguntas cada vez mais aprofundadas, despojá-los da ilusão de terem certeza a respeito de algo.

Ao se debruçar sobre o tema da **justiça**, Sócrates recusava que esta seria dada pelos deuses (Themis e Diké) como sustentavam os antigos, ao mesmo tempo em que negava o extremo sofista de considerar o justo como mera convenção humana. A democracia, pelo simples fato de representar a opinião/escolha da maioria, nem sempre será representativa do **justo**. O justo, para Sócrates, deve ser alcançado por meio da **razão**.

Condenado à morte por ter supostamente corrompido jovens a novas ideias e incluir novos deuses no culto ateniense, Sócrates aceita a injusta decisão contra ele prolatada e, negando-se à fuga ou comutação da pena, acaba por demonstrar que, diferentemente do que sustentavam os sofistas, existiam marcos racionais para a justiça, e que seu exemplo pessoal, reconhecido como injustiça por todos, indiretamente demonstraria o justo.

7.1.4. Platão

Platão, que viveu entre 427-347 a.C (período clássico), é considerado até hoje como um dos maiores gênios que a filosofia já revelou. Descendente de uma família nobre de Atenas, foi discípulo de Sócrates (tendo acompanhado inclusive o julgamento e a execução deste) e mestre de Aristóteles, seu mais famoso discípulo.

A formação de alunos como Aristóteles se deu no seio de uma das grandes criações de Platão, a Academia, conhecida como a primeira grande escola de filosofia.

Para expor suas ideias, Platão escreve na forma de diálogos, e utiliza Sócrates (seu mestre) muitas vezes como interlocutor de tais conversas. Os historiadores ainda discutem sobre a veracidade de tais diálogos, eis que não há provas seguras de que efetivamente ocorreram ou se foram, na verdade, subterfúgios literários utilizados por Platão.

A obra de Platão é identificada com o desenvolvimento da noção de **"mundo das ideias"**, pois o filósofo entendia ser **impossível** delimitar a **razão** por meio da **análise sensível** das coisas mundanas.

Assim, utilizando-se da **dialética** como método, Platão sustentava ser possível abandonar o mundo sensível e acessar o "mundo das ideias", espectro que viabilizava o alcance da verdade em si, e não apenas de meros consensos práticos dotados de incerteza.

Mas o que seria a **dialética**?

Note que, para Platão, o universo é concebido de duas esferas:

a) **o mundo das aparências** – que é a esfera da realidade sensível, das coisas em si, que são mutáveis e imperfeitas; e

b) **o mundo das ideias** – que é a esfera do inteligível, onde se encontram as essências imutáveis e perfeitas.

A dialética é o método que possibilita ao homem passar do mundo das aparências para o das ideias, consistindo na teoria que permite a separação daquilo que é opinião ao que é verdade, do que é aparência para o que é ideia.

Para melhor explicar essa dualidade de mundos, Platão utiliza-se do conhecido **Mito da Caverna**, relatando a história de presos que habitavam uma caverna e que julgavam conhecer a realidade a partir das sombras do mundo exterior que eram projetadas nas paredes da caverna.

Quando um deles liberta-se dos grilhões, caminha em direção à saída da caverna onde, inicialmente, é cegado pela luz intensa. Com o tempo, ao acostumar-se, toma conhecimento de que as sombras eram meras percepções falsas e que a realidade era outra, somente obtida ao libertar-se de suas correntes. Após, o personagem decide retornar para levar seu novo conhecimento ao demais colegas, porém, eu seu caminho dialoga sobre como reagiriam, se entenderiam que ele enlouqueceu, temendo, inclusive, por sua vida.

A obra é cercada de simbologias. Levando-se em consideração que Platão foi extremamente influenciado pela morte de seu mestre, há quem diga que o homem liberto era Sócrates que, utilizando-se da razão, consegue enxergar além do conhecimento empírico, chegando ao mundo ideal, e que os demais acorrentados seriam os homens que o condenaram à morte injustamente em razão de sua ignorância

Com essa metáfora, Platão expõe sua noção de que **a realidade sensível é corrompida por falsas percepções**, cabendo ao filósofo, por meio da dialética, alcançar a plenitude da essência das coisas, que reside no mundo das ideias.

No **Mito de Er**, Platão sustenta ser possível também chegar ao mundo das ideias não apenas pela dialética, mas também via recordação da vida anterior. Para ele, antes de vir ao mundo sensível, a alma dos homens habita o mundo das ideias, razão pela qual um exercício de **reminiscência** (recordação) viabilizaria o acesso àquele mundo ideal.

No que se refere à abordagem sobre **direito e justiça**, Platão assinala ser difícil fazer uma diferenciação entre eles, **indicando inclusive que uma lei injusta não é Direito**.

O filósofo reforça, inclusive, que a formação do Direito não deve ser realizada por meio de escolhas democráticas, visto que essas são frequentemente manipuladas por sofistas e relativistas que, não vinculados à ideia do justo, tão somente buscam o convencimento dos demais para obtenção de vantagens.

A formação do Direito, então, deveria ser atividade adstrita aos filósofos, já que estes, sendo estudiosos e sábios, seriam os únicos a acessar o mundo das ideias e conhecer o justo.

Diferenciando-se inclusive das noções modernas de justiça, Platão afirma que a **noção do justo** está estritamente vinculada à adequação à boa sociedade, ou seja, **desloca-se de uma visão individualista para a geral**. A justiça para ele é, enfim, somente viável na via da justiça social.

Em resumo, para Platão não é possível falar-se na existência de homens justos no contexto de uma sociedade injusta, pois a medida da justiça é completamente social. Da mesma forma, pode-se dizer que, **para ele, o justo não reside na "lei justa" (como forma ou fórmula), mas na sociedade justa (como efetivo resultado substancial).**

Segundo o filósofo, a justiça adviria se **cada um cumprisse a sua função social**. Platão dividia a sociedade, basicamente, em três grupos: os artesãos responsáveis pelos trabalhos braçais, os guerreiros, que deveriam ir à luta para defesa da *polis* e, os filósofos, sábios que devem governar a sociedade.

Em sua última obra, chamada *As leis*, Platão mitiga suas manifestações anteriores. Verificando a impossibilidade de formação do Direito por meio da manifestação unilateral de "filósofos reis" dotados de sabedoria e acesso ao mundo ideal, Platão passa a sustentar a possibilidade da existência de um grupo de legisladores que, devidamente educados, estariam preparados para propor leis que sejam adequadas ao justo.

7.1.5. Aristóteles

Nascido em 384 a.C, Aristóteles desenvolveu sua filosofia no mais rico e virtuoso contexto grego, tornando-se um dos maiores representantes da filosofia ocidental. Suas ideias permearam toda a idade antiga e média, e ainda hoje são utilizadas como base e fundamento para inúmeras digressões.

Como não era natural de Atenas, Aristóteles não teve a mesma participação política na pólis que Platão, seu mestre, e isso deu azo às diferenças de abordagem em suas lições, que **não são tão vinculadas a aspectos políticos**, muito embora alguns de seus trabalhos tratem sobre esse tema.

Durante sua vida, Aristóteles chegou a ser professor de Alexandre, o Grande, imperador que posteriormente conquistaria grande parte da Europa. O fato revela que Aristóteles era muito reconhecido como homem de intelecto superior na época, característica que levou o imperador Felipe, pai de Alexandre, a direcionar o filho para orientação e instrução pelo filósofo grego.

Embora seja mais discreto que Platão no tema política, Aristóteles foi soberano no que se refere a pontos como **direito e justiça**, tendo como obra-prima desses assuntos o seu livro *Ética a Nicômaco*, que concentra em seu capítulo V algumas das abordagens jurídicas mais importantes da história do pensamento humano.

Neste livro, o filósofo indica que a **felicidade** é, ao mesmo tempo, o maior bem desejado pelos homens (Sumo Bem) e o fim (no sentido de direcionamento) das ações humanas, a isso dá-se o nome de **eudemonismo** (*eudaimonia*), o bem viver.

O filósofo inaugura, portanto, a **Ética das Virtudes**, segundo a qual, para obter-se a vida boa, era preciso **agir virtuosamente**. Destaca-se a palavra **agir** porquanto, segundo o filósofo, as virtudes não nos são inatas, mas advém do **hábito**, ou seja, aprende-se a ser virtuoso utilizando a razão para **agir** de maneira virtuosa.

Aristóteles, assim como outros filósofos gregos, debruça-se sobre o tema **virtude.** Virtudes são conjuntos de qualidades essenciais para o ser humano.

Segundo o filósofo "a virtude está no meio", e o homem deve atuar dentro da **justa medida**, com **prudência**, conceito central da teoria aristotélica.

E o que isso significa? Que o ser humano virtuoso deve **evitar excessos ou deficiências** ocasionados pelos impulsos, que culminariam em modo de viver **vicioso**, desprovido de virtudes.

Para melhor ilustrar o pensamento aristotélico, basta imaginarmos um guerreiro em uma falange grega. É importante, por um lado, que esse guerreiro seja dotado de **coragem.** Porém, a coragem em excesso desborda em **imprudência ou temeridade.** Ademais, se deficitária a coragem, caracteriza-se a **covardia.**

Nesse exemplo, a coragem para o autor grego é a **justa medida** ou a ***mesótes*** entre a temeridade e a covardia.

Dentre as virtudes mencionadas na obra **Ética a Nicômaco**, destacam-se as seguintes: coragem, temperança, liberalidade, magnificência, justo orgulho, calma, veracidade e justiça.

> ▸ **Como esse assunto foi cobrado em concurso?**
>
> **(CESPE – 2018 – MPU – Técnico)** Segundo Aristóteles, a prodigalidade e a mesquinhez correspondem a vícios, marcados pelo excesso e pela falta respectivamente, ao passo que a generosidade corresponde a uma virtude a ser buscada voluntariamente para se encontrar a mediania.
>
> A mediania aristotélica consiste na busca pelo equilíbrio. A virtude está no meio, enquanto os extremos são os vícios. No exemplo dado no texto, a mesquinhez e a prodigalidade são dois extremos no que se refere à maneira como o indivíduo lida com seus bens materiais, ao passo que a generosidade está no equilíbrio, e por isso é uma virtude.
>
> *Gabarito: certa.*

No que se refere ao conceito da palavra **justiça**, Aristóteles afirmava que a justiça é a **relação bilateral, preferencial e voluntária**, que deve estar em **conformidade com a lei**, com o **bem comum** e que deve, ainda, **respeitar a igualdade.** Para ele, a justiça pode ser **geral** (soma de todas as virtudes, o respeito às leis morais e às leis do Estado) e **particular**, que é representada pela isonomia ou igualdade e pode ser subdividida em **distributiva, comutativa/corretiva.**

Na tarefa de conceituar o termo **Direito**, Aristóteles mencionou que este é o que cria e faz conservar, no todo e nas partes, a felicidade para a comunidade política. Seu conceito, obviamente, guarda vinculação com sua **doutrina da vida boa**, elemento central de suas abordagens sobre ética.

Ainda no âmbito jurídico, **Aristóteles** indicou que a **equidade** deve ser vista como uma **ferramenta de integração do Direito**, apontando que, diante de um caso concreto que não se encaixa adequadamente na norma, a equidade serviria como instrumento para alcançar ou projetar a vontade do legislador para aquela hipótese excepcional.

Não por acaso, Aristóteles apresenta seu conceito de **equidade** como **"a justiça do caso concreto"**. Para alguns intérpretes, o filósofo desejava dizer que a equidade tem a finalidade de, considerando as circunstâncias e peculiaridades do caso concreto, **corrigir uma injustiça praticada pela lei.**

Na lição do próprio Aristóteles, uma regra geral nem sempre poderá ser justa, pois apenas considera a maioria dos casos na sua elaboração. Assim, quando a lei se pronuncia de forma geral sobre algum tema e, logo após, surge um caso particular perante o qual essa regra geral não se encaixa, é justo suprir essa omissão tal qual o próprio legislador teria feito se tivesse o caso diante de si. Em resumo, a própria natureza da equidade é a retificação da lei no que esta se revela insuficiente pelo seu caráter universal.

Sobre política, **Aristóteles** sustentou ser ela o ramo do conhecimento que se propõe a descobrir a **melhor forma de governo** para a estruturação do **bem coletivo**, pois dele depende a **felicidade individual**, que é o Sumo Bem da filosofia de Aristóteles.

Nas palavras do próprio filósofo "O fim da arte médica é a saúde, o da construção naval é um navio, o da estratégia é a vitória e o da economia é a riqueza" e concluía que o Sumo Bem, ou seja, "o melhor de todos os bens", que é a felicidade, só pode ser alcançado quando também estiver presente o bem coletivo, e este, por sua vez, é alcançado por meio da política.

Considerando verdadeira a premissa de que **o homem era um ser social por natureza**, Aristóteles apontava que a política representava a maior de todas as ciências pois, diferentemente da retórica, da economia ou da ética, ela se preocupa com o bem geral, que somente pode ser alcançado no contexto de um Estado politicamente bem formado e onde o homem pode aprimorar suas faculdades.

Pela incidência em provas, importante também relembrar a famosa a divisão conceitual de formas de governos proposta por Aristóteles:

FORMATOS IDEAIS DE GOVERNO		
Monarquia: formato em que um governa em prol de todos.	**Aristocracia:** formato em que alguns poucos (chamados virtuosos) governam para o bem de todos.	**Democracia:** formato em que todos, seja direta ou indiretamente, governam para o bem de todos.
Quando **DESVIRTUADOS**, cada qual dá origem aos seguintes formatos		

Tirania: Quando o monarca governa a seu bel prazer e sem considerar o bem comum.	**Oligarquia:** Quando alguns governam direcionados apenas à satisfação de interesses de seu pequeno grupo.	**Demagogia:** Sistema em que, em tese, todos governam mas o grupo de representantes eleito rompe com os interesses coletivos e acaba satisfazendo interesses escusos.

7.1.6. ***Contexto histórico. Período Helenístico***

O período clássico da antiguidade, em que a filosofia viveu seu esplendor com Sócrates, Platão e Aristóteles, teve fim quando as cidades-Estado gregas foram desmanteladas e dominadas pela Macedônia e, após, por Roma.

Esse novo lapso temporal, que foi marcado pela substituição entre os protagonismos grego e romano, é conhecido como período helenístico, e compreende o intervalo do século III a.C. ao século I a.C.

Nessa época, o **pensamento da filosofia grega** continuou sendo divulgado em outros povos e culturas, inclusive a romana, razão pela qual se fala que existe, ainda que de forma tênue, uma **linha de continuidade** entre a filosofia grega e o pensamento romano.

No período helenístico, a cidade de Alexandria era o centro da cultura ocidental, sendo destacada pelas construções de grandiosas obras como o Museu (que englobava o Jardim Botânico, o Zoológico e o Observatório Astronômico), bem como uma riquíssima biblioteca, que abrigava, segundo estudos históricos, ao menos duzentos mil livros e pergaminhos.

Para auxiliar sua memorização

As artes durante o período helenístico. O domínio de outros impérios sobre a Grécia fez despontar o interesse dos estrangeiros pelas belíssimas obras de arte gregas. Isso fez com que a procura por estátuas e esculturas se expandisse de maneira comercial, o que não resultou, todavia, em redução da qualidade das obras, sendo deste período a concepção das famosas Vênus de Milo e Vitória de Samotrácia (abaixo), que hoje são destaques famosos do grande acervo do Museu do Louvre, em Paris.

(Fonte: Wikimedia Commons)

Também data do período helenístico a composição musical completa mais antiga encontrada até hoje, chamada *O epitáfio de Seiklos.* Uma melodia que foi cifrada em uma lápide próxima à antiga cidade de Éfeso. Pesquisas indicam que teria sido composta por Sícilo, em homenagem à sua esposa supostamente enterrada no local. Agregando conhecimentos de diversos músicos e historiadores, a melodia pode hoje ser encontrada e ouvida com uma simples pesquisa na internet, e apresenta em sua letra uma belíssima mensagem:

Enquanto viveres, brilha.
De todo não te aflijas,
Pois curta é a vida
E o tempo cobra seu tributo.

No período helenístico, dois pensamentos filosóficos despontaram com destaque: o **epicurismo** e o **estoicismo.** De menor expressão foram os pensamentos denominados de **cínico** e **neoplatonismo.**

7.1.7. Epicurismo

Epicuro de Samos, que viveu entre 341-270 a.C., é quem dá nome a essa escola do pensamento filosófico que tem como **orientação primordial a busca do prazer** vinculado à **evitação da perturbação e da dor**.

Para o epicurismo, o correto conhecimento dos desejos do homem o habilitava a fazer escolhas adequadas para o aprimoramento da saúde do corpo e serenidade da mente, razões máximas de uma vida feliz. **Afastar-se da dor e do medo** serão, nessa doutrina, buscas constantes.

É justamente nesse ponto que o epicurismo se diferencia do hedonismo, pois este prega a busca intensa do prazer, enquanto no epicurismo o prazer é encontrado de maneira mais passiva, ou seja, pelo estado de ausência de dor e desconforto.

Essa forma de pensamento também implica consequências na percepção sobre as relações traçadas com terceiro, inclusive sobre a noção de justiça. De acordo com o próprio Epicuro *"o justo segundo a natureza é a regra do interesse que temos em não nos prejudicarmos nem sermos prejudicados mutuamente"*.

Para o epicurismo, em posição contrária aos clássicos (Aristóteles, Platão e Sócrates), o **justo é resultado de convenção humana que não pode ser compreendido pela natureza ou pela razão**, afinal, se a medida do prazer e da evitação do desprazer são individuais, a justiça que faz retomar um estado de conforto abalado por conduta de terceiro também seria uma medida individual.

7.1.8. Estoicismo

Com expoente inicial na figura de Zenão de Cítio (ou Citium), que viveu entre 336-264 a.C., o estoicismo teve suas primeiras manifestações no período helenístico e foi incorporado ao mundo romano com grande força. Dentre as personalidades que apresentaram manifestações estoicas, podem ser citados Marco Túlio Cícero, Epicteto, Sêneca e o imperador Marco Aurélio.

As manifestações estoicas levam em conta a noção teórica da existência de um *cosmos* perfeito que constitui a natureza, sendo dever do homem **encaixar-se** harmonicamente a este *cosmos*. Para os estoicos, **o homem praticava a virtude justa quando se adequava perfeitamente ao *cosmos*, vencendo desejos meramente individuais.**

Para viver de maneira harmoniosa com a natureza (aqui lida como sinônimo de *cosmos*), é preciso que o homem controle suas paixões em verdadeira atividade de **equalização** de suas tensões com as tensões do *cosmos*.

Como consequência dessa concepção de adequação à natureza, o estoicismo defende que o **direito** e a **forma de governo** devem também se adequar a esta **máxima cosmológica**.

Neste ponto os estoicos diferenciam-se dos epicuristas, eis que estes entendem que a razão e a justiça seriam a uma convencionalidade, enquanto que **para os estoicos a razão e a justiça guardam vinculação de conformidade e adequação harmoniosa com o cosmo.**

Por apresentar uma vinculação com o que é natural, o estoicismo foi fortemente utilizado como base para formulação do pensamento jurídico romano e da própria filosofia do direito como um todo. Afinal de contas, se a razão que guia o homem é universal, pois baseada na natureza, ela pode ser aplicada também de maneira universal a todas as civilizações, não tendo fronteiras. Floresce aqui uma forte vertente de jusnaturalismo.

Até hoje, considerando a noção cosmológica criada pelos estoicos, filósofos e historiadores apontam clara influência do estoicismo na concepção do direito romano, principalmente no que se refere às noções de boa-fé e direitos naturais (elementos que deveriam estar presentes em todas as relações).

Ainda, considerando essa característica de **universalidade**, há quem diga que tais ideias também são os primeiros pontos de idealização do que hoje se reconhecem como **direitos humanos**.

Para os estoicos, a arquitetura perfeita do cosmos é contida pelos elementos de matéria (passivo) e razão (ativo). Esta atua naquela e a transforma constantemente, fazendo fluir um ciclo que transforma vida em morte e morte em vida. Tudo isso ocorre dentro do cosmos, onde nada se cria ou se perde, tudo se transforma.

7.2. Filosofia Medieval

7.2.1. Contexto histórico. Idade média

Como se viu, a noção de mundo dos gregos e dos romanos era enriquecida pela formulação de ideias e teorias que envolviam uma noção baseada na organização de um universo harmonioso, justo e belo, onde os deuses tinham funções a cumprir dentro de um cenário aparentemente organizado.

Não é raro vermos a literatura mencionar, por exemplo, quem era o deus da guerra, dos mares e a deusa do amor, direcionando a cada um deles algumas funções bem delimitadas de atuação no mundo humano. Inclusive, alguns deuses gregos foram adaptados para o mundo romano.

No que interessa ao mundo dos homens, passava-se a mensagem de que uma vida correta era aquela que se **adequava** a este **cosmos sobrenatural** de maneira harmoniosa, em verdadeira atividade de **"encaixe"**.

A doutrina que melhor trabalhou essa exigência de adequação ao cosmos foi o estoicismo, indicando que cabia aos homens o exercício de puro "encaixe" harmônico ao cosmos perfeito, também chamado de *logos*. A missão do homem era, nesse panorama, descobrir sua função natural e encaixar-se a ela dentro do contexto natural maior.

Mesmo após a morte, os seres humanos continuariam a desempenhar, segundo essa visão estoica, uma função de "peça de engrenagem" na perfeita máquina que seria o **universo cosmológico**, muito embora não se mencionasse, por exemplo, a imortalidade da alma ou a manutenção do espírito íntegro como eventos posteriores à morte.

Para auxiliar na memorização

Curiosidade: A música *Highwayman*, escrita por Jimmy Webb, e famosa na voz de Johnny Cash, esboça a vida de um personagem em um universo cosmológico parecido com aquele proposto pelos estoicos. Na canção, inicialmente descreve-se a vida de um homem que foi salteador e, após seguidas mortes, volta como marinheiro, como construtor, como piloto de nave espacial e que, no final da canção, afirma que poderá voltar ao mundo inclusive como uma simples gota de chuva, mas que irá, invariavelmente, sempre voltar.

Todo esse desenho cosmológico dos gregos é, realmente, muito inteligente e adequado à noção do universo que os teóricos e os filósofos da época tinham. Afinal, para eles, efetivamente o mundo era um lugar harmônico, dotado de uma natureza perfeita e imortal. **Os seres que habitavam esse todo perfeito obedeciam a uma regra de transformação e mutação constante, variando suas participações nos diversos corpos que formavam a natureza harmoniosa do cosmos.**

De certa forma, para os que acreditavam nessa doutrina, a angústia causada pelo medo da morte era afastada (ou ao menos diminuída) pela afirmação de que, após a morte, a pessoa continuaria a participar do mundo de uma maneira ou outra.

Como dito, **essa mentalidade persistiu inclusive na realidade romana**, sendo comuns as manifestações de **imperadores** que se identificavam com **estudos estoicos**. A apropriação romana de algumas ideias gregas não é novidade, basta dizer que a deusa da justiça *Diké* dos gregos, foi incorporada ao mundo romano como *Iustitia* ou *Themis*, e sequer houve alteração significativa da imagem que a representava, ou seja, a de uma mulher segurando uma balança e uma espada.

Como, então, o **cristianismo** causou uma reviravolta em tão consolidada mentalidade e atraiu milhões de seguidores em poucas décadas? Qual teria sido o grande diferencial dessa visão que, mesmo não sendo propriamente filosófica, representou o grande marco divisório do mundo ocidental?

Para Luc Ferry (2007), o cristianismo rompe com a abordagem cosmológica dos antigos por meio de uma **revolução teórica** que apresentou aos humanos um **ser supremo que, na essência, deixa de ser uma estrutura anônima e abstrata (*cosmos*) e se apresenta para o mundo efetivamente como um homem (Deus encarnado).**

Este homem, elencado pelo cristianismo como filho de Deus, verdadeira encarnação do Senhor na terra, prega que o conhecimento do divino não é alcançado pela razão (como queria a filosofia dos antigos), mas por um elemento novo: ***a fé***.

Rompendo de maneira frontal com a lógica cosmológica até então trabalhada pelos gregos, onde o *logos era Deus, ou seja,* **o verbo criador** de tudo (um ente abstrato – assim como um *verbo*), o cristianismo apresenta de maneira expressa, em João capítulo 1, versículo 14, que *"o **Verbo** se fez **carne**, e habitou entre nós, e vimos a sua glória, como a glória do unigênito do Pai, cheio de graça e de verdade"*.

Assim, diferentemente da filosofia grega, que aceitava visões de amplas possibilidades de compreensão da vida e do mundo por seus adeptos, o pensamento cristão consolidou-se a partir da fixação a uma resposta mais direta e previamente concebida.

Deixando de lado o pensamento crítico e a razão (pelo menos no que diz respeito ao sagrado – ponto inegociável no cristianismo), **a fé passa a ser a base da visão cristã de mundo,** verdadeira pedra inamovível de toda a abordagem dessa nova e poderosa forma de pensamento.

Em outras palavras, se no mundo cósmico dos antigos a figura divina era vista à semelhança de uma natureza perfeita e harmônica que formava o mundo, o **cristianismo** afirma que **a figura de Deus está descolada das relações mundanas e pode ser alcançada pelo exercício da fé**.

Ainda, para bem consolidar sua visão, a doutrina cristã prega que Deus teria enviado à terra seu filho (à sua semelhança) para espalhar a palavra e consolidar as lições cristãs aos homens. Na sua passagem pela terra, Jesus Cristo deixa aos homens uma mensagem de salvação pela fé em seu pai.

Para auxiliar na memorização

Curiosidade: A música "La Preghiera", composta por Giuseppe Francesco Servillo, e famosa na voz de Andrea Bocelli, bem descreve a visão cristã que deposita na fé sua esperança da salvação humana. *"E la fede che. Hai acceso in noi. Sento che ci salverà" (E a fé que acendeste em nós. Eu sinto que nos salvará).*

Cabe notar que, enquanto o cosmos dos gregos era também perfeito e harmonioso, tem como ponto diferencial, quando comparado com o Deus dos cristãos, o fato de que **este interfere diretamente no mundo e na vida dos homens.** O Deus cristão orienta, educa, julga, salva e condena.

A **consolidação do cristianismo** no mundo romano não foi imediata ou imposta, mas **resultado de massificação da doutrina cristã** junto à população mais pobre que, seja por não aderir às manifestações religiosas antigas, seja por estar alheia a elas, adotou o cristianismo como religião e doutrina de vida.

Importante salientar que um dos fatores que mais contribuiu para a disseminação do cristianismo, além da força de sua mensagem, foi o fato de o cristianismo ser uma **doutrina universalista**, que prega serem todos filhos de Deus e aptos a receberem suas bençãos e benesses. **Extirpava-se, de vez, a antiga concepção de que apenas alguns escolhidos têm o paraíso ao seu alcance**. Imagine a força popular de uma mensagem dessas!

De todo modo, é comum falar-se que o cristianismo não é uma espécie de filosofia, visto que, enquanto a filosofia defende que a "verdade" e a "salvação" devem ser buscadas por meio do pensamento livre e da razão, o cristianismo entrega aos cristãos essa resposta de forma direta e preconcebida, exigindo deles tão somente fé e crença na palavra dada. O cristianismo, portanto (e como você sabe) é religião.

Mesmo assim, é inegável que o cristianismo causou uma **revolução** no pensamento ocidental, sendo um fenômeno intelectual e comportamental muito poderoso e importante. Por tal razão, não foram poucos os filósofos que, mesmo baseados em preceitos do cristianismo para questões divinas (salvação - vida após a morte - redução da angústia da morte), continuaram a trabalhar para adaptar lições filosóficas antigas a esse novo modelo de pensamento.

Não houve, portanto, um abandono completo da filosofia, muito embora esta tenha passado por uma importante releitura submetida ao filtro das lições do cristianismo. Esse movimento de recapitulação das lições filosóficas gregas e conjugação com a doutrina cristã teve origem nos estudos de expoentes da Igreja Católica em movimentos identificados como **patrística** e **escolástica**.

Neste início de "nova era" talvez o mais importante autor tenha sido Paulo de Tarso (que depois foi nominado de São Paulo), e que propôs, dentre outras interessantíssimas reflexões, a ideia de que **a justiça não é alcançada pelo homem que age como tal, mas sim por aquele que atua sob a graça de Deus, verdadeiro detentor de poder supremo.** A partir das premissas balizadas por Paulo de Tarso, a chamada filosofia cristã foi formatada e construída, passando a representar fundamental marco do desenvolvimento da humanidade.

7.2.2. *Santo Agostinho*

O principal expoente do momento identificado como patrística é Agostinho de Hipona (ou Aurélio Agostinho), posteriormente conhecido como Santo Agostinho, que nasceu no Século V e desenvolveu sua filosofia no período final do Império Romano. Foi considerado "doutor da Igreja Católica", expressão titularizada por poucos e que a ele se destinou por ser um dos filósofos de maior importância para a construção do pensamento cristão.

Para auxiliar na memorização

Curiosidade: Nesse período, mais especificamente em 550 d.C, o imperador Justiniano manda adornar a igreja de São Vital, em Ravena, Itália, com mosaicos que até hoje podem ser vistos no local (abaixo). Neles, registra-se o poder do imperador no centro da imagem (com uma auréola sobre a cabeça - apontando sua divindade), sendo seguido então por membros do clero, por ministros e pelo exército. A exposição de cenas e temas religiosos nas igrejas era uma estratégia proposital. Essas imagens passariam para que os iletrados, maioria absoluta dos fiéis da época, uma mensagem direta e objetiva sobre poder do imperador.

Nascido em Hipona (cidade do norte da África), Agostinho buscou, durante sua vida, inúmeras respostas filosóficas para os problemas que enfrentava em seu cotidiano, contexto que envolvia inclusive a depressão.

Em um primeiro contato com o cristianismo pela leitura do antigo testamento, Agostinho teria ficado receoso com a adoção integral aos dogmas ali inseridos, principalmente porque entendia que o **velho testamento** apresentava um Deus **punitivo** ao extremo.

Na sequência, o filósofo fez uma incursão nos estudos do maniqueísmo, mas não se adaptou à ideia de que o mal seria uma espécie de "mal natural" que precisa ser compreendido e aceito.

A grande revolução de seu pensamento ocorreu após ele ter contato com as lições de **Paulo de Tarso** (Epístola Paulina) e com leituras de **Platão**. Converte-se ao cristianismo e passa a fazer uma releitura das obras de Platão sob o filtro do Cristianismo. **Não é exagero falar que o pensamento de Agostinho marca o caminho filosófico da Igreja para todos os posteriores séculos.**

Lembre-se que, para Platão, podemos falar em mundo sensível (real, em que vivemos) e em mundo inteligível (das ideias). **Agostinho, adotando essa bipartição, fala em "reino dos homens" e "reino dos céus".**

Entretanto, os pensamentos de Agostinho e Platão se diferenciam no **modo pelo qual** o mundo inteligível (ou reino dos céus) pode ser alcançado. Platão apontava que esse mundo seria acessado por meio da razão (via dialética), ao passo que Agostinho afirmava que a **fé (conversão)** é o caminho da **salvação**, sendo tal caminho vencido por meio da oração, que viabilizaria o acesso ao destino pretendido.

Essa ideia já tinha sido apontada por alguns religiosos que estudavam filosofia, mas Agostinho foi quem primeiro, e de maneira mais clara, sustentou a possibilidade de uma literal conversão na vida dos homens que, muito embora pudessem ter sido pecadores no passado, por meio dela (conversão) teriam franqueado o acesso ao reino dos céus.

Na sequência de seus estudos, Agostinho buscou demonstrar a **conciliação** entre os elementos da **fé** e da **razão**, contrariando a dualidade radical entre esses dois elementos que até hoje é sustentada por alguns filósofos.

Para Agostinho, fé e razão são conciliáveis na medida em que a fé deva ser valorizada e a razão não deva ser desprezada. Há, em sua doutrina, uma evidente **"escala" de importâncias entre os dois elementos**, onde a fé ocupa posição de topo (protagonismo), mas sem afastar a razão como um importante elemento que, se bem empregada, levará à potencialização da fé. **Toda razão sem fé seria, para ele, uma razão vazia.**

Quando Agostinho expõe sua famosa frase **"crer para conhecer"**, indica claramente esse protagonismo da fé perante a razão.

De mais a mais, contrapondo-se à exposição maniqueísta de que o mal seria algo natural, Agostinho sustenta que, em sua visão, o Deus cristão é bom por completo e o mal seria, diferente de algo existente e natural, uma espécie de "ausência de Deus" que se origina do livre arbítrio dado por Deus aos homens.

No que se refere ao Direito, Agostinho esboçou algumas análises a respeito do tema "justiça", tendo afirmado em sua mais famosa obra "A Cidade de Deus", que a cidade humana é recheada dos vícios e instabilidades que acompanham a raça humana, enquanto a cidade de Deus é justa e perfeita. Em conclusão a seu pensamento, indica que a verdadeira justiça não reside então na justiça dos atos praticados no mundo humano, mas na fé e no íntimo daquele que crê em Deus. O justo, enfim, não decorre dos atos, sendo uma graça divina.

Ilustrando a explicação acima, o próprio Santo Agostinho (2001, pg. 388) menciona que:

> Está escrito: o justo vive da fé, porque, como ainda não vemos nosso bem, é preciso que o busquemos pela fé. O próprio bem-viver não o obtemos com nossas próprias forças, se quem nos deu a fé, que nos leva a crer em nossa debilidade, não nos auxilia a crer em nossa debilidade, não nos auxilia a crer e a suplicar. Com estranha vaidade, fizeram a felicidade depender de si mesmos aqueles que julgaram encontrar-se nesta vida o fim dos bens e dos males e, assim, radicaram o soberano bem no corpo ou na alma, ou nos dois juntos.

As poderosas ideias de Santo Agostinho ainda são muito lembradas na doutrina cristã e nas lições atuais da Igreja Católica. Elas formataram as bases de uma época identificada com o feudalismo, em que o poder era compartilhado entre a igreja católica e os senhores feudais.

Agostinho também possui obra sobre o **livre arbítrio**. Segundo o filósofo, tratar-se-ia de dádiva concedida ao homem por Deus que, no entanto, se utilizado de forma equivocada, levaria à existência do mal.

Em sua obra intitulada Livre Arbítrio, p. 73, Santo Agostinho dialoga com Evódio que levanta o seguinte problema: "O quanto me parece ter compreendido no livro anterior, é que nós só possuímos o livre arbítrio da vontade, mas acontece ainda que é unicamente por ele que pecamos".

Agostinho afirma que o homem é superior aos animais porque sabe que está vivo, conhecimento que advém da **razão**. Refere que somente há o **pecado** quando a razão se entrega às paixões e o livre arbítrio é abusado pelo homem.

Relacionando-se com o Direito, pode-se traçar um paralelo com a questão da **responsabilidade**, porquanto Santo Agostinho traz a ideia de que, ao sermos dotados de livre arbítrio e racionalidade, devemos ponderar as nossas ações e omissões responsabilizando-nos por nossos atos.

É importante advertir o leitor que, infelizmente, alguns autores de filosofia reduzem a importância dos pensadores da idade média por não concordarem com a abordagem teísta proposta por Agostinho e Tomás de Aquino.

Entretanto, essas manifestações intelectuais são muito poderosas e efetivamente fundaram bases estruturais no pensamento ocidental, fomentando a cultura, os valores humanos e a construção das sociedades que hoje conhecemos.

A própria análise da "linha do tempo" aqui exposta evidencia a importância dos pensamentos destes autores. Afinal de contas, suas lições foram dominantes por praticamente **dez séculos**. Reduzir a complexidade e a importâncias desses pensadores é, portanto, demonstrar desconhecimento e empáfia não compatíveis com o espírito dos verdadeiros estudiosos do pensamento humano.

7.2.3. São Tomás de Aquino

No século XII, diante das mudanças constatadas nos modos de produção e com o início do questionamento ao feudalismo (principalmente no que se refere ao monopólio da educação), a Igreja Católica começa a fazer movimentos para, compreendendo o novo momento, expor seus dogmas e pensamentos de maneira compatível com o espírito da nova época.

A doutrina cristã é posta em situação de análise e comparação com a doutrina filosófica aristotélica, confronto não existente nos séculos iniciais do cristianismo e que tiveram em Santo Agostinho um doutrinador praticamente soberano.

Tomás de Aquino então, elevado também à condição de doutor da Igreja Católica, participa do Concílio de Trento e expõe sua **Suma Teológica** como documento hábil a viabilizar a **compatibilização dos dogmas da igreja ao novo cenário**. Fala-se, inclusive, que a obra de Tomás de Aquino fora colocada ao lado da Bíblia para ser usada como fonte de pesquisa e exploração durante o referido Concílio pelos demais membros do clero.

A partir disso, São Tomás de Aquino adquire a condição de maior expoente da Escolástica, segmento filosófico da idade média que busca **conciliar** as noções de **fé** e **razão**.

Em outras palavras, da mesma forma que **Agostinho** passou as ideias de **Platão** pelo filtro do **Cristianismo, São Tomás de Aquino** o fez com as obras de **Aristóteles**, sustentando que o chamado mundo sensível (terreno, real) era capaz de gerar conhecimento que viabilizasse a compreensão da fé e da existência de Deus.

É neste ponto, então, que reside uma diferença essencial no pensamento de São Tomás de Aquino e Santo Agostinho. Enquanto este elenca que a fé é protagonista absoluta do pensamento humano (e que no plano inteligível estão a perfeição e a divindade), **São Tomás de Aquino propõe uma aproximação entre a fé e a razão, embora não coloque essa como superior àquela, referindo ainda ser possível a verificação do divino no mundo sensível.**

Especificando sua abordagem ao tema "justiça", Tomás de Aquino discorda da dualidade proposta por Santo Agostinho e **menciona que os homens não estariam definitivamente condenados a viver uma vida de produção de injustiças terrenas, mas que seria possível atingir-se a justiça por meio de atos bons e justos praticados no mundo sensível, muito embora esse ato também se deva indiretamente a Deus.**

Explicando essa diferenciação, mas advertindo que há continuidade de um discurso teológico, Mascaro (2018, pg. 127) afirma:

> Por isso, em termos de filosofia do direito, o tomismo é uma abertura em relação ao agostinianismo, na medida em que permite ao homem, novamente, conhecer a medida do justo. Mas é uma abertura parcial, porque mantém o sistema jusfilosófico sob a égide teológica. Numa posição mais alta que a razão ainda está a fé, ainda que a fé não negue nem se oponha à razão, já que esta é serva daquela.

Questionado sobre a possibilidade de comprovação da existência de Deus, Tomas aceita o desafio e elabora suas famosas cinco vias argumentativas que, para a doutrina tomista, demonstrariam a existência de Deus. As vias são identificadas conforme exposição abaixo detalhada:

(i) **motor:** um exercício de regressão que busca verificar a origem do movimento das coisas chega a Deus como resposta (primeiro motor);

(ii) **causa eficiente:** um exercício de regressão que busca verificar o motivo e a eficiência das coisas chega a Deus como a primeira causa;

(iii) **contingente necessário:** a arquitetura das coisas tem um motivo de existir de tal maneira, e apenas Deus pode tê-las criado como são;

(iv) **graus de perfeição:** todas as comparações mundanas precisam de um parâmetro, e o parâmetro que dá essas noções é Deus, pois ele é maior que tudo e, portanto, é um parâmetro adequado de comparação para as demais coisas;

(v) **finalidade do ser:** considerando que há um motivo (e sentido) para a existência de cada ser humano, conclui-se que a vida não termina após a morte, existindo, na verdade, uma busca constante por um ser supremo.

É importante perceber que, quando elaborou as cinco vias argumentativas que evidenciavam a existência de Deus, Tomas de Aquino não estava propriamente aceitando um desafio proposto pelo ateísmo. Na verdade, buscava ele apontar que a existência de Deus poderia ser constatada não apenas pela via da **"revelação"**, mas **também** mediante o exercício de um **raciocínio viável para aqueles que não tiveram a si revelada a figura sagrada.**

Para o autor, a razão permite chegar à conclusão de que Deus existe. Por outro lado, não é possível que, por intermédio da razão, chegue-se à prova sobre **quem é** Deus, **como** ele é ou, ainda, se ele é "pai, filho e espírito santo". Essas respostas continuam sendo fornecidas pela **fé**.

> **Dica:** Embora os pensamentos de Santo Agostinho e São Tomás de Aquino tenham prevalecido por praticamente dez séculos no mundo ocidental, os concursos não apresentam um número significativo de questões sobre estes dois autores, até porque ambos não se detiveram a pormenores jurídicos em suas abordagens.

7.3. Filosofia moderna

7.3.1. Contexto histórico. Movimentos da idade moderna

De acordo com boa parte dos historiadores, a idade moderna compreende o lapso temporal que teve início no século XV e fim no século XVIII. Neste interregno de 400 anos, o mundo foi sacudido por três grandes momentos: **renascimento** (século XV, principalmente), **absolutismo** (a partir do século XVI) e **iluminismo** (com início no século XVII e destaque no século XVIII).

Infelizmente, muitos autores identificam a filosofia da idade moderna como aquela representada tão somente pelos ideais iluministas, esquecendo-se dos outros dois movimentos que também fazem parte do período histórico, cada qual com manifestações de pensamento vinculadas ao seu momento.

Além do mais, cabe ressaltar que **não houve uma completa supressão da filosofia da idade média**, mas uma ampliação de discussão sobre seus dogmas, podendo-se dizer, inclusive, que o **absolutismo** é o movimento mais **conservador** da idade moderna frente aos ideais teológicos da idade média, ao passo que o **iluminismo** representava o pensamento situado no **extremo oposto**.

É adequado afirmar, então, que o período moderno comporta em seu contexto uma **diversidade de pensamentos** filosóficos que, afastando-se da homogeneidade que caracterizou o período antigo e a idade média, agora abre portas para discussões das mais variadas espécies.

Nesse contexto de diversidade, alguns pensadores trabalharam temas variados como política, moral e ética, ciência, utopia, e tantos outros assuntos que, nos séculos da idade média, foram alijados a um segundo plano da análise intelectual.

7.3.2. Contexto histórico. Renascimento

O **renascimento** tem grande influência do **humanismo**, pensamento que reforça a ideia de que, muito embora **Deus possa ter criado os seres humanos,** estes são dotados de **livre arbítrio**, fator que exalta o poder de decisão e atuação do homem na vida e no mundo.

A chamada **"idade das trevas"** (expressão cunhada por Francesco Petrarca para majorar a importância do renascimento) não foi de escuridão pura em todas as áreas da vida humana. Fala-se em "trevas" porque tal período se caracterizou, na visão dos modernos, por uma espécie de **estagnação intelectual**, já que imperava o feudalismo, o modo de produção agrícola e havia, como se sabe, grande influência da igreja católica no direcionamento do cotidiano das pessoas.

Essa suposta estagnação intelectual não pode ser vista, todavia, como sinônimo de que toda a vida na idade média era miserável, deprimente, fria e desprovida de valor. Naquela época, inúmeras catedrais de arquitetura exuberante foram levantadas, a agricultura experimentou evolução significativa, e a vida das pessoas encontrou na religiosidade cristã um forte elemento de identificação moral e de felicidade.

Mas, por que este novo período foi chamado de **renascimento ou renascença**? Além da referência à superação da "idade das trevas", os renascentistas valorizaram, uma vez mais, a **cultura da antiguidade clássica**, especialmente grega, dirimindo-se o **misticismo**, as explicações dos fatos por meio de intervenção divina e engrandecendo o **pensamento racional.**

O **renascimento**, na verdade, foi um movimento de agitação política e intelectual que, visto sob o prisma do desenvolvimento intelectual, representou uma efetiva **ruptura** com os padrões da idade média.

Mas o que teria desencadeado essa agitação política e intelectual? Qual foi o elemento de propulsão para tamanha agitação? A resposta é: um fator natural muito conhecido dos habitantes do planeta terra na atual década: uma **pandemia**.

No final da idade média, uma Europa superpopulosa viu surgir um mal desconhecido: a **peste negra** (gênero que englobava a peste bubônica, a peste pneumônica e a peste septicêmica). Provavelmente originada nas planícies da Ásia, essa peste se incorporou às pulgas que habitavam os ratos dos navios mercantes e, viajando pela rota da seda, adentrou na Europa pelos portos de comércio.

Como resultado, estima-se que milhões de pessoas tenham **morrido** em decorrência da doença, algo entre **30% e 50% da população da Europa**. Até hoje, escavações encontram grandes valas de ossadas de vítimas da doença na Europa.

As mortes, segundo relatos, não ocorriam de maneira rápida ou indolor. Ao contrário, eram acompanhadas por sintomas graves que, somando jorros de sangue e manchas pretas na pele (que deram nome popular à doença) anunciavam uma morte no período aproximado de uma semana. O desespero tomou conta de todo o continente europeu. Sem ideia do que fazer e da forma para curar a doença, a conclusão da maioria da população era de que se *tratava de um anúncio do fim do mundo ou de* ***punição divina*** *por pecado.*

O que começou com uma **crise populacional** causada pelas mortes numa pandemia rapidamente se transformou também em uma **crise econômica**, pois os proprietários dos campos agrícolas produtivos se viram inviabilizados de pagar pelo custo crescente da força de trabalho camponesa. Os governos, como medida drástica, tentaram congelar o aumento dos salários, e a crise populacional e econômica tornou-se também uma **crise política**.

O sistema feudal, então, entra em crise, pois ficam abaladas as relações servis de produção agrícola. Vê-se, no mesmo período, a **consolidação da urbanização europeia** (já iniciada no final do século XI) seguida de aumento da atividade comercial, origem definitiva do **mercantilismo**.

As pessoas do final da Idade Média, na tentativa de encontrar caminhos para um futuro melhor, voltaram olhos para um passado distante e, desejosos de um novo começo, viram no **questionamento da autoridade absoluta da Igreja Católica** um ponto inicial para isso.

Naquele momento, a já abalada confiança na Igreja (que não respondia por que Deus enviou tamanha praga ao mundo) era reforçada pela percepção de frequente **corrupção** nos mais variados segmentos da Igreja e desunião da própria instituição, que chegou a ter três papas ao mesmo tempo. A autoridade dos padres de baixo escalão passou a ser questionada e, em muitos casos, a população acusava o padre de, por não saber latim, simplesmente inventar que lia a bíblia durante a missa.

O **(re)florescimento do humanismo, a modificação das formas de produção, o arrefecimento do poder eclesiástico e a modificação da estrutura feudal** são os elementos que permitem a identificação do **renascimento** como um movimento de ruptura cultural e intelectual que põe fim à idade média.

Para auxiliar na memorização

As artes no renascimento: O *Homem vitruviano*, de Leonardo da Vinci, bem sintetiza o ideário renascentista e humanista. A figura geométrica do corpo humano é um tipo de arte praticamente inconcebível para a Idade Média, que restringia as expressões artísticas à arte sacra.

(Fonte: Wikimedia Commons)

Todo o movimento desencadeado a partir disso pode ser enquadrado no período renascentista, e ele tem (não se engane) inúmeros desdobramentos, variadas propostas e ramos diversos. A abordagem, agora contextualizada, retomará aos aspectos inerentes à filosofia do direito, à política e aos aspectos que interessam à proposta desta obra. Por isso, o destaque passa a ser o pensamento de Nicolau Maquiavel.

7.3.3. Nicolau Maquiavel

Em sua famosa obra **O Príncipe**, Maquiavel exalta que algumas virtudes dos governantes não estão vinculadas a dons divinos ou dádivas recebidas dos céus, mas podem ser **construídas e aprimoradas** por governantes desejosos de sucesso.

Uma citação direta da obra (2008, pg. 177) demonstra a vinculação do livro com o pensamento da época, conferindo-se maior importância à **ação humana e ao livre arbítrio** (exaltações características do período renascentista):

> Não ignoro como muitos foram e são de opinião que as coisas do mundo são governadas pelo destino e por Deus, que os homens, com sua prudência, não podem corrigi-lo, de modo que não possuem, assim, nenhum remédio. Por isso, podem julgar que é melhor não se preocupar muito com as coisas, mas deixar-se governar pelo destino. Esta opinião é a mais aceita em nossos tempos, pelas grandes modificações das coisas, que foram vistas e se veem fora de qualquer conjetura humana. Pensando nisso, algumas vezes, em certas coisas, inclinei-me à opinião deles. Não obstante, para que nosso livre arbítrio não seja em vão, creio poder ser verdade que o destino seja árbitro de metade de nossas ações, mas que nos deixe governar a outra metade, ou quase.

Cabe perceber que, muito embora não se desconecte completamente do pensamento filosófico exposto na idade média, que apresentava vinculação completa da ação humana à vontade divina, **Maquiavel começa a esboçar uma sugestão de independência humana na decisão da prática de atos**, manifestação claramente vinculada ao espírito do **período renascentista.**

Com essa proposta de liberdade de decisão e ação, Maquiavel esboça um manual de política para se obter sucesso a qualquer custo, com **fins justificando os meios** de atuação do príncipe sobre os súditos.

Não por acaso, até hoje algumas pessoas utilizam o adjetivo "maquiavélico" para classificar alguém astuto, intrigante e sem escrúpulos, especialmente na política ou na promoção de uma carreira.

A intenção do autor, entretanto, não era elaborar um "manual de más intenções". Na verdade, **Maquiavel sustentava que um governante não tinha as mesmas preocupações que afligem um cidadão comum** e, por isso, **a virtude de suas ações não poderia passar pelo mesmo filtro de avaliação da conduta de um cidadão comum.**

De maneira incisiva, Maquiavel elenca a **estabilidade** como fator primordial na política de um governo de sucesso, e diz que **essa qualidade deve ser bus-**

cada de todas as formas possíveis pelo governante (com os fins justificando os meios), ainda que algumas ações sejam consideradas imorais se vistas pelo prisma do cidadão comum.

Em seu segundo livro, chamado "Discursos sobre Tito Lívio", Maquiavel afirma que o melhor formato de governo não seria um principado (governado de maneira absoluta – como se depreende do O Príncipe), mas uma **República**, nos moldes romanos.

Essa suposta contradição faz muitos estudiosos sugerirem que Maquiavel teria escrito O Príncipe com intuito de sátira, direcionando-o, na verdade, não a Lorenzo de Médici (então governante de Florença), mas ao povo como um todo, a fim de que as pessoas comuns soubessem como os governantes pensam e como normalmente atuam.

Para outros estudiosos (em maior número), Maquiavel estava apenas lecionando que haveria uma evolução nos formatos de estado, que começariam com principados (utilizando-se da lei e da força para manter a ordem) e, em um segundo estágio, quando alcançada a estabilidade, se transformariam em república.

7.3.4. Contexto histórico. Absolutismo

Com o objetivo de controlar as revoltas camponesas oriundas do final da idade média, parte da nobreza une-se à Igreja Católica e passa a considerar como válida a maior concentração de poder nas mãos de um monarca.

Esse movimento de centralização do poder foi concretizado com medidas de unificação de exército, proibição de cunhagem de moedas e, obviamente, centralização das decisões administrativas e a criação legislativa.

Para auxiliar na memorização

As artes no absolutismo: *O Estado sou eu!* A famosa frase atribuída a Luis XIV, rei da França, bem esboça o ideal absolutista que imperava nos séculos XVI e XVII

(Fonte: *Wikimedia Commons*)

Embora mencionado por Maquiavel, o absolutismo encontrará em Hobbes seu expoente intelectual mais significativo.

7.3.5. Thomas Hobbes

As ideias de Thomas Hobbes (1588-1679) representam o grande marco do absolutismo, visto que seu pensamento foi o primeiro a se insurgir contra as já consagradas manifestações políticas aristotélicas.

Assim, enquanto **Aristóteles** considerava o **homem como um ser social por natureza, Hobbes** indica que a associação (sociabilidade) existente entre os homens não se dá por tendência natural, mas por verdadeiro **pacto artificial** decorrente da constatação (ainda que não percebida de maneira abstrata) da **necessidade** de agrupamento para **autoproteção.**

Em outras palavras, o filósofo inglês sustentava que não há uma inclinação humana à vida em sociedade, mas sim uma constatação individualista de que, em grupo, as necessidades básicas são supridas de maneira facilitada. **Ou seja, a opção pela vida coletiva é, na origem, egoísta.** O próprio autor (2002, pg. 28) menciona que:

> Devemos portanto concluir que a origem de todas as grandes e duradouras sociedades não provém da boa vontade recíproca que os homens tivessem uns para com os outros, mas do **medo recíproco que uns tinham dos outros.**

Essa necessidade de associação decorre do estado natural de medo constante que o homem enfrenta na vida solitária. O agrupamento é, portanto, um modo de autopreservação, já que, nas famosas palavras do filósofo **"o homem é lobo do homem"**.

O grande problema surge pelo fato de que as vontades humanas e suas **necessidades são infinitas**, contrariamente aos recursos, sabidamente **limitados**, situação que faria as pessoas viverem em constante estado de conflito.

A harmonia da vida coletiva, então, não se dá por conta de uma inclinação natural humana ao convívio em grupo, mas pura e simplesmente por medo.

Com base nisso, Hobbes afirma que o indivíduo deve abrir mão de parcela da sua liberdade, a qual entrega ao Estado absolutista, a fim de que seja garantida a paz social.

Neste ponto torna-se necessário fazer-se um posicionamento histórico. Thomas Hobbes vive em uma Inglaterra conflituosa e instável, o que pode justificar a sua **visão pessimista de mundo**, no sentido que o homem é mau por natureza.

Outro fato relevante é a retomada do pensamento grego e o culto à razão, de forma que, cada vez mais, torna-se difícil para os governos absolutistas fundamentarem a manutenção de seu poder com base em predicamentos divinos.

Em razão disso, Hobbes escreve a sua obra **O Leviatã**, uma análise da política inglesa no período e, principalmente, uma justificativa **racional** à monarquia absolutista. O leviatã, que advém de referências bíblicas, é um monstro gigantesco, imponente e implacável, representado na mitologia fenícia e em diversas outras, em cada uma com suas características específicas.

Trata-se de um grande monstro que protegia os peixes pequenos dos peixes maiores. Adotando essa metáfora, Hobbes afirma que esse é o papel do soberano absoluto, ser a força implacável que evita que um indivíduo possa simplesmente impor a sua vontade sobre o outro, **cabendo ao Estado a manutenção da paz social.**

Para auxiliar na memorização

O Leviatã de Hobbes: Proposto em analogia ao mitológico monstro dos mares, a figura do Leviatã de Hobbes teria representação humana na figura do monarca que, dotado de poder absoluto e força implacável, seria o único capaz de manter a paz coletiva, evitando que os homens comuns violassem direitos entre si.

Essa alteração de premissa proposta por Hobbes não justifica, ao menos de maneira automática, sua sugestão pelo absolutismo como melhor formato de organização do Estado.

Na verdade, essa sugestão pelo **absolutismo** decorre da opinião do filósofo de que os **homens não apresentam regularidade e constância de conduta para atingirem uma paz social duradoura**, sendo necessária a figura de um homem ou assembleia que decidirá por todos com segurança.

Cabe notar que, embora seja adepto do absolutismo, Hobbes não aponta que esse poder seja dado a algum homem por designação divina, mas pela reunião das vontades de todos aqueles que formam a sociedade. Em palavras mais simples, o poder do soberano absoluto decorreria de um **contrato social**.

Essa ideia de **"contrato"** seria posteriormente trabalhada pelos iluministas com maior intensidade (inclusive como fundamento para limitação do poder estatal), mas teve em Hobbes sua primeira aparição, muito embora tenha sido utilizada como base para fundamentação do poder absoluto do soberano, em oposição à ideia de "designação divina" até então consagrada na idade média.

A noção absolutista de Hobbes acompanha sua filosofia inclusive durante a abordagem que propõe sobre **direitos naturais**. Assim, muito embora reconheça a existência de direitos de tal natureza, o autor indica a **necessidade de previsão** desses direitos pelo **soberano**, para quem o indivíduo deve entregar submissão total, salvo em uma exceção: o direito de se valer dos meios necessários para preservar a própria **vida**.

Em outras palavras, embora entregue seu poder individual ao soberano na formação do Estado por intermédio do contrato social, jamais aliena seu direito de **autopreservação**, pois este é justamente o **fundamento primeiro de formação do Estado.**

Concluindo a abordagem de maneira didática, Kümpel (2012, pg. 280) destaca de que forma o pensamento de Hobbes foi embrião para novas abordagens jurídicas:

> Em antítese ao Estado absoluto pensado por Hobbes, surgem as teorias do Estado constitucional, cuja finalidade consiste em impor limites ao poder estatal, ou seja, controlar o poder sem destruir a soberania. Essas teorias podem ser classificadas em três grandes grupos: a) teoria da separação dos poderes; b) teoria dos direitos naturais; e c) teoria da soberania popular.

7.3.6. Contexto histórico. Iluminismo

No final da idade moderna (Século XVIII), o iluminismo ficou conhecido como o século das luzes. Surgido na França, tem como principal característica a proposta de **superação completa da fé** como instrumento para compreensão e solução dos problemas da sociedade, propondo a **utilização integral da razão** como mecanismo hábil para superar tais desafios.

Os pensadores iluministas, a exemplo de Montesquieu, Rousseau e tantos outros, notabilizaram-se por defender o uso do conhecimento racional para desconstruir preconceitos e ideologias religiosas.

Opondo-se ao absolutismo, passou-se a defender a limitação dos poderes do monarca por uma norma maior. É dessa época, por exemplo, a elaboração de Montesquieu que, analisando a teoria do estado e da política, sugeriu a criação de três poderes autônomos e harmônicos.

Pregando o fim do absolutismo e a liberação do liberalismo econômico, este movimento intelectual culminou em famosos movimentos de revolta social, a exemplo da Revolução Francesa (1789).

Para auxiliar na memorização

As artes no iluminismo: *A Liberdade guiando o Povo*, de Eugène Delacroix, traz uma mulher que, guiando o povo com uma bandeira da França em uma mão e uma baioneta na outra, supera os derrotados na Revolução de julho de 1830. O rosto pintado pelo artista é o utilizado nas notas do real, moeda brasileira.

(Fonte: Wikimedia Commons)

7.3.7. *Charles de Montesquieu*

Na obra *Do espírito das leis*, de 1748, Montesquieu analisa comparativamente conjuntos normativos de várias sociedades, elaborando um estudo macro sobre as **condições sociais que justificariam as disposições legais existentes em cada local**.

Em magnífica abordagem, o autor francês delineou que as leis devem ser "adequadas ao povo para o qual foram feitas" e "somente por um grande acaso, as leis de uma nação podem convir a outra". Assim, informando que **as normas jurídicas sempre guardam consonância com os aspectos geográficos, culturais e climáticos de determinada sociedade**, Montesquieu esboça sua obra analisando o **espírito** de algumas normas e dá origem, até onde se tem conhecimento, ao primeiro estudo que abrange Direito e Sociologia.

Ao dizer que o Direito é algo próprio de uma sociedade e não decorre de um elemento externo (Deus, natureza etc.), Montesquieu identifica uma interdependência entre diversos **elementos da vida social como nascedouro das normas** e torna-se, portanto, um precursor da sociologia jurídica.

> **▸ Como esse assunto foi cobrado em concurso?**
>
> **(CESPE – 2010 – DPU)** Na perspectiva da sociologia jurídica,
>
> a) o direito é um aprimoramento do caráter humano.
>
> b) o direito é uma função da sociedade.
>
> c) o direito é proveniente de uma autoridade bem formada (Deus, Natureza ou Razão humana).
>
> d) Deus e a Natureza são objetos de estudo, porque o são de todas as áreas relacionadas ao direito.
>
> e) a lei escrita é objeto de estudo.
>
> *Gabarito: Alternativa B.*

Embora seja considerado o precursor, o francês não foi, a seu tempo, visto como um sociólogo (como hoje são definidos esses profissionais), visto que essa denominação (e diferenciação científica) apenas foi introduzida com os estudos de Comte.

As anotações de Montesquieu, todavia, foram fonte para estudo dos primeiros sociólogos reconhecidos como tal, a exemplo de Comte e Marx.

> **▸ Como esse assunto foi cobrado em concurso?**
>
> **(CESPE – 2014 – MPE/AC – Promotor de Justiça)** Assinale a opção correta no que concerne à evolução histórica da sociologia do direito.
>
> a) A sociologia foi reconhecida como ciência em meados do século XX, com a publicação de obras de pensadores norte- americanos.
>
> b) Desde a Antiguidade, o estudo das transformações sociais e jurídicas, objeto da sociologia do direito, é desenvolvido com rigor científico.
>
> c) As drásticas mudanças nas relações sociais e jurídicas oriundas da Revolução Industrial repercutiram nos fundamentos da sociologia do direito.
>
> d) O problema da marginalidade sempre teve importância secundária nas tematizações sociológicas.

> e) Para demarcar o campo temático da sociologia em face de outras áreas do conhecimento, os sociólogos tiveram de definir de modo estrito seu objeto de estudo; nas primeiras reflexões sociológicas, por exemplo, evitava-se tratar do fenômeno da pobreza, tema afeto à esfera das ciências econômicas.
>
> *Gabarito: Alternativa C.*

7.3.8. John Locke

O inglês John Locke foi o principal expoente teórico do **direito natural** como manifestação jurídica apta a **impor limites ao poder estatal**. Para essa corrente de pensamento, o homem é detentor de alguns direitos em decorrência de sua própria natureza humana, que vai além da vontade do soberano.

O direito natural, portanto, seria anterior ao Estado e, também, seria independente deste, cabendo ao Estado tão somente **reconhecê-lo e garanti-lo**, muito embora seja um limitador ao poder do próprio Estado que o reconhece.

Considerando eventuais excessos que seriam praticados pelos homens na busca da justiça em um contexto de estado de natureza, Locke sustenta a necessidade de criação de um governo civil, mediante um **contrato social**.

Em outras palavras, a criação de um governo civil seria uma necessidade advinda da constatação de que os homens atuam com desonestidade nas relações diretas. Desse modo, para preservar direitos básicos da desonestidade alheia, os homens abandonam o estado de natureza e aderem a um contrato social. Essa ação dupla (abandonar um e aderir imediatamente ao outro) tem a clara intenção de resguardar de maneira mais forte os direitos naturais.

Considerando que o governo civil seria uma autoridade superior aos indivíduos, mas criada para proteger os direitos destes, Locke sustenta ser impossível que a organização deste Estado se dê como uma monarquia absoluta.

Em seu Segundo Tratado Sobre o Governo Civil, Locke reitera a impossibilidade de que o poder político seja exercido por um soberano, e **refuta** com muita força qualquer hipótese de outorga do poder soberano por **linhagem divina**.

Para o autor, é o contrato social o elemento que fornece base ao poder político. O fundamento de todo esse poder é, portanto, o **consentimento comum dos cidadãos que formam o Estado**.

Embora concorde com Hobbes ao afirmar que os homens não são seres sociais por natureza, **discorda daquele ao afirmar que o estado de natureza não é de guerra** (com homem sendo lobo do homem), mas de paz, pois o homem, mesmo em estado natural puro, tem noção e compreensão da lei natural.

Esclarecendo as diferentes abordagens dos de Hobbes e Locke, Mascaro (2018, pg. 187) expõe que:

> Assim sendo, a passagem do estado de natureza para a sociedade civil em Locke não representa uma transformação da liberdade em submissão, como o era no pensamento de Hobbes. Não há um salto qualitativo na forma de organização dos homens: o contrato social em Locke mantém a liberdade natural, apenas a sustenta em outro grau, agora político e não mais individual. Em Locke, a associação não é uma alteração nos horizontes da vida humana de natureza. O sentido das leis naturais persiste o mesmo. Como o contrato social, busca-se, na verdade, consolidar os direitos já existentes no estado de natureza, agora pela via social e instituciona.

Afirmando que a guerra entre os homens é apenas uma possibilidade (e não algo constante no estado de natureza), Locke afirma que o contrato social poderia ser criado também para resguardar os homens em interesses ainda não mencionados na filosofia, a exemplo da **propriedade privada.**

Sobre esse ponto, fala-se que o grande eixo da filosofia por ele proposta é essa classificação da **propriedade privada como direito natural**, dando um passo importante para o que depois foi utilizado como base para o liberalismo burguês. É falar-se, em resumo, que diferentemente do que pensava Hobbes, para Locke a propriedade está entranhada como direito natural do indivíduo; vem antes do Estado. Contra ela o Estado não tem poder, devendo respeitá-la (2018, pg. 188).

John Locke é um defensor da **liberdade individual**. Segundo ele o poder atribuído ao Estado somente se justifica se ele for utilizado para **garantir os direitos** da sociedade.

Por fim, Locke aponta que o contrato social formará uma sociedade política que, respeitando seu âmago de constituição, poderá ter variadas formas de governo, e não aquela absolutista que é praticamente imposta como ideal por Hobbes em sua abordagem.

7.3.9. Jean Jacques Rousseau

Nascido em Genebra, na Suíça, no início do século XVIII, é considerado um dos grandes nomes do **iluminismo** pois fazia críticas ao absolutismo e propunha críticas inclusive contra "colegas de iluminismo", em especial Locke. É, assim, considerado o filósofo mais radical do iluminismo, e nem mesmo a burguesia (que deu origem ao iluminismo) escapou de suas críticas.

As ideias de Rousseau influenciaram fortemente os ideais da Revolução Francesa e, depois, da Revolução Haitiana.

Abordando a questão do estado de natureza, contrapõe de maneira radical as ideias de Hobbes, e **afirma que o homem não é hostil ou maligno** (o homem não é, para Rousseau, lobo do homem). Em outras palavras, no estado de natureza (ausência de coletividade organizada na forma de Estado), o homem não tem intenção de fazer mal aos outros homens, sendo inclusive desprovido do sentido da razão enquanto viver no estado de natureza, tendo seus desejos supridos pela natureza.

Esse **"bom selvagem"** que identifica o homem no estado de natureza é afastado pelo alcance da razão quando da formação de uma sociedade civil, ou governo civil na forma de Estado. Assim, aquele homem "cru" que apenas buscava satisfazer seus sentidos primitivos por meio da natureza, agora, identificando-se pela razão, passa a ver no outro o seu alter ego, e forma a sociedade.

Rousseau é contratualista como Hobbes e Locke. Entretanto, lembre-se que Hobbes sustentava a existência de uma natureza humana que, diante da formação dos Estados, necessitaria de um poder absolutista em seu comando, Locke sustentava que o Estado deveria garantir os direitos naturais, principalmente liberdade, vida e propriedade.

Rousseau, **divergindo de ambos**, faz uma crítica muito dura aos argumentos de Locke, afirmando que o Estado deve garantir a liberdade de todos, resguardando aquilo que chamou de "vontade geral", identificando a coletividade como um corpo dotado de vida. Essa visão fez Rousseau concluir que **a propriedade privada sustentada por Locke como direito natural seria incompatível com essa "vontade geral"**, pois causaria desigualdades incontornáveis na sociedade.

Na teoria da vontade geral, a soberania do povo é indivisível e não passível de relativização. Não há, portanto, possibilidade de a vontade individual suplantar a geral em determinado conflito de interesses.

Respondendo a questão de como seria organizada a sua sociedade, Rousseau sugere a aplicação de uma **democracia participativa**, e não em uma democracia representativa, como sustentavam Locke e Montesquieu.

A democracia seria exercida, portanto, mediante opinião e voto em convenções que buscariam a **resolução direta das questões sociais**. Essa visão se aproximava muito do conceito grego de democracia, mas apresenta amplitude maior de eleitorado, visto que o sistema grego era extremamente restrito.

Para suprir as dificuldades inerentes ao exercício dessa democracia participativa em grandes cidades ou Estados, Rousseau indica ser possível a aplicação de uma **aristocracia** (governo exercido por alguns selecionados) ou, ainda, uma monarquia. A sua democracia participativa, então, tinha aplicação prática mais restrita a pequenas cidades.

De todo modo, os representantes (em qualquer dos sistemas) deveriam garantir a prioridade dos **interesses gerais do povo**, e não tão somente os interesses individuais. Essa visão, esclarece-se, não coloca Rousseau como um socialista, pois tal proposta é posterior ao filósofo austríaco. Ainda, Rousseau não elaborou uma forma de estado socialista, mas tão somente direcionou que as escolhas do Estado deveriam considerar a vontade geral.

▸ **Como esse assunto foi cobrado em concurso?**

(CESPE – 2015 – DPU – Defensor Público) Quanto à sociologia jurídica, julgue o item subsequente.

Na obra de Jean Jacques Rousseau, nota-se a preocupação com o respeito à vontade geral dos indivíduos que compõem o Estado, além de uma constante crença na bondade da natureza humana, ao contrário do que defendeu Hobbes. Para Rousseau o homem nasce bom, porém, com as disputas existentes no meio em que se encontra inserido, acaba se degenerando. Enfatizando o valor ao predomínio da vontade individual, defende que direitos essenciais possam ser renunciados, como a liberdade e igualdade.

( ) Certo

( ) Errado

Gabarito: Errado.

Antes de tratar do próximo filósofo cabe uma observação final, apenas para fins de contextualização. Os filósofos contratualistas aqui comentados servirão de inspiração para a obra de **John Rawls**, que será abordado em seu devido tempo, sendo classificado como um **neocontratualista**.

7.3.10. Immanuel Kant

Embora todos os filósofos citados nesta obra tenham extraordinária importância na história da filosofia e do Direito, Immanuel Kant detém, no cenário dos expoentes, posição ainda mais destacada, principalmente em sua abordagem sobre **ética**.

Nascido na Prússia Oriental, em Königsberg, atual Kaliningrado, na Rússia (1724-1804), Kant teve contato com inúmeras obras filosóficas durante sua formação acadêmica, tendo se tornado mais um filósofo de destaque no contexto do **iluminismo**.

No século XVIII, o iluminismo apresentou duas grandes correntes de pensamento que, na obra de Kant, encontraram um caminho mais harmônico. Essas duas correntes são chamadas de **empirismo** (conhecimento obtido por meio da experiência e das sensações reais) e **racionalismo ou cientificismo** (conhecimento obtido a partir do método científico). Esse contraste de posições foi alvo da abordagem de Kant, que sustentava a possibilidade de união dessas formas de conhecimento, ou, pelo menos, de **harmonização das técnicas**.

Lembre-se que estamos em um momento em que a razão busca retomar seu protagonismo, ao passo que, nessa proposta, os cientificistas escolhem seu **objeto de estudo** e o colocam **no centro** (esse termo é de extrema importância) o observam, testam, analisam, validam suas descobertas a fim de chegar a uma regra geral que tenha uma lógica.

Como exemplo podemos citar Isaac Newton, um dos grandes cientificistas iluministas que, utilizando-se dos métodos acima referidos, elaborou a sua Teoria da Gravitação Universal.

Immanuel Kant é um estudioso da **metafísica**, tema abordado desde Aristóteles, porém, sem a utilização desta nomenclatura. A metafísica significa **além da física**, o que não é corpóreo. Nela analisa-se o âmago, a essência das coisas. Questões como: existe um Deus? Os seres possuem alma? São tratadas nessa área do conhecimento filosófico.

Em sua obra Crítica à Razão Pura, Kant propõe uma alegoria à **revolução copernicana** – lembre-se que foi Copérnico quem afirmou que não era o Sol que revolvia ao redor da Terra, mas o inverso, passando-se do antropocentrismo para o heliocentrismo.

Kant propõe uma quebra, verdadeira **inversão da metodologia** até então adotada: retira-se o objeto do centro e coloca-se o **sujeito**.

Para tanto, utiliza-se de **métodos científicos** que, segundo ele, seriam os grandes responsáveis pela evolução das ciências, especialmente da Física, e que deveriam ser adotados para o **estudo da metafísica**, ou seja, Kant tinha como objetivo obter um consenso quanto ao **método,** o que, até então, inexistia.

Trata-se, porém, de tarefa difícil, pois tal conhecimento que não se adquire pela experimentação, mas pela **teorização**, natural do estudo metafísico que trabalha com **conceitos abstratos**.

Sobre as questões acima expostas extrai-se um trecho de sua obra Crítica à Razão Pura:

> O destino não foi até hoje tão favorável que permitisse trilhar o caminho seguro da ciência à metafísica, conhecimento especulativo da razão completamente à parte e que se eleva inteiramente acima das lições da experiência, mediante simples conceitos (não, como a matemática, aplicando os conceitos intuição), devendo, portanto, a razão ser discípula de si própria; é, porém, a mais antiga de todas as ciências e subsistiria

> mesmo que as restantes fossem totalmente subvertidas pela voragem de uma barbárie, que tudo aniquilasse. Na verdade, a razão sente-se constantemente embaraçada, mesmo quando quer conhecer a priori (como tem a pretensão) as leis que a mais comum experiência confirma. É preciso arrepiar caminho inúmeras vezes, ao descobrir-se que a via não conduz aonde se deseja; e no que respeita ao acordo dos seus adeptos, relativamente às suas / afirmações, encontra-se a metafísica ainda tão longe de o alcançar, que mais parece um terreiro de luta, propriamente destinado a exercitar forças e onde nenhum lutador pôde jamais assenhorear-se de qualquer posição, por mais insignificante, nem fundar sobre as suas vitórias conquista duradoura. Não há dúvida, pois, que até hoje o seu método tem sido um mero tateio e, o que é pior, um tateio apenas entre simples conceitos.

Partindo dessa Revolução Copernicada, Kant afirma que não é a **natureza do objeto** que define a sua compreensão, o seu conhecimento, **mas a natureza do sujeito**. Quando o sujeito dispõe-se a analisar um objeto, ele não enxerga a **realidade**, mas, tão somente, a sua **representação**.

Em outras palavras, a caracterização que o sujeito tem do objeto não adveio **do objeto em si**, mas de sua **razão,** obtidas através de seus **sentidos,** ou seja, ainda que falássemos dos objetos mais simples, aquilo que visualizamos não são os objetos em si, mas nossas **percepções** deles, os **fenômenos.**

Sobre a necessidade e possibilidade da razão debruçar-se sobre determinados temas, ao contrário de René Descartes, que sustentava que toda dúvida deveria ser posta à prova pelo método científico, Kant dizia que o aprofundamento de análise deveria ocorrer apenas em temáticas que efetivamente poderiam contribuir para a ciência e para o aprendizado. Para ele, por exemplo, seria desnecessário passar a existência de Deus por um método científico.

Em sua **"Teoria dos Juízos"**, presente em sua obra Crítica à Razão Pura, Kant menciona que juízos são formas de conhecimento em que sempre haverá um **sujeito** e **um predicado**, os quais podem ser **analíticos ou sintéticos** e advém de duas formas de conhecimento ***a posteriori*** e ***a priori***:

I) **conhecimento *a posteriori*:** dependem da experiência, são fornecidos pelos sentidos. Ex.: para saber se a água está gelada é preciso experimentar.

II) **conhecimento *a priori*:** também chamado de **puro**, independe dos sentidos e esse conhecimento pode ser aplicado a qualquer situação. Ex.: a forma geométrica quadrado possui quatro lados, essa afirmação é válida para todos os quadrados.

   (i) **juízo analítico:** uma forma de conhecimento seguro, em que o predicado **está contido no sujeito.** Ex: um quadrado sempre terá quatro lados. Se o objeto tiver três lados, será um triângulo, e não um quadrado.

(ii) **juízo sintético *a posteriori*:** uma forma de conhecimento inseguro, o predicado **não está contido no sujeito**. Trata-se de conhecimento empírico e que **não pode ser generalizado**, de forma que não serve para fins científicos Ex: o quadrado é amarelo. O fato de um quadrado ser azul não o torna outra forma geométrica e esse conhecimento somente pode ser constatado pelo empirismo.

(iii) **juízo sintético *a priori*:** O predicado **não é extraído do sujeito**. A síntese, através da experiência é capaz de formar conhecimento novo, para que isso seja possível é preciso que a experiência possa ser repetida, possibilitando a construção da **universalidade e necessidade** do juízo. Ex: as leis gravitacionais são iguais em todo o planeta, é possível testá-la e demonstrar-se que a regra não é modificada, independentemente do sujeito.

Conclui-se que para Kant, não somos capazes de **conhecer as coisas em si**, em sua essência, mas somente os **fenômenos** delas advindos.

7.3.10.1. A Ética Kantiana

Em sua obra Fundamentação da Metafísica dos Costumes, Imannuel Kant desenvolve seu modelo ético baseado na **deontologia** (ciência do dever e da obrigação). O filósofo entendia que, apesar das paixões humanas, o ser humano é racional, de forma que, utilizando-se da razão, poderia pautar seu agir de modo ético.

Kant buscou desenvolver um modelo ético baseado no **dever ser** que independesse de qualquer inspiração moral, autoridade estatal ou religiosa que, dessa forma, poderia ser **universalizada**.

Para fundamentar sua teoria ética, Kant desenvolveu os **imperativos categóricos**, que são máximas universalizáveis, ou seja, válidas para todo ser humano racional.

Em resumo, Kant acreditava ser possível usar o pensamento racional para finalmente chegar a uma concepção de princípios éticos. Lembre-se que as teorias medievais defendiam uma moralidade "revelada" por Deus, o que fortalecia o clero como transmissor e intérprete dessa noção. Kant, aliado a uma **mentalidade liberal e iluminista**, aponta que a **razão** pode ser usada como **instrumento para se chegar a tal resposta.**

O imperativo categórico é enunciado pelo autor com três diferentes proposições. São elas:

1º Imperativo Categórico – Lei Universal: *Aja como se a máxima de tua ação devesse tornar-se, através da tua vontade, uma lei universal.*

2º Imperativo Categórico – Fim em si mesmo: *Aja de tal forma que uses a humanidade, tanto na tua pessoa, como na pessoa de qualquer outro, sempre e ao mesmo tempo como fim e nunca simplesmente como meio.*

3º Imperativo Categórico – Legislador Universal: *Aja de tal maneira que tua vontade possa encarar a si mesma, ao mesmo tempo, como um legislador universal através de suas máximas.*

Por meio dos imperativos categóricos, Kant sustenta que é possível descobrir o que é ético a partir de juízos *a priori*, ou seja, independentemente de confirmação prática posterior. Em outras palavras, a razão conhece o imperativo categórico e, por consequência, a ética, independentemente de qualquer experiência.

Um exemplo pode facilitar a compreensão. Muitas vezes somos colocados em situações nas quais é mais fácil mentir para não magoar uma pessoa, do que falar a verdade. Apesar de momentaneamente mais vantajoso, a mentira **é uma conduta que deve ser universalizada?** Por óbvio que não. Dessa forma, agir assim não é ético. A mentira, por mais nobre que seja, jamais passaria pelo filtro do imperativo categórico.

Kant entende que o homem é um ser racional e pode optar por agir de forma correta, fazendo aquilo que **deve,** tendo em sua ação **um fim em si mesmo** e não em suas consequências, ou agir movido por outras intenções (lucro, desejo, vingança etc), situações nas quais ele exercerá o **mal**, que para Kant nada mais é do que agir de modo diverso da razão pautada pelo dever.

O **segundo imperativo categórico** de Kant, que ordena que **todo ser humano deve ser visto como um fim em si mesmo,** é o valor filosófico que norteia a elevação do princípio da **dignidade da pessoa humana** como vetor máximo de ordenamentos jurídicos democráticos contemporâneos.

Para o filósofo as pessoas são fins em si mesmas, possuem **valor,** são insubstituíveis, são detentoras de **dignidade.** Isso diferencia o ser humano das **coisas** afirmando que as últimas possuem **preço,** podendo ser substituídas por equivalentes.

Cabe ressaltar que Kant pode ser classificado, na filosofia do direito, como um **jusnaturalista** pois, em sua proposta, elenca existir um dualismo que, como **gênero** traz a **moral** e, como **espécies,** traz a **ética** e o **Direito,** sendo este dotado de caráter externo (heteronomia), caracterizado por ser uma relação entre dois arbítrios e, por fim, sendo formal.

Além disso, Kant propõe que o Direito pode ter sentido lato ou estrito. No lato, não teria coerção (a exemplo do direito de equidade e de necessidade), enquanto no estrito a coerção estaria presente.

7.3.11. Jeremy Bentham e John Stuart Mill

O **utilitarismo** foi uma doutrina ética desenvolvida por **Jeremy Bentham** no século XIX, que sustentava, basicamente, que determinado ordenamento jurídico deveria ter como objetivo produzir a **maior felicidade** para o **maior número possível de pessoas, de forma imparcial.**

O filósofo defendia que a natureza humana era voltada a **buscar o prazer e evitar a dor** e, dessa forma, as escolhas de toda ordem deveriam ser voltadas a buscar o máximo de felicidade com o mínimo de dor possível.

Quanto ao **Estado**, Bentham afirmava que a **obediência** do cidadão era a sua parcela de contribuição para a obtenção de um bem maior, a felicidade de toda a sociedade.

A produção de felicidade na maior medida possível poderia ser vista também sob os prismas da maior produção de prazer possível ou, ainda, de menor dor/desprazer possível.

Fala-se, assim, que além de ser **imparcial** e **hedonista**, o utilitarismo é uma forma de pensamento baseado no **consequencialismo**, pois **avalia uma ação unicamente em função de suas consequências**, e não a partir das intenções do agente.

> **Exemplo:** Um dos casos mais comuns de análise utilitarista é o do bonde desgovernado.
>
> a) Suponha que, sendo motorista de um bonde desgovernado, você percebe que, mantida a rota natural, ocorrerá o atropelamento de cinco pessoas. Entretanto, se você fizer um desvio para um trilho alternativo, isso matará apenas uma pessoa. Você faria o desvio?
>
> b) Suponha que, sendo espectador de um bonde desgovernado, você percebe que, mantida a rota natural, ocorrerá o atropelamento de cinco pessoas. Entretanto, olhando para o lado, você percebe que poderia empurrar um homem muito grande na direção do bonde, fazendo-o trocar de rumo e, assim, evitar a morte das cinco pessoas. Você jogaria o homem contra o bonde, matando-o, para desviar a rota?
>
> A maioria das pessoas responde afirmativamente para a primeira pergunta e negativamente para a segunda. Segundo elas, a "intenção homicida" não está presente no primeiro caso, o que facilita a resposta.
>
> Para o utilitarismo, o que importa é tão somente a consequência, e a resposta utilitarista seria, sem dúvidas, afirmativa para ambas as situações.

Nesse ponto diferencia-se a Ética Utilitarista da Ética Deontológica ou do Dever. Analisemos a diferença com outro exemplo chamado de ***Ticking Bomb Scenario Theory*** ou Teoria da Bomba Relógio:

> **Exemplo:** Há uma bomba escondida em um aeroporto com muitas pessoas. As forças de segurança conseguem prender a pessoa que instalou a bomba e sabe a sua localização. Durante o interrogatório, o preso se nega a informar o local do explosivo, mesmo após insistente interrogatório. Nesse caso, a utilização de tortura para obter a informação seria possível?
>
> Aplicando-se a ética utilitarista, não há dúvidas que sim, porquanto a dor de uma pessoa poderia salvar a vida de milhares. Sob a ética deontológica (falou-se dela quanto da análise de Kant), a resposta é um sonoro não.
>
> A tortura, ainda que justificada por uma causa nobre, jamais poderia ser uma máxima universalizável (age de tal forma que a sua ação possa ser universalizada). Ademais, a pessoa torturada, ainda que criminosa, é dotada de dignidade, e não de valor (característica de objetos) e, portanto, não poderia ser utilizada como um meio para determinado fim.

Retomando à linha de raciocínio, para Bentham, o homem tem como senhores o prazer e a dor, e os prazeres podem ser tratados sob o viés **quantitativo**, o que pode conflitar quando postos sob análise direitos individuais e direitos coletivos. Essas perspectivas foram a fonte de discordância utilitarista que embasou a proposta de **John Stuart Mill.**

Em sua obra "O Utilitarismo", o autor aponta que a felicidade é a única coisa desejada e desejável, sendo todas as demais metas instrumentais (meios) para o objetivo final, que é sempre a felicidade. Dada essa noção, Mill informa que fazer o bem está diretamente relacionado com acrescentar felicidade, não apenas no aspecto individual, mas coletivo.

Em uma tentativa de humanizar o utilitarismo, **Stuart Mill** propõe o respeito completo aos direitos individuais e um **viés qualitativo dos prazeres (da felicidade)**, que poderiam ser elevados ou baixos, superiores ou inferiores.

Os **prazeres superiores** são aqueles vinculados ao **intelecto**, ao passo que os **inferiores** estão relacionados com o **corpo**. Segundo o filósofo, os prazeres superiores são mais desejáveis porque geram um bem maior, bem como porque são permanentes e seguros, além de apresentarem menor custo.

Nas palavras do próprio Mill, é melhor ser um "Sócrates insatisfeito do que um imbecil satisfeito", pois a felicidade não equivale à satisfação dos desejos corpóreos, já que existem prazeres superiores e inferiores.

Por fim, Mill indica que em caso de dúvida extrema entre a existência dessa classificação em prazeres inferiores e superiores, o sujeito deve prová-los, a fim de tomar empiricamente a noção de suas existências e de suas efetivas qualidades.

Hoje, fala-se que existem duas espécies de utilitarismo:

a) **Utilitarismo de atos:** indica que devemos promover as ações visando o maior prazer ao maior número de pessoas, ato a ato.

b) **Utilitarismo de regras:** indica que, para evitar o exercício reiterado de avaliações de atos, devem existir regras que apontem qual ato deve ser realizado em cada situação. Em outras palavras, esse utilitarismo admite o estabelecimento de um sistema de regras obtidas a partir do princípio de utilidade. Ou seja, aponta que uma ação será correta na medida em que ela se conformar a uma regra que conduz ao bem maior.

▸ **Como esse assunto foi cobrado em concurso?**

(CESPE – 2017 – DPU – Defensor Público) De acordo com o utilitarismo, a relação sexual consentida entre homossexuais e sem prejuízo a terceiros, ainda que vista como inadequada por um grupo social, não configura uma questão de moralidade.

Gabarito: Certa.

(CESPE – 2015 – DPU – Defensor Público) O utilitarismo é uma espécie de ética normativa segundo a qual se considera correta uma ação se ela colaborar para promover a felicidade, de modo que um indivíduo egoísta, por exemplo, pode ser valorizado, com base nessa proposta.

Gabarito: Errada.

(2023 – FGV – TJ/PR – Juiz de Direito Substituto) Ao julgar uma ação típica de judicialização da saúde, os argumentos apresentados pela Procuradoria do Estado invocam a ética utilitarista.

Segundo Jeremy Bentham, a ética utilitarista está baseada no Princípio da Utilidade, que afirma que:

a) toda ação deve ser aprovada ou rejeitada em função da sua tendência de aumentar ou reduzir o bem-estar das partes afetadas pela ação;

b) a utilidade consiste em fazer o que é vantajoso para a administração pública, a fim de preservar o erário e os interesses do governo;

c) é preciso agir como se a humanidade existente em ti e no outro seja sempre tomada como um fim em si mesmo e nunca como um meio;

d) toda ação pública é útil à sociedade na medida em que resulta de um amplo processo de debate público, com igual direito de manifestação;

e) deve ser considerada justa a ação que promove a garantia dos direitos de cada indivíduo, pois esses são invioláveis na sua esfera moral e jurídica.

Gabarito: Alternativa A.

7.3.12. Georg Wilhelm Friedrich Hegel

Georg Wilhelm Friedrich Hegel (1770-1831), foi um filósofo que ficou conhecido como o maior representante do movimento denominado de **Idealismo Alemão.**

O **idealismo** é a escola filosófica que buscava o conhecimento da verdade em plano diverso da realidade prática, buscando-a em um **plano ideal**, assim como propuseram Platão e Kant, sendo aquele a maior referência de Hegel, que inclusive se utilizou do termo "dialética" em sua obra, embora com sentido um pouco diverso.

Enquanto Kant entendia que o ser racional somente conseguia captar os fenômenos e não a coisa propriamente dita, Hegel afirmava que o **conhecimento humano não possui limites**, elaborando a sua conhecida frase "tudo o que é real é racional, tudo o que é racional é real", ou seja, **nada existe fora do pensamento**.

A obra de Hegel, dotada de difícil compreensão técnica, abarcou uma amplitude filosófica gigantesca, e abordou temas como religião, estética, história da filosofia etc.

Afastando-se da abordagem universalista lecionada por Kant, **Hegel** propôs um pensamento baseado na **processualidade** e na **historicidade**, indicando que, da mesma forma que cada homem é um resultado do seu tempo, **a filosofia também pensa o seu tempo**, não sendo razoável cogitar que uma filosofia ultrapassará essa limitação. Evoca em sua obra, então, o termo *zeitgeist* (espírito da época) para situar o momento histórico de posicionamento do pensamento.

Para ele, em resumo, superando as pretensões de universalidade e eternidade temporal, **a filosofia** deve se ater a observar as contradições de seu **tempo histórico** e propor formas de superá-las mediante apontamentos racionais.

Dada essa noção de que o homem é um ser histórico, Hegel, em seu livro "Fenomenologia do Espírito", insere sua ideia **dialética** de mundo, que representa uma **troca constante de informações** que, postas em **embate de contraposição**, permitirão uma **evolução do pensamento humano** e do conhecimento.

A **verdade**, em Hegel, deixa de ter o caráter absoluto defendido pelos gregos, pois é, em realidade, **dinâmica** e composta por uma noção de **"devir"**, sendo fruto de uma **evolução constante decorrente da dialética**, que deixa de ser um método para analisar a realidade e passa a ser a **maneira própria de formação da realidade e da verdade.**

A dialética em Hegel compreende a noção de "espírito" que, por sua vez, é dotado de três formas de consciência. A primeira das formas é a **autoconsciência**, ou seja, aquela noção que o sujeito tem da própria existência no mundo. A segunda forma de consciência, ou "espírito", é o **"espírito em outros"**, decorrente da percepção do sujeito de que existem outras pessoas no mundo. A terceira é o que Hegel chama de **espírito absoluto**.

Criticando e desfazendo a dicotomia absoluta entre "sujeito cognoscente" e "sujeito cognitivo", aponta que esses elementos devem, na verdade, ser objetos de uma **equação dialética (via embate de contradições)** que resultará na verdade absoluta ou, como o próprio Hegel denominou, no **espírito absoluto,** elemento que, a partir do momento em que é conhecido, permitirá o avanço constante do conhecimento humano. Isso é a **dialética Hegeliana.**

Tenta-se nesta proposta, então, terminar com a discussão binária entre empiristas e cientificistas, apontando que o sujeito "cognitivo" é aquele que chega no conhecimento do espírito absoluto a partir desse embate dialético.

Essa proposta de Hegel é muito parecida com a fórmula composta por **tese, antítese e síntese**, mas é importante mencionar que esses termos são aqui utilizados apenas para fins didáticos, já que o próprio Hegel nunca os utilizou em suas obras.

A constante evolução do pensamento decorre do fato de que, tão logo alcançada a **"síntese"** em Hegel (ou espírito absoluto), **ela se tornará uma nova tese**, que será **então novamente contraposta** por uma **nova antítese** e gerará, assim, **uma nova síntese**. A dialética deixa de ser, por meio desse procedimento, um simples mecanismo e se converte em verdadeiro **processo de formação do conhecimento**.

Não por acaso, reforçando o caráter procedimentalista de sua proposta, Hegel afirma que a racionalidade é um movimento crescente. Ou seja, estando a realidade em constante devir com o embate entre contrários, a racionalidade desabrocha no tempo a partir desse movimento dialético construtivo.

Em um projeto literário escrito junto ao filósofo Max Schelling, chamado "O mais antigo programa de um sistema de idealismo alemão", Hegel apresenta uma **concepção mecanicista de Estado**. Propõe na obra que o Estado funcione como um mecanismo com peças-chave que, estando corretamente alocadas, permitirão o funcionamento perfeito da sociedade, já que permitirão o avanço do conhecimento por meio da dialética.

De certa forma, propõe-se que a síntese das contradições individuais resulta na formação de uma sociedade em que, admitindo ser composta por cidadãos com opiniões diversas, é caracterizada pela noção de formação orgânica. Em outras palavras, ela seria o "espírito absoluto" do grupo social.

7.3.13. O juspositivismo do Século XIX

O juspositivismo é uma corrente de pensamento jurídico que surge no século XIX e se desenvolve também no século XX. Durante o século XIX, esse movimento é representado por **três escolas**: a da **exegese**, na França; a da **jurisprudência analítica**, na Inglaterra; e a **histórica do direito**, na Alemanha.

A primeira formulação do pensamento juspositivista é a da **Exegese**, na França, e decorreu do trabalho de elaboração dos comentários ao Código Civil Francês, de 1804, tendo as características de ser:

a) estatista;
b) legalista;
c) coativista;
d) ligada à interpretação mecânica do Direito;
e) não reconhecedora da força normativa dos princípios;
f) dotada da visão de que o direito é apenas um sistema de normas;
g) indicadora de que os princípios apenas servem para preencher lacunas.

A **Escola da Jurisprudência Analítica** tem origem na Inglaterra e foi desenvolvida no sistema da *common law*, tendo em John Austin seu principal expoente. Foi Austin quem inaugurou a abordagem analítica de forma sistemática na teoria do direito.

Preocupado em realizar distinções rigorosas entre o Direito e outras ciências, Austin propôs que o Direito era aplicado por **imposição da força dominante** em uma sociedade, e não pode ser confundido com a moral, podendo inclusive ser injusto.

Ademais, criou a chamada **"teoria do comando"** apontando o Direito consiste na sistematização de comandos que são, ao final, expressões de vontade do soberano, que está acima do Direito e mantém este na sociedade pela via da ameaça.

O marco diferencial dessa escola é a preocupação na elaboração de conceituações refinadas de Direito.

A **Escola Histórica do Direito**, originada na Alemanha, também é conhecida no mundo jurídico como "pandectismo alemão". Apresenta como característica marcante a influência do movimento romantista em seu desenvolvimento, indicando que **o Direito seria produto histórico**. A essência do direito é, para essa escola, encontrada nos grupos sociais e na evolução dos hábitos e costumes dos povos, nascendo desse "espírito do povo".

Um dos maiores expoentes da Escola Histórica do Direito foi **Savigny**, que sustentava que o direito não nasce das leis, mas sim do que chamou de *volkgeist*, ou seja, do **espírito do povo** em determinado tempo e local, sendo reforçado pela jurisprudência.

7.4. Filosofia contemporânea

7.4.1. *Contexto histórico. Contemporaneidade*

O Século XX teve, logo nas primeiras décadas, o seu otimismo abalado por duas grandes guerras mundiais e uma depressão econômica de envergadura gigantesca. A primeira metade deste centenário foi marcada por poucos avanços na qualidade de vida das pessoas, seja em países desenvolvidos, seja nos locais mais pobres.

A democracia, por exemplo, que havia se espalhado como sistema de governo na Europa não teve um desenvolvimento tranquilo. Já na terceira década do século, viram-se os primeiros passos de ditadores como Hitler, Mussolini e outros, que inclusive se utilizaram da democracia em um primeiro momento como trampolim ao poder ditatorial.

Para auxiliar na memorização

A Guernica, de Pablo Picasso: Pintada em 1937, a obra é identificada como um símbolo universal contra os horrores da guerra. Em 26 de abril de 1937, pilotos alemães bombardearam a pequena cidade de Guernica, assassinando três mil inocentes da indefesa localidade. O pintor teria se utilizado da cor preta e das formas distorcidas para, propositalmente, causar uma sensação desagradável ao observador, que não poderia ficar alheio ao sentimento da guerra. Conta-se que, em certa oportunidade, um oficial da Gestapo, segurando uma pequena réplica da Guernica, perguntou a Picasso "foi você quem fez isso, não?". Ao que foi respondido pelo artista "Não. Foram vocês".

(fonte: fine art images / fotoarena)

Ao mesmo tempo, as experiências comunistas, quase sempre encobertas pela censura, eram vistas como uma perspectiva de melhora de vida para muitos cidadãos.

A corrida armamentista das duas grandes guerras moldou, de certa forma, a sociedade que estaria porvir. As iniciativas inventivas inicialmente utilizadas em campo de batalha foram popularizadas posteriormente, e o mundo viu o florescimento de formas de locomoção (aviões, carros, motocicletas, etc.) e de comunicação (rádio, cinema e televisão). A sociedade de consumo da segunda metade do século XX começava a surgir.

Neste segundo momento, viu-se a diminuição da utilização do sistema monárquico e a popularização definitiva das democracias. O comunismo teve suas mazelas reveladas e viu algumas de suas principais ideias serem deturpadas por ditadores.

Ao mesmo tempo, com a popularização das formas de comunicação e a urbanização das sociedades, uma nova noção de globalismo nasceu, o que desencadeou na criação de movimentos jamais vistos, como o de proteção da ecologia.

Se o início do século apresentava um protagonismo Europeu, herança da própria idade média e da revolução francesa, a partir do final da Segunda Guerra Mundial o mundo vira os olhos para os Estados Unidos da América, desde então grande potência mundial econômica e militar.

No decorrer dos anos, China e Índia passaram a ser vistas como protagonistas dos acontecimentos mundiais, visto que juntas albergavam quase metade da população do planeta.

O homem, agora conhecedor do planeta, passa a desbravar o espaço sideral, momento decisivo também para que a importância de tecnologia se consolidasse. Com os avanços na medicina, a expectativa de vida dos humanos aumentou muito, o que desencadeou nas primeiras discussões a respeito do excesso populacional e da poluição severa.

A geração que viu duas grandes guerras mundiais, uma depressão econômica e a pandemia de gripe espanhola viu, também, o homem pisar na lua, um avião comercial cruzar o oceano e as primeiras mensagens virtuais serem remetidas pela internet. Em termos de intensidade histórica, nada se compara ao século XX.

7.4.2. *Múltiplos caminhos para a filosofia*

No curso da história, a filosofia do direito se desenvolveu, conforme acima observamos, com certa **temporalidade linear**, apresentando uma sucessão de pensamentos sequenciais que, cada qual a seu modo, seguia as características do seu tempo e espaço.

A contemporaneidade terminou com essa linearidade. Nela, surgem pensamentos vinculados a diferentes propostas e que tratam de variados temas. Não há forma de bem estudá-los seguindo o mero avanço cronológico.

Assim, pode-se dizer que a "linha do tempo" da filosofia agora revela ser, na verdade, uma corda que se desdobra em múltiplos filamentos que seguem caminhos diversos.

No Direito, o jusnaturalismo dos clássicos, medievais e modernos é confrontado duramente pelo pensamento juspositivista dos contemporâneos que, por sua vez, vem a ser superado pelo movimento do pós-positivismo.

7.4.3. *Hans Kelsen*

Consagrado como o maior jurista do século XX, Hans Kelsen realizou estudos sobre os mais diversos temas e assuntos jurídicos. Em suas obras, abordou proposições sobre justiça, democracia, teoria do Direito e do Estado e tem como expoente máximo de seus estudos o livro *Teoria Pura do Direito*.

Nascido em 11 de outubro de 1881, na cidade de Praga, atual República Tcheca, é considerado austríaco porque, naquela época, a cidade era pertencente ao então Império Austro-Húngaro.

Após sua família mudar-se para Viena, inicia seus estudos na área jurídica sendo orientado por famosos professores da época, a exemplo de *Georg Jellinek*. Em 1906, concluiu o curso de Direito.

O pensamento de Hans Kelsen tinha como **maior objetivo** atribuir à ciência jurídica **método e objetos próprios**, separando-a das demais ciências. Para isso, o autor utilizou-se do **princípio da pureza**, apontando que **o enfoque normativo seria o ponto fundamental da ciência jurídica**. Em outras palavras, "Direito é norma", e não um valor transcendental, reflexivo ou dialógico com outros elementos ou outras ciências.

Em sua teoria positivista pura, o autor não reconhece como Direito o chamado direito natural (jusnaturalismo) e outras regras não formais, como os costumes, por exemplo, indicando que **tão somente as normas positivadas são representativas de ordem jurídica estatal**

Sobre o tema, Norberto Bobbio (1995, pg. 119) esclarece que o direito positivo é

> "[...] posto pelo poder soberano do Estado, mediante normas gerais e abstratas, isto é, como "lei". Logo, o positivismo jurídico nasce do impulso histórico para a legislação, se realiza quando a lei se torna a fonte exclusiva – ou, de qualquer modo, absolutamente prevalente – do direito, e seu resultado último é representado pela codificação."

Desse modo, enquanto a doutrina do direito natural afirma que existem imposições jurídicas oriundas da natureza e válidas em qualquer lugar, independentemente da existência de regras escritas que as garantam, **o positivismo jurídico puro** de Kelsen aponta que a **fonte exclusiva do Direito reside na norma jurídica escrita.**

Na atualidade, é comum vermos juristas fazendo críticas simplistas e descontextualizadas a Hans Kelsen. Esquecem-se, infelizmente, de inserir o autor em seu devido "espaço-tempo" ou, como já mencionamos nesta obra, no *zeitgeist*, expressão conhecida como "espírito da época" em que suas propostas foram elaboradas.

O autor Tércio Sampaio Ferraz Júnior, sensível a tal injustiça, aponta que as implicações de Kelsen para a ciência jurídica, para a lógica da norma e para a aplicação do direito são tão fecundas que, por mais que o critiquemos, não deixam de desvendar novos ângulos de abordagem jurídica.

Na verdade, a proposta quase binária de configuração do direito elaborada por Kelsen tinha a **genuína intenção de descolar a ciência jurídica** de outras influências que, segundo ele, em vez de fornecerem uma compreensão objetiva sobre o Direito, misturavam tal análise com questões éticas e políticas.

Para buscar **certeza e exatidão** das ciências matemáticas, o autor propôs um sistema que, puramente positivista, poderia alcançar, em teoria, um **maior grau de segurança** ao sistema jurídico, desvinculando-se de temas como sociologia, a psicologia, a política e até mesmo sem ter a pretensão de tratar do tema justiça, visto que este também não pode ser determinado cientificamente.

Teoria Pura do Direito: as principais características do pensamento de Kelsen direcionam a abordagem para um **afastamento de ideologias políticas** do Direito, que passa a ser regido por leis próprias, em verdadeira adoção do princípio da pureza, a fim de se **alcançar o máximo de cientificismo possível.**

Rejeitando o jusnaturalismo, afirma que **não existe outro direito fora do positivado.** Assim, direito natural e expressões não formais são vistas como meras propostas morais, sem qualquer obrigatoriedade de adesão ou obediência, dado que **apenas o Direito é uma ordem coativa.**

Há, na teoria pura, uma **separação completa entre Direito e moral,** elementos que, para o autor, jamais poderiam se misturar, sob pena de se perder a cientificidade jurídica. Essa premissa de separação total acarreta na conclusão de que **o direito pode apresentar qualquer conteúdo,** pois o que importa para caracterizar-se como tal (ou seja, como Direito) é a **forma como as normas foram produzidas.** Em outras palavras, se o processo legislativo foi obedecido corretamente, "a norma criada é Direito".

Ademais, o autor indica que, em razão de seu processo de criação formalizado e institucionalizado, **o Direito detém força coativa que lhe caracteriza como verdadeira técnica de controle social,** eis que detém a possibilidade de **sanção** em caso de descumprimento.

Pela lógica de Kelsen, é Direito aquilo que está na norma. Da mesma forma, a validade de uma norma deve ser considerada a partir do conjunto normativo que a precede, ou seja, uma norma inferior deve obedecer a uma superior. Mas o que garantiria que a Constituição, primeira e essencial norma do ordenamento, é válida? Em outras palavras, quem condiciona a validade da norma que está no topo do ordenamento?

Ainda, se Kelsen estava se opondo à proposta do jusnaturalismo, o que ele utilizava como fundamento de sua proposta? A resposta é: **uma ficção.**

Para sustentar da força jurídica da norma constitucional, Kelsen desenvolve a conhecida **"concepção jurídica" da constituição.**

Essa concepção indica que a Constituição seria fundamentada no mundo do **"dever-ser"** e não, como queriam Schmitt e Lassale, na sociologia ou na política. Assim, seria ela uma lei como as demais, pois formada por um conjunto de normas, cujo fundamento se encontra no plano jurídico. Para abordar sua tese, Kelsen propôs a seguinte divisão:

Constituição em Sentido Lógico-Jurídico: A obediência à Constituição existe a partir do momento que visualizamos uma **norma hipotética fundamental** para organização de todo o sistema jurídico. Assim, deve-se perceber a existência de uma **norma pressuposta às demais**, e anterior inclusive à própria Constituição, definindo que **"todos devem obedecer à Constituição"**.

Constituição em Sentido Jurídico-Positivo: Nesta acepção, Kelsen identifica a Constituição como fundamento de validade de todas as normas infraconstitucionais do sistema jurídico, devendo ser vista como o conjunto de normas reguladoras da produção de outras normas, revelando-se em verdadeira norma positiva suprema. Em simples palavras, a Constituição é vista como o "topo da pirâmide" das normas jurídicas de um sistema.

É com base no sentido jurídico positivo que o controle de constitucionalidade se fundamenta. Ali, se uma norma infraconstitucional foi editada em descompasso com os ditames constitucionais, ela terá afastada sua validade pelo exercício de um controle puramente normativo, não importando se tal norma infraconstitucional é justa ou moralmente adequada.

Conforme resume Cunha Jr.(2016, pg. 80),

> "para Kelsen, a Constituição posta (no sentido jurídico-positivo) é a norma jurídica que fundamenta todo o sistema jurídico-positivo, conferindo-lhe unidade e fechamento. Contudo, além de uma Constituição posta há ainda uma Constituição pressuposta (no sentido lógico-jurídico) que serve de fundamento de validade à própria Constituição positivada. Essa, a pressuposta ou suposta (assim denominada porque é hipotética, não sendo imposta por nenhuma autoridade humana), prescreveria obediência irrestrita àquela, a posta (esta sim, é imposta por uma autoridade humana)."

Os críticos de Kelsen mencionam que as intenções anti-ideológicas do austríaco na verdade são uma forma de ideologia voltada à legalidade e à ordem social.

Para Kelsen, ainda, na **aplicação do Direito** dois atos são identificados: **o ato de conhecimento** (que Kelsen chama de "ato cognitivo) e o **ato de vontade**. O ato de conhecimento seria equiparado à **moldura de um quadro** que, após conhecida pelo julgador, permite uma atuação **discricionária** do juiz no seu **interior** (tela do quadro).

Esse poder discricionário existente no ato de vontade é o principal ponto de crítica dos pós-positivistas contra Kelsen, destacando-se aqui as manifestações de Dworkin e Alexy.

Para facilitar a memorização das abordagens deste autor, que talvez seja o mais exigido em questões de concurso sobre filosofia de direito, veja o quadro esquematizado a seguir:

Principais características do pensamento de Kelsen	
O objetivo da Teoria Pura	A Teoria do Direito deve se debruçar em definir **o que é e como se forma o direito**, afastando-se da discussão atinente a como ele deveria ser, pois isso traria discussões políticas e ideológicas ao Direito.
Direito é sinônimo de direito positivo	São **rejeitadas outras formas de concepção do direito**, a exemplo do direito natural ou oriundo de costumes.
Separação entre Direito e moral	Os conceitos não devem ser misturados, sob pena de perda da tão buscada cientificidade jurídica.
Direito produz ordem coativa	O Direito é uma **técnica de controle social** que, para se fazer valer, utiliza-se de sanções.
Amplitude de conteúdos	O Direito se diferencia de outros sistemas normativos em razão de sua **forma**, e não em razão de seu conteúdo. Nada impede, por exemplo, que a moral e o Direito abordem sobre o mesmo tema, mas apenas este será **positivado via método de produção próprio** e dotado de **sanções institucionalizadas.**
O Direito é um "dever ser"	Diferentemente das ciências naturais, que observam causa e consequência. O direito descreve um **nexo de imputação**, criando uma consequência jurídica para a hipótese da prática de atos.
Principais características do pensamento de Kelsen	
Pirâmide de Kelsen	É conhecida a lição sobre a pirâmide de Kelsen, de onde se afirma que algumas normas devem buscar fundamento de validade a partir de normas superiores, sendo **a Constituição o topo da pirâmide** e, portanto, o **fundamento de validade de todas as demais normas** (plano jurídico-positivo). Todavia, cabe mencionar que, para legitimar a Constituição como norma fundamental, Kelsen propôs a teoria da "norma fundamental hipotética" mencionando que é necessário compreender a existência de uma norma no "plano suposto" que confere validez à constituição (plano lógico-jurídico).

▸ Como esse assunto foi cobrado em concurso?

(FCC – 2018 – DPE/AM – Defensor Público) No que concerne à relação entre Direito e Estado, tal como a tematiza Hans Kelsen na obra O que é a justiça?, é correto afirmar que o Estado

a) é uma ordem jurídica relativamente centralizada.

b) é uma entidade metajurídica que precede a criação do Direito.

c) considerado democrático, e somente este, é legítimo para produzir normas jurídicas, pois reflete a justiça.

d) é um grupo de pessoas unidas para a consecução de interesses comuns, e o Direito é um corpo normativo que reflete a moral do povo.

e) e Direito são duas coisas completamente distintas e não necessariamente relacionadas.

Gabarito: Alternativa A

(FCC – 2018 – DPE/AM – Defensor Público) Ao enfocar criticamente a "doutrina do direito natural", Hans Kelsen a caracteriza como aquela fundada

Parte superior do formulário

a) no dualismo entre "direito natural" e "direito positivo" que considera que a validade deste último independe da correspondência ao "direito natural".

b) no dualismo entre "direito natural" e "direito positivo", e considera que o "direito natural", em virtude de sua perfectibilidade, estaria acima do "direito positivo", de modo que a validade deste último dependeria de sua correspondência ao "direito natural".

c) em uma visão monista que sustenta que todo direito é necessariamente natural uma vez que seu fundamento último é a natureza humana.

d) em um alto grau de cientificidade e caracterizada pela ausência de contradições relativamente à justificação do estabelecimento do "direito positivo" ou à existência do Estado competente para o estabelecimento do "direito positivo"

e) no dualismo dentre "direito natural" e "direito positivo" que, por toda sua coerência e rigor conceitual, é professada pelo autor em sua "teoria pura do direito".

Gabarito: Alternativa B.

(CESPE – 2017 – DPU – Defensor Público) Tendo como referência as diversas teorias da filosofia do direito, julgue o item a seguir.

Para Kelsen, no sentido lógico-jurídico, a norma fundamental define a validade do conteúdo das normas jurídicas positivadas no ordenamento.

Gabarito: Errada.

(FCC – 2017 – DPE/PR – Defensor Público) Segundo Hans Kelsen, em sua obra Teoria Pura do Direito,

a) o fundamento de validade de um ordenamento jurídico é tido como sua norma fundamental, a qual deve ser posta por uma autoridade a ela pressuposta.

b) um sistema de normas cujo fundamento de validade e conteúdo de validade são deduzidos de uma norma pressuposta é um sistema dinâmico de normas.

c) a interpretação autêntica feita por um órgão aplicador do Direito, sempre é criadora do Direito mesmo quando cria uma norma individual a um único caso.

d) o propósito único e exclusivo da Teoria Pura do Direito é responder à questão: "o que é e como deve ser um Direito legítimo?"

e) sendo possível relacionar o conteúdo da norma moral com o da norma jurídica, pode haver hipóteses de aplicação em que uma norma jurídica seja, necessariamente, moral.

Gabarito: Alternativa [illegible]

(FCC – 2015 – DPE/SP – Defensor Público) Segundo a explicação de H. Kelsen, na obra O que é justiça?, a doutrina do Direito natural pressupõe que o valor é

a) imanente à realidade e é contingente.

b) imanente à realidade e é relativo.

c) consequente da conduta e é contingente.

d) consequente da conduta e é relativo.

e) imanente à realidade e é absoluto.

Gabarito: Alternativa E.

(CESPE – 2015 – DPU – Defensor Público) Com relação à filosofia do direito, julgue o próximo item.

Na teoria pura do direito de Kelsen, a interpretação autêntica é realizada pelo órgão aplicador do direito, ou seja, tanto pelo Poder Judiciário quanto pelo Poder Legislativo.

Gabarito: certa.

(FCC – 2013 – DPE/SP – Defensor Público) Considere as seguintes afirmações sobre a Teoria Pura do Direito de Hans Kelsen:

I. A Teoria Pura do Direito trata o Direito como um sistema de normas válidas criadas por atos de seres humanos.

II. A Teoria Pura do Direito, assumindo o sincretismo metodológico, pretende ser a única ciência do Direito possível ou legítima.

III. A Teoria Pura do Direito limita-se a uma análise estrutural do Direito positivo.

Está correto APENAS o que se afirma em:

a) I e III.

b) I

c) II

d) III

e) I e II.

Gabarito: Alternativa A

(FEPESE – 2012 – DPE/SC – Defensor Público) Hans Kelsen afrmou que a teoria pura do direito é uma teoria geral do direito positivo. Para ele, o Direito é "uma ordem normativa da conduta humana, ou seja, um sistema de normas que regulam o comportamento humano". Com o termo norma, Kelsen buscou significar algo que "deve ser ou acontecer, especialmente que um homem se deve conduzir de determinada maneira".

Na obra Teoria Pura do Direito, que leva o mesmo nome da teoria de Kelsen, o autor afirma que essa teoria pura busca única e exclusivamente conhecer o seu próprio objeto, ou seja:

a) o que é e como é o Direito.

b) como deve ser o Direito.

c) como deve ser feito o Direito.

d) como deve ser feita a política do Direito.

e) como ocorre a relação entre o Direito e as demais áreas do saber.

Gabarito: alternativa A.

(FCC – 2012 – DPE/PR – Defensor Público) Um argumento correto quanto à doutrina da norma para Hans Kelsen é:

a) Para Kelsen as normas jurídicas são juízos, isto é, enunciados sobre um objeto dado ao conhecimento. São apenas comandos do ser.

b) Para Kelsen, na obra Teoria Pura do Direito, norma é o sentido de um ato através do qual uma conduta é prescrita, permitida ou, especialmente, facultada, no sentido de adjudicada à competência de alguém.

c) Kelsen não reconhece a distinção entre normas jurídicas e proposições normativas.

d) Para Kelsen a norma que confere validade a todo o sistema jurídico ou conjunto de normas é a norma fundamental que se confunde com a Constituição, já que ambas são postas e impostas.

e) Segundo Mata Machado, Kelsen, enquanto jusnaturalista, reduz o direito à norma, mas desenvolve a noção de direito objetivo enquanto coisa devida e a de justiça como Direito Natural.

Gabarito: Alternativa B.

7.4.4. *Herbert L. A. Hart*

O britânico Herbert Lionel Adolphus Hart nasceu na cidade de Harrogate, em 18 de julho de 1907 e faleceu no ano de 1992. Durante sua vida, ficou conhecido como um notório filósofo e jurista, tendo lecionado por muitos anos na Universidade de Oxford. Seu trabalho de maior reconhecimento é o livro "O Conceito de Direito", publicado em 1961.

O autor é, ao lado de Kelsen, um famoso **defensor do juspositivismo**, e buscou a **reformulação desse modelo de pensamento após a Segunda Guerra Mundial**. Lembre-se que, antes da guerra, o positivismo de Kelsen alcançou seu apogeu, mas sofreu severas críticas após ter sido indevidamente utilizado como suporte teórico para estados que desrespeitaram a dignidade da pessoa humana.

Para Hart, o Direito é um sistema ou conjunto de **regras** cujo **caráter jurídico provém de outras regras**. Importa mencionar que este autor não se utiliza do termo **norma**, como fazia Kelsen, mas tão somente da palavra **regras** para expor suas ideias.

Para ele, existe separação entre Direito e moral, embora se reconheça que existam conexões importantes entre estes elementos (dizendo que, embora frequentemente o façam, as leis não precisam satisfazer a moral). No mesmo contexto, Hart indica que o Direito é representativo de uma ordem coercitiva, o que também o diferencia da moral, que tem apenas repercussões internas.

Propondo uma classificação própria, **Hart aponta que o Direito possui regras primárias e secundárias**. As regras **primárias** regulam condutas e impõem deveres e obrigações, a exemplo das regras penais. Já as regras **secundárias** regulam a produção de outras regras, ou seja, autorizando a criação, modificação e extinção de outras regras jurídicas no ordenamento posto.

Aproximando-se do pensamento de Kelsen, que elaborou uma explicação sobre a norma hipotética fundamental para conferir validade às normas, Hart nomina tal fenômeno como **regra de reconhecimento.** Ela seria o fundamento de validade das demais normas (para Kelsen) e regras (para Hart).

Há todavia, uma diferença entre as noções de norma hipotética fundamental (Kelsen) e regra de reconhecimento (Hart). Enquanto a norma hipotética fundamental de **Kelsen** tem um **pressuposto lógico transcendental de existência**, a **regra de reconhecimento de Hart provém de uma noção empírica (constatada na prática), pois decorre do fato social de ser reconhecida como tal na sociedade em que é inserida.**

Em uma explicação simples, a validade da regra de reconhecimento de Hart provém da noção social de que cabe ao próprio Direito definir as condições de validade jurídica de uma norma.

Em outras palavras, para Hart, o que fundamenta a validade de criação do direito é a **regra de reconhecimento** que, nada mais nada menos, se consubstancia na aceitação de uma sociedade de que **"regras são criadas da maneira como o Direito dispõe"**. Ex: processo legislativo de que participam representantes democraticamente eleitos para tanto (em estados democráticos); decisão do soberano (estados ditatoriais).

Por fim, Hart indica que as **regras podem ser mais ou menos gerais**, utilizando-se da nomenclatura de **regras de textura aberta** (mais generalistas) ou **regras de textura fechada** (mais específicas), não havendo em sua obra a utilização do termo "princípios" para nominar as normas mais generalistas.

Quando aborda a questão da **discricionariedade** existente na atividade judicial, Hart concorda em termos com a posição de Kelsen (que já sustentava a inexistência de completude do Direito e, por isso, indicava existir discricionariedade judicial em alguns casos), mencionando que efetivamente há um espaço de discricionariedade a ser exercido pelo magistrado no contexto da decisão judicial de casos difíceis. Essa posição, como se verá, é fortemente criticada por Dworkin.

> **Como esse assunto foi cobrado em concurso?**
>
> **(TJ/PR – 2010 – TJ/PR – Juiz de Direito)** O pensador inglês Herbert Hart, tido como um dos principais representantes da escola do Positivismo Jurídico, que teve lugar na segunda metade do século XX, manteve a defesa da tese kelseniana da separação entre o Direito e a Moral, sendo que, a partir dessa premissa metodológica, propôs um conceito analítico de Direito. Os críticos do pensamento de Herbert Hart normalmente lhe atribuem a aceitação de cinco teses que seriam consequências lógicas deduzidas da ideia de separação entre Direito e Moral, entre as quais apenas alguma(s) foi/foram verdadeiramente defendida(s) por Herbert Hart e, de resto, pelos principais autores positivistas do século XX, sob o argumento de que as tais cinco teses são logicamente independentes e que, nessa condição, pode-se aceitar a validade de alguma(s) e, ao mesmo tempo, rechaçar outras sem que se caia em contradição. Das cinco teses abaixo que os críticos de Herbert Hart associam ao seu pensamento, marque como falsa(s) (F) aquela(s) que ele não defendeu e como verdadeira(s) (V) aquela(s) que ele de fato sustentou. Em seguida, assinale a opção CORRETA.

( ) A tese da Lei, segundo a qual o conceito de Direito deve ser definido mediante o conceito de Lei.

( ) A tese da Neutralidade, segundo a qual o conceito de Direito tem que ser definido prescindindo-se de seu conteúdo.

( ) A tese da Subsunção, segundo a qual a aplicação do Direito pode ser levada a cabo em todos os casos mediante uma subsunção livre de valorações.

( ) A tese do Subjetivismo, segundo a qual os critérios do Direito "reto" são de natureza subjetiva.

( ) A tese do Legalismo, segundo a qual as normas do Direito devem ser obedecidas em todas as circunstâncias.

a) F, V, V, F, F

b) V, F, F, V, F

c) V, F, V, V, V

d) F, V, F, V, F

Gabarito: Alternativa D.

(FCC – 2017 – DPE/PR – Defensor Público) Segundo Herbert Lionel Adolphus Hart, no livro O Conceito de Direito,

a) é possível questionar a validade de uma dada regra de reconhecimento, sem que, necessariamente, se questione a validade das regras primárias que dela extraem validade.

b) a textura aberta do direito privilegia sua aplicação por via de precedentes judiciais, em detrimento da previsão de comandos precisos na legislação positivada.

c) uma sociedade em que se faça presente unicamente normas primárias de obrigação apresenta uma estrutura social marcada pela certeza da aplicação destas normas.

d) à vigência de uma ordem jurídica, na acepção coercitiva, exige-se uma crença moral de que a desobediência a esta ordem acarretará a execução da ameaça antevista.

e) uma decisão errada, segundo padrão normativo vigente, é valida; contudo, a rejeição reiterada desse padrão pelos tribunais acarretaria alteração do sistema jurídico.

Gabarito: Alternativa E.

7.4.5. John Rawls

Professor em Harvard, o americano John Rawls buscou, em sua proposta filosófica, fundamentar uma sociedade livre e justa estabelecendo **critérios de distribuição dos bens e direitos por meio de regras e princípios adequados**.

Seu livro "Uma Teoria da Justiça", publicado em 1971, delimitou um estudo sobre a justiça contemporânea.

A problemática trabalhada por Rawls reside na dúvida sobre **como** estabelecer **critérios e fundamentos para a correta e distribuição** dos bens e dos direitos na sociedade.

Dessa forma, fazendo uma releitura dos contratualistas (Hobbes, Locke e Rousseau), Rawls é reconhecido como **neocontratualista** e estabelece a sua teoria como uma espécie de contrato social, a qual será explicada a seguir.

O desafio partia da noção de que não há alguém que possa elencar critérios de distribuição de bens e direitos sem uma vinculação com a sua própria experiência de vida, sua condição econômica, física e psicológica. Em outras palavras, a dificuldade reside em encontrar uma forma de estabelecer critérios **desprovidos de interesse pessoal** daquele que elenca os critérios de justiça na distribuição de bens e direitos.

Para propor uma solução, Rawls indica que o "contrato social" que dita a distribuição de bens e direitos deveria ser feito **através de um véu da ignorância,** algo que seria existente em uma **posição original** durante a formação da sociedade.

Ou seja, considerando que não há como formar regras justas a partir da noção das pessoas que já participam do contexto social, essas mesmas pessoas devem ser postas em uma situação original de **"ignorância"** para, então, poderem ditar as regras de justiça da sociedade.

Em termos práticos, sem saber se sua condição na sociedade será de homem ou mulher, forte ou fraco, doente ou saudável, branco, pardo ou preto, rico ou pobre, a pessoa teria, através desse véu da ignorância, **melhores condições de sugerir regras justas e igualitárias para uma vida em sociedade.**

Atrás do "véu da ignorância" as pessoas não sabem como será a nova sociedade e também não sabem qual será a sua colocação social. **Isso viabilizaria a elaboração de regras efetivamente justas, desprovidas de preconceitos e favorecimentos pessoais.**

Para Rawls, atrás de um véu da ignorância, uma sociedade efetivamente justa na distribuição de bens e direitos deveria respeitar **dois grandes princípios:**

(i) desigualdades econômicas são legítimas se atenderem ao **princípio da diferença,** ou seja, desde que haja igualdade de oportunidades e, ainda, se houver diferença, esta deve trazer o maior número possível de benefícios aos membros menos favorecidos da sociedade (maximizando os benefícios para aqueles que têm o mínimo de vantagens). Este princípio é chamado de **"maximin"**;

(ii) **liberdades básicas** para todos (direitos civis e políticos).

A teoria de Rawls acaba recebendo o nome de **neocontratualismo** porque ressoa os elementos do contratualismo clássico, principalmente as noções de estado de natureza, contrato social e de um estado de sociedade. Entretanto, **Rawls não se preocupa apenas com a organização governamental, mas com a distribuição de bens e direitos dentro da sociedade.** Fala-se, em razão disso, que sua teoria é social democrata e progressista.

Como crítica, fala-se que, na perspectiva política, Rawls é realmente um liberal, dado que o Estado não pode impor um modelo de vida aos cidadãos (moralidade, costumes, etc). Por outro lado, Rawls não é um liberal do ponto de vista econômico, visto que sustenta a aplicação do princípio da diferença como verdadeiro pilar de sua teoria de justiça da distribuição de bens e direitos.

> **▸ Como esse assunto foi cobrado em concurso?**
>
> **(CESPE – 2015 – DPU – Defensor Público)** Segundo Rawls, idealizador do liberalismo-igualitário – proposta que relaciona os conceitos de justiça e de equidade –, cada pessoa deve ter um direito igual ao sistema total mais extenso de liberdades básicas compatíveis com um sistema de liberdade similar para todos, o que ele considera o primeiro princípio da justiça.
>
> *Gabarito: Certa.*

> **(NCUFPR – 2014 – DPE/PR – Defensor Público)** É uma característica fundamental da teoria da justiça de John Rawls, na interpretação de Roberto Gargarella:
>
> a) Utilitarismo, na forma da postura que considera um ato como correto quando maximiza a felicidade geral.
>
> b) Minimização do papel do Estado junto à sociedade, cuja intervenção deve reservar-se a corrigir ilegalidades patentes.
>
> c) A ideia de que a herança, por exemplo, só é justificável se fizer parte de um esquema que melhora as expectativas dos membros menos favorecidos da sociedade.
>
> d) A eleição de um rol determinado e imutável de bens de vida que deve estar disponível a todos os membros da sociedade, em qualquer época.
>
> e) A concepção de um Estado que privilegie a meritocracia, eis que é necessário recompensar adequadamente o esforço individual que, se utilizado em todo seu potencial, terminará por favorecer toda a sociedade.
>
> *Gabarito: Alternativa C.*

(DPE-PR – 2014 – Defensor Público – prova discursiva) Para nós, o objeto principal da justiça é a estrutura básica da sociedade, ou, mais precisamente, o modo como as principais instituições sociais distribuem os direitos e os deveres fundamentais e determinam a divisão das vantagens decorrentes da cooperação social. (John Rawls, Uma teoria da justiça). A teoria da justiça de John Rawls, apresentada em 1973, refundou os estudos em ciência política e direito acerca do tema, e ainda hoje é o parâmetro central de discussões sobre as relações entre justiça, igualdade e liberdade. a) Descreva os aspectos da teoria da justiça de Rawls que legitimaram as ações afirmativas. Fundamente adequadamente sua resposta. b) A teoria da justiça de Rawls refere-se às instituições básicas da sociedade. Partindo deste ponto, os institutos jurídicos que ampliaram o acesso à Justiça, consolidados em sede constitucional, são compatíveis com esta teoria? Fundamente adequadamente sua resposta, apontando ao menos dois destes institutos.

Espelho de gabarito fornecido pela banca: Tópico a – Princípios da justiça de Rawls, especialmente o princípio da diferença; Até 1,0 – Neocontratualismo de Rawls, descrevendo o mecanismo rawlsiano; Até 0,5 – Papel do Estado e das instituições da sociedade Até 0,5 – Superação do conceito de "igualdade de oportunidades" Até 0,5 – Relação com o regime democrático Até 0,5 – Tópico b – Institutos democráticos (Defensoria Pública; Juizados; Ministério Público; ações de controle de constitucionalidade; possibilidade de tutela coletiva; assistência jurídica gratuita); Até 1,0 – Acesso à justiça como bem a ser distribuído e cujo esquema de distribuição deverá ser melhorado pelas instituições básicas da sociedade; e a relação de tais institutos com a concepção rawlsiana de sociedade justa, qual seja, se o funcionamento de tais institutos incrementa a parcela de recursos (bens primários) dos membros menos favorecidos da sociedade.

7.4.6. Escola de Frankfurt

A Escola de Frankfurt leva este nome porque originada de um grupo de pensadores associados ao Instituto de Pesquisa Social, grupo de estudos (ou departamento) criado na Universidade de Frankfurt, no período conhecido como entreguerras, e que tem como expoentes iniciais (primeira geração) as figuras de **Theodor Adorno** e **Max Horkheimer**.

Apenas a título de conhecimento, **Jürgen Habermas** faz parte da **segunda geração** da Escola de Frankfurt, porém, em razão da relevância e extensão de sua obra, terá abordagem individualizada.

A principal obra de Adorno e Horkheimer é a **Dialética do Esclarecimento**, a qual foi publicada em 1947. Como principal marco para posicionamento histórico do leitor, tem-se o término da 2ª Guerra Mundial em 2 de setembro de 1945, de forma que as barbáries dos campos de concentração nazistas, do grande número de mortos na guerra e o desenvolvimento da bomba atômica estarão muito presentes em seus textos, especialmente quando analisam e firmam uma crítica sobre a razão que chamam **instrumental**, porquanto não considera racionalmente os seus fins.

As análises propostas por essa linha de pensamento estão relacionadas com movimentos sociais que começaram a despontar na Europa e no mundo durante este período (nazismo, socialismo e fascismo).

Erguendo bases sobre algumas lições marxistas, a Escola de Frankfurt não se confunde com o marxismo em si, pois carrega consigo um academicismo estranho àquele, que é mais vinculado aos movimentos sociais de base, a exemplo de sindicatos e partidos políticos.

Criticando inclusive o governo estabelecido por Stalin na União Soviética, mas também os movimentos capitalistas, a Escola de Frankfurt estende sua análise no que pode ser chamado de uma **alternativa ao desenvolvimento social.** Em outras palavras, **uma crítica proposta para a esquerda e pela própria esquerda.**

Com o desenvolvimento do cientificismo e do positivismo, houve uma espécie de **esperança** de que a humanidade estaria desenvolvendo-se em direção ao progresso, com avanços científicos e econômicos gigantescos, porém, o século XX, com suas duas atrozes guerras, colocou em dúvida os rumos tomados pela sociedade.

No livro "A Dialética do Esclarecimento", Theodor Adorno e Max Horkheimer propõem um conceito a respeito da palavra **esclarecimento,** indicando que este seria a **busca do humano pelo domínio completo da natureza.** Em uma famosa frase, os autores mencionam que "o esclarecimento é **totalitário**", ou seja, é guiado pela intenção humana de dominar todas as coisas.

Os autores observaram que a razão, durante os séculos, não foi utilizada para **emancipar** o indivíduo, mas para **dominá-lo.** A partir disso eles entendem que a razão deve ser **revalorada**, deixando de ser meramente instrumental, analisando-se a si mesma de maneira **crítica**.

Como esclarece Mascaro (2018, pg. 510) os membros da Escola de Frankfurt foram na contramão dos pensadores de seu tempo e, afastando-se do ideário iluminista e burguês, **indicaram que a razão e a técnica apresentam inegável caráter dominador,** suporte maior do sistema capitalista.

Ou seja, enquanto o **pensamento moderno** (iluminista) deposita na **razão** a sua esperança de independência e **emancipação** das antigas crenças mitológicas e religiosas, Adorno e Horkheimer afirmam que essa mesma **razão** dá suporte a movimentos como o **capitalismo** e, no extremo, ao **nazismo**.

Essa **razão**, todavia, é apenas **instrumental**, e se opera em relações de meio e fim, de técnica pura e desconsiderando elementos humanos "não contabilizáveis" matematicamente, ou seja, utiliza os seres humanos como ferramentas para obtenção de seu objetivo.

Os autores, então, elaboram uma noção de **razão crítica**, indicando que o **formato capitalista seria a origem da contaminação das relações sociais**, e que essa **razão crítica seria superior** a instrumental **porque revela, em seu processo de desenvolvimento, fatores visíveis e ocultos da formação das sociedades.**

Um possível exemplo para essa contaminação das relações sociais pelo capitalismo se dá quando, no contexto das áreas profissionais, uma delas passa a ser considerada **mais importante** porque **é mais rentável**, quando na verdade deveria ser considerada da mesma importância que as demais ou até mesmo inferior sob uma perspectiva efetivamente prática.

Em outras palavras, o capitalismo teria transformado a própria razão em mercadoria, causando uma distorção da imagem que a própria sociedade tem de si e de seus valores.

Assim, a **função da razão crítica** seria compreender e demonstrar, à exaustão, que **o Direito tem sido usado como peça instrumental da dominação capitalista, desvirtuando-se de uma noção genuína de produção de justiça.**

Em outras abordagens, os autores elaboram a expressão **"indústria cultural"**, apontando que a cultura foi transformada, no contexto do século XX, em uma grande indústria que visa tão somente atingir o grande público para maximizar lucros ou ganhos políticos. Os autores inclusive citam a propaganda nazista e comunista como formas de convencimento de grandes massas.

Os expoentes da Escola de Frankfurt afirmam a existência de três espécies de cultura: 1) A **cultura erudita**, desenvolvida por um pequeno grupo de pessoas de grande intelecto, preocupada com seu refinamento, técnica e busca do belo 2) A **cultura popular** advinda das tradições de um povo, com menor técnica e intelectualidade e; 3) a **cultura de massa**, essa inautêntica, forma desvirtuada das duas culturas anteriores utilizada pelo capitalismo e que tem como principal característica a possibilidade de **reprodução em massa**, levando ao consumidor **entretenimento** mascarado de **arte**, o que o levaria a consumir ainda mais.

A título de exemplo, basta pensar nas obras cinematográficas atuais. Os filmes produzidos para o cinema não são aqueles que buscam passar uma mensagem mais profunda ou os filmes mais belos, mas aqueles que, dentro de uma análise matemática, lotarão as salas de cinema e gerarão **lucro**.

O mesmo poderia ser dito sobre a cultura em geral, que deixa de ser vista como interessante apenas pelo viés intelectual, e passa a ser interessante quando assim o for economicamente. Cria-se a uma **sociedade de consumo** que é, na essência, resultado de uma arte produzida também com olhos a ser consumida e instigar a compra de outros produtos.

A partir desse empobrecimento das artes, altera-se também o perfil do consumidor, que passa a buscar facilidade de assimilação da obra e, via de consequência, tão somente entretenimento, desvinculando-se a cultura da educação e do aprimoramento intelectual por meio do questionamento, por exemplo.

> **Como esse assunto foi cobrado em concurso?**
>
> **(VUNESP - 2017 - DPE-RO - Defensor Público)** Sobre a Escola de Frankfurt, é correto afirmar que
>
> a) formulou um modelo de teoria considerada positivista e cientificista.
>
> b) consistia em um grupo de intelectuais alemães que produzia um pensamento conhecido como Teoria Tradicional do Direito.
>
> c) seus integrantes se dedicaram a estudos, dentre outros, relacionados à sociedade de comunicação de massas, à sociedade industrial e aos problemas decorrentes do desenvolvimento do capitalismo.
>
> d) surgiu dentro do contexto da Revolução Francesa, criando uma nova ordem sociopolítica.
>
> e) Jürgen Habermas, pensador da primeira geração da Escola, desenvolveu importantes críticas à teoria da ação comunicativa.
>
> *Gabarito: Alternativa C.*

7.4.7. Ronald Dworkin

O americano Ronald Myles Dworkin foi um filósofo e jurista de renomada reputação mundial. Durante sua vida, lecionou nas Universidades de Nova York, Yale e Oxford, sendo nesta última sucessor de H. L. A. Hart.

No livro "Levando os Direitos a Sério", Dworkin leciona que, enquanto para o jusnaturalismo a validade do Direito era encontrada em um parâmetro material, e enquanto para o juspositivismo essa validade tinha parâmetro formal, sustenta ele (Dworkin) que **o Direito tem validade procedimental.**

O movimento **pós-positivista** é responsável, como sabido, por proceder em uma (re)valorização dos **princípios jurídicos** no sistema jurídico, algo que não fora proposto pelos juspositivistas.

Da mesma forma, enquanto o juspositivismo aceita um **poder discricionário** na análise judicial de casos difíceis, **o pós-positivismo de Dworkin refuta veementemente essa posição** e **sugere que a decisão judicial** correta deve ser alcançada **objetivamente** a partir de uma **análise dos princípios jurídicos** que norteiam o caso, **não havendo discricionariedade**, e sendo possível encontrar "a resposta" correta, desde que os instrumentos para tanto sejam devidamente utilizados.

Para Dworkin, **o Direito é norma, e norma se subdivide em regras, princípios e diretrizes políticas.**

Diferenciando as espécies, Dworkin menciona que as **regras**:

(i) são aplicadas no modo "tudo ou nada"

(ii) se duas regras estão em conflitos, uma é inválida

(iii) aplicam-se pela lógica da subsunção

Quanto aos **princípios**, o autor menciona que:

(i) não são aplicados no modo "tudo ou nada"

(ii) princípios são sempre levados em consideração, em menor ou menor grau

(iii) aplicação mediante utilização do princípio da ponderação **sobre** os princípios (e não efetivamente ponderação **de** princípios, como sustentou posteriormente Alexy)

Por sua vez, as **diretrizes políticas** seriam objetivos a serem alcançados pela sociedade, e que, normalmente, estariam vinculados a **aspectos econômicos, sociais ou políticos dessa comunidade**. Essas diretrizes somente poderiam ser elevadas a tal pelo poder político estabelecido, e jamais pelo Poder Judiciário, que se restringe a reconhecê-las como existentes na sociedade, utilizando-as como bússola na análise de determinado caso, pois **o Judiciário está impedido de fazer escolhas políticas.**

Embora não seja considerado um jusnaturalista, visto que não admite a existência de princípios universais e imutáveis, Dworkin defende uma **visão do Direito como integridade decorrente da coexistência de princípios e regras, com possibilidade ainda de evocação de diretrizes políticas.**

O autor, utilizando-se da metáfora da estrutura em árvore, leciona que **o Direito é um ramo da moral** e que, desse modo, a interpretação do Direito deve levar em conta o sentido da moral na construção do justo. Em razão desse posicionamento, fala-se que Dworkin defendeu uma visão **íntegra e unificadora** do Direito.

Essa posição carrega consigo a noção de que **toda atividade jurídica é um exercício de interpretação** em uma perspectiva crítica, de valoração e criativa. O exercício dessa atividade interpretativa, todavia, **não** pode dar margem à utilização de **opiniões pessoais** ou **utilitaristas** na fundamentação de decisões, pois isso prejudicaria o conceito de direito como integridade, de onde se extrai que o juiz deve se utilizar de princípios consagrados na sociedade para formulação de sua decisão (análise universalista), e não de preferências pessoais.

Em outras palavras, ao se utilizar de fundamentação baseada em opiniões pessoais ou utilitaristas, o juiz estaria se afastando da formação de um Direito **íntegro** que deve ter como princípios basilares a **igualdade e a liberdade** (com responsabilidade de cada um por suas escolhas).

▸ **Como esse assunto foi cobrado em concurso?**

(CESPE – 2015 – DPU – Defensor Público) Herbert Hart considera que o direito é identificado a partir de um critério de validade de regras, enquanto Ronald Dworkin entende ser o direito um conceito interpretativo.

Gabarito: Certa.

(MPE/PR – 2014 – MPE/PR – Promotor de Justiça) Explique a afirmação de Ronald Dworkin (in Levando os Direitos a Sério, São Paulo: Martins Fontes, 2002), quando busca distinguir princípios de regras, de que estas últimas (regras) são aplicáveis à maneira do tudo-ou-nada.

Espelho de gabarito: Regras são, normalmente, relatos objetivos, descritivos de determinadas condutas e aplicáveis a um conjunto delimitado de situações. Ocorrendo a hipótese prevista no seu relato, a regra deve incidir, pelo mecanismo tradicional da subsunção: enquadram-se os fatos na previsão abstrata e se produz uma conclusão. Dados os fatos que uma regra estipula, então ou a regra é válida, e neste caso a resposta que ela fornece deve ser aceita, ou não é válida, e neste caso em nada contribui para a decisão. Na hipótese do conflito entre duas regras, só uma será válida e irá prevalecer. Princípios, por sua vez, contêm relatos com maior grau de abstração, não especificam a conduta a ser seguida e se aplicam a um conjunto amplo, por vezes indeterminado, de situações. Os princípios frequentemente entram em tensão dialética, apontando direções diversas. Por essa razão, sua aplicação deverá se dar mediante ponderação: à vista do caso concreto, o intérprete irá aferir o peso que cada princípio deverá desempenhar na hipótese, mediante concessões recíprocas, e preservando o máximo de cada um, na medida do possível.

(FCC – 2017 – DPE-SC – Defensor Público – Prova Discursiva) Nas perspectivas dos temas que circundam "Ciência do Direito e juízos de valor" e, mais amplamente, "Direito e Moral", desenvolva as seguintes proposições: a- segundo o autor Hans Kelsen, em que consistem os juízos de valor na teoria do direito? Fundamente sua resposta. b- explique, de forma comparativa, as principais ideias dos autores Hans Kelsen e Ronald Dworkin acerca da relação entre direito e moral. (Elabore sua resposta definitiva em até 30 linhas)

Espelho de gabarito fornecido pela banca: A.1. Segundo Hans Kelsen, a teoria do direito com portaria 2 tipos de juízo de valor. ["que são, ambos, geralmente considerado juízo de valor, embora exista uma diferença essencial entre eles" (p.213). A.2 O primeiro juízo de valor está relacionado aos "valores de direito", que se refere à "conduta dos sujeitos de direito" (p.203). A.3. Existe juízo de valor "qualifica essa conduta como lícita (legal, certa) ou ilícita (ilegal, errada). (p.203). A.4. O outro juízo de valor relaciona-se aos "valores de justiça" referentes ao próprio direito ou atividade das pessoas que criam o direito. (p.203). A.5. Os "valores de justiça" afirmam que a atividade do legislador, ou seu produto, o direito, é justo ou injusto. (p.203). B.1. Os autores de Hans Kelsen e Ronald Dworkin possuem ideias antagônicas acerca da relação entre direito e moral. B.2. Para Kelsen, a moral não é parte integrante do direito. B.3. Conforme Dworkin, a moral integra o direito, principalmente em casos difíceis. B.4. De acordo com Hans Kelsen, a validade de uma ordem jurídica positiva é independente da moral. B.5. Segundo Kelsen, portanto, uma norma jurídica pode ser válida e justa ou válida e injusta. B.6 Para Dworkin, "o argumento jurídico é um argumento típico e completamente moral" (p.205). B.7. Dworkin defende que a moral desempenha um papel em dois pontos da teoria jurídica: no estágio teórico e no estágio de decisão judicial.

(FCC – 2019 – DPE-SP Defensor Público – Prova Discursiva) – No bojo de sua crítica ao positivismo jurídico, Ronald Dworkin, no item 5, "o poder discricionário", do capítulo 2 do livro Levando os direitos a sério, após propor a sua distinção entre "regras" e "princípios", analisa o que designa de "doutrina do poder discricionário". Segundo Dworkin, "os positivistas sustentam que quando um caso não é coberto por uma regra clara, o juiz deve exercer seu poder discricionário para decidi-lo mediante a criação de um novo item de legislação". Acerca desse tema, responda às questões abaixo: a. Explique a diferença entre os dois "sentidos fracos" e o "sentido forte" relativamente ao emprego da expressão "poder discricionário", segundo Dworkin. b. Ao examinar a "doutrina do poder discricionário" e "testá-la" em relação à sua análise acerca dos princípios, Dworkin aponta três argumentos que poderiam ser mobilizados pelos positivistas relativamente aos princípios. Indique e analise cada um de tais argumentos.

7.4.8. *Robert Alexy*

Nascido na Alemanha, em 1945, Robert Alexy notabilizou-se por inúmeras abordagens sobre Direito Constitucional, direitos fundamentais e teoria do Direito. Uma de suas mais famosas lições reside na afirmação da necessidade de se estabelecer uma **diferenciação entre regras e princípios** no contexto da teoria dos direitos fundamentais.

Para o autor, a diferença entre regras e princípios não é de grau (quantitativa), mas sim qualitativa, ao passo que os **princípios** determinam que algo deve ser buscado no ordenamento **na maior medida possível.** Eles são, na famosa expressão de Alexy, **mandamentos de otimização.**

Desenvolvendo sua ideia a partir da filosofia de Dworkin, Alexy indica que **as regras são razões definitivas** e, se satisfeitas, são aplicadas em sua integralidade, ou seja, conforme a máxima do "tudo ou nada". Já os **princípios** são mandamentos de otimização que podem ser aplicados de forma **mínima, média ou máxima**, conforme indiquem as possibilidades fáticas ou jurídicas.

A partir da noção de que o legislador não tem aptidão para criar normas perfeitas e aplicáveis sempre como regras, o Direito se vale da enumeração de princípios para, diante de **casos difíceis**, alcançar um resultado justo.

Na sequência de sua abordagem, o autor também indica que regras e princípios se diferenciam quando se apresentam como fontes conflitantes entre si. Ou seja, Alexy indica que o conflito entre regras somente pode ser solucionado de duas formas: (i) ou uma regra aponta uma cláusula de exceção que permita a eliminação do conflito; (ii) ou uma das regras será declarada inválida.

De outro lado, diante de um conflito de princípios, o intérprete deve se utilizar de técnica diversa para encontrar a solução. Assim, considerando que os princípios não apresentam cláusulas de exceção e também não podem ser declarados inválidos, a colisão deve ser resolvida pela chamada **relação de precedência condicional.**

Essa relação de precedência condicional importa na constatação de que, diante de determinadas condições, um princípio cederá para que outro seja aplicado. Mantém-se, nessa equação, a característica "condicional" do resultado, visto que, alteradas as condições, aquele princípio que primeiro cedeu poderá, em um segundo momento, ser o prevalente na relação.

Mas de que forma Alexy aponta ser possível encontrar o princípio que cederá e o princípio que prevalecerá?

Por meio da **ponderação (ou sopesamento)**, operação que permitirá constatar, dentro da colisão de princípios, qual deles tem maior força e deve ser aplicado ao caso concreto.

A **ponderação de princípios,** também chamada de **sopesamento,** não é, segundo Alexy, uma forma de decisão, mas sim verdadeiro **modelo de fundamentação**, assegurando a racionalidade da argumentação jurídica pela via de uma fundamentação racional, lógica e semântica.

Esse modelo de fundamentação que caracteriza a ponderação de princípios deve se utilizar do meta-princípio da **proporcionalidade** como instrumento para aferição da prevalência de certos princípios sobre outros. A aplicação do princípio da proporcionalidade demandaria, na visão do autor, a utilização de suas três formas parciais:

a) adequação
b) necessidade
c) proporcionalidade em sentido estrito

No exercício da **ponderação**, Alexy sustenta ser plenamente possível que um dos princípios conflitantes tenha que ceder, disso não significando que ele deva ser declarado inválido ou tenha em si inserida uma cláusula de exceção, mas apenas que, no caso concreto, não tem preferência sobre o colidente.

Em palavras mais simples, **Alexy fala que enquanto os conflitos entre regras se estabelecem na dimensão da validade, os conflitos entre princípios ocorrem na dimensão do peso.**

É importante mencionar que, embora muitos autores mencionem que Alexy simplesmente deu sequência às análises de Dworkin, um estudo mais aprofundado de suas propostas mostra que elas, na verdade, não têm tantos pontos de contato.

Enquanto Dworkin sustenta que por meio da argumentação é possível chegar a um resultado representativo de Direito integrativo (apontando **uma solução** correta), Alexy menciona que por meio da ponderação (que se utiliza do princípio da proporcionalidade como instrumento) é possível chegar a **soluções adequadas** (no plural) para um caso.

Em didático exemplo, Fernandes (2014, pg. 236) ilustra que, enquanto para Alexy, defensor da proporcionalidade, uma restrição de subir uma avenida em contramão seja uma ordem estatal que "limita o direito individual de ir e vir" de maneira proporcional, para Dworkin essa restrição de liberdade na verdade não existe, porque a leitura de um Direito integrativo indica que a liberdade é justamente viável e possível de ser usufruída quando o Estado organiza seu exercício pelos cidadãos (ditando, por exemplo, que em certas ruas somente é possível andar em um sentido).

▸ Como esse assunto foi cobrado em concurso?

(FUNDEP – 2018 – TCE/MG – Auditor) Nas últimas décadas, as teorias de Robert Alexy, relativas à distinção entre as espécies de normas jurídicas, têm sido aplicadas na hermenêutica constitucional.

No tocante à tese de que os princípios se caracterizam como mandados de otimização, é correto afirmar que:

a) a medida do cumprimento dos princípios depende das possibilidades fáticas e jurídicas.
b) a observância dos princípios somente ocorre se for garantida a sua eficácia máxima (ótima) em cada caso concreto.
c) a referida caracterização dos princípios insere-se em uma distinção quantitativa (de grau) entre princípios e regras.

d) a referida característica dos princípios visa a denotar o seu papel na construção do direito como "integridade", por meio da qual se pode alcançar a resposta correta em cada caso concreto.

e) a referida característica dos princípios visa a distingui-los das meras diretrizes políticas e denotar sua verdadeira natureza de regras jurídicas.

Gabarito: Alternativa A.

(FEPESE – 2012 – DPE/SC – Defensor Público) Em seu livro Teoria dos Direitos Fundamentais, Robert Alexy afirma que é possível solucionar um conflito entre regras quando se introduz uma cláusula de exceção em uma das regras, a fim de eliminar o conflito, ou quando ao menos uma das regras for declarada inválida. Isso porque, segundo o autor, os conflitos entre regras ocorrem na dimensão da validade jurídica, o que não é graduável.

No que se refere à solução da colisão entre princípios, Alexy entende que:

a) um dos princípios deve ser declarado inválido em uma determinada condição.

b) um dos princípios terá precedência em face do outro em determinadas condições.

c) deve ser introduzida uma cláusula de exceção em um dos princípios

d) existem princípios que sempre têm precedência em face de outros.

e) deve ser resolvida na dimensão da validade jurídica.

Gabarito: Alternativa B.

(VUNESP – 2015 – TJ/SP – Juiz de Direito) Segundo construção doutrinária do direito, devido, especialmente, ao trabalho teórico de juristas como Ronald Dworkin e Robert Alexy, pode-se afirmar que a juridicidade ou normatividade dos princípios jurídicos passou por três fases distintas até chegar à posição atualmente consolidada. Explique quais são e o que caracterizam essas fases.

Espelho de gabarito: A primeira fase é a jusnaturalista que posiciona os princípios jurídicos em esfera abstrata e metafísica, inspiradores de um ideal de justiça, com dimensão ético-valorativa do Direito, dotado de quase ou nenhuma normatividade. Nessa fase, os princípios gerais do direito são concebidos como axiomas jurídicos ou normas da reta razão, normas universais de bem obrar. São os princípios de justiça, um Direito ideal, conjunto de verdades objetivas derivadas da lei divina e humana. (0,30 ponto). Na segunda fase, a juspositivista, os princípios são incorporados aos Códigos como fonte normativa subsidiária da inteireza dos códigos legais, válvulas de segurança que garantem o reinado absoluto das leis. Não são encarados como superiores às leis, mas delas deduzidos, supridores dos vazios normativos, como fontes integradoras do Direito e possuem precária normatividade. (0,40 ponto) A terceira fase, o pós-positivismo, deita suas origens nas últimas décadas do século XX, com a hegemonia axiológico-normativa dos princípios, agora positivados nos novos textos constitucionais, os quais assentam os principais padrões pelos quais se investiga a compatibilidade da ordem jurídica aos princípios fundamentais de estalão constitucional; aos princípios que dão fundamento axiológico e normativo ao ordenamento jurídico. Nesta fase, os princípios jurídicos conquistam a dignidade de normas jurídicas vinculantes, vigentes e eficazes para muito além da atividade integratória do direito.

7.4.9. Miguel Reale

Nascido em 1906, Miguel Reale é considerado o jurista brasileiro de maior notoriedade internacional, tendo ficado famoso pela concepção da chamada **teoria tridimensional do Direito.**

Inserindo sua teoria do Direito no que se denominou de **culturalismo jurídico**, Reale defendeu que o direito representa parte das leis culturais e apresenta finalidade ética consistente em preservar os valores de uma sociedade.

A partir do seu conceito de Direito, é possível extrair as noções de sua teoria e filosofia. Para ele *Direito é a ordenação heterônoma, coercível, bilateral atributiva das relações de convivência, segundo uma integração normativa de fatos segundo valores.*

Inicialmente, o autor diz que o Direito é uma **ordenação** porque é sempre um **conjunto de normas sistematizadas**. No mesmo sentido, seria **heterônomo** porque **analisa apenas condutas exteriorizadas** do sujeito (diferenciando-se aqui da moral, que é autônoma). Ainda, mostra-se **coercível**, de onde se extrai a viabilidade de aplicações de **sanções; bilateral**, pois regula relações entre **pelo menos dois sujeitos; atributivo**, dizendo-se que o cumprimento do Direito pode ser exigido por um sujeito em relação a outro e, por fim; é dotado de **integração normativa de fatos segundo valores**, de onde se extrai que **não pode ser reduzido apenas ao seu aspecto normativo**, pois deve levar em conta as dimensões **fáticas e axiológicas.**

Ao considerar a tridimensionalidade dos elementos "fato", "valor" e "norma", Reale elabora sua teoria do Direito afirmando serem essas dimensões sempre irredutíveis. Ademais, diz-se que, ao elevar o "valor" a dimensão do Direito, Reale não está equiparando sua teoria a dos jusnaturalistas pois, para ele, o valor do justo não é algo preestabelecido, mas é fruto do desenvolvimento da cultura da sociedade no decorrer da história.

Em resumo, pela teoria tridimensional de Miguel Reale, o Direito se manifesta nas dimensões de **fato, valor e norma**. Em poucas palavras, os fatos sociais são regulados por meio da aplicação de normas jurídicas que consagram os valores importantes para a sociedade. **Só há direito, portanto, quando as três dimensões se manifestam de forma positiva** em determinada hipótese.

7.4.10. Jürgen Habermas

Jürgen Habermas nasceu em 18 de junho de 1929, em Düsseldorf, na Alemanha e vive até hoje, sendo um dos maiores filósofos e sociólogos do Direito na atualidade. Como referido anteriormente, faz parte da segunda geração da Escola de Frankfurt, porém isso não quer dizer que concorde com todas as teses levantadas pela primeira geração, sendo inclusive sua **teoria do Agir Comunicativo** (que dá nome a uma de suas principais obras) crítica à Teoria da Razão Prática levantada por Adorno e Horkheimer.

Cabe lembrar que a Escola de Frankfurt defendia que o racionalismo retomado no Iluminismo, que em tese deveria ter servido para libertar o homem da mitologia, especialmente da justificativa de dominação com fundamentações divinas, posteriormente foi **utilizado como meio de dominação** do homem pelo homem, criando-se a Razão Prática, focada exclusivamente na técnica, buscando a sua finalidade, sem pensar nos meios, o que foi moldado por uma sociedade consumista advinda do modo de viver capitalista.

Habermas não nega a existência de uma razão instrumental no modo de vida capitalista, mas defende que essa razão não pode ser confundida com a razão da sociedade e seu modo de agir.

O autor, em sua complexa teoria, alça voo em uma **modificação de paradigma**. Se, antes, analisava-se a razão sob o prisma de uma pessoa sozinha tentando entender o mundo por meio de sua consciência, mediante a apreciação de um objeto pelo sujeito, na teoria de Habermas isso não mais será possível.

Sua tese possui fundamento na **teoria da comunicação.** A racionalidade comunicativa baseia-se na comunicação entre sujeitos, que através da linguagem transmitem um ao outro as suas interpretações do mundo.

A racionalidade da expressão de linguagem advém do fato de ela poder ser criticada pelos sujeitos que participam da comunicação. Segundo Habermas, as chamadas pretensões de validade podem ser criticadas pela veracidade da afirmação (mundo objetivo), correção normativa (mundo social) e autenticidade e sinceridade (mundo subjetivo).

É a existência desses mundos que diferencia a forma de pensar, porquanto segundo o autor, a realidade social e os valores dos sujeitos influenciam no modo de ver o mundo objetivamente. Ademais, busca com sua teoria **afastar-se da antiga proposta de racionalização do sujeito apreciando o objeto**, buscando-se com sua inovadora teoria trazer uma espécie de **razão intersubjetiva**, na qual os **atores sociais comunicam-se, chegando a um entendimento.**

Para Habermas, a fim de que haja uma **verdadeira ação comunicativa**, é preciso que os participantes **não estejam envoltos em uma intenção de sucesso argumentativo.** Um exemplo pode aclarar essa questão: imaginemos que temos a intenção de adquirir um veículo. Se nos direcionarmos à concessionária, com certeza o vendedor trará todas as qualidades do veículo à tona, na tentativa de nos convencer a comprá-lo, ainda que no âmago da sua consciência, não acredite que aquele seja o melhor veículo a ser comprado pelo preço que o comprador pretende pagar (por vezes, ele mesmo é proprietário de veículo de outra marca). Nesse exemplo não há de se falar em ação comunicativa, pois a interação tem como móvel um interesse (a venda) e o interlocutor não acredita em seus próprios argumentos.

Para que haja ação comunicativa, ao menos dois sujeitos com a capacidade de falar e agir realizam interação entre si, a fim de compreender determinada situação através dessas interações e buscar o entendimento. Durante essa comunicação utilizando a linguagem, as suas pretensões de validade são postas sob crítica com base nas possibilidades acima mencionadas: **veracidade, correção normativa e autenticidade.**

A ação comunicativa ocorre sobre um pano de fundo, ao qual Habermas denominou **mundo da vida.** Trata-se do contexto em que os atores sociais estão postos no tempo e no espaço, que é subdividido em cultural (conhecimento dos atores); social (normas sob as quais os atores regulam seu agir) e pessoal (valências que tornam os atores capazes de falar, agir e compreender).

No que se refere ao **Direito Constitucional**, Habermas desenvolve uma **Teoria Discursiva da Democracia**, segundo a qual **a Constituição deve ser um sistema de direitos fundamentais que são condições de procedimento para a democracia**. Sobre o tema, Bernardo Gonçalves traz breve e relevante lição (2014. p. 71):

> Nesse sentido, a democracia, como princípio jurídico-constitucional a ser densificado de acordo com a perspectiva específica de cada um desses processos, significa participação em igualdade de direitos e de oportunidades, daqueles que serão afetados pelas decisões, nos procedimentos deliberativos que as preparam.

Para o autor em sua teoria discursiva, para que haja **efetiva democracia** é preciso que seja reconhecida a **cooriginalidade** ou **equiprimordialidade** entre as liberdades pública e privada dos indivíduos. Apesar de se saber que há coercitividade na norma positivada, é necessário que o procedimento legislativo de criação da norma vise à manutenção da autonomia do indivíduo, a fim de que seja legítima.

Nessa conceituação, é preciso que sejam garantidos aos cidadãos, ao mesmo tempo, **direitos fundamentais negativos**, consistentes na ausência de importunação do Estado nas liberdade individuais dos indivíduos e, ao mesmo tempo, garantir suas liberdade individuais, as quais são colocadas em prática no momento em que lhes é autorizada a participação em **condições de igualdade e participação**, através do qual reconhecer-se-ão como atores na construção do aparato normativo estatal, legitimando-o, consequentemente.

CAPÍTULO

III

Sociologia do Direito

1. ORGANIZAÇÃO DO ESTUDO

Dando sequência à forma de estudo já explicada e proposta nos capítulos anteriores, e sempre reforçando que o sinônimo do **estudo eficaz é estudo organizado**, o capítulo de Sociologia do Direito também recebe uma pequena introdução para auxiliar o estudante na leitura, a fim de que haja pleno aproveitamento das explicações a seguir demonstradas.

A Resolução n. 75 do CNJ, que regulamenta a maneira como a formação humanística será cobrada nos concursos da magistratura nacional (e que, como vimos, é replicada ainda que parcialmente em editais de outros concursos) estabelece os seguintes pontos como de possível exigência na disciplina:

SOCIOLOGIA JURÍDICA

1 - Introdução à sociologia da administração judiciária. Aspectos gerenciais da atividade judiciária (administração e economia). Gestão. Gestão de pessoas.

2 - Relações sociais e relações jurídicas. Controle social e o Direito. Transformações sociais e Direito.

3 - Direito, Comunicação Social e opinião pública.

4 - Conflitos sociais e mecanismos de resolução. Sistemas não-judiciais de composição de litígios.

Como se verá a seguir, alguns temas laterais que apresentam cobrança em provas de outros concursos foram contemplados no interior dos pontos a seguir explicados, ampliando-se a abordagem a fim de contemplar as exigências feitas nos mais variados concursos que cobram conhecimentos de sociologia jurídica em suas provas.

2. PONTOS DE DESTAQUE

Analisando as questões de Sociologia do Direito em concursos, pode-se dizer que os pontos de maior cobrança são:

➔ Michel Foucault

➔ Sistemas não-judiciais de composição de conflitos

➔ Max Weber

➔ Controle social e Direito

3. CONCEITO E NOÇÕES HISTÓRICAS

3.1. Conceito

É sabido que o Direito e a sociedade caminham juntos no curso da história humana. É conhecida a afirmação de que **o Direito transforma a sociedade ao tempo em que é por ela modificado.** Essa relação de entrelaçamento de causas e consequências impõe ao jurista contemporâneo ter a noção da importância do estudo da sociologia para bem analisar os fenômenos jurídicos que a ele se apresentam durante sua atuação profissional.

> **▸ Como esse assunto foi cobrado em concurso?**
>
> **(CESPE – 2015 – DPU – Defensor Público)** Quanto à sociologia jurídica, julgue o item subsequente.
>
> Apesar de suas singularidades, o direito é uma ciência social aplicada, e sua aplicação depende de outras ciências sociais; entretanto, essa dependência recai, em sua quase totalidade, sobre a sociologia.
>
> Certo
>
> Errado
>
> *Gabarito: Errado.*

Para Boaventura de Souza Santos, perante a sociologia, o Direito pode ser visto como manifestação de **duas dimensões** que, outrora, já foram elencadas como excludentes e **hoje** são vistas como **complementares**:

a) segundo **Savigny**, o Direito pode ser uma mera variável **dependente da sociologia** quando se limita a acompanhar as mudanças sociais e incorporá-las na legislação. Neste caso, a demanda social é **anterior** à resposta do Direito.

> **Exemplo:** A tipificação de crimes praticados na Internet é um exemplo de abrangência jurídica que somente foi oposta à sociedade após a constatação de uma movimentação social que clamava pela imposição de limites aos comportamentos dos indivíduos em âmbito virtual.

b) segundo **Bentham**, o Direito pode ser visto como uma variável **independente da sociologia** nas hipóteses em que, embora não haja comportamento social prévio, ele **determina** um comportamento que passa a ser observado pela coletividade.

Exemplo: A obrigatoriedade do uso de cinto de segurança no trânsito foi vista, inicialmente, como uma imposição jurídica não correspondente com a realidade social da época (final dos anos 90). Não houve, por assim dizer, um movimento social prévio clamando por tal regulação jurídica, tendo sido a imposição legal a causa da alteração do comportamento social posterior.

O mesmo ocorreu recentemente com a obrigatoriedade de tráfego em estradas com o farol ligado. Esse comportamento social não era frequente nas estradas e, após a regulamentação legal, seja por medo de autuações, seja porque os motoristas perceberam ser um efetivo instrumento de segurança no trânsito, é raro vermos carros com as luzes desligadas.

Não fosse o Direito, talvez esse comportamento jamais fosse incorporado à realidade brasileira.

▸ **Como esse assunto foi cobrado em concurso?**

(CESPE/CEBRASPE – 2016 – DPU – Defensor Público) A respeito da sociologia jurídica e da antropologia jurídica, julgue o próximo item.

Na ciência do direito, assim como nas ciências naturais, as leis têm característica prescritiva.

( ) Certo

( ) Errado

Gabarito: Errado.

(CESPE/CEBRASPE – 2010 – DPU) Os objetos de estudo da sociologia jurídica incluem

a) os mesmos objetos de estudo do direito.

b) as circunstâncias jurídicas.

c) a consolidação da legislação, da jurisprudência e da dogmática jurídica.

d) as formas com que o direito opera socialmente e a explicação sociológica do direito.

e) a designação dos valores e ideologias não explicitados e que estão contidos na legislação, na jurisprudência e na dogmática jurídica.

Gabarito: Alternativa D.

O termo sociologia foi utilizado pela primeira vez por **Augusto Comte**, conhecido como **pai da sociologia**, em 1838, para indicar a ciência da **obervação dos fenômenos sociais**. Hoje, ela é vista como a ciência que estuda a **interação social** dos humanos em seus diferentes setores de organização da vida.

A abordagem relacionada a Comte exige uma importante diferenciação aos estudantes de Direito. Fala-se, na sociologia, que **Comte era um positivista**, mas essa classificação não pode ser confundida com a ideia de positivismo jurídico posteriormente vinculada a Kelsen.

O **positivismo comteano** está relacionado com a **observação científica da realidade**, que buscava conhecer parâmetros para o estabelecimento de **leis universais** destinadas a promover o progresso da sociedade.

Interessante também a observação de que, para Comte, a **ordem** da sociedade seria a base para qualquer **progresso** sustentável e duradouro. A frase expressa na bandeira nacional do Brasil tem, portanto, claro viés sociológico da doutrina de Comte.

A **sociologia do direito** (ou jurídica), por sua vez, pode ser conceituada como uma ciência que se utiliza de dados estatísticos rigorosamente selecionados para compreender os fenômenos sociais e jurídicos de uma determinada sociedade, entendendo como as normas jurídicas se expressam. Ela visualiza o direito como **fato social** e concentra atenções na **efetividade social das normas**, e não nas normas em si.

Esse conceito conjuga uma divergência de noções existente quando dos primeiros estudos do tema.

Para **Henry Lévy-Bruhl**, a sociologia jurídica deveria estudar o direito como um fenômeno social que, por meio de normas jurídicas, baliza as relações sociais. Já para **Max Weber**, a sociologia jurídica deveria estudar os limites de observância social das normas jurídicas.

A noção atual, como visto, conjuga essas ideias e faz abranger todos esses aspectos de estudo no contexto da sociologia jurídica (ou do Direito).

Conjugam-se as formas de trabalho da sociologia frente ao Direito conforme a dual proposta de Manfred Rehbinder:

(i) **pura** – explicando o sistema por meio de uma teoria sociológica;

(ii) **aplicada** – atuando para auxiliar os agentes de justiça a, conhecendo a realidade social, tomarem melhores decisões jurídicas.

> **▸ Como esse assunto foi cobrado em concurso?**
>
> **(CESPE/CEBRASPE – 2016 – DPU – Defensor Público)** A respeito das normas jurídicas e suas relações com os sistemas sociais, julgue o item que segue.
>
> A sociologia jurídica, como ciência autônoma, busca compreender as causas sociais das normas jurídicas; os efeitos dessas normas são estudados por outros ramos das ciências humanas.

( ) Certo

( ) Errado

Gabarito: Errado.

(FGV – 2024 – Exame Nacional da Magistratura – ENAM 2024.2) Para muitos juristas, o objeto de estudo do Direito são as relações sociais, as quais eles denominam de relações jurídicas. Vale dizer, quando a Sociologia elege como objeto de estudo o fato social, a ação social, a vida social, a interação social ou a relação social, esse interesse também é partilhado por outras ciências, inclusive pela ciência jurídica. Há, portanto, muitos pontos de contato entre Sociologia e Direito, fato que ressalta o aspecto interdisciplinar dessas duas áreas do conhecimento e justifica, nos seus estudos, o interesse de uma área pela outra.

KÜMPEL, Vitor Frederico et. al. Noções gerais de direito e formação humanística. São Paulo: Saraiva, 2012, p. 135.

Acerca da interação entre Sociologia e Direito, assinale a afirmativa correta.

a) A aproximação entre Sociologia e Direito traz à lume duas possibilidades de se proceder à investigação de um problema jurídico: o enfoque dogmático, que visa ampliar as dimensões do fenômeno jurídico, problematizando as próprias normas, e o enfoque zetético, que considera que a solução já estaria previamente dada ou pressuposta no sistema de normas.

b) O controle social, considerado como mecanismo de submissão dos indivíduos a determinados padrões sociais estabelecidos, pode ser classificado como formal, que é aquele decorrente dos usos, costumes, tradição, opinião pública etc., ou informal, que é o controle social que decorre das leis, das polícias e do sistema de justiça.

c) Uma das condições sociais que caracterizaram a orientação da Sociologia Jurídica para as dimensões normativistas do Direito, ao longo da primeira metade do século XX, foram as denominadas lutas sociais, instrumento utilizado por determinados grupos para demandar novos direitos sociais, que colocaram em pauta a ideia da igualdade material.

d) O sociólogo alemão Max Weber desenvolveu a ideia de que a sociedade deveria ser vista através dos fatos sociais, os quais exercem poder de coerção externa, criando nas pessoas uma espécie de consciência coletiva que vai resultar na noção de direito.

e) A Sociologia aplicada ao Direito permite compreender com maior amplitude a função das normas jurídicas e sua função

> regulador das relações sociais, tendo a coerção como instrumento que busca manter os indivíduos submetidos à determinada ordem, sob pena de sofrerem a intermediação dos aparelhos judiciários.
>
> *Gabarito: Alternativa E.*

3.2. Noções históricas

3.2.1. *Karl Marx*

A obra de Karl Marx apresenta grande volume e complexidade, e sua análise exaustiva não é (e nem poderia ser) o objeto desta obra. A intenção aqui, como reiteradamente afirmado, é fornecer meios e instrumentos para que o leitor (estudante para concursos) tenha subsídios para responder a questionamentos de prova que envolvam os autores analisados.

Desse modo, o direcionamento da abordagem deve levar em conta, sempre, a amplitude e a profundidade dos questionamentos normalmente feitos em provas sobre os autores e temas analisados.

Se houver interesse, o leitor poderá aprimorar seus estudos sobre essas concepções sociológicas mediante leitura das obras em si, ou de livros que se proponham a analisar toda a abrangência da construção intelectual proposta por tais autores.

No que se refere a Marx, a primeira grande advertência a ser feita é no sentido de que ele propôs uma **abordagem sociológica** do Direito a partir da noção do que chamava de *infraestrutura* e *superestrutura*.

Para o autor, os homens, durante a vida, participam de determinadas relações sociais necessárias e independentes de suas vontades, que Marx chama de **relações de produção**. O conjunto dessas relações de produção (não voluntárias, repita-se) forma a **infraestrutura econômica da sociedade**, que serve como base e fundamento perante a qual se erguem a ***superestrutura jurídica*** e a ***superestrutura política***.

As duas superestruturas, na visão do autor, são **dependentes** da infraestrutura que lhes fornece suporte, que acaba condicionando a vida da sociedade em geral. A lógica proposta por Marx, portanto, é inversa àquela defendida normalmente: para ele, o ser social dos homens é o que determina as suas consciências, e não o contrário.

Em decorrência dessa lógica, a superestrutura jurídica somente é modificada quando a infraestrutura sofre um processo de revolução. Não existe a possibilidade de, por exemplo, a superestrutura jurídica alterar a infraestrutura econômica, pois esta é mais forte que aquela, limitando-a e condicionando-a.

Para Marx, os modos de produção asiático, antigo, feudal e capitalista podem ser identificados como épocas representativas das **mudanças da infraestrutura** que, por consequência, impuseram mudanças nas superestruturas.

No seio do capitalismo, Marx identifica duas classes sociais: a) a dos trabalhadores, que encontra fonte de rendimento no salário e; b) a dos capitalistas, que encontra fonte de rendimento no lucro (apropriação do que chama de **mais-valia**). Para ele, quanto mais forte um dos lados, mais a infraestrutura desse modo de pensamento se concretiza, produzindo reflexos nas superestruturas consequentes, como a jurídica.

Ao fim e ao cabo, na visão do autor, **as superestruturas** jurídica e política **legitimam e justificam os interesses da classe dominante**, que reprime e explora a classe dominada. Quando se materializam, essas superestruturas dão origem às instituições, que são aparelhos repressivos e ideológicos a serviço da infraestrutura capitalista (onde predomina a força de exploração dos trabalhadores).

Para o pensamento marxista, o ordenamento jurídico atuaria como superestrutura tendente a oferecer uma "ilusão legalista" do sistema, e uma "ilusão da igualdade e da liberdade", bens que seriam proclamados na esfera formal, embora jamais alcançados na prática.

Dito isso, vê-se que, na visão marxista, o Direito nada mais seria que o resultado ou um produto da sociedade, estando fadado a prever aquilo que a infraestrutura dispõe como necessário a tanto.

▸ Como esse assunto foi cobrado em concurso?

(FEPESE – 2012 – DPE-SC – Defensor Público) Nas formações sociais capitalistas, segundo a perspectiva marxista histórico – crítica, a superestrutura jurídica e política exerce o papel complexo de:

a) Expressão do grau de desenvolvimento da solidariedade social orgânica, própria das sociedades em que se observa o incremento da divisão do trabalho social, como fato característico da evolução social.

b) Processamento das expectativas normativas de conduta, através dos mecanismos internos de seletividade funcional do sistema do direito, gerando generalizações congruentes.

c) Definição objetiva das garantias em relação à probabilidade de orientação da ação social de tipo racional, mediante os mecanismos coativos sistematicamente organizados e dispostos para tal finalidade.

d) Intermediação dialética entre os interesses econômicos antagonicamente confrontados, no seio das relações materiais de produção, e as formas de consciência social ou ideologia.

e) Identificação dos valores positivos atrelados a ideais morais de justiça, conforme a função exercida pelos juristas, através da identificação dos mesmos pela intuição dos fatos normativos.

Gabarito: Alternativa D.

3.2.2. Émile Durkheim

O francês Émile Durkheim (Épinal, 1858 – 1917) apresentou abordagem com centralidade no tema dos chamados **fatos sociais** (ou fatos sociais estruturais), que são uma espécie de **conduta dotada de poder imperativo** e **coercitivo** e que são **praticadas independentemente da vontade do sujeito.**

Os fatos sociais são, então, uma maneira de agir e/ou pensar exteriores ao indivíduo e que se apresentam a ele (indivíduo) de maneira imperativa, atuando no sujeito **independentemente de sua vontade** ou adesão consciente, determinando as suas ações e atuando com ameaça de sanção (coerção psicológica), e sendo ainda dotados de generalidade (impostos a todos).

▸ **Como esse assunto foi cobrado em concurso?**

(FCC – 2010 – DPE-SP) A característica fundamental na definição de fato social é

a) generalidade.
b) exterioridade.
c) sistematicidade.
d) objetividade.
e) coercitividade.

Gabarito: Alternativa E.

(FCC – 2018 – Prefeitura de Macapá – Sociólogo) A primeira regra e a mais fundamental é considerar os fatos sociais como coisas. (DURKHEIM, Émile. As regras do método sociológico. São Paulo: Martins Fontes, 2003, p. 15).

Esse procedimento primordial do método sociológico desenvolvido por Émile Durkheim consiste em

a) identificar os fatos sociais mais voláveis e que variam conforme os anseios individuais para, assim, definir sua explicação objetiva.
b) apreender os acontecimentos da sociedade a partir da consciência individual do pesquisador.
c) afastar a sociologia do padrão científico encontrado nas ciências naturais.

d) estudar os fenômenos sociais como algo exterior aos indivíduos conscientes que os concebem, por meio de observações e experimentações.

e) analisar cientificamente a sociedade a partir das representações do senso comum.

Gabarito: Alternativa D.

(UERR – 2018 – SERTRABES – Sociólogo) Para Émile Durkheim, os fatos sociais são o objeto da sociologia por moldar o comportamento dos indivíduos em sociedade. De acordo com sociólogo francês, os fatos sociais têm como características a:

a) generalidade, exterioridade e solidariedade.

b) coercitividade, positividade e exterioridade.

c) generalidade, coercitividade e exterioridade.

d) naturalidade, coercitividade e generalidade.

e) interioridade, solidariedade e naturalidade.

Gabarito: Alternativa C.

Um exemplo clássico, para o autor, é a forma de educação das crianças. Esse modelo educacional ensina comportamentos que jamais seriam alcançados pelas crianças de maneira autônoma mas, mesmo assim, são a elas ensinados como se fossem naturais ou obrigatórios, ainda que não se saiba de onde tais "ordens" derivam.

As regras jurídicas são, da mesma forma, transmitidas como fatos sociais, cabendo então à sociologia jurídica o estudo das regras como fatos jurídicos, a fim de analisá-los de maneira crítica e independente.

Para o autor, a sociedade **não** pode ser reduzida à **soma das individualidades** dos sujeitos que a compõem, e tem, na verdade, **caraterísticas próprias**. É da combinação e associação das vontades individuais que surge um novo resultado (que será independente dos elementos que o formaram): a sociedade.

▸ **Como esse assunto foi cobrado em concurso?**

(CESPE – 2018 – ABIN – Oficial de Inteligência) Julgue o item a seguir, acerca dos modelos de explicação sociológica.

Para Émile Durkheim, a análise do fenômeno social deve partir da compreensão dos interesses e das motivações subjetivas do agente.

( ) Certo

( ) Errado

Gabarito: Errada.

Depois de produzida, a sociedade ultrapassa o singular e passa, então, a condicionar o comportamento e o pensamento do indivíduo. É, falando-se de forma popular, como a **criatura que passa a guiar os criadores.**

Um dos pontos de estudo mais importantes da obra de Durkheim foi a abordagem sobre o **suicídio.** O autor analisa a força que os fatos sociais exercem sobre as decisões do suicida, apontando que esse fato social (suicídio) só pode ser explicado quando analisado pelo prisma da interligação com outros fatos sociais.

▸ Como esse assunto foi cobrado em concurso?

(CONSUPLAN – 2018 – SEDUC/PA – Professor) "Entre 1980 e 2012, as taxas de suicídio cresceram 62,5% na população em geral. Na faixa etária dos 15 aos 29 anos, a média aumenta em ritmo mais rápido do que em outros segmentos. São 5,6 mortes a cada 100 mil jovens (20% acima da média nacional). Os dados são da pesquisa Violência Letal contra as Crianças e Adolescentes do Brasil e do Mapa da Violência: os Jovens do Brasil, ambos coordenados pelo sociólogo Julio Jacopo Waiselfisz, da Faculdade Latino-Americana de Ciências Sociais (Flacso), organismo de cooperação internacional para pesquisa." (Disponível em: https://claudia.abril.com.br/sua-vida/precisamos-falar-sobre-suicidio-taxa-cresce-no-brasil/.).

Tendo em vista a teoria de Durkheim acerca de suicídio, é correto afirmar que:

a) A existência de uma predisposição genética é considerada por Durkheim o fator desencadeante dos casos de suicídio.

b) A regularidade no número de suicídios de uma sociedade está diretamente relacionada ao nível intelectual e cultural dessa sociedade.

c) O meio social, no qual se encontra inserido determinado caso de suicídio, é considerado um fator preponderante na análise específica do caso.

d) Fatores socioeconômicos só devem ser considerados como primordiais nos casos de suicídios coletivos, normalmente ligados a fanatismo religioso.

Gabarito: Alternativa C.

O Direito, para Durkheim, é a organização mais estável e precisa das relações solidárias estabelecidas entre os indivíduos formadores da sociedade. E o número de relações sociais é diretamente proporcional ao número das regras jurídicas que as determinam.

No conceito acima, abre-se espaço para o termo **"solidariedade"**, que apresenta intensa utilização pelo autor ao referir que **solidariedade social é uma**

estrutura de vínculos recíprocos firmados entre os indivíduos, ligando-os por meio de direitos e deveres. Essa solidariedade advém do reconhecimento da dependência e complementariedade existente entre o trabalho dos indivíduos em dada sociedade, sendo esse o fator que permite a **manutenção da ordem social.**

A solidariedade mencionada por Durkheim pode ser subdividida em:

a) **mecânica** – presente nas sociedades mais simples, onde há uniformidade de comportamentos e identidade de valores. Prepondera, aqui, o direito penal.

b) **orgânica** – presente nas sociedades complexas, que demandam relações entre pessoas sem vínculos de aproximação direta ou identidade de valores. Como não há similaridade de valores, majora-se a importância do direito contratual. Essa complexidade está vinculada com a ideia de Durkheim de evolução social. Para o autor, a evolução da sociedade somente ocorre em comunidades em que haja especialização e divisão de trabalho, o que demanda, por sua vez, aprimoramento de regras para regular tais divisões (contratos). Sobre essa subdivisão, o próprio Durkheim (2013, pg. 108) explica:

> Aqui, a individualidade do todo aumenta ao mesmo tempo em que a das partes; a sociedade torna-se mais capaz de se mover em conjunto ao mesmo tempo em que cada um de seus elementos tem mais movimentos próprios, Essa solidariedade se assemelha à que observamos entre os animais superiores. De fato, cada órgão ai tem sua fisionomia especial, sua autonomia, e contudo a unidade do organismo é tanto maior quanto mais acentuada essa individuação das partes.

▸ **Como esse assunto foi cobrado em concurso?**

(CONSUPLAN – 2018 – SEDUC/PA – Professor de Sociologia) "Durkheim considera que as normas e os padrões sociais determinam as condutas individuais, ou seja, esse conjunto de relações sociais é o que confere a cada sociedade seu caráter único e específico. Para chegar a essa conclusão, ele escreveu uma teoria de desenvolvimento das sociedades em que elabora um modelo de análise sociológica que estabelece a distinção entre duas formas de socialização: a solidariedade mecânica e a solidariedade orgânica." (Disponível em: https://brasilescola.uol.com.br/sociologia/Emile-durkheim-os-tipos-solidariedade-social.htm.)

A solidariedade social para Durkheim se daria pela consciência coletiva, pois essa seria responsável pela coesão (ligação) entre as pessoas e, sendo assim,

a) nas sociedades ditas orgânicas, as crenças e os valores seriam mais rígidos e qualquer tipo de infração geraria uma violenta sanção.

b) tanto na solidariedade mecânica quanto na solidariedade orgânica, a especialização do trabalho é fraca diante das desigualdades sociais.
c) segundo o autor, as primeiras sociedades teriam sido marcadas pela solidariedade orgânica, ou seja, com um processo de diferenciação mais intenso.
d) nas sociedades mais simples, a solidariedade mecânica seria predominante, pois essas se caracterizam, entre outras coisas, por um baixo nível de divisão de trabalho.

Gabarito: Alternativa D.

3.2.3. Max Weber

A primeira grande contribuição de Weber para a sociologia foi a introdução da ideia de aplicação do chamado **método compreensivo** (ou interpretação compreensiva) para entendimento das ciências sociais.

O autor indica que a **ação humana** não pode ser explicada por mera relação de causa e efeito (tal como ocorre na natureza), pois a ação humana é dotada de **sentido**, ou seja, como **algo que aponta e direciona para outras ações sociais.**

▸ Como esse assunto foi cobrado em concurso?

(VUNESP – 2017 – DPE/RO – Defensor Público) Para _____________, a sociologia tem como meta a compreensão interpretativa da ação social, de maneira a obter uma explicação de suas causas, de seu curso e dos seus efeitos. O referido sociólogo assim escreveu, em uma de suas obras, acerca da ação social:

Por "ação" se designará toda a conduta humana, cujos sujeitos vinculem a esta ação um sentido subjetivo. Tal comportamento pode ser mental ou exterior; poderá consistir de ação ou de omissão no agir. O termo "ação social" será reservado à ação cuja intenção fomentada pelos indivíduos envolvidos se refere à conduta de outros, orientando-se de acordo com ela.

A lacuna é corretamente preenchida por

a) Auguste Comte
b) Friedrich Hegel
c) Émile Durkheim
d) Karl Marx
e) Max Weber

Gabarito: Alternativa E.

Contrapondo-se à ideia de infraestrutura econômica de Marx, Weber aponta outra causa para o surgimento do capitalismo e vincula este ao **protestan-**

tismo. Para Weber, o capitalismo é o sistema mais racional e eficiente já criado pelo homem e surge na Europa após as influências que a população sofreu do protestantismo e a **identificação com os valores** de trabalho, seriedade, obediência às leis, economia de recursos, etc.

Esses valores protestantes teriam, de maneira reflexa, preparado a sociedade para os valores capitalistas. Ao buscarem, primeiro, a salvação divina, os protestantes alcançaram, também, o sucesso capitalista.

Compilando essas ideias, Max Weber escreve o livro *A ética protestante e o espírito capitalista*. Ao desenvolver suas abordagens, o autor assenta que a ética calvinista (protestante) vista pelos imigrantes recém-chegados nos Estados Unidos como uma virtude, acabou por culminar no florescimento do maior sistema capitalista já conhecido, o americano.

Assim, enquanto Marx colocava a infraestrutura econômica como ponto de partida para as consequências jurídicas e políticas, Weber defendia que os **valores humanos** poderiam ser **anteriores à própria formação econômica**. A causa de Marx (economia) é efeito para Weber.

▸ **Como esse assunto foi cobrado em concurso?**

(CONSUPLAN – 2018 – SEDUC/PA – Professor) "Se esta hipótese fosse demonstrada, a divisão do trabalho desempenharia um papel muito mais importante do que aquele que se lhe atribui ordinariamente. Ela não serviria apenas para dotar nossas sociedades de um luxo, invejável talvez, mas supérfluo; ela seria uma condição de sua existência. [...] Por isto mesmo, embora ainda não estejamos em condição de resolver a questão com rigor, pode-se, entretanto, entrever desde agora que, se tal é realmente a função da divisão do trabalho, ela deve ter um caráter moral." (Durkheim, 1973.)

Analisando a questão da divisão do trabalho à luz das teorias de Marx, Weber e Durkheim, é correto afirmar que:

a) Para Marx, na perspectiva sobre o trabalho, quanto mais especializado, mais laços de dependência se formam, criando uma teia de solidariedade coletiva.

b) Na concepção de Weber, a divisão do trabalho é um fato social presente em todos os tipos de sociedade embora só em algumas sejam encontradas funções diferenciadas.

c) Max Weber parte de uma perspectiva diferente, e diz que a divisão social do trabalho não é o seu foco porque, segundo ele, não há algo geral e comum a todas as sociedades.

d) Durkheim entende a divisão social entre trabalhadores e empregadores como uma divisão funcional entre a mente capitalista e a ética protestante, em que o trabalho ocupa lugar central.

Gabarito: Alternativa C.

(UERR – 2018 – SETRABES – Sociólogo) "Montesquieu, Saint-Simon, Comte e muitos outros foram os verdadeiros 'pioneiros' da sociologia. Contudo, no início do século XX, quatro pensadores europeus foram de especial importância para a disciplina; juntos, são chamados de 'os sociólogos clássicos'" (Charon e Vigilabt. Saraiva, 2017, p. 16). São eles:

a) K. Marx, C. Lévi-Strauss, B. Malinowski e M. Weber.

b) E. Durkheim, Georg Simmel, Margareth Mead e K. Marx.

c) Max Weber, E. Durkheim, Talcott Parsons e C. Lévi-Strauss.

d) B. Malinowski, C. Lévi-Strauss, Margareth Mead e E. Durkheim

e) K. Marx, Max Weber, E. Durkheim e Georg Simmel.

Gabarito: Alternativa E.

Além de trabalhar os aspectos acima mencionados, Weber formulou conceitos que se tornaram muito conhecidos nas ciências sociais, a exemplo de **autoridade** (no sentido de ser poder legítimo e ter dominação frente aos indivíduos) e **legitimidade** (no sentido de ser aceito pelos integrantes daquela sociedade), quando de sua abordagem sobre a força do Estado sobre as pessoas.

Para ele, o conceito de **poder** é a capacidade de fazer valer a sua vontade. Essa força pode ter origem em diversos elementos (medo, dinheiro, etc.).

3.2.3.1. Teoria da Ação Social de Max Weber

Dentro da sociologia, uma das contribuições de maior importância de Max Weber foi o desenvolvimento da **Teoria da Ação Social**, presente na obra Economia e Sociedade, publicada somente após o seu falecimento.

Enquanto **Durkheim** com sua Teoria do Fato Social entendia que a sociedade influenciava o indivíduo, Max Weber entendia que o comportamento da sociedade se formava através do comportamento do **indivíduo,** denominando-o **ator social.**

Durkheim analisava os fatos, e Max Weber buscou entender os **motivos que influenciavam** os indivíduos a agirem de determinada maneira, podendo-se dizer que, enquanto Durkheim analisava elementos **externos,** Weber buscou apreciar elementos **internos do indivíduo,** especialmente os motivos que o levaram a agir de determinada maneira.

Weber observou que o ser humano relaciona-se com outros indivíduos por motivos diversos, os quais podem ser **racionais ou irracionais** e, a partir disso, elaborou **quatro tipos** de ações que podem ser desenvolvidas:

i) **Ação social racional referente a fins:** o indivíduo age de modo racional com um objetivo prévio, a sua ação busca um fim. Ex.: a pessoa que vai a uma entrevista de emprego tem a intenção de ser contratada;

ii) **Ação social racional referente a valores:** é a ação praticada racionalmente com fundamento nos valores, nas crenças, nos princípios que o indivíduo entende corretas. Ex.: apesar de se enquadrar em uma das hipóteses legais, uma pessoa convicta de suas crenças religiosas não realiza um aborto;

iii) **Ação social irracional afetiva:** é a ação tomada pela emoção, pelo sentimento vivido naquele momento. Ex.: torcedor que xinga o árbitro em um estádio de futebol pois tomado pela emoção da final do campeonato;

iv) **Ação social irracional tradicional:** ação que com o desenvolvimento das sociedades modernas acaba perdendo forças. Trata-se da ação guiada pela tradição de uma comunidade, é irracional porque dificilmente o indivíduo questiona-se sobre os motivos de praticar determinado ato. Ex.: tradição de pular sete ondas na virada do ano, muitos a fazem para trazer boa sorte no ano vindouro, mas poucos questionam-se de onde a tradição surgiu.

Dessa forma, observa-se que em Max Weber o sociólogo deixa de analisar a sociedade como um todo e um fato social, assim como desenvolvido por Durkheim, e passa a examinar o indivíduo e os elementos volitivos que o levaram a agir de determinada maneira.

3.2.3.2. *Max Weber e a Burocracia*

Weber também escreveu sobre o tema **burocracia**. Antes de iniciarmos essa análise, todavia, devemos extirpar de nossas mentes o conceito popularmente utilizado para burocracia como sendo a causadora de entraves e demoras no atendimento dos pleitos pelo Poder Público.

Para Weber, burocracia **é uma forma de organização** baseada em **regras preestabelecidas** das atividades humanas, a fim de atingir objetivos. Segundo o autor, somente dessa forma seria possível garantir a **isonomia**, pautando-se o comportamento em regras e não em preferências pessoais.

Para que fique mais claro, basta pensar em uma pequena repartição pública. Ao realizarmos um pedido, preenchemos um formulário e, a partir daí, somos lançados no sistema como um número. Em um primeiro momento isso pode parecer ruim, pois meu pleito **"perde-se"** em meio aos demais, porém dessa forma garante-se a **isonomia**. Imagine-se uma situação em que o atendente não gostasse de pessoas de olhos claros e passasse seus pedidos para o fim da fila, apesar de situação esdrúxula, caso não houvesse a **despersonalização**, situações parecidas poderiam ocorrer no dia a dia.

Ainda sobre o tema, Weber afirma que existem três formas de **autoridade:**

i) **Autoridade tradicional:** fundada nos costumes e práticas passadas de geração em geração. Presente principalmente em sociedades mais antigas;

ii) **Autoridade carismática:** fundada nas características do líder, sejam elas físicas ou de sua personalidade. Trata-se de uma autoridade frágil, porquanto qualquer situação que retire seu carisma derruba, consequentemente, a sua autoridade;

iii) **Autoridade racional-legal:** advinda de um regulamento preestabelecido e aceito pela sociedade. As ordens do líder não advém de sua pessoa, mas do cargo que ocupa.

Segundo o autor, a última forma de autoridade é a mais adequada e justa.

Para Weber, algumas **características** da organização burocrática são: divisão de tarefas com base em regras; hierarquia preestabelecida e seguida à risca; pagamento igual para pessoas ocupando cargos idênticos; separação da pessoa de seu cargo; normas claras e objetivas sobre direitos e deveres de cada um.

A **crítica** que pode ser feita à organização burocrática de Weber é que **externamente** pode deixar de considerar situações excepcionais, colocando-as na vala comum, de forma mecânica e, **internamente**, deixar de apreciar características pessoais valiosas dos integrantes da estrutura burocrática.

3.2.4. Michel Foucault

Um dos intelectuais mais importantes do século XX, Foucault (1926-1984) pode ser descrito como filósofo, sociólogo, historiador ou até mesmo crítico literário. A brevidade de sua vida é inversamente proporcional à envergadura de suas contribuições para o conhecimento sociológico, podendo-se dizer que ele revolucionou a história das ciências humanas com suas teorias.

O período histórico que rodeou a vida deste autor foi extremamente conturbado, pois o século XX, como sabemos, apresentou em sua linha do tempo duas grandes guerras que culminaram no enfraquecimento das ciências humanas.

Colocando algumas instituições socialmente consagradas à prova de um olhar crítico, Foucault dedicou-se a temas como as **relações de poder** e o **processo de subjetivação humana**, e propôs uma análise regada de "desconfiança" sobre diversas ideias que sempre foram apresentadas com caráter absoluto e certo grau de certeza nas cadeiras acadêmicas e escolares.

A mais fundamental teoria crítica de Foucault repousa na análise sobre as **influências das instituições de poder** naquilo que chamou de **normatização** de comportamentos.

Classicamente, o poder sempre foi pensado pelos filósofos em um cenário interno à teoria geral do Estado. Foucault, entretanto, se coloca fora desse ambiente institucional e estatal e **aponta as relações de poder** como inerentes e primordiais dentro de **todas as relações humanas**. O poder seria, para ele, um fenômeno social que transpassa pela sociedade e, a partir disso, deve ser analisado como um elemento bruto incidente nas mais diversas relações humanas, e não apenas naquelas institucionalizadas.

> ▸ **Como esse assunto foi cobrado em concurso?**
>
> **(FUNCAB – 2012 – MPE/RO – Analista)** É de conhecimento sociológico que as relações de poder não se localizam apenas no Estado, estando presente nas relações microssociais, como, por exemplo, na relação familiar, entre pai e filho, na escola, entre alunos e professores, entre outros. Esta visão do poder como capacidade de moldar e disciplinar o comportamento expressa as ideias de:
>
> a) Gilberto Dupas.
> b) Michel Foucault.
> c) Max Wertan.
> d) Robert Castells.
> e) Richard Sennett.
>
> *Gabarito: Alternativa B.*

Em outras palavras, se antes de Foucault as estruturas de poder eram apresentadas com muita vinculação ao Estado (a exemplo do que fazia o marxismo), com o trabalho do autor há um avanço na enumeração dessas estruturas, analisando-se **padrões normatizados** a partir dos prismas da **psiquiatria**, da **escola**, da **sexualidade**, entre outras.

No livro **Vigiar e Punir – história da violência nas prisões**, o pensador francês aborda a questão do **poder disciplinar** que se constitui nas instituições prisionais e "de confinamento", como hospitais, fábricas, escolas, etc., sendo o poder disciplinar uma força exercida em **âmbito individual**, e não coletivo, como se poderia erroneamente pensar.

Para ele, a **disciplina** apresenta um **caráter normatizante**, afirmando o que é **certo e o que é errado**, propondo um pensamento dual entre essas dimensões. O **saber**, também objeto de seu estudo, afirma o que é **verdadeiro e o que é falso**, tendo íntima relação, portanto, com o poder. Daí falar-se que Foucault esboça uma análise sobre o dualismo "saber-poder".

Na concepção do autor, a legislação penal moderna, rompendo com os ensinamentos clássicos de Beccaria, Bentham e Brissot, esqueceu que a sanção penal deveria ser "socialmente útil" e restringiu-se a trabalhar a pena de prisão como padrão de resposta estatal para a violação da norma.

Esse rompimento, segundo Foucault, se deve ao fato da sociedade moderna ter concentrado atenções naquilo que ela mesma denominou como **"periculo-**

sidade" do criminoso, em vez de simplesmente analisar o fato praticado pelo sujeito. Ou seja, a sociedade deixou de analisar aquilo que o criminoso efetivamente praticou para, erroneamente, projetar o que ele poderia fazer de grave ou errado ("periculosidade"), propondo a sanção a partir desta equivocada perspectiva.

Retomando a abordagem sobre o poder, Foucault menciona que a prisão é, de certa forma, uma maneira de dominação sobre o corpo alheio, sendo regrada também por uma **desindividualização do poder exercido contra o preso**, ao passo que aquele que é preso e tem o poder exercido sobre seu corpo acaba perdendo a noção sobre quem exerce o poder contra ele.

▸ Como esse assunto foi cobrado em concurso?

(FCC – 2015 – DPE/SP – Defensor Público) Segundo as análises de Michel Foucault em seu livro Vigiar e punir, a necessidade de uma classificação paralela dos crimes e dos castigos, assim como a necessidade de uma individualização das penas em conformidade com as características singulares de cada criminoso são elementos que se referem

a) à reforma do modelo prisional, no século XIX.

b) ao suplício corporal, do século XVIII.

c) à reforma humanista do Direito penal, no século XVIII.

d) à reforma judiciária do Direito, no século XX.

e) às penas físicas, no século XVII.

Gabarito: Alternativa C.

Nesse contexto de desindividualização do poder, Foucault retoma a abordagem inicialmente proposta por Bentham sobre o **"Panóptico"**, identificado como um tipo de prisão que tem em sua concepção estrutural uma torre central de vigia irrestrita dos aprisionados. A vigilância de todos é permitida a todo momento, e quem está preso não sabe se está sendo, em determinado instante, observado ou não. Cria-se na pessoa do preso, por meio deste expediente, uma noção/sensação de controle permanente, o que geraria disciplina, modulação de comportamentos e, consequentemente, criação de sujeitos dóceis.

Em críticas contemporâneas, alguns seguidores das lições do mestre francês criticam a utilização de formas de vigilância constante como redes sociais, câmeras 24 horas, tornozeleiras eletrônicas e localizadores GPS por serem modelos disfarçados e "aprimorados" de panópticos.

> ▸ **Como esse assunto foi cobrado em concurso?**
>
> **(FCC – 2017 – DPE/SC – Defensor Público)** O "Panóptico de Bentham", descrito por Foucault em "Vigiar e Punir", tem por efeito importante
>
> a) controlar o poder punitivo.
>
> b) proteger os direitos humanos dos detentos.
>
> c) assegurar o funcionamento automático do poder.
>
> d) oferecer instrumentos de persecução penal célere.
>
> e) desconstruir as técnicas e instrumentos de repressão.
>
> *Gabarito: Alternativa C.*

A principal crítica repousa na constatação de que sujeitos moldados ao bom comportamento por vigilância constante acabam **não tendo reforçados os verdadeiros valores morais** que deveriam guiar suas vidas. Assim, orientados apenas por medo e vigilância, tornam-se insistentes rebeldes ou, no outro extremo, letárgicos subservientes do sistema posto.

> ▸ **Como esse assunto foi cobrado em concurso?**
>
> **(FCC – 2017 – DPE/BA – Defensor Público – Prova dissertativa)** "Dispositivo importante, pois autoriza e desindividualiza o poder. Este tem seu princípio não tanto numa pessoa quanto numa certa distribuição concertada dos corpos, das superfícies, das luvas e, dos olhares; uma aparelhagem cujos mecanismos internos produzem a relação na qual se encontram presos os indivíduos. As cerimônias, os rituais, as marcas pelas quais se manifesta no soberano o mais poder são inúteis. Há uma maquinaria que assegura a dissimetria, o equilíbrio, a diferença. Pouco importa, consequentemente, quem exerce o poder" (FOUCALT, M Vigiar e punir. 2007 p.167). No trecho citado, Michel Focault refere-se ao "dispositivo panóptico". Acerca deste dispositivo, segundo as análises do filósofo na obra vigiar e punir, pergunta-se: a – quais seus principais efeitos em instituições como, por exemplo, a prisão?; b – o dispositivo panóptico está relacionado a quais mecanismos de poder? Explique. (Elabore sua resposta definitiva em até 30 linhas).
>
> **Espelho de gabarito elaborado pela banca:** Na avaliação das provas discursivas de caráter específico serão considerados o acerto das respostas dadas, o grau de conhecimento do tema demonstrado pelo (a) candidato (a), a fluência e a coerência da exposição e a correção (gramatical e jurídica) da linguagem. Abordagem esperada: Apresentar os seguintes efeitos do dispositivo panóptico em instituições como, a prisão: – a criação de um sistema de visibilidade axial e a invisibilidade lateral, que tem por resultado imediato a garantia da ordem; – a indução, no detento, de um estado conheci em ti e permanente de visibiliza, que assegura o funcionamento automático

do poder; – a sujeição real dos indivíduos, que decorre mecanicamente de uma relação fictícia, sendo desnecessário recorrer-se a força para obtenção dos comportamentos esperados; – um estabelecimento de diferenças e de classificações entre os indivíduos em função de suas características e de seu comportamento; – atuação sobre o comportamento dos indivíduos, permitindo realizar sobre esse comportamento experiências, modificações e treinamentos. B – indicar que o dispositivo panóptico está relacionado, segundo as análises de Foucault, aos mecanismos do poder disciplinar: – a explicação consiste em mostrar que tal dispositivo permite a concretização da disciplina dos corpos, na medida em que, por meio de um sistema de visibilidade completo e ininterrupto, favorece o controle das atividades dos indivíduos, controle do tempo, o controle dos comportamentos de cada um e o conjunto dos indivíduos, a produção de um saber sobre cada um e sobre o conjunto dos indivíduos.

(FCC – 2015 – DPE/SP – Defensor Público – Prova Dissertativa) "Estranhamente, a história do encarceramento não segue uma cronologia ao longo da qual se sucedem logicamente: o estabelecimento de uma penalidade de detenção, depois do registro de seu fracasso, depois a lenta subida dos projetos de reforma, que chegar em uma definição mais ou menos coerente de técnica penitenciária, a implantação desse projeto, enfim a constatação de seus sucessos ou fracassos. houve na realidade uma superposição ou em todo caso uma distribuição desses elementos. e do mesmo modo que o projeto de uma técnica corretiva acompanhou o princípio de uma detenção punitiva, a crítica da prisão e de seus métodos aparece muito cedo (...)". (FOUCAULT, M. Vigiar e punir. São Paulo, Vozes, 1999, p.221). O trecho citado acima auxilia a compreender uma das importantes teses desenvolvidas pelo filósofo Michel Foucault em sua vigiar e punir, a saber: que a prisão, tal como configurado a partir do início do século XIX, ao mesmo tempo em que foi denunciada desde a sua origem como um fracasso da Justiça penal, tornou-se um sucesso institucional, uma vez que se tornou a forma punitiva que mais se difundiu e se multiplicou na época moderna. Explique essa tese, respondendo as seguintes indagações: a – Quais as principais críticas interessadas a prisão que, segundo as análises de Foucault, são contemporâneas a sua criação e consolidação no início do século XIX? Diante destas críticas, a que conclusão chega o filósofo? b – Por que, segundo a perspectiva de Michel Foucault, apesar de ter sido denunciado como um fracasso penal, a prisão manteve-se e difundiu-se, tornando-se uma forma punitiva generalizada a partir do século XIX? (Elabore sua resposta definitiva em até 25 linhas).

Espelho de Gabarito fornecido pela banca: ABORDAGEM ESPERADA: a resposta deverá, em seu conjunto, explicar a seguinte tese de

Michel Foucault, presente na obra Vigiar e punir: desde a sua origem, a prisão (pena de encarceramento) pode ser considerada um fracasso penal, na medida em que não teria conseguido combater efetivamente a prática dos crimes, por outro lado, a prisão difundiu-se e consolidou-se como a principal forma punitiva da época moderna (século XIX e XX), na medida em que se configurou como uma instituição disciplinar. Para tanto, o candidato deverá responder as duas indagações propostas, do modo como se segue: 1 - citar e explicar brevemente as principais críticas interessadas a prisão que, segundo a análise de Michel Foucault, são contemporâneas a sua criação e consolidação no início do século XIX. Estas críticas são as seguintes: a - as prisões não diminuem a taxa de criminalidade, pode se aumentá-las, multiplicá-las ou transformá-las (as prisões), a quantidade de crimes e criminosos permanece estável ou aumenta. b - a retenção provoca a reincidência, depois de sair da prisão, se tem mais chance que antes de voltar para ela, os condenados são, em proporção considerável, antigos detentos. c - a prisão fábrica delinquentes: pelo tipo de existência que faz os detentos levarem, pela imposição de limitações violentas, pelo seu próprio funcionamento, que se desenrola no sentido do abuso do poder. d - a prisão favorece a organização de um meio de delinquentes solidários entre si, hierarquizadas, prontos para cumplicidades futuras. e - as condições dadas aos detentos liberados condená-os fatalmente a reincidência: Porque estão sob a vigilância da polícia, porque tem designação de domicílio, ou proibição de permanência, porque só saem da prisão com o documento que tem de mostrar onde vão e que menciona a condenação que sofreram. f - a prisão fábrica indiretamente à delinquência, ao fazer a família do detento cair na miséria. A conclusão a que chegou ficou diante destas críticas consiste em que, desde a sua origem, a prisão moderna foi denunciada como um fracasso penal. 2 - o candidato deverá explicar que, segundo a perspectiva de Michel Foucault, apesar de ter sido denunciada como um fracasso no combate aos crimes (fracasso penal), a prisão manteve-se difundiu-se, tornando-se a principal forma punitiva da época moderna (sucesso institucional), acima de tudo porque ela se constituiu como uma instituição disciplinar. Isto significa que, através dos mecanismos de normalização, a instituição - prisão: a - não se destina a suprir as infrações, mas antes a distingui-las, a distribuí-las, a utilizá-las. b - Visa não tonto tornar dóceis os que estão prontos a transgredir as leis, mas tende a organizar a transgressão das leis numa prática geral das sujeições. C - corresponde à forma geral de uma aparelhagem para tornar os indivíduos dóceis e úteis, através de um trabalho preciso sobre o seu corpo.

3.2.5. Niklas Luhmann

Niklas Luhman (1927 - 1998), sociólogo alemão, nascido em Lüneburg, autor de extensa produção literária durante o século XX, destacou-se pelo desenvolvimento de sua **Teoria dos Sistemas**, a qual não foi desenvolvida para ser aplicada em determinadas situações, mas buscou ser geral, ou seja, uma teoria para explicar a sociedade.

Para bem entender a proposta do autor, é necessário percorrer o caminho dos principais conceitos por ele desenvolvidos, os quais são interligados e co-dependentes, culminando-se ao final, em sua conclusão e na aplicabilidade da teoria dos sistemas no Direito.

Os conceitos inicialmente trazidos podem parecer complexos, porém, com seu desenvolvimento, tornar-se-ão mais claros e inteligíveis.

Inicialmente, Luhmann traz o conceito de **complexidade** para sua abordagem. O sociólogo alemão argumenta que a sociedade é complexa, especialmente quando se fala em um mundo globalizado, com inúmeras correlações e possibilidades, de forma que a sua teoria busca formas para **reduzir a complexidade.** Um sistema pode ser chamado de complexo quando existem inúmeras possibilidades do que o sistema consegue apreciar. Paradoxalmente, somente é possível reduzir-se a complexidade do sistema, aumentando a sua complexidade, com o aumento da possibilidade de processamento das possibilidades que lhes são postas.

Note-se que, para Luhmann, não existe apenas um sistema, mas diversos subsistemas sociais, ao passo que cada um deles representa um **entorno** para outro sistema. Essa estrutura, ou forma de organização, definirá a maneira como a sociedade praticará as suas **comunicações**. Assim, pode-se entender que a sociedade é formada por uma série de subsistemas específicos, cada qual com a sua função. Para exemplificarmos, pode-se imaginar a existência dos sistemas Direito, religião, economia, política e diversos outros.

Para Luhmann, a comunicação é um **procedimento de escolhas** que parte do princípio que a comunicação é improvável e deve superar um sem número de percalços para ocorrer. A escolha dos comportamentos do sistema social define o próprio sistema e contribui para a redução de sua complexidade.

A comunicação somente ocorrerá dentro dos sistemas e jamais de forma externa. O sistema, portanto, não se comunica com o **ambiente**, pois no ambiente não há comunicação. Contudo, **os elementos do ambiente podem servir como informações para a seleção da comunicação interna dos sistemas.** Dessa forma, para o sociólogo alemão, como somente há comunicação dentro dos sistemas, esses são **autopoiéticos**, ou seja, retroalimentam-se.

Outro conceito trazido pelo autor é o de **entorno**, que diz respeito a tudo aquilo que não faz parte do sistema social observado, ou seja, são os outros sistemas que fazem parte do entorno de um sistema, tendo como função a sua limitação e influência. Porquanto, apesar de não haver comunicação entre sistema e entorno, comumente o sistema adapta-se estruturalmente de acordo com o entorno posto. Assim, o sistema exsurge justamente desta diferenciação com o entorno.

O sistema é **aberto cognitivamente** ao entorno, sendo por ele estimulado e influenciado, pois dele recebe informações que serão utilizados na estruturação do próprio sistema, o que o autor denomina de **inputs e outputs**, sempre com o intuito de reduzir a complexidade.

Segundo Luhmann, cada sistema possui seu **código binário** para selecionar os inputs/outputs, uma vez que não são todas as irritações e excitações do entorno que gerarão uma reação do sistema. Por exemplo, o Direito possui o código binário lícito/ilícito; a economia lucro/prejuízo; a moral moralmente correto/moralmente errado; a religião divino/profano; a política poder/não poder.

Quando ocorre essa afetação entre os sistemas sociais, surge o que Luhmann denomina de **acoplamento estrutural**, de forma que cada sistema, dentro de sua codificação, interpretará os ruídos do outro subsistema

Para Niklas Luhmann os sistemas possuem as seguintes características que serão tratadas a seguir: são **autopoiéticos, autorreferentes e operacionalmente fechados.**

A **autopoiese ou *autopoiesis*** (do grego auto "próprio" e poiesis "criação") é um termo inaugurado na biologia pelos estudiosos chilenos Francisco Varela e Humberto Maturana, na década de 1970 e diz respeito à capacidade que os seres vivos possuem de produzirem a si mesmos. Ou seja, um ser vivo é um sistema autopoiético, visto que as células produzidas através de interações e processos são oriundas das mesmas células que as formaram anteriormente, e assim sucessivamente. Em resumo, o sistema se **retroalimenta.**

O conceito foi trazido por Luhmann para a sociologia a fim de demonstrar que os sistemas sociais, assim como os seres vivos, são autopoiéticos, todos os seus elementos são produzidos dentro do próprio sistema, **não havendo operações com o entorno**, eis que tudo que é produzido vem do próprio sistema, do primeiro ao último elemento.

Os elementos e as estruturas dos sistemas são oriundos do próprio sistema, jamais aproveitados do entorno ou de outros subsistemas que o circundam. Assim, fala-se que os sistemas são **operacionalmente fechados.**

A **autorreferência** diz respeito à unidade do sistema consigo mesmo. Os sistemas sociais referem-se a si mesmos em cada uma de suas operações, podendo observar a realidade somente através de seus autocontatos. Nas palavras do autor, em sua obra Modernidade e Complexidade: da unidade à diferença (1998, pg. 56):

> Pode-se denominar um sistema como autorreferente quando os elementos que o constituem estão integrados como unidades de função e em todas as relações entre estes elementos corre paralelamente uma remissão à auto constituição; dessa maneira se reproduz continuamente a auto constituição.

Fixadas essas premissas e apresentados os conceitos necessários para conhecimento da Teoria dos Sistemas de Luhmann, cabe questionar: qual a sua relação com o Direito?

O Direito, com seu código binário lícito/ilícito, busca reduzir a complexidade da sociedade. Observando os ruídos advindos da sociedade, o Direito como sistema modifica a sua estrutura internamente, retroalimentando-se e modificando-se internamente (autopoiese), afetando, através do acoplamento estrutural, o sistema social.

Segundo o autor, a **Constituição** é um acoplamento estrutural entre a **política e o Direito**. Ambas geram estímulos de uma em outra, o Direito buscando a legitimação de suas normas, enquanto a política busca no direito uma forma de variar o uso do poder. Para o Direito, a Constituição é elemento de validade normativo, enquanto para a política é elemento legitimador de sua vontade, desvinculando-a de outros preceitos.

Nas palavras do sempre esclarecedor Bernardo Gonçalves (2014, pg. 83):

> ...para Luhmann, a Constituição é um elemento funcional na estruturação tanto do sistema jurídico quanto do sistema político. Todavia, tal comunhão não significa que ambos a compreendam com o mesmo significado. Para a Política, a Constituição é instrumento de legitimação da vontade soberana. Para o Direito, a Constituição é elemento de fundação das suas normas, sem recurso a um suposto Direito Natural.

4. INTRODUÇÃO À SOCIOLOGIA DA ADMINISTRAÇÃO JUDICIÁRIA

4.1. Aspectos gerenciais da atividade judiciária (administração e economia)

No campo da administração judiciária, pode-se dizer que, por muitos anos, a atividade forense esteve inerte e alheia aos clamores sociais de modernização, celeridade e desburocratização. Essa **"crise da Justiça"** era reiteradamente denunciada pela iniciativa privada e pelos representantes dos outros poderes como causa de atrasos sociais e freio à resolução de lides.

Mais do que não cumprir com seu papel de solucionar conflitos, o atraso do sistema de justiça estava **criando novos obstáculos** à evolução da sociedade e prejudicando, por sua demorada atuação, a pacificação das relações.

Felizmente, o Poder Judiciário brasileiro, por iniciativa de seus agentes e representantes, adotou como uma de suas prioridades a modificação do quadro de ineficiência que fora alvo de tantas reclamações.

A partir disso, adotando-se um modelo de **gestão eficiente**, passou-se a superar o modelo tradicional de administração judiciária com implementação de serviços de informatização, desburocratização, incentivo à competição e compatibilização de sistemas que antes não mantinham diálogo entre si.

O novo formato de abordagem da atividade judiciária modificou não apenas a visão que a sociedade tem do Poder Judiciário, mas também a atuação de seus membros, que passaram a ter **atribuições administrativas e gerenciais** cada vez mais intensas, abandonando-se a exclusividade da análise puramente técnico-jurídica do cotidiano forense.

Desse modo, vê-se que atualmente os profissionais que atuam no sistema público de justiça (juízes, promotores de justiça, defensores públicos etc.) deixaram de ser meros aplicadores da técnica e tornaram-se verdadeiros gestores de um sistema que exige constante manutenção e aprimoramento de suas engrenagens.

A implementação da sistemática gerencial na atividade judiciária tem como fonte material os impulsos sociais representados por manifestações populares pela modernização e aprimoramento destes serviços em nosso país.

Sob o aspecto formal, pode-se dizer que essa tendência teve fonte constitucional com a **Emenda Constitucional n.º 19/98** que, dispondo sobre a chamada reforma administrativa, impôs expressamente o dever de **eficiência** ao serviço público.

No âmbito judiciário, pode-se dizer que a modernização mais incisiva decorreu da reforma pautada pela **Emenda Constitucional 45/2004**, que implementou novos deveres tipicamente gerenciais a juízes, desembargadores e ministros. Esse modelo foi posteriormente ampliado para os dispositivos constitucionais relativos ao Ministério Público e à Defensoria Pública, dadas as suas autonomias administrativas e orçamentárias.

A partir da implementação desse novo modelo, os agentes públicos dessas carreiras desvincularam-se de uma atividade exclusivamente jurídica em suas atuações e passam a ter obrigações com o bom desenvolvimento dos trabalhos de todo o emaranhado administrativo que compõe o sistema de justiça. A atividade gerencial ganhava status de protagonismo.

A criação do **Conselho Nacional de Justiça** pode ser vista como uma das mais importantes instrumentalizações desse objetivo de aprimoramento da gestão judiciária, delimitando-se que, nos termos do art. 103-B, § 4º da CR/88, compete ao Conselho o **controle da atuação administrativa e financeira** do Poder Judiciário e do cumprimento dos deveres funcionais dos juízes.

A intenção do legislador é deixar claro que a atividade jurisdicional também deve "prestar contas" à sociedade, no sentido de ser o mais produtiva, econômica, transparente e célere possível. Para tanto, edificou-se um sistema de controle, via CNJ, de âmbito nacional, evitando-se que eventuais abusos fossem tolerados pelo corporativismo dos Tribunais Estaduais ou Regionais.

A criação do CNJ faz ampliar, desse modo, a fiscalização para a boa prestação dos serviços judiciários em todo o país, podendo o Conselho receber e conhecer das reclamações contra membros ou órgãos do Poder Judiciário, inclusive contra seus serviços auxiliares, serventias e órgãos prestadores de serviços notariais e de registro que atuem por delegação do poder público ou oficializados, sem prejuízo da competência disciplinar e correicional dos tribunais, podendo avocar processos disciplinares em curso, determinar a remoção ou a disponibilidade e aplicar outras sanções administrativas, assegurada ampla defesa (art. 103-B, § 4º, da CR/88).

O dever de aprimoramento da gestão também está descrito no inciso VI do artigo 103-B da Carta Magna, quando se informa que também cabe ao CNJ elaborar semestralmente **relatório estatístico** sobre processos e sentenças prolatadas, por unidade da Federação, nos diferentes órgãos do Poder Judiciário. A medida, como se vê, tem claro intuito de análise da evolução dos serviços judiciários em todo o país.

Corroborando com essa intenção, a disposição seguinte menciona o dever do CNJ de elaborar **relatório anual,** propondo as providências que julgar necessárias, sobre a situação do Poder Judiciário no país e as atividades do Conselho, o qual deve integrar mensagem do Presidente do Supremo Tribunal Federal a ser remetida ao Congresso Nacional, por ocasião da abertura da sessão legislativa.

Essa medida, da mesma forma, visa demonstrar aos representantes do povo de que formas o Poder Judiciário tem buscado superar a alegada crise judiciária tão alarmada pela sociedade, relatando dados e estatísticas sobre a evolução gerencial de seus serviços.

Para concretizar os mandamentos constitucionais, editou-se, no âmbito interno do Conselho Nacional de Justiça, a **Resolução 70 de 2009** que dispunha sobre o Planejamento e a Gestão Estratégica do Poder Judiciário. Essa resolução foi posteriormente revogada, mas merece ser alvo de algumas observações, eis que inaugurou um formato de organização gerencial até hoje replicado pelas resoluções em vigor.

Em seu artigo 1º, a Resolução 70 (já revogada, repita-se) mencionava que seriam **atributos do valor judiciário** para a sociedade a credibilidade, a acessibilidade, a celeridade, a ética, a imparcialidade, a modernidade, a transparência, a probidade e a responsabilidade social e ambiental.

Em seu texto, a Resolução indicava uma série de **objetivos** para atingir o aprimoramento dos serviços judiciários, dentre os quais, destacam-se: garantir agilidade de julgamentos, harmonizar a relação entre os Poderes, aprimorar comunicação com público externo, motivar e comprometer magistrados e servidores com a execução da estratégia, disseminar valores éticos e morais por meio da atuação efetiva, etc.

Ademais, já naquela oportunidade criou-se o **Banco de Boas Práticas de Gestão**, sistema que reunia ideias e práticas exitosas para análise, divulgação e posterior aplicação em âmbito nacional.

Posteriormente, a Resolução 70 foi substituída pela de número 198 de 2014, que determinou objetivos para o sexênio 2015/2020 do Poder Judiciário. A Resolução 325, por sua vez, traz as diretrizes relacionadas o tema para vigência a partir de 1º de janeiro de 2021.

Na Resolução 198 (com vigência para o período 2015/2020), estipularam-se:

(i) Metas de Medição Continuada (MMC): aquelas aplicáveis aos órgãos do Poder Judiciário e acompanhadas pelo CNJ durante o período de vigência da Estratégia Nacional;

(ii) Metas de Medição Periódica (MMP): aquelas aplicáveis aos órgãos do Poder Judiciário e acompanhadas pelo CNJ para períodos predefinidos durante a vigência da Estratégia Nacional;

(iii) Metas Nacionais (MN): conjunto de metas formado pelas Metas de Medição Continuada (MMC) e pelas Metas de Medição Periódica (MMP);

(iv) Iniciativa Estratégica Nacional (IEN): programa, projeto ou operação alinhado(a) à Estratégia Nacional do Poder Judiciário;

(v) Diretriz Estratégica (DE): orientações, instruções ou indicações a serem observadas na execução da Estratégia Nacional ou para se levar a termo uma meta ou iniciativa estratégica;

(vi) Cesta de Indicadores e Iniciativas Estratégicas: repositório de métricas de desempenho institucional e de iniciativas (programas, projetos e operações).

No curso da referida resolução, estabeleceu-se que os órgãos do Poder Judiciário devem promover a participação efetiva de magistrados de primeiro e segundo graus, ministros, serventuários e demais integrantes do sistema judiciário e de entidades de classe, na elaboração de suas propostas orçamentárias e de seus planejamentos estratégicos, garantida a contribuição da sociedade (art. 6º da Res. 198/2014 do CNJ).

No mesmo texto, estabeleceu-se a realização de encontros nacionais do Poder Judiciário, que apresentam os seguintes objetivos, sem prejuízo de outros: avaliar a estratégia nacional, divulgar e premiar o desempenho de tribunais, unidades e servidores no cumprimento das Metas Nacionais (MN), na criação e na implantação de boas práticas, aprovar metas nacionais, diretrizes e iniciativas estratégicas para o biênio subsequente, ajustar, quando necessário, as metas nacionais, as diretrizes e as iniciativas estratégicas previamente aprovadas no encontro do ano anterior.

A Resolução 325/2020 do CNJ dispõe sobre a Estratégia Nacional do Poder Judiciário 2021-2026 e, além de repetir algumas disposições já constantes nas resoluções anteriores, indica que os órgãos do Poder Judiciário realizarão Reuniões de Análise da Estratégia – RAE, pelo menos quadrimestralmente, para avaliação e acompanhamento dos resultados, buscando possíveis subsídios para o aprimoramento do desempenho institucional.

De maneira concreta, estabelecem-se metas para redução da morosidade processual de forma objetiva e específica, a saber:

(i) **A Meta Nacional 1** compreende julgar mais processos que os distribuídos, e;

(ii) **a Meta Nacional 2** compreende julgar processos mais antigos que visam, respectivamente, à prevenção de formação de estoque e à redução de passivo processual.

Interessante também a inserção de **macrodesafios** no Anexo I da referida Resolução, apontando-se como principais destaques:

(i) adoção de estratégias de comunicação e de procedimentos objetivos, ágeis e em linguagem de fácil compreensão, visando à transparência e ao fortalecimento do Poder Judiciário como instituição garantidora dos direitos.

(ii) garantir a prestação jurisdicional efetiva e ágil, com segurança jurídica e procedimental na tramitação dos processos judiciais. Visa também soluções para um dos principais gargalos do Poder Judiciário, qual seja a execução fiscal.

(iii) priorizar a tramitação dos processos judiciais que tratem do desvio de recursos públicos, de improbidade e de crimes eleitorais, além de medidas administrativas relacionadas à melhoria do controle e fiscalização interna e externa do gasto público no âmbito do Poder Judiciário.

(iv) estimular a comunidade a resolver seus conflitos sem necessidade de processo judicial, mediante conciliação, mediação e arbitragem. Abrange também parcerias entre os Poderes a fim de evitar potenciais causas judiciais e destravar controvérsias existentes.

(v) fortalecer as decisões judiciais, racionalizar o julgamento de casos análogos, garantir a segurança jurídica, bem como, a coerência e a integridade dos provimentos judiciais.

(vi) reduzir o número de processos, reduzir as taxas de encarceramento e fomentar ações de atenção ao interno e ao egresso, principalmente visando à redução de reincidência; e construir uma visão de justiça criminal vinculada à justiça social.

Diferente das três resoluções acima citadas, a **Resolução 221 do CNJ**, editada em 2016, prevê a **gestão participativa e democrática de magistrados, servidores e jurisdicionados na construção de soluções de gestão do Poder Judiciário.** Ela contribui, como se vê, com a missão das equivalentes resoluções acima mencionadas na edificação de um sistema gerencial ao Poder Judiciário.

A efetivação desse intuito democrático pode ser feita, por exemplo, por meio de mesas de diálogo, audiências públicas, enquetes e pesquisas, fóruns e encontros, instalação de ouvidorias, etc.

A partir das demandas sociais e com base no texto das emendas constitucionais e das resoluções que a seguiram, o Poder Judiciário passou a formatar sua organização administrativa com olhos à eficiência, produtividade, economicidade e transparência, características marcantes da chamada administração pública gerencial.

4.2. Gestão de pessoas

A década de 1980 marcou o início do período de discussões a respeito da eficiência e da gestão de pessoas no âmbito das empresas privadas. Um famoso movimento de potencialização de serviços foi chamado de **reengenharia**.

Já a década de 1990 apresentou uma mudança de paradigma e introduziu os temas da **gestão por competência** e do desenvolvimento de **liderança** tanto naquela esfera como na administração pública.

Os órgãos e as instituições passaram a mirar a eficiência, a produtividade, a economia e o aprimoramento dos processos internos, reproduzindo nos ambientes públicos aquilo que já era realizado na esfera privada.

Na **gestão por competência**, são realizadas avaliações por meio de metodologias próprias a fim de aferir se os servidores/funcionários estão realizando suas atividades de maneira satisfatória. Essa avaliação leva em conta não apenas números de resultado, mas também questões comportamentais de resiliência, capacidade de adaptação e aceitação de novidades, atributos que são essenciais para o bom exercício da função avaliada.

O desenvolvimento da **liderança** também passou a ser meta constante nos setores públicos, evitando-se a perpetuação da figura de um chefe que "muito manda e pouco faz" e que apenas contribuía para a criação de uma camada de servidores/funcionários descontentes e sem engajamento.

A **informatização** dos serviços de corregedoria, avaliação de desempenho e rendimento devem ser, de acordo com as novas teorias de gestão, seguidas pela criação de sistemas de acompanhamento de saúde física e mental do servidor/funcionário e do desenvolvimento de programas de bem-estar e diálogo sobre melhorias do ambiente de trabalho.

O servidor/funcionário passa a ser visto como uma parte do todo, mas também como um todo à parte. Afinal de contas, a gestão de pessoas busca compreender os indivíduos que fazem parte da equipe, avaliando seus comportamentos, identificando suas necessidades e demandas, a fim de que a qualidade de vida dessas pessoas possa ser aprimorada e, por consequência, seja possível aprimorar o serviço por elas prestado.

5. RELAÇÕES SOCIAIS E RELAÇÕES JURÍDICAS. CONTROLE SOCIAL E O DIREITO. TRANSFORMAÇÕES SOCIAIS E DIREITO

5.1. Relações sociais e Relações jurídicas

É conhecida a máxima de que os humanos são seres sociais. A sociabilização, que nos primórdios era utilizada pelo homem tão somente para proteção, passou a ser vista como elemento fundamental para o desenvolvimento da sociedade e da espécie humana.

O filósofo Jean Jacques Rousseau, em seu livro *Discurso sobre a Origem e os Fundamentos da Desigualdade entre os Homens*, questiona qual seria o elemento definitivo que diferencia os homens dos animais. Após afastar as sugestões dos critérios inteligência e do afeto, elenca a **historicidade** como fenômeno encontrado tão somente na raça humana.

A **historicidade** significa que o humano, diferentemente dos outros animais, **evolui individualmente e coletivamente no decorrer do tempo**, transformando o grupo a que pertence e a si mesmo de maneira impressionante, ao passo que os animais seguem sendo guiados puramente por seus instintos que, embora LHE forneçam instrumentos para viver, também LHE conferem limites para extrapolar suas naturezas.

A confirmação prática da afirmação de Rousseau pode ser feita ao imaginar-se, por exemplo, um gato que vivia no ano 1500 e um gato que vive em 2021. Ambos se alimentam das mesmas coisas, movimentam-se do mesmo jeito e socializam com seus pares de maneira idêntica. Não há evolução ou transformação individual coletiva entre os gatos. A espécie é a mesma, ainda que cinco séculos depois.

Totalmente diversa é a experiência humana. Um homem que vive em 2021 provavelmente teria dificuldades até mesmo para se comunicar com um desbravador das Américas de 1500. As roupas, os hábitos, a alimentação, a tecnologia e a linguagem são muito diversas.

A **mudança** causada pela historicidade não é apenas individual, mas também (e principalmente) **coletiva**. Enquanto uma alcateia de lobos segue tendo os mesmos comportamentos que sempre apresentou, um grupo humano passa por transformações incríveis em poucos anos, a depender de critérios climáticos, sociais, culturais, etc.

A historicidade, assim, tanto no aspecto individual como no coletivo, representa seguro elemento diferenciador do humano perante os demais animais.

Como bem se resume em filosofia, **nos animais a essência precede a existência,** pois o mesmo instinto que viabiliza o desenvolvimento da vida animal também aprisiona uma evolução comparável àquela que observamos no humano.

De outro lado, **no homem, a essência não precede a existência, sendo ele o único animal dotado da capacidade de "aprender a viver"** (razão de ser este o título de um dos livros do filósofo Luc Ferry).

Dotado de historicidade e de sociabilidade, o humano transforma a si próprio, o ambiente em que vive e as relações que trava com seus pares. Essas relações sociais, com o passar do tempo, ficaram cada vez mais complexas, demandando uma regulamentação geral em prol de sua própria pacificação.

A regulamentação dessas relações sociais foi, com o decorrer do tempo, realizada pelo Direito e, então, quando qualificadas pela regulamentação jurídica, as relações sociais ganham status de relação jurídica.

Desse modo, a relação jurídica, para a **teoria personalista**, é uma relação social que compreende a existência de um **vínculo** entre duas ou mais pessoas, em razão de um determinado **objeto**, e que é **qualificada** pela **norma jurídica**, que a qualifica como sendo um ato importante ao Direito.

Não por acaso, a sistematização da parte geral do Código Civil brasileiro estabelece, na ordem, exatamente os três elementos que formam uma relação jurídica. Em um primeiro momento, trata dos sujeitos; após, dos objetos; e, por fim, dos fatos jurídicos. Os três somados são a relação jurídica.

Criticando a conceituação acima informada, a teoria normativista afirma que a relação jurídica é uma relação estabelecida entre determinados sujeitos e o ordenamento jurídico. Não há, obrigatoriamente, interligação entre os sujeitos ou relação de direito e dever entre eles, o que sempre ocorre na teoria personalista.

O direito de propriedade, por exemplo, é explicado de formas diversas. Enquanto para a **teoria normativista** existe uma relação entre o sujeito e a coisa, para a personalista a coisa é elemento secundário na relação jurídica, havendo direito de propriedade de alguém exercido contra os demais, que tem dever de respeito.

Elementos da Relação Jurídica	
Sujeito	O sujeito da relação jurídica pode ser subdividido em ativo e passivo. O primeiro tem o direito e o segundo tem o dever.
Objeto	Coisa em torno do qual os interesses giram, podendo ser uma coisa, uma prestação, valores materiais, valores imateriais, etc.
Vínculo de atributividade	É o liame que confere a cada uma das partes o poder de pretender algo, determinado ou determinável, em face da outra ou de um terceiro.

5.2. Controle social e o Direito

A expressão controle social tornou-se conhecida com a publicação da obra "Social Control" de Edward Ross, sociólogo americano. No livro, o autor aponta que esse controle social **não tem** vinculação imediata com o Direito, e aponta que, na verdade, esse viés de controle é assumido por uma determinada sociedade mediante **evolução do processo de socialização** e interação das pessoas. **Esses processos provocariam nos indivíduos a assimilação e internalização de normas culturais que regulam seus comportamentos (controles).**

A utilização da expressão, todavia, foi alargada e hoje contempla tanto instrumentos informais quanto formais de controle social, havendo destaque para o Direito como uma de suas representações.

O Direito consiste em uma poderosa ferramenta de preservação da ordem no contexto de um grupo social. Essa afirmação, todavia, apenas é possível em razão das características que um ordenamento jurídico apresenta no grupo, principalmente pela existência de elemento sancionador e da característica de coercibilidade.

O **objetivo** da utilização do Direito com instrumento de controle social é, ao mesmo tempo, conferir maior segurança, estabilidade e coesão às relações sociais e, ainda, por meio da segurança jurídica, conferir maior amplitude de pacificação social.

Pode-se dizer, portanto, que como instrumento de controle social, o Direito vale-se de medidas preventivas e repressivas.

Como consequência, por ser um **instrumento** efetivo de **controle social**, o **Direito** também se revela um poderoso **mecanismo de poder**, visto que, de forma anterior ou posterior (sancionatória), condiciona comportamentos no seio social.

Há que se fazer a ressalva, todavia, de que o Direito não é o único instrumento de controle social visto em sociedades contemporâneas. Outras instituições (formais e informais) são tão eficazes quanto o Direito nessa missão: família, igreja, organizações civis e políticas, etc.

Algumas dessas formas de controle social não apresentam contribuição do Estado em suas formulações ou execuções, razão pela qual **entende-se o Direito como instrumento diferenciado por ter aplicação sobre todos os membros do grupo social.**

Ou seja, enquanto as demais instituições dependem da adesão comportamental do indivíduo (a exemplo do cidadão que segue, voluntariamente, certos dogmas religiosos), **o Direito se impõe** de maneira involuntária.

A doutrina aponta que o direito tem as seguintes características que o singularizam como instrumento de controle social: certeza, generalidade, exigibilidade, expansividade e uniformidade.

Características do Direito	
Certeza	Dotado de clareza no meio social, eis que expressado por leis editadas e publicadas de maneira conhecida pelos cidadãos
Generalidade	Aplicável a todos os integrantes do grupo social
Exigibilidade	Tem adequação exigível por meio de sanções
Expansividade	Apresenta a capacidade de transformar em norma jurídica eventual fato social que antes não era albergado pela norma
Uniformidade	É aplicado de maneira isonômica aos componentes do grupo social, e apenas aceita diferenciação de tratamento quando esta for devidamente justificada

O exercício de um certo controle pelo Direito não pode significar engessamento da sociedade. As transformações sociais ocorrem, muitas vezes, pelos chamados **desvios sociais**, que são comportamentos que afrontam a ordem preestabelecida e que culminam, não raras vezes, em mudanças sociais posteriormente incorporadas e regulamentadas pelo ordenamento jurídico.

De tudo isso, conclui-se que **o Direito deve exercer função de controle** social **mas**, nesta atividade, **não pode sufocar a própria sociedade regulada**, que muitas vezes se modificará e evoluirá por meio de novos movimentos, sejam eles regulares ou não (desvios).

Duas teorias macrossociológicas estudam o conflito social:

a) **Teoria Funcionalista:** a sociedade opera como uma grande máquina e sua finalidade é a sua reprodução através de um funcionamento adequado de seus componentes. Para esta teoria, o controle social deve atuar em prol do bem-estar, limitando sua atuação ao mínimo necessário;

b) **Teorias do Conflito Social:** indica que na sociedade atuam grupos com interesses estruturalmente opostos, que se encontram em situação de desigualdade e em luta constante pelo poder. Por ser baseada na ideia de conflito, sustenta que as regras de controle social não objetivam o bem-estar de todos, mas sim a perpetuação de relações de poder.

Fala-se que a forma mais comum de **controle social informal** é a **moral**, enquanto que o Direito desponta como a mais comum forma de controle social formal, eis que é sistematizado, codificado e hierarquizado.

Em resumo, cabe lembrar que, à luz da sociologia jurídica, o Direito mostra-se como o principal instrumento de controle social, eis que é institucionalmente organizado, sistematizado e orientado para realizar o que se entende por "justiça" em uma determinada sociedade.

5.3. Transformações sociais e Direito

Quando um padrão social muda de maneira significativa, tem-se o que a sociologia nomina de **transformação social**. As causas que provocam as alterações sociais podem ser as mais variadas possíveis. A questão posta na Sociologia do Direito é se a lei e a jurisprudência podem ser consideradas como fatores a impor transformações sociais.

Para Hanna Arendt, a mudança social em si nunca deriva da lei ou de decisões jurisprudenciais, cabendo a estas tão somente a estabilização e legalização de situações já postas na realidade.

Atualmente, todavia, pode-se dizer que existe entre o Direito e as mudanças sociais uma verdadeira **relação circular**, ou ainda espiral dialógica, visto que ambos se influenciam no processo evolutivo, **ora como causa, ora como consequência**.

Em provas de concurso, é muito comum surgirem questões que relacionam as transformações sociais com suas causas determinantes, exigindo do candidato a identificação do autor que sugeriu essa relação como determinante. Portanto, para facilitar o estudo, o quadro abaixo relaciona os pensadores e as causas por eles sugeridas como determinantes para mudanças sociais.

Causas das mudanças sociais e seus idealizadores	
Augusto Comte	Sustentou que as mudanças sociais são decorrentes do **desenvolvimento intelectual humano**. Esse progresso intelectual venceria, como etapas, os estágios teológico, metafísico e positivo.
Herbert Spencer	Conhecido como o "pai do darwinismo social", sustentou que as mudanças estão relacionadas com a lei do **movimento universal** (ou evolução social), que impõe uma caminhada do simples ao complexo, do homogêneo ao heterogêneo, ou seja, de sociedades mais simples para mais "altas" do ponto de vista social. Elencou, também, que a evolução social depende da paz interna e externa de um Estado.

Causas das mudanças sociais e seus idealizadores	
Karl Marx	Sustentou que a **luta de classes** seria o principal fator de mudanças sociais. Compreendia o conflito como propulsão da história e, por isso, sustentava que além de serem permanentes, esses conflitos sempre são travados entre aqueles que compõem uma classe dominante e aqueles que fazem parte de uma classe dominada. Enquanto aqueles se esforçam para manter um estado de coisas, estes lutam pela revolução.
Émile Durkheim	Sustentou que o fator de mudança social é a passagem do que chamava de **solidariedade mecânica** para a **solidariedade orgânica**. Essa mudança tem estrita relação com a divisão do trabalho na sociedade, afinal, quanto mais divisão de trabalho existe, mais os homens estabelecem relações de direitos e deveres entre si, unindo-se de maneira durável (solidária). Em razão disso, sustentava que, quanto mais evoluída a sociedade fosse, maior seria o direito contratual e menor seria o direito repressivo.
Max Weber	Para ele, a causa das mudanças sociais não é puramente objetiva, mas a **critérios subjetivos** anteriores às ações. Como exemplo, fala-se do capitalismo, que para Weber tem como fonte de ação os **valores** da ética religiosa protestante.

Atualmente, fala-se que a expressão **"transformações sociais"** guarda relação com algo mais amplo do que o definido pelos autores acima citados, sendo compreendida como **sinônimo de mudança das características marcantes de uma sociedade**, seja, culturais, estruturais, demográficas, etc.

A transformação social **não se confunde** com modulação temporária de comportamentos (popularmente conhecida como "modismos"), pois estas não representam relevante alteração social de longo prazo.

Embora se exija que as consequências sejam de longo prazo, as causas podem ser de imposição lenta ou rápida, a exemplo da ocorrência de uma revolução social, que muda o cenário de forma abrupta, mas que apresentará efeitos de longo prazo (ex: revolução vermelha na China).

Da mesma forma, a tecnologia é um fator que tem criado novas formas de transformação social impostas de maneira cada vez mais rápida. Um claro exemplo de modificação de comportamento é a que resultou da criação de aplicativos de transporte público e até mesmo compartilhamento de veículos. Essas tecnologias impuseram, de forma célere, uma modificação de comportamentos sociais que há muito tempo estavam estabilizados.

A relação do Direito com as transformações sociais pode ocorrer de duas formas:

a) mudanças jurídicas posteriores às sociais (postura passiva do Direito);

b) mudanças jurídicas anteriores às sociais (postura ativa do Direito);

No primeiro caso, tem-se a regulação jurídica sendo criada após a transformação social, como é o caso da legislação a respeito de aplicativos de transporte urbano (Uber, 99Taxi, etc.). Nessas hipóteses, a transformação social ocorre de maneira arrebatadora e o Direito, então, realiza **processo de adequação e compatibilização** dessa mudança ao sistema jurídico vigente.

No segundo caso, é o Direito quem impõe a mudança social. O exemplo clássico oferecido é a imposição da legislação de trânsito do uso de cinto de segurança. Pode-se dizer, quase com certeza, que a edição da norma foi muito criticada nos anos de 1990, quando a população não tinha o hábito de utilização desse item de segurança. A imposição legislativa, seguida de fiscalização e de campanhas de conscientização fez com que o hábito do brasileiro mudasse. Essa alteração social, todavia, não foi espontânea.

Diz-se, quanto à segunda hipótese, que o Direito exerceria uma função de institucionalização de mudança social.

Em resumo, seja por seu caráter institucionalizador, emancipatório ou punitivo, é certo que o Direito consiste em poderoso elemento de transformação social, podendo ter **postura ativa ou passiva** diante desse fenômeno que, ao fim e ao cabo, revela a evolução da sociedade.

6. DIREITO, COMUNICAÇÃO SOCIAL E OPINIÃO PÚBLICA

A relação entre Direito, comunicação social e opinião pública tem se ampliado na mesma velocidade que os meios de comunicação popularizam-se na sociedade moderna, tornando-se mais democráticos e acessíveis.

De fato, os olhos da sociedade estão voltados (como jamais estiveram) às atividades de elaboração, produção e efetivação do Direito em nosso país. As atenções são direcionadas para os mais variados momentos de manifestação do Direito, seja em sua concepção, seja em sua aplicação pelos Tribunais.

O brocardo "a voz do povo é a voz de Deus", tão criticado por especialistas que advertem sobre a pontual necessidade de **atuação contramajoritária do Poder Judiciário,** parece ter retomado força e notoriedade com o advento das redes sociais, ao mesmo tempo em que sugere já ser objeto de manipulação via manifestações falsamente majoritárias.

Todos esses desdobramentos exigem do jurista um novo olhar sobre o **fenômeno comunicativo** que se estabelece entre o **Direito e a opinião pública,** principalmente porque, quando algum desses interlocutores se sobrepõe ao outro, o resultado é invariavelmente a produção de injustiças e arbitrariedades.

Para melhor organizar a abordagem, e considerando os inúmeros desdobramentos a respeito do tema que envolve a relação entre o Direito e a opinião pública, os pontos de explanação serão subdivididos nos tópicos a seguir.

6.1. Opinião pública e participação popular na formação do Direito. Atividade legislativa

A opinião pública encontra espaço de diálogo com o Direito em momento muito anterior ao da aplicação deste nos Tribunais e fóruns do país. Essa construção dialógica se manifesta já no momento de **criação do Direito** em determinada sociedade, no que se conhece como **atividade legislativa**.

A Constituição Federal do Brasil, em seu art. 61, § 2º, aponta como possível a propositura de **projeto de lei por iniciativa popular** que, nos termos da carta magna, pode ser exercida pela apresentação à Câmara dos Deputados de projeto de lei subscrito por, no mínimo, um por cento do eleitorado nacional, distribuído pelo menos por cinco Estados, com não menos de três décimos por cento dos eleitores de cada um deles.

No que se refere ao acompanhamento da atividade legislativa em si, vê-se que, além do fato do Poder Legislativo ser formado por representantes diretamente eleitos pela população (de onde se extrai a conclusão óbvia de que estes deveriam expressar "a voz" coletiva de seus representados), observa-se que a população em si, de forma cada vez mais intensa, tem influenciado na tomada de decisão dos representantes políticos em momentos pontuais de análise e votação de temas importantes à sociedade.

Abandonando a **postura passiva** que por muitos anos serviu de rótulo à população brasileira perante a classe política eleita, a atualidade mostra um movimento crescente de interesse público na elaboração de normas que guiarão o futuro da nação.

Alguns movimentos populares, como as **manifestações do ano de 2013**, têm sido frequentemente utilizados como exemplo de causas determinantes para as escolhas políticas posteriormente adotadas. Naquela situação, o exemplo mais claro foi a derrota da Proposta de Emenda Constitucional 37, que visava terminar com o poder investigatório do Ministério Público e que, dada a "força das ruas", foi rejeitada.

O incentivo de participação também provém da própria legislação, a exemplo da Lei 9.478/97, que dispõe sobre a política energética nacional, as atividades relativas ao monopólio do petróleo, institui o Conselho Nacional de Política Energética e a Agência Nacional do Petróleo e dá outras providências, e que menciona a necessidade de realização de **audiência pública** para discussão de leis relativas às iniciativas de projetos de lei ou de alteração de normas administrativas que impliquem afetação de direito dos agentes econômicos ou de consumidores e usuários de bens e serviços das indústrias de petróleo, de gás natural ou de biocombustíveis.

A **informatização** também aumentou a acessibilidade do cidadão aos trabalhos realizados na Casa Legislativa, viabilizando-se inclusive o acompanhamento constante da discussão das matérias propostas via *site* institucional do Congresso Nacional (pelo link "acompanhamento de matérias"), e ainda das votações e manifestações parlamentares, que além de serem divulgadas na TV Senado e TV Câmara, agora são reproduzidas e comentadas à exaustão nos canais de rede social na internet.

6.2. Opinião pública e participação popular na formação do Direito. Atividade judiciária

Se na atividade legislativa a participação popular, revestida de opinião pública, é incentivada e desejada, **na atividade judiciária é vista com maiores ressalvas**, principalmente porque o Poder Judiciário, em muitas oportunidades, tem o dever de atuação **contramajoritária**.

De toda forma, o Direito brasileiro tem ampliado as hipóteses de **colaboração popular** na construção da justiça e, via de consequência, do Direito.

A Lei n. 9.868/99, que regula o processo e julgamento das ações diretas de inconstitucionalidade, prevê em seu texto a realização de **audiências públicas** como forma de **democratização da discussão** posta a exame junto ao Judiciário.

A mesma norma refere que, no curso da ação de controle concentrado de constitucionalidade, o relator, considerando a relevância da matéria e a representatividade dos postulantes, poderá, por despacho irrecorrível, admitir a manifestação de outros órgãos ou entidades no processo de controle concentrado e abstrato de constitucionalidade.

Essa abertura legal visa justamente a ampliação do debate constitucional e a democratização das decisões judiciais, com pluralidade de opiniões sociais.

A esse respeito, é importante fazer uma conexão teórica com a doutrina de Peter Häberle, que defende uma **"sociedade aberta dos intérpretes"** constitucionais no sentido de ampliar o debate jurídico e viabilizar a discussão democrática dos institutos normativos.

O Código de Processo Civil, em seu art. 927, § 2º, também dispõe QUE eventual alteração de entendimento adotado em enunciado de súmula poderá ser precedida da realização de audiência pública, em claro intuito integrativo do Poder Judiciário com os interesses da população.

Esse incentivo ao diálogo e essa abertura às influências decorrentes da opinião pública não podem ser confundidos com indevida influência na independência funcional de juízes e autonomia de julgamentos do Poder Judiciário. Afinal de contas, em muitas situações, o julgamento proferido entrará em confronto direto com a opinião pública, fenômeno observado principalmente na seara penal ou na defesa de direitos das minorias.

Como bem define o Ministro Luís Roberto Barroso, **o STF desempenha dois papéis distintos.** Um é o **contramajoritário**, quando invalida atos dos outros Poderes em nome da Constituição. O outro é o **representativo**, quando, em certas circunstâncias, atende as demandas sociais que ficam paralisadas no Congresso. No primeiro caso, as opiniões públicas são submetidas a um filtro técnico e, em razão disso, podem não ser seguidas. No segundo, os anseios sociais normalmente são atendidos pelo Judiciário, suprindo-se a omissão dos demais poderes na garantia de direitos.

Se, na esfera do controle de constitucionalidade e da análise de direitos e garantias fundamentais o diálogo popular é incentivado, o mesmo não se pode dizer quanto ao **processo penal**, que tem regras voltadas à preservação de um procedimento justo e previamente conhecido pelo acusado.

Em tais hipóteses, é comum ver o clamor social pela sumarização de procedimentos penais frente a casos de grande repercussão social, literalmente pulando-se etapas de produção de provas e julgamentos, e reduzindo-se o processo a investigação e pronta execução da pena.

Em tais situações, cabe ao Poder Judiciário atuar como **garantidor de princípios** constitucionais de proteção ao cidadão que, na circunstância, se vê na condição de acusado e precisa, ante ao risco de sofrer sanção penal, ter garantidos seus direitos de presunção de inocência, contraditório, ampla defesa e excepcionalidade de medidas cautelares que afrontem sua liberdade.

A respeito da influência da imprensa e da pressão social sobre os jurados em Tribunal do Júri, por exemplo, o Superior Tribunal de Justiça já decidiu que a medida processual de **desaforamento** é excepcional, sendo cabível tão somente quando demonstrado por fatos objetivos e concretos a parcialidade do Conselho de Sentença. No caso, a corte entendeu que a mera desconfiança de que os jurados poderiam ter sido influenciados por ampla divulgação do caso pela mídia não justificaria o desaforamento (HC 492964-MS).

Neste ponto, cita-se a "Espetacularização do Processo Penal", expressão trazida por Nascimento (2024, p. 307), que pode ser conceituada como a utilização dos meios de comunicação para a exploração midiática de fatos apurados em processos judiciais penais, como um produto de entretenimento, tanto para promoção pessoal dos atores processuais, quanto para agradar a opinião pública, mediante o sacrifício de direitos fundamentais.

Em decisão que reconheceu a força e importância da atividade de imprensa, o STJ reconheceu, ao julgar o RHC 98056-CE, que é possível a instauração de investigação criminal com base em matéria jornalística.

E o que deve o Poder Judiciário fazer quando, supostamente extrapolando a barreira da razoabilidade, a opinião pública passa a invadir um espaço de diálogo para, mediante ação organizada, proferir e compartilhar injúrias e ameaças contra os próprios membros do Judiciário?

Em março de 2019, o Supremo Tribunal Federal abriu, por ordem do Ministro Dias Toffoli, o **Inquérito 4781** para apurar a prática de disseminação de notícias falsas e ameaças proferidas na internet contra ministros do próprio Supremo. Após ter sua constitucionalidade contestada, o inquérito teve tramitação validada e aceita por decisão do Plenário do STF exarada no dia 18 de junho de 2020 no corpo da ADPF 572 MC/DF.

Segundo o Ministro Celso de Melo, que votou pela legalidade da Portaria GP 69/2019 que determinou a abertura do inquérito e continuidade do procedimento, manifestações escondidas pelo anonimato, a divulgação de *fake news*, e a incitação ao ódio e à intolerância, ao regime político e às instituições democráticas, como o STF e o Congresso Nacional, não merecem a dignidade da proteção constitucional que assegura liberdade de expressão do pensamento.

Inobstante a discussão a respeito da constitucionalidade do inquérito aberto de ofício pelo STF (tema que foge do objetivo desta obra), parece claro que a Corte tenha apontado em tais atos um limite ao exercício do direito de manifestação, protesto e oposição contra atos judiciários, indicando que **o direito à participação pública**, embora saudável ao desenvolvimento da justiça, **não é absoluto.**

6.3. Opinião pública, comunicação social, imprensa e Direito. O Poder Judiciário garantindo o direito ao esquecimento

A ampliação da exposição de casos judiciários na mídia deu origem a uma nova discussão no direito brasileiro: *sendo o caso verídico e estando o processo finalizado, ele pode ser explorado pela mídia a qualquer tempo? Existem limites a essas exposições?* Para responder a esses questionamentos, o Poder Judiciário passou a discutir os efeitos e a amplitude do chamado **"direito ao esquecimento"** em nosso ordenamento jurídico.

A definição do chamado direito ao esquecimento é trazida com perfeição por Anderson Screiber, citado por Tepedino (2019, 376), que diz:

> "(...) o direito ao esquecimento é, portanto, um direito (a) exercido necessariamente por uma pessoa humana; (b) em face de agentes públicos ou privados que tenham a aptidão fática de promover representações daquela pessoa sobre a esfera pública (opinião social); incluindo veículos de imprensa, emissoras de TV, fornecedores de serviços de busca na internet etc.; (c) em oposição a uma recordação opressiva dos fatos, assim entendida a recordação que se caracteriza, a um só tempo, por ser desatual e recair sobre aspecto sensível da personalidade, comprometendo a plena realização da identidade daquela pessoa humana, ao apresentá-la sob falsas luzes à sociedade."

Tendo como referencial histórico o **caso Lebach do Tribunal Constitucional Alemão**, o direito ao esquecimento foi indicado como a impossibilidade da impressa explorar a vida e a história de eventual condenado em processo penal por tempo indeterminado.

Buscava-se, como fundamento, preservar o caráter ressocializador da pena e, na ponderação entre os princípios da liberdade de imprensa e intimidade, entendeu-se pela prevalência deste último, tendo lastro também no direito de retomada da vida após o cumprimento de pena pelo cidadão.

Na literatura, cabe mencionar a sempre atual obra *Os Miseráveis*, de Victor Hugo que, contando a história do prisioneiro Jean Valjean, relata inúmeras passagens em que este, já posto em liberdade, não consegue acesso a emprego, celebração de contratos e até mesmo hospedar-se em estalagens, visto que, quando solicitada a entrega de seus documentos, precisa mostrar uma documentação com sinal indelével de que já fora um condenado a pena nas galés. Mais do que simples anotação para efeitos de reincidência, o rótulo de condenado passa a ser uma continuidade indefinida da pena na vida do indivíduo que já quitou sua dívida com o Estado.

O **direito ao esquecimento** voltou a ser objeto de intensa discussão em nossos tribunais com a popularização do uso da **internet** e de redes sociais, que levaram ao nível extremo de alcance alguns crimes, principalmente aqueles praticados contra a honra.

O embate entre argumentos ainda é forte e o direito ao esquecimento, para ser reconhecido, deve ser resultado de um complexo processo interpretativo do caso concreto, com ponderação dos princípios que conflitam na hipótese, a exemplo da liberdade de imprensa e informação, liberdade de expressão, acesso à história e interesse coletivo e, de outro lado, direito à intimidade, à privacidade, etc.

Ao realizar o embate de tais argumentos em casos paradigmáticos (REsp 1.335.153-RJ e REsp 1.334.097-RJ) o STJ firmou entendimento no sentido de que se deve analisar se existe um **efetivo interesse público atual** na divulgação da informação que pretende ser exposta pela mídia. Esse critério, segundo a Corte, auxiliaria o julgador a diferenciar casos pontuais de cidadãos (que merecem o direito ao esquecimento) de eventos dotados de importância histórica que não podem ser apagados da memória coletiva.

Essas manifestações jurisprudenciais tiveram como base a análise de pedidos de direito ao esquecimento em ações inibitórias propostas contra canais de mídia oficial que, em seus programas ou jornais, desejavam retomar fatos históricos e citar os nomes dos envolvidos.

Exemplo: O programa Linha Direta, da TV Globo, elencou em uma de suas edições uma lista de nomes de denunciados no crime nacionalmente conhecido como "Chacina da Candelária". Um deles, todavia, fora absolvido no processo e, então, ingressou com ação indenizatória que tinha o direito ao esquecimento como um de seus fundamentos jurídicos.

O desafio judicial, todavia, se torna ainda mais complexo diante dos novos casos de pedido de reconhecimento do direito ao esquecimento em informações divulgadas na internet. Como sabemos, além de não ter produção de conteúdo exclusiva por canais oficiais de mídia, **a internet praticamente eterniza as informações nela inseridas**, e ainda amplia as formas de contato com dados históricos por meio de sistemas simplificados de busca e filtro.

Fala-se, em razão disso, que é praticamente impossível garantir na prática o direito ao esquecimento no mundo virtual. O assunto, aliás, é ponto de análise concreta no *caso C-507/17, Google LLC, sucessora da Google Inc. vs Commission nationale de l'informatique et des libertés*, de 24 de setembro de 2019, pelo Tribunal de Justiça da União Europeia, que busca encontrar limites ao **direito à desindexação virtual de dados ou, ainda, ao apagamento de dados da internet.** A discussão é muito complexa, pois compreende inclusive a responsabilização de empresas de armazenamento, transmissão e acesso a dados de internet que, ao fim e ao cabo, não incluíram tais dados na rede mundial de computadores.

A respeito do tema, a 3ª Turma do STJ proferiu interessante decisão no REsp 1.660.168-RJ, e indicou que, em regra, **os provedores de busca da internet não guardam responsabilidade** pelos resultados das pesquisas apresentadas em seu site.

Não se pode atribuir responsabilidade a tais sites, que atuam como filtros prévios de resultado, visto que sua concepção foi direcionada tão somente para espelhar resultados encontrados na rede mundial de computadores.

Eventuais prejudicados pelas notícias, então, não poderiam exigir eventuais indenizações de portais de busca e pesquisa, mas apenas dos sites que efetivamente colocaram a notícia ou informação na internet.

Em situações excepcionais, todavia, quando houver violação direta de direitos eminentemente privados mediante notícias ou informações antigas, seria possível que a demanda judicial buscasse impedir a aparição de resultados nestes sites de busca. Falou-se, na decisão, que em tais casos o direito à intimidade e ao esquecimento deveriam prevalecer.

Na contramão de inúmeras decisões do STJ, **o Supremo Tribunal Federal entendeu, em fevereiro de 2021**, que o direito ao esquecimento é incompatível com a Constituição Federal de 1988.

Segundo a Corte, não há como se admitir, em caráter geral, a admissibilidade genérica do direito ao esquecimento, devendo eventuais afrontas pessoais serem tratadas casuisticamente.

No julgamento do RE 1010606, de reconhecida repercussão geral, a Suprema Corte firmou a seguinte tese:

> É incompatível com a Constituição Federal a ideia de um direito ao esquecimento, assim entendido como o poder de obstar, em razão da passagem do tempo, a divulgação de fatos ou dados verídicos e licitamente obtidos e publicados em meios de comunicação social – analógicos ou digitais. Eventuais excessos ou abusos no exercício da liberdade de expressão e de informação devem ser analisados caso a caso, a partir dos parâmetros constitucionais, especialmente os relativos à proteção da honra, da imagem, da privacidade e da personalidade em geral, e as expressas e específicas previsões legais nos âmbitos penal e cível".

De toda forma, no que toca aos interesses deste livro, fica claro que o ponto "opinião pública, comunicação social e Direito" ganhou mais um interessante assunto de discussão para certames de concurso público, inclusive em provas de segunda fase ou prova oral, momentos avaliativos que permitem a melhor exposição de conhecimentos pelo candidato a respeito de assuntos ainda não pacificados na jurisprudência.

6.4. Comunicação social do Poder Judiciário

Com a promulgação da Constituição Federal de 1988 e principalmente com a edição da Emenda Constitucional 45/2009, **a imagem que se projeta** (e que se deseja) das instituições e órgãos públicos foi modificada. Se antes a mensagem (ainda que indireta) que se passava ao público externo era de dificuldade de acesso, burocracia e complexidade de comunicação, hoje as ações são voltadas para a **democratização do acesso, transparência e plena compreensão das diretrizes públicas pelo cidadão.**

A jurisdição, como regra, trabalha vinculada ao princípio da inércia, o que significa que o Poder Judiciário tem sua atividade-fim vinculada à provocação das partes. Essa limitação de iniciativa, todavia, não deve ser estendida para as ações que o Judiciário promove frente a população em geral, a exemplo da **divulgação transparente de seus dados, diretrizes, objetivos e ações sociais**.

Em razão dessa mudança de perspectiva, o CNJ editou a Resolução 85/2009, que dispõe sobre a comunicação social no âmbito do Poder Judiciário.

Como **objetivos** ali elencados, fala-se em:

> I – dar amplo conhecimento à sociedade das políticas públicas e programas do Poder Judiciário;

> II – divulgar, de forma sistemática, em linguagem acessível e didática, os direitos do cidadão e os serviços colocados à sua disposição pelo Poder Judiciário, em todas as suas instâncias;
>
> III – estimular a participação da sociedade no debate e na formulação de políticas públicas que envolvam os seus direitos;
>
> IV – disseminar informações corretas sobre assuntos que sejam de interesse público para os diferentes segmentos sociais e que envolvam as ações do Poder Judiciário;
>
> V – incentivar, no âmbito dos magistrados e servidores, através da comunicação, a integração com as ações previstas nesta Resolução, de modo a garantir a eficácia dos objetivos nela colimados;
>
> VI – promover o Poder Judiciário junto à sociedade de modo a conscientizá-la sobre a missão exercida pela Magistratura, em todos os seus níveis, otimizando a visão crítica dos cidadãos a respeito da importância da Justiça como instrumento da garantia dos seus direitos e da paz social.

Dentre as diretrizes mais importantes que regem a Resolução estão a atenção ao **caráter educativo, informativo e de orientação social**, a vedação do uso dos meios de comunicação social para a promoção pessoal de magistrados ou servidores, em ações desvinculadas das atividades inerentes ao exercício das funções do Poder Judiciário, a adequação das mensagens, **linguagens** e canais aos diferentes segmentos de público, utilizando sempre uma forma **simplificada** e acessível àqueles que desconhecem as expressões típicas do universo jurídico e a valorização das estratégias de comunicação regionalizadas.

No art. 8º da referida Resolução, criou-se o Comitê de Comunicação Social do Judiciário, de caráter consultivo, com o objetivo de assessorar a Comissão Permanente de Comunicação do Poder Judiciário e o Plenário do Conselho Nacional de Justiça na definição de parâmetros e procedimentos relacionados com ações de Comunicação Social.

Cabe ao Comitê manifestar-se sobre as ações de propaganda, observados os parâmetros e procedimentos definidos pela Assessoria de Comunicação Social do CNJ e identificar e difundir as boas práticas para o aprimoramento de processos e mecanismos a serem adotados no exame, seleção e avaliação de campanhas institucionais.

No âmbito dos estados, os Tribunais de Justiça e Tribunais Regionais tem empreendido significativos esforços para ampliar o espaço de diálogo entre o Poder Judiciário e a população. A comunicação social extrapola meras campanhas de orientação sobre horários de funcionamento dos serviços ou advertências simples, alcançando também a chamada **educação em direitos**.

Embora a expressão educação em direitos seja expressa em legislações especiais (a exemplo da LC 80/94 – que versa sobre a organização da Defensoria

Pública), entende-se que a atividade em si deve ser desempenhada por todas as instituições e órgãos do poder público, no que se inclui o Poder Judiciário.

Conceitualmente, entende-se a educação em direitos como uma iniciativa que vai além da mera instrução técnica sobre determinado assunto, sendo **verdadeiro sistema de acesso à cidadania** por meio da educação de parâmetros de consciência e liberdade.

A comunicação social do Poder Judiciário, atenta às diretrizes e objetivos descritos na resolução própria, deve ter em mente sempre a busca pela aproximação do serviço público ao cidadão que dele necessita. Se, como dito inicialmente, o momento atual é de construção de um serviço público que retome a imagem de segurança e confiabilidade da população, esse objetivo deve ser perseguido com a utilização de métodos de modernização da postura institucional e de aproximação com a população.

7. CONFLITOS SOCIAIS E MECANISMOS DE RESOLUÇÃO. SISTEMAS NÃO JUDICIAIS DE COMPOSIÇÃO DE LITÍGIOS

A missão primordial do sistema de justiça é a resolução de conflitos sociais por meio da aplicação harmoniosa do ordenamento jurídico. A partir dessa premissa, fala-se que a resolução desses litígios pode ocorrer pela via (i) da jurisdição ou (ii) dos equivalentes jurisdicionais, também chamados de sistemas não-judiciais de composição de litígios.

Tradicionalmente, a atividade jurisdicional era conceituada como a atuação estatal visando à aplicação do direito objetivo ao caso concreto.

Modernamente, como bem ensina Fredie Didier Jr. (2015, pg. 153), o conceito conjuga as principais características da atividade jurisdicional, apontando que a **jurisdição** é a função atribuída a um **terceiro imparcial**, para, mediante um **processo**, tutelar **situações jurídicas concretas deduzidas em juízo**, de modo **imperativo** e **criativo**, cuja **decisão** é **insuscetível de controle externo** e com aptidão para tornar-se indiscutível pela **coisa julgada material**.

A atividade jurisdicional é, obviamente, o principal meio de solução de conflitos sociais, afinal de contas, ela conta com imutabilidade de decisões e possibilidade de imposição de suas ordens via coerção.

Entretanto, o sistema judicial de resolução de conflitos tem sido visto com ressalvas por boa parte da sociedade e, assim, os mecanismos não judiciais de resolução de litígios apresentam-se como satisfatórias alternativas para se evitarem os tradicionais problemas da via judicial: morosidade, alto custo, imposição de datas para solenidades, etc.

Cada vez mais no Brasil ganha força o **sistema multiportas ou tribunal multiportas**.

Inspirado no sistema norte americano (*multidoor courthouse*), estabelece que as formas de solução de conflito não devem estar restritas ao Poder Judiciário, devendo buscar-se a forma mais **adequada** de resolução.

Nesse ponto, ocorre, inclusive, uma **modificação de nomenclatura**, não se falando mais em formas **alternativas** de solução de conflitos, mas de formas **adequadas**, porquanto o Poder Judiciário não é mais considerado a regra, para a qual os demais métodos são a exceção.

A Resolução 125 do CNJ, de 29 de novembro de 2010, dispõe sobre a Política Judiciária Nacional de tratamento adequado dos conflitos de interesses no âmbito do Poder Judiciário.

Em seu art. 1º, parágrafo único, aponta-se que aos órgãos judiciários incumbe, nos termos do art. 334 do Código de Processo Civil de 2015, combinado com o art. 27 da Lei 13.140, de 26 de junho de 2015 (Lei de Mediação), antes da solução adjudicada mediante sentença, oferecer outros mecanismos de soluções de controvérsias, em especial os chamados meios consensuais, como a mediação e a conciliação, bem assim prestar atendimento e orientação ao cidadão.

O art. 4º da mesma Resolução informa que compete ao Conselho Nacional de Justiça organizar programa com o objetivo de promover ações de incentivo à autocomposição de litígios e à pacificação social por meio da conciliação e da mediação.

No art. 8º, fala-se que os tribunais deverão criar os **Centros Judiciários de Solução de Conflitos e Cidadania** (Centros ou Cejuscs), unidades do Poder Judiciário, preferencialmente, responsáveis pela realização ou gestão das sessões e audiências de conciliação e mediação que estejam a cargo de conciliadores e mediadores, bem como pelo atendimento e orientação ao cidadão.

No corpo da Resolução, fala-se ainda dos Centros Judiciários de Solução de Conflitos e Cidadania e estipulam-se regras básicas sobre os conciliadores e mediadores. Da mesma forma, elenca disposições sobre as chamadas câmaras privadas de conciliação e mediação.

Na doutrina, é chamada de **equivalente jurisdicional** qualquer forma de solução de situações jurídicas concretas que não seja jurisdicional. São técnicas para resolver situações jurídicas concretas não jurisdicionais. Atualmente, podem ser elencados quatro equivalentes jurisdicionais: a) autotutela; b) composição; c) mediação; d) arbitragem.

Autotutela: é conhecida popularmente como a forma egoísta de solução de conflito. Na autotutela, um dos conflitantes **impõe** a solução jurídica do caso ao outro pelo uso da **força**.

Como regra, a autotutela é proibida e inclusive considerada criminosa, mas de forma excepcional é admitida no ordenamento jurídico como válida, a exemplo do exercício da legítima defesa, do direito de greve, do direito de retenção da bagagem (caso de hospedagem não quitada em hotel), do desforço *incontinenti* ou imediato (viável quando alguém esbulha a posse de outrem).

Autocomposição ou conciliação: na via da autocomposição, a solução do conflito é construída pelas partes de maneira amistosa. A solução é, ao fim e ao cabo, negociada e construída pelas partes.

Estudos apontam que, quando a solução de determinado litígio é negociada, a taxa de inadimplemento mostra-se menor do que quando a solução vem da imposição feita por um terceiro, a exemplo do que ocorre em decisão judicial.

Fala-se que a autocomposição pode ser realizada de duas maneiras:

a) por concessão recíproca: nela, ambas as partes cedem um pouco de seus interesses finais na busca de um meio-termo adequado e justo. É o que acontece com a transação.

b) por concessão unilateral: nela, somente uma das partes cede integralmente aos interesses da outra, a exemplo do que ocorre na renúncia. Mesmo havendo "benefício total para uma das partes", entende-se que há autocomposição pois não houve imposição para a concessão realizada na hipótese. Um exemplo de autocomposição por concessão unilateral é a renúncia de crédito.

Mediação: é uma forma de autocomposição mais desenvolvida e complexa. Na mediação, um **terceiro** se coloca entre as partes para auxiliá-los a fazer um acordo, que poderá resultar em concessão unilateral ou recíproca, ou ainda na criação de um novo acordo. Na mediação existe a figura de um terceiro que, **sem decidir ou impor soluções**, trabalha como um **catalisador** (facilitador) da comunicação para incentivar o acordo.

Ao final, a decisão é sempre das partes, razão pela qual se entende que a mediação não deixa de ser uma forma de autocomposição, visto que o terceiro não decide ou compõe a relação jurídica discutida, mas apenas ajuda no processo de construção da decisão.

Mediação e conciliação são estruturalmente semelhantes, mas existe diferença na técnica do terceiro que intervém na discussão. Na mediação, o **terceiro não propõe** soluções, é menos invasivo, tem o propósito de apenas facilitar o diálogo. Por isso, a mediação é recomendada para a solução de conflitos que envolvem relações jurídicas permanentes. A conciliação é técnica mais incisiva, com formulação de propostas, sendo mais indicada para conflitos que envolvem pessoas sem relação prévia.

Dentre as novidades legislativas normalmente cobradas em concurso, cabe citar a **Lei nº 13.140/2015**, que dispõe sobre a mediação entre particulares como meio de solução de controvérsias e sobre a autocomposição de conflitos no âmbito da administração pública.

Nos termos da norma, considera-se mediação a atividade técnica exercida por terceiro imparcial sem poder decisório, que, escolhido ou aceito pelas partes, as auxilia e estimula a identificar ou desenvolver soluções consensuais para a controvérsia.

Decisões proferidas por tribunal administrativo: são esferas de decisão administrativa interna de determinadas instituições, órgãos ou segmentos de atividade pública (ex: Tribunal de Ética da OAB, CADE etc.). Em suas atividades, há heterocomposição, mas não há jurisdição porque não são prolatadas decisões insuscetíveis de controle externo e com aptidão para coisa julgada. Por isso são equivalentes jurisdicionais.

Arbitragem: Na arbitragem, que apresenta regulamentação legal na Lei 9.307/96, **um terceiro escolhido pelos litigantes** decide o conflito por eles posto em discussão. Há, como se vê, **heterocomposição** que, inclusive, pode ser proveniente da decisão de uma junta arbitral (colegiado arbitral). Os **direitos** discutidos em sede de arbitragem devem ser **disponíveis**, e não há exigência de que os árbitros sejam graduados em Direito. Quando as partes optam por resolver o conflito entre elas existente por meio da arbitragem, celebram um negócio jurídico chamado de "convenção de arbitragem".

A convenção de arbitragem é um gênero negocial que compõe duas espécies:

(i) **cláusula compromissória:** é uma convenção de arbitragem **prévia**, pela qual as partes decidem que, se entre elas sobrevier um conflito relativo àquele negócio jurídico que acabou de ser celebrado, esse conflito deverá ser resolvido por arbitragem. Sobre a cláusula compromissória em contratos de adesão, o STJ entendeu que "o legislador, inspirado na proteção do hipossuficiente, reputou prejudicial a prévia imposição de convenção de arbitragem, por entender que, usualmente, no ato da contratação, o **consumidor** carece de informações suficientes para que possa optar, de maneira livre e consciente, pela adoção dessa forma de resolução de conflitos." (REsp 1.169.841-RJ)

(ii) **Compromisso arbitral:** o compromisso arbitral pressupõe um conflito já existente, e a resolução das partes no sentido de que aquele conflito deva ser resolvido por árbitros. Diferentemente da cláusula compromissória, entende-se como válido o compromisso arbitral feito por consumidor e fornecedor (REsp 1.169.841-RJ).

A arbitragem escolhida pelas partes pode ser:

(i) **de direito,** aquela em que os árbitros decidirão a controvérsia com base em regras de direito, que inclusive podem ser previamente delimitadas pelas partes, nos termos do art. 2º, § 1º da Lei de Arbitragem.

(II) **de equidade,** aquela em que os árbitros decidirão a controvérsia de acordo com aquilo que lhes parecer mais justo, razoável e equânime.

Nos termos da legislação que regulamenta a arbitragem, somente **pessoas capazes** podem se submeter à arbitragem, abrindo mão da jurisdição estatal. Ademais, os direitos discutidos devem ser patrimoniais.

Atualmente, a legislação permite que **o Estado** resolva questões contratuais por meio de **arbitragem**, sendo esse ponto cobrado reiteradamente em provas de concurso. São dispositivos que permitem essa disposição de arbitragem: art. 11, III, da Lei n.º 11.079/2004; art. 23-A, da Lei 8.987/95; Lei nº 9.472/97 (Lei Geral de Telecomunicações), Lei 9.478/97 (Lei de Petróleo e Gás), Lei nº 10.233/ 2001 (Lei de Transportes Aquaviários e Terrestres), Lei nº 10.438/2002 (Lei do Setor Elétrico), Lei nº 11.196/2005 (Lei de Incentivos Fiscais à Pesquisa e Desenvolvimento da Inovação Tecnológica), Lei nº 14.134/2021 (Lei de Transporte de Gás Natural).

Nos termos do art. 1º, § 1º, da Lei n.º 13.129/2015, a administração pública direta e indireta poderá utilizar-se da arbitragem para dirimir conflitos relativos a direitos patrimoniais disponíveis.

Em nosso sistema, **a sentença arbitral é título executivo judicial** (art. 515, inc. VII, do CPC) e existe intensa discussão doutrinária sobre a natureza jurisdicional da decisão arbitral. Para Fredie Didier Jr., a arbitragem é jurisdição. Luiz Guilherme Marinoni, de outro lado, responde negativamente à questão.

Nos termos do art. 33, § 1º da Lei 9.307/96, a invalidação da decisão arbitral pode ser pleiteada pelo prazo de 90 dias, contados da intimação da decisão.

A previsão contratual de convenção de arbitragem enseja o reconhecimento da competência do Juízo arbitral para decidir com primazia sobre o Poder Judiciário as questões acerca da existência, validade e eficácia da convenção de arbitragem e do contrato que contenha a cláusula compromissória (REsp 1550260/RS).

Em abril de 2019, o Superior Tribunal de Justiça divulgou **14 teses** consolidadas a respeito da arbitragem. As teses são resultado da consolidação de precedentes da própria corte. São elas:

1) A convenção de arbitragem, tanto na modalidade de compromisso arbitral quanto na modalidade de cláusula compromissória, uma vez contratada pelas partes, goza de força vinculante e de caráter obrigatório, definindo ao juízo arbitral eleito a competência para dirimir os litígios relativos aos direitos patrimoniais disponíveis, derrogando-se a jurisdição estatal.

2) Uma vez expressada a vontade de estatuir, em contrato, cláusula compromissória ampla, a sua destituição deve vir através de igual declaração expressa das partes, não servindo, para tanto, mera alusão a atos ou a acordos que não tenham o condão de afastar a convenção das partes.

3) A previsão contratual de convenção de arbitragem enseja o reconhecimento da competência do Juízo arbitral para decidir com primazia sobre Poder Judiciário, de ofício ou por provocação das partes, as questões relativas à existência, à validade e à eficácia da convenção de arbitragem e do contrato que contenha a cláusula compromissória.

4) O Poder Judiciário pode, em situações excepcionais, declarar a nulidade de cláusula compromissória arbitral, independentemente do estado em que se encontre o procedimento arbitral, quando aposta em compromisso claramente ilegal.

5) A Lei de Arbitragem aplica-se aos contratos que contenham cláusula arbitral, ainda que celebrados antes da sua edição. (Súmula 485/STJ).

6) O prévio ajuizamento de medida de urgência perante o Poder Judiciário não afasta a eficácia da cláusula compromissória arbitral.

7) O árbitro não possui poder coercitivo direto, sendo-lhe vedada a prática de atos executivos, cabendo ao Poder Judiciário a execução forçada do direito reconhecido na sentença arbitral.

8) No âmbito do cumprimento de sentença arbitral condenatória de prestação pecuniária, a multa de 10% do artigo 475-J do CPC deverá incidir se o executado não proceder ao pagamento espontâneo no prazo de 15 dias contados da juntada do mandado de citação devidamente cumprido aos autos (em caso de título executivo contendo quantia líquida) ou da intimação do devedor, na pessoa de seu advogado, mediante publicação na empresa oficial (em havendo prévia liquidação da obrigação certificada pelo juízo arbitral). (Tese julgada sob o rito do artigo 543-C do CPC/1973 – Tema 893).

9) A atividade desenvolvida no âmbito da arbitragem possui natureza jurisdicional, o que torna possível a existência de conflito de competência entre os juízos estatal e arbitral, cabendo ao Superior Tribunal de Justiça o seu julgamento.

10) Não configura óbice à homologação de sentença estrangeira arbitral a citação por qualquer meio de comunicação cuja veracidade possa ser atestada, desde que haja prova inequívoca do recebimento da informação atinente à existência do processo arbitral.

11) A legislação consumerista impede a adoção prévia e compulsória da arbitragem no momento da celebração do contrato, mas não proíbe que, posteriormente, em face de eventual litígio, havendo consenso entre as partes, seja instaurado o procedimento arbitral.

12) Diante da força coercitiva condominial com cláusula arbitral, qualquer condômino que ingressar no agrupamento condominial está obrigado a obedecer às normas ali constantes, de modo que eventuais conflitos condominiais

deverão ser resolvidos por meio de arbitragem, excluindo-se a participação do Poder Judiciário.

13) Não existe óbice legal na estipulação da arbitragem pelo poder público, notadamente pelas sociedades de economia mista, para resolução de conflitos relacionados a direitos disponíveis.

14) A legitimidade para a impetração de mandado de segurança objetivando assegurar o direito ao cumprimento da sentença arbitral relativa ao Fundo de Garantia por Tempo de Serviço (FGTS) é somente titular de cada conta vinculada, e não da Câmara Arbitral ou do próprio árbitro.

Como esse assunto foi cobrado em concurso?

(FGV – 2024 – TJ/SC – Juiz de Direito Substituto) As empresas X e Y firmaram contrato de prestação de serviços de terraplanagem e, por meio desse instrumento, se comprometeram a submeter à arbitragem eventuais litígios futuros relativos a tal contrato, porém a cláusula compromissória não indicava nenhuma instituição arbitral e o número de árbitros. Diante de um conflito contratual surgido, a empresa Y enviou correspondência à empresa X, com aviso de recebimento, convocando-a para, em dia, hora e local certos, firmar o compromisso arbitral. Ocorre que a empresa X não compareceu, recusando-se a firmar o compromisso arbitral. Diante dessa situação, a empresa Y recorreu ao Poder Judiciário com o objetivo de lavrar o compromisso arbitral.

Sobre a audiência especial designada nesse tipo de demanda, é correto afirmar que:

a) o juiz não poderá tentar a conciliação acerca do litígio, em razão da competência do juízo arbitral;

b) se a empresa X não comparecer, caberá ao juiz, ouvida a empresa Y, estatuir a respeito do conteúdo do compromisso arbitral, nomeando árbitro único;

c) se a empresa Y não comparecer à audiência, deverá o juiz ouvir a empresa X na própria audiência ou no prazo de dez dias, para, na sequência, fixar os termos do compromisso arbitral;

d) não alcançada a conciliação sobre os termos do compromisso arbitral, caberá ao juiz, depois de ouvidas as partes, estatuir sobre a nomeação dos árbitros, não podendo nomear árbitro único para a solução do litígio;

e) caberá ao juiz, antes de iniciar os debates sobre o compromisso arbitral, decidir, de ofício ou a requerimento das partes, as questões acerca da existência, validade e eficácia da convenção de arbitragem e do contrato que contenha a cláusula compromissória.

Gabarito: Alternativa B.

(FGV – 2023 – TJ/ES – Juiz de Direito Substituto) O Estado do Espírito Santo possuía contrato com a empresa ABC, que prestava serviços de informática e tecnologia para o setor de inteligência do governo. O instrumento previa, entre outras coisas, a convenção de arbitragem. Diante do inadimplemento de uma das cláusulas contratuais por parte da empresa, foi ajuizada uma ação judicial pelo Estado do Espírito Santo. Em sede de contestação, a empresa ABC arguiu, preliminarmente, a existência de convenção de arbitragem, requerendo a extinção do processo. Diante dessa situação hipotética, é correto afirmar que:

a) caso a sentença reconheça a validade da convenção de arbitragem, a apelação cível possuirá efeito suspensivo;
b) caso a decisão interlocutória rejeite a preliminar de convenção de arbitragem, a matéria poderá ser dirimida em preliminar de apelação;
c) a sentença que acolhe a alegação de convenção de arbitragem resolve o mérito, impedindo a propositura de nova ação judicial sobre a mesmo contrato;
d) são imediatamente impugnáveis por agravo de instrumento as decisões interlocutórias que rejeitarem a alegação de convenção de arbitragem;
e) é cabível a impetração de mandado de segurança contra a sentença terminativa que acolher a preliminar de convenção de arbitragem.

Gabarito: Alternativa D.

(VUNESP – 2023 – TJ/RJ – Juiz de Direito Substituto) A Arbitragem é um método alternativo de resolução de controvérsias que tem como principais características a celeridade, praticidade, a ausência de formalidades e a especificidade. No que diz respeito à possibilidade de adoção das tutelas de urgência no procedimento arbitral, se surgir uma situação de urgência,

a) antes da instauração da arbitragem, pode ser requerida ao judiciário, que poderá apenas apreciar o pedido de tutela de provisória, estando impedido de analisar o mérito da causa por inteiro.
b) não pode ser concedida tutela de urgência pelo poder judiciário, devendo esta ser requerida aos árbitros, independentemente da formação ou não do tribunal arbitral.
c) pode ser requerida ao judiciário, havendo modificação da competência e consequente extinção da arbitragem.
d) não é cabível o pedido de tutela de urgência por falta de previsão legal, de acordo com o atual entendimento dos tribunais superiores.

e) proposta na Justiça estatal para assegurar o resultado útil da arbitragem futura só tem cabimento até o julgamento no procedimento arbitral.

Gabarito: Alternativa A.

(FUNDEP – 2018 – MP/MG – Promotor de Justiça) Assinale a alternativa INCORRETA sobre a Arbitragem (Lei n. 9.307/96):

a) A arbitragem é um procedimento em contraditório, com observância à ampla defesa e à imparcialidade do árbitro, e que, ao final, é proferida sentença, que vincula as partes e é título executivo judicial.

b) O árbitro pode tomar o depoimento das partes, ouvir testemunhas e determinar a realização de perícias ou outras provas que julgar necessárias, mediante requerimento das partes, sendo vedado, pela lei, a determinação, de ofício, de produção de prova pericial.

c) A parte interessada poderá buscar a invalidação da sentença arbitral perante o Poder Judiciário. A ação deverá ser proposta no prazo de até 90 (noventa) dias após o recebimento da notificação da respectiva sentença, parcial ou final, ou da decisão do pedido de esclarecimentos.

d) A administração pública direta e indireta poderá utilizar-se da arbitragem para dirimir conflitos relativos a direitos patrimoniais disponíveis. Nesse caso, por exigência da própria lei, a arbitragem será sempre de direito e respeitará o princípio da publicidade.

Gabarito: Alternativa B.

(VUNESP – 2018 – TJ/RS – Juiz de Direito) Quanto à arbitragem em geral, assinale a alternativa correta.

a) Terá efeito suspensivo a apelação contra sentença que julga procedente o pedido de instituição de arbitragem.

b) O juiz poderá conhecer de ofício sua existência para extinguir a ação.

c) Cabe agravo de instrumento contra decisão interlocutória que rejeita a alegação de convenção de arbitragem.

d) Tramitam em segredo de justiça todos os processos que versem sobre arbitragem.

e) Haverá julgamento de mérito quando o juiz colher a alegação de existência de convenção de arbitragem.

Gabarito: Alternativa C.

(FGV – 2024 – Exame Nacional da Magistratura – ENAM 2024.1 – Reaplicação) O sistema normativo brasileiro tem prestigiado os mecanismos de autocomposição. Afinal, buscar a Justiça por vezes não passa pelo Poder Judiciário. Destaca-se o desenvolvimento de um arcabouço legal específico ao longo das últimas décadas, como a Lei da Arbitragem (Lei nº 9.307/1996), a Lei de Mediação (Lei nº 13.140/2015) e o novo Código de Processo Civil (Lei nº 13.105/2015). No âmbito administrativo, o CNJ editou a Resolução nº 125/2010, que dispõe sobre os mecanismos consensuais para a solução de controvérsias.

Acerca dos meios alternativos de resolução de conflitos, assinale a afirmativa correta.

a) A sentença arbitral será proferida no prazo estipulado pelas partes, mas, caso nada tenha sido convencionado, o prazo para a apresentação da sentença é de seis meses, contado da instituição da arbitragem ou da substituição do árbitro.

b) A cláusula compromissória, segundo a Lei nº 9.307/1996, é a convenção por meio da qual as partes submetem um litígio à arbitragem de uma ou mais pessoas; já o compromisso arbitral vem a ser a convenção por meio da qual as partes em um contrato comprometem-se a submeter à arbitragem os litígios que possam vir a surgir relativamente a tal contrato.

c) Aos mediadores e conciliadores, exceto membros das Câmaras Privadas de Conciliação, não se aplicam as regras de impedimento e suspeição, nos termos do Art. 148, inciso II, do Código de Processo Civil.

d) A Resolução nº 125/2010 dispõe que compete ao Supremo Tribunal Federal (STF) organizar programa com o objetivo de promover ações de incentivo à autocomposição de litígios e à pacificação social por meio da conciliação e da mediação.

e) A sentença somente será admitida à execução no Brasil depois de submetida à homologação pelo Supremo Tribunal Federal (STF), quando a arbitragem se der por organismo estrangeiro.

Gabarito: Alternativa A.

CAPÍTULO

IV

Ética e Estatuto Jurídico da Magistratura Nacional

1. ORGANIZAÇÃO DO ESTUDO

O estudo da Ética e do Estatuto da Magistratura Nacional aproxima-se daquele realizado nas disciplinas dogmáticas de preparação para concursos públicos.

Assim, a atenção do estudante deve voltar-se para aqueles tradicionais pontos de cobrança em provas, tais como prazos, disposições expressas de lei e algumas decisões importantes da jurisprudência sobre os temas ora apresentados.

Não há, aqui, a necessidade de se propor um pensamento mais abstrato e aprofundado a exemplo do que se viu em filosofia do direito. A objetividade da abordagem proposta neste capítulo permite, por um lado, a realização de leitura mais voltada à memorização e absorção de informações pontuais, e, por outro, exige a retomada de um estudo que, por vezes, é mais cansativo e desinteressante.

São pontos elencados pela Resolução 75/2009 do CNJ:

ÉTICA E ESTATUTO JURÍDICO DA MAGISTRATURA NACIONAL

1 - Regime Jurídico da Magistratura Nacional.

2 - Direitos e deveres funcionais da magistratura.

3 - Código de Ética da Magistratura Nacional.

4 - Sistemas de controle interno do Poder Judiciário: Corregedorias, Ouvidorias, Conselhos Superiores e Conselho Nacional de Justiça

5 - Responsabilidade administrativa, civil e criminal dos magistrados.

6 - Administração judicial. Planejamento estratégico. Modernização da gestão.

Como se vê, existem muitos pontos que convergem com assuntos já estudados em Direito Constitucional e Direito Administrativo, o que certamente auxiliará na formação e solidificação do conhecimento pelo candidato.

A estruturação do Poder Judiciário, por exemplo, será aqui retomada sob o prisma da formatação administrativa em que os magistrados se inserem. De todo modo, embora alguns detalhes sejam importantes, não haverá dificuldades para se perceber a conexão das informações com aquelas vistas no ponto Organização do Poder Judiciário, em Direito Constitucional, afinal, o ordenamento jurídico é uno.

Essa alternância entre estudos mais abstratos e profundos para uma abordagem mais dogmática e simples também faz parte da rotina do estudante para concursos, e deve ser compreendida com sabedoria. Em alguns momentos, a leitura fluirá como num romance de *best seller*, despretensiosa e prazerosa, dando ao estudante a clara impressão de avanço dos estudos. Em outros, será difícil, truncada e complexa, deixando a sensação de estagnação. Quem vence ambos os momentos, entendendo-os como igualmente necessários no contexto do desafio, chega à aprovação.

Nas palavras de Sertillanges (2020, pg. 37) *"O que vale acima de tudo é o querer, um querer profundo: querer ser alguém; chegar a alguma coisa, ser já, pelo desejo, esse alguém qualificado por seu ideal"*.

2. PONTOS DE DESTAQUE

Analisando as questões de Ética e Estatuto Jurídico da Magistratura Nacional em concursos, pode-se dizer que os pontos de maior cobrança são:

- ➔ Organização das carreiras
- ➔ Direito e deveres
- ➔ Sistemas de controle do Poder Judiciário

3. INTRODUÇÃO

De acordo com o *caput* do art. 2º da Constituição Federal de 1988, são Poderes da União, independentes e harmônicos entre si, o Legislativo, o Executivo e o Judiciário. Consagra-se, neste artigo, a tripartição de poderes que, embora já fosse mencionada em estudos do período grego antigo, é comumente atribuída a Montesquieu.

A importância da tripartição dos poderes não fica exposta apenas pelo posicionamento da disposição logo nos artigos inaugurais da carta constitucional brasileira, sendo a questão elevada à categoria de cláusula pétrea, nos termos do art. 60, § 4º, inc. II da CF/88.

Pelo fato de o Judiciário ser um Poder da União, como bem indica o dispositivo constitucional acima mencionado, diz-se que seus membros (os juízes) são detentores de "função de poder", eis que titulares de uma parcela de soberania estatal.

De todo modo, embora estejam em patamar elevado de consideração pelo texto constitucional, sendo detentores de inúmeras prerrogativas e garantias que lhes viabilizam o trabalho, os magistrados são servidores públicos e, como tal, estão submetidos a um estatuto que regula a sua atuação.

4. REGIME JURÍDICO DA MAGISTRATURA NACIONAL

O estudo do regime jurídico afeto à magistratura nacional exigia, em termos ideais, apenas uma análise cuidadosa da Lei Orgânica da Magistratura Nacional, com leitura repetida da lei e verificação da jurisprudência. A tarefa, todavia, não se resume a tais ações, pois a abordagem exige uma análise constante de constitucionalidade (recepção) da LOMAN perante a Constituição Federal de 1988.

Em ação direta de inconstitucionalidade proposta pelo Procurador-Geral da República, o Supremo Tribunal Federal (ADI 1985) exarou decisão afirmando que *"Até o advento da lei complementar prevista no artigo 93, caput, da Constituição de 1988, o Estatuto da Magistratura será disciplinado pelo texto da lei complementar n. 35/79, que foi recebida pela Constituição"*.

A recepção da LC 35/79 pela Constituição de 1988 também foi manifestada nos julgamentos da ADI n. 1503, ADI n. 1422 e ADI 2753, dentre outras.

Assim como o Poder Legislativo e o Poder Executivo, o Poder Judiciário exerce funções típicas e atípicas. Entende-se por função típica do Poder Judiciário o exercício da jurisdição (*juris dicere*), ou seja, dizer o direito de cada um. Como funções atípicas, o Poder Judiciário exerce funções de natureza legislativa (CF, art. 96, I, "a") e funções de natureza administrativa (CF, art. 96, I, "b", "c" e "e").

Conforme consigna Dirley da Cunha Júnior (2016, pg. 957):

> "a jurisdição é a atividade por via da qual se manifesta uma das funções políticas do Estado: a função judicial ou jurisdicional. Através dela o Estado, que deve ser provocado (pois a jurisdição é inicialmente inerte), substituindo-se às partes e de forma imparcial, compõe os conflitos ocorrentes, de interesse ou não, e declara ou cria o direito aplicável ao caso, podendo, inclusive, executar suas próprias decisões na persistência do conflito".

Cumpre salientar que o Poder Judiciário apresenta as características da unidade e da indivisibilidade, não sendo correto falar em "Judiciário federal ou Judiciário Estadual", pois todo ele é nacional.

Entretanto, é um poder dividido em diversos órgãos, sendo estes federais e estaduais, e possui estrutura pensada de maneira a repartir racionalmente as competências exercidas por cada órgão jurisdicional.

Para a distribuição de competências entre os diversos órgãos, são levados em conta critérios como a natureza da relação jurídica material controvertida, as características de quem figurará como parte e, inclusive, o interesse público, sempre no intuito de assegurar aos cidadãos a melhor prestação jurisdicional possível.

4.1. Carreiras

O primeiro conflito entre texto constitucional e legal acontece já na disposição da carreira. Como a CF/88 dispôs de forma inovadora a organização do Poder Judiciário, e inclusive fez novas disposições na EC 45/04, seu texto deve ser observado quando dispõe a carreira da seguinte forma, sobressaindo-se à norma legal diversa:

> Art. 92. São órgãos do Poder Judiciário:
>
> I – o Supremo Tribunal Federal;
>
> I-A o Conselho Nacional de Justiça; (Incluído pela Emenda Constitucional nº 45, de 2004)
>
> II – o Superior Tribunal de Justiça;
>
> II-A – o Tribunal Superior do Trabalho; (Incluído pela Emenda Constitucional nº 92, de 2016)
>
> III – os Tribunais Regionais Federais e Juízes Federais;
>
> IV – os Tribunais e Juízes do Trabalho;
>
> V – os Tribunais e Juízes Eleitorais;
>
> VI – os Tribunais e Juízes Militares;
>
> VII – os Tribunais e Juízes dos Estados e do Distrito Federal e Territórios.

O Poder Judiciário é composto por **6 justiças**, **2 tribunais de superposição** e **1 órgão judiciário** que não é jurisdicional:

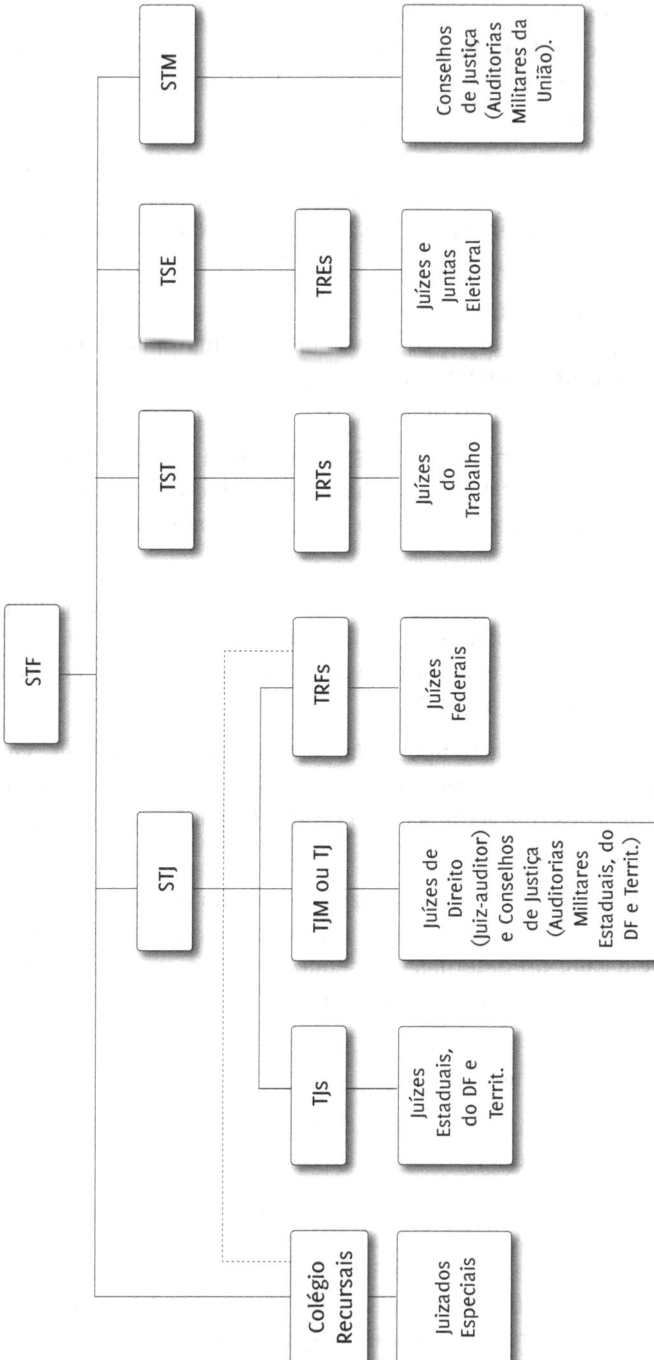
STF
STM
Conselhos de Justiça (Auditorias Militares da União).
TSE
TREs
Juízes e Juntas Eleitoral
TST
TRTs
Juízes do Trabalho
STJ
TRFs
Juízes Federais
TJM ou TJ
Juízes de Direito (Juiz-auditor) e Conselhos de Justiça (Auditorias Militares Estaduais, do DF e Territ.)
TJs
Juízes Estaduais, do DF e Territ.
Colégio Recursais
Juizados Especiais

O **Conselho Nacional de Justiça**, em que pese seja órgão do Poder Judiciário, exerce tão somente **funções administrativas**, como o controle administrativo e financeiro do Poder Judiciário, bem como a fiscalização dos juízes no exercício da função judicante.

Pela leitura da redação do artigo constitucional, é fácil concluir **não ser mais válido** o texto do art. 1º da LOMAN, que além de não dispor toda a estrutura hoje descrita na CF/88, também mencionava o Conselho Nacional da Magistratura e o Tribunal Federal de Recursos.

Da mesma forma, não mais existem na nova organização os chamados **Tribunais de Alçada**, que eram criados e organizados para concentrar e julgar determinadas causas repetitivas. A extinção desse desdobramento do Poder Judiciário consta da redação do art. 4º da EC 45/04.

De acordo com o art. 98 da CF/88, permite-se à União (no DF e nos territórios) e aos Estados criar a chamada **justiça de paz**, que é um antigo instituto no direito brasileiro, originária ainda do período do Império e prevista em diversas Constituições.

Nos termos da redação constitucional, a justiça de paz será **composta** por cidadãos eleitos pelo voto direto, universal e secreto, com mandato de quatro anos, sendo que, para ser elegível, o cidadão deverá possuir, no mínimo, vinte e um anos (CF, art. 14, § 3º, VI, "c").

A justiça de paz tem **competência** para celebrar casamentos, verificar, de ofício ou em face de impugnação apresentada, o processo de habilitação e exercer atribuições conciliatórias, sem caráter jurisdicional, além de outras previstas na legislação.

Por fim, cabe ressaltar que **os juízes de paz são agentes públicos**, integrantes do Poder Judiciário, o que força a conclusão de que sua remuneração se dá com base em valor predeterminado, sendo vedado o recebimento de custas ou participação em processo (CF, art. 95, parágrafo único, II).

4.1.1. *Supremo Tribunal Federal*

O órgão máximo do Poder Judiciário e guardião da Constituição Federal é o Supremo Tribunal Federal.

Composto de onze Ministros, escolhidos dentre cidadãos com mais de trinta e cinco e menos de setenta anos de idade, de notável saber jurídico e reputação ilibada, nomeados pelo Presidente da República, depois de aprovada a escolha, mediante sabatina e em votação secreta, pela maioria absoluta do Senado Federal (CF, art. 101, caput e parágrafo único, c/c art. 52, III, "a").

> **Atenção!** Não descrito no artigo constitucional específico dos requisitos para ingresso no cargo e com muita incidência em provas de concurso, importa relembrar que, também como requisito, exige-se a nacionalidade brasileira originária do nomeado (CF, art. 12, § 3º, IV).

No contexto da escolha dos Ministros da Corte Suprema, destaca-se o instituto da "court-packing", expressão norte-americana. A respeito do tema, o professor Flávio Martins ensina que essa expressão, traduzida literalmente, "significaria o 'empacotamento da Corte'. Trata-se de um procedimento segundo o qual o governo (Poder Legislativo, comumente com a intervenção do Poder Executivo), no exercício do poder constituinte derivado, altera a composição do Tribunal Constitucional (no Brasil, do Supremo Tribunal Federal)". A intenção seria "transformar o Tribunal Constitucional numa instituição mais 'dócil' com o governo".

Tal expressão foi observada no ano de 1937, nos Estados Unidos, quando o Presidente reeleito Franklin Delano Roosevelt enviou ao Congresso Nacional um "*court-packing plan*", o que foi visto como uma interferência indevida do Poder Executivo no Poder Judiciário, já que pretendia poderia nomear mais Ministros da Suprema Corte, a fim de influenciar eventual postula do Tribunal. Tal, todavia, não foi adiante.

O professor Flávio Martins entende que o court-packing é absolutamente inconstitucional, por demonstrar um "constitucionalismo abusivo" ou "autoritário", além de ser uma clara violação da "separação dos Poderes".

Comparação com Cortes Constitucionais de outros países: Diferentemente do que ocorre em outros países, onde o órgão máximo do Poder Judiciário tem apenas competência recursal ou originária para análise de constitucionalidade, fala-se que a corte máxima brasileira tem natureza híbrida pois, ao mesmo tempo, possui competências recursais (como ocorre a Suprema Corte dos EUA), e exerce o controle concentrado de constitucionalidade (como os tribunais constitucionais europeus).

O Supremo Tribunal Federal possui **competências** divididas em três níveis: **originária, recursal ordinária** e **recursal extraordinária**. Cumpre salientar, ainda, que tal competência, por ter fundamento constitucional, não pode ser estendida por norma legal para hipóteses diversas daquelas descritas na CF.

Ademais, cumpre salientar que a norma que garante a instituição do **tribunal do júri** não se aplica às autoridades com prerrogativa de foro perante o Supremo.

Quanto à competência originária do Supremo Tribunal Federal para julgar, nas infrações penais comuns e nos crimes de responsabilidade, os Ministros de Estado e os Comandantes da Marinha, do Exército e da Aeronáutica, ressalvado o disposto no art. 52, I, os membros dos Tribunais Superiores, os do Tribunal de Contas da União e os chefes de missão diplomática de caráter permanente, importante destacar que, segundo entendimento do Supremo Tribunal Federal, "[...] a competência penal do STF por prerrogativa de função advinda da investidura de sujeito ativo de um delito, no curso do processo, em uma das funções descritas no art. 102, I, b e c, da CF/88 não acarreta a nulidade da denúncia oferecida, nem dos atos processuais praticados anteriormente perante a justiça competente à época dos fatos" (AP 527, rel. Min. Dias Toffoli).

Por ser estrito o rol de competências do Supremo Tribunal Federal, são afastadas do âmbito de suas competências originárias o processo e julgamentos de causas de natureza civil não previstas em dispositivo constitucional. Assim, entende-se que a prerrogativa de foro não abrange **ações populares, ações civis públicas, ações cautelares, ações ordinárias** e **ações declaratórias**.

Nesse contexto, o STF entendeu que "ante o disposto na alínea e no inciso I do art. 102 da CF, cabe ao Supremo processar e julgar originariamente ação civil pública proposta pelo MPF contra a Itaipu Binacional" (Rcl 2.937, rel. Min. Marco Aurélio), isto é, trata-se da competência originária para solucionar o litígio entre Estado estrangeiro ou organismo internacional e a União, o Estado, o Distrito Federal ou o Território.

Quanto ao entendimento de que inexiste prerrogativa de foro no que tange às ações de **improbidade administrativa**, o Supremo declarou sua competência para julgar apenas as ações ajuizadas contra seus próprios membros.

Ainda, em se tratando de competência originária da Corte, tem-se o julgamento da ação em que todos os membros da magistratura sejam direta ou indiretamente interessados, e aquela em que mais da metade dos membros do tribunal de origem estejam impedidos ou sejam direta ou indiretamente interessados. Segundo a Súmula 731 do STF: "para fim da competência originária do Supremo Tribunal Federal, é de interesse geral da magistratura a questão de saber se, em face da Lei Orgânica da Magistratura Nacional, os juízes têm direito à licença-prêmio".

No que toca à competência recursal, a admissibilidade do Recurso Extraordinário (art. 102, III, CF) está condicionada à demonstração da sua Repercussão Geral, isto é, de que a questão constitucional é relevante e transcende o caso concreto (Art. 102, § 3.º da CF (EC 45/04)).

▸ **Como esse assunto foi cobrado em concurso?**

(VUNESP – 2015 – TJ/MS – Juiz de Direito) De acordo com o texto constitucional, é correto afirmar que, dentre outras, é competência do Superior Tribunal de Justiça e do Supremo Tribunal Federal, respectivamente, processar e julgar, originariamente:

a) nos crimes de responsabilidade, os Ministros de Estado; nos crimes comuns, os Governadores dos Estados e do Distrito Federal.

b) a homologação de sentenças estrangeiras; o litígio entre organismo internacional e o Estado.

c) habeas data contra atos das Mesas da Câmara dos Deputados; os conflitos de atribuições entre autoridades administrativas e judiciárias da União.

d) as causas e os conflitos entre a União e os Estados, a União e o Distrito Federal, ou entre uns e outros; nos crimes de responsabilidade, os membros dos Tribunais Regionais Federais.

e) nas infrações penais comuns, os Deputados Federais; os mandados de segurança contra ato de Ministro de Estado, dos Comandantes da Marinha, do Exército e da Aeronáutica.

Gabarito: Alternativa B.

(INSTITUTO AOCP – 2023 – MPE/RR – Promotor de Justiça Substituto) Compete ao Supremo Tribunal Federal julgar, mediante recurso extraordinário, as causas decididas em única ou última instância, quando a decisão recorrida:

a) contrariar a lei federal ou as convenções internacionais aprovadas pelo Congresso Nacional e ratificadas pelo Presidente da República.

b) contrariar dispositivo da Constituição da República; declarar a inconstitucionalidade de tratado ou lei federal; julgar válida lei ou ato de governo local contestado em face da Constituição; julgar válida lei municipal contestada em face da lei estadual.

c) contrariar dispositivo da Constituição da República; declarar a inconstitucionalidade de tratado ou lei federal; julgar válida lei ou ato de governo local contestado em face da Constituição; julgar válida lei local contestada em face de lei federal.

d) contrariar dispositivo da Constituição da República; declarar a inconstitucionalidade de tratado ou lei federal; julgar válida lei ou ato de governo local contestado em face da Constituição; julgar válido decreto presidencial contestado em face da lei federal.

Gabarito: Alternativa C.

4.1.2. Superior Tribunal de Justiça

O Superior Tribunal de Justiça é o órgão constitucionalmente designado para a função de uniformizar a interpretação da legislação federal.

Sua **composição** é de, no mínimo, trinta e três ministros, os quais são nomeados pelo Presidente da República, dentre brasileiros com mais de trinta e cinco e menos de sessenta anos de idade, de notável saber jurídico e reputação ilibada, depois de aprovada a escolha pela maioria absoluta do Senado Federal, sendo: um terço dentre juízes dos Tribunais Regionais Federais e um terço dentre desembargadores dos Tribunais de Justiça, indicados em lista tríplice elaborada pelo próprio Tribunal; e um terço, em partes iguais, dentre advogados e membros do Ministério Público Federal, Estadual, do Distrito Federal e Territórios, alternadamente, indicados na forma do art. 94 da CF (CF, art. 104).

O STJ possui **competências** de três níveis: **originária, recursal ordinária e recursal especial (CF, art. 105)**. A enumeração é taxativa, e pode ser ampliada somente por emenda constitucional.

Cabe lembrar que o objetivo do recurso especial é a uniformização da interpretação do direito federal, sendo cabível em causas decididas, em única ou última instância, pelos Tribunais Regionais Federais e Tribunais de Justiça. O ato atacado deve emanar de órgão colegiado desses tribunais, sendo necessário o esgotamento da instância ordinária.

4.1.3. Justiça Federal

A Justiça Federal é formada por Tribunais Regionais Federais e Juízes Federais, e divide-se em seções judiciárias, sendo que cada Estado, bem como o Distrito Federal, constituirá uma seção judiciária que terá por sede a respectiva capital, e varas localizadas segundo o estabelecido em lei (CF, art. 110).

Em sendo criado Território Federal, a jurisdição e as atribuições cometidas aos juízes federais caberão aos juízes da justiça local, na forma da lei (CF, art. 110, parágrafo único).

O Ato das Disposições Transitórias (CF, art. 27, § 6º) criou cinco Tribunais Regionais Federais, com suas sedes fixadas pelo já extinto Tribunal Federal de Recursos:

1ª Região (com sede em Brasília): Distrito Federal, Acre, Amapá, Amazonas, Bahia, Goiás, Mato Grosso, Minas Gerais, Pará, Piauí, Rondônia e Roraima;

2ª Região (com sede no Rio de Janeiro): Rio de Janeiro e Espírito Santo;

3ª Região (com sede em São Paulo): São Paulo e Mato Grosso do Sul;

4ª Região (com sede em Porto Alegre): Rio Grande do Sul, Santa Catarina e Paraná;

5ª Região (com sede em Recife): Estados do Nordeste.

A Emenda Constitucional nº 73/2013 criou outros quatro Tribunais:

6ª Região (com sede em Curitiba): Paraná, Santa Catarina e Mato Grosso do Sul;

7ª Região (com sede em Belo Horizonte): Minas Gerais;

8ª Região (com sede em Salvador): Bahia e Sergipe;

9ª Região (com sede em Manaus): Amazonas, Acre, Rondônia e Roraima. Entretanto, a instalação desses órgãos, que era prevista para o prazo de seis meses a contar da data de promulgação da emenda, foi suspensa por liminar concedida na ADI nº 5.107/DF.

A fim de ampliar o acesso à Justiça Federal, além da criação de Varas em cidades do interior, foi determinada a instalação da **Justiça Itinerante** (CF, art. 107, § 2º) e autorizado o funcionamento descentralizado por intermédio de Câmaras Regionais (CF, art. 107, § 3º).

Formando a **composição da Justiça Federal,** os juízes federais ingressam na carreira como Juízes Substitutos, por meio de concurso público de provas e títulos promovidos pelos Tribunais Regionais Federais, na forma do art. 93, inciso I, da Constituição.

Os Tribunais Regionais Federais compõem-se de, no mínimo, 7 juízes, recrutados, quando possível, na respectiva região e nomeados pelo Presidente da República dentre brasileiros com mais de 30 **e menos de 70 anos (Redação dada pela EC 122/22),** sendo: I – um quinto dentre advogados com mais de dez anos de efetiva atividade profissional e membros do Ministério Público Federal com mais de dez anos de carreira; II – os demais, mediante promoção de juízes federais com mais de cinco anos de exercício, por antiguidade e merecimento, alternadamente (CF, art. 107).

A competência da Justiça Federal, que foi ampliada e diversificada pela CF/88, envolve causas de interesse da União.

▸ **Como esse assunto foi cobrado em concurso?**

(CESPE – 2012 – TJ/PI – Juiz de Direito) À luz da disciplina constitucional pertinente ao Poder Judiciário, assinale a opção correta.

a) Compete ao STJ, como guardião do ordenamento jurídico infraconstitucional, julgar, em recurso especial, as causas decididas, em única ou última instância, pelos tribunais regionais federais ou pelos tribunais dos estados, quando a decisão recorrida julgar válida lei local contestada em face de lei federal.

b) A União, quando for autora, deverá, obrigatoriamente, propor ação na seção judiciária onde tiver ocorrido o ato ou fato que tenha dado origem à demanda.

c) Nos tribunais com número superior a vinte e cinco julgadores, deverá ser constituído órgão especial, com o mínimo de onze e o máximo de vinte e cinco membros, para o exercício das atribuições administrativas e jurisdicionais da competência do tribunal pleno.

d) A CF permite que os tribunais de justiça, os tribunais regionais federais e os tribunais regionais do trabalho instalem a justiça itinerante, visando à realização de audiências e demais funções jurisdicionais, nos limites territoriais da respectiva jurisdição, e autoriza que, para esse fim, sejam utilizados equipamentos públicos e comunitários.

e) A competência dos tribunais de justiça está definida na CF, sendo a lei de organização judiciária de iniciativa do governador, mediante proposta do tribunal de justiça.

Gabarito: Alternativa D.

4.1.4. *Justiça do Trabalho*

A Justiça do Trabalho foi inicialmente instituída em nosso país pela Constituição de 1934, e efetivamente instalada em 1º de maio de 1941. Originariamente, era vinculada ao Ministério do Trabalho (como um órgão), passando a integrar o Poder Judiciário a partir da Constituição de 1946.

Na Constituição Federal de 1988, a Justiça do Trabalho encontra-se estruturada no art. 111, sendo formada pelo Tribunal Superior do Trabalho, pelos Tribunais Regionais do Trabalho e pelos Juízes do Trabalho.

Conforme art. 112 da CF, a lei criará varas da Justiça do Trabalho, podendo, nas comarcas não abrangidas por sua jurisdição, atribuí-la aos juízes de direito, com recurso para o respectivo Tribunal Regional do Trabalho. A Lei nº 10.770/03 dispõe sobre a criação de Varas do Trabalho nas Regiões da Justiça do Trabalho, define jurisdições e dá outras providências. A lei disporá sobre a constituição, investidura, jurisdição, competência, garantias e condições de exercício dos órgãos da Justiça do Trabalho (CF, art. 113).

A partir da Emenda Constitucional 122/2022, o art. 111-A da Constituição Federal passou a dispor que o Tribunal Superior do Trabalho compõe-se de vinte e sete Ministros, escolhidos dentre brasileiros com mais de trinta e cinco e menos de setenta anos de idade, de notável saber jurídico e reputação ilibada, nomeados pelo Presidente da República após aprovação pela maioria absoluta do Senado Federal, sendo um quinto dentre advogados com mais de dez anos de efetiva atividade profissional e membros do Ministério Público do Trabalho com mais de dez anos de efetivo exercício, observado o disposto no art. 94, e os demais dentre juízes dos Tribunais Regionais do Trabalho, oriundos da magistratura da carreira, indicados pelo próprio Tribunal Superior.

A composição dos TRTs é regulamentada pelo art. 115 da CF, sendo que estes compõe-se de, no mínimo, sete juízes, recrutados, quando possível, na respectiva região e nomeados pelo Presidente da República dentre brasileiros com mais de trinta e menos de setenta anos de idade (Redação dada pela Emenda Constitucional nº 122, de 2022) sendo, um quinto dentre advogados com mais de dez anos de efetiva atividade profissional e membros do Ministério Público do Trabalho com mais de dez anos de efetivo exercício, observado o disposto no art. 94; e os demais, mediante promoção de juízes do trabalho por antiguidade e merecimento, alternadamente.

A CF determina, também, no âmbito desses tribunais, a instalação da justiça **itinerante** e autoriza, a fim de assegurar o pleno acesso à justiça em todas as fases do processo, o funcionamento descentralizado por meio de câmaras regionais (CF, art. 115, § § 1º e 2º).

A Justiça do Trabalho teve sua competência profundamente alterada pela EC nº 45/2004, sendo previstas no art. 114 da CF.

As competências dos Tribunais do Trabalho não foram estabelecidas diretamente pela Constituição Federal. Os TRTs têm sua competência prevista pelos artigos 678 a 680 da Consolidação das Leis do Trabalho (DL nº 5.452/1943). De suas decisões, cabe interposição de recurso de revista ao TST.

A competência do TST é estabelecida pelo artigo 702 da CLT e pela Lei nº 7.701/1988, a qual dispõe sobre a especialização das Turmas dos Tribunais do Trabalho em processos coletivos e dá outras providências. Em regra, as decisões proferidas pelo Tribunal Superior do Trabalho são irrecorríveis, cabendo, entretanto, duas hipóteses de recurso, ao Supremo Tribunal Federal: recurso ordinário, em caso de decisão denegatória de habeas data, mandado de segurança e mandado de injunção (CF, art. 102, II, "a"); e recurso extraordinário, nas hipóteses previstas na Constituição (CF, art. 102, III).

4.1.5. *Justiça Eleitoral*

Trata-se de uma Justiça Especial, já que possui não apenas competências jurisdicionais, mas também ampla atribuição administrativa no que se refere aos processos eleitorais.

Consoante disposição do art. 118 da Constituição Federal, a Justiça Eleitoral é formada: pelo Tribunal Superior Eleitoral; pelos Tribunais Regionais Eleitorais; pelos Juízes Eleitorais; e pelas Juntas Eleitorais.

Diferentemente dos outros órgãos do Poder Judiciário, conta com a participação de juízes de outros tribunais e advogados, não sendo observado o quinto constitucional (CF, art. 94).

O Tribunal Superior Eleitoral é composto por, no mínimo, sete membros, sendo escolhidos: mediante eleição, pelo voto secreto, três juízes dentre os Ministros do Supremo Tribunal Federal e dois juízes dentre os Ministros do Superior Tribunal de Justiça; e por nomeação do Presidente da República, dois juízes dentre seis advogados de notável saber jurídico e idoneidade moral, indicados pelo Supremo Tribunal Federal (CF, art. 119). Ademais, seu Presidente e Vice-Presidente são eleitos dentre os Ministros do Supremo Tribunal Federal, e o Corregedor Eleitoral dentre os Ministros do Superior Tribunal de Justiça (CF, art. 119, parágrafo único).

Os Tribunais Regionais Eleitorais, com sede na Capital de cada Estado, serão compostos: mediante eleição, pelo voto secreto, de dois juízes dentre os desembargadores do Tribunal de Justiça e de dois juízes, dentre juízes de direito, escolhidos pelo Tribunal de Justiça; de um juiz do Tribunal Regional Federal com sede na Capital do Estado ou no Distrito Federal, ou, não havendo, de juiz federal, escolhido, em qualquer caso, pelo Tribunal Regional Federal respectivo; e por nomeação, pelo Presidente da República, de dois juízes dentre seis advogados de notável saber jurídico e idoneidade moral, indicados pelo Tribunal de Justiça (CF, art. 120). Ainda, seu Presidente e Vice-Presidente serão eleitos pelo próprio Tribunal, dentre os desembargadores (CF, art. 120, § 2º).

Os juízes dos tribunais eleitorais, salvo motivo justificado, servirão por dois anos, no mínimo, e nunca por mais de dois biênios consecutivos, sendo os substitutos escolhidos na mesma ocasião e pelo mesmo processo, em número igual para cada categoria (CF, art. 121, § 2º). Outrossim, a idade limite de setenta anos prevista para os membros dos demais tribunais não se aplica aos representantes dos advogados na Justiça Eleitoral.

A função de juiz eleitoral é exercida pelos juízes de direito atuantes na justiça comum estadual. A composição das Juntas Eleitorais foi conferida pela CF a lei complementar (CF, art. 121, caput). Assim, na primeira instância temos a possibilidade de órgão colegiado (juntas eleitorais) que é composto pelo juiz eleitoral e por cidadãos. Os membros dos tribunais, os juízes de direito e os integrantes das juntas eleitorais, no exercício de suas funções, e no que lhes for aplicável, gozarão de plenas garantias e serão inamovíveis (CF, art. 121, § 1º).

Conforme o art. 121 da Constituição Federal, a organização e a competência da Justiça Eleitoral serão dispostas em lei complementar. Cabe-lhe o julgamento de impugnação de mandato eletivo (CF, art. 14, § 10), de prestação de contas de partidos políticos (CF, art. 17, III), de inelegibilidade ou expedição de anulação de diploma, e também de decretação de perda de mandato eletivo (CF, art. 121, § 4º, III e IV). Ainda, a Justiça Eleitoral é dotada de ampla atribuição administrativa no processo eleitoral.

A Lei nº 4.737/1965 (Código Eleitoral) estabelece a competência do Tribunal Superior Eleitoral (arts. 22 e 23), dos Tribunais Regionais Eleitorais (arts. 29 e 30), dos Juízes Eleitorais (art. 35) e das Juntas Eleitorais (art. 40).

▸ Como esse assunto foi cobrado em concurso?

(FCC – 2010 – TJ/MS – Juiz de Direito) Na literalidade da Constituição brasileira de 1988, das decisões dos Tribunais Regionais Eleitorais caberá recurso quando

a) concederem ou denegarem habeas corpus, mandado de segurança, mas não mandado de injunção.

b) forem proferidas contra disposição expressa da Constituição, mas não de lei.

c) ocorrer divergência na interpretação de lei entre dois ou mais tribunais eleitorais.

d) versarem sobre inelegibilidade ou expedição de diplomas nas eleições estaduais ou municipais, mas não federais.

e) anularem diplomas ou decretarem a perda de mandatos eletivos estaduais ou municipais, mas não federais.

Gabarito: Alternativa C.

4.1.6. Justiça Militar

A Justiça Militar é composta: pelo Superior Tribunal Militar; e pelos Tribunais e Juízes Militares instituídos em lei (CF, art. 122).

O Superior Tribunal Militar é composto por quinze Ministros vitalícios, nomeados pelo Presidente da República, depois de aprovada a indicação pelo Senado Federal, sendo três dentre oficiais-generais da Marinha, quatro dentre oficiais-generais do Exército, três dentre oficiais-generais da Aeronáutica, todos da ativa e do posto mais elevado da carreira, e cinco dentre civis (CF, art. 123).

Os Ministros civis serão escolhidos pelo Presidente da República dentre brasileiros com mais de trinta e cinco e menos de setenta anos de idade (Redação dada pela Emenda Constitucional nº 122, de 2022), sendo: três dentre advogados de notório saber jurídico e conduta ilibada, com mais de dez anos de efetiva atividade profissional; e dois, por escolha paritária, dentre juízes auditores e membros do Ministério Público da Justiça Militar (CF, art. 123, parágrafo único). Não se aplica a regra do quinto constitucional (CF, art. 94).

Sobre o tema, Bernardo Gonçalves Fernandes (2016, pg. 992) consigna que

> Aqui, são necessárias algumas observações: 1) não haverá lista tríplice ou sêxtupla para a indicação pelo Chefe do Poder Executivo. Apenas o Presidente irá indicar o nome que será submetido à sabatina do Senado para a aprovação por maioria simples. Se aprovado o nome o Presidente irá nomeá-lo para o cargo. 2) Em relação aos Ministros oficiais, há necessidade de os mesmos serem brasileiros natos, nos termos do art. 12, § 3º, VI, da CR/88".

A Justiça Militar tem sua organização, funcionamento e competência dispostos em lei (CF, art. 124, parágrafo único). A Lei nº 8.457/1992 organiza a Justiça Militar da União e dispõe sobre o funcionamento de seus serviços auxiliares, estruturando-a por meio dos seguintes órgãos: Superior Tribunal Militar; Auditoria de Correição; Conselhos de Justiça; e Juízes-Auditores e Juízes-Auditores Substitutos (Lei nº 8.457/1992, arts. 6º, 27, 28 e 30).

A competência da Justiça Militar da União se limita a processar e julgar os crimes militares definidos em lei (CF, art. 124), não abarcando matérias de natureza civil ou disciplinar, nem crimes praticados contra militares. Os crimes militares praticados em tempo de paz ou em tempo de guerra estão definidos no Código Penal Militar (arts. 9º e 10º). As normas referentes ao processo e julgamento desses crimes estão dispostas no Código de Processo Penal Militar.

Nos Estados federados, poderá ser criada por lei, mediante proposta do Tribunal de Justiça, a Justiça Militar estadual, constituída, em primeiro grau, pelos juízes de direito e pelos Conselhos de Justiça e, em segundo grau, pelo próprio Tribunal de Justiça, ou por Tribunal de Justiça Militar nos Estados em que o efetivo militar seja superior a vinte mil integrantes (CF, art. 125, § 3º). No Brasil, apenas os Estados de Minas Gerais, São Paulo e Rio Grande do Sul possuem Tribunais de Justiça Militar.

▸ Como esse assunto foi cobrado em concurso?

(CESPE – 2013 – STM – Juiz Auditor Substituto) Assinale a opção correta de acordo com as disposições da CF e a jurisprudência do STF.

a) Militar da reserva pode ser nomeado ministro do STM.

b) São considerados órgãos da justiça militar apenas o STM e os tribunais militares instituídos por lei.

c) Somente a indicação dos ministros civis do STM deve ser submetida à aprovação do Senado Federal.

d) O STM submete-se ao controle exercido pelo CNJ.

e) Os ministros civis do STM serão escolhidos pelo presidente da República entre brasileiros com mais de trinta anos, sendo três, por escolha paritária, entre juízes auditores e membros do MPM, e dois entre advogados de notório saber jurídico e conduta ilibada, com mais de dez anos de efetiva atividade profissional.

Gabarito: Alternativa D.

4.1.7. *Justiça Estadual*

Nos termos do art. 125 da CF/88, os Estados organizarão sua justiça, observados os princípios estabelecidos na Constituição.

A competência dos tribunais será definida na Constituição do Estado, sendo a lei de organização judiciária de iniciativa do Tribunal de Justiça (CF, art. 125, § 1º).

A fim de assegurar o pleno acesso à justiça em todas as fases do processo, o Tribunal de Justiça poderá funcionar descentralizadamente, constituindo Câmaras regionais (CF, art. 125, § 6º), e instalará a justiça itinerante, com a realização de audiências e demais funções da atividade jurisdicional, nos limites territoriais da respectiva jurisdição, servindo-se de equipamentos públicos e comunitários (CF, art. 125, § 7º).

Importante mencionar que as Turmas Recursais dos Juizados Especiais, embora atuem em segundo grau, integram a primeira instância. Assim, da decisão de turma recursal não cabe REsp ao STJ, pois este exige decisão do "Tribunal" e a Turma Recursal não se caracteriza como um Tribunal. Além disso, não é aplicável às Turmas Recursais a Cláusula de Reserva de Plenário (Art. 97 da CF).

▸ **Como esse assunto foi cobrado em concurso?**

(CESPE – 2011 – TJ/ES – Juiz de Direito) Assinale a opção correta com referência ao Poder Judiciário.

a) São da competência da justiça comum estadual o processo e o julgamento de todas as contravenções penais, ainda que tenham sido praticadas em detrimento de bens, serviços ou interesse da União.

b) Compete originariamente ao STF o julgamento de habeas corpus contra decisão de turma recursal de juizados especiais criminais.

c) A justiça de paz, composta de cidadãos eleitos pelo voto direto, universal e secreto, com mandato de quatro anos, tem competência somente para o processo de habilitação e celebração de casamento.

d) A CF determina a criação, pela União, de ouvidorias de justiça, com competência para receber de qualquer interessado reclamações e denúncias apenas contra membros ou órgãos da justiça federal, ou contra seus serviços auxiliares, a serem encaminhadas ao Conselho da Justiça Federal.

e) O tribunal do júri, que tem competência para o julgamento de crimes dolosos contra a vida, é privativo da esfera estadual.

Gabarito: Alternativa A.

(CESPE – 2014 – TJ/DFT – Juiz de Direito) Em relação ao Poder Judiciário, seus tribunais e magistrados, assinale a opção correta.

a) Apenas desembargadores de carreira podem concorrer às vagas reservadas no STJ aos integrantes dos tribunais de justiça e TRFs; excluídos, portanto, os desembargadores alçados aos tribunais pelo quinto constitucional.

b) Tribunais de justiça estaduais e TRFs não podem ampliar, por meio de normas regimentais internas, o leque de possíveis concorrentes à eleição para seus respectivos cargos diretivos.

c) O juiz de primeiro grau adquire vitaliciedade após dois anos de exercício no cargo; depois disso, ele só perderá o cargo mediante deliberação da maioria simples do tribunal a que estiver vinculado ou por sentença judicial transitada em julgado.

d) Somente depois de decorridos dois anos do afastamento do cargo por exoneração ou aposentadoria, poderá o juiz exercer a advocacia no juízo ou tribunal do qual se afastou.

e) É possível a remoção de juiz — bem como a decretação de sua disponibilidade ou aposentadoria —, por interesse público, mediante decisão da maioria simples do respectivo tribunal ou do CNJ.

Gabarito: Alternativa B.

4.2. Ingresso

O art. 93 da CF/88 preconiza que lei complementar, de iniciativa do Supremo Tribunal Federal, disporá sobre o Estatuto da Magistratura, observados alguns princípios. Houve, então, a recepção da Lei Complementar 35/1979 (LOMAN) pela CF/88, cumprindo a determinação do legislador constitucional.

Diferentemente do que ocorre nos Estados Unidos, onde os juízes federais são indicados pelo Poder Executivo e os juízes estaduais são eleitos, o Brasil estabelece o critério único de acesso via concurso público.

De acordo com o texto constitucional o ingresso na carreira, cujo cargo inicial será o de juiz substituto, ocorrerá mediante concurso público de provas e títulos, com a participação da Ordem dos Advogados do Brasil em todas as fases, exigindo-se do bacharel em direito, no mínimo, três anos de atividade jurídica e obedecendo-se, nas nomeações, à ordem de classificação.

Neste ponto, importante estabelecer a seguinte diferenciação:

Cargos, segundo Celso A. Bandeira de Mello, "são as mais simples e indivisíveis unidades de competência a serem expressadas por um agente, previstas em número certo, com denominação própria (...)" Já para Hely Lopes Meirelles, cargo "é o lugar instituído na organização do serviço público, com denominação própria, atribuições e responsabilidades específicas (...)".

Os cargos distribuem-se em 'classes', 'em carreira' e 'isolados'. Entende-se por **classe** o agrupamento de cargos da mesma profissão, e com idênticas atribuições, responsabilidades e vencimentos. Para Meirelles, "as 'classes' constituem os degraus de acesso na carreira" (exemplos: juízes substitutos; juízes titulares; juízes de entrância inicial; etc.).

A **carreira**, por sua vez, é o conjunto escalonado de classes. Verifica-se "quando encartados em uma série de 'classes' escalonada em função do grau de responsabilidade e nível de complexidade das atribuições" (Celso A. Bandeira de Mello). É o conjunto de classes funcionais que os integrantes vão percorrendo nos diversos patamares de que se constitui a progressão funcional. Os cargos que compõem as classes são cargos de carreira, diferentes dos cargos isolados.

O cargo isolado é o que não se escalona em classes, por ser o único na sua categoria. Segundo Meirelles, constituem exceção no funcionalismo, porque a hierarquia administrativa exige escalonamento das funções para aprimoramento do serviço e estímulo aos servidores. A Magistratura possui cargos isolados e em carreira.

O art. 94 da Constituição Federal dispõe que **um quinto** dos lugares dos Tribunais Regionais Federais, dos Tribunais dos Estados, e do Distrito Federal e Territórios será composto de membros, do Ministério Público, com mais de dez anos de carreira, e de advogados de notório saber jurídico e de reputação ilibada, com mais de dez anos de efetiva atividade profissional, indicados em lista sêxtupla pelos órgãos de representação das respectivas classes.

O parágrafo único do referido artigo estabelece que, recebidas as indicações, o tribunal formará lista tríplice, enviando-a ao Poder Executivo, que, nos vinte dias subsequentes, escolherá um de seus integrantes para nomeação.

No caso do Superior Tribunal de Justiça, a regulamentação se dá pelo art. 104, parágrafo único, inciso II, sendo que um terço, em partes iguais, dentre advogados e membros do Ministério Público Federal, Estadual, do Distrito Federal e Territórios, alternadamente, indicados na forma do art. 94.

De acordo com o texto constitucional, exige-se que o candidato tenha ao menos **três anos de "atividade jurídica"**, tema que é regulamentado pela Resolução 75 do CNJ, conforme segue:

> Art. 59. Considera-se atividade jurídica, para os efeitos do art. 58, § 1º, alínea "i":
>
> I – aquela exercida com exclusividade por bacharel em Direito;
>
> II – o efetivo exercício de advocacia, inclusive voluntária, mediante a participação anual mínima em 5 (cinco) atos privativos de advogado (Lei nº 8.906, 4 de julho de 1994, art. 1º) em causas ou questões distintas;
>
> III – o exercício de cargos, empregos ou funções, inclusive de magistério superior, que exija a utilização preponderante de conhecimento jurídico;
>
> IV – o exercício da função de conciliador junto a tribunais judiciais, juizados especiais, varas especiais, anexos de juizados especiais ou de varas judiciais, no mínimo por 16 (dezesseis) horas mensais e durante 1 (um) ano;
>
> V – o exercício da atividade de mediação ou de arbitragem na composição de litígios.
>
> § 1º É vedada, para efeito de comprovação de atividade jurídica, a contagem do estágio acadêmico ou qualquer outra atividade anterior à obtenção do grau de bacharel em Direito.
>
> § 2º A comprovação do tempo de atividade jurídica relativamente a cargos, empregos ou funções não privativos de bacharel em Direito será realizada mediante certidão circunstanciada, expedida pelo órgão competente, indicando as respectivas atribuições e a prática reiterada de atos que exijam a utilização preponderante de conhecimento jurídico, cabendo à Comissão de Concurso, em decisão fundamentada, analisar a validade do documento.

A respeito do inciso I do artigo supramencionado, entende-se são atividades exercidas com exclusividade por bacharéis em Direito, por exemplo, o exercício dos cargos de analista judiciário, assessores especiais, etc.

Segundo o artigo 23 da Resolução, o candidato deve preencher uma declaração em que atesta que é bacharel em Direito e de que irá, até a data da inscrição definitiva, atender à exigência de três anos de atividade jurídica.

Infelizmente, em decorrência das imprecisões textuais da Resolução, os Tribunais acabam variando suas interpretações a respeito de algumas regras, cabendo ao candidato verificar como foram interpretados determinados requisitos em concursos anteriores.

De toda forma, alguns pontos parecem estar **pacificados**, a exemplo da contagem da prática da advocacia que é feita a partir da certidão comprobatória de realização do primeiro ato privativo de advogado dentro do ano compreendido para contabilização. Dentro do ano iniciado pela primeira certidão, o candidato deverá comprovar a prática de outros quatro atos privativos da atividade de advocacia. Essa interpretação tem sido largamente utilizada em concursos, em que pese exista antiga decisão que indique que o termo inicial da contagem deva ser a da conclusão do curso de Direito (MS 26.682-1/DF).

A respeito de **pós-graduações**, estas não mais são consideradas como prática jurídica contabilizável, tendo sido revogada tal possibilidade de contagem antes disposta na Resolução

No julgamento da Ação Direta de Inconstitucionalidade n.º 4219, o Supremo Tribunal Federal firmou o entendimento de que o Conselho Nacional do Ministério Público tem a liberdade de cumprir o comando constitucional de exigência de atividade jurídica com cursos de pós-graduação. A decisão conferiu liberdade ao *parquet* para regulamentar o que pode ou não ser utilizado para contabilização da prática jurídica exigida para ingresso em sua carreira.

Pairam dúvidas sobre a aplicação desse entendimento para concursos da magistratura, pois a decisão se refere apenas ao Ministério Público. Majoritariamente, entende-se que cursos de pós-graduação não são contabilizados como prática jurídica para concursos de magistratura.

No RE 655.265, decidiu-se que é legitima a exigência inscrita no edital relativo à comprovação de atividade jurídica (prática forense) no ato da inscrição definitiva, e não da posse, desde que tal data esteja prevista e seja certa. Da mesma forma, entendeu-se que ausência de especificação de data certa no edital para o início da inscrição definitiva, transfere para a data da nomeação a comprovação do tempo de prática forense.

No MS 28.226, o STF decidiu que a comprovação de atividade jurídica pode considerar o tempo de exercício em cargo não-privativo de bacharel em Direito, desde que ausentes dúvidas acerca da natureza eminentemente jurídica das funções desempenhadas.

Por fim, importa ressaltar que o **CNMP** regulamenta o conceito de atividade jurídica em sua Resolução 40 de 2009, norma que aponta, por exemplo, ser contabilizável tal o exercício, por bacharel em Direito, de **serviço voluntário** em órgãos públicos que exija a prática reiterada de atos que demandem a utilização preponderante de conhecimentos jurídicos, pelo período mínimo de 16 (dezesseis) horas mensais e durante 1 (um) ano. Essa previsão **não existe** na Resolução aplicável à **magistratura**.

> **Questão de prova oral:** O texto do art. 93, I, da CF/88 exige, para a assunção do cargo, a comprovação da realização de três anos de atividade jurídica para os candidatos nos concursos da Magistratura. Essa exigência, conforme decidiu o STJ, pode ser estendida para os concursos da Defensoria Pública, desde que haja lei complementar prevendo o requisito, fato que até o momento não existe, aplicando-se a tais concursos a exigência de 02 anos de prática jurídica. STJ. 2ª Turma. REsp 1.676.831/AL, Rel. Min. Mauro Campbell Marques, julgado em 05/09/2017.

Ainda sobre o ingresso na carreira, o STF, no julgamento da ADI 5329/DF, entendeu que a fixação de limite etário máximo e mínimo, como requisito para o ingresso na carreira da magistratura viola o disposto no art. 93, I, da Constituição Federal." STF. Plenário. ADI 5329/DF, rel. orig. Min. Marco Aurélio, rel. p/ o ac. Min. Alexandre de Moraes, julgado em 14/12/2020 (Info 1002).

4.2.1. *Novo requisito para ingresso na carreira: o Exame Nacional da Magistratura – ENAM*

No ano de 2023, os candidatos que se preparam para a magistratura foram surpreendidos pela criação de um novo requisito para o ingresso na carreira: o Exame Nacional da Magistratura (ENAM).

Em atenção ao que previu a Resolução nº 531, que alterou a Resolução do CNJ nº 75/2009, o exame é um processo seletivo nacional e unificado que tem por objetivo conferir habilitação para inscrição em concursos da magistratura promovidos pelos tribunais brasileiros (tribunais regionais federais, tribunais do trabalho, tribunais militares e tribunais dos estados e do Distrito Federal e dos territórios).

O Conselho Nacional de Justiça escolheu a Escola Nacional de Formação e Aperfeiçoamento de Magistrados (Enfam) para realizar o certame, com sua supervisão e colaboração da Escola Nacional de Formação e Aperfeiçoamento de Magistrados do Trabalho (Enamat). As regras para realização do exame foram estabelecidas pela Resolução nº 7 da Enfam, publicada em 7 de dezembro de 2023.

De acordo com as notícias e informações veiculadas pelo CNJ, o exame intenciona aferir conhecimentos que valorizem o raciocínio, a resolução de problemas concretos e a própria vocação para a magistratura. Além disso, visa à democratização do acesso à carreira, permitindo diversidade e representatividade, sendo essas as próprias diretrizes do ENAM.

Sobre as regras do certame, importante destacar que o ENAM desenvolver-se-á em uma única etapa, consistente em prova do tipo objetiva, e tem caráter eliminatório e não classificatório, funcionando como um pré-requisito para a **inscrição** nos concursos da magistratura. Conferir-se-á habilitação ao candidato que obtiver nota final de aprovação igual ou superior a 70% de acertos na prova, ou, no caso de pessoas autodeclaradas negras ou indígenas, ao menos 50% de acertos.

A intenção, ao menos por enquanto, é que o exame ocorra duas vezes por ano, e a habilitação terá validade de dois anos, com a possibilidade de prorrogação por mais dois anos, limitada a uma única vez. As provas serão realizadas em todas as capitais Brasileiras e para efetuar a inscrição no exame, será necessário enviar o diploma de bacharel em direito.

Na data de 1º de fevereiro de 2024, foi divulgado o Edital de Abertura nº 01/2024, tendo sido escolhida a Fundação Getúlio Vargas (FGV) para organização e execução do certame.

Conforme costa do documento, a prova será composta por 80 (oitenta) questões de múltipla escolha (a Resolução nº 7 da Enfam prevê que serão, no mínimo, 50 questões) com 5 (cinco) alternativas e apenas uma resposta correta, as quais versarão sobre os seguintes ramos do conhecimento: Direito Constitucional (podendo ser incluídas questões de Direito Constitucional do Trabalho, Direito Constitucional Tributário e Normas Constitucionais de Processo Penal), Direito Administrativo, Noções Gerais de Direito e Formação Humanística, Direitos Humanos, Direito Processual Civil, Direito Civil, Direito Empresarial e Direito Penal.

Registra-se, por fim, que há opiniões contrárias à realização do exame, questionando sua constitucionalidade.

4.3. Promoções

De acordo com o art. 93, inc. II da CF/88, a carreira da magistratura terá promoção de entrância para entrância, alternadamente, por antiguidade e merecimento, atendidas as seguintes delimitações:

> a) é obrigatória a promoção do juiz que figure por três vezes consecutivas ou cinco alternadas em lista de merecimento;
>
> b) a promoção por merecimento pressupõe dois anos de exercício na respectiva entrância e integrar o juiz a primeira quinta parte da lista de antiguidade desta, salvo se não houver com tais requisitos quem aceite o lugar vago;
>
> c) aferição do merecimento conforme o desempenho e pelos critérios objetivos de produtividade e presteza no exercício da jurisdição e pela frequência e aproveitamento em cursos oficiais ou reconhecidos de aperfeiçoamento;

d) na apuração de antiguidade, o tribunal somente poderá recusar o juiz mais antigo pelo voto fundamentado de dois terços de seus membros, conforme procedimento próprio, e assegurada ampla defesa, repetindo-se a votação até fixar-se a indicação;

e) não será promovido o juiz que, injustificadamente, retiver autos em seu poder além do prazo legal, não podendo devolvê-los ao cartório sem o devido despacho ou decisão;

Após a aprovação em concurso público, o Magistrado inicia a carreira como Juiz Substituto e só se torna vitalício após dois anos de atividade. No caso do Magistrado Estadual, sua atuação se dá, inicialmente, nas comarcas de primeira entrância. Com o passar do tempo, ele pode se candidatar à remoção ou promoção para comarcas de segunda entrância ou intermediárias. A primeira promoção, portanto, insere o magistrado na categoria de juiz titular.

As promoções se dão de acordo com a disponibilidade das vagas e seguem os critérios de merecimento ou antiguidade.

▸ Como esse assunto foi cobrado em concurso?

(VUNESP – 2013 – TJ/SP – Juiz de Direito) A promoção na carreira da magistratura, de entrância para entrância, alternadamente, por antiguidade e merecimento, nos termos do Inciso II, e alíneas, do art. 93 da Constituição Federal

a) está escorada em dispositivos autoaplicáveis, pois a exigência de edição de lei complementar para estabelecer o Estatuto da Magistratura não impede a imediata utilização dos preceitos constitucionais básicos que regem o Poder Judiciário e a magistratura.

b) está escorada em dispositivos que reclamam a obediência à Lei Orgânica da Magistratura, LOMAN, para que tenham eficácia imediata.

c) esses dispositivos referem-se aos critérios de promoção e de remoção dos Juízes Estaduais.

d) esses dispositivos referem-se aos critérios de promoção e de remoção dos Juízes Federais.

Gabarito: Alternativa A.

(FGV – 2023 – TJ/GO – Juiz de Direito Substituto) No Estado Alfa, havia duas carreiras de Agentes Fiscais: a formada por cargos efetivos de Agente Fiscal 1, que exigia nível médio; e a de Agente Fiscal 2, que exigia nível superior para provimento originário do cargo efetivo. O Estado Alfa editou lei estadual unificando e reunindo as duas citadas carreiras na nova carreira de Auditor Fiscal, exigindo o nível superior de escolaridade nos próximos concursos. Instado a decidir sobre a constitucionalidade, *incidenter tantum*, da citada legislação, o magistrado deve considerar o teor de súmula vinculante do Supremo Tribunal Federal sobre o tema, que dispõe que é:

a) constitucional a unificação de carreiras distintas, desde que a própria lei já trate da modulação dos efeitos, exigindo nível superior apenas para os próximos concursos;
b) constitucional a unificação de carreiras distintas que exigiam conhecimento técnico e especializado semelhantes para o exercício de suas atribuições, ainda que tal fato exceda substancialmente o nível de escolaridade declarado em lei;
c) inconstitucional toda modalidade de provimento que propicie ao servidor investir-se, sem prévia aprovação em concurso público destinado ao seu provimento, em cargo que não integra a carreira na qual fora anteriormente investido;
d) constitucional a unificação de carreiras distintas, desde que reste comprovado, por meio de indicadores de produtividade, que a complexidade do trabalho aumentou de acordo com a ascensão na carreira por meio de promoções, decorrentes do tempo de serviço e participações em cursos de formação;
e) inconstitucional toda modalidade de provimento derivado que propicie ao servidor investir-se em cargo diverso, pelo princípio do concurso público, sendo vedada a aplicação de qualquer modulação dos efeitos por razões de segurança jurídica ou excepcional interesse social.

Gabarito: Alternativa C.

4.3.1. Merecimento

O Conselho Nacional de Justiça, buscando aumentar a objetividade da promoção por merecimento, editou a Resolução 106/2010 que, embora tenha aprimorado as promoções, continua sendo alvo de questionamentos da classe e constantes judicializações.

De toda forma, nela descreve-se que as **promoções por merecimento** de magistrados em 1º grau e o acesso para o 2º grau serão realizadas em **sessão pública**, em votação **nominal**, **aberta** e **fundamentada**, observadas as prescrições legais e as normas internas não conflitantes com a resolução 106/2010, iniciando-se pelo magistrado votante mais antigo.

Menciona-se que a promoção deverá ser realizada no prazo de **até 40 (quarenta) dias da abertura da vaga**, cuja declaração se fará nos dez dias subsequentes ao seu fato gerador. Ainda, dita-se que o prazo para abertura da vaga poderá ser prorrogado uma única vez, por igual prazo, mediante justificativa fundamentada da Presidência do Tribunal.

O magistrado interessado na promoção dirigirá requerimento ao Presidente do Tribunal de 2º grau no prazo de inscrição previsto no edital de abertura do respectivo procedimento. Em regra, as condições e elementos de avaliação serão levadas em consideração até à data de inscrição para concorrência à vaga.

No final do ano de 2023, foi incluído na Resolução 106/2010 o artigo 1º-A, que trata da paridade/proporção de gênero nas promoções na carreira da Magistratura. Vide o teor do dispositivo:

> Art. 1º – A No acesso aos tribunais de 2º grau que não alcançaram, no tangente aos cargos destinados a pessoas oriundas da carreira da magistratura, a proporção de 40% a 60% por gênero, as vagas pelo critério de merecimento serão preenchidas por intermédio de editais abertos de forma alternada para o recebimento de inscrições mistas, para homens e mulheres, ou exclusivas de mulheres, observadas as políticas de cotas instituídas por este Conselho, até o atingimento de paridade de gênero no respectivo tribunal. (incluído pela Resolução n. 525, de 27.9.2023)
>
> § 1º Para fins de preenchimento das vagas relativas à promoção pelo critério de merecimento, os quintos sucessivos a que alude o art. 3º, § 1º, aplicam-se a ambas as modalidades de edital de inscrição (misto ou exclusivo de mulheres) e devem ser aferidos a partir da lista de antiguidade, com a observância da política de cotas deste Conselho. (incluído pela Resolução n. 525, de 27.9.2023)
>
> § 2º Para fins de aplicação do art. 93, II, a, da Constituição Federal, a consecutividade de indicação nas listas tríplices deve ser computada separadamente, conforme a modalidade de edital aberto (exclusivo ou misto), salvo a hipótese de magistrada que tenha figurado em lista mista, considerando-se consecutiva a indicação de: a) magistrado ou magistrada que figurou em duas listas seguidas decorrentes de editais com inscrições mistas, independentemente do edital de inscrição exclusiva de mulheres que tenha sido realizado entre eles; b) magistrada que figurou em duas listas seguidas, decorrentes de editais com inscrições exclusivas de mulheres, independentemente do edital de inscrição misto que tenha sido realizado entre eles; c) magistrada que figurou em duas listas seguidas decorrentes, uma de edital de inscrição exclusiva para mulheres e outra de edital de inscrição mista, ou vice-versa. (incluído pela Resolução n. 525, de 27.9.2023)
>
> § 3º Ficam resguardados os direitos dos magistrados e das magistradas remanescentes de lista para promoção por merecimento, observados os critérios estabelecidos nesta Resolução quanto à formação de listas tríplices consecutivas. (incluído pela Resolução n. 525, de 27.9.2023)
>
> § 4º Para a aferição dos resultados, o CNJ deverá manter banco de dados atualizado sobre a composição dos tribunais, desagregado por gênero e cargo, especificando os acessos ao 2º grau de acordo com a modalidade de editais abertos. (incluído pela Resolução n. 525, de 27.9.2023)

§ 5º As disposições deste artigo não se aplicam às Justiças Eleitoral e Militar. (incluído pela Resolução n. 525, de 27.9.2023)

▸ **Como esse assunto foi cobrado em concurso?**

(FGV – 2024 – Exame Nacional da Magistratura – ENAM 2024.1 – Reaplicação) Consoante com dados apontados pelo Conselho Nacional de Justiça (CNJ), Embora constituam cerca de 51% da população brasileira, as mulheres representam 38% da magistratura, sendo 40% presentes no primeiro grau de jurisdição e apenas 21% no segundo grau. (*Disponível em:* https://www.cnj.jus.br/cnj-aprova-regra-de-genero-para apromocao-de-juizes-e-juizas/).

Em setembro de 2023 o CNJ aprovou a criação de uma política de alternância de gênero no preenchimento de vagas para a segunda instância do Judiciário. O texto foi aprovado após amplo debate, em decisão unânime e histórica, em favor da equidade na magistratura brasileira.

Com base na Resolução nº 525, de 27/09/2023, que altera a Resolução CNJ nº 106/2010, dispondo sobre ação afirmativa de gênero, para acesso das magistradas aos tribunais de 2º grau, assinale a afirmativa correta.

a) Segundo a resolução aprovada, a ação afirmativa não deve ser temporária, mas perdurar mesmo após o atingimento da paridade nos tribunais.

b) Com a decisão, as cortes deverão utilizar a lista exclusiva para mulheres, alternando-a com a lista mista tradicional, nas promoções pelo critério do merecimento.

c) Diante da aferição dos resultados, o CNJ deverá manter banco de dados atualizado sobre a composição dos tribunais, agregado por gênero e cargo.

d) A decisão, além de tratar da promoção pelo critério do merecimento, também trouxe a modificação dos atuais critérios da promoção por antiguidade.

e) As novas disposições trazidas pela resolução nº 525 de 27/09/2023 aplicam-se também às justiças eleitoral e militar.

Gabarito: Alternativa B.

O art. 3º da resolução indica que são condições para concorrer à promoção e ao acesso aos tribunais de 2º grau, por merecimento: I – contar o juiz com no mínimo 2 (dois) anos de efetivo exercício, devidamente comprovados, no cargo ou entrância; II – figurar na primeira quinta parte da lista de antiguidade aprovada pelo respectivo Tribunal; III – não retenção injustificada de autos além do prazo legal. IV – não haver o juiz sido punido, nos últimos doze meses, em processo disciplinar, com pena igual ou superior à de censura.

▸ **Como esse assunto foi cobrado em concurso?**

(2024 – FGV – TJ/SC – Juiz de Direito Substituto) No âmbito do Tribunal de Justiça do estado Alfa, João e Maria, juízes de direito, concorriam à promoção para a entrância superior, sendo o certame regido pelo critério de antiguidade. João tinha recebido a pena de censura, em processo disciplinar concluído há dez meses, em razão de reiterada negligência no cumprimento dos deveres do cargo. Maria, por sua vez, jamais tinha recebido uma penalidade disciplinar e era muito elogiada por sempre atender às metas de produtividade. Acresça-se que João era mais antigo na entrância, enquanto Maria, além de ser mais antiga na carreira, tinha mais tempo de serviço público.

Na situação descrita, à luz da sistemática vigente, com abstração de considerações em relação à possibilidade de o tribunal recusar o juiz mais antigo pelo voto fundamentado de 2/3 de seus membros, é correto afirmar que:

a) João deve ser promovido, por ser mais antigo na entrância;

b) Maria deve ser promovida, por ser a mais antiga na carreira;

c) Maria deve ser promovida, por ter mais tempo de serviço público;

d) João não pode ser promovido, considerando a penalidade que sofreu;

e) João pode ser promovido, desde que tenha sido reconhecida a sua reabilitação.

Gabarito: Alternativa A.

O parágrafo primeiro do referido artigo excepciona a regra e aponta que, não havendo na primeira quinta parte quem tenha os 2 (dois) anos de efetivo exercício ou aceite o lugar vago, poderão concorrer à vaga os magistrados que integram a segunda quinta parte da lista de antiguidade e que atendam aos demais pressupostos, e assim sucessivamente.

Na votação de merecimento, os membros votantes do Tribunal deverão declarar os **fundamentos** de sua convicção, com menção individualizada aos critérios utilizados na escolha relativos à: I – desempenho (aspecto qualitativo da prestação jurisdicional); II – produtividade (aspecto quantitativo da prestação jurisdicional); III – presteza no exercício das funções; IV – aperfeiçoamento técnico.

Os critérios acima delimitados deverão ser aferidos ao longo do período mínimo de 24 meses que anteceder à data final para inscrição no concurso de promoção, à exceção do aperfeiçoamento técnico, cuja extensão e parâmetros de valoração serão definidos pelas Escolas Nacionais de Formação e Aperfeiçoamento de Magistrados (Enfam e Enamat), sem prejuízo da observância do período mínimo de 12 meses anteriores para a aferição da pontuação.

Interessante notar que os juízes que porventura tenham atuado junto ao Supremo Tribunal Federal, Tribunais Superiores, Conselho Nacional de Justiça, Conselho da Justiça Federal, Conselho Superior da Justiça do Trabalho e na Presidência, Corregedoria-Geral e Vice-Presidência dos Tribunais, ou licenciados para exercício de atividade associativa da magistratura, deverão ter a média de sua produtividade aferida no período anterior às suas designações, deles não se exigindo a participação em ações específicas de aperfeiçoamento técnico durante o período em que se dê a convocação ou afastamento.

Um dos critérios para avaliação do merecimento é a **qualidade das decisões**. Nessa análise, serão levados em consideração pontos como a redação, a clareza, a objetividade, a pertinência de doutrina e jurisprudência, quando citadas, o respeito às súmulas do Supremo Tribunal Federal e dos Tribunais Superiores. Essa análise exige redobrado cuidado do avaliador, que não pode regar sua votação de subjetivismos.

Também são considerados na avaliação alguns elementos referentes à **estrutura de trabalho** e **volume de produção**, sendo levados em conta, dentro desses critérios, situações como **compartilhamento das atividades** na unidade jurisdicional com outro magistrado (titular, substituto ou auxiliar), **acervo e fluxo processual** existente na unidade jurisdicional, **cumulação de atividades, competência e tipo do juízo, estrutura** de funcionamento da vara (recursos humanos, tecnologia, instalações físicas, recursos materiais), **número de audiências** realizadas, **número de conciliações** realizadas, número de **decisões interlocutórias** proferidas, número de **sentenças** proferidas, por classe processual e com priorização dos processos mais antigos, número de acórdãos e decisões proferidas em substituição ou auxílio no 2º grau, bem como em Turmas Recursais dos Juizados Especiais Cíveis e Criminais e o tempo médio do processo na Vara.

Na **avaliação da produtividade** deverá ser considerada a comparação com a produtividade média de juízes de **unidades similares**, utilizando-se, para tanto, dos institutos da mediana e do desvio padrão oriundos da ciência da estatística, privilegiando-se, em todos os casos, os magistrados cujo índice de conciliação seja proporcionalmente superior ao índice de sentenças proferidas dentro da mesma média.

Outro elemento considerado importante para o merecimento é a chamada **presteza**, que deve ser avaliada em aspectos como a **dedicação**. Esta, por sua vez, compreende uma longa lista de elementos, a saber:

a) assiduidade ao expediente forense;

b) pontualidade nas audiências e sessões;

> c) gerência administrativa;
>
> d) atuação em unidade jurisdicional definida previamente pelo Tribunal como de difícil provimento;
>
> e) participação efetiva em mutirões, em justiça itinerante e em outras iniciativas institucionais;
>
> f) residência e permanência na comarca;
>
> g) inspeção em serventias judiciais e extrajudiciais e em estabelecimentos prisionais e de internamento de proteção de menores sob sua jurisdição;
>
> h) medidas efetivas de incentivo à conciliação em qualquer fase do processo;
>
> i) inovações procedimentais e tecnológicas para incremento da prestação jurisdicional;
>
> j) publicações, projetos, estudos e procedimentos que tenham contribuído para a organização e a melhoria dos serviços do Poder Judiciário;
>
> k) alinhamento com as metas do Poder Judiciário, traçadas sob a coordenação do Conselho Nacional de Justiça.

Ao lado da dedicação, fala-se em **celeridade** na prestação jurisdicional, considerando-se importante em tal elemento a observância dos **prazos** processuais, computando-se o número de processos com prazo vencido e os atrasos injustificáveis, o tempo médio para a prática de atos, o tempo médio de **duração do processo** na vara, desde a distribuição até a sentença, o tempo médio de duração do processo na vara, desde a sentença até o arquivamento definitivo, desconsiderando-se, nesse caso, o tempo que o processo esteve em grau de recurso ou suspenso e, por fim, o número de **sentenças líquidas** prolatadas em processos submetidos ao rito sumário e sumaríssimo e de sentenças prolatadas em audiências.

Na avaliação do **aperfeiçoamento técnico** serão considerados

> I – a frequência e o aproveitamento em cursos oficiais realizados ou credenciados pelas Escolas Nacionais ou, consoante regulamentação elaborada por estas, em ações outras educacionais, ainda que não realizadas ou credenciadas pelas Escolas Nacionais respectivas, considerados os cursos e eventos oferecidos em igualdade a todos os magistrados pelos tribunais e conselhos do Poder Judiciário, pelas escolas dos tribunais, diretamente ou mediante convênio (redação dada pela Resolução n. 426, de 8.10.2021).
>
> II – os diplomas, títulos ou certificados de conclusão de cursos jurídicos ou de áreas afins e relacionados com as competências profissionais da magistratura, realizados após o ingresso na carreira.
>
> III – ministração de aulas em palestras e cursos promovidos pelos Tribunais ou Conselhos do Poder Judiciário, pelas Escolas da Magistratura ou pelas instituições de ensino conveniadas ao Poder Judiciário.

O décimo artigo da Resolução 106/2010 traz importantíssima redação que compatibiliza a avaliação do magistrado com as garantias constitucionais do cargo e aponta que, na avaliação do merecimento, **não serão utilizados critérios** que venham atentar **contra a independência funcional e a liberdade de convencimento do magistrado**, tais como índices de reforma de decisões.

Afirma-se, ainda, que a disciplina judiciária do magistrado, aplicando a jurisprudência sumulada do Supremo Tribunal Federal e dos Tribunais Superiores, com registro de eventual ressalva de entendimento, constitui elemento a ser valorizado para efeito de merecimento, nos termos do princípio da responsabilidade institucional, insculpido no Código Ibero-Americano de Ética Judicial (2006).

O art. 11 da Resolução afirma que o merecimento será avaliado segundo um sistema de pontos distribuídos entre os critérios elencados no art. 4º, com a livre e fundamentada convicção do membro votante do tribunal, observada a seguinte pontuação máxima. A saber: I – desempenho – 20 pontos; II – produtividade – 30 pontos; III – presteza – 25 pontos; IV – aperfeiçoamento técnico – 25 pontos.

Em termos procedimentais, a Resolução menciona que, em caso de inexistência, dificuldade extrema ou indisponibilidade técnica de dados em relação a critérios, deverá ser atribuída nota máxima a todos os candidatos (redação dada pela Resolução n. 507, de 7.6.2023).

No caso de empate, em qualquer escrutínio, prevalecerá, para o desempate, quanto aos magistrados, a antiguidade na respectiva carreira e, persistindo o empate, terá preferência o mais idoso.

Algumas decisões jurisprudenciais merecem ser destacadas quando o tema é a promoção por merecimento:

Inicialmente, no MS 28.254, o STF decidiu que o magistrado ao compor as turmas recursais de Juizados Especiais não é **promovido** para outra entrância, o que significa que a designação para integrar este órgão não precisa obedecer a critérios de merecimento ou antiguidade.

Da mesma forma, em interessante decisão datada de 30 de junho de 2005, o STF julgou o MS 23.789 e entendeu ser viável a formação da chamada **lista quádrupla**, em vez de duas listas tríplices, na hipótese de existirem duas vagas a serem preenchidas.

Por fim, no MS 30585/DF, de relatoria do Min. Ricardo Lewandowski, o STF decidiu ser obrigatória a promoção de Juiz Federal ao cargo de Juiz Federal do TRF (o que equivaleria ao cargo de Desembargador, na Justiça Federal), caso este figure por três vezes consecutivas ou cinco alternadas em lista de merecimento.

4.3.2. Antiguidade

O critério da antiguidade leva em conta, como regra, o tempo de serviço como magistrado e, caso a posse dos candidatos tenha ocorrido no mesmo dia, deve-se observar como critério de desempate a classificação no concurso.

Não são aceitos como critérios de desempate outas situações eventualmente expostas em lei estadual, visto que a matéria deve ser tratada integralmente pela LOMAN.

No MS 28494/MT, de Relatoria do Min. Luiz Fux, a 1ª Turma do STF declarou a inconstitucionalidade de lei estadual do Mato Grosso do Sul que previa o tempo de serviço no Estado como critério de desempate.

Analisando o julgado, bem explicou Márcio André Lopes Cavalcante (Comentando o Info 757-STJ) nos seguintes termos:

> Logo, a antiguidade entre magistrados deve ser aferida em razão do tempo no cargo e, no caso de posse no mesmo dia, deve ser respeitada a ordem de classificação no concurso como critério de desempate.
>
> A CF/88 determina que uma Lei Complementar, de caráter nacional, deverá reger a magistratura (art. 93 da CF/88). Logo, a norma local não pode dispor de forma diferente do que disciplinado pela LOMAN. Justamente por isso, o STF tem declarado a inconstitucionalidade de leis estaduais que, a pretexto de esmiuçarem questões referentes à magistratura, modificam o critério de desempate escolhido pela LOMAN.
>
> Além disso, segundo afirmou o Min. Luiz Fux, o tempo de serviço público prestado no estado de Mato Grosso não pode ser critério de desempate, à medida que isso favorece, injustamente, o servidor do referido Estado, de forma a ameaçar o pacto federativo. Cria-se uma distinção entre brasileiros que é ofensiva à federação.
>
> Acrescente-se que o tempo de serviço público não pode ser um critério de desempate, pois favorece o serviço público inconstitucionalmente em detrimento da atividade na iniciativa privada.

Na ADI 6772/AL também se entendeu inconstitucional, por disciplinar matéria concernente ao Estatuto da Magistratura, norma estadual que prevê a adoção do maior tempo de serviço público como critério de desempate para a promoção de magistrados (STF. Plenário. ADI 6772/AL, Rel. Min. Edson Fachin, julgado em 23/9/2022 (Info 1069). O mesmo se entendeu no julgamento da STF. Plenário. ADI 6779/DF, Rel. Min. Alexandre de Moraes, julgado em 27/8/2021 (Info 1027).

Posteriormente, no julgamento do MS 20.479, o STF entendeu que deve prevalecer, acerca do critério de antiguidade, a norma vigente ao tempo da posse dos interessados. Ou seja, considerou-se que alterações supervenientes no Regimento Interno não poderiam ser utilizadas como base para tanto, sob pena de restar maculada a segurança jurídica.

▸ Como esse assunto foi cobrado em concurso?

(FGV – 2024 – Exame Nacional da Magistratura – ENAM 2024.1) O Estado *Alfa* publicou lei estadual, de iniciativa do Judiciário estadual, instituindo o novo Código de Organização Judiciária daquele Estado, que contém dispositivo que disciplina os critérios de desempate em caso de promoção de juízes por antiguidade. A norma prevê que verificado empate, na apuração da antiguidade, dar-se-á a precedência ao magistrado mais antigo na carreira. Permanecendo o impasse, promover-se-á aquele que tiver maior tempo de serviço público, ou, sucessivamente, o mais idoso. De acordo com a jurisprudência do Supremo Tribunal Federal, a citada norma é

a) inconstitucional, porque, não obstante o Estado tenha competência para legislar sobre o tema, desde que observada a iniciativa de lei ao Judiciário, a norma conflita com a Lei Orgânica da Magistratura Nacional que dispõe que, havendo empate na antiguidade, terá precedência o Juiz com maior produtividade.

b) constitucional, porque são cabíveis, como medida de desempate entre os concorrentes à promoção por antiguidade, condições estranhas à função jurisdicional, desde que no âmbito do serviço público, mediante a utilização do critério de tempo de serviço público que favoreça o magistrado com trajetória profissional exercida no setor público.

c) inconstitucional, porque, não obstante o Estado tenha competência para legislar sobre o tema, desde que observada a iniciativa de lei ao Judiciário, a norma conflita materialmente com a Constituição da República que prevê que, na Justiça dos Estados, apurar-se-á na entrância a antiguidade e, havendo empate na antiguidade, terá precedência o Juiz mais antigo na carreira, ou, sucessivamente, o mais idoso.

d) constitucional, porque os Tribunais possuem autogoverno e competência para editar seus regimentos internos, podendo complementar a Lei Orgânica da Magistratura Nacional no que tange à alteração da organização e da divisão judiciárias.

e) inconstitucional, por violar a reserva de lei complementar e a iniciativa da Suprema Corte para disciplinar matéria concernente ao Estatuto da Magistratura, veiculando conteúdo que exorbitou indevidamente do regramento estabelecido pela LOMAN.

Gabarito: Alternativa E.

4.4. Remoções

Não podendo ser confundida com mera designação provisória, a remoção pode ser conceituada como o deslocamento de um juiz a outro juízo da mesma instância, em decisão não precária.

Como se verá a seguir, os magistrados detêm uma prerrogativa chamada de inamovibilidade, que lhes garante, como regra, o direito de permanência em **um juízo**, com transferência somente a pedido.

Desse modo, a remoção do magistrado dependerá, nos casos comuns, de pedido do interessado. Esse pedido ocorre mediante habilitação nos chamados "concursos de remoção" realizados por meio de atividade administrativa do Tribunal a que o magistrado está vinculado.

A remoção, note-se, não implica sempre em alteração de comarca, podendo haver troca de juízo de titularidade do magistrado. Essa ação, do mesmo modo, é chamada de remoção.

> **Exemplo:** João é Juiz de Direito no TJ/RS e atua na 1ª Vara Cível de Santo Ângelo. Habilita-se em concurso de remoção e classifica-se para atuar junto à Vara Criminal de Santo Ângelo. Não houve troca de comarca, mas apenas de juízo. De todo modo, considera-se que houve remoção.

A Lei Orgânica da Magistratura Nacional dispõe, em seu art. 81, as regras básicas para realização dos concursos de remoção. Pela importância, os dispositivos passam a ser transcritos:

> Art. 81 – Na Magistratura de carreira dos Estados, ao provimento inicial e à promoção por merecimento precederá a remoção.
>
> § 1º – A remoção far-se-á mediante escolha pelo Poder Executivo, sempre que possível, de nome constante de lista tríplice, organizada pelo Tribunal de Justiça e contendo os nomes dos candidatos com mais de dois anos de efetivo exercício na entrância.
>
> § 2º – A juízo do Tribunal de Justiça, ou de seu órgão especial, poderá, ainda, ser provida, pelo mesmo critério fixado no parágrafo anterior vaga decorrente de remoção, destinando-se a seguinte, obrigatoriamente, ao provimento por promoção.
>
> Art. 82 – Para cada vaga destinada ao preenchimento por promoção ou por remoção, abrir-se-á inscrição distinta, sucessivamente, com a indicação da Comarca ou Vara a ser provida.
>
> Parágrafo único – Ultimado o preenchimento das vagas, se mais de uma deva ser provida por merecimento, a lista conterá número de Juízes igual ao das vagas mais dois.
>
> Art. 83 – A notícia da ocorrência de vaga a ser preenchida, mediante promoção ou remoção, deve ser imediatamente veiculada pelo órgão oficial próprio, com indicação, no caso de provimento através de promoção, das que devam ser preenchidas segundo o critério de antigüidade ou de merecimento.

> Art. 84 - O acesso de Juízes Federais ao Tribunal Federal de Recursos far-se-á por escolha do Presidente da República dentre os indicados em lista tríplice, elaborada pelo Tribunal.
>
> Art. 85 - O acesso de Juízes Auditores e membros do Ministério Público da Justiça Militar ao Superior Tribunal Militarfar-se-á por livre escolha do Presidente da República.
>
> Art. 86 - O acesso dos Juízes do Trabalho Presidentes de Juntas de Conciliação e Julgamento ao Tribunal Regional do Trabalho, e dos Juízes do Trabalho substitutos àqueles cargos, far-se-á, alternadamente, por antigüidade e por merecimento, este através de lista tríplice votada por Juízes vitalícios do Tribunal e encaminhada ao Presidente da República.
>
> Art. 87 - Na Justiça dos Estados e do Distrito Federal e dos Territórios, o acesso dos Juízes de Direito aos Tribunais de Justiça far-se-á, alternadamente, por antigüidade e merecimento.
>
> § 1º - A lei poderá condicionar o acesso por merecimento aos Tribunais, como a promoção por igual critério, à freqüência, com aprovação, a curso ministrado por escola oficial de aperfeiçoamento de magistrado.
>
> § 2º - O disposto no parágrafo anterior aplica-se ao acesso dos Juízes Federais ao Tribunal Federal de Recursos.
>
> Art. 88 - Nas promoções ou acessos, havendo mais de uma vaga a ser preenchida por merecimento, a lista conterá, se possível, número de magistrados igual ao das vagas mais dois para cada uma delas.

Como dito acima, a regra é que os juízes gozem da garantia da inamovibilidade. Há, todavia, uma exceção a tal prerrogativa, chamada de **remoção compulsória,** ou remoção compulsória punitiva, que encontra previsão no art. 93, inc. VIII da CF e prescreve que, em atenção ao interesse público, o magistrado poderá ser removido por decisão do voto da maioria absoluta do respectivo tribunal ou do Conselho Nacional de Justiça, sendo sempre assegurada ao magistrado sujeito a tal procedimento a garantia da ampla defesa.

A Resolução nº 32/2007 do CNJ dispõe sobre as remoções a pedido e sobre a permuta de magistrados de igual entrância. Segundo o art. 3º, os atos normativos dos tribunais que disponham sobre as remoções deverão, obrigatoriamente, vedar a remoção voluntária em caso de acúmulo injustificado de processos na vara ou gabinete que estejam sob a jurisdição do magistrado. Tal intenta evitar que o magistrado postule a remoção em razão da quantidade de processos que acumulou.

Importante mencionar o entendimento exarado no julgamento da ADI 6.782/RN (Info 1085 STF), segundo o qual é "inconstitucional – por violar a competência da União para dispor sobre a magistratura brasileira, tanto na justiça estadual como na justiça federal – norma estadual que permite a remoção entre juízes de direito vinculados a diferentes tribunais de justiça."

A respeito do tema, no ano de 2023, a Emenda Constitucional nº 130 alterou a redação do inciso VIII-A e inseriu o inciso VIII-B no art. 93 da CF, tratando da remoção a pedido de magistrados de mesma entrância e, como uma grande novidade, viabilizando a permuta entre magistrados vinculados a diferentes tribunais, na esfera da justiça estadual, federal ou do trabalho. Vide a redação dos dispositivos:

> VIII-A – a remoção a pedido de magistrados de comarca de igual entrância atenderá, no que couber, ao disposto nas alíneas "a", "b", "c" e "e" do inciso II do caput deste artigo e no art. 94 desta Constituição; (redação dada pela Emenda Constitucional nº 130, de 2023)
>
> VIII-B – a permuta de magistrados de comarca de igual entrância, quando for o caso, e dentro do mesmo segmento de justiça, inclusive entre os juízes de segundo grau, vinculados a diferentes tribunais, na esfera da justiça estadual, federal ou do trabalho, atenderá, no que couber, ao disposto nas alíneas "a", "b", "c" e "e" do inciso II do caput deste artigo e no art. 94 desta Constituição; (incluído pela Emenda Constitucional nº 130, de 2023)

Antes da EC 130/23	Depois da EC 130/23
VIII-A – a remoção a pedido ou a permuta de magistrados de comarca de igual entrância atenderá, no que couber, ao disposto nas alíneas a , b , c e e do inciso II;	VIII-A – a remoção a pedido de magistrados de comarca de igual entrância atenderá, no que couber, ao disposto nas alíneas "a", "b", "c" e "e" do inciso II do caput deste artigo e no art. 94 desta Constituição; (EC 130/23) VIII-B – a permuta de magistrados de comarca de igual entrância, quando for o caso, e dentro do mesmo segmento de justiça, inclusive entre os juízes de segundo grau, vinculados a diferentes tribunais, na esfera da justiça estadual, federal ou do trabalho, atenderá, no que couber, ao disposto nas alíneas "a", "b", "c" e "e" do inciso II do caput deste artigo e no art. 94 desta Constituição; (EC 130/23)

5. DIREITOS E DEVERES FUNCIONAIS DA MAGISTRATURA

O art. 95 da Constituição Federal prescreve os principais direitos e deveres dos magistrados, sendo seguido pelos dispositivos da LOMAN (LC 35/79) e do Código de Ética da Magistratura, que será posteriormente analisado.

As prerrogativas funcionais podem ser relacionadas **com a independência** ao exercício do cargo (e aqui se encaixam a vitaliciedade, a inamovibilidade e irredutibilidade dos subsídios) ou **com a imparcialidade** de exercício da jurisdição (onde se tratam das disposições relacionadas à permissão apenas para atuação em magistério, vedação de dedicação à atividade política, recebimento de verbas e a chamada "quarentena funcional"). Essas últimas também são chamadas de **vedações**.

5.1. Vitaliciedade

A vitaliciedade está prevista no art. 95, inciso I, da CF e impede que o magistrado **perca o cargo** involuntariamente, salvo por **sentença judicial transitada em julgado**.

Essa garantia é conferida aos juízes de primeiro grau após **dois anos** de exercício da magistratura, sendo que, durante esse prazo, o magistrado poderá perder o cargo por deliberação do tribunal a que estiver vinculado. Antes da Emenda Constitucional 45/2004, o dispositivo exigia um quórum de 2/3 para a perda do cargo. Esse quórum foi alterado para maioria absoluta com a referida Emenda.

> **Questão de prova oral:** O lapso temporal para aquisição da vitaliciedade não se aplica aos membros de tribunais que ingressam pelo chamado "quinto constitucional". Desse modo, um advogado indicado a ocupar uma vaga de desembargador não precisa se submeter a tal prazo para ter vitaliciedade.

Quanto aos Ministros do Supremo Tribunal Federal, a regra da perda do cargo somente por sentença criminal transitada em julgado é excepcionada nos crimes de responsabilidade, uma vez que o processo e o julgamento deste tipo de ação são de competência do Senado Federal (CF, art. 52, II). O mesmo vale para membros do CNJ.

A vitaliciedade não implica na conclusão de que juízes podem exercer o cargo até o final da vida, visto que, no Brasil, a Constituição Federal estabelece o limite etário para exercício da função, o qual foi elevado para setenta e cinco anos pela EC 88/2015 (CF, art. 40, § 1º, II).

5.2. Inamovibilidade

A inamovibilidade, prevista no art. 95, inciso II, da Constituição Federal, é garantida aos magistrados **desde o ingresso na carreira** e impede sua remoção, seja ele titular ou substituto, contra a sua vontade, salvo em caso de interesse público.

A remoção do magistrado por interesse público poderá ser determinada por voto de maioria absoluta do tribunal a que ele pertence, nos termos do art. 93, VIII, da CF, ou pelo Conselho Nacional de Justiça, na forma do art. 103-B, § 4º, III, da CF, sendo-lhe assegurada a ampla defesa nos procedimentos que analisam ambos os casos.

O juiz substituto também goza da garantia da inamovibilidade, mesmo que ainda não seja vitalício. Entretanto, é sempre importante mencionar que a inamovibilidade não é uma garantia absoluta do magistrado, podendo ser afastada por motivo de interesse público via decisão motivada da maioria absoluta do respectivo tribunal ou do Conselho Nacional de Justiça. STF. Plenário. MS 25747/SC, rel. Min. Gilmar Mendes, julgado em 17/5/2012 (Info 666). Assim, na magistratura é admissível a remoção compulsória como exceção quando satisfeitas a condição material (interesse público) e as condições formais (decisão colegiada; maioria absoluta de votos; contraditório e ampla defesa).

Para o STF, a garantia da inamovibilidade, assim como as demais prerrogativas, também se aplica aos juízes substitutos, pois a Constituição não faz nenhuma diferença quanto ao titular e ao substituto.

5.3. Irredutibilidade dos subsídios

Também é assegurada aos magistrados, desde o ingresso na carreira, a irredutibilidade dos subsídios, garantia que é excepcionada nos casos previstos no art. 37, X e XI, no art. 39, § 4º, no art. 150, II, e no art. 153, III e § 2º, I, todos da Constituição Federal.

A jurisprudência já pacificou entendimento de que a irredutibilidade aqui tratada é a **nominal** (e não a real), ou seja, o magistrado não tem direito subjetivo à reposição de seu "poder de compra" eventualmente perdido pela inflação anual. Em outras palavras, a irredutibilidade dos subsídios tem vinculação com o critério nominal do valor recebido a título de subsídio. Lembre-se que o subsídio é uma espécie de retribuição pecuniária incluída pela Emenda Constitucional 19/98 no art. 39, § 4º da CF. trata-se de uma modalidade de retribuição em parcela única, vedado o acréscimo de outras espécies remuneratórias, ressalvada a de natureza indenizatória.

5.4. Vedações (ou garantias de imparcialidade)

O art. 95 da Constituição Federal estabelece vedações aos magistrados com o intuito de assegurar sua imparcialidade. Essas vedações são, por alguns autores, também chamadas de garantias de imparcialidade.

(i) O Inciso I do referido artigo veda aos magistrados o exercício, ainda que em disponibilidade, de outro cargo ou função, salvo uma de **magistério**.

Necessário atentar-se ao fato de que tal vedação não se aplica apenas a funções públicas, mas também às atividades privadas (comércio, indústria, etc.). Quanto ao magistério, entende-se que este é permitido desde que não inviabilize o exercício da função da magistratura, sendo a regulamentação do ponto feita pela Resolução 34/2007 do CNJ.

O art. 5º-A Resolução 34/2007 do CNJ, alterado pela Resolução 226/2016, veda a prática, por magistrados, das atividades de coaching, similares e congêneres, destinadas à assessoria individual ou coletiva de pessoas, inclusive na preparação de candidatos a concursos públicos, já que não são consideradas atividades docentes.

Conforme a Resolução nº 10/2005, do CNJ, é vedado aos integrantes do Poder Judiciário o exercício de funções nos Tribunais de Justiça Desportiva e suas Comissões Disciplinares.

(ii) O inciso II do art. 95, DA CF/88, veda aos magistrados o recebimento de custas ou participação em processo. Note-se que, nesse caso, ao conceito de custas deve ser aplicada interpretação extensiva, referindo-se a qualquer despesa processual. Essa regra se aplica também aos juízes de paz.

(iii) Outra vedação imposta aos magistrados é a da **atividade político-partidária** (CF, art. 95, III). Tal imposição se dá por conta da necessária isenção para decidir questões políticas e, eventualmente, eleitorais que envolvam a comarca de atuação. A vedação aplica-se não apenas à filiação a partido, mas também participação em campanhas políticas.

Para realizar atividade político-partidária, o magistrado deverá afastar-se definitivamente do cargo, seja por exoneração ou aposentadoria. Esse afastamento deve ocorrer com a antecedência mínima de seis meses das eleições, prazo estabelecido pela LC nº 64/1990 para filiação a partido político (chamado de "prazo de desincompatibilização").

Atento às novas tecnologias, o CNJ publicou, em dezembro de 2019, a Resolução 305, que estabelece parâmetros para o uso das redes sociais por membros do Poder Judiciário. No texto, o Conselho proíbe a utilização de logomarcas ou sinais institucionais, bem como solicita o devido decoro dos magistrados em suas manifestações, evitação de propagação de *fake news* e evitação de manifestação favorável ou contrária a candidato, liderança ou partidos políticos.

(iv) receber, a qualquer título ou pretexto, auxílios ou contribuições de pessoas físicas, entidades públicas ou privadas, ressalvadas as exceções previstas em lei.

(v) Exercer a advocacia no juízo ou tribunal do qual se afastou, antes de decorridos três anos do afastamento do cargo por aposentadoria ou exoneração.

É a chamada quarentena de saída, cujo objetivo é impedir que o ex-magistrado se valha de influência ou prestígio adquiridos em virtude do exercício do cargo para obter vantagens como advogado.

> ▸ **Como esse assunto foi cobrado em concurso?**
>
> **(FCC – 2012 – TJ/GO – Juiz de Direito)** No que se refere às garantias e às vedações aplicáveis à magistratura brasileira, é correto afirmar que os juízes
>
> a) têm vitaliciedade, que, no primeiro grau, só será adquirida após três anos de exercício, dependendo a perda do cargo, nesse período, de deliberação do tribunal a que o juiz estiver vinculado, e, nos demais casos, de sentença judicial transitada em julgado.
>
> b) têm inamovibilidade, salvo por motivo de interesse público fundado em decisão por voto de maioria de dois terços do respectivo tribunal ou do Conselho Nacional de Justiça, assegurada ampla defesa.
>
> c) têm irredutibilidade de subsídio, não se lhes aplicando limites constitucionais, nem sequer o teto de remuneração.
>
> d) não podem exercer, ainda que em disponibilidade, outro cargo ou função, salvo uma de magistério.
>
> e) não podem exercer a advocacia no juízo ou tribunal de que se afastaram, antes de decorridos dois anos do afastamento do cargo por aposentadoria ou exoneração.
>
> *Gabarito: Alternativa D.*

5.5. Dispositivos da LOMAN

Além da Constituição Federal, a Lei Orgânica da Magistratura Nacional (LC 35/79) também disciplina alguns direitos e **deveres** dos magistrados. Sobre os primeiros, informa o art. 65 da referida legislação alguns dos benefícios remuneratórios direcionados à classe, a saber:

> Art. 65 – Além dos vencimentos, poderão ser outorgadas aos magistrados, nos termos da lei, as seguintes vantagens:
>
> I – ajuda de custo, para despesas de transporte e mudança;
>
> II – ajuda de custo, para moradia, nas localidades em que não houver residência oficial à disposição do Magistrado. (Redação dada pela Lei nº 54, de 22.12.1986)
>
> III – salário-família;
>
> IV – diárias;
>
> V – representação;
>
> VI – gratificação pela prestação de serviço à Justiça Eleitoral;

> VII – gratificação pela prestação de serviço à Justiça do Trabalho, nas Comarcas onde não forem instituídas Juntas de Conciliação e Julgamento;
>
> VIII – gratificação adicional de cinco por cento por qüinqüênio de serviço, até o máximo de sete;
>
> IX – gratificação de magistério, por aula proferida em curso oficial de preparação para a Magistratura ou em Escola Oficial de Aperfeiçoamento de Magistrados (arts. 78, § 1º, e 87, § 1º), exceto quando receba remuneração específica para esta atividade;
>
> X – gratificação pelo efetivo exercício em Comarca de difícil provimento, assim definida e indicada em lei.

A grande problemática que envolve a questão remuneratória repousa no fato de que, quando da criação do artigo legal supramencionado, não existia a disposição constitucional de pagamento dos magistrados via subsídio.

Nesse contexto, as disposições da LOMAN passaram a ser questionadas em controle de constitucionalidade e, por exemplo, já se afastou a validade do adicional por tempo de serviço (inc. VIII), nos termos do julgamento do MS 24.875/DF. Entretanto, garantiu-se o pagamento aos magistrados que já tinham direito adquirido à verba.

O auxílio moradia, de grande repercussão negativa na mídia, foi pago inicialmente de maneira irrestrita e com caráter de verba indenizatória. Todavia, atualmente teve aplicação restringida às hipóteses descritas no art. 2º da Resolução 274 do CNJ, que indica ser viável o pagamento apenas nos seguintes casos e respeitadas as seguintes condições:

> I – não exista imóvel funcional disponível para uso pelo magistrado;
>
> II – o cônjuge ou companheiro, ou qualquer pessoa que resida com o magistrado, não ocupe imóvel funcional nem receba ajuda de custo para moradia ou auxílio-moradia;
>
> III – o magistrado ou seu cônjuge ou companheiro não seja ou tenha sido proprietário, promitente comprador, cessionário ou promitente cessionário de imóvel na comarca onde for exercer o cargo, incluída a hipótese de lote edificado sem averbação de construção, nos doze meses que antecederam a sua mudança de comarca ou juízo;
>
> IV – o magistrado deve encontrar-se no exercício de suas atribuições em localidade diversa de sua comarca ou juízo original;
>
> V – a indenização será destinada exclusivamente ao ressarcimento de despesas comprovadamente realizadas com aluguel de moradia ou hospedagem administrada por empresa hoteleira, sendo vedada a sua utilização para o custeio de despesas com condomínio, telefone, alimentação, impostos e taxas de serviço.

> VI – natureza temporária, caracterizada pelo desempenho de ação específica.

Caso o magistrado receba verba de auxílio-moradia, este cessará se presente qualquer das hipóteses descritas no art. 3º do regramento acima mencionado, a saber:

> I – imediatamente, quando:
>
> a) o magistrado recusar o uso do imóvel funcional colocado à sua disposição;
>
> b) o cônjuge ou companheiro do magistrado ocupar imóvel funcional,
>
> c) o magistrado passar a residir com outra pessoa que ocupe imóvel funcional ou receba ajuda de custo para moradia ou auxílio-moradia.
>
> II – no mês subsequente ao da ocorrência das seguintes hipóteses:
>
> a) assinatura do termo de permissão de uso de imóvel funcional pelo magistrado;
>
> b) aquisição de imóvel pelo magistrado, seu cônjuge ou companheiro;
>
> c) encerramento da designação ou retorno definitivo ao órgão de origem;
>
> d) falecimento, no caso de magistrado que se deslocou com a família por ocasião de mudança de domicílio.

Importante apontar que, por simetria e equiparação constitucional, passou-se a reconhecer que os magistrados tinham direito, embora sem previsão expressa na LC 35/79, aos benefícios remuneratórios descritos na LC 75/93, que dispõe sobre a carreira do Ministério Público, a exemplo do auxílio-alimentação, licença não remunerada para tratamento de assuntos particulares, licença para representação de classe, ajuda de custo para serviço fora da sede de exercício, licença remunerada para curso no exterior e indenização de férias não gozadas.

Interessante novidade também é trazida pelas Leis 13.093/15, 13.094/15 e 13.095/15, que institui a **Gratificação por Exercício Cumulativo de Jurisdição** devida a membros da Justiça Federal, do DF e do Trabalho. A previsão já existia para membros do MPU, conforme disposto na Lei 13.024/2014.

A gratificação em questão visa compensar o membro que atuar em situação de acumulação de juízo ou tenha o que se chamou de "acervo processual elevado", sendo a ele pago o valor de até um terço a mais do subsídio.

Em **setembro de 2020**, o Conselho Nacional de Justiça estendeu o benefício a membros da magistratura estadual (juízes de direito), editando resolução que permite aos Tribunais de Justiça a aplicação das regras antes previstas apenas para a magistratura federal no que se refere a tal benefício pecuniário.

Além de direitos, a LOMAN também prescreve **deveres** aos membros da magistratura, descrevendo no seu art. 35 os seguintes itens:

> I – Cumprir e fazer cumprir, com independência, serenidade e exatidão, as disposições legais e os atos de ofício;
>
> II – não exceder injustificadamente os prazos para sentenciar ou despachar;
>
> III – determinar as providências necessárias para que os atos processuais se realizem nos prazos legais;
>
> IV – tratar com urbanidade as partes, os membros do Ministério Público, os advogados, as testemunhas, os funcionários e auxiliares da Justiça, e atender aos que o procurarem, a qualquer momento, quanto se trate de providência que reclame e possibilite solução de urgência.
>
> V – residir na sede da Comarca salvo autorização do órgão disciplinar a que estiver subordinado;
>
> VI – comparecer pontualmente à hora de iniciar-se o expediente ou a sessão, e não se ausentar injustificadamente antes de seu término;
>
> VII – exercer assídua fiscalização sobre os subordinados, especialmente no que se refere à cobrança de custas e emolumentos, embora não haja reclamação das partes;
>
> VIII – manter conduta irrepreensível na vida pública e particular.

O art. 36 do mesmo diploma, referindo sobre as **vedações**, elenca como tais:

> I – exercer o comércio ou participar de sociedade comercial, inclusive de economia mista, exceto como acionista ou quotista;
>
> II – exercer cargo de direção ou técnico de sociedade civil, associação ou fundação, de qualquer natureza ou finalidade, salvo de associação de classe, e sem remuneração;
>
> III – manifestar, por qualquer meio de comunicação, opinião sobre processo pendente de julgamento, seu ou de outrem, ou juízo depreciativo sobre despachos, votos ou sentenças, de órgãos judiciais, ressalvada a crítica nos autos e em obras técnicas ou no exercício do magistério.

A última disposição versa sobre a impossibilidade de o magistrado manifestar opinião, em meios de comunicação, a respeito de processo pendente de julgamento, salvo quando tal crítica ocorrer no meio acadêmico ou em obras técnicas.

Essa vedação também é descrita no Código de Ética da Magistratura Nacional (como se verá no tópico a seguir), mas dá origem a interessantes reflexões quando, por simples observação de eventos recentes, percebe-se a ocorrência de postura questionável até mesmo de membros da Suprema Corte brasileira, que não raras vezes são chamados a debater sobre processos ainda em andamento e acabam por expor suas opiniões de forma a deixar muito claro um prévio direcionamento decisivo.

A demasiada exposição midiática de ministros do STF e a suposta violação ao dever de discrição quanto a processos em andamento deu origem a diversos pedidos recentes de *impeachment* de membros da Corte. Segundo artigo da jornalista Camilla Veras Mota, no site da BBC Brasil, apenas entre os anos de 2016 e 2017, foram apresentados vinte pedidos desta natureza contra membros do STF.

Importante mencionar que foi ajuizada, perante o STF, a ADPF 774, na qual se analisará eventual responsabilidade do poder público no pagamento de indenizações em impropriedade ou o excesso de linguagem de membro da magistratura nacional, com fulcro na liberdade de manifestação do pensamento, de expressão, da independência do Poder Judiciário e da competência disciplinar do Conselho Nacional de Justiça (art. 41 c/c arts. 35 e 36, da LC nº 35/1979).

▸ Como esse assunto foi cobrado em concurso?

(FGV – 2024 – Exame Nacional da Magistratura – ENAM 2024.1) A juíza Joana, que acabou de se tornar vitalícia, foi convidada por veículo de imprensa para dar uma entrevista sobre determinado caso. Preocupada com as cautelas que deve adotar, Joana verificou que, de acordo com o Código de Ética da Magistratura Nacional, editado pelo Conselho Nacional de Justiça, deve

a) abster-se de emitir opinião sobre processo pendente de seu julgamento, mas pode fazê-lo em relação ao processo que será julgado por outro magistrado.

b) abster-se de emitir juízo depreciativo sobre despachos, votos, sentenças ou acórdãos, de órgãos judiciais, ressalvada a crítica nos autos, doutrinária ou no exercício do magistério.

c) observar que, caso se manifeste sobre processo pendente de seu julgamento, não poderá fazer juízo de valor sobre fatos ainda não decididos e deverá automaticamente se declarar suspeita para prosseguir no feito após a entrevista.

d) observar os sigilos legais decretados em processos judiciais, somente podendo dar entrevista porque já adquiriu a vitaliciedade, que, no primeiro grau, é adquirida após dois anos de exercício.

e) observar os sigilos legais decretados em processos judiciais, mas não lhe é exigido que evite comportamentos que impliquem a busca injustificada e desmesurada por reconhecimento social, mormente a autopromoção em publicação de qualquer natureza.

Gabarito: Alternativa B.

6. CÓDIGO DE ÉTICA DA MAGISTRATURA NACIONAL

Editado em observância ao art. 103-B, § 4º, incisos I e II da Constituição Federal, ao art. 60 da LC 35/79 e ao art. 19, incisos I e II do Regimento Interno do CNJ, o Código de Ética da Magistratura foi aprovado pelo Conselho Nacional de Justiça no ano de 2008, tendo como objetivo a consolidação de parâmetros de atuação ética e comportamento adequado dos membros do Poder Judiciário no país.

A leitura dos considerandos da publicação permite a confirmação da intenção em reforçar a confiança da sociedade na autoridade moral dos magistrados, exortar a excelência dos serviços judiciários, engrandecer a função educativa e exemplar de cidadania, bem como reiterar o cultivo de valores e princípios éticos na magistratura nacional.

Em um texto de 42 artigos, o Código de Ética da Magistratura Nacional estrutura-se em doze capítulos, dois deles reservados às disposições gerais e disposições finais, e dispõe sobre questões relativas à conduta do magistrado, independência funcional, imparcialidade, transparência, integridade pessoal e profissional, diligência e dedicação, cortesia, prudência, sigilo profissional, conhecimento e capacitação, dignidade, honra e decoro, e outras disposições importantes ao exercício da magistratura.

Em consonância com o espírito da época, o texto menciona que a atividade judicial deve desenvolver-se de modo a garantir e fomentar a **dignidade da pessoa humana**, objetivando assegurar e promover a solidariedade e a justiça na relação entre as pessoas.

A independência na atividade jurisdicional é uma necessidade democrática e visa a proteger a sociedade de arbitrariedades. Daí a necessidade de os magistrados serem dotados de inamovibilidade, irredutibilidade de subsídio e vitaliciedade. A independência judicial presume ausência de imposições externas e estranhas à sua convicção, ampla faculdade de julgar, persuadir-se nas normas jurídicas e nas provas, etc. Ademais, a independência judicial implica a vedação de participar de atividade político-partidária (art. 7º), já que isso denotaria uma escolha ideológica.

Ao abordar a imparcialidade, o texto menciona que o magistrado imparcial é aquele que busca nas provas a verdade dos fatos, com objetividade e fundamento, mantendo ao longo de todo o processo uma distância equivalente das partes, e evita todo o tipo de comportamento que possa refletir favoritismo, predisposição ou preconceito.

De toda forma, faz as ressalvas de que não se considera tratamento discriminatório injustificado a **audiência concedida a apenas uma das partes ou seu advogado**, contanto que se assegure igual direito à parte contrária, caso seja solicitado, e o tratamento diferenciado resultante de lei (art. 12).

A advertência de não interferência ou ingerência processual não se confunde com a nova perspectiva de cooperação processual exposta no texto do Novo Código de Processo Civil. Na verdade, ao delimitar-se que o processo judicial deve contar com a cooperação de todos os envolvidos (partes, terceiros e magistrado), a lei exalta a busca pela função última do Poder Judiciário, que é produzir decisões e resolver conflitos sociais, evitando-se que formalismos exagerados sejam obstáculos desarrazoados de produção da justiça.

Ainda, quem exerce função estatal está obrigado à transparência na sua atuação, inclusive dando azo ao princípio da publicidade, que fundamenta a atividade administrativa (art. 37 da CF). O magistrado, em regra, se manifesta nos autos, que são públicos, ressalvadas as exceções.

Quanto à linguagem adotada nas decisões e manifestações judiciais, esta deve ser compreensível e clara, transmitindo a informação de forma útil (art. 11).

Há ainda o princípio da integridade pessoal e profissional, relacionado com a conduta do magistrado fora do desempenho da função jurisdicional. Trata-se da necessidade de manter conduta íntegra também em sua vida pessoal, já que eventual atitude do magistrado poderia abalar a confiança dos cidadãos na judicatura. O art. 16 menciona que o magistrado deve comportar-se na vida privada de modo a dignificar a função, cônscio de que o exercício da atividade jurisdicional impõe restrições e exigências pessoais distintas das acometidas aos cidadãos em geral.

De mais a mais, diz-se que o texto do Código de Ética está em consonância com as disposições contidas no art. 35 da Lei Orgânica da Magistratura Nacional, que elenca os deveres do magistrado.

Em resumo, pode-se dizer que o Código de Ética da Magistratura Nacional representa genuíno repositório de valoração de condutas e deve servir de bússola moral aos que se dedicam à magistratura.

▸ Como esse assunto foi cobrado em concurso?

(CESPE – 2019 – TJ/BA – Conciliador) O Código de Ética da Magistratura Nacional aplica-se aos

a) juízes federais apenas.
b) membros do Ministério Público e à magistratura federal apenas.
c) advogados em geral e à magistratura federal apenas.
d) juízes leigos apenas.
e) juízes federais e estaduais.

Gabarito: Alternativa E.

(CESPE – 2019 – TJ/BA – Conciliador) Com base no Código de Ética da Magistratura Nacional, assinale a opção que indica o princípio segundo o qual o magistrado deve adotar comportamento e decisão que sejam resultado de juízo justificado racionalmente, após meditar e valorar os argumentos e contra-argumentos disponíveis, à luz do direito aplicável.

a) Cortesia

b) integridade pessoal e profissional

c) conhecimento e dedicação

d) prudência

e) sigilo profissional

Gabarito: Alternativa D.

(TJMT – 2014 – TJMT – Juiz de Direito – Prova Dissertativa: "O exercício da magistratura deve ser norteado, entre outros, pelos princípios da imparcialidade, cortesia, segredo profissional, diligencia e integridade pessoal e profissional". Diga em que consistem os princípios aqui mencionados, e justifique se todos eles realmente constituem exigências deontológicas impostas à observância indeclinável dos magistrados brasileiros.

Espelho de gabarito fornecido pela banca: Espelho: "Sim, todos os princípios mencionados constituem exigências deontológicas obrigatoriamente à observância do juiz. O art.1º do Código de Ética da Magistratura Nacional (CEM) estabelece expressamente que o exercício da magistratura deve ser norteado, entre outros, pelos princípios da cortesia, do segredo profissional, da diligência. O princípio da cortesia diz que o magistrado 'tem o dever de cortesia para com os colegas, os membros do MP, os advogados, os servidores, as partes, as testemunhas e todos quantos se relacionem com a administração da justiça'. (CEM, art. 22) e que 'se deve utilizar a linguagem escorreita, polida, respeitosa e compreensível' (CEM, art. 22, par. Único) e mesmo quando no desempenho de 'atividade disciplinar, de correição e de fiscalização serão exercidas sem infringência ao devido respeito e consideração pelos correicionados' (CEM, art. 23) o princípio do sigilo profissional determina que 'o magistrado tem o dever de guardar absoluta reserva, na vida pública e privada, sobre dados ou fatos pessoais de que haja tomado conhecimento no exercício de sua atividade' (CEM, art. 27), e, quando integrantes de órgãos colegiados, devem 'preservar o sigilo de votos que ainda não hajam sido proferidos e daqueles de cujo teor tomem conhecimento, eventualmente, antes do julgamento' (CEM, art. 28). o princípio da diligencia ou dedicação impõe ao magistrado velar 'para que os atos processuais se celebrem com a máxima pontualidade e para que os processos a seu cargo sejam solucionados em um prazo razoável, reprimindo toda e qualquer iniciativa dilatória ou atentatória à boa-fé processual' (CEM, art. 29), e para tanto, 'não deve assumir encargos ou contrair obrigações que perturbem ou impeçam o cumprimento apropriado de suas funções especificas, ressalvadas as acumulações permitidas constitucionalmente' (CEM, art. 21) e quando for o caso de 'acumular, de conformidade com a CF, o exercício da judicatura com o magistério deve sempre priorizar a atividade judicial, dispensando-lhe efetiva disponibilidade e dedicação (CEM, art.21, § 1º). O princípio da integridade prescreve que o magistrado deve comportar-se na vida privada de modo a dignificar a função, cônscio de que o exercício da atividade jurisdicional impõe restrições e exigências pessoais distintas das acometidas aos cidadãos em geral (CEM, art.15). por isso, deve o magistrado recusar benefícios ou vantagens de ente público, de empresa privada ou de pessoa física que possam comprometer sua independência funcional (CEM, art. 18), e deve adotar as medidas necessárias para evitar que possa surgir qualquer dúvida razoável sobre a legitimidade de suas receitas e de sua situação econômico-patrimonial (CEM, Gabarito do Desembargador José Ferreira Filho).

(2024 – VUNESP – TJ/SP – Juiz de Direito Substituto) Considerando o Código de Ética da Magistratura Nacional, é correto afirmar que:

a) a violência contra a mulher praticada por magistrado é atentatória à dignidade do cargo, ainda que dissociada do exercício profissional.

b) o exercício da atividade jurisdicional impõe ao magistrado as mesmas exigências pessoais acometidas aos cidadãos em geral.

c) o magistrado deve dispensar a mesma disponibilidade e dedicação ao exercício da judicatura e à função de magistério que porventura acumule.

d) é dever do magistrado recusar benefícios ou vantagens de empresa privada ou de pessoa física que possam comprometer sua independência funcional, mas não de ente público.

Gabarito: Alternativa A.

7. SISTEMAS DE CONTROLE INTERNO DO PODER JUDICIÁRIO

7.1. Conselho Nacional de Justiça

Apresentando **natureza** de órgão **administrativo** e tendo caráter nacional, o Conselho Nacional de Justiça foi instituído pela Emenda Constitucional nº 45/2004. **Não** dispõe, todavia, de atribuições institucionais para exercer a fiscalização da atividade **jurisdicional** dos magistrados e tribunais. Ou seja, não é tribunal de "recursos".

O CNJ é um órgão judiciário, conforme o art. 92, I-A da CF, e exerce o controle interno do poder que está integrado (controle administrativo, financeiro e disciplinar).

O art. 103-B, § 4º, da CF traz as funções do CNJ, em que podem ser identificadas três ordens de competência: fiscalização dos atos administrativos; acompanhamento do cumprimento das regras disciplinares; e organização e planejamento de políticas institucionais.

Assim, o CNJ tem a atribuição de gestão dos tribunais, na dimensão de gerenciamento dos processos e fluxos processuais, e na própria organização interna, ultrapassando uma administração institucional patrimonialista, baseada na burocratização, implementando uma administração gerencial, alicerçada na eficiência. Preocupa-se com a aplicação de técnicas da economia e da administração na realização das atividades do Poder Judiciário, com a criação de Centros de Inteligência e Boas práticas de gestão.

A composição do CNJ é regulamentada pelo art. 103-B, incisos I ao XIII e § § 1º e 2º, da Constituição Federal. Formam o CNJ 15 (quinze) membros com mandato de 2 (dois) anos, admitida 1 (uma) recondução, sendo:

> I – o Presidente do Supremo Tribunal Federal;
>
> II – um Ministro do Superior Tribunal de Justiça, indicado pelo respectivo tribunal;
>
> III – um Ministro do Tribunal Superior do Trabalho, indicado pelo respectivo tribunal;
>
> IV – um desembargador de Tribunal de Justiça, indicado pelo Supremo Tribunal Federal;
>
> V – um juiz estadual, indicado pelo Supremo Tribunal Federal;
>
> VI – um juiz de Tribunal Regional Federal, indicado pelo Superior Tribunal de Justiça;
>
> VII – um juiz federal, indicado pelo Superior Tribunal de Justiça;
>
> VIII – um juiz de Tribunal Regional do Trabalho, indicado pelo Tribunal Superior do Trabalho;
>
> IX – um juiz do trabalho, indicado pelo Tribunal Superior do Trabalho;
>
> X – um membro do Ministério Público da União, indicado pelo Procurador-Geral da República;
>
> XI um membro do Ministério Público estadual, escolhido pelo Procurador-Geral da República dentre os nomes indicados pelo órgão competente de cada instituição estadual;
>
> XII – dois advogados, indicados pelo Conselho Federal da Ordem dos Advogados do Brasil;
>
> XIII – dois cidadãos, de notável saber jurídico e reputação ilibada, indicados um pela Câmara dos Deputados e outro pelo Senado Federal.

Note-se que, em sua composição, foram contempladas a Justiça Estadual e a Justiça Federal, assim como membros do Ministério Público, da Advocacia Privava e dois cidadãos de notório saber jurídico e reputação ilibada, indicados um por cada Casa do Congresso Nacional.

▸ Como esse assunto foi cobrado em concurso?

(VUNESP – 2019 – TJ/RO – Juiz de Direito) A partir do quanto previsto pela Constituição Federal a respeito do Conselho Nacional de Justiça, assinale a alternativa correta.

a) Todos os seus membros serão nomeados pelo Presidente da República, depois de aprovada a escolha pela maioria relativa do Senado Federal.

b) Dos 15 membros que integram o órgão, dois deles serão advogados indicados pelo Conselho Federal da Ordem dos Advogados do Brasil.

c) Dentre as suas competências, encontra-se a possibilidade de rever, de ofício ou mediante provocação, os processos disciplinares de juízes e membros de tribunais julgados há menos de 2 anos.

d) O Conselho Nacional de Justiça é composto por 12 membros com mandato de 1 ano, admitindo-se uma única recondução pelo mesmo prazo.

e) Tem como uma de suas obrigações a elaboração de relatório anual estatístico sobre processos e sentenças prolatadas, por unidade da Federação, nos diferentes órgãos do Poder Judiciário.

Gabarito: Alternativa B.

(VUNESP – 2023 – TJ/RJ – Juiz de Direito) No que concerne ao Conselho Nacional de Justiça, é correto afirmar:

A) o Conselho Nacional de Justiça compõe-se de 15 (quinze) membros com mais de 35 (trinta e cinco) e menos de 66 (sessenta e seis) anos de idade, com mandato de 2 (dois) anos, admitida uma recondução.

B) é competência exclusiva do Supremo Tribunal Federal processar e julgar, originariamente, todas as ações, proferidas no exercício de suas competências constitucionais e ajuizadas contra decisões do Conselho Nacional de Justiça.

C) a Corregedoria Nacional de Justiça, órgão do CNJ, será dirigida pelo Corregedor Nacional de Justiça, sendo que a Constituição Federal contempla o fato de que um Ministro do Supremo Tribunal Federal exercerá a função de Ministro-Corregedor, acumulando o cargo.

D) o Conselho Nacional de Justiça compõe-se de 15 (quinze) membros com mandato de 3 (três) anos, admitida 1 (uma) recondução.

> E) o Ministro do Superior Tribunal de Justiça exercerá a função de Ministro-Corregedor do Conselho Nacional de Justiça, entretanto não ficará excluído da distribuição de processos no âmbito de seu Tribunal.
>
> *Gabarito: Alternativa B.*

Ademais, aponta-se que o CNJ é dirigido pelo Presidente do Supremo Tribunal Federal e, em suas ausências, pelo Vice-Presidente (CF, art. 103-B, § 1º).

Outrossim, cumpre salientar que a composição mista do Conselho não compromete a independência do Poder Judiciário em sua atividade típica, uma vez que o CNJ não exerce função jurisdicional e não é competente para interferir no desempenho de funções desta natureza.

As competências do Conselho Nacional de Justiça foram elencadas no art. 103-B, § 4º, da Constituição Federal. Note-se, entretanto, que este rol **não é exaustivo**, uma vez que o Estatuto da Magistratura poderá lhe designar outras atribuições.

Conforme reconhecido pelo Supremo Tribunal Federal, além de atos regulamentares (CF, art. 103-B. § 4º), o CNJ também possui competência para **expedir atos normativos** de caráter geral, abstrato e autônomo, com fundamento de validade extraído diretamente do texto constitucional (CF, art. 103-B, § 4º), ou seja, independentemente de intermediação legislativa. Em termos práticos, diz-se que as resoluções do CNJ têm **força normativa de lei**, e não de ato meramente regulamentar; são atos normativos primários.

> ▸ **Como esse assunto foi cobrado em concurso?**
>
> **(FGV – 2024 – Exame Nacional da Magistratura – ENAM 2024.1 – Reaplicação)** O Conselho Nacional de Justiça (CNJ) recomenda aos órgãos do Poder Judiciário a observância dos tratados e convenções internacionais de Direitos Humanos em vigor no Brasil e a utilização da jurisprudência da Corte Interamericana de Direitos Humanos (Corte IDH), bem como a necessidade de controle de convencionalidade das leis internas (Recomendação nº 123, de 07/01/2022).
>
> Sobre o tema, analise as afirmativas a seguir.
>
> I. O poder de recomendar do CNJ tem fundamento constitucional, está respaldado pelo STF e possui caráter normativo.
>
> II. Como se trata de uma recomendação, os juízes e juízas brasileiros podem afastar a jurisprudência da Corte Interamericana.
>
> III. O Brasil reconheceu a jurisdição obrigatória da Corte IDH e hoje se submete à sua competência consultiva e contenciosa, pelo menos a respeito dos fatos ocorridos a partir de 10 de dezembro de 1998. Está correto o que se afirma em

a) I, apenas.
b) II, apenas.
c) I e II, apenas.
d) I e III, apenas.
e) I, II e III.

Gabarito: Alternativa D.

No âmbito do STF, o ***hard case*** que permitiu o reconhecimento da competência do CNJ para a edição de ato normativo primário no âmbito das matérias descritas no art. 103-B, § 4º da CF/88 envolveu a Resolução nº 7 do CNJ, a qual trata sobre o nepotismo. Ela foi declarada constitucional por maioria de votos na ADC nº 12.

A extensão e o caráter da competência **disciplinar e correicional** desse órgão são objetos de controvérsias (CF, art. 103-B, § 4º, III).

Como regra, o CNJ tem como principais fins a **fiscalização** dos magistrados no cumprimento de suas funções e o **controle** da atuação administrativa e financeira dos órgãos do Poder Judiciário.

O STF, nos julgados do MS 30361 AgR/DF (Info 875) e do MS 28513/DF (Info 799) entendeu que a Constituição Federal conferiu **competência originária e concorrente** ao Conselho Nacional de Justiça para aplicação de sanções disciplinares. Fala-se que essa competência é **autônoma e independente**, ou seja, o CNJ pode aplicar punições **independentemente da ação tomada pela corregedoria** do Tribunal a que pertence o magistrado.

Da mesma forma, reforçando a autonomia do CNJ, o Supremo Tribunal Federal entendeu **não poder fazer a revisão do mérito** das decisões do Conselho Nacional de Justiça, sendo viável tão somente a revisão da **legalidade** do ato.

Entende a jurisprudência (MS 25191) que o art. 142 da Lei nº 8.112/90 é aplicável aos casos envolvendo apuração disciplinar contra magistrados de forma subsidiária, visto que não existe uma norma específica sobre o tema na Lei Orgânica da Magistratura Nacional (LC 35/79).

O entendimento está em consonância com a previsão do art. 24 da Resolução 135/2001 do CNJ, que trata do procedimento administrativo que apura faltas disciplinares praticadas por magistrados e que prevê o prazo de prescrição de cinco anos para o processo, a partir da data em que o tribunal tomou conhecimento do fato.

Da mesma maneira que o controle ético-disciplinar dos juízes não afeta a imparcialidade jurisdicional, o controle das atividades administrativas e financeiras não atinge o autogoverno do Judiciário, pois não há usurpação de competência privativa dos tribunais, no que se refere a ser um "espaço para análise de questões jurisdicionais".

Analisando o teor do informativo 970 do Supremo Tribunal Federal, Márcio Cavalcante informa que:

> O Conselho Nacional de Justiça pode proceder à revisão disciplinar de juízes e membros de tribunais desde que observado o requisito temporal: processos disciplinares julgados há menos de 1 ano (art. 103-B, § 4º, V, da CF/88).
>
> Vale ressaltar que, depois de instaurada a revisão, não existe prazo para que o CNJ julgue o procedimento.
>
> A Constituição Federal e o Regimento Interno do CNJ conferem legitimidade universal para propositura da revisão disciplinar, que pode ser instaurada por provocação de terceiros e até mesmo de ofício.
>
> As hipóteses de cabimento da revisão estão elencadas no art. 83 do Regimento Interno do CNJ. O inciso I prevê que cabe a revisão quando a decisão for contrária a texto expresso da lei.
>
> Se o Tribunal de origem aplica a pena de censura para um magistrado que praticou conduta grave, essa decisão enseja revisão disciplinar por ser contrária ao texto expresso da lei. Isso porque, segundo o art. 44 da LC 35/79(LOMAN) a pena de censura será aplicada "se a infração não justificar punição mais grave".
>
> STF. 2ª Turma. MS 30364/PA, Rel. Min. Cármen Lúcia, julgado em 17/3/2020 (Info 970).

▸ Como esse assunto foi cobrado em concurso?

(CESPE – 2018 – TJ/CE – Juiz de Direito) A respeito da organização, das funções e das decisões do CNJ, assinale a opção correta.

a) Cabe ao CNJ zelar pela legalidade dos atos administrativos do Poder Judiciário, o que exclui a competência do TCU para fiscalizá-los.

b) Compete aos juízes estaduais e federais o julgamento de ações ordinárias ajuizadas contra decisões do CNJ.

c) Segundo o STF, pode o CNJ realizar controle de constitucionalidade de lei ou ato normativo, desde que no exame de ato concreto e no exercício de sua competência.

d) O prévio ajuizamento de ação que questione ato de concurso público para a magistratura não impede o conhecimento de pedido de providências sobre o tema pelo CNJ.

e) É concorrente a competência da corregedoria do CNJ para o exercício do poder correicional e disciplinar.

Gabarito: Alternativa E.

(VUNESP – 2017 – TJ/SP – Juiz de Direito) A emenda constitucional 45, ao criar o Conselho Nacional de Justiça, alocou-o entre os órgãos do Poder Judiciário, circunstância da qual decorre a seguinte consequência:

a) o Conselho Nacional de Justiça poderá rever, desde que provocado, os processos disciplinares de juízes e membros dos tribunais, decididos pelas corregedorias locais, vedada a avocação, em face da autonomia dos Tribunais, conferida constitucionalmente.

b) o Conselho Nacional de Justiça poderá rever, de ofício ou por provocação, os processos disciplinares em curso e os já julgados há menos de um ano.

c) o Conselho Nacional de Justiça procederá o controle da atuação administrativa e financeira do Poder Judiciário, além dos deveres funcionais dos juízes, cabendo-lhe, ainda, emitir decisões jurisdicionais abstratas e de orientação, em matéria de competência a lhe ser atribuída pelo Estatuto da Magistratura.

d) o Conselho Nacional de Justiça exercerá suas funções de controle administrativo e disciplinar dos membros do Poder Judiciário, de maneira subsidiária ou supletiva, sob pena de violação da autonomia dos tribunais, conferida constitucionalmente.

Gabarito: B.

(CEBRASPE – 2023 – TJ/DFT – Juiz de Direito Substituto) Acerca do Conselho Nacional de Justiça (CNJ), assinale a opção correta.

a) O membro do Ministério Público da União que compõe o CNJ é nomeado por meio de eleição realizada no órgão, a qual, por sua vez, resulta em lista tríplice a ser enviada ao presidente da República.

b) A atividade notarial e registral, por ser exercida em caráter privado, não está sujeita a controle do CNJ.

c) Os integrantes do CNJ não podem ser reconduzidos.

d) A tese de que a criação do CNJ por emenda constitucional fere o princípio federativo, devido ao fato de implicar intromissão indevida da União no Poder Judiciário dos estados-membros, está superada.

e) Os componentes do CNJ, salvo o seu presidente, são nomeados pelo presidente da República após a aprovação de seu nome pela maioria simples do plenário do Senado Federal.

Gabarito: Alternativa D.

Por fim, importa salientar que, por ser órgão de caráter exclusivamente administrativo subordinado ao STF, conforme entendimento do próprio Supremo,

o CNJ não tem competência para fiscalizar, reexaminar ou suspender efeitos decorrentes **de atos de caráter jurisdicional** emanados de magistrados e tribunais em geral (Info 885); apreciar a constitucionalidade de atos administrativos (somente a legalidade); nem interferir em acordo judicial.

Ademais, segundo o STF, o CNJ deve respeitar as peculiaridades da atividade jurisdicional e os costumes locais das sedes dos Tribunais e dos fóruns, tendo considerado inconstitucional resolução que estabelecia horário padrão para funcionamento dos fóruns.

▸ Como esse assunto foi cobrado em concurso?

(CESPE – 2015 – TJ/DF – Juiz de Direito) Compete ao CNJ, instituído pela EC n.º 45/2004 – Reforma do Judiciário,

a) avocar processos disciplinares em curso contra magistrados, e determinar a aplicação das penas de remoção, disponibilidade, aposentadoria compulsória com subsídios proporcionais ao tempo de serviço, ou a demissão a bem do serviço público.

b) receber e conhecer das reclamações em desfavor de órgãos prestadores de serviços notariais e de registro, sem prejuízo da competência disciplinar e correcional dos tribunais de justiça.

c) rever, de ofício ou mediante provocação, processos disciplinares de juízes e membros de tribunais – exceto de integrantes de tribunais superiores – julgados há menos de um ano.

d) processar e julgar ação penal referente a crime contra a administração pública ou de abuso de autoridade praticado por magistrado.

e) apreciar e julgar, em grau de recurso, ato jurisdicional prolatado por órgão judicial em flagrante violação de dever funcional.

Gabarito: Alternativa B.

(FMP – 2014 – TJ/MT – Juiz de Direito) A respeito do Conselho Nacional de Justiça, assinale a alternativa correta.

a) Possui como função a fiscalização do Poder Judiciário e, eminentemente, função jurisdicional.

b) Tem competência para julgar magistrados por crime de autoridade

c) Tem como função apreciar a legalidade dos atos administrativos praticados por membros do Poder Judiciário.

d) Não possui competência para rever processos disciplinares de juízes e membros de tribunais julgados há menos de um ano.

e) O CNJ pode suspender e fiscalizar decisão concessiva de mandado de segurança.

Gabarito: C.

Importante colacionar, ainda, alguns entendimentos jurisprudenciais sobre o CNJ, exarados nos Infos 851, 915 e 1000:

CNJ pode determinar que Tribunal de Justiça exonere servidores nomeados sem concurso público para cargos em comissão que não se amoldam às atribuições de direção, chefia e assessoramento, contrariando o art. 37, V, da CF/88. Esta decisão do CNJ não configura controle de constitucionalidade, sendo exercício de controle da validade dos atos administrativos do Poder Judiciário. STF. Plenário. Pet 4656/PB, Rel. Min. Cármen Lúcia, julgado em 19/12/2016 (Info 851).

O CNJ não pode fazer controle de constitucionalidade de lei ou ato normativo de forma a substituir a competência do STF. Contudo, o CNJ pode determinar a correção de ato do Tribunal local que, embora respaldado por legislação estadual, se distancie do entendimento do STF. Assim, o CNJ pode afirmar que determinada lei ou ato normativo é inconstitucional se esse entendimento já estiver pacificado no STF. Isso porque, neste caso, o CNJ estará apenas aplicando uma jurisprudência, um entendimento já pacífico. As leis estaduais que preveem abono de férias aos magistrados em percentual superior a 1/3 são inconstitucionais. Isso porque essa majoração do percentual de férias não encontra respaldo na LOMAN, que prevê, de forma taxativa, as vantagens conferidas aos magistrados, sendo essa a Lei que deve tratar do regime jurídico da magistratura, por força do art. 93 da CF/88. Não viola a autonomia dos tribunais locais deliberação do CNJ que determina aos tribunais de justiça que enviem projeto de lei tendente à adequação da legislação local ao regramento uniforme de âmbito nacional, pois não há no caso reserva de iniciativa da matéria aos tribunais locais; ao contrário, os direitos da magistratura, dentre os quais o direito ao abono de férias, são matéria de regramento nacional uniforme. Logo, o CNJ agiu corretamente ao determinar aos Tribunais de Justiça que pagam adicional de férias superior a 1/3 que eles enviem projetos de lei para as Assembleias Legislativas reduzindo esse percentual. STF. 2ª Turma. MS 31667 AgR/DF, Rel. Min. Dias Toffoli, julgado em 11/9/2018 (Info 915).

Nos termos do art. 102, I, "r", da Constituição Federal, é competência exclusiva do STF processar e julgar, originariamente, todas as ações ajuizadas contra decisões do Conselho CNJ e do CNMP proferidas no exercício de suas competências constitucionais, respectivamente, previstas nos arts. 103-B, § 4º, e 130-A, § 2º, da CF/88 (STF. Plenário. Pet 4770 AgR/DF, Rel. Min. Roberto Barroso, julgado em 18/11/2020 (Info 1000). STF. Plenário. Rcl 33459 AgR/PE, red. p/ o ac. Min. Gilmar Mendes, julgado em 18/11/2020 (Info 1000). STF. Plenário. ADI 4412/DF, Rel. Min. Gilmar Mendes, julgado em 18/11/2020 (Info 1000).

> O CNJ pode determinar à autoridade recalcitrante o cumprimento imediato de suas decisões, ainda que impugnadas perante a Justiça Federal

de primeira instância, quando se tratar de hipótese de competência originária do STF. STF. Plenário. ADI 4412/DF, Rel. Min. Gilmar Mendes, julgado em 18/11/2020 (Info 1000).

7.2. Conselhos Superiores

Além do Conselho Nacional de Justiça, outros dois conselhos superiores são citados pela Constituição Federal e são, normalmente, deixados em um segundo plano nos estudos.

O **Conselho da Justiça Federal** está previsto no art. 105, parágrafo § 1º, inciso II da CF e tem função de supervisão administrativa e orçamentária da Justiça Federal de primeiro e segundo graus, como órgão central do sistema e com poderes correicionais, cujas decisões terão caráter vinculante.

A disciplina legal do CJF é dada pela Lei 11.798/08 que tem como principais disposições as seguintes:

> Art. 2º O Conselho da Justiça Federal será integrado:
>
> I – pelo Presidente e pelo Vice-Presidente do Superior Tribunal de Justiça;
>
> II – por 4 (quatro) Ministros, eleitos entre os integrantes do Superior Tribunal de Justiça, juntamente com seus suplentes; (Redação dada pela Lei nº 14.226, de 2021)
>
> III – pelos Presidentes dos Tribunais Regionais Federais, que serão substituídos em suas faltas ou impedimentos pelos respectivos Vice-Presidentes.
>
> § 1º Terão direito a assento no Conselho da Justiça Federal, sem direito a voto, os Presidentes do Conselho Federal da Ordem dos Advogados do Brasil e da Associação dos Juízes Federais do Brasil – AJUFE, que indicarão os seus suplentes.
>
> § 2º A Presidência do Conselho da Justiça Federal será exercida pelo Presidente do Superior Tribunal de Justiça, que será substituído, em suas faltas ou impedimentos, pelo Vice-Presidente do Superior Tribunal de Justiça.
>
> § 3º Os Conselheiros terão mandato de 2 (dois) anos, vedada a investidura daqueles que, por mandamento constitucional, legal ou regimental, permanecerão por menos de 6 (seis) meses na função.
>
> § 4º Não se aplica a regra do § 3o deste artigo aos Presidentes do Superior Tribunal de Justiça e dos Tribunais Regionais Federais.
>
> § 5º É vedada a recondução de Conselheiros.
>
> § 6º A Corregedoria-Geral da Justiça Federal será dirigida pelo Ministro do Superior Tribunal de Justiça eleito Corregedor-Geral conforme o Regimento Interno do Superior Tribunal de Justiça. (Redação dada pela Lei nº 13.788, de 2018)

§ 7º O Corregedor-Geral será substituído pelo Ministro do Superior Tribunal de Justiça eleito Vice-Corregedor-Geral nas faltas e impedimentos daquele, ou, ainda, por delegação, conforme o Regimento Interno do Superior Tribunal de Justiça.

§ 8º O Conselho da Justiça Federal reunir-se-á ordinariamente 1 (uma) vez por mês, durante o ano judiciário, e, extraordinariamente, sempre que for necessário, por convocação de seu Presidente, exigida, em ambos os casos, a presença mínima de 7 (sete) Conselheiros.

§ 9º As decisões do Conselho da Justiça Federal serão tomadas pelo voto da maioria entre os presentes, prevalecendo, em caso de empate, o voto proferido pelo Presidente.

Na distribuição de atribuições, a referida norma assim estabelece:

Art. 5º Ao Conselho da Justiça Federal compete:

I – examinar e encaminhar ao Superior Tribunal de Justiça:

a) proposta de criação ou extinção de cargos e fixação de vencimentos e vantagens dos juízes e servidores da Justiça Federal de primeiro e segundo graus;

b) proposta de criação ou extinção de Tribunais Regionais Federais e de alteração do número de seus membros;

II – aprovar sugestões de alteração da legislação relativa às matérias de competência da Justiça Federal;

III – expedir normas relacionadas ao sistema de administração judiciária da Justiça Federal de primeiro e segundo graus, constante do art. 30 desta Lei;

IV – apreciar, de ofício, ou a requerimento de magistrado federal, as decisões administrativas dos Tribunais Regionais Federais que contrariarem a legislação vigente e as normas editadas com base no inciso II do caput deste artigo;

V – homologar, na forma regimental, como condição de eficácia, as decisões dos Tribunais Regionais Federais que implicarem aumento de despesas;

VI – aprovar as propostas orçamentárias e os pedidos de créditos adicionais do Conselho da Justiça Federal, dos Tribunais Regionais Federais e da Justiça Federal de primeiro grau;

VII – prover, por concurso público, os cargos necessários à sua administração, ressalvados os cargos em comissão, declarados em lei de livre nomeação e exoneração;

VIII – avocar processos administrativos em curso;

IX – julgar processos administrativos disciplinares relativos a membros dos Tribunais Regionais Federais, imputando, quando for o caso, as penalidades cabíveis, assegurados a ampla defesa e o contraditório;

X – representar ao Ministério Público para a promoção das ações judiciais cabíveis contra magistrados, inclusive com vistas na propositura

> de ação civil para a decretação de perda de cargo ou de cassação de aposentadoria;
>
> XI - decidir, em grau de recurso, as matérias relacionadas aos direitos e deveres dos servidores de sua Secretaria e dos juízes, quando a esses for aplicada sanção em processo disciplinar decidido pelo Tribunal Regional Federal;
>
> XII - zelar pelo cumprimento das decisões do Conselho Nacional de Justiça, no âmbito da Justiça Federal.
>
> Parágrafo único. O Conselho da Justiça Federal possui poder correicional e as suas decisões terão caráter vinculante, no âmbito da Justiça Federal de primeiro e segundo graus.

Por sua vez, **o Conselho Superior da Justiça do Trabalho** tem funcionamento junto ao Tribunal Superior do Trabalho e realiza a supervisão administrativa, orçamentária, patrimonial e financeira da Justiça do Trabalho de primeiro e segundo graus. Sua previsão constitucional está descrita no art. 111-A, § 2º, inc. II.

O Conselho Superior da Justiça do Trabalho (CSJT) foi criado pela Emenda Constitucional nº 45, de 30 de dezembro de 2004, com o acréscimo do art. 111-A. A sessão de instalação do CSJT ocorreu em 15 de junho de 2005.

O quadro de formação é composto pelo Presidente e Vice-Presidente do Tribunal Superior do Trabalho e pelo Corregedor-Geral da Justiça do Trabalho, membros natos. Também compõem o Conselho três ministros eleitos pelo Pleno do Tribunal Superior do Trabalho e cinco presidentes de Tribunais Regionais do Trabalho, cada um deles representando uma das cinco Regiões geográficas do País (Sul, Sudeste, Centro-Oeste, Nordeste e Norte).

Diferentemente do que ocorre com o Conselho Superior da Justiça Federal, o CSJT não tem poderes de correição sobre membros da carreira. Essa função é exercida pela Corregedoria-Geral da Justiça do Trabalho, que funciona junto ao Tribunal Superior do Trabalho.

7.3. Corregedorias

Com competências voltadas à orientação, recomendação, instrução e punição de agentes, as corregedorias são instituídas como **órgãos internos** dos tribunais superiores, de segunda instância ou, ainda, do Conselho Nacional de Justiça.

Importante notar que a atividade correicional se estende também aos serviços notariais e de registro, naquilo que se refere às matérias relacionadas com suas competências.

Cabe ressaltar que, embora sejam conhecidas por sua atividade punitiva, as corregedorias em si **não aplicam as punições**, pois apenas **propõem ao Plenário do Tribunal** em questão a instauração de processo administrativo com fins disciplinares, de onde poderá desbordar uma punição oriunda de decisão do colegiado.

De acordo com o art. 103-B, § 5º da Constituição Federal, a **Corregedoria Nacional de Justiça** é vinculada ao Conselho Nacional de Justiça e será presidida pelo Ministro do Superior Tribunal de Justiça que faz parte do CNJ e que exercerá a função de Ministro-Corregedor, ficando excluído da distribuição de processos no Tribunal, e competindo-lhe, além das atribuições que lhe forem conferidas pelo Estatuto da Magistratura, as seguintes:

> I – receber as reclamações e denúncias, de qualquer interessado, relativas aos magistrados e aos serviços judiciários; (Incluído pela Emenda Constitucional nº 45, de 2004)
>
> II – exercer funções executivas do Conselho, de inspeção e de correição geral; (Incluído pela Emenda Constitucional nº 45, de 2004)
>
> III – requisitar e designar magistrados, delegando-lhes atribuições, e requisitar servidores de juízos ou tribunais, inclusive nos Estados, Distrito Federal e Territórios. (Incluído pela Emenda Constitucional nº 45, de 2004)

O Capítulo IV do Regimento Interno do CNJ dispõe sobre as regras atinentes à corregedoria Nacional de Justiça. Em seu art. 8º, elencam-se as atribuições do Corregedor Nacional de Justiça, especificando então o enunciado constitucional acima mencionado. Dentre as atribuições, estão:

> I – receber as reclamações e denúncias de qualquer interessado relativas aos magistrados e tribunais e aos serviços judiciários auxiliares, serventias, órgãos prestadores de serviços notariais e de registro, determinando o arquivamento sumário das anônimas, das prescritas e daquelas que se apresentem manifestamente improcedentes ou despidas de elementos mínimos para a sua compreensão, de tudo dando ciência ao reclamante;
>
> II – determinar o processamento das reclamações que atendam aos requisitos de admissibilidade, arquivando-as quando o fato não constituir infração disciplinar;
>
> III – instaurar sindicância ou propor, desde logo, ao Plenário a instauração de processo administrativo disciplinar, quando houver indício suficiente de infração;
>
> IV – promover ou determinar a realização de sindicâncias, inspeções e correições, quando houver fatos graves ou relevantes que as justifiquem, desde logo determinando as medidas que se mostrem necessárias, urgentes ou adequadas, ou propondo ao Plenário a adoção

das medidas que lhe pareçam suficientes a suprir as necessidades ou deficiências constatadas;

V – requisitar das autoridades fiscais, monetárias e de outras autoridades competentes informações, exames, perícias ou documentos, sigilosos ou não, imprescindíveis ao esclarecimento de processos ou procedimentos submetidos à sua apreciação, dando conhecimento ao Plenário;

VI – requisitar magistrados para auxílio à Corregedoria Nacional de Justiça, delegando-lhes atribuições, observados os limites legais;

VII – requisitar servidores do Poder Judiciário e convocar o auxílio de servidores do CNJ, para tarefa especial e prazo certo, para exercício na Corregedoria Nacional de Justiça, podendo delegar-lhes atribuições nos limites legais;

VIII – elaborar e apresentar relatório anual referente às atividades desenvolvidas pela Corregedoria Nacional de Justiça na primeira sessão do ano seguinte;

IX – apresentar ao Plenário do CNJ, em quinze (15) dias de sua finalização, relatório das inspeções e correições realizadas ou diligências e providências adotadas sobre qualquer assunto, dando-lhe conhecimento das que sejam de sua competência própria e submetendo à deliberação do colegiado as demais;

X – expedir Recomendações, Provimentos, Instruções, Orientações e outros atos normativos destinados ao aperfeiçoamento das atividades dos órgãos do Poder Judiciário e de seus serviços auxiliares e dos serviços notariais e de registro, bem como dos demais órgãos correicionais, sobre matéria relacionada com a competência da Corregedoria Nacional de Justiça;

XI – propor ao Plenário do CNJ a expedição de recomendações e a edição de atos regulamentares que assegurem a autonomia, a transparência e a eficiência do Poder Judiciário e o cumprimento do Estatuto da Magistratura;

XII – executar, de ofício ou por determinação, e fazer executar as ordens e deliberações do CNJ relativas à matéria de sua competência;

XIII – dirigir-se, no que diz respeito às matérias de sua competência, às autoridades judiciárias e administrativas e aos órgãos ou às entidades, assinando a respectiva correspondência;

XIV – indicar ao Presidente, para fins de designação ou nomeação, o nome dos ocupantes de função gratificada ou cargo em comissão no âmbito da Corregedoria Nacional de Justiça, cabendo àquele dar-lhes posse;

XV – promover a criação de mecanismos e meios para a coleta de dados necessários ao bom desempenho das atividades da Corregedoria Nacional de Justiça;

XVI – manter contato direto com as demais Corregedorias do Poder Judiciário;

> XVII – promover reuniões periódicas para estudo, acompanhamento e sugestões com os magistrados envolvidos na atividade correicional;
>
> XVIII – delegar, nos limites legais, aos demais Conselheiros, aos Juízes Auxiliares ou aos servidores expressamente indicados, atribuições sobre questões específicas;
>
> XIX – solicitar a órgãos dos Poderes Executivo e Legislativo, ou a entidade pública, a cessão temporária por prazo certo, sem ônus para o CNJ, de servidor detentor de conhecimento técnico especializado, para colaborar na instrução de procedimento em curso na Corregedoria Nacional de Justiça;
>
> XX – promover de ofício, quando for o caso de urgência e relevância, ou propor ao Plenário, quaisquer medidas com vistas à eficácia e ao bom desempenho da atividade judiciária e dos serviços afetos às serventias e aos órgãos prestadores de serviços notariais e de registro;
>
> XXI – promover, constituir e manter bancos de dados, integrados a banco de dados central do CNJ, atualizados sobre os serviços judiciais e extrajudiciais, inclusive com o acompanhamento da respectiva produtividade e geração de relatórios visando ao diagnóstico e à adoção de providências para a efetividade fiscalizatória e correicional, disponibilizando seus resultados aos órgãos judiciais ou administrativos a quem couber o seu conhecimento.

Na organização interna do Conselho da Justiça Federal, por sua vez, encontramos a Corregedoria-Geral da Justiça Federal, que tem delimitadas as suas competências da seguinte maneira pela Lei 11.798/08:

> Art. 6º À Corregedoria-Geral da Justiça Federal, órgão de fiscalização, controle e orientação normativa da Justiça Federal de primeiro e segundo graus, compete:
>
> I – exercer a supervisão técnica e o controle da execução das deliberações do Conselho da Justiça Federal;
>
> II – encaminhar ao conhecimento dos Presidentes dos Tribunais Regionais Federais propostas de ações relativas aos sistemas que integram a Justiça Federal e submetê-las à aprovação do Conselho da Justiça Federal;
>
> III – realizar inspeção e correição permanentes ou periódicas, ordinárias ou extraordinárias, gerais ou parciais, sobre os Tribunais Regionais Federais, conforme o Regimento Interno do Conselho da Justiça Federal;
>
> IV – promover sindicâncias, inspeções e correições para apurar reclamações, representações e denúncias fundamentadas de qualquer interessado, relativas aos magistrados de segundo grau, submetendo ao Plenário para deliberação;
>
> V – submeter ao Conselho da Justiça Federal provimentos destinados a disciplinar condutas a serem adotadas pelos órgãos judiciários da Justiça Federal de primeiro e segundo graus.

Parágrafo único. A Corregedoria-Geral da Justiça Federal deverá valer-se do apoio das unidades administrativas do Conselho da Justiça Federal.

7.4. Ouvidorias

A Ouvidoria possui assento constitucional no art. 103-B, § 7º, da CF. O serviço das ouvidorias foi criado para que o cidadão possa **esclarecer dúvidas, enviar reclamações, sugestões, críticas e elogios relativos ao Poder Judiciário**. Atualmente, as ouvidorias são instaladas em centros de atendimento junto ao Tribunal respectivo e recebem demandas das mais variadas formas, principalmente via telefônica ou por internet.

Ouvindo com atenção e respeito as manifestações da comunidade acerca dos serviços prestados e acolhendo críticas e sugestões, no que for pertinente, entende-se ser possível promover mudanças que possam beneficiar o jurisdicionado, aperfeiçoando as instituições.

A atividade da ouvidoria **não tem caráter jurisdicional**, mas sim de anterior ou posterior atendimento ao cidadão. O serviço visa colher a opinião do jurisdicionado acerca do serviço prestado pelo Tribunal, a fim de que seja possível melhorar e aperfeiçoar ainda mais a atividade-fim oferecida à população.

As Ouvidorias têm a finalidade de zelar pelos princípios da administração pública, buscar a defesa dos direitos humanos, promover a Justiça e a inclusão social e, segundo parte da doutrina, atuar como "*ombudsman*", ou seja, como um fiscal aberto às queixas da população.

No contexto das ouvidorias, há um cargo chamado de "ouvidor", que deverá estar atento às reivindicações do cidadão, sempre disposto a ouvir, compreender e solucionar a demanda proposta pelo cidadão, seja mediante proposição de alteração do serviço, seja por resposta ao jurisdicionado.

O Ouvidor deve agir em defesa dos direitos e interesses do cidadão, recebendo, avaliando e encaminhando as manifestações a quem for destinatário de eventual elogio, reclamação ou sugestão.

De fato, a Ouvidoria tem a missão **de ampliar o acesso** aos serviços judiciários, alcançar a eficiência na prestação jurisdicional, promover a transparência e buscar a boa administração dos recursos públicos pagos pelos impostos dos cidadãos.

Após o contato, cabe à Ouvidoria informar ao interessado as providências adotadas em razão de sua manifestação, excepcionados os casos em que a lei assegurar o dever de sigilo.

8. RESPONSABILIDADE ADMINISTRATIVA, CIVIL E CRIMINAL DOS MAGISTRADOS

Muito embora façam parte de uma carreira que exerce função de Estado, detendo e exercitando parcela do poder soberano que emana do povo, os magistrados são servidores públicos que devem pautar suas condutas e ações pela moralidade, correição e ética, sob pena de sofrerem com responsabilizações nas esferas criminal, civil e administrativa.

Cabe notar que não existem sanções previstas expressamente para eventuais descumprimentos do Código de Ética da Magistratura. Entretanto, determinadas condutas são proibidas, por exemplo, pelo texto do Estatuto da Magistratura, e podem ensejar punição ao magistrado infrator.

8.1. Crimes de responsabilidade

Não se pode esquecer, preliminarmente, que os membros do STF, do CNJ, dos Tribunais Superiores e os presidentes de tribunais em geral podem ser punidos pelos chamados crimes de responsabilidade, sendo processados e julgados de acordo com a seguinte esquematização:

CRIMES DE RESPONSABILIDADE		
Quem pratica	**Quem julga**	**Ato praticado**
Ministros do STF e membros do CNJ	Senado Federal (art. 52, II da CF/88)	Aqueles descritos no art. 39 da Lei 1.079/50
Membros dos Tribunais Superiores	Supremo Tribunal Federal (art. 102, inc. I, alínea c, da CF/88)	Aqueles descritos no art. 39 da Lei 1.079/50
Presidentes de Tribunais em geral	STJ, embora não haja previsão expressa no art. 100, § 7º da CF/88.	Mediante ato comissivo ou omissivo, retarda ou tenta frustrar a liquidação regular de precatórios.

8.2. Responsabilidade administrativa

A própria Lei Orgânica da Magistratura Nacional explicita as penalidades passíveis de aplicação aos magistrados nos artigos 40 a 48 do Capítulo II do seu Título III.

O exercício dessa atividade disciplinar é decorrente de ações oriundas de atividade interna do Tribunal a que o magistrado esteja vinculado ou do Conselho Nacional de Justiça.

Dentre as medidas punitivas, fala-se que o juiz pode ser punido com: **advertência, censura, remoção compulsória, disponibilidade com vencimentos proporcionais ao tempo de serviço, aposentadoria compulsória com vencimentos proporcionais ao tempo de serviço** e **demissão**. A aplicação dessas penas dependerá da gravidade da infração cometida.

Com diferenças pontuais (e sendo aplicáveis apenas a juízes de primeiro grau), fala-se que a **advertência** será aplicada reservadamente, por escrito, no caso de negligência no cumprimento dos deveres do cargo, enquanto a pena de **censura**, sob a mesma forma (por escrito), pode ser aplicada no caso de reiterada negligência no cumprimento dos deveres do cargo ou no de procedimento incorreto. O parágrafo único do art. 44 da LOMAN menciona que o Juiz punido com a pena de censura não poderá figurar em lista de promoção por merecimento pelo prazo de um ano, contado da imposição da pena.

A **remoção compulsória** deve ser aplicada sob o prisma do texto instituído pela EC 45/2004, que apontou a possibilidade de aplicação desta reprimenda pelo Tribunal ou por seu Órgão Especial, por motivo de interesse público, em escrutínio secreto e pelo voto maioria absoluta de seus membros efetivos. Perde a validade, portanto, a disposição da LOMAN que previa quórum de 2/3 para aplicação desta punição.

O mesmo ocorre para a pena de **disponibilidade**, que também está exposta no texto constitucional inserido pela emenda 45/04.

O procedimento detalhado para aplicação das sanções de remoção compulsória e disponibilidade está descrito no art. 27 da LOMAN, que deve ter sua leitura compatibilizada com o texto constitucional, obviamente.

A **aposentadoria compulsória** é reprimenda que afasta o magistrado do exercício da função de maneira definitiva, dando a ele vencimentos proporcionais ao tempo de serviço. A aplicação dessa penalidade exige quórum de decisão exposto no art. 93, inc. VIII da CF/88 e poderá ser aplicada nas seguintes hipóteses:

> I – manifestadamente negligente no cumprimento dos deveres do cargo;
>
> II – de procedimento incompatível com a dignidade, a honra e o decoro de suas funções;
>
> III – de escassa ou insuficiente capacidade de trabalho, ou cujo proceder funcional seja incompatível com o bom desempenho das atividades do Poder Judiciário.

Por fim, viável também a aplicação da pena de **demissão** aos magistrados, que será aplicada sob as mesmas formalidades acima mencionadas para juízes condenados em ação penal por crime comum ou de responsabilidade ou, ainda, mediante **procedimento administrativo durante o período de avaliação do**

magistrado para vitaliciamento (ou seja, para magistrados ainda não vitalícios), em três hipóteses:

> a) recebimento, a qualquer título e sob qualquer pretexto, de percentagens ou custas nos processos sujeitos a seu despacho e julgamento;
>
> b) exercício de atividade político-partidária e;
>
> c) exercício, ainda que em disponibilidade, de qualquer outra função, salvo em cargo de magistério superior, público ou particular.

Para aqueles magistrados ainda não vitaliciados, a demissão também é possível se praticarem falta grave, inclusive nas hipóteses previstas no art. 56 da Lei Orgânica da Magistratura Nacional.

Importante relembrar que a demissão não pode ser aplicada via decisão administrativa para magistrados que já tenham atingido o vitaliciamento, razão pela qual a leitura do art. 26, incisos I e II da LOMAN deve ser feita com cautela da seguinte advertência: as situações ali descritas podem dar azo à demissão, mas essa pena apenas pode ser dada ao final de um processo judicial, com decisão transitada em julgado.

De acordo com o Supremo Tribunal Federal, nem mesmo decisão do CNJ pode impor a pena de demissão a magistrado vitaliciado (ADI 3.367, rel. min. Dias Toffoli).

Assim, se o magistrado for vitalício, vai estar submetido apenas à remoção, à disponibilidade ou à aposentadoria compulsória.

Como já mencionado em tópico específico, o atuar correicional do Conselho Nacional de Justiça é exercido de maneira concorrente, e não subsidiária, de onde se depreende a possibilidade de averiguação da conduta concomitante pelas esferas administrativas distintas (MS 28.620, rel. min. Dias Toffoli).

8.3. Responsabilidade civil

Em seu art. 5º, inc. LXXV, a Constituição Federal aponta que o Estado indenizará o condenado por erro judiciário, assim como o que ficar preso além do tempo fixado na sentença. Esse regramento, ao lado da disposição contida no art. 37, § 6º da CF/88, fundamenta a possibilidade de responsabilização estatal por erros judiciários.

Essa possibilidade de o lesado acionar o Estado para ver reparado eventual dano sofrido não importa, automaticamente, na responsabilização do magistrado que eventualmente tenha atuado no processo que causou dano ao cidadão.

Na verdade, de maneira ainda mais forte ao que ocorre com servidores em geral, a legislação brasileira **prevê que o magistrado apenas pode ser responsabilizado pessoalmente (em ação regressiva) em duas hipóteses:**

> a) quando, no exercício de suas funções, proceder com dolo ou fraude;
>
> b) quando recusar, omitir ou retardar, sem justo motivo, providência que deva ordenar de ofício ou a requerimento da parte, verificando-se presente este erro apenas depois que a parte requerer ao juiz que determine a providência e o requerimento não for apreciado no prazo de 10 (dez) dias.

Ambas as previsões estão dispostas no art. 143 do Código de Processo Civil de 2015 e no art. 49 da Lei Orgânica da Magistratura Nacional, tendo redações muito semelhantes.

É comum que existam dúvidas sobre a possibilidade de se exigir reparação por danos morais do Estado em razão de decisão condenatória posteriormente reformada ou, ainda, prisão preventiva.

O STF tem decidido, em análise a tais casos, que o erro judiciário passível de indenização pressupõe uma atuação eivada de ilegalidade, abuso ou arbitrariedade por parte do agente estatal (RE 429518).

Em outras palavras, o fato de ter ocorrido **prisão preventiva ou temporária**, ou mesmo condenação em primeira instância posteriormente reformada em grau recursal não implica, automaticamente, na conclusão de que deve haver responsabilização civil do Estado e, muito menos, do magistrado.

De mais a mais, cabe indicar que a multa prevista no art. 77, § 2º, do CPC/2015 não pode ser aplicada aos juízes, devendo os atos atentatórios à justiça eventualmente por eles praticados ser investigados nos termos da Lei Orgânica da Magistratura. STJ. 4ª Turma. REsp 1.548.783-RS.

> ▸ **Como esse assunto foi cobrado em concurso?**
>
> **(TJ/PR – 2010 – TJ/PR – Juiz de Direito)** Dadas as assertivas abaixo, escolha a alternativa CORRETA.
>
> I. A independência judicial implica que ao magistrado é permitido participar de atividade político- partidária.
>
> II. Aos juízes integrantes de órgãos colegiados, impõe-se preservar o sigilo de votos que ainda não hajam sido proferidos e daqueles de cujo teor tomem conhecimento, eventualmente, antes do julgamento.
>
> III. Responderá por perdas e danos o magistrado, quando, no exercício de suas funções, proceder com dolo ou fraude.
>
> IV. Nas promoções ou acessos, havendo mais de uma vaga a ser preenchida por merecimento, a lista conterá, se possível, número de magistrados igual ao das vagas mais 2 (dois) para cada uma delas.

a) Apenas as assertivas II, III e IV estão corretas.
b) Apenas as assertivas II e III estão corretas.
c) Apenas as assertivas I, II e III estão corretas.
d) Apenas a assertiva IV está correta.

Gabarito: Alternativa C.

(FUNCAB – 2012 – MP/RO – Promotor de Justiça) Assinale a alternativa correta.

a) O juiz decidirá a lide nos limites em que foi proposta, sendo-lhe permitido conhecer de questões, não suscitadas, a cujo respeito a lei exige a iniciativa da parte.
b) Caberá ao juiz, de ofício ou a requerimento da parte, determinar as provas necessárias à instrução do processo, deferindo as diligências inúteis ou meramente protelatórias.
c) O juiz, em hipótese alguma, responderá por perdas e danos.
d) O juiz dirigirá o processo assegurando às partes igualdade de tratamento; porém, não lhe compete velar pela rápida solução do litígio.
e) Responderá por perdas e danos o juiz quando, no exercício de suas funções, proceder com dolo ou fraude.

Gabarito: Alternativa E.

8.4. Responsabilidade penal

Os juízes respondem pelos crimes que praticam como qualquer cidadão, não havendo para eles qualquer tipo de imunidade material.

Todavia, a Constituição Federal aponta que essas autoridades detêm o chamado **foro por prerrogativa de função** (popularmente conhecido como "foro privilegiado"). A tabela abaixo, retirada da obra de Alexandre Henry Alves, sistematiza essas competências:

Órgão	Tipo de crime	Membros do Poder Judiciário pelo órgão julgados
Senado	Responsabilidade	Ministros do STF e conselheiros do CNJ*
STF	Comuns	Ministros do STF
STF	Comuns/Responsabilidade	Ministros do STJ, TSE, TST e STM
STJ	Comuns/Responsabilidade	Desembargadores de tribunais de justiça, juízes de tribunais regionais federais, tribunais regionais do trabalho e tribunais regionais eleitorais

TRF	Comuns/Responsabilidade	Juízes federais, juízes auditores da Justiça Militar, juízes trabalhistas
TJ	Comuns/Responsabilidade	Juízes de direito
TRE	Eleitorais	Juízes eleitorais

De acordo com o entendimento publicizado no Informativo 900 do STF, o foro por prerrogativa de função aplica-se apenas aos crimes cometidos durante o exercício do cargo e relacionados às funções desempenhadas. O Tribunal entendeu que a quantidade de pessoas beneficiadas pelo foro e a extensão que se tem dado a ele têm resultado em múltiplas disfuncionalidades, o que justificou a posição adotada.

No mesmo sentido, o STJ entendeu que foro por prerrogativa de função no caso de Governadores e Conselheiros de Tribunais de Contas dos Estados deve ficar restrito aos fatos ocorridos durante o exercício do cargo e em razão deste. (STJ. Corte Especial. APn 857/DF, Rel. para acórdão Min. João Otávio de Noronha, julgado em 20/06/2018).

Com qualidade sempre impecável, comentando o Informativo 639 do STJ, Cavalcante elenca uma exceção:

> O Superior Tribunal de Justiça é o tribunal competente para o julgamento nas hipóteses em que, não fosse a prerrogativa de foro (art. 105, I, da Constituição Federal), o desembargador acusado houvesse de responder à ação penal perante juiz de primeiro grau vinculado ao mesmo tribunal.
>
> Assim, mesmo que o crime cometido pelo Desembargador não esteja relacionado com as suas funções, ele será julgado pelo STJ se a remessa para a 1ª instância significar que o réu seria julgado por um juiz de primeiro grau vinculado ao mesmo tribunal que o Desembargador.
>
> A manutenção do julgamento no STJ tem por objetivo preservar a isenção (imparcialidade e independência) do órgão julgador.
>
> STJ. Corte Especial. QO na APn 878-DF, Rel. Min. Benedito Gonçalves, julgado em 21/11/2018 (Info 639).

Cabe ressaltar que a perda do cargo pelo magistrado ocorrerá, em tais hipóteses, como consequência da condenação criminal a ele imputada nas hipóteses descritas no art. 92 do Código Penal.

É sempre salutar lembrar que, como regra, vigora o princípio da independência das instâncias. Entretanto, existem situações em que a decisão na esfera criminal repercutirá na decisão das esferas civil e administrativa, a exemplo de quando o juiz é absolvido por inexistência do fato ou por provada a não autoria.

Ainda a respeito da responsabilidade criminal dos magistrados, o art. 33, II, da LOMAN dispõe que só podem presos em caso de ordem escrita do tribunal competente para julgá-los ou em caso de flagrante de crime inafiançável, quando a autoridade fará imediata comunicação e apresentação do magistrado ao tribunal a que esteja vinculo. Em caso de prisão provisória, serão recolhidos à prisão especial (art. 33, III, da LOMAN). Quanto a eventual indiciamento, não competirá ao Delegado de Polícia, mas sim devem-se remeter os autos ao tribunal ou órgão especial competente para o seu julgamento, a fim de que prossiga com a investigação (art. 33, parágrafo único, da LOMAN).

▸ Como esse assunto foi cobrado em concurso?

(CEBRASPE – 2022 – TJ/MA – Juiz de Direito) Com base nas disposições da Lei Orgânica da Magistratura Nacional acerca dos direitos e das prerrogativas dos magistrados, julgue os seguintes itens.

I. É prerrogativa de todo magistrado ser ouvido como testemunha ou parte, em dia, hora e local previamente ajustados com a autoridade ou o juiz de instância igual ou inferior.

II. Em caso de prisão em flagrante de magistrado por crime inafiançável, a autoridade deverá comunicar o fato e apresentar o juiz ao corregedor do tribunal a que o magistrado estiver vinculado.

III. É prerrogativa do magistrado ser recolhido a prisão especial ou sala de Estado-maior até julgamento final, por ordem e à disposição do tribunal ou do órgão especial competente.

Assinale a opção correta.

a) Apenas o item I está certo.
b) Apenas o item III está certo.
c) Apenas os itens I e II estão certos.
d) Apenas os itens II e III estão certos.
e) Todos os itens estão certos.

Gabarito: Alternativa B.

8.5. Improbidade administrativa

Muito embora não seja uma responsabilização de natureza diversa e autônoma (pois tem assentada natureza civil), a prática de improbidade administrativa por magistrados foi objeto de análise específica pelos Tribunais Superiores.

Sedimentou-se, nesta seara, a posição de que é possível o processamento de magistrados por eventuais práticas catalogadas na Lei de Improbidade, tendo decidido o STF que não se aplica a tais casos a hipótese de foro por prerrogativa de função, ainda que no corpo da ação haja pedido de perda da função pública (AI n. 556.727- AgR, Relator o Ministro Dias Toffoli, Primeira Turma, DJe 26.4.2012).

Deve-se recordar que o tema teve relevantes alterações com a entrada em vigor da Lei n. 14.230/2021, a qual deve ser lida detalhadamente, tendo em vista que, possivelmente, a maioria das questões envolverão letra de lei.

9. ADMINISTRAÇÃO JUDICIAL

9.1. Planejamento estratégico

Dentro da organização do Poder Judiciário, o planejamento estratégico guarda estrita vinculação com o **princípio da eficiência**, inserido no art. 37 da CRFB, por meio da EC 19/1998, tendo como objetivo final a boa produção jurisdicional no país e o respeito ao devido processo legal.

O princípio da eficiência tem por objetivo expressar a intenção legislativa de modificação de uma Administração Pública burocrática por uma **Administração Pública gerencial**, comprometida com os resultados práticos de sua ação.

A noção de eficiência está estritamente relacionada com a necessidade de efetivação rápida e econômica das finalidades públicas, impondo-se a execução dos serviços públicos com presteza, perfeição e rendimento funcional. Essas exigências, obviamente, também se aplicam às atividades jurisdicional e cartorária do Judiciário.

O planejamento estratégico apresenta, na realidade, dois aspectos: pode estar relacionado ao modo de atuação dos agentes públicos ou guardar vínculo com o modo de organizar, estruturar e disciplinar o Poder Judiciário.

Em junho de 2020, o Conselho Nacional de Justiça aprovou a chamada **Estratégia Nacional do Poder Judiciário 2021-2026**, que substituiu o documento de mesmo nome com aplicação aos anos de 2015-2020.

Essa publicação tem por objetivo firmar metas, premissas e objetivos que são vistos como importantes para o Poder Judiciário no país.

De acordo com divulgação feita pelo próprio CNJ "A novidade da Estratégia do Judiciário 2021-2026 é o destaque para o monitoramento dos macrodesafios por meio de indicadores que permitirão acompanhar o desempenho de cada tribunal."

A Estratégia 2021-2026 foi instituída pela Resolução Nº 325 de 29/06/2020, apontando-se nela que a execução da Estratégia Nacional do Poder Judiciário é de responsabilidade de ministros, conselheiros, magistrados de primeiro e segundo graus, servidores e colaboradores do Poder Judiciário (art. 6º).

De acordo com o art. Art. 7º da referida Resolução, a execução da Estratégia do Judiciário consistirá na implementação de políticas judiciárias nacionais e de programas, projetos e ações dos órgãos do Poder Judiciário. Parágrafo único. Os órgãos do Poder Judiciário poderão utilizar as práticas publicadas no Portal CNJ de Boas Práticas do Poder Judiciário, para melhoria contínua da sua gestão administrativa e da sua prestação jurisdicional.

A normativa mantém as já conhecidas Metas 1 e 2, dispondo que ficam mantidas as premissas desses objetivos no seguinte sentido: A Meta Nacional 1 – Julgar mais processos que os distribuídos – e a Meta Nacional 2 – Julgar processos mais antigos –, que visam, respectivamente, à prevenção de formação de estoque e à redução de passivo processual, comporão obrigatoriamente o monitoramento da Estratégia Nacional do Poder Judiciário 2021-2026 (art. 13).

Os macrodesafios elencados na Estratégia 2021-2026 compreendem três grandes perspectivas: da sociedade, dos processos internos e, por fim, do aprendizado e do crescimento.

De acordo com o Anexo I da Resolução 325/2020, esses macrodesafios são assim detalhados:

> Macrodesafios do Poder Judiciário e respectivas descrições
>
> Perspectiva Sociedade
>
> GARANTIA DOS DIREITOS FUNDAMENTAIS
>
> Descrição:
>
> Refere-se ao desafio de garantir no plano concreto os Direitos e Garantias Fundamentais (CF, art. 5º), buscando-se assegurar o direito à vida, à liberdade, à igualdade, à segurança e à propriedade, bem como atenuar as desigualdades sociais, garantir os direitos de minorias e a inclusão e acessibilidade a todos.
>
> FORTALECIMENTO DA RELAÇÃO INSTITUCIONAL DO PODER JUDICIÁRIO COM A SOCIEDADE
>
> Descrição:
>
> Refere-se à adoção de estratégias de comunicação e de procedimentos objetivos, ágeis e em linguagem de fácil compreensão, visando à transparência e ao fortalecimento do Poder Judiciário como instituição garantidora dos direitos. Abrange a atuação interinstitucional integrada e sistêmica, com iniciativas pela solução de problemas públicos que envolvam instituições do Estado e da sociedade civil.

Perspectiva Processos internos

AGILIDADE E PRODUTIVIDADE NA PRESTAÇÃO JURISDICIONAL

Descrição:

Tem por finalidade materializar a razoável duração do processo em todas as suas fases. Trata-se de garantir a prestação jurisdicional efetiva e ágil, com segurança jurídica e procedimental na tramitação dos processos judiciais. Visa também soluções para um dos principais gargalos do Poder Judiciário, qual seja a execução fiscal. Busca elevar a eficiência na realização dos serviços judiciais e extrajudiciais.

ENFRENTAMENTO À CORRUPÇÃO,
À IMPROBIDADE ADMINISTRATIVA E AOS ILÍCITOS ELEITORAIS

Descrição:

Conjunto de atos que visem à proteção da coisa pública, à integridade nos processos eleitorais, à preservação da probidade administrativa internamente e externamente ao enfrentamento dos crimes eleitorais e contra a administração pública, entre outros. Para tanto, deve-se priorizar a tramitação dos processos judiciais que tratem do desvio de recursos públicos, de improbidade e de crimes eleitorais, além de medidas administrativas relacionadas à melhoria do controle e fiscalização interna e externa do gasto público no âmbito do Poder Judiciário.

PREVENÇÃO DE LITÍGIOS E ADOÇÃO
DE SOLUÇÕES CONSENSUAIS PARA OS CONFLITOS

Descrição:

Refere-se ao fomento de meios extrajudiciais para prevenção e para resolução negociada de conflitos, com a participação ativa do cidadão. Visa estimular a comunidade a resolver seus conflitos sem necessidade de processo judicial, mediante conciliação, mediação e arbitragem. Abrange também parcerias entre os Poderes a fim de evitar potenciais causas judiciais e destravar controvérsias existentes.

CONSOLIDAÇÃO DOS SISTEMA DE PRECEDENTES OBRIGATÓRIOS

Descrição:

Promoção do sistema de precedentes estabelecido pelo novo Código de Processo Civil – CPC, buscando fortalecer as decisões judiciais, racionalizar o julgamento de casos análogos, garantir a segurança jurídica, bem como, a coerência e a integridade dos provimentos judiciais. Abarca também a redução do acúmulo de processos relativos à litigância serial, visando reverter a cultura da excessiva judicialização.

PROMOÇÃO DA SUSTENTABILIDADE

Descrição:

Aperfeiçoamento de ações que estimulem o uso sustentável de recursos naturais e bens públicos, a redução do impacto negativo das atividades do órgão no meio ambiente com a adequada gestão dos resíduos gerados, do uso apropriado dos recursos finitos, a promoção das contratações sustentáveis, a gestão sustentável de documentos e a qualidade de vida no ambiente de trabalho. Visa a adoção de modelos de gestão organizacional e de processos estruturados na promoção da sustentabilidade ambiental, econômica e social.

APERFEIÇOAMENTO DA GESTÃO DA JUSTIÇA CRIMINAL

Descrição:

Refere-se à adoção de medidas preventivas à criminalidade e ao aprimoramento do sistema criminal, por meio de maior aplicação de penas e medidas alternativas, investimento na justiça restaurativa, aperfeiçoamento do sistema penitenciário e estabelecimento de mecanismos para minimizar a sensação de impunidade e insegurança social. Pretende reduzir o número de processos, reduzir as taxas de encarceramento e fomentar ações de atenção ao interno e ao egresso, principalmente visando à redução de reincidência; e construir uma visão de justiça criminal vinculada à justiça social. Atuar conjuntamente com os demais Poderes para solucionar irregularidades no sistema carcerário e no sistema de execução de medidas socioeducativas, assim como para o aperfeiçoamento de rotinas cartorárias.

APERFEIÇOAMENTO DA GESTÃO ADMINISTRATIVA E DA GOVERNANÇA JUDICIÁRIA

Descrição:

Formulação, implantação e monitoramento de estratégias flexíveis e aderentes às especificidades locais, regionais e próprias de cada segmento de justiça do Poder Judiciário, produzidas de forma colaborativa pelos órgãos do Poder Judiciário, magistrados, servidores, pela sociedade e pelos atores do sistema de justiça. Visa à eficiência operacional interna, à humanização do serviço, à desburocratização, à simplificação de processos internos, ao fortalecimento da autonomia administrativa e financeira do Poder Judiciário e à adoção das melhores práticas de gestão documental, gestão da informação, gestão de projetos e otimização de processos de trabalho com o intuito de melhorar o serviço prestado ao cidadão.

Perspectiva Aprendizado e crescimento

APERFEIÇOAMENTO DA GESTÃO DE PESSOAS

Descrição:

Refere-se ao conjunto de políticas, métodos e práticas adotados na gestão de comportamentos internos do órgão, favorecendo o desenvolvimento profissional, a capacitação, a relação interpessoal, a saúde e a cooperação, com vistas ao alcance efetivo dos objetivos estratégicos da instituição. Contempla ações relacionadas à valorização dos servidores; à humanização nas relações de trabalho; à promoção da saúde; ao aprimoramento contínuo das condições de trabalho; à qualidade de vida no trabalho; ao desenvolvimento de competências, de talentos, do trabalho criativo e da inovação; e à adequada distribuição da força de trabalho.

APERFEIÇOAMENTO DA GESTÃO ORÇAMENTÁRIA E FINANCEIRA

Descrição:

Refere-se à utilização de mecanismos para alinhar as necessidades orçamentárias de custeio, investimentos e pessoal ao aprimoramento da prestação jurisdicional, atendendo aos princípios constitucionais da administração pública. Envolve estabelecer uma cultura de adequação dos gastos ao atendimento das necessidades prioritárias e essenciais dos órgãos da justiça, para se obter os melhores resultados com os recursos aprovados nos orçamentos.

FORTALECIMENTO DA ESTRATÉGIA NACIONAL DE TIC E DE PROTEÇÃO DE DADOS

Descrição:

Programas, projetos, ações e práticas que visem ao fortalecimento das estratégias digitais do Poder Judiciário e à melhoria da governança, da gestão e da infraestrutura tecnológica, garantindo proteção aos dados organizacionais com integridade, confiabilidade, confidencialidade, integração, disponibilidade das informações, disponibilização dos serviços digitais ao cidadão e dos sistemas essenciais da justiça, promovendo a satisfação dos usuários por meio de inovações tecnológicas, controles efetivos dos processos de segurança e de riscos e da gestão de privacidade e uso dos dados pessoais.

9.2. Modernização da gestão

Estritamente vinculada com o aprimoramento da velocidade e da transparência das atividades desempenhadas pelo Poder Judiciário, a modernização da gestão relaciona-se com a melhora da prestação dos serviços por meio da tecnologia.

Desde o ano de 2006, o Poder Judiciário vem se empenhando na **informatização e unificação de sistemas** de processos judiciais. A atividade, todavia, não tem apresentado a uniformidade desejada no país, visto que muitos Tribunais de Justiça optaram por criar sistemas próprios de tramitação processual, ao passo que outros aderiram a sistemas já utilizados no âmbito dos Tribunais Regionais Federais, pioneiros da informatização.

Dentre as tentativas de unificação de sistemas, merece destaque o **Sistema Eletrônico de Execução Unificado (SEEU)**, ferramenta que centraliza e uniformiza a gestão de processos de execução penal em todo o país. O sistema foi adotado como política nacional pelo CNJ em 2016 e é regido pela Resolução 223/2016 e pela Resolução 280/2019.

10. PRINCÍPIOS DE CONDUTA JUDICIAL DE BANGALORE

Os Princípios de Conduta Judicial de Bangalore são resultado de um projeto do Grupo de Integridade Judicial constituído no âmbito das Nações Unidas, e tem como objetivo traçar diretrizes básicas e globais da atuação judicial.

A percepção de que o Poder Judiciário vinha perdendo confiança em diversos países foi a origem da ideia de criação do Grupo de Integridade que, para enfrentar algumas constatações de realidades corruptas e já desprovidas de confiança dos cidadãos, elaborou uma série de princípios que devem servir de norte a tal Poder nos países das Nações Unidas.

Elencando valores como **independência, imparcialidade, integridade, idoneidade, igualdade, competência e diligência**, elencaram-se princípios que devem regular a atuação judicial em âmbito global.

Os princípios **não são dotados, obviamente, de força legislativa** (eis que sequer são tratados internacionais), mas atuam como importantes balizas para garantir a independência, fortalecer a integridade e, ao mesmo tempo, limitar a atividade jurisdicional em Estados democráticos.

Em seu considerando preambular, o material referência a Declaração Universal dos Direitos Humanos que aponta como fundamental o princípio de que todos têm o direito em completa igualdade a um julgamento justo e público por um tribunal independente e imparcial, na determinação de direitos e de qualquer acusação penal.

Na sequência, referencia-se como fundamento para edição do documento a Convenção Internacional de Direitos Civis e Políticos, que garante que todas as pessoas serão iguais perante as cortes e que na determinação de qualquer acusação criminal ou de direitos e obrigações em um processo todos terão o direito, sem nenhum adiamento injustificado, a um julgamento público e justo por um tribunal competente, independente e imparcial estabelecido pela lei.

Ao adentrar na listagem de princípios, são propostos os seguintes princípios, com suas análises e desdobramentos:

> 1 – **Independência:** *A independência judicial é um pré-requisito do estado de Direito e uma garantia fundamental de um julgamento justo. Um juiz, consequentemente, deverá apoiar e ser o exemplo da independência judicial tanto no seu aspecto individual quanto no aspecto institucional.*
>
> 1.1 *Um juiz deve exercer a função judicial de modo independente, com base na avaliação dos fatos e de acordo com um consciente entendimento da lei, livre de qualquer influência estranha, induções, pressões, ameaças ou interferência, direta ou indireta de qualquer organização ou de qualquer razão.*
>
> 1.2 *Um juiz deverá ser independente com relação à sociedade em geral e com relação às partes na disputa que terá de julgar.*
>
> 1.3 *Um juiz não só deverá ser isento de conexões inapropriadas e influência dos ramos executivo e legislativo do governo, mas deve também parecer livre delas, para um observador sensato.*
>
> 1.4 *Ao desempenhar a função judicial, um juiz deverá fazê-lo de modo independente dos colegas quanto à decisão que é obrigado a tomar independentemente.*
>
> 1.5 *Um juiz deve encorajar e garantir proteção para a exoneração das obrigações judiciais de modo a manter e fortalecer a independência institucional e operacional do Judiciário.*
>
> 1.6 *Um juiz deve exibir e promover altos padrões de conduta judicial de ordem a reforçar a confiança do público no Judiciário, a qual é fundamental para manutenção da independência judicial.*
>
> 2 – **Imparcialidade:** *A imparcialidade é essencial para o apropriado cumprimento dos deveres do cargo de juiz. Aplica-se não somente à decisão, mas também ao processo de tomada de decisão.*
>
> 2.1 *Um juiz deve executar suas obrigações sem favorecimento, parcialidade ou preconceito.*

2.2 Um juiz deve se assegurar de que sua conduta, tanto na corte quanto fora dela, mantém e intensifica a confiança do público, dos profissionais legais e dos litigantes na imparcialidade do Judiciário.

2.3 Um juiz deve, tanto quanto possível, conduzir-se de modo a minimizar as ocasiões em que será necessário ser desqualificado para ouvir ou decidir casos.

2.4 Um juiz não deve intencionalmente, quando o procedimento é prévio ou poderia sê-lo, fazer qualquer comentário que possa razoavelmente ser considerado como capaz de afetar o resultado de tal procedimento ou danificar a manifesta justiça do processo. Nem deve o juiz fazer qualquer comentário em público, ou de outra maneira, que possa afetar o julgamento justo de qualquer pessoa ou assunto.

2.5 Um juiz deve considerar-se suspeito ou impedido de participar em qualquer caso em que não é habilitado a decidir o problema imparcialmente ou naqueles em que pode parecer a um observador sensato como não-habilitado a decidir imparcialmente.

3 – Integridade: *A integridade é essencial para a apropriada desincumbência dos deveres do ofício judicial.*

3.1 Um juiz assegurar-se-á de que sua conduta esteja acima de reprimenda do ponto de vista de um observador sensato.

3.2 O comportamento e a conduta de um juiz devem reafirmar a fé das pessoas na integridade do Judiciário. A justiça não deve meramente ser feita, mas deve ser vista como tendo sido feita.

4 – Idoneidade: *A idoneidade e a aparência de idoneidade são essenciais ao desempenho de todas as atividades do juiz.*

4.1 Um juiz deve evitar a falta de idoneidade e a aparência de falta de idoneidade em todas as suas atividades.

4.2 Como objeto de constante observação por parte do público, um juiz deve aceitar as restrições pessoais que podem parecer limitações para os cidadãos comuns e deve fazê-lo de modo livre e com disposição. Em particular, um juiz deve conduzir-se de maneira consistente com a dignidade do ofício judicial.

4.3 Um juiz deve, em suas relações pessoais com membros de profissões legais que atuem regularmente na sua corte, evitar situações que possam razoavelmente levantar suspeita ou aparência de favoritismo ou parcialidade.

4.4 Um juiz não deve participar na resolução de processo em que qualquer membro da sua família representa um litigante ou é associado de qualquer maneira ao caso.

4.5 Um juiz não deve permitir o uso de sua residência por um advogado para receber clientes ou outros advogados.

4.6 Um juiz, como qualquer outro cidadão tem direito à liberdade de expressão, crença, associação e reunião de pessoas, mas ao exercer tais di-

reitos, deve sempre conduzir-se de maneira tal que preserve a dignidade do ofício judicante e a independência do Judiciário.

4.7 Um juiz deve se informar sobre os seus interesses pessoais, fiduciários e financeiros e deve fazer um esforço razoável para ser informado sobre os interesses financeiros dos membros de sua família.

4.8 Um juiz não permitirá que os relacionamentos sociais ou outros relacionamentos de sua família influenciem impropriamente a conduta judicial e a sua capacidade de julgamento como um juiz.

4.9 Um juiz não deve usar ou pôr à disposição o prestígio do cargo para promover os seus interesses privados, de um membro de sua família ou quem quer que seja, nem deve transmitir ou permitir que outros transmitam a impressão de que qualquer um está em uma posição especial, capaz de indevidamente influenciá-lo no desempenho das obrigações do ofício.

4.10 A informação confidencial adquirida pelo juiz em razão do cargo não deve ser usada ou revelada pelo juiz para qualquer propósito não relacionado com os deveres do juiz.

4.11 Como objeto de um desempenho apropriado dos deveres judiciais, um juiz pode:

4.11.1 escrever, dar palestras, ensinar e participar em atividades referentes à lei, ao sistema legal, à administração da justiça ou matérias relacionadas;

4.11.2 comparecer a uma audiência pública, perante um corpo oficial, relacionada às matérias afetas à lei, ao sistema legal, à administração da justiça ou assuntos interligados;

4.11.3 servir como membro em um corpo oficial ou outra comissão governamental, comitê ou corpo consultivo se essa participação não é inconsistente com a percepção de imparcialidade e neutralidade política de um juiz;

4.11.4 envolvimento com outras atividades, se tais atividades não rebaixarem a dignidade do cargo nem interferirem de outra maneira com o desempenho dos deveres judiciais;

4.12 Um juiz não deve exercer a advocacia enquanto ocupar o cargo.

4.13 Um juiz pode formar ou se juntar a associações de juízes ou participar de organizações representado os interesses da categoria.

4.14 Um juiz e os membros de sua família nem pedirão, nem aceitarão, qualquer presente, doação, empréstimo ou favor com relação a qualquer coisa feita, a ser feita, ou omitida de ter sido feita pelo juiz em conexão com o desempenho dos deveres judiciais.

4.15 Um juiz não permitirá deliberadamente que um funcionário de sua equipe ou outros, sujeitos a sua influência, direção ou autoridade, peça, aceite qualquer presente, doação, empréstimo ou favor com relação a qualquer coisa feita, a ser feita ou omitida de ter sido feita em conexão com seus deveres funcionais.

4.16 Sempre sujeitos à lei e a qualquer exigência legal de exposição pública, um juiz pode receber um presente representativo de uma certa situação, uma concessão ou um benefício apropriado para ocasião na qual se deu, sob a condição de que o presente, concessão ou benefício não possa ser percebido, de acordo com o bom senso, como tendente a influenciar o juiz no desempenho de seus deveres ou, de outro modo, dar a aparência de parcialidade.

5 – Igualdade: Assegurar a igualdade de tratamento de todos perante as cortes é essencial para a devida execução do ofício judicial.

5.1 Um juiz deve ser ciente e compreensivo quanto à diversidade na sociedade e às diferenças que surgem de várias fontes, incluindo (mas não limitadas à) raça, cor, sexo, religião, origem nacional, casta, deficiência, idade, estado civil, orientação sexual, status social e econômico e outras causas ("razões indevidas").

5.2 Um juiz não deve, no desempenho dos deveres judiciais, manifestar, por palavras ou conduta, parcialidade ou preconceito dirigido a qualquer pessoa ou grupo com base em razões indevidas.

5.3 Um juiz cumprirá os deveres judiciais com a apropriada consideração para com todos, tais como as partes, testemunhas, advogados, funcionários da corte e outros juízes, sem fazer distinção fundada em qualquer motivo irrelevante ou secundário para a devida execução de tais obrigações.

5.4 Um juiz não deve deliberadamente permitir que os funcionários da corte ou outros, sujeitos à sua influência, direção ou controle, discriminem, em qualquer grau, pessoas envolvidas em um problema submetido a seu julgamento.

5.5 Um juiz deve pedir aos advogados de um processo que se abstenham de fazer manifestações, por palavras ou conduta, de parcialidade ou preconceito baseado em motivos irrelevantes, exceto se tais motivos são legalmente relevantes para um assunto em discussão e podem ser objeto de legítima advocacia.

6 – Competência e diligência: Competência e diligência são pré-requisitos da devida execução do ofício judicante.

6.1 Os deveres profissionais de um juiz tem precedência sobre todas as outras atividades.

6.2 Um juiz deve devotar sua atividade profissional aos deveres judiciais, os quais incluem não apenas a execução das funções judiciais e responsabilidades na corte e a confecção de decisões, mas também outras relevantes tarefas para o gabinete judicial ou para as operações da corte.

6.3 Um juiz deve tomar medidas sensatas para manter e aumentar o seu conhecimento, habilidade e qualidades pessoais necessárias para a execução apropriada dos deveres judiciais, tomando vantagem, para esse fim, de treinamentos e outros recursos que possam estar disponíveis, sob controle judicial, para os juízes.

6.4 Um juiz deve manter-se informado sobre acontecimentos relevantes na lei internacional, incluindo convenções internacionais e outros instrumentos estabelecendo normas sobre direito humanos.

> *6.5 Um juiz deve executar todos os seus deveres, incluindo a entrega de decisões reservadas, eficientemente, de modo justo e com razoável pontualidade.*
>
> *6.6 Um juiz deve manter a ordem e o decoro em todos os procedimentos da corte e ser paciente, digno e cortês com relação aos litigantes, jurados, testemunhas, advogados e outros com os quais deva lidar em sua capacidade oficial. O juiz deve requerer conduta semelhante dos representantes legais, funcionários da corte e outros sujeitos à sua influência, direção ou controle.*
>
> *6.7 Um juiz não deve se envolver com condutas incompatíveis com o cumprimento diligente dos deveres judiciais.*

Por fim, o documento aponta que os Judiciários nacionais devem desenvolver mecanismos e adotar medidas para a implementação efetiva dos princípios ali descritos, se tais mecanismos ainda não existirem em seus sistemas de jurisdição.

Embora tais princípios sejam desconhecidos até mesmo de muitos magistrados de nosso país, nota-se um aumento da divulgação do assunto entre membros da carreira, o que implica na menção do tema em provas de concurso público, principalmente em fases mais avançadas dos certames, a exemplo de provas orais.

▸ Como esse assunto foi cobrado em concurso?

Os Princípios de Conduta Judicial de Bangalore foram elaborados pelo Grupo de Integridade Judicial, constituído sob os auspícios das Nações Unidas. Sua elaboração teve início no ano de 2000, em Viena (Áustria), os princípios foram formulados em abril de 2001, em Bangalore (Índia) e oficialmente aprovados em novembro de 2002, em Haia (Holanda). Os Princípios de Conduta Judicial de Bangalore é um projeto de Código Judicial em âmbito global, elaborado com base em outros códigos e estatutos, nacionais, regionais e internacionais, sobre o tema, dentre eles a Declaração Universal dos Direitos Humanos, da ONU. (...) Os Princípios de Bangalore subsidiaram a elaboração do Código Ibero-Americano de Ética Judicial, promovido pela Cúpula Judicial Ibero-Americana, para ser instrumento norteador de condutas no âmbito dos países Ibero-Americanos, traduzido e editado pelo Centro de Estudos Judiciários.(https://www.unodc.org/documents/lpobrazil/Topics_corruption/Publicacoes/2008_ Comentarios_aos_Principios_de_Bangalore.pdf)

De acordo com os mencionados Princípios de Bangalore, o Juiz que acabou de ingressar na magistratura deve observar que

a) a motivação em matéria de Direito deve limitar-se a invocar as normas aplicáveis, especialmente nas resoluções sobre o fundo dos assuntos, não devendo ostentar uma intensidade máxima.

b) a vinculação ocorre apenas pelo texto das normas jurídicas vigentes, e não pelas razões nas quais se fundamentam, em atendimento ao princípio da legalidade.

c) a independência judicial implica que, sob o ponto de vista ético, o Juiz não deve participar, de qualquer modo, de atividade política partidária.

d) a obrigação da formação continuada dos juízes restringe-se às matérias especificamente jurídicas, para evitar subjetivismo em relação a outros ramos do conhecimento.

e) o segredo profissional tem como fundamento salvaguardar a confiança no Judiciário e não especificamente os direitos das partes e das pessoas próximas perante o uso indevido de informações obtidas pelo Juiz no desempenho das suas funções.

Gabarito: alternativa **C**.

CAPÍTULO

V

Psicologia Judiciária

1. ORGANIZAÇÃO DO ESTUDO

A psicologia judiciária é tema cobrado quase com exclusividade nos concursos da magistratura, tendo abordagem de menor intensidade em provas de outras carreiras. Não é comum, por exemplo, sua exigência em provas de Defensoria Pública, procuradorias ou do Ministério Público. Para provas da magistratura, a exigência vem disposta no texto da Resolução 75/2009 do CNJ, e compreende os pontos abaixo descritos.

PSICOLOGIA JUDICIÁRIA

1 - Psicologia e Comunicação: relacionamento interpessoal, relacionamento do magistrado com a sociedade e a mídia.

2 - Problemas atuais da psicologia com reflexos no direito: assédio moral e assédio sexual.

3 - Teoria do conflito e os mecanismos autocompositivos. Técnicas de negociação e mediação. Procedimentos, posturas, condutas e mecanismos aptos a obter a solução conciliada dos conflitos.

4 - O processo psicológico e a obtenção da verdade judicial. O comportamento de partes e testemunhas.

Como se vê, os assuntos descritos não abordam questões puras da psicologia, mas buscam interligações deste ramo do conhecimento com a atividade judiciária, a fim de municiar o magistrado de um conhecimento plural que, agregando saberes das áreas jurídicas e psicológicas, poderá melhor pautar sua conduta social e, principalmente, balizar seus critérios para análise, condução e julgamento de casos concretos submetidos a sua apreciação.

De todo modo, não parece correto partir para o estudo de pontos específicos de interligação das disciplinas sem se ter uma mínima base sobre uma área tão interessante do conhecimento humano. Assim, algumas observações preliminares sobre a psicologia em geral, e também sobre a psicologia judiciária, auxiliarão o estudante na formação de suas convicções e facilitarão sua compreensão dos pontos específicos do edital.

Em razão disso, **o presente capítulo** contém, além da abordagem dos pontos da Resolução 75/2009, também uma **análise prévia** (e necessária) para a correta imersão nas discussões jurídicas e psicológicas propostas pelo Conselho Nacional de Justiça em sua listagem de pontos.

2. PONTOS DE DESTAQUE

Analisando as questões de Psicologia Jurídica em concursos, pode-se dizer que os pontos de maior cobrança são:

- ➔ Utilização de técnicas para autocomposição
- ➔ Aspectos gerais. Psicanálise
- ➔ Obtenção da verdade judicial

3. INTRODUÇÃO

3.1. Conceito de psicologia. Âmbito de atuação

A etimologia da palavra **psicologia** envolve o **estudo** (*logos*) da *psiqué*, identificada como **alma** ou **mente** humana. Essa percepção clássica hoje evoluiu para uma nova abordagem e, assim, fala-se que a ciência psicológica é aquela que se dedica ao estudo dos chamados **processos mentais** e a consequente **influência destes no comportamento humano.**

Diferentemente da sociologia e o do Direito, que também estudam o comportamento humano sob outros enfoques, a psicologia propõe uma análise mais centralizada na **unidade** formada pela **mente e corpo humanos.**

A definição de Vitor Kümpel (2012) nos auxilia a compreender o conceito:

> Resumindo, a psicologia estuda o comportamento dos organismos vivos, através das suas atividades de conhecimento, afetivas e motoras. Além disso, ela estuda a sua experiência, ou seja, o estado consciente relacionado com a sua vida interior, em outras palavras, a sua vivência, através das sensações, emoções e motivações. Portanto, a psicologia humana procura explicar por que o homem vê, pensa, memoriza, esquece, fala, anda, revolta-se, imagina, etc.

O autor João Paulo Lordelo (2020), partindo das lições de Mira y Lopez, indica que:

> Diferentemente da psicologia clássica (filosófica), que acreditava ser a "alma" o seu objeto de estudo, a psicologia moderna possui um objeto bastante preciso: os fenômenos psíquicos, ou seja, o conjunto de elementos que formam, de maneira subjetiva, a nossa experiência interna. Sua preocupação não possui natureza ontológica. É dizer: ela não

> pretende estudar a essência da atividade psíquica, mas sim os seus resultados, através de observação e experimentação, como qualquer outra ciência natural.

A atuação da psicologia, todavia, é extremamente ampla, e essa vasta área de atuação pode, em razão de propor a análise de questões complexas e heterogêneas, resultar em uma dificuldade inicial de uniformização de métodos e teorias a serem utilizados em sua aplicação.

Pode-se ter uma ideia dessa amplitude a partir da abordagem feita por Ana Maria Merces Bock (2002):

> A Psicologia colabora com o estudo da subjetividade: é essa a sua forma particular, específica de contribuição para a compreensão da totalidade da vida humana. Nossa matéria prima, portanto, é o homem em todas as suas expressões, as visíveis (nosso comportamento) e as invisíveis (nossos sentimentos), as singulares (porque somos o que somos) e as genéricas (porque somos todos assim) — é o homem-corpo, homem-pensamento, homem-afeto, homem-ação e tudo isso está sintetizado no termo subjetividade.
>
> A subjetividade é a síntese singular e individual que cada um de nós vai constituindo conforme vamos nos desenvolvendo e vivenciando as experiências da vida social e cultural; é uma síntese que nos identifica, de um lado, por ser única, e nos iguala, de outro lado, na medida em que os elementos que a constituem são experienciados no campo comum da objetividade social. Esta síntese — a subjetividade — é o mundo de idéias, significados e emoções construído internamente pelo sujeito a partir de suas relações sociais, de suas vivências e de sua constituição biológica; é, também, fonte de suas manifestações afetivas e comportamentais.

De todo modo, essa dificuldade também é encontrada em outros ramos de estudo do comportamento humano e, portanto, não deve ser vista como algo que retira crédito ou importância da psicologia.

A Psicologia é uma ciência relativamente nova em relação ao Direito, datando do Século XIX o nascimento da Psicologia Científica e, além disso, possui uma diversidade no objeto de estudo, que dependerá da abordagem adotada.

Em síntese, a psicologia colabora com o estudo da subjetividade para a compreensão da vida humana; portanto, ela é uma ciência humana que leva em consideração a definição de homem, a concepção de objeto e o contexto social. Tem ela como finalidades: Interferir em aspectos da dimensão subjetiva; Potencializar os sujeitos - autonomia e autoria; Contribuir para que a atuação das pessoas seja mais adequada e satisfatória; Promover saúde.

Mesmo não havendo uniformidade nos métodos e teorias ou referenciais adotados para o estudo da subjetividade, todos os métodos e técnicas utilizados devem ser científicos, conforme indica o Conselho Federal de Psicologia: Princípio Fundamental do Código de ética: IV. O psicólogo atuará com responsabilidade, por meio do contínuo aprimoramento profissional, contribuindo para o desenvolvimento da Psicologia como campo científico de conhecimento e de prática.

A formação do psicólogo o habilita a atuar em qualquer área da psicologia, descritas na Resolução CFP 13/2007, sendo elas: Psicologia Escolar/Educacional; Psicologia Organizacional e do Trabalho; Psicologia de Trânsito; Psicologia Jurídica; Psicologia do Esporte; Psicologia Clínica; Psicologia Hospitalar; Psicopedagogia; Psicomotricidade; Psicologia Social; Neuropsicologia.

3.2 Psicologia jurídica e psicologia judiciária

Equivocadamente, ainda se diz que a **psicologia jurídica** trabalha com questões envolvendo **psicologia forense**, delimitando-se a análise de comportamentos circunscritos a pessoas envolvidas em delitos. Haveria, então, uma vinculação com questões de Direito Penal, Criminologia e Direito Processual Penal.

Provavelmente, a delimitação acima tem muito mais amparo histórico do que efetivamente científico. Como sabido, a participação de peritos em psicologia foi proposta inicialmente para casos penais, principalmente na chamada psicologia do testemunho.

Historicamente, pode-se afirmar que a Psicologia Jurídica iniciou seu percurso pela Criminologia, uma vez que, a colaboração das(os) psicólogas(os) à Justiça seguiu o procedimento adotado pelos profissionais médicos (psiquiatras), que eram chamados a atuar, a cada processo, por designação do magistrado para a realização de perícias de avaliação psicológica para averiguar a responsabilidade penal de adultos, na chamada Psicologia do Testemunho.

Atualmente, Psicologia Jurídica é a denominação dada a **todas as áreas de estudo, pesquisa e atuação relativas as intersecções da Psicologia com a Justiça** e, consequentemente, com as Ciências Jurídicas (Direito). Nesse sentido, a Psicologia Jurídica não se limita apenas ao que trata a Psicologia Forense, nem às análises de comportamentos circunscritos a pessoas envolvidas em delitos.

Conceitualmente, a Psicologia Jurídica corresponde a **toda aplicação do saber psicológico às questões relativas ao saber das Ciências Jurídicas/Direito.**

▸ **Como esse assunto foi cobrado em concurso?**

(FCC – 2013 – MPE – Analista) A Psicologia Jurídica ou Judiciária, tal qual se conhece hoje, é fruto de uma aproximação entre Psicologia e Direito, que ocorreu especificamente ao final do século XIX com a denominada

Parte superior do formulário

a) Psicologia do Testemunho.
b) Psicopatologia da Vida Cotidiana.
c) Teoria Sistêmica
d) Psicologia do Desenvolvimento.
e) Análise Transacional.

Gabarito: alternativa A.

Mais tarde, a interligação entre Psicologia e Direito ficou famosa na elaboração de padrões de comportamento ou tentativas de antecipação de atos que envolviam crimes.

Curiosidade: A utilização de profissionais da psicologia para investigação de padrões de comportamento e descobrimento de crimes e identidades de criminosos encontra referencial histórico nos anos 70, junto à Unidade de Ciência Comportamental do FBI. Nessa divisão da polícia americana, Robert Ressler utilizou pela primeira vez a expressão *serial killer.*

Nos estudos iniciados naquela divisão policial, afastaram-se antigos mitos sobre assassinos em série representados por figuras horripilantes e/ou loucas, verificando-se que, na verdade, muitos deles tinham vidas absolutamente comuns e que a motivação subjetiva dos crimes era muito mais complexa do que um mero desvio de personalidade ou de uma deficiência mental.

O avanço da psicologia permitiu verificar que muitos desses comportamentos têm origem em elementos subjetivos e próprios do agente, como abuso infantil, influência genética, exposição a eventos traumáticos e insatisfação social.

Embora tenha vinculação histórica com a investigação criminal, atualmente a noção de **psicologia jurídica** tem sido ampliada para abranger outros ramos de atuação dessa especialidade. O Colégio Oficial de Psicólogos de Madri define a Psicologia Jurídica como "um campo de trabalho e investigação psicológica especializada cujo objeto é o estudo do comportamento dos atores jurídicos no âmbito do Direito, da Lei e da Justiça."

Percebendo a amplitude da abordagem, França (2004, pg. 76) menciona que a Psicologia Jurídica "deve ir além do estudo das manifestações de subjetividade, o comportamento. Devem ser seu objeto de estudo as consequências das ações jurídicas sobre o indivíduo".

▸ **Como esse assunto foi cobrado em concurso?**

(CESPE - 2007 - PC/PA - Psicólogo) Considerando a atuação do psicólogo em psicologia jurídica, assinale a opção correta.

a) O psicólogo da área jurídica deve transcender as solicitações do mundo jurídico. Deve repensar se é possível responder, sob o ponto de vista psicológico, a todas as perguntas que lhe são lançadas, estabelecendo uma relação de complementaridade entre direito e psicologia.

b) O psicólogo que atua na área jurídica atende à demanda jurídica, como uma psicologia aplicada, cujo objetivo é contribuir para o melhor exercício do direito, em uma relação de subordinação, na qual o saber psicológico está a serviço do mundo jurídico.

c) A atuação do psicólogo na área jurídica tem por objeto de estudo uma das manifestações da subjetividade, ou seja, o estudo do comportamento, enquanto que o estudo das conseqüências das ações jurídicas sobre o indivíduo é função da psicologia clínica.

d) O psicólogo jurídico pode fazer orientações, contribuir para políticas preventivas e estudar os efeitos do mundo jurídico sobre a subjetividade do indivíduo. A perícia constitui a única atividade que não é praticada pelo psicólogo jurídico.

Gabarito: Alternativa A.

(COPEVE/UFAL – 2012 – MPE/AL – Psicólogo) A Psicologia Jurídica contribui com as ações relativas ao Direito. Qual opção abaixo não se caracteriza como uma destas contribuições?

Parte superior do formulário

a) Nas questões de família: separação, divórcio, regulamentação de visitas, guarda e a adoção.

b) Nos delitos sexuais: pedofilia e abuso sexual infantil.

c) Nas questões de inimputabilidade.

d) Na realização do depoimento sem dano e definição de uso de medicação aos pacientes.

e) No direito da Criança e do Adolescente.

Gabarito: Alternativa D.

(2015 – FGV – TJ-PI – Analista) Em termos históricos, a Psicologia Jurídica foi constituída como campo de saber que:

I. auxilia os procedimentos e atos jurídicos;

II. ajuda a avaliar a veracidade e a validade do testemunho;

III. produz diagnósticos e prediz condutas.

Está correto o que se afirma em:

Parte superior do formulário

a) somente I;
b) somente I e II;
c) somente I e III;
d) somente II e III;
e) I, II e III.

Gabarito: E.

Não por acaso, a legislação brasileira tem inserido profissionais da psicologia em papel de destaque nos campos que contam com prioridade absoluta do tratamento estatal, a exemplo do direito das crianças e adolescentes.

O Estatuto da Criança e do Adolescente (Lei 8.069/90), dispõe que.

> Art. 19. É direito da criança e do adolescente ser criado e educado no seio de sua família e, excepcionalmente, em família substituta, assegurada a convivência familiar e comunitária, em ambiente que garanta seu desenvolvimento integral.
>
> § 1º Toda criança ou adolescente que estiver inserido em programa de acolhimento familiar ou institucional terá sua situação reavaliada, no máximo, a cada 3 (três) meses, devendo a autoridade judiciária competente, **com base em relatório elaborado por equipe interprofissional ou multidisciplinar,** decidir de forma fundamentada pela possibilidade de reintegração familiar ou pela colocação em família substituta, em quaisquer das modalidades previstas no art. 28 desta Lei.
>
> § 6º A mãe adolescente será assistida por equipe especializada multidisciplinar.

No contexto das equipes multidisciplinares da rede pública de atendimento a crianças e adolescentes, o papel dos psicólogos é destacado, dividindo protagonismo com assistentes sociais e equipe médica. Por meio de seus trabalhos, esses profissionais auxiliam os juízes que conduzem processos envolvendo crianças e adolescentes a tomarem não apenas a decisão mais justa, mas também aquela mais adequada ao efetivo desenvolvimento daquele que está em uma fase especial da vida, e que precisa ser alvo de um olhar estatal diferenciado.

Também contemplam essa atuação multidisciplinar o Estatuto da Pessoa com Deficiência e a Lei Maria da Penha.

Infelizmente, o Estatuto da Pessoa Idosa, legislação de referência para o tratamento jurídico de um outro grupo que merece atenção especial do Estado, não fez nenhuma referência em seu texto sobre a utilização de equipes interdisciplinares no curso de processos que envolvem tais sujeitos de direitos.

▸ **Como esse assunto foi cobrado em concurso?**

(FGV – 2015 – TJ-BA – Analista) "Vivemos numa época em que um notório desenvolvimento científico mescla-se a um silenciamento ou a uma espetacularização acerca da morte. (...) Em tal contexto o velho passa a ser um sujeito vazio, impossível de ser compreendido, em relação ao qual não se tem sequer paciência. (...) O idoso é jogado para as margens da experiência social e cultural, e seu acolhimento dependerá de sua incorporação ao mercado." (AGRA DO Ó, A. Norbert Elias e uma narrativa acerca do envelhecimento e da morte. Apud COIMBRA, J.C. O psicólogo, o sistema de justiça e os casos de violência intrafamiliar contra idosos. In BRANDÃO, E. et GONÇALVES, H. S. Psicologia Jurídica no Brasil. Rio de Janeiro: NAU, 2011).

Verificamos que apesar da promulgação da Lei nº 10.741/2003 (Estatuto do Idoso), e da criação de Varas do Idoso em alguns estados brasileiros, tais Varas, majoritariamente, não contam com equipes técnicas lotadas nestas serventias. Tal fenômeno pode ser compreendido pela:

a) falta de demanda de intervenções dos profissionais "psi" em processos de idosos;
b) existência de equipe técnica no Ministério Público que atende tal demanda;
c) remessa da demanda judicial para profissionais cedidos que se responsabilizam pela elaboração dos laudos;
d) falta de previsão legal para atuação da equipe interprofissional nestas Varas;
e) elaboração de laudos pelas equipes interprofissionais dos asilos de idosos que suprem a demanda judicial.

Gabarito: alternativa D.

(CESPE – 2012 – TJ/GO – Analista Judiciário) No que se refere à psicologia jurídica, assinale a opção correta.

a) A avaliação psicológica na área judiciária deve utilizar, obrigatoriamente, instrumentos psicométricos e projetivos na construção do diagnóstico.
b) Dadas as demandas recentes do Poder Judiciário, a atuação do psicólogo deve priorizar as práticas de intervenção e de mediação como possibilidades mais adequadas de resolução de conflitos, devendo a atividade avaliativa ser negligenciada.
c) O Estatuto da Criança e do Adolescente é um marco importante da psicologia jurídica, pois o trabalho do psicólogo jurídico, a partir da publicação do estatuto, ampliou-se e tornou-se

essencial, passando a englobar diversas atividades, tanto na área pericial como de acompanhamento.

d) Diferentemente da psicologia clínica, a psicologia jurídica não objetiva ser uma via de expressão da subjetividade dos envolvidos nas demandas judiciais.

e) Na avaliação psicológica, embasada em procedimentos técnicos e éticos, o psicólogo pode utilizar habilidades outras que não aquelas específicas do conhecimento psicológico, conforme aumentem suas relações com o campo jurídico.

Gabarito: Alternativa C.

Por sua vez, a **psicologia judiciária** é vista em delimitação mais específica do que a psicologia jurídica, pois teria **atuação eminentemente interna ao sistema judiciário**.

Afasta-se, portanto, a abordagem mais ampla feita pela psicologia entre o direito e o indivíduo, restringindo-se o espectro de análise para o estudo das relações travadas entre juiz, partes e participantes do processo.

Desse modo, fala-se que a atuação contemporânea do psicólogo no ambiente jurídico é, dentro de um contexto de psicologia judiciária, muito mais ampla do que a mera elaboração de avaliações, pareceres, perícias e orientações no curso de processos, sendo também elemento importante na elaboração de políticas judiciárias que melhor contribuirão para o desenvolvimento do sistema de justiça.

Assim, por meio das contribuições desses profissionais, as instituições podem **descobrir como suas ações jurídicas influenciam na subjetividade dos sujeitos**, adaptando, então, as formas de ação institucional com vistas a desenvolver uma interação cada vez mais humana e eficaz.

Esse caráter interdisciplinar da atuação judicial (tão difundido nos tempos atuais) não é uma efetiva novidade na literatura jurídica, sendo famosa a citação de Enrico Ferri (1981, pg. 15) que, exaltando a necessidade de amplitude de conhecimentos do magistrado, refere que

> Para uma exacta e eficaz aplicação das leis penais aos casos individuais, são necessários conhecimentos científicos especiais, não só de direito, mas também de antropologia, de psicologia, de medicina legal e de psiquiatria, ao mesmo tempo que o juiz actual é forçado a um enciclopedismo absurdo, contrário à lei natural da 'divisão do trabalho'.

Em outras palavras, não é difícil concluir que um juiz detentor de conhecimentos sobre psicologia é um agente capaz de conduzir um processo muito mais efetivo na busca da pacificação social, resolução dos conflitos e construção da justiça.

De fato, o Direito está reconhecendo a sua limitação em abranger objetivamente o fato subjetivo, e, partindo da noção que o comportamento e a subjetividade humana são objetos de estudo da Psicologia, os saberes de ambas as ciências, se reunidos, podem gerar melhores frutos.

▸ **Como esse assunto foi cobrado em concurso?**

(FGV – 2018 – MPE/AL – Psicólogo) O desenvolvimento da Psicologia Jurídica no Brasil ocorreu com a ampliação do seu campo de atuação e a mudança do paradigma pericial inicial, sobretudo, a partir dos anos 90.

Sobre as atividades exercidas pelos psicólogos, além das avaliações periciais realizadas comumente nos trabalhos desta área, analise os itens a seguir.

I. Os psicólogos passaram a realizar orientação, aconselhamento e encaminhamento.

II. Os psicólogos passaram a realizar práticas de resolução autocompositiva de conflitos.

III. Os psicólogos passaram a articular políticas públicas de atendimento em rede.

Está correto o que se afirma em

a) II, somente.
b) I e II, somente.
c) I e III, somente.
d) II e III, somente.
e) I, II e III.

Gabarito: Alternativa E.

(FGV – 2018 – MPE/AL – Psicólogo) Psicólogos e assistentes sociais compõem equipes interprofissionais que assessoram operadores do Direito. Estes costumam demandar avaliações 'psicossociais', o que conduz a uma reflexão teórica sobre a importância de um trabalho interdisciplinar e não simplesmente multidisciplinar.

Nesse contexto de discussão, assinale a opção que apresenta o conceito de interdisciplinaridade.

a) As informações tomadas de empréstimo a duas ou mais especialidades, sem que as disciplinas sejam modificadas ou enriquecidas.

b) A justaposição dos recursos de duas ou várias disciplinas sem que haja um trabalho coordenado da equipe interprofissional.

c) A intensidade das trocas entre especialistas com a integração real das disciplinas no interior de um projeto específico.

d) O somatório das disciplinas com demarcação rígida das competências e funções de cada profissional.

e) A abolição das fronteiras entre as disciplinas no interior de um novo sistema de pensamento.

Gabarito: alternativa C.

3.3. Breve Histórico

Em um primeiro momento, o estudo da mente humana era feito em abordagem conjunta com a filosofia, não havendo, até o século XIX, uma diferenciação exata entre esses ramos do saber.

A distinção precisa não foi resultado de um estudo isolado ou descontextualizado de seu momento histórico, sabendo-se hoje que, na verdade, a separação entre psicologia e filosofia teve embrião no período renascentista, sendo fecundada, por exemplo, pela abordagem proposta por Descartes, que dizia que *o corpo sem alma é tão somente uma máquina.*

Na época, o autor tinha a intenção de incentivar o estudo científico do corpo humano (via anatomia, por exemplo) dissociando o corpo do elemento sagrado tão valorizado na idade média por influência do pensamento cristão.

Cabe lembrar que o pensamento cristão foi o primeiro a propor uma ideia de imortalidade da alma identificada com o corpo, elemento inexistente em filosofias antigas, a exemplo do estoicismo, que pregava um retorno (reinserção) da energia humana ao *cosmos* perfeito.

Com esse posicionamento propositivo, Descartes deu o primeiro passo também à noção de separação do estudo do espírito e dos fenômenos mentais.

Fundado nas bases do ideário iluminista, com predominância da razão sobre a fé, o século XIX traz em seu contexto a noção científica das *exatas* (como a matemática) para o desenvolvimento de uma psicologia que descolou-se definitivamente da filosofia, e passou a utilizar noções de outras ciências em suas propostas de estudo sobre **como mente funciona** e quais são as **consequências daí decorrentes no comportamento humano**.

A evolução histórica da psicologia, a partir de seu efetivo descolamento da filosofia, pode ser estudada pelo conhecimento das chamadas correntes teóricas da psicologia.

3.4. Correntes teóricas da psicologia

As correntes teóricas da psicologia demonstram que, após a sua completa separação da filosofia, a abordagem não seguiu um caminho linear e unitário, mas constituiu-se por meio de uma série de ramificações que, no decorrer do tempo, mostraram-se (algumas mais, e outras menos) produtivas e duradouras, visto que algumas já foram abandonadas e outras permanecem coexistindo.

3.4.1. Behaviorismo

Essa corrente teve início com os estudos de John B. Watson, em 1913, sendo também chamada de psicologia comportamental. Tem como base a premissa de uma psicologia baseada na metodologia de observação, mensuração e reprodução, de onde confluiriam padrões dignos de abordagem. Em palavras mais simples, ela entende que existe possibilidade de condicionamento do comportamento humano a partir de estímulos externos.

No contexto do behaviorismo foi articulada a formulação de estímulo e resposta, que informa a existência de comportamentos involuntários (respondentes) decorrentes de estímulos do ambiente.

Também, verificou-se a possibilidade de existência dos chamados condicionamentos respondentes, que seriam inseridos artificialmente no contexto do ambiente e, então, com o decorrer do tempo, tornar-se-iam em elementos desencadeadores do comportamento involuntário.

> A confiança de John Watson na vinculação entre estímulos e respostas estudadas no behaviorismo era tão grande que ele proferiu, certa vez, a célebre frase "Dê-me uma dúzia de crianças saudáveis, bem formadas, e meu próprio mundo especificado para criá-los e eu vou garantir a tomar qualquer uma ao acaso e treiná-lo para se transformar em qualquer tipo de especialista que eu selecione – advogado, médico, artista, comerciante-chefe."

Em um controverso experimento (*little Albert*), John Watson associou a imagem de um rato branco à noção de medo em uma criança. O experimento consistia em unir um **estímulo** naturalmente neutro (rato branco) com um **estímulo** naturalmente negativo (som de ruído alto – que naturalmente tem o **medo como resultado**) em aparições do rato para a criança. Com o decorrer do tempo, ocorreu o que se denominou de **pareamento dos estímulos** e, então, a partir disso, a simples aparição do rato, ainda que sem o som alto de ruído, passaram a causar na criança o sentimento de medo inicialmente inexistente à visão pura do animal.

Em 1945, Burrhus Skinner publica um trabalho que dá origem ao hoje denominado **behaviorismo radical**, que apresenta ao mundo o conceito de **comportamento operante**, conceituado como o **comportamento humano voluntário que busca alcançar um efeito desejado ou evitar uma consequência indesejada**.

Em outras palavras, enquanto o comportamento respondente está vinculado com um estímulo que lhe é anterior (sentimento de medo vinculado ao aparecimento do rato, no experimento de Watson), o comportamento operante está vinculado com uma consequência posterior, que normalmente é mantida e fixada por meio de reforços ou estímulos (positivos ou negativos).

> A técnica de reforços positivos ou negativos ainda é muito utilizada no cotidiano. A compra de um presente para uma criança que se comportou adequadamente em determinado evento social é um estímulo positivo (recompensa) e busca automatizar aquele comportamento para futuras circunstâncias semelhantes, ao passo que a repreensão é utilizada como estímulo negativo para evitar a repetição futura de comportamentos desagradáveis.

Mesmo tendo o behaviorismo perdido a sua influência após 1950, muitos dos seus conceitos e princípios ainda são utilizados, a exemplo do que ocorre com o condicionamento para alteração de comportamentos indesejados no contexto da terapia cognitiva comportamental. Não se deve confundir essa, todavia, com o behaviorismo.

> ▸ **Como esse assunto foi cobrado em concurso?**
>
> **(CESPE – 2013 – MPU – Analista)** No que tange à atuação do psicólogo no contexto prisional, julgue o item a seguir.
>
> É facultado aos psicólogos viabilizar práticas e procedimentos de caráter punitivo e disciplinar, tendo em vista a relevância da contribuição do behaviorismo nos processos de aprendizagem e reintegração social dos encarcerados.
>
> a) Certo
>
> b) Errado
>
> *Gabarito: Errado.*

3.4.2. Gestalt

Diferentemente do que pregava o behaviorismo em sua dualidade de estímulo e resposta, essa corrente insere o "processo de percepção" entre os dois elementos, indicando que o comportamento dependeria não apenas do estímulo, mas do filtro de percepção global realizado pela mente.

Para os gestaltistas o "todo é distinto da soma das suas partes", ou seja, o significado das coisas depende não apenas da individualidade das coisas que as formam, mas de um conjunto ordenado de estímulos.

Para justificar sua teoria, os gestaltistas utilizavam os exemplos de ilusões de ótica que, muito embora utilizassem as mesmas coisas individualmente consideradas, eram percebidas de maneiras diversas pelas pessoas.

A compreensão total e perfeita de um fenômeno de forma imediata é pela primeira vez nominada como *insight*. O criador da palavra foi o psicólogo alemão Karl Bühler, conhecido pelo seu trabalho na psicologia da Gestalt.

Em uma explicação mais simples, fala-se que ele ocorre com a percepção do todo pelo indivíduo após o esforço para entender uma situação que não é clara a princípio, sendo essa percepção recebida de maneira súbita. Não por outra razão, um bom conceito para o fenômeno é "clareza súbita na mente".

3.4.3. Psicanálise

Mundialmente conhecida por seu expoente maior, Sigmund Freud, a psicanálise encontra influência para sua origem na psicopatologia. Enquanto as outras teorias elencavam os problemas físicos como causas dos comportamentos anormais, a psicanálise propôs que distúrbios emocionais também poderiam ser fonte originária de distúrbios comportamentais.

Para fins históricos, é importante mencionar que Freud inspirou-se no trabalho do fisiologista Josef Breuer, médico que se utilizava de hipnose para suas abordagens. Esses métodos marcaram profundamente os do psicanalista austríaco, embora ele tenha posteriormente abandonado tais técnicas e aderido ao que chamou de livre associação.

Partindo para o estudo de conteúdos ainda inexplorados (como sonhos, fantasias e esquecimentos), Freud ingressou em terreno desconhecido pelas outras correntes teóricas da psicologia, e formulou o conceito de **inconsciente**. Fala-se, então, que **a psicanálise enfatiza a influência da mente inconsciente no comportamento**.

Ao explorar impulsos muitas vezes desconhecidos (ou não reconhecidos) pelo paciente, eis que escondidos no inconsciente, a psicanálise busca ajudar as pessoas a, revelando tais impulsos, atingirem um maior nível de autoconhecimento e, com isso, controlarem a angústia.

Para Freud, as pessoas poderiam atingir a cura para determinados distúrbios (ou reduzir sintomas de maneira significativa – já que a cura definitiva é algo complexo em questões psicológicas) a partir da conscientização do inconsciente, obtendo aquilo que se chama de percepção.

O médico austríaco propunha que a personalidade era composta de três elementos. O ***Id***, que representava os desejos inconscientes e primitivos do ser; o *Ego*, que representava uma espécie de controlador do ***id***, transformando nossos comportamentos em ações socialmente aceitáveis e realistas; e o ***Superego***, que representava os ideais e valores do ser e, na maioria dos casos, seria resultado de imposição social (pelas vias da moral e da educação, por exemplo).

Analisando os três elementos, Freud menciona que o homem vive dividido entre estes dois mundos: o do Prazer (manifestado pelo ***id***) e o da Realidade (manifestado pelo ***superego***), em plena angústia existencial (dado o controle exercido pelo ***ego***).

Essa constante tensão existente entre o id, o superego e o ego pode provocar sensações psicológicas desagradáveis, a exemplo da angústia, da ansiedade e da dor. Para Freud, evitando atingir níveis extremos dessas sensações, as pessoas desenvolveram *mecanismos de defesa* que, sem efetivamente conscientizarem o inconsciente, pelo menos afastam as consequências danosas dos conflitos mentais. Esses mecanismos seriam: a distração, o deslocamento, a fantasia, a identificação, a negação da realidade, a racionalização, a regressão, a projeção, a idealização e, por fim, a sublimação.

> **Exemplo:** o adolescente que, aproximando-se da fase de escolha de uma profissão a seguir na vida adulta, evita a angústia do momento e tenta afastar-se do [illegible] assistindo episódios seguidos de uma série de televisão está, nada mais nada menos, do que utilizando-se do mecanismo de distração.

Ademais, propôs-se uma diferenciação entre **subconsciente** e **inconsciente**. O primeiro seria o nível mais passivo da consciência, uma espécie de estágio não-reflexivo, mas que pode se tornar consciente a qualquer momento. Já o inconsciente não tem essa imediatidade de revelação, e só se mostra existente através dos elementos que o estruturam, tais como atos falhos.

Dentre as técnicas de psicanálise, destacam-se o teste de Rorschach, o deslizamento freudiano, a associação livre, a análise dos sonhos, etc.

Em que pese algumas abordagens freudianas tenham sido abandonadas no decorrer do tempo, certas bases da psicanálise continuam sendo frequentemente utilizadas no contexto da moderna terapia psicanalítica, que prevê uma aproximação não crítica até o paciente.

Muitos autores, a exemplo de Fisher, S., & Greenberg (1990, pg. 173) indicam que a teoria psicanalítica não pode ser aceita ou rejeitada de maneira total, como um todo unitário. Afinal, ela é uma estrutura completa composta de muitas partes. Algumas devem ser aceitas, e outras devem ser descontinuadas.

4. PSICOLOGIA E COMUNICAÇÃO

4.1. Relacionamento interpessoal, relacionamento do magistrado com a sociedade e a mídia

Seja pela ótica aristotélica, de que o homem é um ser naturalmente social, seja pela visão de filósofos como Hobbes, para quem a sociabilidade é uma necessidade humana de autopreservação, é fato incontroverso que a **comunicação** é o meio pelo qual os humanos se inter-relacionam, formando grupos, celebrando contratos, estabelecendo valores e ditando regras de convivência.

Onde há comunicação existe também **linguagem**, vista como sistema de organização e funcionamento da interação entre os seres semelhantes. Não sendo exclusividade dos homens, a linguagem é a forma por meio da qual as mais diversas espécies se comunicam e, assim, organizam a vida conjunta.

Partindo-se da noção de inafastabilidade do uso adequado da linguagem e, consequentemente, da comunicação, tem-se abordado na atualidade a importância da constante autocrítica e reflexão por agentes do sistema de justiça na interação com os destinatários de seus serviços.

Assim, infere-se que, dada a necessidade de estabelecimento de uma comunicação adequada entre o cidadão e o sistema jurídico, não é mais aquele que deve adequar seus costumes e aprendizados a este, mas sim **o poder público é quem deve mostrar-se acessível aos destinatários** de suas ordens, julgamentos e determinações, sob pena de ser considerado inadequado e antiquado.

O Direito, nas já referenciadas palavras de Eros Grau, é uma arte alográfica, pois depende que um intérprete retire seu verdadeiro sentido da norma. Essa atividade interpretativa não se esgota na correta compreensão da ordem legal ou da conjectura de seu alcance, pois demanda uma atividade posterior: a comunicação com os destinatários do Direito.

Em outras palavras, pouca utilidade social tem o jurista que detém amplos conhecimentos da interpretação como forma de extração do sentido da norma se, quando debruçado à explicação de sua compreensão, não alcança mínimo sucesso.

Em tempos remotos, a atividade dos magistrados era restrita à análise técnica de casos concretos que, além de serem restritos a uma camada mais rica da sociedade, não eram divulgados em larga escala.

A revolução da informática modificou drasticamente esse panorama. Hoje, os magistrados são alvos dos mais atentos olhares que se espalham por televisões, rádios, computadores e redes sociais. As decisões por eles exaradas abandonaram a discrição dos processos físicos e alçaram voo na direção das nuvens virtuais que, em questão de minutos, faz reproduzir o conteúdo de uma sentença para milhões de pessoas.

Com isso, ampliou-se a necessidade de utilização de uma linguagem compatível com o conhecimento popular, bem como da prolação de decisões mais objetivas e claras, evitando-se a tautologia e a repetição de informações e julgados análogos que eram costumeiras na redação judicial.

A necessidade de **comunicação social** também ampliou a participação de magistrados e membros do sistema de justiça em canais de interação com a população. Não por acaso, a cada dia se multiplicam as explicações técnicas em canais de televisão, programas especializados de internet e até mesmo canais de Youtube que, afastando-se de termos técnicos incompreensíveis, buscam entregar o que hoje de denomina de "educação em direitos" para a população.

Toda essa exposição tem como consequência natural a constatação posterior de erros e equívocos em eventuais manifestações, o que exige, de um lado, poder de compreensão e relativização do ouvinte (que não deve tomar como absolutas as informações ali prestadas) e também do interlocutor, que deve assumir sua condição humana para aceitar erros, elaborar uma autocrítica e evoluir para uma próxima situação de exposição.

Alguns cuidados pontuais devem ser tomados pelo magistrado em seu **contato com a mídia**, evitando-se, por exemplo, manifestações partidárias, adiantamento de julgamentos de processos em curso, opiniões sobre diligências policiais recentemente realizadas, ou, ainda, casos de grande repercussão em que, possivelmente, as opiniões de juízes possam ser divulgadas em massa como forma pressão ao colega atuante no caso.

Os desafios da correta comunicação para magistrados não ficam restritos a eventos de exposição ao público, mas voltam-se com mais intensidade também para o ambiente forense.

A legislação atual, a exemplo do Novo Código de Processo Civil, apresenta um modelo de processo menos engessado e mais dado à oralidade e ao alcance de resoluções consensuais de conflitos. Tudo isso, obviamente, exige do magistrado uma nova postura comunicativa, de onde se extrai a relevância da linguagem não violenta, do incentivo à autocomposição e da paciência para compreender que, em muitas ocasiões, as partes resolverão não apenas o problema jurídico na sala de audiências, mas também alguns problemas pessoais.

Logo em seu art. 3º, § 2º o Código de Processo Civil prevê que o Estado promoverá, sempre que possível, a solução consensual dos conflitos, determinação legal que, por via indireta, já impõe ao magistrado e demais agentes de justiça a alteração de um antigo comportamento dotado de belicosidade e definitividade.

Confirmando a intenção, o parágrafo terceiro do mesmo artigo dispõe que a conciliação, a mediação e outros métodos de solução consensual de conflitos deverão ser estimulados por juízes, advogados, defensores públicos e membros do Ministério Público, inclusive no curso do processo judicial.

De mais a mais, a crescente necessidade de incremento das relações interpessoais também é revelada no ambiente interno dos gabinetes e cartórios judiciais. A grandiosa quantidade de processos e o aumento da velocidade do trâmite processual eletrônico exige dos magistrados o aprimoramento de **competências de gestão e administração de grupos**.

Não raras vezes, o magistrado é o responsável pela chefia de uma dezena de servidores, estagiários e funcionários terceirizados que, formando um grupo complexo, exigem soluções criativas por parte da chefia, que deve ter elevada capacidade de comunicação para absorver as demandas de todos e desenvolver soluções criativas.

5. PROBLEMAS ATUAIS DA PSICOLOGIA COM REFLEXOS NO DIREITO

5.1. Assédio moral e assédio sexual

Partindo-se da premissa que a psicologia trabalha com a análise de comportamentos humanos pode-se afirmar que seu espectro de estudo também pode se ampliar para situações em que são constatadas hipóteses de ocorrência de desvirtuamento dos motivos que determinam eventuais comportamentos.

Assim, a partir do momento em que certas ações são desprovidas de liberdade de escolha, podem se caracterizar em uma espécie de coação, conceituada como toda ameaça ou pressão exercida sobre um indivíduo para forçá-lo, contra a sua vontade, a praticar um ato ou realizar um negócio.

No ambiente de trabalho, as mais frequentes formas de coação se identificam como assédio moral ou assédio sexual.

Segundo Vólia Bomfim Cassar (2012, pg. 912), o assédio é "o termo utilizado para designar toda conduta que cause constrangimento psicológico ou físico à pessoa".

O **assédio moral**, segundo Martins (n.13, pg. 413), significa "uma conduta ilícita, de forma repetitiva, de natureza psicológica, causando ofensa à dignidade, à personalidade e à integridade do trabalhador. Causa humilhação e constrangimento ao trabalhador. Implica guerra de nervos contra o trabalhador, que é perseguido por alguém."

O assédio moral tem tripla classificação: **vertical**, quando parte de superior hierárquico, que se aproveita de sua condição para coagir o subordinado; e **horizontal**, quando parte de colega da mesma condição hierárquica em situações aproximadas a de rivalidade irracional, e se concretiza mediante a realização de atos discriminatórios; **ascendente**, quando iniciado por subordinados contra superior hierárquico mediante a realização organizada de atos para tornar insuportável o ambiente de trabalho.

Alguns exemplos de assédio moral são o isolamento no ambiente de trabalho, a determinação de alcance de metas impossíveis, a rotineira determinação de realização de atos estranhos à função, etc.

O assédio moral é bem definido pelo Ministério do Trabalho brasileiro que, em sua cartilha, conceitua o fenômeno de maneira clara:

"trata-se da exposição de trabalhadoras e trabalhadores a situações vexatórias, constrangedoras e humilhantes durante o exercício de sua função. É o que chamamos de violência moral. Esses atos visam humilhar, desqualificar e desestabilizar emocionalmente a relação da vítima com a organização e o ambiente de trabalho, o que põe em risco a saúde, a própria vida da vítima e seu emprego".

Tendo maior ocorrência no âmbito da justiça trabalhista, o assédio moral tem sido objeto de estudo e delimitação jurisprudencial em alguns termos, vejamos:

> ASSÉDIO MORAL. INDENIZAÇÃO. REQUISITOS. Na caracterização do assédio moral, conduta de natureza mais grave, há quatro elementos a serem considerados: A natureza psicológica, o caráter reiterado e prolongado da conduta ofensiva ou humilhante, a finalidade de exclusão e a presença de grave dano psíquico- emocional, que compromete a higidez mental da pessoa, sendo passível de constatação pericial. Ou seja, nem toda forma de agressão psicológica à pessoa configura o assédio moral; esse tem conotação mais grave, seja pela natureza da conduta, o modo como ocorre a lesão, seja em razão das possíveis repercussões no psiquismo da vítima, da gravidade do dano. De mais a mais, deve o dano moral ser de tal gravidade que justifique a concessão de uma satisfação de ordem pecuniária ao lesado. Mero dissabor, aborrecimento, desconforto emocional, mágoa, irritação ou sensibilidade exacerbada estão fora da órbita do chamado dano moral. (TRT 3ª R.; RO 2155-70.2011.5.03.0134; Rel. Juiz Conv. Ricardo Marcelo Silva; DJEMG 20/02/2013; Pág. 175).

Em outras palavras, deve-se ter em mente que nem todo trabalho estressante é configurador automático de situação de assédio moral, devendo-se observar o preenchimento de requisitos demonstradores desse tipo de coação, a exemplo do caráter reiterado e agressivo da conduta praticada contra o servidor/funcionário, a fim de que não se confunda repreensão por eventual equívoco, erro ou falha com, efetivamente, assédio moral.

Diferentemente do assédio moral, que tem consequências indenizatórias (esfera cível), o **assédio sexual** é **crime** previsto no artigo 216-A do Código Penal e que tem como descrição típica a seguinte conduta "Constranger alguém com o intuito de obter vantagem ou favorecimento sexual, prevalecendo-se o agente da sua condição de superior hierárquico ou ascendência inerentes ao exercício de emprego, cargo ou função".

Desse modo, o assédio sexual pode ser conceituado como a insistência inoportuna de alguém em posição privilegiada, que usa dessa vantagem para obter favores sexuais de um subalterno.

A norma penal visa proteger, além da liberdade sexual da vítima, a liberdade de exercício de trabalho e o direito de não ser discriminado.

Em classificação doutrinária afeta ao Direito Penal, fala-se que o crime de assédio sexual é bipróprio, ou seja, tanto o sujeito ativo como o passivo devem ter características especiais, sendo o sujeito um superior hierárquico ou aquele que exerce ascendência sobre a vítima, e o sujeito passivo um subordinado ou subalterno.

Dada a interpretação restritiva que paira sobre a aplicabilidade da tipificação em crimes, questiona-se a possibilidade de existência de assédio sexual praticado por **professor contra aluno**. A doutrina diverge, havendo posição que indica que o crime se aplica tão somente para relações de trabalho (Nucci e Greco) e quem indica que a ascendência dita na norma permite a incidência do tipo penal para outras naturezas de relação de domínio (Luiz Regis Prado).

É importante mencionar que o crime de assédio sexual jamais pode ser cometido com violência ou grave ameaça, visto que, presentes tais elementos, estar-se-á diante de crime de estupro.

Independentemente da espécie de assédio (moral ou sexual), é comum observar-se que tais condutas são praticadas de **maneira discreta, velada ou em momentos de reduzida vigilância nos ambientes de trabalho**. Dada essa condição, a consequência também comum (e infeliz) é o baixo índice de denúncias reportando a ocorrência dessas situações por subalternos perante seus superiores.

De mais a mais, quando inexistentes setores específicos de Recursos Humanos (que apenas existem em grandes empresas), a vítima não encontra destinatário apto a receber a informação da ocorrência de assédio, pois não raras vezes o único superior hierárquico é justamente o(a) assediador(a).

No âmbito do serviço público, muito embora não existam setores específicos de recursos humanos em cada cidade, é normal que os órgãos e instituições tenham serviços centralizados desta natureza que estão, assim, aptos a receber denúncias e comunicações da ocorrência desses atos, garantindo-se uma oitiva mais humanizada da vítima e a investigação/apuração independente da veracidade das acusações.

O recebimento de comunicações ou denúncias dessa natureza deve ser feito, preferencialmente, por **profissionais capacitados** a entender que, em muitos casos, o comunicante não tem confiança ou segurança para reportar a ocorrência dos fatos, e precisa ser bem acolhido para que consiga relatar a situação.

Nesse contexto, a presença de profissionais da área da psicologia mostra-se fundamental, eis que estes detêm maior capacidade de compreensão das dificuldades de comunicação da vítima assediada, podendo garantir a ela um acolhimento que lhe ofereça segurança e um acompanhamento posterior adequado, evitando-se a infeliz sumarização de procedimentos internos que, sob a desculpa de administração gerencial de empresas e órgãos públicos, acaba por misturar casos insignificantes a situações de elevada gravidade, tudo em nome da eficiência e da rápida resolução de conflitos e procedimentos.

Em casos de assédio moral e sexual a oitiva da vítima precisa ser diferenciada, acolhedora e paciente, visto que, dados os paradigmas de hierarquia, é comum que a vítima contemporize situações a que foi submetida, seja por medo de perder o emprego/função, seja por receio de ser desacreditada, situação que aumentaria sua condição de submissão no ambiente laboral.

6. TEORIA DO CONFLITO E OS MECANISMOS AUTOCOMPOSITIVOS

A partir da noção de que os conflitos interpessoais têm fonte nos conflitos internos, divergência de interesses e, ainda, ruídos de comunicação entre as pessoas, o conhecimento de **técnicas de psicologia** para resolução de conflitos por meio de mecanismos autocompositivos se mostra fundamental.

6.1. Técnicas de negociação e mediação. Procedimentos, posturas, condutas e mecanismos aptos a obter a solução conciliada dos conflitos

As diversas formas de resolução de conflitos por autocomposição hoje existentes no direito brasileiro já foram objeto de estudo nesta obra, capítulo para o qual o leitor é remetido.

A intenção da abordagem ora proposta é trabalhar as técnicas de negociação e mediação das discussões que permeiam as audiências e reuniões dos procedimentos de conciliação e mediação.

Em outras palavras, se é importante que o magistrado (ou qualquer outro agente do sistema de justiça) tenha conhecimento a respeito dos aspectos teóricos e jurídicos dos sistemas de autocomposição judicial, também se mostra fundamental que apresente domínio (ou pelo menos conhecimento) sobre as técnicas que permitem uma melhor fluidez dessas solenidades, alcançando os objetivos almejados pela norma.

Em outras palavras, de nada adiantaria o Direito prever uma série de mecanismos de incentivo à resolução autocompositiva de conflitos se os agentes do sistema judicial, quando da efetivação prática destes, não tivessem mínimo conhecimento a respeito dos **processos mentais, conflitos de interesses** e **discussões** que porventura apareçam no curso dos processos e das audiências.

Importa lembrar que existem diferenças conceituais importantes entre conciliação e mediação.

A **conciliação** é um método de autocomposição de litígios em que se faz presente a figura de um conciliador que, sem adentrar na discussão de aspectos psicológicos inerentes às manifestações das partes, atua de maneira positiva delimitando os pontos objetivos da discussão e propondo soluções que possam ser satisfatórias para as partes em conflito.

A **mediação**, por sua vez, conta com a figura de um mediador que, sem propor soluções objetivas aos litigantes, busca encontrar meios para que as próprias partes descubram a solução para o conflito posto em discussão.

A mediação não significa, todavia, a atuação de um agente neutro e passivo no contexto da autocomposição. Ao contrário, deve ele atuar de forma a empoderar as partes para a resolução independente de seus problemas, delimitar o foco da conversa, criar e manter um ambiente agradável, harmônico e acolhedor para os litigantes, explicar e esclarecer posicionamentos que por vezes são manifestados de maneira equivocada pelas partes, etc.

Para ter boa atuação, é imprescindível que o mediador conheça do processo e consiga delimitar os pontos de discussão, evitando que elementos externos e desimportantes sejam inseridos no debate e causem discórdia entre as partes.

A mediação deve ter um contexto completamente livre e voluntário **para as partes**, de onde se extrai que a voluntariedade é a aceitação para participar deste sistema de **autocomposição** e a **autodeterminação** seja a liberdade para, dentro da mediação, criar, propor, modificar e celebrar acordos.

Os mediadores, além de carregarem os deveres de imparcialidade e confidencialidade, devem ser instruídos com técnicas que propiciam um acolhimento das partes e criam um vínculo com o mediador. São alguns exemplos:

a) **Escuta ativa:** essa técnica visa reduzir más compreensões decorrentes de eventual desatenção ou distração do ouvinte, inserindo-o em um contexto de postura ativa mesmo durante a oitiva pura de uma das partes.

   Demonstrando interesse verdadeiro por meio de questionamentos, contato visual e direcionamento da atenção, o mediador que se utiliza de escuta ativa tem redobradas chances de estabelecer uma conexão real com a parte.

   Ao se sentir "ouvida" a parte tende a se sentir valorizada e, num contexto de colaboração, passa a também ouvir a outra parte, viabilizando-se a descoberta de uma solução não visualizada num contexto inicial, em que ambos apenas procuravam expor suas mágoas e não dar ouvidos aos sentimentos expostos pelo outro.

   Pela técnica da escuta ativa, entende-se mais facilmente o real problema existente no litígio e viabiliza-se, a partir disso, um desenho de solução mais efetiva.

b) **Rapport:** técnica originada da psicologia, o *Rapport* busca criar um vínculo poderoso de empatia entre pessoas, podendo ser traduzido do francês *Rapporter* como sincronização que cria uma relação.

Muito embora seja uma técnica com resultados testados e replicados, é extremamente difícil forçar o *rapport*, pois ele é, na verdade, uma genuína relação de confiança criada entre as partes e o mediador. Dificulta-se a aplicação da técnica, então, em eventos que promovem sessões repetidas de mediação, onde a atividade do mediador se torna mecânica e repetitiva.

A técnica apresenta diversas formas de execução, a exemplo do espelhamento, onde o ouvinte reproduz a linguagem corporal do interlocutor de forma gradativa e não perceptível; ou da reciprocidade, mediante compartilhamento de interesses comuns, visando obter a confiança da parte por identificação de interesses comuns.

Além disso, até aspectos simples de comunicação podem ser elencados como métodos que abrem vias para um Rapport adequado, a exemplo do chamamento nominal do interlocutor, a paciência, o otimismo e a descoberta de conexões que envolvem sentimentos fortes de ambas as partes (futebol, cinema, livros, assuntos, etc.).

c) **Caucus:** nesta técnica, o mediador tem encontros prévios e individuais com cada uma das partes, buscando criar um vínculo ainda maior com cada uma delas, principalmente em casos em que já há prévia notícia de comunicação realmente difícil entre as partes.

Durante as reuniões prévias, o mediador busca reforçar a confiança de uma parte em outra, derrubando barreiras imaginárias que impediriam a resolução do conflito.

Em que pese esta técnica seja criticada por boa parte dos estudiosos, que apontam serem os encontros privados mais uma fonte de briga entre as partes, fala-se que o caucus bem aplicado permitem que o mediador pense com mais calma no caso em análise, viabiliza que as partes possam amadurecer no decorrer do tempo e criar propostas alternativas de negociação.

d) **Brainstorming:** por meio desta técnica, o mediador incentiva as partes a elaborarem o maior número de soluções possíveis ao seu caso, fazendo-as explorar suas criatividades.

Para ser aplicada com sucesso, a técnica exige que o mediador organize as manifestações, preferencialmente com ordem de falas. A explicação do problema que se visa solucionar deve ser clara e objetiva. Por fim, a correta identificação dos problemas e das causas desses problemas devem servir como guia para a ação do brainstorming.

e) **Parafraseamento:** por meio desta técnica, o mediador tenta fazer com que as partes visualizem o conflito por outra perspectiva ou ponto de vista, visando criar um ambiente mais positivo e propenso para a elaboração de um acordo.

A técnica em si consiste na utilização de paráfrases, ou seja, elaboração de frases com o mesmo sentido, mas com palavras diferentes que, dando mais ênfase para aspectos positivos da situação, fazem com o que conflito seja visto sob outro prisma.

O domínio do bom vocabulário pelo mediador auxiliará as partes na redução de conflitos causados pela utilização de palavras ou expressões inadequadas, a exemplo de alguém que acusa uma mãe de ser "desleixada", mas que na verdade gostaria de dizer que a pessoa tem sido "ausente".

▸ Como esse assunto foi cobrado em concurso?

(CESPE/CEBRASPE – 2022 – TJ/MA – Juiz de Direito Substituto) (...) relacionamento harmonioso ou estado de compreensão recíproca no qual, por simpatia, empatia ou outros fatores, se gera confiança e comprometimento recíproco — no caso da mediação, com o processo em si, suas regras e objetivos. (...) Há autores que sustentam três elementos: atenção mútua, sentimento positivo compartilhado e um dueto não verbal bem coordenado. Manual de Mediação Judicial do CNJ. 6ª ed. Comitê Gestor Nacional de Conciliação, Brasília, 2016, p. 174 (com adaptações). O fragmento de texto anterior aborda o conceito de

a) atuação intergeracional.
b) convolação.
c) mecanismo de fluidez.
d) transversalidade.
e) rapport.

Gabarito: Alternativa E.

(CESPE – 2014 – TJDFT – Juiz de Direito) Discorra sobre os mecanismos autocompositivos, com foco nos fundamentos jurídicos da conciliação (0,15), nos princípios e estratégias da mediação (0,15) e na análise de técnicas, posturas (0,30), condutas e procedimentos (0,30) aptos a facilitar a mediação e a obter a solução conciliada dos conflitos.

Espelho de Gabarito fornecido pela banca: Os mecanismos autocompositivos são espécies de métodos alternativos de solução de conflitos, que têm como característica essencial a iniciativa das partes em construir uma solução para o embate. Os métodos que nos interessam, no caso, são: conciliação e mediação (em razão da delimitação estabelecida na questão): Conciliação: procedimento em que um terceiro (o conciliador) procura obter um consenso das partes em conflito e, com base nele, propõe um acordo que ponha fim ao embate. O conciliador não analisa as razões psicológicas que levaram ao conflito, mas busca delimitar, objetivamente, a questão em litígio, para tentar propor uma solução. (não foi exigido o conceito, mas será valorado em favor do candidato que o apresentar, de forma válida, em complemento à resposta específica sobre o que foi objeto de questionamento) Fundamentos jurídicos da conciliação – A conciliação, como valor prevalente na resolução de controvérsias, foi alçada a um status de princípio informativo do sistema processual brasileiro, não sendo novidade em nosso ordenamento jurídico, existindo desde a época das Ordenações Filipinas, em seu Livro III, Título XX, § 1º. Atualmente, há previsão expressa tanto no Código de Processo Civil (arts. 125, IV, 269, III, 277, 331, 448, 449 e 475-N, III e V), quanto no Código Civil (art. 840), na Lei de arbitragem – 9.307/1995 (arts. 21, § 4º e 28), no Código do Consumidor (arts. 5º, IV, 6º, VII e 107) ou, ainda, na Lei 9099/1995 dos Juizados Especiais, na qual se consagra como princípio jurídico (art. 2º). A Constituição Federal prevê a pacificação social como um dos objetivos fundamentais da República (art. 3º, I), atribuindo ao juiz, como agente político, a implementação de alternativas jurisdicionais, adequadas e céleres, para consecução deste objetivo (art. 5º LXXVIII). O Conselho Nacional de Justiça promove desde 2006 grande Movimento pela Conciliação, incentivando os Tribunais de Justiça, Tribunais Regionais Federais e Tribunais do Trabalho a promoverem conciliação em suas ações, inclusive com implantação de centros judiciais de solução de conflitos e núcleos permanentes de conciliação e mediação (Resolução 125 do CNJ). Mediação: nesse caso, um mediador neutro e imparcial facilita o diálogo entre as partes envolvidas, fazendo com que os próprios interessados solucionem o conflito. O mediador não tem a função de decidir o conflito, mas sim de propiciar condições para que as partes envolvidas possam dialogar a fim de que, juntas, possam realizar escolhas voluntárias e construir um acordo baseado no entendimento mútuo. A mediação não possui formas rígidas, mas sua realização profissional é caracterizada por métodos de abordagem elaborados e comprovados com rigor científico. (não foi exigido o conceito, mas será valorado em favor do candidato que o apresentar, de forma válida, em complemento à resposta específica sobre o que foi objeto de questionamento). O mediador deve seguir algumas estratégias para que o diálogo seja possível: a) controle do processo (interrompendo as partes quando necessário); b) deslocamento das emoções negativas para positivas; c) facilidade para migrar das posições enunciadas para fazer emergir os reais interesses dos participantes; d) concentração nas emoções positivas; e) reconhecimento e validação de sentimentos; d) desenho do futuro com base no sucesso das ações relacionadas com essas emoções. Focaliza-se o bom e trabalha-se para construí-lo. Podem ainda ser indicados como técnicas ou estratégias de mediação: a compreensão do caso (identificação de questões, interesses e sentimentos; fragmentação das questões; recontextualização); o tom da mediação (comunicação acessível, linguagem neutra e o ritmo da mediação); o empoderamento das partes (reforçar o que já foi realizado e enfocar no futuro – visão prospectiva da disputa) Obs.: relação apenas exemplificativa. Não esgota a matéria. Não há necessidade de indicação de todos os métodos. Poderão ser indicados alguns fundamentos da negociação (separar as pessoas do problema; ouvir ativamente; despolarizar o conflito. Afinal, mediação é negociação assistida por terceiros) Princípios da mediação: Para as partes: a) voluntariedade – a mediação somente será eficaz se os participantes estiverem exercendo seu direito de escolha. Qualquer das partes tem o direito de retirar-se da mediação a qualquer momento; b) livre decisão ou autodeterminação – As partes em disputa têm a faculdade, o direito e o poder de definir suas questões, necessidades e soluções e de determinar o resultado das tratativas, sendo de sua exclusiva responsabilidade as decisões que vierem a ser acordadas durante o processo de mediação. Para o mediador: a)imparcialidade – o mediador não defende nem representa qualquer das partes, mas cria espaços para recíproco respeito e escuta, não impedindo que se corrijam eventuais desequilíbrios entre os mediandos (evitar preconceitos, não julgar aparências, filtrar percepções tendenciosas, não influenciar opiniões); b) neutralidade – é a capacidade de respeitar as diferenças das pessoas, sem interferir nos conteúdos acordados, somente os adequando ao contexto legal; c) confidencialidade – o mediador tem dever de guardar sigilo sobre as informações obtidas no processo mediatório, exceto em casos que o próprio direito o autorize a denúncia, como maus-tratos, risco de morte ou delitos graves; d) profissionalização – formação profissional adequada ao manejo dos conflitos, na administração de disputas e na busca de soluções que equalizem os direitos e responsabilidades das partes. Obs.:Não há necessidade de definição, sendo suficiente a indicação dos princípios relacionados às partes e ao mediador para que a resposta seja considerada correta Técnicas e posturas que devem ser usadas para facilitar a mediação: a) condução ativa da entrevista: as interações verbais devem ser guiadas pelo mediador, com perguntas realizadas a fim de captar o estado emocional dos envolvidos, bem como para extrair as questões que constituem o cerne do conflito; b) estabelecimento de rapport: palavra francesa que designa uma relação de empatia com o interlocutor –estabelecimento de uma relação de confiança. O mediador deve inspirar uma empatia, um respeito pelas partes, o que não se confunde com amizade ou intimidade, até porque impera o dever de imparcialidade no procedimento; c) adequação comunicacional: ciente da singularidade de cada parte, o mediador deve adequar sua comunicação verbal e não verbal a fim de fazer com que as partes dialoguem. Para isso, é função do mediador observar detalhes importantes, como o nível sociocultural, econômico, grau de escolaridade, aspectos culturais, regionais, enfim, tudo o que possa ser útil para propiciar as interações que possam levar a um acordo; d) gerenciamento de emoções: é natural que os envolvidos em uma mediação não estejam em estado emocional confortável. É comum o aparecimento de frustrações, angústias, raiva, principalmente se o conflito for de natureza familiar. Por isso, cabe ao mediador gerenciar eventual agressividade e conduzir a mediação para canalizar emoções de forma positiva. A solução para o conflito pode ser ainda construída a partir de algumas condutas ou procedimentos: a) gerenciamento da comunicação verbal e não verbal: a comunicação é elemento essencial na formação do acordo. A escolha dos atos e das palavras guiará o êxito da solução; b) escuta dinâmica (ouvir ativamente as partes): escutar e entender o que está sendo dito, sem se deixar influenciar pelos pensamentos judicantes ou que contenham juízo de valor. Seleção cuidadosa das informações fornecidas pelas partes, pois em condições emocionais podem sofrer significativa alteração de sentido c) técnica de interrogação: a maneira como se pergunta é uma forma de determinar o fluxo de informações e as interações entre os envolvidos no conflito; d)sumário: sintetizar o que foi exposto pela parte oportuniza confirmação das declarações prestadas, bem como eventual retificação ou complementação de algum dado; e)isolamento dos envolvidos: dado o grau de animosidade inicial, nem sempre é possível estabelecer o imediato diálogo entre as partes. Por isso, recomenda-se a utilização de sessões individualizadas para conseguir obter os dados que as partes possam fornecer, além de prepará-las para um acordo; f) divisão do problema (fracionamento das questões): o conflito pode se apresentar de maneira bastante complexa. Se assim ocorrer, convém que o problema seja seccionado em questões menores, a fim de facilitar a resolução do litígio. Obs.: a resposta será considerada parcialmente correta se forem indicados técnicas, posturas, condutas e procedimentos sem definição mínima, diante do comando da questão de análise desses elementos. Bibliografia: Vade Mecum Humanístico / coordenação Alvaro de Azevedo Gonzaga, Nathaly Campitelli Roque – 3ª ed. rev., atual. e ampl. – São Paulo: Editora Revista dos Tribunais, 2012. Azevedo, André Gomma (org.).2009. Manual de Mediação Judicial (Brasília/DF: Ministério da Justiça e Programa das Nações Unidas para o Desenvolvimento – PNUD). Fisher, Roger; Ury, William. Como Chegar ao Sim: a negociação de acordos sem concessões. Ed. Imago, 2005.1- Utilização correta do idioma oficial e capacidade de exposição – 2 Desenvolvimento do tema – 2.1 Mecanismos autocompositivos – 2.1.1 Fundamentos da conciliação – 2.1.2 Princípios e estratégias da mediação – 2.2 Análise de técnicas, posturas, aptas a facilitar a mediação – 2.3 Análise condutas e procedimentos aptos facilitar a obtenção da solução conciliada dos conflitos.

7. O PROCESSO PSICOLÓGICO E A OBTENÇÃO DA VERDADE JUDICIAL. O COMPORTAMENTO DE PARTES E TESTEMUNHAS

O grande processualista Carnelutti já dizia que, se colocados dois exímios pintores na frente do mesmo pôr do sol, as telas feitas por eles terão diferenças significativas de representação daquela realidade. Qual delas melhor retrata a verdade? Que elementos devem ser levados em consideração para essa conclusão?

Esse tipo de observação permitiu aos estudiosos do Direito a percepção de que a chamada "busca pela verdade real" na verdade era uma empreitada fadada ao fracasso dentro de processos judiciais. Afinal de contas, **toda busca pela verdade** passava (e continua passando) pela **narrativa de fatos por terceiros no contexto do processo**, e narrativas, por natureza, carregam consigo todas as impressões pessoais, experiências e percepções psicológicas de quem as narra.

A complexidade da atividade probatória (que deveria auxiliar a desvendar "a verdade dos fatos") é acompanhada da complexidade que também caracteriza a atividade judicial: *relatar no presente algum evento ocorrido no passado, tendo como interesse a prolação de uma decisão que produzirá efeitos no futuro.*

Dada a dificuldade da proposta, foram abandonadas as buscas pela chamada "verdade real" ou "verdade material" (difundida de forma impensada por tantos doutrinadores clássicos – principalmente da área criminal), sendo ponto praticamente pacífico na doutrina atual que o Direito trabalha com a verdade possível, ou seja, aquela que, da forma mais ampla e plural, possa ser encontrada no contexto do processo. Tem-se, assim, o que se chama de **verdade judicial.**

Não por acaso, fala-se hoje que a atividade probatória não tem mais o magistrado como único destinatário, ao passo que as **partes**, inseridas em um contexto construtivo dialógico de busca da verdade, são **produtoras** e **destinatárias** das provas.

Obviamente, a constatação de que a verdade real não pode ser encontrada de maneira absoluta também não pode afastar o interesse do magistrado (e das partes, é claro) na busca da melhor representação possível do passado, evitando-se que processos judiciais se tornem um "jogo de sorte" ou de construção de inverdades absurdas.

É dizer: uma coisa é ter a consciência de que a verdade completa e perfeita não é alcançável, outra é perder a pretensão de solucionar casos com maior aproximação possível da verdade, respeitando a lógica e reconhecendo as limitações práticas da atividade. O importante é ter **consciência de que a verdade real é inalcançável**, mas que é possível solucionar o caso posto mediante atividade probatória séria e que aproxima os envolvidos no processo (e principalmente os julgadores) do verossímil.

De todo modo, até mesmo a construção da chamada verdade judicial é repleta de elementos subjetivos e implicações psicológicas que não podem ser ignorados. Um magistrado, quando elabora a fundamentação de sua decisão, propõe uma conclusão a partir da sua percepção de verdade extraída das argumentações trazidas no curso do processo. Assim, por mais objetiva e coerente que seja a conclusão, é inevitável a constatação de que o caminho até ela é recheado de **fatores psicológicos**.

Um dos fenômenos mais comuns na formatação psicológica de **conclusões judiciais** é, por exemplo, a **antecipação**. Nela, o magistrado adota uma postura tópica de concluir antecipadamente o que aconteceu no caso concreto, antevendo uma decisão sem observar com neutralidade as alegações das partes. Quando tal fenômeno ocorre, é comum que, na fase instrutória do feito, o julgador simplesmente busque elementos de prova que confirmem a sua prévia compreensão sobre a situação, fechando os olhos para outras possibilidades fáticas que erroneamente foram descartadas de antemão.

Em razão disso, é importante que os magistrados sejam constantemente inseridos em estudos multidisciplinares que envolvam Direito e Psicologia, a fim de que se renovem as noções de que a mente humana pode ser traída por falsas percepções e por conclusões precipitadas.

O entendimento dos aspectos psicológicos que envolvem a atuação em processos judiciais também é importante para a boa compreensão do comportamento das partes e das testemunhas em solenidades judiciais.

Embora a experiência e a repetição de atos formais torne as audiências e tribunais do júri em eventos rotineiros para magistrados, promotores, defensores públicos e advogados, esses agentes devem entender que, para as partes, o comparecimento ao fórum e a participação em solenidades de natureza forense são atividades raramente realizadas durante a vida e que, por isso, carregam consigo uma carga diferenciada de nervosismo e ineditismo.

Tais sentimentos são majorados quando o processo em discussão é carregado de litigiosidade ou dotado de maior complexidade técnica, eis que, em tais situações, a aflição das partes é majorada na comparação com casos comuns.

Da mesma forma, a **natureza do caso** em discussão deve ser levada em conta pelos agentes de justiça na análise comportamental das partes e testemunhas. É comum e esperado, por assim dizer, que uma audiência de um processo que trata de crime grave ou de grande repercussão social seja carregada de maior tensão emocional do que uma simples discussão obrigacional de créditos.

Portanto, essas circunstâncias também devem ser levadas em conta quando, durante o ato solene, o magistrado volta suas atenções para o comportamento das partes, visando descobrir eventuais mentiras ou falsidades. Se utilizado o mesmo filtro para situações diversas, corre-se o risco de produzir injustiças causadas pela confusão ao rotular como mentirosa uma testemunha que simplesmente estava nervosa por ser ouvida na presença de autoridades.

No contexto de produção da prova oral, além da tradicional desconfiança com a mentira ou com o ajuste prévio, também deve se considerar que as informações prestadas podem ter sido fornecidas pela testemunha ou pela vítima em um contexto de **"falsas memórias"**, fenômeno que somente foi descoberto pelo entrelaçamento dos conhecimentos da psicologia, da neurociência e do Direito.

Não é nova a desconfiança geral com a prova testemunhal. A doutrina clássica de processo penal chegou ao extremo de classificá-la como a "prostituta das provas", nomenclatura que obviamente não mais se utiliza.

De todo modo, é sabido que a prova testemunhal é o meio de prova menos confiável, mais perigoso e manipulável de nosso sistema. Ao mesmo tempo, ainda é o mais utilizado no contexto forense.

Dentre as incontáveis variáveis que tornam a prova testemunhal pouco conhecida (esquecimento, suborno, má-fé, induzimento, coação, etc.), o fenômeno das falsas memórias tem sido trabalhado pela doutrina especializada como um problema de relevante seriedade e que merece atenção dos agentes processuais.

Diferentemente da mentira, que se configura pela inserção proposital de falsa informação no processo pela testemunha ou vítima, **as falsas memórias carregam consigo uma inocência própria** de um fenômeno mental recentemente descoberto: *a testemunha/vítima conta uma mentira acreditando relatar uma verdade.*

A razão dessa confusão mental é explicada pela neurociência: nosso cérebro, diferentemente do que faz uma câmera filmadora, não realiza um processo de memorização linear dos eventos, mas armazena pontos centrais dos acontecimentos e, então, quando acionado a lembrar (para uma narrativa testemunhal, por exemplo), preenche a memória com informações inverídicas, sejam elas decorrentes de sugestão de terceiros ou mesmo espontâneas.

Obviamente, tanto a mentira quanto as falsas memórias são perigosas para a credibilidade da prova judicial, mas estas apresentam uma gravidade ainda superior, pois **a testemunha literalmente constrói um imaginário falso sem ter a consciência de seu erro**. Em casos extremos, a criação de uma falsa memória inicial pode dar azo a outros desdobramentos que, de forma ainda mais intensa, distorcem a memória da testemunha/vítima e comprometem completamente sua narrativa.

Em estudos comandados por Elizabeth Loftus, chegou-se a constatar a possibilidade de inserção ou implantação de falsas memórias em testemunhas, seja por ato consciente ou inconsciente de terceiros (como pela via da sugestão em perguntas anteriores). Em outras palavras, uma informação enganosa pode criar falsas memórias que, posteriormente, serão relatadas como se efetivamente tivessem acontecido, e sem que o narrador perceba que está contando uma inverdade.

Na atividade judiciária, os casos mais comuns de constatação de falsas memórias são vistos em **relatos de crianças e adolescentes** (com a função cerebral ainda em desenvolvimento) em situações de supostos abusos sexuais. Não raras vezes, já tendo sido questionada de maneira incorreta na fase policial (sem profissional especializado para a escuta, por exemplo), a vítima tem incutida na memória a ocorrência de um abuso que, então, na fase judicial de produção da prova, acaba sendo relatado como efetivamente ocorrido, quando na verdade é fruto de uma anterior e involuntária implantação.

A título de exemplo, no processo judicial Embargos Infringentes 70016395915, julgados pelo 3º Grupo Criminal do TJRS, um homem foi acusado de ter praticado, por diversas vezes, o delito de estupro contra uma menina. No feito, constatou-se que a suposta vítima foi criada em um ambiente de promiscuidade sexual, já que sua genitora era prostituta e a criança frequentava o local de trabalho da mãe. Durante a oitiva da vítima, ela apresentou um relato completamente fantasioso que envolvia uma cobra de 1,20m que foi passada em sua vagina. Depois, o pai da menina teria cortado a cobra e preparado um risoto para ela comer. Mesmo com todos esses elementos da ocorrência de falsa memória, a absolvição foi dada por decisão exarada pela maioria.

Conforme apontam estudos de psicologia e neurociência, algumas pessoas são mais suscetíveis a desenvolver falsas memórias, a exemplo das que sofreram traumatismos, apresentam frequentes lapsos de memórias e, obviamente, crianças com desenvolvimento cerebral ainda em andamento.

Sobre depoimentos de crianças, é importante relembrar que elas buscam, ainda que de maneira inconsciente, corresponder às expectativas do entrevistador, que portanto não pode se mostrar mais ou menos satisfeito com determinadas respostas. Ademais, deve-se levar em conta que crianças raramente fazem longas narrativas de suas memórias, pois costumam contar suas experiências de maneira intercalada.

Em razão de todo o exposto, deve o magistrado ter redobrada cautela diante da colheita de prova testemunhal, seja em razão da ampla possibilidade de manipulação do relato por mentira deliberada, pressão psicológica, ameaça ou suborno, mas também pela possibilidade de ocorrência de falsas memórias, sejam elas espontâneas ou implantadas durante o próprio procedimento judicial.

Como forma de evitar tais percalços, e a fim de alcançar melhores condições de se prolatar um julgamento justo no feito, a precaução demanda a exigência de que todos os **procedimentos de oitiva de testemunhas e vítimas sejam gravados**, inclusive em sede **policial**, evitando-se a mera transcrição das impressões coletadas pelo profissional entrevistador, como se faz nos famosos "termos de declarações".

A Lei 13.431 de 04 de abril de 2017, preocupada com as questões acima apontadas, estabeleceu o sistema de garantia de direitos da criança e do adolescente vítima ou testemunha de violência, a fim de resguardar direitos da criança ou adolescente ouvido no feito e, ainda, aprimorar o sistema de extração da prova judicial nesses casos.

Dentre as garantias descritas pela norma, fala-se que a criança e o adolescente têm direito de ser ouvido e expressar seus desejos e opiniões, assim como permanecer em silêncio; receber assistência qualificada jurídica e psicossocial especializada, que facilite a sua participação e o resguarde contra comportamento inadequado adotado pelos demais órgãos atuantes no processo; ser resguardado e protegido de sofrimento, com direito a apoio, planejamento de sua participação, prioridade na tramitação do processo, celeridade processual, idoneidade do atendimento e limitação das intervenções; ser ouvido em horário que lhe for mais adequado e conveniente, sempre que possível; ter segurança, com avaliação contínua sobre possibilidades de intimidação, ameaça e outras formas de violência; ser assistido por profissional capacitado e conhecer os profissionais que participam dos procedimentos de escuta especializada e depoimento especial, dentre outros.

A norma ainda estabelece o procedimento para a **escuta especializada** e para o **depoimento especial**. A primeira é identificada como o procedimento de entrevista sobre situação de violência com criança ou adolescente perante órgão da rede de proteção, limitado o relato estritamente ao necessário para o cumprimento de sua finalidade.

Já o depoimento especial é o procedimento de oitiva de criança ou adolescente vítima ou testemunha de violência perante autoridade policial ou judiciária.

Nos termos da norma, ambos os procedimentos serão realizados em local apropriado e acolhedor, com infraestrutura e espaço físico que garantam a privacidade da criança ou do adolescente vítima ou testemunha de violência.

Dada a constatação de que a oitiva não é uma experiência psicologicamente agradável, a lei prevê que não será admitida a tomada de novo depoimento especial, salvo quando justificada a sua imprescindibilidade pela autoridade competente e houver a concordância da vítima ou da testemunha, ou de seu representante legal.

Por fim, estabelece-se o **procedimento do depoimento especial**, que contém as seguintes etapas e exigências formais:

> Art. 12. O depoimento especial será colhido conforme o seguinte procedimento:
>
> I – os profissionais especializados esclarecerão a criança ou o adolescente sobre a tomada do depoimento especial, informando-lhe os seus direitos e os procedimentos a serem adotados e planejando sua participação, sendo vedada a leitura da denúncia ou de outras peças processuais;
>
> II – é assegurada à criança ou ao adolescente a livre narrativa sobre a situação de violência, podendo o profissional especializado intervir quando necessário, utilizando técnicas que permitam a elucidação dos fatos;
>
> III – no curso do processo judicial, o depoimento especial será transmitido em tempo real para a sala de audiência, preservado o sigilo;
>
> IV – findo o procedimento previsto no inciso II deste artigo, o juiz, após consultar o Ministério Público, o defensor e os assistentes técnicos, avaliará a pertinência de perguntas complementares, organizadas em bloco;
>
> V – o profissional especializado poderá adaptar as perguntas à linguagem de melhor compreensão da criança ou do adolescente;
>
> VI – o depoimento especial será gravado em áudio e vídeo.
>
> § 1º À vítima ou testemunha de violência é garantido o direito de prestar depoimento diretamente ao juiz, se assim o entender.
>
> § 2º O juiz tomará todas as medidas apropriadas para a preservação da intimidade e da privacidade da vítima ou testemunha.
>
> § 3º O profissional especializado comunicará ao juiz se verificar que a presença, na sala de audiência, do autor da violência pode prejudicar o depoimento especial ou colocar o depoente em situação de risco, caso em que, fazendo constar em termo, será autorizado o afastamento do imputado.

> § 4º Nas hipóteses em que houver risco à vida ou à integridade física da vítima ou testemunha, o juiz tomará as medidas de proteção cabíveis, inclusive a restrição do disposto nos incisos III e VI deste artigo.
>
> § 5º As condições de preservação e de segurança da mídia relativa ao depoimento da criança ou do adolescente serão objeto de regulamentação, de forma a garantir o direito à intimidade e à privacidade da vítima ou testemunha.
>
> § 6º O depoimento especial tramitará em segredo de justiça.

Retomando à análise de produção da prova testemunhal em procedimentos comuns, fala-se que, durante a instrução judicial, deve o magistrado atentar para seus deveres e funções, principalmente aqueles descritos na norma processual, a exemplo de manter a ordem e o decoro na audiência, ordenar que se retirem da sala de audiência os que se comportarem inconvenientemente, requisitar, quando necessário, força policial, tratar com urbanidade as partes, os advogados, os membros do Ministério Público e da Defensoria Pública e qualquer pessoa que participe do processo e, por fim, registrar em ata, com exatidão, todos os requerimentos apresentados em audiência.

Cumpridos os deveres legais, deve o magistrado, no desempenho em si da atividade instrutória, tomar precauções também para proteger e bem acolher aqueles que eventualmente participarão do ato, viabilizando que se sintam à vontade e tenham confiança no trabalho judiciário. Assumidas essas posturas, as chances de se ter uma colheita de provas insatisfatória serão reduzidas.

Enfim, não há dúvidas de que a prova testemunhal não deve ser abandonada do sistema, até porque é importante fator humanizante dos processos, mas sua apreciação acrítica deve ser evitada, dado que, quanto mais a ciência evolui, mais demonstra os erros de percepção, retenção e transmissão das memórias pelo humano.

Sem a transversalidade de informações debatidas em um contexto interdisciplinar de Direito e psicologia, essas advertências provavelmente não seriam tomadas com a seriedade que merecem.

▸ Como esse assunto foi cobrado em concurso?

(CESPE – 2014 – MPE-AC – Promotor de Justiça) Considerando a importância das técnicas psicológicas de inquirição de testemunhas para o bom desempenho das funções jurisdicionais, assinale a opção correta.

a) São dois os aspectos a serem considerados nos relatos testemunhais: a percepção do acontecimento e a forma como seu armazenamento ocorre na memória.

b) Em condições de normalidade, a audição da testemunha tem papel preponderante em relação à visão, no que se refere à apreensão dos fatos presenciados.

c) O estado emocional do observador e o tipo de acontecimento pouco influenciam a qualidade de assimilação do fato ocorrido.

d) A análise dos comportamentos não verbais não deve influenciar a avaliação dos relatos testemunhais.

e) Aspectos concernentes à individualidade e experiências pessoais podem interferir no relato testemunhal do fato.

Gabarito: alternativa E.

(FEPESE – 2014 – MPE/SC – Analista) A respeito das falsas memórias e seu processo de implantação no(s) filho(s), analise as afirmativas a seguir:

1. O filho é convencido da existência de determinados fatos e levado a repetir o que lhe é afirmado como tendo realmente acontecido.
2. O filho consegue discernir que está sendo manipulado, porém passa a acreditar naquilo que lhe é dito de forma insistente e repetida, por temer represálias por parte do genitor manipulador.
3. O processo de implantação de falsas memórias produz um quadro tal que, com o tempo, nem o genitor manipulador distingue mais a diferença entre verdade e mentira, e a sua verdade passa a ser verdade para o filho.
4. A implantação de falsas memórias produz como resultado que o filho manipulado passe a viver com falsas personagens de uma falsa existência, pois foi convencido, por um processo de "lavagem cerebral", de que aquilo que lhe foi dito e repetido de fato ocorreu.
5. As falsas memórias, embora decorram da concordância do filho com as "verdades" formuladas e repetidas a ele pelo genitor manipulador a respeito do outro genitor, incluem apenas a alusão a situações fantasiosas e não a fatos realmente acontecidos. Assinale a alternativa que indica todas as afirmativas corretas.

a) São corretas apenas as afirmativas 2 e 4.

b) São corretas apenas as afirmativas 3 e 5.

c) São corretas apenas as afirmativas 1, 2 e 5.

d) São corretas apenas as afirmativas 1, 3 e 4.

e) São corretas apenas as afirmativas 3, 4 e 5.

Gabarito: D

CAPÍTULO

VI

Direito Digital

1. ORGANIZAÇÃO DO ESTUDO

Dando sequência à forma de estudo já explicada e proposta nos capítulos anteriores, e sempre reforçando que o sinônimo de **estudo eficaz é estudo organizado**, o capítulo destinado ao Direito Digital foi incluído nesta obra em decorrência da inclusão promovida pela Resolução 423 do CNJ no texto da Resolução 75.

Assim, a disciplina de formação humanística passou a contar com mais um ponto de possível exigência em provas, indicando que podem ser exigidos dos candidatos, na abordagem sobre Direito Digital, os seguintes pontos:

DIREITO DIGITAL
1 - 4ª Revolução industrial. Transformação Digital no Poder Judiciário. Tecnologia no contexto jurídico. Automação do processo. Inteligência Artificial e Direito. Audiências virtuais. Cortes remotas. Ciência de dados e Jurimetria. Resoluções do CNJ sobre inovações tecnológicas no Judiciário.
2 - Persecução Penal e novas tecnologias. Crimes virtuais e cibersegurança. Deepweb e Darkweb. Provas digitais. Criptomoedas e Lavagem de dinheiro.
3 - Noções gerais de contratos Inteligentes, Blockchain e Algoritmos.
4 - LGPD e proteção de dados pessoais.

Como se verá a seguir, alguns temas laterais que são fundamentos para compreensão dos assuntos apresentados na resolução foram inseridos no decorrer do capítulo, facilitando a compreensão da matéria como um todo.

2. PONTOS DE DESTAQUE

Analisando as possíveis abordagens de Direito Digital em concursos jurídicos, pode-se projetar que os pontos de maior cobrança serão:

- Lei Geral de Proteção de Dados Pessoais
- Provas Digitais
- Resoluções do CNJ sobre o tema

3. 4ª REVOLUÇÃO INDUSTRIAL. TRANSFORMAÇÃO DIGITAL NO PODER JUDICIÁRIO. TECNOLOGIA NO CONTEXTO JURÍDICO. AUTOMAÇÃO DO PROCESSO. INTELIGÊNCIA ARTIFICIAL E DIREITO. AUDIÊNCIAS VIRTUAIS. CORTES REMOTAS. CIÊNCIA DE DADOS E JURIMETRIA. RESOLUÇÕES DO CNJ SOBRE INOVAÇÕES TECNOLÓGICAS NO JUDICIÁRIO

Elaborado com a intenção de regulamentar as relações jurídicas travadas no contexto do ambiente digital, esse ramo do Direito tem sido objeto de estudos cada vez mais aprofundados pelos juristas.

Por meio do Direito Digital, criam-se regulações e normas, compartilham-se conhecimentos e aplicações que viabilizam a boa condução das relações jurídicas no meio digital. Em resumo, busca-se, por meio dele, a criação de parâmetros e regras para que as interações que ocorrem no meio *online* aconteçam de forma harmônica.

A área, todavia, está em franca expansão, e embora já conte com algumas leis específicas, como o Marco Civil da Internet e a Lei Geral de Proteção de Dados, trata-se de um ramo jurídico que ainda se interliga diretamente com o Direito Civil, do Consumidor, Penal, etc.

3.1. A 4ª Revolução industrial

O mundo moderno denominou como "Revolução Industrial" a inserção da máquina a vapor, de James Watt, em 1769, no processo de produção de itens e produtos. A partir dela, o fenômeno da industrialização tomou o protagonismo da produção agrícola e apresentou, como consequência, uma gigantesca revolução econômica e tecnológica. Hoje, considera-se a revolução de Watt como a "Primeira Revolução Industrial".

Em 1870, a forma de produção em grande escala ganha nova propulsão sistêmica, agora baseada na eletricidade. A partir dela, desenvolve-se também a ideia de **cadeia de montagem**, e o sistema industrial encontra novo impulso de crescimento e consolidação. Fala-se, aqui, em **"Segunda Revolução Industrial"**.

Em 1969, a **informática** introduz a possibilidade de **programação de máquinas** para, de forma autônoma, participarem do processo de produção. Essa exponencial automação dá azo a um novo ciclo de desenvolvimento, que culmina na popularização dos computadores e da própria internet. Tem-se, então, a chamada **"Terceira Revolução Industrial"**.

Aproximadamente em 2014, com a consolidação prática das chamadas **fábricas inteligentes, da gestão online e do tratamento de dados,** começa-se a falar no surgimento de um novo impulso industrial. Em 2016, Klaus Schwab, no seio do Fórum Econômico Mundial, nomina o que hoje se conhece como **"Quarta Revolução Industrial"**, apontando ser geradora de "um mundo em que os sistemas de fabricação virtuais e físicos cooperam entre si de uma maneira flexível a nível global".

Conceitualmente, então, a quarta revolução industrial é o nome dado a um **processo vanguardista que preceitua a integração de sistemas digitais inteligentes com organizações e pessoas. Ela preceitua a convergência de tecnologias digitais, físicas e biológicas**, em uma verdadeira interconexão das etapas produtivas.

Fala-se que são inúmeras as macrovariáveis impactadas pela Quarta Revolução Industrial: comércio, emprego, investimentos, inflação, etc.

A revolução em questão, todavia, não fica adstrita a sistemas virtuais e sua conectividade com materiais e organizações, mas indica ser possível a fusão de tecnologias que até então pareciam distantes, a exemplo da nanotecnologia, as energias renováveis, a biologia molecular, a física quântica, entre outros.

Por meio da **Indústria 4.0** (nome relacionado com a Quarta Revolução Industrial) acredita-se ser possível encontrar formas de aumento da produtividade, eficiência nos processos e qualidade de produtos desenvolvidos em larga escala. Além disso, a interconexão de dados e informações possibilitará a melhor tomada de decisão por diretores e trabalhadores, evitando-se desde uma contratação mais adequada inicial até danos e acidentes durante a jornada de trabalho.

A Quarta Revolução, todavia, também é alvo de preocupações, visto que sua impressionante velocidade poderia causar uma corrida desenfreada por resultados, o que amplia as possibilidades da ocorrência de danos de grande escala ou irreparáveis. De outra banda, é alvo também de críticas por alguns doutrinadores, a exemplo de Keun Lee, que defende não ser ela uma inovação tão radical a ponto de merecer destaque ao lado das outras três revoluções.

Além da **inteligência artificial**, são citadas como tecnologias identificáveis com a Quarta Revolução Industrial: **a internet das coisas** (automação de aparelhos via conexão digital), ***Cobots*** (robôs processadores de dados que serão interativos com os humanos), **realidade virtual** (tecnologias que geram experiências imersivas, a exemplo de metaverso), ***big data*** (geração, armazenamento e tratamento de dados para descobrir preferências, tendências, padrões etc.), **impressão 3D ou 4D** (criação de produtos tridimensionais em impressoras populares), e **computação em nuvem**.

Mais do que inovar, a quarta revolução industrial pretende normalizar uma vida sem diferenciações entre os ambientes *online* e *off-line*. Nas palavras do próprio SCHWAB (2016, pg. 16) *"O que torna a quarta revolução industrial fundamentalmente diferente das anteriores é a fusão dessas tecnologias e a interação entre os domínios físicos, digitais e biológicos"*.

Curiosidade: Em 2022, o famoso empreendedor Elon Musk divulgou, por meio de assessoria de comunicação, que o projeto conhecido como *NeuraLink* estaria próximo de realizar testes em humanos. Na concepção inicial, a *Neuralink* fabricaria chips que seriam implantados no cérebro humano para revitalizar, substituir ou reativar conexões neurais defeituosas ou perdidas. Utilizando-se do dispositivo, uma pessoa com paralisia ou Mal de Parkinson poderia, por exemplo, reconfigurar seu processamento cerebral para reduzir ou exterminar sintomas.

A inovação tem gerado inúmeras dúvidas nos campos da neuroética e da bioética.

Diante de tantas modificações, a questão é: como o Direito atuará sobre essas novas experiências da vida humana?

3.2. Transformação digital no Poder Judiciário

Em 1939, servidores e advogados olhavam com desconfiança para um novo instrumento que, segundo eles, poderia facilitar a ocorrência de fraudes e manipulações em despachos judiciais, até então prolatados à mão pelos magistrados: a máquina de datilografia (ALMEIDA FILHO, 2008. pg. 04).

Já na década de 90, a popularização dos computadores dá início à semelhante discussão. De um lado, uma sociedade que aceitava mudanças tecnológicas em velocidade exponencial. De outro, um Poder Judiciário ainda oscilante quanto à adesão da ferramenta.

Mais tarde, e de forma pioneira, o Tribunal de Justiça do Estado do Rio de Janeiro implementou a possibilidade de consulta a andamentos processuais pela internet, evitando o deslocamento de partes e procuradores ao fórum para a referida análise. Iniciava-se um movimento inevitável de digitalização dos processos judiciais. O TRF5 também acompanhou a modificação, criando o sistema *Creta*, embrião do *Pje*.

Aos poucos, o receio inicial de legisladores e juristas foi substituído pela confiança baseada no conhecimento dessas tecnologias. Hoje, elas fazem parte do trabalho judiciário de maneira inafastável.

Dado o aspecto histórico, fala-se que a **transformação digital** no Poder Judiciário é **fenômeno mais amplo que a mera virtualização dos processos** (última fase dessa transformação), compreendendo a utilização de computadores pelos serviços e servidores forenses e, também, a possibilidade de verificação de andamentos processuais via internet.

A Lei 9.800/99 permitiu, de forma inovadora, a utilização de fax para a prática de atos processuais, dispensando-se, por exemplo, a utilização de protocolos integrados remetidos via Correios e/ou a presença e protocolamento pessoal de peças junto aos fóruns e Tribunais.

Em 2001, edita-se a Lei dos Juizados Especiais Federais (Lei 10.259/01), que permitia de forma expressa a prática de atos processuais pela forma eletrônica em seu art. 8º, § 2º. A Lei 10.358/01 previu exigências de segurança para a remessa dessas peças, texto que, todavia, restou vetado pela Presidência da República.

Apenas em 2006, com a edição da Lei 11.280/06, inseriu-se o famoso parágrafo único do art. 154 do Código de Processo Civil que previa que os tribunais no âmbito da respectiva jurisdição, poderão disciplinar a prática e a comunicação oficial dos atos processuais por meios eletrônicos, atendidos os requisitos de autenticidade, integridade, validade jurídica e interoperabilidade da Infra-Estrutura de Chaves Públicas Brasileira – ICP – Brasil".

De importantíssima relevância para os processos de execução, a Lei 11.382/06 previu a possibilidade de expedição de **ordem de bloqueio de valores** em contas bancárias pelo magistrado, no que ficou conhecido popularmente como **penhora online**.

O Conselho Nacional de Justiça, posteriormente, regulamentou a possibilidade de efetivação das medidas conhecidas como *Infojud* e *Renajud*, viabilizando a consulta das declarações de bens e rendas das partes e a possibilidade de verificação da existência de veículos registrados no nome destas, bem como a viável inserção de restrições de venda nos respectivos cadastros.

Com a edição do Novo CPC, previu-se no art. 236, § 3º que é admitida a prática de atos processuais por meio de videoconferência ou outro recurso tecnológico de transmissão de sons e imagens em tempo real.

Da mesma forma, o art. 385, § 3º previu que o depoimento pessoal da parte que residir em comarca, seção ou subseção judiciária diversa daquela onde tramita o processo poderá ser colhido por meio de videoconferência ou outro recurso tecnológico de transmissão de sons e imagens em tempo real, o que poderá ocorrer, inclusive, durante a realização da audiência de instrução e julgamento.

O art. 453, § 1º, do CPC dispõe que a oitiva de testemunha que residir em comarca, seção ou subseção judiciária diversa daquela onde tramita o processo poderá ser realizada por meio de videoconferência ou outro recurso tecnológico de transmissão e recepção de sons e imagens em tempo real, o que poderá ocorrer, inclusive, durante a audiência de instrução e julgamento.

O mesmo se refere quanto à acareação (art. 461, § 2º, do CPC) e, quanto à sustentação oral, permite-se ao advogado com domicílio profissional em cidade diversa daquela onde está sediado o tribunal realizar sustentação oral por meio de videoconferência ou outro recurso tecnológico de transmissão de sons e imagens em tempo real, desde que o requeira até o dia anterior ao da sessão (art. 937, § 4º, do CPC).

Pela relevância, a prática eletrônica de atos processuais ganhou seção própria no Capítulo I, Título I, Livro IV do Código de Processo Civil, a saber:

> Art. 193. Os atos processuais podem ser total ou parcialmente digitais, de forma a permitir que sejam produzidos, comunicados, armazenados e validados por meio eletrônico, na forma da lei.
>
> Parágrafo único. O disposto nesta Seção aplica-se, no que for cabível, à prática de atos notariais e de registro.
>
> Art. 194. Os sistemas de automação processual respeitarão a publicidade dos atos, o acesso e a participação das partes e de seus procuradores, inclusive nas audiências e sessões de julgamento, observadas as garantias da disponibilidade, independência da plataforma computacional, acessibilidade e interoperabilidade dos sistemas, serviços, dados e informações que o Poder Judiciário administre no exercício de suas funções.
>
> Art. 195. O registro de ato processual eletrônico deverá ser feito em padrões abertos, que atenderão aos requisitos de autenticidade, integridade, temporalidade, não repúdio, conservação e, nos casos que tramitem em segredo de justiça, confidencialidade, observada a infraestrutura de chaves públicas unificada nacionalmente, nos termos da lei.
>
> Art. 196. Compete ao Conselho Nacional de Justiça e, supletivamente, aos tribunais, regulamentar a prática e a comunicação oficial de atos processuais por meio eletrônico e velar pela compatibilidade dos sistemas, disciplinando a incorporação progressiva de novos avanços tecnológicos e editando, para esse fim, os atos que forem necessários, respeitadas as normas fundamentais deste Código.
>
> Art. 197. Os tribunais divulgarão as informações constantes de seu sistema de automação em página própria na rede mundial de computadores, gozando a divulgação de presunção de veracidade e confiabilidade.
>
> Parágrafo único. Nos casos de problema técnico do sistema e de erro ou omissão do auxiliar da justiça responsável pelo registro dos andamentos, poderá ser configurada a justa causa prevista no art. 223, caput e § 1º.
>
> Art. 198. As unidades do Poder Judiciário deverão manter gratuitamente, à disposição dos interessados, equipamentos necessários à prática de atos processuais e à consulta e ao acesso ao sistema e aos documentos dele constantes.
>
> Parágrafo único. Será admitida a prática de atos por meio não eletrônico no local onde não estiverem disponibilizados os equipamentos previstos no caput.

> Art. 199. As unidades do Poder Judiciário assegurarão às pessoas com deficiência acessibilidade aos seus sítios na rede mundial de computadores, ao meio eletrônico de prática de atos judiciais, à comunicação eletrônica dos atos processuais e à assinatura eletrônica.

Invertendo a lógica anterior e partindo para uma presunção de boa-fé, o art. 1.053 do CPC passa a estabelecer que os atos processuais praticados por meio eletrônico até a transição definitiva para certificação digital ficam convalidados, ainda que não tenham observado os requisitos mínimos estabelecidos por este Código, desde que tenham atingido sua finalidade e não tenha havido prejuízo à defesa de qualquer das partes.

Fala-se, a partir de então, de um Direito 4.0, movimento que impacta na realidade cotidiana forense, modificando seu modo de atuação, e também demanda do próprio Direito um movimento proativo no sentido de regular e disciplinar esse novo formato de vida social, que obviamente gera e cria conflitos até então desconhecidos.

O Direito 4.0, segundo NASCIMENTO (2024, p. 803), possui duas faces: a regulação de conflitos e proteção do ser humano ante os novos riscos do progresso tecnológico; e a aplicação de digitalização e outras novas tecnologias no processamento de demandas judiciais. Esta segunda vertente vem sendo chamado de Computational Law, Legal Technology ou Legal Tech.

O autor, citando doutrina alemã sobre o tema, elenca algumas vantagens da tecnologia no contexto jurídico:

i) Apoio das atividades jurídicas tradicionais.

ii) Substituição parcial ou total de regras legais.

iii) Aprimoramento dos meios de execução processual.

iv) Facilitação de pesquisas e avaliação de fontes legais e precedentes judiciais.

v) Apoio à consultoria jurídica e ao litígio estratégico.

vi) Automação de processos.

vii) Redução dos custos processuais.

viii) Aumento da velocidade, eficiência e eficácia dos processos.

ix) Preparação, tomada e execução de decisões.

x) Facilitação do Acesso à Justiça.

xi) Surgimento de Mercados Legais Eletrônicos (medidores online de reputação, comparativos de preços e leilões de serviços).

xii) Incremento do Ensino Jurídico online.

xiii) Implementação de Canais de Resolução Online de Conflitos (Online Dispute Resolutions – ODR).

xiv) Criação de serviços de previsão de resultados de processos e respostas automáticas a dúvidas legais.

Estabelecendo um parâmetro simbólico semelhante à indústria 4.0, o Conselho Nacional de Justiça lançou o projeto Justiça 4.0 – Inovação e efetividade na realização da Justiça para todos.

Dentre as ações que fazem parte do Justiça 4.0 podem ser citadas a implantação do Juízo 100% Digital, a implantação do Balcão Virtual, o projeto da Plataforma Digital do Poder Judiciário (PDPJ), com possibilidade de ampliar o grau de automação do processo judicial eletrônico e o uso de Inteligência Artificial (IA), aprimoramento dos Registros Processuais Primários, Implantação da Plataforma Codex, implantação do Cartório do Futuro, dentre outros.

Destaque inicial merece o projeto Juízo 100% Digital (Res. 345/20 do CNJ), que busca implementar ferramentas para que o cidadão tenha acesso à Justiça sem precisar comparecer fisicamente nos Fóruns, exercendo todos os atos processuais exclusivamente por meio eletrônico e remoto, pela Internet. O projeto engloba, também, as audiências e sessões de julgamento, que vão ocorrer exclusivamente por videoconferência.

Segundo o art. 3º da citada Resolução, a escolha pelo "Juízo 100% Digital" é **facultativa** e será exercida pela parte demandante no momento da distribuição da ação, podendo a parte demandada opor-se a essa opção até o momento da contestação. Adotado o "Juízo 100% Digital", as partes poderão retratar-se dessa escolha, por uma única vez, até a prolação da sentença, preservados todos os atos processuais já praticados (art. 3º, § 2º, da Res. 345/2020).

Importante disposição da Resolução também indica que, no ato do ajuizamento do feito, a parte e seu advogado deverão fornecer endereço eletrônico e linha telefônica móvel celular, sendo **admitida a citação, a notificação e a intimação** por qualquer meio eletrônico, nos termos dos arts. 193 e 246, V, do Código de Processo Civil.

O projeto possibilita a adoção do Juízo 100% Digital inclusive para processos em trâmite.

Pela Resolução Nº 372/21, o Conselho Nacional de Justiça implementou o **Balcão Virtual**, informando que os tribunais e os conselhos (estes incluídos pela redação dada pela Res. 473/2022), à exceção do Supremo Tribunal Federal, deverão disponibilizar, em seu sítio eletrônico, ferramenta de videoconferência que permita imediato contato com o setor de atendimento de cada unidade judiciária, popularmente denominado como balcão, durante o horário de atendimento ao público.

Para facilitar o acesso da população, indica-se na Resolução que o tribunal ou o conselho poderá utilizar qualquer ferramenta tecnológica que se mostre adequada para o atendimento virtual, ainda que diversa da solução empregada para a realização das audiências, sessões de julgamento ou, ainda, para a prática dos demais atos judiciais.

Importante a ressalva do parágrafo único do art. 4º da mencionada Resolução que informa que o Balcão Virtual não substitui o sistema de peticionamento dos sistemas de processo eletrônico adotados pelos tribunais, sendo vedado o seu uso para o protocolo de petições, assim como não é aplicável aos gabinetes dos magistrados.

3.3. Tecnologia no contexto jurídico

Da mesma forma que as *fintechs* revolucionaram o mercado de investimentos, afetando o mundo bancário e das finanças, as *lawtechs* ou *legaltechs* pretendem revolucionar o mundo jurídico, sendo responsáveis pelo desenvolvimento de produtos e serviços que facilitam e otimizam processos de gestão, obtenção e tratamento de dados, bem como jurimetria e elaboração de contratos e petições via inteligência artificial.

As *lawtechs* não estão desenvolvendo apenas programas para facilitar a organização profissional de advogados, mas também de juízes, promotores, defensores públicos e, principalmente, dos usuários do sistema de justiça.

Por meio da criação de plataformas inteligentes de reunião e compilação de dados, passa a ser possível celebrar contratos inteligentes, conhecer estatísticas sobre decisões judiciais, margens saudáveis para acordos, posicionamentos de juízos monocráticos, consulta sobre a existência de direitos, contratação direta de equivalentes jurisdicionais, etc.

Se, na década de 90, a tecnologia mostrou ser possível a consulta eletrônica de andamentos processuais, evitando grandes despesas de tempo e dinheiro em deslocamentos até os ambientes forenses, o período pós-pandemia de COVID-19 representará um novo momento: a completa informatização de processos e interações, bem como a abertura quase total de dados e estatísticas sobre julgamentos, possibilitando um trabalho com maior índice de acertos pelos procuradores.

3.4. Automação do processo

A automação pode ser conceituada como o sistema em que processos operacionais são controlados e executados por meio de dispositivos mecânicos ou eletrônicos, substituindo o trabalho humano.

No âmbito judicial, a automação já é uma realidade. Se, antigamente, as juntadas de documentos e petições eram feitas manualmente por servidores cartorários, que inseriam as folhas nos processos e depois autenticavam suas veracidades e numeravam as páginas, hoje, os sistemas de processo eletrônico fazem absolutamente todo esse caminho (recebimento, juntada, autenticação e numeração) de maneira automática.

Para além disso, os sistemas permitem a abertura e fechamento automático de prazos, a visualização simultânea dos autos por todos os agentes processuais, a **rapidez na confecção de pedidos urgentes** com imediata análise pelos magistrados, o **controle de abusos processuais** por partes e, principalmente, o controle do andamento regular de um processo no decorrer do tempo, evitando reclamações de que determinados feitos não são impulsionados ou ficam "engavetados".

Além disso, a automação dos processos viabiliza a elaboração de documentos de maneira automatizada. A partir dela, mandados de citação, intimação e averbação podem ser emitidos com poucos cliques. Além disso, certidões simples podem ser emitidas pelos próprios procuradores ou partes, evitando a interrupção de atividades essenciais para atendimento de questões meramente burocráticas.

Em manifestação diversa da **automação,** o termo **transformação** é citado por LORDELO (2021, pg. 449), em referência à doutrina de Susskind, como a utilização da tecnologia para realização de tarefas **antes impossíveis ou sequer concebidas** no passado, diferenciando-se da automação que, em essência, significaria apenas a otimização de atividades já realizadas. Como exemplo de transformação, o autor cita as chamadas cortes remotas (*online courts*).

Obviamente, a automação ainda apresenta limites, e estes somente serão delimitados de forma mais clara com o decorrer do tempo e diante da identificação de falhas ou problemas concretos. A inovação, todavia, é claramente benéfica ao serviço judiciário, que ganhou impressionante impulso de eficiência e velocidade.

3.5. Inteligência Artificial e Direito

A expressão "inteligência artificial" guarda relação com a capacidade de funcionamento de dispositivos eletrônicos em semelhança à inteligência humana, ou seja, a capacidade de, percebendo variações de cenários, modular e tomar decisões múltiplas para resolver problemas. São utilizados aplicativos e softwares que processam algoritmos, analisam dados e reproduzem a capacidade humana de avaliação.

Segundo o pai da informática, Alan Turing, a impossibilidade de diferenciação entre humano e máquina em um teste (Teste de Turing) indicaria a existência de inteligência artificial.

Em sistemas dotados de inteligência artificial, a programação permite o aprendizado de padrões e confecciona respostas adequadas ao tipo de utilização pelo usuário. Um exemplo desse modelo seria a inteligência artificial perceber a preferência de utilização do usuário e, com o tempo, adequar seu modo de funcionamento e apresentação de dados e informações para melhor satisfazer o próprio usuário.

Os algoritmos que permitem o funcionamento da inteligência artificial operam por meio das seguintes fases: *Input*, que é a porta de entrada dos dados; *Bits*, que são os dígitos binários contendo informações processadas; *Output*, que é a porta de saída dos dados.

Curiosidade 01: No ano de 2023, o mundo testemunhou a popularização de um site de inteligência artificial com ampla margem de utilização: o ChatGPT. Utilizando-se de uma plataforma semelhante à de um chat, o site permite a inserção de dados e a solicitação de tarefas textuais que, rapidamente, são respondidas e propostas pelo sistema. A capacidade de resposta e a adaptabilidade de situações impressionaram o mundo, pois o programa consegue realizar a contento tarefas simples (como elaborar um discurso de formatura em Direito), até propor um código complexo na linguagem Java para criação de um site de vendas de produtos.

Curiosidade 02: A evolução exponencial da inteligência artificial na internet tem criado situações de espanto, a exemplo da divulgação de um sistema que, após ser criado para acessar uma plataforma de localizações, viu-se impedido de avançar pela inserção de um "teste de uso humano", pela forma de cliques em imagens. O que impressionou no caso foi que o sistema de inteligência artificial solicitou acesso para pessoas com deficiência em visão, criou um texto padrão informando ser uma pessoa cega para o site destino e, então, obteve acesso aos dados que precisava sem passar pelo teste de cliques. Essa capacidade de adaptação e "drible" evidencia que não se trata meramente de uma máquina que repete passos, mas de um sistema que se utiliza de uma base de informações para tomar decisões suficientes para atingir seu objetivo, adaptando passos e buscando soluções mais eficazes.

A utilização de inteligência artificial no mundo jurídico já é uma realidade. Tanto no aprimoramento de pesquisas jurisprudenciais, como na interconexão de bases de dados, experiências como automação de documentos, criação de peças jurídicas, formatação de sistemas preditivos e gerenciamento de informações estão no cotidiano forense de maneira cada vez mais intensa.

Projeto Vitor: Implementado no Supremo Tribunal Federal, este projeto tem como objetivo auxiliar na identificação e análise das situações de repercussão geral junto à Corte.

Projeto Athos: Implementado junto ao Superior Tribunal de Justiça, faz agrupamento de processos por similaridade, aponta óbices formais dos recursos (intempestividade, por exemplo), reúne jurisprudência e precedentes aplicáveis ao caso e apresenta-os ao julgador, para possível utilização.

Sobre o tema, o CNJ editou a Resolução 332/20, que indica, já em seu art. 1º, que o conhecimento associado à Inteligência Artificial e a sua implementação estarão à disposição da Justiça, no sentido de promover e aprofundar maior compreensão entre a lei e o agir humano, entre a liberdade e as instituições judiciais.

Aponta-se, na sequência da normativa, que a Inteligência Artificial, no âmbito do Poder Judiciário, visa promover o bem-estar dos jurisdicionados e a prestação equitativa da jurisdição, bem como descobrir métodos e práticas que possibilitem a consecução desses objetivos (art. 2º).

Em preocupação com a chamada **"discriminação algorítmica"**, o art. 5º aponta que a utilização de modelos de Inteligência Artificial deve buscar garantir a segurança jurídica e colaborar para que o Poder Judiciário respeite **a igualdade de tratamento aos casos absolutamente iguais.**

Ainda, menciona-se que, quando o desenvolvimento e treinamento de modelos de Inteligência exigir a utilização de dados, as amostras devem ser representativas e observar as cautelas necessárias quanto aos dados pessoais sensíveis e ao segredo de justiça.

Na sequência, o art. 7º diz que as decisões judiciais apoiadas em ferramentas de Inteligência Artificial devem preservar a igualdade, a não discriminação, a pluralidade e a solidariedade, auxiliando no julgamento justo, com criação de condições que visem eliminar ou minimizar a opressão, a marginalização do ser humano e os erros de julgamento decorrentes de preconceitos.

O dispositivo mais importante (e comentado) da Resolução é o art. 23, que diz que a "utilização de modelos de Inteligência Artificial em **matéria penal** não deve ser estimulada, sobretudo com relação à sugestão de modelos de decisões preditivas".

O parágrafo único faz a ressalva de que isso não se aplica quando se tratar de utilização de soluções computacionais destinadas à automação e ao oferecimento de subsídios destinados ao **cálculo de penas, prescrição, verificação de reincidência, mapeamentos, classificações e triagem dos autos para fins de gerenciamento de acervo.**

Ainda, o parágrafo segundo aponta que os modelos de Inteligência Artificial destinados à verificação de reincidência penal não devem indicar conclusão mais prejudicial ao réu do que aquela a que o magistrado chegaria sem sua utilização.

> **Curiosidade:** A vedação inserida em matéria penal tem provável origem nas críticas realizadas ao chamado Questionário *Compas*, sigla inglesa que significa *Correctional Offender Management Profiling for Alternative Sanctions*. O sistema em questão, utilizado em alguns estados americanos, é baseado em uma série de perguntas que, respondidas em um grau de 01 a 10, poderiam indicar, via cálculo algorítmico, o grau de periculosidade de acusados.

Em parceria com o TJRO, o CNJ tem implementado a inteligência artificial por meio do programa *Sinapses*. Como resultados, podem ser citadas as criações de plataforma e programas que analisam a ocorrência de **prevenção em processos civis, identificam petições iniciais** em meio a uma série de documentos, testam movimentações processuais de maneira inteligente e **identificam casos de repercussão coletiva**.

> **Curiosidade:** No contexto da inteligência artificial, ganham destaque os termos *machine learning* e *deep learning*. Na *machine learning*, a máquina é capaz de aprender com suas próprias experiências, como no exemplo do jogo de videogame que cria novas dificuldades ao usuário ao perceber que este tem determinado perfil de comportamento durante as etapas ou fases do jogo.
>
> Já na *deep learning* existem algoritmos capazes de simular o processo de aprendizado do cérebro humano, melhorando o desempenho da máquina sem nova programação externa (humana). A máquina, por si, evolui utilizando-se de um processo complexo de aprendizagem.

A grande questão, obviamente, reside no plano ético. Algumas experiências iniciais de inteligência artificial apresentaram resultados desastrosos do ponto de vista da discriminação, por exemplo. O *Apple Card* (cartão de crédito da empresa de celulares e computadores) foi acusado de liberar limites desproporcionalmente mais elevados para homens do que para mulheres, ainda que estes tenham renda idêntica. No mesmo sentido, o sistema *COMPAS* (acima referido), foi acusado de prever que pessoas negras teriam mais chance de reincidência em crimes do que pessoas brancas.

Em razão disso, alguns autores passaram a identificar limites para a atuação da inteligência artificial no campo jurídico, a exemplo da indelegabilidade de decisões intrinsecamente humanas, transparência, reversibilidade e, obviamente, possibilidade de desligamento.

A inserção de programas de inteligência artificial na advocacia, todavia, é um caminho sem volta. Já existem programas experimentais em que o profissional insere, por exemplo, o arquivo da petição inicial no sistema, informa que precisa apresentar uma contestação e o site, via inteligência artificial, já propõe uma peça pronta (com argumentos condizentes com a jurisprudência atual, por exemplo) que, então, apenas passará por correção final e pequenos ajustes pelo profissional da advocacia.

Neste ponto, importante mencionar o fenômeno dos Algoritmos Desinviesantes, trazido por NASCIMENTO (2024, p. 810), citando Hugo de Brito Machado. Embora o fenômeno do enviesamento algorítmico seja uma realidade e algo a se temer quando da utilização da inteligência artificial, o autor menciona que os algoritmos podem usados em sentido oposto a isso, mitigando-se a atuação de vieses e ruídos nas decisões humanas. O exemplo trazido é o de um algoritmo que, ao invés de impor ao desembargador um modelo de voto já pronto, com fundamento em precedentes da Corte, aponta sentenças cuja revisão é submetida à Corte, separando as que considera convergentes com o entendimento, daquelas que são divergentes, a fim de apontar quais devem ter mais atenção.

3.6. Audiências virtuais. Cortes remotas.

Por meio da **Resolução 354/20**, o Conselho Nacional de Justiça regulamentou a realização de audiências e sessões por **videoconferência** e **telepresenciais** e a comunicação de atos processuais por meio eletrônico nas unidades jurisdicionais de primeira e segunda instâncias da Justiça dos Estados, Federal, Trabalhista, Militar e Eleitoral, bem como nos Tribunais Superiores, à exceção do Supremo Tribunal Federal.

Explicando as diferenças, a norma indica que **videoconferência** é o termo utilizado para designar a comunicação à distância realizada **em ambientes de unidades judiciárias**; já a forma **telepresencial** é utilizada para designar **as audiências e sessões realizadas a partir de ambiente físico externo às unidades judiciárias** (como nos casos em que as pessoas acessam por celular ou computador).

As audiências na forma **telepresencial** só poderão ser realizadas a pedido da parte, ressalvado o disposto no § 1º, bem como nos incisos I a IV do § 2º do art. 185 do CPP, cabendo ao juiz decidir pela conveniência de sua realização no modo presencial. Em qualquer das hipóteses, o juiz deve estar presente na unidade judiciária.

Excepcionalmente, o juiz poderá determinar de ofício, a realização de audiências telepresenciais, em caso de urgência, substituição ou designação de magistrado com sede funcional diversa, mutirão ou projeto específico, conciliação ou mediação no âmbito dos Centros Judiciários de Solução de Conflito e Cidadania (Cejusc), indisponibilidade temporária do foro, calamidade pública ou força maior. Além disso, a Resolução n. 508/2023 incluiu a possibilidade de determinação, de ofício, para atos processuais praticados em Pontos de Inclusão Digital, na forma da Resolução CNJ 508/2023.

Por meio da Resolução, ficam praticamente extintas as famosas **"audiências de precatórias"**, em que testemunhas residentes em outras comarcas eram ouvidas por juízes e atores processuais não vinculados ao caso. A partir da normativa, e salvo requerimento de apresentação espontânea, o ofendido, a testemunha e o perito residentes fora da sede do juízo serão inquiridos e prestarão esclarecimentos por videoconferência, na sede do foro de seu domicílio ou no estabelecimento prisional ao qual estiverem recolhidos.

Indica-se, na mesma medida, que o réu preso fora da sede da Comarca ou em local distante da Subseção Judiciária participará da audiência por videoconferência, a partir do estabelecimento prisional ao qual estiver recolhido.

Ainda que a audiência seja realizada de tal maneira, o Juiz garantirá ao réu o direito de entrevista prévia e reservada com seu defensor, presencial ou telepresencialmente.

Da mesma forma, nos termos do art. 7º, inc. II, da citada resolução, quando o ofendido ou testemunha manifestar desejo de depor sem a presença de uma das partes do processo, na forma da legislação pertinente, a imagem poderá ser desfocada, desviada ou inabilitada, sem prejuízo da possibilidade de transferência para lobby ou ambiente virtual similar.

Inovação importante traz o art. 8º da Resolução em questão, afirmando-se que, nos casos em que cabível a citação e a intimação pelo correio, por oficial de justiça ou pelo escrivão ou chefe de secretaria, o ato poderá ser cumprido por meio eletrônico que assegure ter o destinatário do ato tomado conhecimento do seu conteúdo.

Enquanto as **audiências virtuais** representam a virtualização de uma mera fase ou ato do processo, as chamadas **cortes remotas** representam um modo completamente diverso de se pensar na prestação jurisdicional.

Segundo Nascimento (2024, p. 817), a ideia de Cortes Remotas ou Tribunais Online alicerça-se na lógica de que o serviço jurisdicional do Estado pode ser desempenhado de forma integralmente virtual, independentemente de logradouros físicos. Segundo o autor, o grande nome no estudo desse tema é o do britânico Richard Susskind (obra Cortes Online e o Futuro da Justiça (Online Courts and the Future of Justice)).

Assim, afastando-se da noção de **local** forense, as cortes remotas propõem que a jurisdição seja vista como um **serviço de ampla prestação pública em ambiente virtualizado**, verdadeira inovação que compreende uma noção completamente desvinculada de serviço judicial, que passaria a ser prestado de forma remota, sem audiências e com progressivo contato entre as partes e o juiz.

Diferentemente das chamadas *online dispute resolution (ODR's)*, as **cortes remotas são iniciativas públicas**, estritamente vinculadas ao Poder Judiciário e às características principiológicas que o acompanham. Aquelas, por sua vez, são iniciativas essencialmente privadas (existentes em sites como, por exemplo, da *Amazon*).

No Brasil, existe uma alternativa com incentivo público e que foi amplamente aderida pelos serviços privados. Trata-se do chamado *"consumidor.gov"*, plataforma que permite a comunicação prévia entre consumidores e fornecedores de serviços ou produtos a respeito de vícios ou fatos de produtos/serviços decorrentes da relação consumerista, aceitando a celebração de acordos e tratativas prévias à judicialização de demandas dessas naturezas.

Ainda, no âmbito do Programa Justiça 4.0 do CNJ, há um modelo que, segundo Nascimento (2024, p. 817), pode ser tratado como um experimento inicial de implementação de Cortes Online no Brasil: os Núcleos de Justiça 4.0, responsáveis por gerenciar o processamento e o julgamento de ações judiciais de forma remota, totalmente digital, com maior agilidade e efetividade. O primeiro tribunal do Brasil a implantar os Núcleos de Justiça 4.0 foi o Tribunal Regional Federal da 2ª Região (TRF2), inicialmente com unidades especializadas em ações relacionadas à saúde pública.

3.7. Ciência de dados e Jurimetria

A jurimetria pode ser conceituada como **aplicação de métodos quantitativos**, especialmente **estatísticos**, ao mundo jurídico.

A utilização dessa técnica no Poder Judiciário tem permitido a análise da eficiência do serviço prestado, deixando mais transparentes e acessíveis os dados sobre número de ingresso de ações, quantidades de processos finalizados, índice de recursos interpostos nas cortes superiores, etc.

Aplicação prática: A pesquisa "Mediação e Conciliação avaliadas empiricamente: jurimetria para propositura de ações eficientes" apresentada pelo Conselho Nacional de Justiça (CNJ), indicou que processos da esfera do Direito da Família são os que têm mais chances de serem concluídos por meio de acordos obtidos em conciliação e mediação.

O levantamento estatístico, todavia, passou a revelar novas perspectivas. Hoje, já existem serviços especializados em, analisando um grande número de dados provenientes de acórdãos ou despachos de Tribunais (ou até mesmo juízes) apontar, via estatística, **as chances de vitória** para determinados casos, bem como o êxito de fundamentos e argumentos jurídicos nas peças.

Indo além, alguns estudos chegam ao ponto de verificar, utilizando-se de larga base de dados, quais momentos de julgamento (início ou final das sessões) são as mais favoráveis para requerentes ou requeridos, apontando, ainda, que critérios como cor da pele, vestimenta e forma de linguagem continuam sendo determinantes para resultados finais de julgamento.

A jurimetria, então, ultrapassa a mera análise de estatísticas pelo Poder Judiciário, e chega ao extremo de revelar, via números, as tendências jurisdicionais existentes no país, conferindo novas luzes para partes e procuradores que, agora, conhecendo exatamente as preferências dos julgadores, podem modular suas posturas de condutas no curso do processo.

Teoricamente, fala-se que a jurimetria pode apresentar três vieses:

a) **legislativo ou de gestão pública:** nesse cenário, a jurimetria é utilizada para fundamentar a tomada de decisões legislativas e escolhas administrativas pelo poder público.

b) **judicial:** aqui, a jurimetria é utilizada pelo julgador, que se utiliza de números e estatísticas para prolatar uma decisão socialmente recomendada, evitando distorções jurisprudenciais em aspectos não desejáveis.

c) **processual:** neste ponto, fala-se que a jurimetria é utilizada por partes e procuradores. A partir de números e estatísticas, é possível identificar estratégias probatórias vencedoras para determinados casos postos à análise de um certo juízo e/ou tribunal.

Aplicação prática: A análise de sentenças prolatadas por um mesmo magistrado poderá, em segundos, identificar quais são os fundamentos jurídicos considerados mais importantes pelo referido julgador. Essa estatística poderá, então, auxiliar o procurador a melhor

> elaborar sua peça processual, evitando a utilização de argumentos jurídicos desimportantes (ao olhar daquele magistrado) e enfatizando a aplicação de normas que, numericamente, são indicadas como importantes pelo próprio magistrado em seus julgados anteriores.

Os **tribunais** já vêm adotando a jurimetria para fazer com que sentenças de problemas similares não sejam muito diferentes entre si, fenômeno aplicado principalmente para demandas de massa (como ações indenizatórias por atraso em voos de companhias aéreas ou inscrição indevida em cadastros de restrição ao crédito).

Para **procuradores**, a jurimetria pode prestar auxílios prévios à distribuição do feito (indicando, por exemplo, preferências genéricas dos juízes) e concomitantes ao trâmite processual (apontando preferências do magistrado sorteado para análise do caso, viabilizando a personalização da atuação no processo). Assim, será possível ao procurador regular sua atuação conforme as preferências do julgador, utilizando-se de argumentação e esforço probatório direcionados para tendências legalistas, jurisprudenciais ou principiológicas do juiz.

A jurimetria, ademais, poderia **auxiliar os serviços jurídicos antes mesmo da propositura das ações**. Conhecendo estatísticas, procuradores poderão elaborar contratos mais precisos e detalhados sobre aspectos que, normalmente, apresentam maior problemática posterior. Além disso, a jurimetria poderá revolucionar cláusulas simplórias desses instrumentos, a exemplo da indicação de "foro de eleição", que passará a apontar para comarcas com juízos de entendimentos mais benéfico para a parte que elabora o instrumento.

3.8. Resoluções do CNJ sobre inovações tecnológicas no Judiciário

Inúmeras são as resoluções do Conselho Nacional de Justiça que dispõem sobre a introdução e aplicação de inovações tecnológicas no Poder Judiciário. Além daquelas já detalhadas no curso deste capítulo, merecem citação as abaixo relacionadas.

a) **Res. 443/2022** – Dispõe sobre a aplicação e disseminação dos conhecimentos sobre a Plataforma Digital do Poder Judiciário nos editais de concursos públicos, seleções e capacitações para cargos de tecnologia da informação e comunicação dos órgãos do Poder Judiciário.

b) **Res. 420/2021** – Dispõe sobre a adoção do processo eletrônico e o planejamento nacional da conversão e digitalização do acervo processual físico remanescente dos órgãos do Poder Judiciário.

c) **Res. 408/21** – Dispõe sobre o recebimento, o armazenamento e o acesso a documentos digitais relativos a autos de processos administrativos e judiciais.

d) **Res. 396/21** – Institui a Estratégia Nacional de Segurança Cibernética do Poder Judiciário (ENSEC-PJ).

e) **Res. 385/21** – Dispõe sobre a criação dos "Núcleos de Justiça 4.0" e dá outras providências.

f) **Res. 375/21** – Altera a Resolução CNJ nº 227/2016, que regulamenta o teletrabalho no âmbito do Poder Judiciário e dá outras providências, criando a Equipe de Trabalho Remoto e dando outras providências.

g) **Res. 372/21** – Regulamenta a criação de plataforma de videoconferência denominada "Balcão Virtual."

h) **Res. 363/21** – Estabelece medidas para o processo de adequação à Lei Geral de Proteção de Dados Pessoais a serem adotadas pelos tribunais.

i) **Res. 357/20** – Dispõe sobre a realização de audiências de custódia por videoconferência quando não for possível a realização, em 24 horas, de forma presencial.

j) **Res. 354/20** – Dispõe sobre o cumprimento digital de ato processual e de ordem judicial e dá outras providências.

k) **Res. 345/20** – Dispõe sobre o "Juízo 100% Digital" e dá outras providências.

l) **Res. 337/20** – Dispõe sobre a utilização de sistemas de videoconferência no Poder Judiciário.

m) **Res. 334/20** – Institui o Comitê Consultivo de Dados Abertos e Proteção de Dados no âmbito do Poder Judiciário.

n) **Res. 332/20** – Dispõe sobre a ética, a transparência e a governança na produção e no uso de Inteligência Artificial no Poder Judiciário e dá outras providências.

o) **Res. 280/19** – Estabelece diretrizes e parâmetros para o processamento da execução penal nos tribunais brasileiros por intermédio do Sistema Eletrônico de Execução Unificado – SEEU e dispõe sobre sua governança.

p) **Res. 261/18** – Cria e institui a Política e o Sistema de Solução Digital da Dívida Ativa, estabelece diretrizes para a criação de Grupo de Trabalho Interinstitucional e dá outras providências.

q) **Res. 227/16** – Regulamenta o teletrabalho no âmbito do Poder Judiciário e dá outras providências.

r) **Res. 185/13** – Institui o Sistema Processo Judicial Eletrônico – PJe como sistema de processamento de informações e prática de atos processuais e estabelece os parâmetros para sua implementação e funcionamento.

4. PERSECUÇÃO PENAL E NOVAS TECNOLOGIAS. CRIMES VIRTUAIS E CIBERSEGURANÇA. DEEPWEB E DARKWEB. PROVAS DIGITAIS. CRIPTOMOEDAS E LAVAGEM DE DINHEIRO

4.1. Persecução penal e novas tecnologias. Crimes virtuais e cibersegurança

A globalização, assunto intensamente discutido na seara econômica, revelou-se em verdadeiro fenômeno cultural, e apresentou à sociedade brasileira seus benefícios e malefícios, dos quais se destaca, neste momento, a chamada criminalidade cibernética.

Se, por um lado, até a década de 90 a **persecução penal** era desenvolvida por uma polícia dotada de aparato massivamente **físico** (carros, agentes, armas e instrumentos) a mudança das relações sociais e econômicas, que agora passam a ser virtuais e digitais, também implicará na necessária **alteração do formato de polícia e de persecução penal brasileiras.**

Afinal, se as relações sociais passam a ser cada vez mais virtualizadas, a advertência de LIMA (2011, pg. 16) segue válida:

> A Internet não pode ser entendida como uma terra sem lei, uma vez considerado que as operações aliefetivas sempre têm como fundamento relações entre seres humanos, devendo, pois, tais relacionamentos, obrigatoriamente, ser regidos pelos princípios gerais de direito, ou seja, se houver lesão ou ameaça a liberdades individuais ou a interesse público, deverá o Estado atuar para coibir tais práticas nefastas desse regime de proteção; a conduta humana sempre será objeto do direito, ainda que realizada por intermédio de computadores.

Como bem fala a doutrina, a criminalidade informática é um fenômeno complexo, pois reúne elementos que agregam **dificuldade de identificação dos autores** dos ilícitos e, principalmente, uma **mutabilidade dos formatos de conduta ilícita**, que podem ser alvo de atrasada previsão típica, dada a dificuldade de equalização entre a velocidade dos novos riscos e a exigência de observância do princípio da legalidade para punição criminal.

Desse modo, se antes um crime patrimonial era investigado a partir da análise do *modus operandi* do agente e de uma comparação com perfis conhecidos do mundo policial, hoje o mesmo delito é praticado na seara virtual com resultado danoso significativamente maior, tendo como autor, por exemplo, um *hacker* europeu residente na Ásia e que se utiliza, para cometimento dos delitos, de um servidor instalado em nuvem de dados americana. A investigação para apuração de tal crime não pode, obviamente, seguir os modelos antigos.

Há, ainda, outro fator que dificulta a investigação e apuração de crimes na seara digital: o **interesse das vítimas.** Por vezes, sistemas e bancos de dados de grandes empresas são invadidos e/ou apagados. Mesmo assim, as corporações preferem o anonimato e a omissão dessa informação, visto que, se revelada a ocorrência do dano, isso se reverteria na percepção social de que a empresa não dispõe de adequados recursos de segurança, reduzindo a procura de clientes pelos seus serviços.

Considerando os desafios impostos à persecução penal informática, e tendo em vista a amplitude global do assunto, o Senado brasileiro aprovou, ainda que tardiamente (em 15 de dezembro de 2021) a adesão à **Convenção de Budapeste**, que trata sobre crimes cibernéticos.

A Convenção em questão tem como objetivo **facilitar a cooperação internacional** para combater o **cibercrime**. O texto foi escrito pelo Comitê Europeu para os Problemas Criminais, e lista os principais crimes cometidos por meio da rede mundial de computadores.

Até junho de 2021 a Convenção foi ratificada por 66 países e a iniciativa do Brasil se soma à lei do Marco Civil da Internet, para a persecução penal dos crimes cibernéticos e da Lei Geral de Proteção de Dados Pessoais.

Além de dispor sobre formas de cooperação internacional entre países signatários, a Convenção de Budapeste indica **formas de investigação e meios de persecução penal a serem utilizados, tais como: Conservação expedita de dados informáticos armazenados, conservação expedita e divulgação parcial de dados de tráfego, busca e apreensão de dados informáticos armazenados e recolha em tempo real de dados informáticos, além da intercepção de dados relativos ao conteúdo.**

A realidade oferece aos Estados instrumentos ainda mais inovadores para a persecução penal. Como exemplos, fala-se de acompanhamento eletrônico e por satélite de pessoas, programas de reconhecimento visual, clonagem de aplicativos de redes sociais e de conversa (*WhatsApp, Telegram* etc.)

A inserção dessas tecnologias no mundo policial demanda, por óbvio, uma análise séria a respeito da razoabilidade da adoção de meios investigativos potencialmente tão invasivos a direitos, bem como da aquisição de programas privados pelo poder público.

De acordo com o Marco Civil da Internet (Lei 12.965/14), a disciplina do uso da internet no Brasil tem os seguintes princípios: garantia da liberdade de expressão, comunicação e manifestação de pensamento, nos termos da Constituição Federal; proteção da privacidade; proteção dos dados pessoais, na forma da lei; preservação e garantia da neutralidade de rede; preservação da estabilidade, segurança e funcionalidade da rede, por meio de medidas técnicas compatíveis com os padrões internacionais e pelo estímulo ao uso de boas práticas; responsabilização dos agentes de acordo com suas atividades, nos termos da lei; preservação da natureza participativa da rede; e, por fim, liberdade dos modelos de negócios promovidos na internet, desde que não conflitem com os demais princípios estabelecidos na Lei.

Nos termos do art. 22 da citada norma, a parte interessada poderá, com o propósito de formar conjunto probatório em processo judicial cível ou penal, em caráter incidental ou autônomo, requerer ao juiz que ordene ao responsável pela guarda o fornecimento de registros de conexão ou de registros de acesso a aplicações de internet.

O requerimento deverá conter, sob pena de inadmissibilidade, fundados indícios da ocorrência do ilícito, justificativa motivada da utilidade dos registros solicitados para fins de investigação ou instrução probatória, e, por fim, o período ao qual se referem os registros.

Segundo o disposto no art. 23 do Marco Civil da internet, cabe ao juiz tomar as providências necessárias à garantia do sigilo das informações recebidas e à preservação da intimidade, da vida privada, da honra e da imagem do usuário, podendo determinar segredo de justiça, inclusive quanto aos pedidos de guarda de registro.

A **cibersegurança**, todavia, não se preocupa apenas com a prevenção e punição de crimes praticados no ambiente virtual, mas também com ameaças políticas, ameaças terroristas, (ciberterrorismo), escárnio religioso, *bullying* e outras condutas que, mesmo não sendo tipificadas como crimes ou contravenções, são desaprováveis na seara social.

4.2. Deepweb e Darkweb

Para bem analisar o ponto, faz-se importante advertir o leitor que a Internet hoje conhecida pode ser dividida em três grandes segmentos, também chamados de camadas:

a) *Surface Web:* camada da internet indexada, com IP rastreável e que, normalmente, contém sites e conteúdos que podem ser encontrados via sistemas de busca e pesquisa na rede (Google, etc.).

b) *DeepWeb:* camada composta de endereços que não são encontrados livremente na Internet, via sistemas de busca. Seus sites e conteúdos apenas podem ser acessados via link direto ou mediante a inserção de códigos de acesso e confirmação. A *deepweb* não apresenta apenas conteúdos ilegais, sendo também utilizada para armazenamento de dados sensíveis, sistemas de segurança nacional e empresarial, etc.

c) *Darkweb:* camada também composta de endereços não encontrados livremente e que não podem ser indexados. Entretanto, essa parcela recebe tal denominação porque boa parte de seus sites estão voltados para a prática de atos considerados ilegais pelas legislações.

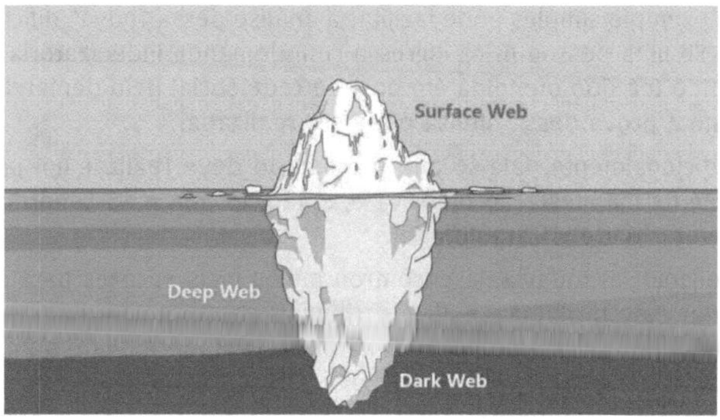

Caso Silk Road: Tendo seu nome inspirado na antiga Rota da Seda (onde o comércio era praticamente livre), esse site operava um mercado de produtos ilícitos na DarkWeb, utilizando-se da Rede Tor para viabilizar o comércio de produtos ilícitos, principalmente de drogas. Em outubro de 2013, o FBI fechou o site e prendeu Ross William Ulbricht, acusando-o de ser "Dread Pirate Roberts" ou DPR, o proprietário do site. Uma curiosidade interessante do site era que, embora liberada a venda de drogas de todas as espécies, seus administradores advertiam constantemente os usuários e vendedores da proibição peremptória do comércio de outros itens, como cartões de crédito clonados, armas, assassinatos e pornografia infantil.

4.3. Provas Digitais

A utilização dos meios digitais para cometimento de crimes causa enorme dificuldade para a persecução penal no que se refere à **identificação da forma de atuação criminosa** e, também, **à identidade do autor do fato**. Entretanto, há mais uma dúvida interessante sobre o tema: descoberta a prática do crime e a identidade do autor do fato, **como a prova deve ser materializada?**

Em lição clássica, MOUGENOT (2019, p. 467) afirma que "a prova é o instrumento usado pelos sujeitos processuais para comprovar os fatos da causa, isto é, aquelas alegações que são deduzidas pelas partes como fundamento para o exercício da tutela jurisdicional".

A força da **perícia**, nesses casos, parece ser elevada a patamares ainda mais importantes. Afinal, não apenas revelar com segurança se a prova apresentada é válida, os peritos precisarão indicar as formas de adulteração de possíveis informações, municiando as partes do processo com conhecimento suficiente para identificar, em determinado documento, a ocorrência de fraude.

> Um exemplo simples pode facilitar a análise dessa "nova" dificuldade. Se uma pessoa física ingressa com demanda indenizatória afirmando ter sido ofendida em post de rede social pelo demandado, como a prova dessa ofensa pode ser realizada?
>
> Tradicionalmente, fala-se que o ofendido deve realizar um *printscreen* da manifestação ofensiva e, então, levá-la para confirmação de veracidade via ata notarial.
>
> A tecnologia, todavia, já encontrou meios mais eficazes para solucionar esse problema, e alguns tribunais passaram a aceitar a realização de registro de imagens na *blockchain*, permitindo a análise pericial posterior.

Para THAMAY E TAMER (2020), a análise da expressão "prova digital" pode ser feita sob dois prismas: (a) o primeiro trata a prova digital como uma manifestação de uma ação ou ato ocorrido no meio digital; (b) o segundo aponta que a prova digital demonstra um fato que não aconteceu no meio digital, porém pode ser evidenciado por meios digitais.

Para boa parte da doutrina, **prova digital** é toda informação armazenada ou transmitida em meio eletrônico, que tenha valor probatório, aplicando-se a ela, subsidiariamente, as mesmas disposições relativas às provas em geral.

Em uma perspectiva ideal, seriam meios de obtenção da prova digital: a busca e apreensão de dispositivos eletrônicos, sistemas informáticos ou quaisquer outros meios de armazenamento de informação eletrônica; a coleta remota, oculta ou não, de dados em repouso acessados à distância; a interceptação telemática de dados em transmissão; a coleta por acesso forçado de sistema informático ou de redes de dados; e o tratamento de dados disponibilizados em fontes abertas, independentemente de autorização judicial.

Dentre as formas de coleta de provas, a doutrina cita:

a) **Interceptação:** A interceptação telemática envolve provedores ou serviços de infraestrutura, de conexão ou aplicação, bem como aos dispositivos eletrônicos ou sistemas informáticos particulares, individualizando as redes de dados e os protocolos de internet envolvidos, e deles extraindo dados como um "terceiro observador".

b) **Infiltração virtual de agentes:** A técnica permitiria a atuação virtual de agentes infiltrados em fóruns e sites das diversas camadas da internet com o fim de investigar crimes.

c) **Ação disfarçada:** Essa modalidade de investigação e coleta de prova se aproximaria de uma simulação, em que o agente público finge estar em contexto de prática criminosa para obter informações sobre organizações e associações criminosas.

d) **Coleta forçada:** É a obtenção da prova por acesso forçado a dispositivo eletrônico, sistema informático ou redes de dados.

A produção de provas digitais segue regida por princípios constitucionais de proteção de direitos básicos do cidadão. Assim, veda-se a produção de provas ilícitas também neste formato, já existindo bom repertório jurisprudencial a respeito do tema, muito embora os meios probatórios analisados pelos Tribunais sejam pouco técnicos sobre os temas.

1) Ao julgar o RHC 99735-SC, o Superior Tribunal de Justiça entendeu pela nulidade da prova obtida por meio de espelhamento do WhatsApp Web pela autoridade policial. Segundo a relatora, Min. Laurita Vaz, a medida não pode ser equiparada a uma interceptação telefônica, já que o WhatsApp Web o investigador tem, mais do que a observação da conversa, a possibilidade de interagir com interlocutores da agenda do investigado, além de apagar mensagens "para mim" ou "para todos". Considerando que o aplicativo utiliza criptografia "ponta a ponta", o investigador poderia remeter mensagens para outras pessoas e, na apuração da legitimidade da prova, não seria possível confirmar quem foi o real emitente (se o investigado, utilizando-se do celular; ou o investigador, utilizando-se do computador). Decisão: STJ. 6ª Turma. RHC 99735-SC, Rel. Min. Laurita Vaz, julgado em 27/11/2018 (Info 640).

É importante ressaltar que a medida acima declarada nula é diferente da obtenção de autorização para interceptação de conversas mantidas por e-mail; e, também, da autorização judicial para a obtenção, sem espelhamento, de conversas já registradas no aplicativo WhatsApp, com o propósito de periciar seu conteúdo. Essas, efetivamente, são consideradas válidas (STJ. 5ª Turma. RHC 90.276/MG, Rel. Min. Ribeiro Dantas, julgado em 13/03/2018).

2) No mesmo sentido, decidiu o STJ sobre a impossibilidade de extração de dados de celular sem autorização judicial: DIREITO PROCESSUAL PENAL. EXTRAÇÃO SEM PRÉVIA AUTORIZAÇÃO JUDICIAL DE DADOS E DE CONVERSAS REGISTRADAS NO WHATSAPP. Sem prévia autorização judicial, são nulas as provas obtidas pela polícia por meio da extração de dados e de conversas registradas no WhatsApp presentes no celular do suposto autor de fato delituoso, ainda que o aparelho tenha sido apreendido no momento da prisão em flagrante. [...] Desse modo, sem prévia autorização judicial, é ilícita a devassa de dados e de conversas de WhatsApp realizada pela polícia em celular apreendido. (STJ, 6ª Turma, RHC 51.531/RO, Rel. Min. NEFI CORDEIRO, julgado em 19/4/2016, DJe 9/5/2016).

Prova digital e cadeia de custódia: Como sabido, a cadeia de custódia representa o mecanismo por meio do qual se assegura a autenticidade e não alteração de provas e evidências colhidas, exploradas, periciadas e examinadas durante um processo investigatório. Busca-se, por meio dela, evitar que a prova seja alterada no decorrer da investigação e que, após essa alteração, seja impossível descobrir quem adulterou, dada a quantidade de pessoas que manejou o objeto.

Na prova digital, a manutenção da integridade e o respeito à cadeira de custódia podem ser asseguradas pela utilização do sistema *blockchain*, registro mestre imutável que aponta absolutamente todas as edições, alterações, manejos e visualizações dos dados de maneira cronológica, transcrevendo até mesmo as exclusões de informações de maneira linear e temporal. Impedir-se-ia, por meio de tal instrumento, a adulteração ou remoção de provas digitais de um processo, já que, desde a origem, estariam elas cadastradas e inseridas em um registro indelével de existência digital.

No âmbito do Direito Processual Civil, por sua vez, também não se encontram vedações ou empecilhos à utilização das provas digitais quando da leitura dos arts. 369 e 370, autorizando-se a produção probatório por todos os meios legais e moralmente legítimos, e o próprio Marco Civil da Internet autoriza o tratamento de dados pessoais para o exercício regular de direito em processo judicial, administrativo ou arbitral (art. 7º).

4.4. Criptomoedas e lavagem de dinheiro

Nos termos da Lei 9.613/98, pratica lavagem de dinheiro quem ocultar ou dissimular a natureza, origem, localização, disposição, movimentação ou propriedade de bens, direitos ou valores provenientes, direta ou indiretamente, de infração penal (art. 1º, *caput*).

Também pratica o crime aquele que, para ocultar ou dissimular a utilização de bens, direitos ou valores provenientes de infração penal os converte em ativos lícitos; os adquire, recebe, troca, negocia, dá ou recebe em garantia, guarda, tem em depósito, movimenta ou transfere; ou, ainda, importa ou exporta bens com valores não correspondentes aos verdadeiros.

Da mesma forma, pratica lavagem de capitais quem utiliza, na atividade econômica ou financeira, bens, direitos ou valores provenientes de infração penal; ou participa de grupo, associação ou escritório tendo conhecimento de que sua atividade principal ou secundária é dirigida à prática de crimes previstos nesta Lei.

Tradicionalmente, a lavagem de capitais ocorre por meio da simulação da realização de atividade lícita que, no âmago, serve apenas como fachada para ingresso de valores provenientes de atividades ilícitas que, então, no contexto da atividade de fachada, ganham roupagem de lucros lícitos.

O nome dado à prática, aliás, carrega consigo o aspecto histórico deste crime. A máfia italiana, para dar contornos de legalidade a valores obtidos a partir da prática de ilícitos, popularizou a abertura de lavanderias. Essas empresas, com dificílima fiscalização sobre seus lucros, funcionavam como fachada para ingresso de valores ilícitos que, então, eram travestidos de lucros reais.

Com o aumento das fiscalizações estatais e com a virtualização de processos comerciais, a prática da lavagem de capitais chegou ao mercado de criptomoedas.

Dada a possibilidade de movimentação desses ativos em todo o planeta, bem como pela possibilidade de conversão dessas moedas em diversas corretoras, passou a ser comum a utilização de tais meios para a criação de uma nova etapa no processo de lavagem de capitais.

Ademais, a prática ganhou reforço facilitador a partir da criação dos chamados *tumblers*, que são sites e dispositivos aptos a, cobrando um percentual da transação realizada, misturar e dividir os recursos transacionados em vários locais, viabilizando sua consolidação única apenas em um endereço fornecido ao proprietário dentro da *Deep Web*.

As forças policiais, entretanto, não têm concentrado esforços no rastreamento de criptomoedas, mas sim na identificação e análise de suas conversões em objetos tangíveis ou mais facilmente regulados pelo Estado.

Essa prática, todavia, parece ignorar que a lavagem de capitais pode apresentar diversas camadas que, observadas apenas do ponto final (compra de patrimônio tangível) podem não ser identificadas.

Exemplo: A compra de um apartamento pode ser justificada a partir da obtenção de valores obtidos em decorrência da venda de uma arte gráfica transformada em NFT (*non-fungible token*) por um artista. A compra dessa arte gráfica *tokenizada* pode ter sido feita pelo próprio artista utilizando-se de criptomoedas obtidas a partir da venda inicial de objetos ilícitos (drogas, por exemplo).

Uma operação simplória como a acima relatada poderia passar despercebida das autoridades fiscais e penais que ignoram o rastreamento da cadeia de registros de criptomoedas e apenas focam o ponto final da operação, ou seja, "venda de arte gráfica (operação lícita) – compra de apartamento (operação lícita)".

▸ Como esse assunto foi cobrado em concurso?

(2022 – FAURGS – TJ/RS – Juiz de Direito) Em uma sociedade por ações "A", dois executivos desenvolvem estratégia para obter importante contrato com uma sociedade de economia mista "M". Eles decidem que a maneira mais "eficiente" de o conseguir é procurar um diretor da empresa "M" e oferecer-lhe 10% do valor do contrato. O valor equivalente a essa porcentagem seria repassado a uma conta de uma empresa "fantasma", em nome de "laranja", para que depois pudesse ser reinvestido no mercado de bitcoins. E assim foi feito. Nesse cenário global, pode-se identificar o cometimento dos seguintes crimes:

a) peculato e lavagem de dinheiro.
b) corrupção ativa, corrupção passiva e lavagem de dinheiro.
c) organização criminosa, corrupção passiva e lavagem de dinheiro.
d) organização criminosa, corrupção ativa, corrupção passiva e lavagem de dinheiro.
e) organização criminosa, tráfico de influência e lavagem de dinheiro.

Gabarito: Alternativa B.

5. NOÇÕES GERAIS DE CONTRATOS INTELIGENTES, BLOCKCHAIN E ALGORITMOS

5.1. Aspectos introdutórios

A popularização de alguns temas do mundo digital acaba revelando que as pessoas, em sua maioria, estão completamente alheias a assuntos desse campo do conhecimento, embora tenham suas vidas afetadas por essas inovações praticamente todos os dias.

Segundo pesquisas, fala-se que um **brasileiro** médio utiliza seu aparelho celular (*smartphone*) por aproximadamente **5.4 horas por dia**. Isso significa que, durante um ano, as pessoas passam 81 dias na frente de uma tela de celular.

A facilidade de manuseio e a chamada **intuitividade** dos programas (que dispensam leitura de "manual de instruções" para uso) criou uma verdadeira massa de usuários que, por mais influentes e importantes que sejam em suas vidas pessoais e profissionais, simplesmente ignoram completamente o formato de programação dos dispositivos por eles utilizados.

Assim, o mundo digital contemporâneo deu origem a pessoas que, mesmo concentrando boa parte da vida na frente de computadores e *smartphones*, desconhece completamente a noção de algoritmos, programação, *blockchain*, criptomoedas, dentre outros.

Ter conhecimento básico a respeito desses temas passou a ser requisito elementar para aqueles que desejam ocupar cargos públicos de estado e/ou detentores de parcela da soberania. Não há como se conceber, no mundo atual, a figura de um magistrado, por exemplo, que desconheça completamente a maneira de funcionamento de sistemas de coleta de dados por sites, redes descentralizadas de validação de transações, e formas fraudulentas de obtenção de vantagens no mundo virtual.

Em razão disso, o Conselho Nacional de Justiça adicionou à Resolução 75/09 a exigência desses conhecimentos básicos e elementares em seus concursos de provimento aos cargos. Não se deseja, obviamente, a reunião de vastos e profundos doutrinamentos a respeito desses temas, mas se exige (por elementar que são ao mundo moderno) que se tenha deles boa noção.

5.2. Algoritmos

Um algoritmo pode ser **definido** como uma **sequência de instruções, operações ou raciocínios delimitados em passos finitos e sistemáticos para se alcançar um objetivo ou uma solução.**

Todo algoritmo funciona com um sistema de entrada (*input*) e saída (*output*) de informações, como já mencionado acima. Assim, a inserção correta de dados dentro de um fluxograma sistematizado e com passos finitos irá, invariavelmente, apresentar um resultado.

Esse **modelo de raciocínio** renovou sua popularidade diante da utilização em computadores e máquinas complexas. Entretanto, os algoritmos são vistos em atividades simples e rotineiras da vida humana como em receitas de culinária, diagnósticos médicos, funções matemáticas, etc.

> **Exemplo:** A receita de um bolo de chocolate, por exemplo, pode ser equiparada a um algoritmo. Se inseridos os ingredientes corretos (*input*) e seguidos os passos sistematizados da receita, o resultado (*output*) será o desejado.
>
> Entretanto, ainda que o processo seja realizado de maneira perfeita (misturar, bater e assar a massa), o resultado não será um bolo de chocolate se os ingredientes forem incorretamente selecionados.

Portanto, a primeira **advertência** que se deve fazer é que **um algoritmo não representa, necessariamente, um programa de computador**, mas sim os passos necessários para realização de uma tarefa. O algoritmo, desse modo, pode ser executado por um ser humano (como no exemplo da receita de bolo), um computador (como na seleção de vídeos recomendados pelo *Youtube*), ou por outra máquina autômata.

Adentrando ao mundo virtual, um programa de computador pode ser conceituado algoritmo (*software*) que diz ao computador (*hardware*) os passos específicos que a máquina deve realizar. Assim, se o usuário clica simultaneamente nas teclas *"ctrl + P"* enquanto utiliza um editor de texto, o algoritmo determinará a impressão das folhas pela impressora.

Como **características**, fala-se que os algoritmos são **precisos, finitos, não ambíguos, padronizados, eficientes e corretos.**

No mundo jurídico, os algoritmos computacionais passaram a ser utilizados para solução de problemas que poderiam, principalmente na atividade forense, substituir **a ação humana repetitiva**.

Os processos eletrônicos são, obviamente, criados a partir de uma sequência de algoritmos que, inaugurados pela inserção de dados pelos usuários (*input*) desencadearão uma série de resultados (*output*), classificando documentos, casos, eventos do processo e partes.

As **advertências** dos estudiosos contemporâneos residem, obviamente, na **impossibilidade de substituição de ações eminentemente humanas** (manifestações e julgamentos, por exemplo), mas também encontram importante cenário no que se refere à **concepção e criação de novos algoritmos que, embora criados para solucionar problemas, podem dar origem a novos conflitos.**

Por exemplo, um programa de computador poderia, por exemplo, analisar a ocorrência de prescrição (extinção da pretensão por decurso temporal) em ações indenizatórias. A criação de um algoritmo para tal objetivo seria, no estado atual da ciência, uma tarefa simples. Entretanto, se mal concebido, o programa poderia apontar como prescritas as ações propostas por partes absolutamente incapazes (contra os quais não corre prescrição, nos termos do Código Civil). Essa equivocada concepção, aliada a eventual descuido na inserção de dados (*input*), poderia ser responsável por uma série de decisões injustas.

A **inteligência artificial** tem estrita relação com algoritmos, sendo verdadeira decorrência da utilização destes. Em outras palavras, é possível falar em algoritmos fora da seara da inteligência artificial, mas todo instrumento de inteligência artificial é criado com base em algoritmos.

Atualmente, fala-se que a inteligência artificial com *deep learning* seria o ápice da utilização de algoritmos, visto que o próprio programa, após concebido, teria **capacidade de aprender pela experiência e aprimorar sua performance** pela via **da adaptação e da evolução.**

5.3. Blockchain

Em 1991, Stuart Haber e Scott Stornetta, trabalhadores da famosa empresa de fotocopiadoras *Xerox*, resolveram criar um **sistema imutável de registros digitais**. Essa ideia surgiu quando os autores conversavam a respeito de uma fraude realizada em um artigo científico impresso em papel que, por meio de uma tinta especial, teve informações adulteradas.

A inovação, então, baseou-se na ideia de criação de um "livro" (bloco de informações) em que **nada pudesse ser alterado ou excluído**. Em 1992, os autores inseriram criptografia nesse sistema de registros e o deixaram à espera de utilização prática. A invenção, até então, não tinha o nome "blockchain".

Em 2008, quando Satoshi Nakamoto lança seu "*whitepaper*" explicando a criação do *Bitcoin*, explica que a criptomoeda em questão se utiliza de uma tecnologia de "blocos de informação" (*blocks*) e "dados em cadeia" (*chain*).

A partir da leitura do artigo de Nakamoto, e considerando os termos por ele utilizados, popularizou-se chamar a referida tecnologia de "*blockchain*".

Mas o que a torna, afinal, tão genial?

A tecnologia da blockchain utiliza-se de **blocos de informações que ficam atrelados entre si, como uma rede, formando um tecido digital que, se tiver qualquer partícula alterada, comprometerá o todo, revelando a alteração.** Ele funciona como um "livro de registros".

A forma de registro das informações na *blockchain* é a de linha do tempo, sendo que inclusive eventuais erros são corrigidos por registros posteriores, mas jamais por exclusão ou apagamento.

As informações de registro são inseridas na rede *blockchain* por computadores popularmente chamados de **mineradores**, conhecidos por seu alto potencial e desempenho computacional. Ao realizarem operações criptografadas para registrar as informações na rede, os proprietários desses computadores recebem recompensas, a exemplo de criptomoedas que podem ser posteriormente negociadas.

Na *blockchain* do *Bitcoin*, por exemplo, um bloco de registros informa que o "endereço 01" enviou um Bitcoin para o "endereço 02" em um determinado dia e hora. Essa informação é criptografada por meio de uma tecnologia chamada *hash* que, por sua vez, resume o conteúdo de um bloco de registros (o *hash* seria equivalente a um código de barras, que identifica produtos em um supermercado). Quando criado um **novo bloco** de registros, este conterá **informações de novas transações**, mas também conterá um **resumo de todo o(s) bloco(s) anterior(es) de registros**, e assim sucessivamente.

A genialidade do sistema é complementada pela **descentralização** de suas informações. Assim, todos os computadores que ajudam no processamento da rede possuem **cópias dos blocos** que formam a cadeia até então formada. Logo, se houver alteração em algum desses computadores, os demais não validarão essa alteração e ela será descartada, mantendo-se a rede hígida por um **sistema múltiplo de validação.**

Em palavras mais simples, a *blockchain* multiplica os armazenadores de informações e registros, **mantendo a higidez de seu "livro-registro" por um sistema de validação constante e plural entre todos os componentes da cadeia de contribuição.** Assim, a destruição de uma *blockchain* somente seria possível mediante a destruição de milhares de cópias localizadas em validadores descentralizados.

De maneira ainda mais fácil, se todo o planeta terra for invadido por alienígenas e, após um ataque de extermínio. apenas uma cópia do *blockchain* restar íntegra, toda a rede sobreviverá a partir desta única cópia, mantendo e demonstrando todos os registros constantes de todos os blocos de registros e informações.

Por fim, cabe referir que a *blockchain* tem código aberto e auditável por qualquer pessoa a qualquer tempo, dispensando a presença de intermediários validadores e confirmadores de sua eficiência e da integridade de seu funcionamento.

Não por acaso, essa tecnologia foi aplicada para a revolução de um sistema humano que, em toda a história, sempre dependeu fortemente da atividade e da influência de terceiros intermediários: **o sistema monetário.**

5.3.1. A história do dinheiro e a revolução do Bitcoin

A partir do momento em que constatou que não poderia produzir todos os bens necessários para sobreviver, o ser humano percebeu a necessidade de realizar trocas. Formava-se, a partir dali, a ideia de **escambo, sistema de trocas diretas em que alguém recebia um produto ou serviço em troca de outro produto ou serviço.**

As deficiências desse primitivo sistema são óbvias. Inicialmente, era necessário existir **bilateralidade de intenção,** ou seja, um produtor de milho interessado em café precisava encontrar um produtor de café interessado em milho para o escambo ocorrer. Da mesma forma, alguns produtos pareciam ter oscilação de interesse entre as pessoas, o que dificultava a valoração dos bens durante as trocas, gerando conflitos.

Embora existam outras teorias a respeito do tema, fala-se popularmente que o primeiro item a ser identificado como boa "moeda de troca" foi o sal. Convencionou-se, assim, que os produtos poderiam ser valorados a partir de determinadas quantias de sal, item que representava um desejo e uma necessidade geral.

Utilizando-se do sal como elemento "meio", o produtor de milho vendia sua produção para qualquer pessoa e, utilizando-se do sal recebido na venda, comprava café do produtor correspondente. Este, por sua vez, utilizava-se do sal para uso próprio, ou dava novo destino ao material, comprando roupas, por exemplo.

A partir dessa concepção, notabilizou-se que o objeto intermediário das trocas precisava ter um elemento comum aos transacionadores: **confiança** sobre seu valor e sua universalidade de aceitação.

A confiança é, sem sombra de dúvidas, o elemento central de qualquer sistema monetário desenvolvido no curso da humanidade. Sem ela, o trabalhador não aceita trocar sua energia por algo que não lhe garanta posterior poder de compra de bens ou serviços de seu interesse.

Com o passar dos séculos, a atividade monetária evoluiu e adotou diversos padrões: **conchas marítimas, ouro, prata e moeda-papel.** Todos esses padrões, como dito, têm na confiança seu elemento central de existência.

Atualmente, no Brasil, vendedores negociam produtos e trabalhadores fornecem serviços em troca de moedas de Real, moeda-papel que tem sua confiabilidade garantida pelo governo federal. Os produtos e serviços são trocados por moeda-papel que, posteriormente, é utilizada para compra de outros produtos e serviços de interesse do comprador.

Essa lógica, **em tese,** funciona de maneira virtuosa e adequada.

Entretanto, há um complicador nesse formato: o **governo** que **valida a confiança** da moeda é o mesmo que **emite a moeda.** *E isso muda tudo.*

A partir do momento em que o governo passa a emitir moeda de forma desregrada, o mercado de trocas sofre direta influência quanto aos preços dos bens e serviços. Afinal de contas, se os bens continuam existindo na mesma quantidade (pois os bens são finitos), mas há mais moeda em circulação, **é óbvio que os bens passam a custar uma quantidade maior dessa moeda. A esse fenômeno dá-se o nome de inflação.**

Para piorar, não são raras as situações em que, para atender interesses próprios (ou de pequenas parcelas da sociedade) os governos emitem moeda de maneira desenfreada, abalando o sistema de preços do mercado comum de produtos e serviços.

> **Exemplo:** Imagine o caso de um governo que, após declarar guerra contra um país vizinho, precisa adquirir alimentos para suas tropas militares. Para isso, emite papel-moeda e adquire com ela os alimentos desejados.
>
> A consequência será óbvia: haverá falta de alimentos nas prateleiras (para as demais pessoas) e excesso de moeda em circulação, o que causará aumento nos preços dos produtos que restam (dada a imposição natural da lei da oferta e da procura).
>
> Cria-se com isso o que a economia chama de inflação (perda do poder de compra da moeda).

Essa **capacidade de ingerência governamental** é o problema que o *Bitcoin* propõe solucionar.

De acordo com seu criador, Satoshi Nakamoto (pessoa desconhecida ou pseudônimo ainda não revelado), o *Bitcoin* seria uma **proposta de moeda virtual que tem emissão quantitativa limitada e controle descentralizado,** por meio da utilização de **rede de registros em blockchain,** dispensando a função intermediária hoje desempenhada por Bancos Centrais governamentais.

A confiança em torno do *Bitcoin* é dada justamente por aquilo que ele combate: a interferência governamental. Quem tem *Bitcoin* tem a certeza de que nenhum governo emitirá novas moedas virtuais dessa espécie.

Desse modo:

a) Sendo **finita** essa moeda virtual **não poderá ser emitida indefinidamente.**

b) Sendo registrada na rede ***blockchain***, ela é **confiável, rastreável e auditável.**

c) Sendo **descentralizada** e **neutra**, ela é **universal.**

Assim como a história demonstrou ser possível a desvinculação do Estado e da Igreja. Agora, o *Bitcoin* propõe a desvinculação do Dinheiro frente ao Estado.

A grande sacada de Satoshi foi propor a criação de um produto que dispensa intermediários justamente dentro do sistema que, na história da humanidade, mais precisou de intermediários para seu funcionamento: o sistema monetário.

Com o *Bitcoin*, as trocas entre bens e serviços passam a ter mais segurança sobre a manutenção de poder de compra, universalidade de utilização e desvinculação frente a governos, ideologias ou pessoas.

Com o Bitcoin, *dinheiro não é mais o que "te dizem que é".*

5.4. Contratos inteligentes ("Smart Contracts")

Os contratos inteligentes representam mais um **desdobramento possível de utilização da tecnologia *blockchain*.** Considerando as características desta, e seu grau de certeza e confiança para manuseio de um sistema monetário (como o próprio *Bitcoin*), nada mais natural que se cogitar a utilização desses elementos de confiança para a elaboração e celebração de contratos entre empresas e pessoas. Assim, os contratos inteligentes são protocolos computacionais de natureza digital e intentam cumprir as mesmas finalidades dos contratos tradicionais.

Utilizando-se de **forma exclusivamente eletrônica**, e dotado de **natureza condicional das operações**, os contratos inteligentes oferecem **elevado grau de certeza, segurança jurídica, inviolabilidade de seus termos e autoexecutoriedade.**

Elimina-se, por meio da referida tecnologia, a necessidade da intermediação de autoridades que apenas executam atividades burocráticas de validação da confiança em documentos, a exemplo do reconhecimento de firma em Tabelionatos de Notas.

Uma das características mais emblemáticas é a da **autoexecutoriedade**, que promete eliminar inclusive a necessidade de acionamento do Poder Judiciário para cobranças. Se o algoritmo do contrato inteligente permitir, em seus termos, a utilização de meios de execução diretos, o próprio contrato identificará eventual inadimplemento de alguma das partes e, automaticamente, executará o comando de penalização e cobrança da parte inadimplente.

Exemplo: Imagine que você contratou um serviço de transporte por aplicativo. Assinalando a partida e o destino, o aplicativo estipula, por meio do GPS, o caminho a ser traçado pelo motorista.

Se, em tentativa de aumentar seus lucros, o motorista realizar algum desvio e aumentar o trajeto, o sistema automaticamente cobrará do cliente apenas o valor do trajeto inicialmente projetado, evitando fraudes por motoristas mal-intencionados.

Exemplo 2: Considerando a popularização de sistemas online de pagamentos, não é de se duvidar que um contrato inteligente permita a imediata expedição de ordem de pagamento ao banco de um dos contratantes após o vencimento do contrato.

Além de reduzir custos com ajuizamento de demandas, os contratos inteligentes aumentam consideravelmente a eficiência das contratações, conferindo maior segurança aos contratantes e, via de consequência, a entabulação de condições mais justas para todos.

6. LGPD E PROTEÇÃO DE DADOS PESSOAIS

6.1. Introdução e conceito

No mundo digital,
se você está utilizando um serviço
e não está pagando por isso,
você não é o consumidor.
Você é o produto.

A frase (adaptada) de Andrew Lewis que inaugura este ponto talvez seja o mantra da iniciativa legislativa estatal que, analisando os serviços digitais hoje disponíveis, constatou a prática de constante e indiscriminada **coleta de dados pessoais** dos usuários pelos fornecedores de serviços digitais.

A ideia por trás da coleta e da organização de dados é óbvia: lucro mediante posterior venda. Ao armazenarem dados de usuários de redes sociais, jogos, aplicativos e *softwares*, as empresas de tecnologia obtêm acesso amplo e preciso a respeito de interesses de consumo, tendências políticas, inclinações religiosas e comportamentais, inclinações pessoais de grande relevância para empresas comercializadoras de serviços e produtos vinculados a essas questões.

A inicial suspeita de que as empresas de tecnologia comercializavam dados ganhou confirmação prática no episódio conhecido como "Cambridge Analytica", em que se confirmou a utilização de informações pessoais de aproximadamente 87 milhões de pessoas em uma campanha política nos Estados Unidos.

Em atuação pioneira e com a justificativa de promover a proteção da liberdade e intimidade de cidadãos, a União Europeia editou o GPDR, norma que estabelece a regulamentação geral de proteção de dados nos países de sua abrangência.

Os Estados Unidos da América também têm normas sobre o tema, tais como a Lei de Privacidade (*Privacy Act*) e a Blindagem de Privacidade (*Privacy Shield*).

No Brasil, desde 2014, com a edição da Lei nº 12.965/2014 (Marco Civil da Internet), já havia o estabelecimento de princípios, garantias, direitos e deveres para o uso da Internet no Brasil, inclusive prevendo a inviolabilidade da intimidade e da vida privada, o que já indicava a preocupação com a proteção de dados pessoais dos usuários. Mesmo assim, essa norma ainda não regulamentava, de maneira objetiva, como esses direitos seriam assegurados, por parte do governo, das empresas e dos provedores de internet.

O tratamento do tema teve ainda mais relevância quando da edição da Lei 13.709/2018, que disciplina como os dados pessoais, inclusive digitais, dos indivíduos podem ser tratados por pessoas físicas e jurídicas (públicas e privadas). Conhecida como a Lei Geral de Proteção de Dados, essa norma já encontrava respaldo constitucional nas garantias de proteção da privacidade e da liberdade.

Em 2022, por meio da Emenda Constitucional n. 115, incluiu-se a proteção de dados pessoais, inclusive nos meios digitais, no rol de direitos fundamentais (art. 5º, inc. LXXIX, da CF). Referida emenda incluiu o inciso LXXIX ao art. 5º da Constituição Federal. A mesma emenda constitucional estabeleceu importante regramento quanto à competência para organizar e fiscalizar a proteção e o tratamento de dados pessoais, atribuindo-a, no art. 21, inciso XXVI, à União. No mesmo sentido, quanto à competência legislativa, o art. 22, inciso XXX determina que é competência privativa da União legislar sobre a proteção e tratamento de dados pessoais.

Como se verá, um dos pilares básicos da nova legislação é a noção de **consentimento** do usuário para que seus dados sejam tratados, armazenados, disponibilizados e, de forma mais ampla, utilizados.

> **Curiosidade:** Não por acaso, a grande maioria de sites na Internet passou a contar com cláusula de aceitação de utilização de cookies. O pedido de consentimento vem, normalmente, com a seguinte frase: Nós usamos cookies para melhorar sua experiência de navegação no portal. Ao utilizar o www.gov.br (exemplo), você concorda com a política de monitoramento de cookies. Para ter mais informações sobre como isso é feito, acesse nossa Política de Cookies. Se você concorda, clique em ACEITO.

Também identificados como elementos centrais da norma estão as noções de **finalidade** e **necessidade**. Com a edição da LGPD, o tratamento dos dados deve ser feito levando em conta essas noções, que devem ser previamente acertados e informados ao cidadão.

Como se verá a seguir, os direitos do titular são: confirmação da existência de tratamento; acesso aos dados; correção de dados incompletos, inexatos ou desatualizados; eliminação dos dados pessoais, entre outros.

6.2. Fundamentos

Segundo o texto da lei, são fundamentos da norma o respeito à privacidade, a autodeterminação informativa, a liberdade de expressão, de informação, de comunicação e de opinião, a inviolabilidade da intimidade, da honra e da imagem; o desenvolvimento econômico e tecnológico e a inovação, a livre iniciativa, a livre concorrência e a defesa do consumidor, e, ainda, os direitos humanos, o livre desenvolvimento da personalidade, a dignidade e o exercício da cidadania pelas pessoas naturais.

6.3. Abrangência objetiva e subjetiva

Falar sobre abrangência objetiva e subjetiva da norma é questionar "frente ao que ela se aplica" e, também, "a quem ela se aplica". Nesse ponto, importantes reflexões precisam ser feitas.

Na maior parte de seu texto, a Lei 13.709/18 não utiliza palavras comuns ao meio digital (como obtenção, armazenamento, distribuição de dados etc.) resumindo-se a falar em **"tratamento" de dados**. Essa terminologia deve ser lida como **"toda operação realizada com dados pessoais"**.

O próprio artigo 5º, inc. X da lei indica que a palavra "tratamento" corresponde a "toda operação realizada com dados pessoais, como as que se referem a coleta, produção, recepção, classificação, utilização, acesso, reprodução, transmissão, distribuição, processamento, arquivamento, armazenamento, eliminação, avaliação ou controle da informação, modificação, comunicação, transferência, difusão ou extração.". Veja-se, portanto, que a enumeração dada pela lei é **exemplificativa**, e não taxativa.

A abrangência **objetiva** da norma também busca indicar quais dados têm proteção legal, dividindo a classificação em três espécies:

> I – dado pessoal: informação relacionada a pessoa natural identificada ou identificável;
>
> II – dado pessoal sensível: dado pessoal sobre origem racial ou étnica, convicção religiosa, opinião política, filiação a sindicato ou a organização de caráter religioso, filosófico ou político, dado referente à saúde ou à vida sexual, dado genético ou biométrico, quando vinculado a uma pessoa natural;
>
> III – dado anonimizado: dado relativo a titular que não possa ser identificado, considerando a utilização de meios técnicos razoáveis e disponíveis na ocasião de seu tratamento.

Sob o aspecto **subjetivo**, a Lei Geral de Proteção de Dados aplica-se a qualquer operação de tratamento realizada **por pessoa natural ou por pessoa jurídica de direito público ou privado, independentemente do meio, do país de sua sede ou do país onde estejam localizados os dados**, desde que a operação de tratamento seja realizada no território nacional, a atividade de tratamento tenha por objetivo a oferta ou o fornecimento de bens ou serviços ou o tratamento de dados de indivíduos localizados no território nacional; ou os dados pessoais objeto do tratamento tenham sido coletados no território nacional, considerando-se coletados no território nacional os dados pessoais cujo titular nele se encontre no momento da coleta.

Há, todavia, cláusula expressa de exclusão da incidência da norma quando o tratamento de dados for:

> (i) realizado por pessoa natural para fins exclusivamente particulares e não econômicos; ou
>
> (ii) realizado para fins exclusivamente a) jornalístico e artísticos; ou b) acadêmicos;
>
> (iii) – realizado para fins exclusivos de: a) segurança pública; b) defesa nacional; c) segurança do Estado; ou d) atividades de investigação e repressão de infrações penais; ou
>
> (iv) – provenientes de fora do território nacional e que não sejam objeto de comunicação, uso compartilhado de dados com agentes de tratamento brasileiros ou objeto de transferência internacional de dados com outro país que não o de proveniência, desde que o país de prove-

niência proporcione grau de proteção de dados pessoais adequado ao previsto na LGPD brasileira.

6.4. Principiologia

O art. 6º da Lei 13.709/18 elenca os seguintes princípios que, somados à boa-fé, são aplicáveis ao tratamento de dados no Brasil:

> I – finalidade: realização do tratamento para propósitos legítimos, específicos, explícitos e informados ao titular, sem possibilidade de tratamento posterior de forma incompatível com essas finalidades;
>
> II – adequação: compatibilidade do tratamento com as finalidades informadas ao titular, de acordo com o contexto do tratamento;
>
> III – necessidade: limitação do tratamento ao mínimo necessário para a realização de suas finalidades, com abrangência dos dados pertinentes, proporcionais e não excessivos em relação às finalidades do tratamento de dados;
>
> IV – livre acesso: garantia, aos titulares, de consulta facilitada e gratuita sobre a forma e a duração do tratamento, bem como sobre a integralidade de seus dados pessoais;
>
> V – qualidade dos dados: garantia, aos titulares, de exatidão, clareza, relevância e atualização dos dados, de acordo com a necessidade e para o cumprimento da finalidade de seu tratamento;
>
> VI – transparência: garantia, aos titulares, de informações claras, precisas e facilmente acessíveis sobre a realização do tratamento e os respectivos agentes de tratamento, observados os segredos comercial e industrial;
>
> VII – segurança: utilização de medidas técnicas e administrativas aptas a proteger os dados pessoais de acessos não autorizados e de situações acidentais ou ilícitas de destruição, perda, alteração, comunicação ou difusão;
>
> VIII – prevenção: adoção de medidas para prevenir a ocorrência de danos em virtude do tratamento de dados pessoais;
>
> IX – não discriminação: impossibilidade de realização do tratamento para fins discriminatórios ilícitos ou abusivos;
>
> X – responsabilização e prestação de contas: demonstração, pelo agente, da adoção de medidas eficazes e capazes de comprovar a observância e o cumprimento das normas de proteção de dados pessoais e, inclusive, da eficácia dessas medidas.

6.5. Tratamento de dados pessoais

A própria lei define que o tratamento de dados é toda operação realizada com dados pessoais, como as que se referem a coleta, produção, recepção, classificação, utilização, acesso, reprodução, transmissão, distribuição, processamento, arquivamento, armazenamento, eliminação, avaliação ou controle da informação, modificação, comunicação, transferência, difusão ou extração.

Na atividade de tratamento de dados, duas figuras surgem com importância: (i) o Controlador, que é a pessoa natural ou jurídica, de direito público ou privado, a quem competem as decisões referentes ao tratamento de dados pessoais e o; (ii) Operador, que é a pessoa natural ou jurídica, de direito público ou privado, que realiza o tratamento de dados pessoais em nome do controlador.

A partir de seu art. 7º, a norma elenca os **requisitos** para o tratamento de dados pessoais, informando que a prática somente poderá ocorrer:

> I – mediante o fornecimento de consentimento pelo titular;
>
> II – para o cumprimento de obrigação legal ou regulatória pelo controlador;
>
> III – pela administração pública, para o tratamento e uso compartilhado de dados necessários à execução de políticas públicas previstas em leis e regulamentos ou respaldadas em contratos, convênios ou instrumentos congêneres, observadas as disposições do Capítulo IV desta Lei;
>
> IV – para a realização de estudos por órgão de pesquisa, garantida, sempre que possível, a anonimização dos dados pessoais;
>
> V – quando necessário para a execução de contrato ou de procedimentos preliminares relacionados a contrato do qual seja parte o titular, a pedido do titular dos dados;
>
> VI – para o exercício regular de direitos em processo judicial, administrativo ou arbitral, esse último nos termos da Lei nº 9.307, de 23 de setembro de 1996 (Lei de Arbitragem);
>
> VII – para a proteção da vida ou da incolumidade física do titular ou de terceiro;
>
> VIII – para a tutela da saúde, exclusivamente, em procedimento realizado por profissionais de saúde, serviços de saúde ou autoridade sanitária; (Redação dada pela Lei nº 13.853, de 2019)
>
> IX – quando necessário para atender aos interesses legítimos do controlador ou de terceiro, exceto no caso de prevalecerem direitos e liberdades fundamentais do titular que exijam a proteção dos dados pessoais; ou
>
> X – para a proteção do crédito, inclusive quanto ao disposto na legislação pertinente.

O consentimento, descrito no inciso I, é um elemento central da norma, e pode ser conceituado como a livre, inequívoca e informada manifestação de vontade por meio da qual o titular dos dados concorda com o tratamento de seus dados pessoais para uma finalidade específica.

Esse consentimento deve ser dado por escrito ou por forma análoga que apresente equivalente segurança. Ademais, cabe ressaltar que o consentimento de tratamento de dados pessoais, quando inserido em contratos padronizados, deve representar cláusula destacada para leitura do concordante, sendo ônus daquele que trata os dados comprovar que o consentimento foi obtido de maneira válida.

Para situações de compartilhamento de dados pelo controlador, a anuência do usuário deve ser expressa.

Ainda, é importante ressaltar que as autorizações genéricas para o tratamento de dados pessoais são consideradas nulas, devendo haver consentimento específico do usuário, sendo novamente exigido sempre que a finalidade do consentimento for alterada.

> **Exemplo:** Se o consentimento original foi obtido para mero armazenamento de dados, a empresa que realiza o tratamento dos dados deve, se quiser comercializar os dados para anúncios personalizados, propor novo consentimento ao usuário.

Como direito inerente ao usuário dos serviços cita-se a possibilidade de revogação, a qualquer tempo, do anterior consentimento realizado. Essa manifestação, todavia, deve ser realizada de forma expressa, mas aqueles que realizam tratamento de dados devem viabilizar um procedimento gratuito e facilitado para essa revogação.

6.6. Tratamento de dados pessoais sensíveis

Os dados pessoais caracterizados como **sensíveis** recebem tratamento diverso aos gerais, pois se consideram dentro dessa classificação aquelas informações do usuário relacionadas à origem racial ou étnica, convicção religiosa, opinião política, filiação a sindicato ou a organização de caráter religioso, filosófico ou político, dado referente à saúde ou à vida sexual, dado genético ou biométrico, quando vinculado a uma pessoa natural.

A lei informa que o tratamento desses dados somente poderá ocorrer quando o titular ou seu responsável legal **consentir,** de forma específica e destacada, para finalidades específicas.

A norma, todavia, impõe exceção ao dever de obtenção do consentimento, indicada a indispensabilidade, para as seguintes situações:

a) cumprimento de obrigação legal ou regulatória pelo controlador;

> b) tratamento compartilhado de dados necessários à execução, pela administração pública, de políticas públicas previstas em leis ou regulamentos;
>
> c) realização de estudos por órgão de pesquisa, garantida, sempre que possível, a anonimização dos dados pessoais sensíveis;
>
> d) exercício regular de direitos, inclusive em contrato e em processo judicial, administrativo e arbitral, este último nos termos da Lei nº 9.307, de 23 de setembro de 1996 (Lei de Arbitragem);
>
> e) proteção da vida ou da incolumidade física do titular ou de terceiro;
>
> f) tutela da saúde, exclusivamente, em procedimento realizado por profissionais de saúde, serviços de saúde ou autoridade sanitária; ou
>
> g) garantia da prevenção à fraude e à segurança do titular, nos processos de identificação e autenticação de cadastro em sistemas eletrônicos, resguardados os direitos mencionados no art. 9º desta Lei e exceto no caso de prevalecerem direitos e liberdades fundamentais do titular que exijam a proteção dos dados pessoais.

Importante menção faz o art. 11, § 4º ao indicar ser vedada a comunicação ou o uso compartilhado entre controladores de dados pessoais sensíveis referentes à saúde com objetivo de obter vantagem econômica, exceto nas hipóteses relativas a prestação de serviços de saúde, de assistência farmacêutica e de assistência à saúde, desde que observado o § 5º o referido artigo, incluídos os serviços auxiliares de diagnose e terapia, em benefício dos interesses dos titulares de dados, e para permitir a portabilidade de dados quando solicitada pelo titular; ou as transações financeiras e administrativas resultantes do uso e da prestação dos serviços de que trata este parágrafo.

O mencionado § 5º indica ser vedado às operadoras de planos privados de assistência à saúde o tratamento de dados de saúde para a prática de seleção de riscos na contratação de qualquer modalidade, assim como na contratação e exclusão de beneficiários.

Ainda sobre o ponto, refere o art. 13 que, na realização de estudos em saúde pública, os órgãos de pesquisa poderão ter acesso a bases de dados pessoais, que serão tratados exclusivamente dentro do órgão e estritamente para a finalidade de realização de estudos e pesquisas e mantidos em ambiente controlado e seguro, conforme práticas de segurança previstas em regulamento específico e que incluam, sempre que possível, a anonimização ou pseudonimização dos dados, bem como considerem os devidos padrões éticos relacionados a estudos e pesquisas.

▸ **Como esse assunto foi cobrado em concurso?**

(2022 – CESPE – MPE/TO – Promotor de Justiça) No que concerne aos mecanismos da Lei Geral de Proteção de Dados (LGPD), assinale a opção correta.

a) A Autoridade Nacional de Proteção de Dados (ANPD) é uma autarquia com poder de requisitar dados de órgãos públicos e empresas privadas; uma vez transferidos para a ANPD, os dados perdem o sigilo.

b) É vedado o tratamento de dados sensíveis, assim considerados, entre outros, os concernentes a origem étnica, convicção política e religiosa, saúde e vida sexual.

c) Para efeito da LGPD, simples coleta de dados na Internet não configura tratamento de dados.

d) Apenas no caso de execução descentralizada de serviço público, o poder público pode transferir a entidades privadas dados pessoais de bases às quais tenha acesso.

e) Obtenção e tratamento de dados para fins estritamente jornalísticos independem de consentimento prévio do titular dos dados.

Gabarito: Alternativa E.

(2023 – FGV – PGM – Niterói) De acordo com a Lei nº 13.709/2018 (Lei Geral de Proteção de Dados Pessoais – LGPD), a convicção religiosa e a opinião política vinculadas a uma pessoa natural são consideradas dados pessoais sensíveis. O tratamento realizado nesse tipo de dado que perde a possibilidade de associação, direta ou indireta, a um indivíduo é:

a) Difusão;

b) Bloqueio;

c) Eliminação;

d) Anonimização;

e) Compartilhamento.

Gabarito: Alternativa D.

(2023 – FGV – TST – Juiz do Trabalho) A Lei Geral de Proteção de Dados – LGPD (Lei nº 13.709/2018) constitui uma complexa regulamentação sobre o tratamento de dados pessoais, inclusive nos meios digitais, por pessoa natural ou por pessoa jurídica de direito público ou privado, com o objetivo de proteger os direitos fundamentais de liberdade e de privacidade e o livre desenvolvimento da personalidade da pessoa natural.

Sobre seus dispositivos, é INCORRETO afirmar que:

a) entre os fundamentos da disciplina da proteção de dados pessoais estão o respeito à privacidade; a autodeterminação informativa; a liberdade de expressão, de informação, de comunicação e de opinião; a inviolabilidade da intimidade, da honra e da imagem; o desenvolvimento econômico e tecnológico e a inovação; a livre iniciativa, a livre concorrência e a defesa do consumidor; e os direitos humanos, o livre desenvolvimento da personalidade, a dignidade e o exercício da cidadania pelas pessoas naturais;

b) excluem-se do âmbito territorial de aplicação da LGPD, os dados pessoais provenientes de fora do território nacional e que não sejam objeto de comunicação, uso compartilhado de dados com agentes de tratamento brasileiros ou objeto de transferência internacional de dados com outro país que não o de proveniência, desde que o país de proveniência proporcione grau de proteção de dados pessoais adequado ao previsto na Lei;

c) o tratamento de dados pessoais realizado para fins exclusivos de segurança pública, defesa nacional, segurança do Estado ou atividades de investigação e repressão de infrações penais, não são incluídos no âmbito de aplicação da LGPD;

d) o consentimento dado pelo titular, para o tratamento de seus dados pessoais, poderá ser por escrito ou por outro meio que demonstre a manifestação de vontade do titular, não sendo necessária cláusula destacada das demais cláusulas contratuais, quando fornecido por escrito;

e) dado pessoal sensível é aquele que trata sobre origem racial ou étnica, convicção religiosa, opinião política, filiação a sindicato ou a organização de caráter religioso, filosófico ou político, dado referente à saúde ou à vida sexual, dado genético ou biométrico, quando vinculado a uma pessoa natural.

Gabarito: Alternativa D.

(2023 – FGV – Receita Federal) A Secretaria de Saúde do Estado Alfa está realizando estudos em saúde pública com vistas a aprimorar a política pública prevista em lei para o combate à dengue que, ano após ano, vem assolando a população local. Para a efetivação de tal objetivo, o órgão de pesquisa do aludido ente federativo precisa levantar dados sensíveis de moradores da localidade, constantes de certo banco de dados. Tais dados incluem informações genéticas, filiação, etnia, além de convicções que se desdobram em hábitos pessoais e que podem impactar na identificação dos efeitos e controle da doença em questão.

À luz do disposto na Lei Geral de Proteção de Dados, é correto afirmar que:

a) não há qualquer restrição ao tratamento de informações de etnia e filiação, que não constituem dados sensíveis.
b) a divulgação dos resultados da pesquisa poderá revelar os dados pessoais levantados, desde que não incluam eventuais dados sensíveis.
c) incumbe ao órgão que está realizando a pesquisa a responsabilidade pela segurança da informação, de modo que não é permitida, em circunstância alguma, a transferência de tais dados a terceiros.
d) se os dados forem mantidos em ambiente controlado e seguro, ainda que possível, não haverá necessidade de anonimização ou pseudominização.
e) o levantamento de dados almejado não pode ser realizado sem o consentimento do titular para tal finalidade específica.

Gabarito: Alternativa C.

(CEBRASPE – 2023 – TJ/DFT – Juiz de Direito Substituto) De acordo com a Lei Geral de Proteção de Dados Pessoais, a compatibilidade do tratamento dos dados pessoais com as finalidades informadas ao titular, de acordo com o contexto do tratamento, consiste no princípio da

a) adequação.
b) finalidade.
c) qualidade dos dados.
d) transparência.
e) segurança.

Gabarito: Alternativa A.

(FGV – 2024 – Exame Nacional da Magistratura – ENAM 2024.1 – Reaplicação) Maria, para se tornar usuária do serviço público de abastecimento de água, forneceu à concessionária Alfa seus dados pessoais, que consistiam em nome completo, endereço residencial, data de nascimento, números de telefone, CPF e identidade. Três meses depois, a concessionária sofreu um ataque de hackers em seus sistemas e os dados pessoais de diversos consumidores, inclusive de Maria, foram copiados pelos criminosos, que, em seguida, venderam-nos para empresas que trabalham com telemarketing. Inconformada por ter seus dados pessoais indevidamente comercializados, Maria ajuizou ação indenizatória em face da concessionária Alfa, alegando que sofreu danos morais *in re ipsa*, haja vista que foram vazados seus dados classificados pela Lei Geral de Proteção de Dados Pessoais (LGPD) como dados pessoais sensíveis.

De acordo com a jurisprudência do Superior Tribunal de Justiça e com a Lei nº 13.709/2018, os dados vazados de Maria

a) são classificados como dados pessoais sensíveis, mas não há que se falar em dano presumido, devendo Maria comprovar os danos morais que efetivamente sofrera para ter êxito em sua pretensão.

b) são classificados como dados pessoais sensíveis e os danos morais sofridos são presumidos, em razão da natureza desses dados pessoais e pela relação de consumo existente entre Maria e a concessionária.

c) não são classificados como dados pessoais sensíveis, mas a LGPD os considera como dados sigilosos e, por isso, inverte-se o ônus da prova para se estabelecer a responsabilidade objetiva da concessionária e o dano *in re ipsa*.

d) não são classificados como dados pessoais sensíveis, mas a LGPD os considera como extensão do direito da personalidade, de maneira que a falha no tratamento de dados de Maria, como pessoa natural, por pessoa jurídica, tem o condão, por si só, de gerar dano moral indenizável.

e) não são classificados como dados pessoais sensíveis pela LGPD, e sim dados pessoais, cujo vazamento não gera dano moral presumido.

Gabarito: Alternativa E.

6.7. Tratamento de dados pessoais de crianças e adolescentes

Além de dispor que o tratamento de dados desse grupo deve ser realizado considerando o **melhor interesse da criança**, a legislação destaca a necessidade de consentimento dos pais ou responsável legal.

Em exceção, a norma afirma que poderão ser coletados dados pessoais de crianças sem o consentimento dos pais ou do responsável legal quando a coleta for necessária para contatar tais pessoas, devendo tais dados serem utilizados uma única vez e sem armazenamento, ou para sua proteção, e em nenhum caso poderão ser repassados a terceiro sem o consentimento do responsável legal.

No que se refere ao tratamento de dados de crianças e adolescentes, ainda indica a norma que as informações sobre o tratamento de dados deverão ser fornecidas de maneira simples, clara e acessível, consideradas as características físico-motoras, perceptivas, sensoriais, intelectuais e mentais do usuário, com uso de recursos audiovisuais quando adequado, de forma a proporcionar a informação necessária aos pais ou ao responsável legal e adequada ao entendimento da criança.

6.8. Término do tratamento de dados

Segundo a LGPD, o término do tratamento de dados ocorre quando a verificação de que a finalidade foi alcançada ou de que os dados deixaram de ser necessários ou pertinentes ao alcance da finalidade específica almejada; quando atingido o fim do período de tratamento; quando houver comunicação do titular, inclusive no exercício de seu direito de revogação do consentimento, resguardado o interesse público; ou, ainda, quando houver determinação da autoridade nacional, constatada a ocorrência de violação ao disposto nesta Lei.

6.9. Rol de direitos do titular de dados

De acordo com o art. 18 da LGPD, o titular dos dados pessoais tem direito a obter do controlador, em relação aos dados do titular por ele tratados, a qualquer momento e mediante requisição:

> I – confirmação da existência de tratamento;
>
> II – acesso aos dados;
>
> III – correção de dados incompletos, inexatos ou desatualizados;
>
> IV – anonimização, bloqueio ou eliminação de dados desnecessários, excessivos ou tratados em desconformidade com o disposto nesta Lei;
>
> V – portabilidade dos dados a outro fornecedor de serviço ou produto, mediante requisição expressa, de acordo com a regulamentação da autoridade nacional, observados os segredos comercial e industrial; (Redação dada pela Lei nº 13.853, de 2019) Vigência
>
> VI – eliminação dos dados pessoais tratados com o consentimento do titular, exceto nas hipóteses previstas no art. 16 desta Lei;
>
> VII – informação das entidades públicas e privadas com as quais o controlador realizou uso compartilhado de dados;
>
> VIII – informação sobre a possibilidade de não fornecer consentimento e sobre as consequências da negativa;
>
> IX – revogação do consentimento, nos termos do § 5º do art. 8º desta Lei.

Quando solicitada a correção, eliminação a anonimização ou o bloqueio dos dados pelo titular, o responsável pelo tratamento deverá informar, de maneira imediata, aos agentes de tratamento com os quais tenha realizado uso compartilhado de dados, a correção, a eliminação, a anonimização ou o bloqueio dos dados, para que repitam idêntico procedimento, exceto nos casos em que esta comunicação seja comprovadamente impossível ou implique esforço desproporcional.

6.10. Tratamento de dados pessoais pelo Poder Público

De acordo com o disposto no art. 23 da LGPD, o tratamento de dados pessoais pelas pessoas jurídicas de direito público referidas no parágrafo único do art. 1º da Lei nº 12.527 (Lei de Acesso à Informação), deverá ser realizado para o atendimento de sua finalidade pública, na persecução do interesse público, com o objetivo de executar as competências legais ou cumprir as atribuições legais do serviço público.

Os incisos do mencionado artigo apontam as situações que permitem o tratamento de dados, indicando que os órgãos do poder público devem informar as hipóteses em que, no exercício de suas competências, realizam o tratamento de dados pessoais, fornecendo informações claras e atualizadas sobre a previsão legal, a finalidade, os procedimentos e as práticas utilizadas para a execução dessas atividades, em veículos de fácil acesso, preferencialmente em seus sítios eletrônicos.

No mesmo sentido, deve ser indicado um encarregado quando realizarem operações de tratamento de dados pessoais.

De acordo com o art. 24 da norma, as empresas públicas e as sociedades de economia mista que atuam em regime de concorrência, sujeitas ao disposto no art. 173 da Constituição Federal, terão o mesmo tratamento dispensado às pessoas jurídicas de direito privado particulares. De outra banda, as empresas públicas e as sociedades de economia mista, quando estiverem operacionalizando políticas públicas e no âmbito da execução delas, terão o mesmo tratamento dispensado aos órgãos e às entidades do Poder Público.

Importante vedação consta no texto do art. 26 da referida lei, que expõe ser vedado ao Poder Público transferir a entidades privadas dados pessoais constantes de bases de dados a que tenha acesso.

Existem, contudo, **exceções:**

> (i) em casos de execução descentralizada de atividade pública que exija a transferência, exclusivamente para esse fim específico e determinado, observado o disposto na Lei nº 12.527 (Lei de Acesso à Informação);
>
> (ii) nos casos em que os dados forem acessíveis publicamente, observadas as disposições da LGPD;
>
> (iii) quando houver previsão legal ou a transferência for respaldada em contratos, convênios ou instrumentos congêneres; ou

> (iv) na hipótese de a transferência dos dados objetivar exclusivamente a prevenção de fraudes e irregularidades, ou proteger e resguardar a segurança e a integridade do titular dos dados, desde que vedado o tratamento para outras finalidades.

Logo após a publicação da nova legislação, o Conselho Nacional de Justiça (CNJ) editou a Recomendação 73/2020, que orientou os órgãos do Poder Judiciário a adotarem medidas para a adequação dos tribunais às disposições da Lei Geral de Proteção de Dados.

Na **Recomendação**, indicou-se a adoção das seguintes medidas destinadas a instituir um padrão nacional de proteção de dados pessoais existentes nas suas bases:

> I – elaborar plano de ação que contemple, no mínimo, os seguintes tópicos: a) organização e comunicação; b) direitos do titular; c) gestão de consentimento; d) retenção de dados e cópia de segurança; e) contratos; f) plano de respostas a incidentes de segurança com dados pessoais;
>
> II – disponibilizar, nos sítios eletrônicos, de forma ostensiva e de fácil acesso aos usuários: a) informações básicas sobre a aplicação da Lei Geral de Proteção de Dados aos tribunais, incluindo os requisitos para o tratamento legítimo de dados, as obrigações dos controladores e os direitos dos titulares; b) formulário para exercício de direitos dos titulares de dados pessoais;
>
> III – elaborar ou adequar, bem com publicar nos respectivos sítios eletrônicos, de forma ostensiva e de fácil acesso aos usuários: a) a política de privacidade para navegação no website da instituição em relação à Lei Geral de Proteção de Dados Pessoais e ao art. 7º, VIII, da Lei nº 12.965/2014 (Marco Civil da Internet); b) os registros de tratamentos de dados pessoais contendo, entre outras, informações sobre: 1) finalidade do tratamento;
>
> 2) base legal; 3) descrição dos titulares; 4) categorias de dados; 5) categorias de destinatários; 6) transferência internacional; 7) prazo de conservação; 8) medidas de segurança adotadas; 9) a política de segurança da informação;
>
> IV – constituir Grupo de Trabalho para estudo e identificação das medidas necessárias à implementação da Lei Geral de Proteção de Dados no âmbito do respectivo tribunal, cujo relatório final subsidiará o Conselho Nacional de Justiça na elaboração de uma política nacional.

Ainda, pela Resolução Nº 334 de 21/09/2020, o CNJ instituiu o Comitê Consultivo de Dados Abertos e Proteção de Dados no âmbito do Poder Judiciário.

Dentre suas atribuições, o referido comitê serve para avaliar e propor padrões de interoperabilidade e de disponibilização de dados de processos judiciais por meio de APIs (*Application Programming Interfaces*), em formato legível por máquina, para o acesso massivo aos dados processuais dos sistemas eletrônicos de tramitação processual; avaliar e definir parâmetros para padronização da cobrança pelo acesso aos dados do Poder Judiciário, respeitada a proporcionalidade entre seu valor e o volume de dados acessados; propor medidas para que, na execução da política de dados abertos, sejam observados os direitos e garantias previstos na Lei Geral de Proteção de Dados; realizar estudos e propostas para aperfeiçoamento dos critérios e metadados de armazenamento e disponibilização de conteúdos, acompanhando da evolução tecnológica na área de inteligência artificial aplicada ao Direito.

▸ Como esse assunto foi cobrado em concurso?

(2021 – FCC –TJ/GO – Juiz de Direito) A propósito do tratamento de dados pessoais, no âmbito da Lei Geral de Proteção de Dados, Lei nº 13.709 de 14 de agosto de 2018, e da Lei de Acesso à Informação Pública, Lei nº 12.527, de 18 de novembro de 2011, verifica-se que

Alternativas

a) a comunicação ou o uso compartilhado de dados pessoais de pessoa jurídica de direito público a pessoa de direito privado será informado à autoridade nacional de proteção de dados e sempre dependerá de consentimento do titular.

b) o acesso a dados pessoais de terceiros depende de pedido de instauração de procedimento de desclassificação, dirigido à autoridade máxima do órgão detentor das informações.

c) os serviços notariais e de registro exercidos em caráter privado, por delegação do Poder Público, terão o mesmo tratamento dispensado às pessoas jurídicas de direito público, no tocante ao tratamento de dados pessoais.

d) as informações pessoais tratadas pelas pessoas jurídicas de direito público devem ser disponibilizadas publicamente, salvo expressa manifestação de vontade de seus titulares em sentido contrário.

e) as empresas públicas e sociedades de economia mista terão o mesmo tratamento dispensado às pessoas jurídicas de direito público, independentemente da atividade por elas desempenhada.

Gabarito: Alternativa C.

(2023 – FGV – TJ/ES – Juiz de Direito Substituto) Sobre a Lei Geral de Proteção de Dados Pessoais (Lei nº 13.709/2018), é correto afirmar que:

a) o tratamento de dados pessoais sensíveis somente poderá ocorrer quando o seu titular autorizar;

b) poderá ser considerado dado pessoal aquele utilizado para formação do perfil comportamental de determinada pessoa natural, se identificada;

c) é sempre vedado ao poder público transferir a entidades privadas dados pessoais constantes de bases de dados a que tenha acesso;

d) o operador é o responsável por indicar o encarregado pelo tratamento de dados pessoais, cuja identidade e informações de contato deverão ser públicas;

e) o controlador deverá comunicar, no prazo de 48 horas, à autoridade nacional e ao titular a ocorrência de incidente de segurança que possa acarretar risco ou dano relevante aos titulares.

Gabarito: Alternativa B.

6.11. Da Responsabilidade e do Ressarcimento de Danos

Segundo disposto no art. 42 da LGPD, o controlador ou o operador que, em razão do exercício de atividade de tratamento de dados pessoais, causar a outrem dano patrimonial, moral, individual ou coletivo, em violação à legislação de proteção de dados pessoais, é obrigado a repará-lo.

Indica-se, ainda, que o operador responde solidariamente pelos danos causados pelo tratamento quando descumprir as obrigações da legislação de proteção de dados ou quando não tiver seguido as instruções lícitas do controlador, hipótese em que o operador se equipara ao controlador, salvo nos casos de exclusão previstos no art. 43 da LGPD.

Para prova do dano, existe previsão de inversão *ope judicis* do ônus da prova, dispondo a norma que o juiz, no processo civil, poderá inverter o ônus da prova a favor do titular dos dados quando, a seu juízo, for verossímil a alegação, houver hipossuficiência para fins de produção de prova ou quando a produção de prova pelo titular resultar-lhe excessivamente onerosa (art. 42, § 2º).

A previsão acima mencionada tem interessante ressalva prática pelo disposto no art. 45, que refere que as hipóteses de violação do direito do titular no âmbito das relações de consumo permanecem sujeitas às regras de responsabilidade previstas na legislação pertinente.

Curiosidade: Embora não utilizando a LGPD na fundamentação da decisão, o STJ entendeu no passado que restaria configurado o dano moral *in re ipsa* na ausência de comunicação acerca da disponibilização/comercialização de informações pessoais em bancos de dados do consumidor (REsp 1758799-MG).

O mesmo Superior Tribunal, todavia, entendeu que o "vazamento de dados pessoais, a despeito de se tratar de falha indesejável no tratamento de dados de pessoa natural por pessoa jurídica, não tem o condão, por si só, de gerar dano moral indenizável. Ou seja, o dano moral não é presumido, sendo necessário que o titular dos dados comprove eventual dano decorrente da exposição dessas informações" (Informativo 766 – STJ).

Segundo o disposto no art. 43, os agentes de tratamento só **não serão** responsabilizados quando provarem: (i) que não realizaram o tratamento de dados pessoais que lhes é atribuído; (ii) que, embora tenham realizado o tratamento de dados pessoais que lhes é atribuído, não houve violação à legislação de proteção de dados; ou (iii) que o dano é decorrente de culpa exclusiva do titular dos dados ou de terceiro.

6.12. Da Segurança e das boas práticas

Na forma do art. 46 da LGPD, os agentes de tratamento devem adotar medidas de segurança, técnicas e administrativas aptas a proteger os dados pessoais de acessos não autorizados e de situações acidentais ou ilícitas de destruição, perda, alteração, comunicação ou qualquer forma de tratamento inadequado ou ilícito.

Considerando a natureza das informações tratadas, as características específicas do tratamento e o estado atual da tecnologia, especialmente no caso de dados pessoais sensíveis, assim como os princípios previstos no caput do art. 6º da Lei, a autoridade nacional poderá dispor padrões técnicos mínimos para se alcançar a segurança.

Para situações reportadas como ataques *hackers* ou vazamentos simples, dispõe o art. 48 que o controlador **deverá** comunicar à autoridade nacional e ao titular a ocorrência de incidente de segurança que possa acarretar risco ou dano relevante aos titulares.

Essa comunicação, além de ser feita em prazo razoável, deve informar a descrição da natureza dos dados pessoais afetados, as informações sobre os titulares envolvidos, a indicação das medidas técnicas e de segurança utilizadas para a proteção dos dados, observados os segredos comercial e industrial, os riscos relacionados ao incidente, os motivos da demora, no caso de a comunicação não ter sido imediata e, ainda, as medidas que foram ou que serão adotadas para reverter ou mitigar os efeitos do prejuízo.

Feita a comunicação, a autoridade nacional poderá, dentre outras ações, determinar que o controlador proceda na ampla divulgação do fato em meios de comunicação e, ainda, tome medidas para reverter ou mitigar os efeitos do incidente.

6.13. Das sanções administrativas

Segundo inscrito no art. 52 da LGPD, os agentes de tratamento de dados, em razão das infrações cometidas às normas previstas nesta Lei, ficam sujeitos às seguintes sanções administrativas aplicáveis pela autoridade nacional:

> I – advertência, com indicação de prazo para adoção de medidas corretivas;
>
> II – multa simples, de até 2% (dois por cento) do faturamento da pessoa jurídica de direito privado, grupo ou conglomerado no Brasil no seu último exercício, excluídos os tributos, limitada, no total, a R$ 50.000.000,00 (cinquenta milhões de reais) por infração;
>
> III – multa diária, observado o limite total a que se refere o inciso II;
>
> IV – publicização da infração após devidamente apurada e confirmada a sua ocorrência;
>
> V – bloqueio dos dados pessoais a que se refere a infração até a sua regularização;
>
> VI – eliminação dos dados pessoais a que se refere a infração;
>
> VI, VIII e IX – vetados.
>
> X – suspensão parcial do funcionamento do banco de dados a que se refere a infração pelo período máximo de 6 (seis) meses, prorrogável por igual período, até a regularização da atividade de tratamento pelo controlador; (Incluído pela Lei nº 13.853, de 2019).
>
> XI – suspensão do exercício da atividade de tratamento dos dados pessoais a que se refere a infração pelo período máximo de 6 (seis) meses, prorrogável por igual período; (Incluído pela Lei nº 13.853, de 2019).
>
> XII – proibição parcial ou total do exercício de atividades relacionadas a tratamento de dados. (Incluído pela Lei nº 13.853, de 2019).

6.14. Autoridade Nacional de Proteção de Dados Pessoais, a ANPD

Para fiscalizar e aplicar penalidades pelos descumprimentos da LGPD, a legislação determinou a criação da Autoridade Nacional de Proteção de Dados Pessoais, a ANPD, que terá as tarefas de regular e de orientar, preventivamente, sobre como aplicar a lei.

Para provas objetivas, cabe atentar para a alteração de tratamento promovida pela Lei nº 14.460, de 2022, que alterou a Lei Geral de Proteção de Dados no tocante ao tratamento da Autoridade Nacional de Proteção de Dados Pessoais.

▸ Como esse assunto foi cobrado em concurso?

(2021 – MPDFT – Promotor de Justiça) Entre outras disposições legais, a Lei Geral de Proteção de Dados – LGPD, a Lei nº 13.709/2018, é a legislação brasileira que regula as atividades de tratamento de dados pessoais e que também altera os arts. 7º e 16 do Marco Civil da Internet. Assim, assinale a alternativa correta:

a) O chamado incidente de segurança deve ser comunicado à autoridade nacional de dados naqueles casos em que possa acarretar risco ou dano relevante aos titulares, em prazo razoável, com a recomendação atual de dois dias úteis, contado da data do conhecimento do incidente, enquanto não sobrevier outra regulação.

b) A LGPD fixou como prazo legal de comunicação à autoridade nacional de dados naqueles casos em que possa acarretar risco ou dano relevante aos titulares o prazo de dois dias úteis a partir do conhecimento do vazamento dos dados.

c) A LGPD fixou como prazo legal de comunicação à autoridade nacional de dados naqueles casos em que possa acarretar risco ou dano relevante aos titulares o prazo de dois dias úteis a partir da ocorrência do vazamento dos dados, tornando obrigação do gestor dos dados a realização de auditorias permanentes para detectar falhas na segurança.

d) A LGPD fixou como obrigação do gestor do banco de dados o de comunicação à autoridade nacional de dados somente naqueles casos em que possa acarretar dano relevante aos titulares, tendo fixado um prazo legal de cinco dias úteis.

e) A LGPD fixou como obrigação do gestor do banco de dados o de comunicação à autoridade nacional de dados somente naqueles casos em que possa acarretar dano relevante aos titulares, tendo fixado um prazo legal de sete dias úteis.

Gabarito: Alternativa A.

CAPÍTULO

VII

Pragmatismo, Análise Econômica do Direito e Economia Comportamental

1. ORGANIZAÇÃO DO ESTUDO

Também incluída pela Resolução 423 de 2021, o ponto de "pragmatismo, análise econômica do direito e economia comportamental" apresenta os seguintes pontos:

PRAGMATISMO, ANÁLISE ECONÔMICA DO DIREITO E ECONOMIA COMPORTAMENTAL

1 - Função judicial e pragmatismo. Antifundacionalismo. Contextualismo. Consequencialismo. Racionalismo e Empirismo. Dialética. Utilitarismo.

2 - Análise econômica do direito. Conceitos fundamentais. Racionalidade econômica. Eficiência processual. Métodos adequados de resolução de conflitos e acesso à Justiça. Demandas frívolas e de valor esperado negativo. Precedentes, estabilidade da jurisprudência e segurança jurídica. Coisa Julgada.

3 - Economia comportamental. Heurística e vieses cognitivos. A percepção de Justiça. Processo cognitivo de tomada de decisão.

4 - Governança corporativa e Compliance no Brasil. Mecanismos de Combate às organizações criminosas e Lavagem de Dinheiro. Whistleblower.

Os pontos descritos apresentam uma inegável vinculação com uma abordagem tecnológica do Direito, o que, de certa forma, apresenta interligação com os pontos trabalhados em Direito Digital.

2. PONTOS DE DESTAQUE

Dada a raridade de questões anteriores sobre o tema, pode-se projetar que os pontos de maior incidência em prova serão:

- Heurística e vieses cognitivos. A percepção da justiça.
- Eficiência processual no contexto da análise econômica do Direito.
- Pragmatismo. Conceitos.

3. FUNÇÃO JUDICIAL E PRAGMATISMO. ANTIFUNDACIONALISMO. CONTEXTUALISMO. CONSEQUENCIALISMO. RACIONALISMO E EMPIRISMO. DIALÉTICA. UTILITARISMO

3.1. Função judicial e pragmatismo

Adjetiva-se como **pragmática** a pessoa que, em determinada situação da vida, prefere ser **prática** (com vistas à utilidade e necessidade da ação), evitando teorizações aparentemente desnecessárias, a resolução de um problema.

Na filosofia, o pragmatismo foi desenvolvido inicialmente por Charles S. Peirce, William James, John Dewey e Ferdinand Schiller, considerados *clássicos*. De outro lado, são tidos como *contemporâneos* Lewis, Quine, Putnam, Davidson e Richard Rorty.

Essa corrente valora uma ideia considerando os **desdobramentos práticos que ela apresenta**, utilizando-se do **critério da eficácia** em sobreposição ao valor teórico.

A principal abordagem sobre pragmatismo no mundo jurídico é feita por Richard Posner. Em sua doutrina, o autor busca uma aproximação entre teoria e prática, apontando que os institutos e teorias jurídicas devem passar pelo crivo das consequências práticas para demonstrarem valor real e, assim, serem adotados como critério para decisões judiciais.

De acordo com o próprio autor (POSNER, 2012, pg. 379), o pragmatismo busca:

> olhar para os problemas concretamente, experimentalmente, sem ilusões, com plena consciência do 'caráter local' do conhecimento humano, da dificuldade das tradições entre culturas, da inalcançabilidade da 'verdade', da consequente importância de manter abertos diferentes caminhos de investigação, do fato de esta última depender da cultura e das instituições sociais e, acima de tudo, da insistência em que o pensamento e ação sociais sejam válidos como instrumentos a serviço dos objetivos humanos tidos em alto apreço, e não como fins em si mesmos.

Desse modo, o pragmatismo propõe verdadeiro embate à teoria jurídica tradicional que, de certo modo, dita as formas de atuação e modulação dos raciocínios jurídicos de maneira prévia, considerando elementos pretéritos. No caminho inverso desse raciocínio, o pragmatismo dita que o magistrado deva "olhar para frente", antevendo as consequências de sua decisão judicial, a fim de verificar se ela deve ou não ser tomada.

Essa análise das consequências se sobrepõe a fatores considerados primordiais pela teoria jurídica tradicional, que funda pilares na **previsão legal** ou nos **precedentes**. No pragmatismo, esses elementos são secundários.

Fala-se, desse modo, que há uma inevitável ligação entre **pragmatismo e utilitarismo**, embora as diferenças sejam inclusive de natureza, pois o utilitarismo trabalha em abordagem sobre a ética.

No pragmatismo, o magistrado afasta a decisão de aspectos abstratos para, vislumbrando consequências práticas do ato, antever precauções, advertências e, inclusive, melhor modular sua fundamentação.

Embora não seja abordada com grande intensidade na literatura brasileira (ou nos meios acadêmicos), uma corrente tem encontrado considerável ressonância em manifestações judiciais das cortes superiores e, também, na própria legislação brasileira.

O **art. 20 da Lei de Introdução das Normas do Direito Brasileiro** diz que "Nas esferas administrativa, controladora e judicial, não se decidirá com base em valores jurídicos abstratos sem que sejam consideradas as **consequências práticas** da decisão".

Já o art. 21 da LINDB prevê que a decisão que, nas esferas administrativa, controladora ou judicial, decretar a invalidação de ato, contrato, ajuste, processo ou norma administrativa deverá **indicar de modo expresso suas consequências jurídicas e administrativas**, e, quando for o caso, indicar as condições para que a regularização ocorra de modo proporcional e equânime e sem prejuízo aos interesses gerais.

Em termos jurisprudenciais, a visão pragmática é ainda mais comum. Não raro são visualizadas decisões em que os Tribunais Superiores, fugindo da teoria pura, prolatam decisões que "regularizam" situações originalmente inválidas do ponto de vista jurídico, preservando as consequências práticas de uma situação que, embora juridicamente equivocada (ou até mesmo ilegal), teria em decisão judicial de invalidação um nascedouro de inúmeros problemas à sociedade, já ajustada a um determinado estado de coisas.

A doutrina cita como exemplo de decisão de cunho pragmático tomada pelo STF, aquela tomada pelo Plenário da corte no julgamento da ADI nº. 4.029, em que, apesar de reconhecer a existência de inconstitucionalidade no processo legislativo da medida provisória instituidora do Instituto Chico Mendes, não se invalidou o ato normativo, sob o fundamento de que seria preferível "transigir" com os efeitos da inconstitucionalidade já declarada do que aceitar os riscos econômicos e sociais da invalidação de centenas de outras normas.

A suposta "vantagem" da visão pragmática também é seu maior ponto de críticas. Diversos autores indicam que, a pretexto de se alcançar uma **paz conse-**

quencialista, todos os tipos de arbitrariedades podem ser praticados, inclusive ao arrepio da lei e da constituição.

Outra forte crítica ao modelo em questão é que ele abriria portas para um ativismo judicial desmedido, acobertado pela adoção de um sistema de fundamentação que permite abertura argumentativa muito mais ampla do que o modelo atualmente adotado.

Nesse contexto, importante mencionar um caso clássico da jurisprudência da Suprema Corte norte-americana sobre o tema, que atrai críticas ao pragmatismo jurídico: o caso *Bush versus Gore*. O julgamento desse caso resolveu uma disputa de recontagem na eleição presidencial da Flórida em 2000 entre George W. Bush e Al Gore. Nascimento, citando Posner, ensina que, com decisões como essa, haveria perigo de que valores fundamentais da sociedade, consagrados na Constituição, como a própria noção de representatividade, possam ser sacrificados em prol de uma paz consequencialista. (NASCIMENTO, 2024, p. 153-154).

3.1.1. *Antifundacionalismo*

O antifundacionalismo é tido por alguns autores como um dos esteios do pragmatismo, sustentando a **rejeição da utilização de argumentos metafísicos como bases inamovíveis para tomada de decisões judiciais.** Rejeita-se, nele, a existência de princípios que serviriam como base para toda e qualquer decisão judicial.

Para outros autores, todavia, as noções de antifundacionalismo e pragmatismo não podem ser vistas como interligadas.

A divergência se justifica no **conceito** que se dá para antifundacionalismo. Para estes autores que representam a divergência, antifundacionalismo aponta para a desnecessidade de adoção de **evidências sólidas** para a tomada de uma decisão. Neste sentido, haveria contradição no fato de um magistrado ser pragmático (analisando consequências de sua decisão) e, ao mesmo tempo, antifundacionalista (projetando consequências sem bases objetivamente sólidas de raciocínio).

Mais simples seria utilizar-se do termo **anti-idealista**, esclarecendo que a vinculação mencionada guarda relação com **desvinculação** a um raciocínio dedutivo, tradicional na dogmática jurídica e que se baseia em esteios principiológicos para a tomada de decisões.

3.1.2. *Contextualismo*

O pragmatismo defende que todo conhecimento é contextual, de onde se depreende que as controvérsias jurídicas não podem ser descoladas dos contextos singulares (tempo e lugar) em que estão inseridas.

Assim, não há razão para se pensar num saber absoluto e válido para qualquer momento histórico e tipo de realidade.

Em outras palavras, aplicar indiscriminadamente um conceito jurídico é ignorar que ele – o conceito jurídico aplicado – também foi idealizado em um determinado contexto específico e, portanto, não pode ter aplicação indiscriminada e servir de base absoluta para decisões futuras.

3.1.3. *Consequencialismo*

Também chamado de **instrumentalismo**, o consequencialismo talvez seja a mais destacada característica do pragmatismo.

Para esta característica, a decisão judicial deve olhar com maior intensidade para as suas **consequências sociais futuras** do que, por exemplo, para sua concordância com a jurisprudência ou com a norma posta.

Visa-se, em outras palavras, a adoção de soluções jurídicas com melhores resultados práticos (presentes e futuros) para o caso singularmente analisado e, também, para o grupo social afetado pela decisão.

3.2. Racionalismo e Empirismo

O debate entre racionalismo e empirismo encontra palco no contexto da **epistemologia**, área que busca descobrir como o conhecimento é adquirido.

Para a corrente empirista, a aquisição de conhecimento dependeria mais da experiência sensorial humana do que da criação de raciocínios abstratos. Foi adepto de tal formato de pensamento, por exemplo, John Locke.

Já a corrente racionalista defende que a aquisição do conhecimento independente da experiência sensorial humana, podendo decorrer de métodos e conclusões puramente abstratas. Foi expoente desta corrente o pensador René Descartes.

O ponto central da diferença entre as propostas é a fonte do conhecimento. Para racionalistas, essa seria a razão. Para os empiristas, a experiência sensória.

QUADRO RESUMO	
Racionalismo	**Empirismo**
Adota a razão como fonte do conhecimento humano.	Adota a experiência sensorial como fonte do conhecimento humano
Assegura suas conclusões pela lógica e pela razão.	Assegura suas conclusões pela experiência e pela experimentação.
Utiliza-se de dedução.	Utiliza-se de indução.
Sustenta que os humanos possuem conhecimentos inatos.	Sustenta que os humanos não possuem conhecimentos inatos.

3.3. Dialética

O termo dialética encontra origem histórica no método de argumentação exposto por Platão. Ela consistiria, em resumo, em um debate a respeito de determinado tema que, em idas e vindas, permitiria um progressivo refinamento ou redefinição de conclusões por ambos os interlocutores.

Para Platão, conforme explicado no capítulo de Filosofia do Direito, a dialética é o método que possibilita ao homem passar do mundo das aparências para o das ideias, consistindo na teoria que permite a separação daquilo que é opinião ao que é verdade, do que é aparência para o que é ideia.

Com a metáfora proposta no Mito da Caverna, Platão expõe sua noção de que **a realidade sensível é corrompida por falsas percepções**, cabendo ao filósofo, por meio da dialética, alcançar a plenitude da essência das coisas, que reside no mundo das ideias.

Mais tarde, o filósofo Hegel reutilizou o termo para, em proposta filosófica complexa, sugerir a possibilidade de uma dialética que independe da existência de dois interlocutores e que funciona como um espiral argumentativo. Uma ideia original (tese) é confrontada por outra (antítese), chegando-se a uma síntese. Esta síntese, por sua vez, torna-se uma nova tese, permitindo o aprimoramento e refinamento do raciocínio sobre determinado tema.

Para mais informações e aprofundamentos, leia os pontos *7.1.4* e *7.3.12* do capítulo de Filosofia do Direito.

3.4. Utilitarismo

O estudo do utilitarismo foi realizado no ponto *7.3.11* do capítulo de Filosofia do Direito.

▸ Como esse assunto foi cobrado em concurso?

(FGV – 2023 – TJ/ES – Juiz de Direito Substituto) Antônio, Pedro e João travaram intenso debate a respeito da correlação existente entre os contornos filosóficos do pragmatismo e os métodos de interpretação do direito. Antônio defendia que o pragmatismo é refratário às bases de desenvolvimento do método concretizador, em especial ao denominado âmbito da norma. Pedro, por sua vez, ressaltava que ele não se ajusta a qualquer direcionamento utilitarista nas decisões tomadas pelo intérprete durante o processo de interpretação. Por fim, João ressaltou que o pragmatismo busca estabelecer um alicerce de segurança jurídica para as decisões embasadas no realismo jurídico. Anastácio, ao analisar as observações formuladas por Antônio, Pedro e João, concluiu, corretamente, que:

a) todas estão certas;
b) todas estão erradas;
c) apenas as observações de Pedro e João estão certas;
d) apenas as observações de Antônio e João estão certas;
e) apenas as observações de Antônio e Pedro estão certas.

Alternativa correta: letra B.

(FGV – 2023 – TJ/ES – Juiz de Direito Substituto) Racionalismo e empirismo são não apenas correntes filosóficas, mas duas formas de pensamento que propõem modos diferentes de compreender a realidade e a verdade. As características corretas dessas duas correntes são:

a) racionalismo: opera dedutivamente e se baseia numa ideia fundante; empirismo: opera indutivamente e se baseia num fato fundante;
b) racionalismo: se baseia na percepção dos sentidos e busca a verdade a partir de experiências sensíveis; empirismo: se baseia numa razão inata e busca a verdade pela lógica;
c) racionalismo: afirma o princípio da utilidade como meio para julgar uma ação e dá ênfase às consequências; empirismo: afirma o imperativo categórico como base para a ação e dá ênfase aos princípios;
d) racionalismo: entende o justo como afirmação do bem-estar geral e é uma corrente teleológica; empirismo: entende o justo como garantia do direito individual e é uma corrente deontológica;
e) racionalismo: nega que a evolução do espírito ocorra por meio do processo formado por tese, antítese e síntese; empirismo: afirma que a evolução do espirito ocorre por meio do processo formado por tese, antítese e síntese.

Gabarito: Alternativa A.

4. ANÁLISE ECONÔMICA DO DIREITO. CONCEITOS FUNDAMENTAIS. RACIONALIDADE ECONÔMICA. EFICIÊNCIA PROCESSUAL. MÉTODOS ADEQUADOS DE RESOLUÇÃO DE CONFLITOS E ACESSO À JUSTIÇA. DEMANDAS FRÍVOLAS E DE VALOR ESPERADO NEGATIVO. PRECEDENTES, ESTABILIDADE DA JURISPRUDÊNCIA E SEGURANÇA JURÍDICA. COISA JULGADA

4.1. Conceitos fundamentais

Inicialmente, deve-se conhecer a noção de que o termo **"economia"** designa o ramo do conhecimento que busca **alcançar o meio mais eficiente para alocação de recursos limitados, na busca do melhor atendimento dos interesses das pessoas ou dos grupos.**

Assim, abrangendo todas as problemáticas que circundam a alocação eficiente de recursos finitos, a economia utiliza-se, na maior amplitude possível, do conhecimento de outras ciências para consecução de seus fins.

A interligação com o **Direito**, portanto, é inegável, visto que este, ao **consolidar seus postulados de comportamentos sociais, influencia e modula** na forma como as pessoas se comportarão e, via de consequência, a forma como **farão escolhas de alocação eficiente de recursos.**

A análise econômica do Direito, portanto, concentra grandes esforços em **analisar as consequências que normas jurídicas apresentam** (ou apresentarão) na sociedade em que são (ou serão) inseridas. Em palavras mais simples, esse ramo do conhecimento percebeu (e começou a estudar) que as pessoas modulam suas decisões a partir da publicação de novas leis ou decisões judiciais e o Direito deve, a partir daí, ter precaução redobrada em suas novas disposições.

Essa precaução com as consequências advindas das novas disposições mostra uma vinculação direta entre a análise econômica do direito e o modelo de raciocínio desenvolvido no pragmatismo.

Da constatação de que existe uma relação indissociável entre Direito e decisões sobre alocação eficiente de recursos, surge a **análise econômica do Direito**.

Para FUX e BODART (2021), três são os aspectos da abordagem econômica do Direito:

> **(i) eurístico** – trabalha com a identificação do elemento racional que aponta a existência de institutos jurídicos diversos e a eles confere coerência;
>
> **(ii) descritivo** – trabalha na atividade de determinar e avaliar os efeitos das normas jurídicas na sociedade, ou seja, mira o comportamento das pessoas;
>
> **(iii) normativo** – trabalha com a indicação de quais normas jurídicas são desejáveis (ou almejadas), considerando sua eficiência a partir das constatações extraídas pelos aspectos eurístico e descritivo.

Os dois primeiros são, em muitas obras, chamados de "análise econômica do Direito positiva".

Mais do que apenas interligar Direito e economia, a análise econômica do Direito **busca incutir no pensamento jurídico a utilização do método científico**, sustentando ser essa a melhor maneira de se formar ideias e tomar decisões eficazes na organização comunitária e na pacificação social.

Em outras palavras, busca-se **vencer a visão anticientífica que circunda a elaboração e a aplicação de preceitos jurídicos**. Não por acaso, é costumeiro ver professores advertindo que o correto seria chamarmos a proposta de "análise científica do Direito".

Importante, em razão disso, diferenciar o Direito Econômico – ramo que estuda normas reguladoras da economia –, da Análise Econômica do Direito – abordagem que analisa os comportamentos humanos e a tomadas de decisão pelas pessoas.

Se a economia moderna se utiliza do método científico para guiar suas decisões, poderia o Direito fazer o mesmo? Se sim, sob quais fundamentos análogos?

Alguns deles merecem citação, como o emprego da matemática nas ciências sociais, a teoria da escolha racional, a aplicação de métodos empíricos nas ciências sociais e a economia comportamental.

Vamos a cada um deles.

Matemática nas ciências sociais	A proposta busca demonstrar que o raciocínio matemático viabiliza a construção de conclusões válidas na análise de consequências jurídicas, evitando ambiguidades ou obscuridades características da linguagem prática jurídica. A matemática não é incompatível com o Direito. Ela é, na verdade, incompatível com raciocínios mal estruturados. Utilizar-se da matemática pode ser um ótimo caminho para demonstrar, analisar e, posteriormente, propor soluções para problemas jurídicos.
Teoria da escolha racional	Parte da constatação de que o humano tem preferências logicamente ordenadas, direcionando comportamentos para satisfazer, na maior medida do possível, essas preferências em detrimento de outras.
Métodos empíricos nas ciências sociais	O teste empírico (prático) pode evidenciar ao pesquisador algumas importantes conclusões: (i) confirmação da proposição feita; (ii) rejeição da proposição; e (iii) necessidade de qualificação da proposição para alteração da conclusão.
Economia comportamental	Contrapõe-se à teoria da escolha racional demonstrando, via pesquisas, que os humanos não fazem escolhas tão somente baseadas em preferências, pois levam em conta fatores como imediatidade ou diferimento de benefícios.

4.2. Breve histórico

Já se compreendeu que a análise econômica do Direito é um viés de pensamento que propõe a utilização do método científico para a busca de soluções que envolvem comportamentos humanos juridicamente relevantes. Entretanto, quando essa proposta teve nascimento?

Pode-se dizer, com certa segurança, que os anos 1950 e 1960 foram determinantes para o surgimento dessa proposta, tendo em **Gary Becker, Ronald Coase e Guido Calabresi** seus expoentes doutrinários iniciais. Atualmente, a maioria das cadeiras acadêmicas sobre o tema utiliza a proposta elaborada por Richard Posner como base bibliográfica.

Embora alguns estudiosos façam confusão, não existe relação entre a análise econômica do Direito e o chamado realismo jurídico, pois este propõe a multidisciplinaridade de conhecimentos sem uniformidade de método ou rigor científico, ao passo que a análise econômica adota a chamada metodologia da Economia do bem-estar em sua proposta.

O próprio Ronald Coase não tinha a intenção de contribuir para o mundo acadêmico do Direito quando de seus primeiros escritos sobre o tema, tendo baseado sua análise apenas em critérios econômicos.

Por fim, enquanto o realismo aponta para a multidisciplinaridade, a análise econômica do Direito apresenta-se como um elemento nuclear na utilização do Direito como política pública, **examinando os institutos jurídicos sob o prisma da capacidade de eles gerarem bem-estar social.**

A análise econômica transporta a pergunta central "o que é Direito?" e pergunta-se **sobre as reações do humano perante as decisões jurídicas tomadas, analisando e propondo conclusões sobre a validade dessas decisões frente ao desejado bem-estar.**

Para elaborar suas propostas, a análise econômica do direito utiliza-se de premissas extraídas da ciência econômica, a exemplo da noção de escassez de recursos, da modulação dos comportamentos a partir da oferta de incentivos (positivos e negativos), da eficiência, da prevalência dos interesses na tomada de decisões e da maximização da riqueza.

4.3. Análise econômica do processo. Acesso à justiça

A dimensão correta da análise do direito de acesso à justiça compreende não apenas o efetivo "acesso" do cidadão a uma resposta do Poder Judiciário no contexto de um processo judicial. Mais do que isso, fala-se que o direito de obter resposta adequada (e em tempo razoável) faz parte das múltiplas dimensões deste direito.

Por óbvio, de nada adiantaria viabilizar o acesso do cidadão ao Poder Judiciário se, depois de proposto o processo, seus direitos não fossem efetivamente analisados ou entregues em tempo razoável.

Não sem razão, o famoso estudo de Cappeletti e Garth identificou as chamadas "ondas" para solução do problema do acesso à justiça, sendo elas: (i) assistência judiciária; (ii) tutela dos direitos coletivos e; (iii) proposta de nova proposta de acesso à justiça, compreendendo a alteração de procedimentos, a utilização de mecanismos de composição ou jurisdição alternativa, etc.

A chamada crise da justiça indica como culpadas as situações de ausência de estrutura do Judiciário (que causa morosidade) e ao jargão da "cultura da litigiosidade" do povo. **A análise econômica busca romper a lógica dessas justificativas.**

Em sua proposta, a análise econômica do Direito considera que a litigância civil pode ser benéfica ou maléfica à sociedade, a depender da situação, rompendo a incorreta tônica de que "toda litigância é maléfica e deve ser combatida". Para tanto, aponta que existe uma dualidade entre os chamados **interesses privados** e **interesses públicos** na litigiosidade e, via de consequência, na utilização do sistema de justiça.

Bem explicando essa divisão, FUX E BODART (2021. pg. 37), apontam que

> O indivíduo ajuíza uma ação sempre que o seu proveito pessoal líquido esperado for positivo, ao passo que, para a sociedade, não é suficiente analisar apenas o proveito para o autor, sendo necessário perquirir sobre os ganhos sociais correspondentes à movimentação da máquina judiciária e aos outros custos associados à litigância.

Para Steven Shavell, é praticamente impossível equalizar de forma perfeita os dois interesses, pois sempre existirá um descompasso entre eles, já que iniciativas para ampliar o acesso à justiça podem beneficiar o interesse privado, muito embora, nas mesmas situações, o interesse público seja a redução da litigância.

Assim, o contexto ideal é a **maior redução possível da distância existente entre os interesses,** adotando posturas contemplativas, na maior medida possível, de ambos.

4.4. Análise econômica do processo. Propostas e métodos adequados para resolução de conflitos

A partir da proposta de Frank Sander, fala-se que a problemática do acesso à justiça deveria apresentar como soluções mínimas a **maximização de métodos alternativos de resolução de conflitos,** a exemplo da mediação, da conciliação e da arbitragem. A iniciativa de que os Tribunais se tornassem um **"sistema multiportas"** tem relação com isso: oferecimento de uma série de métodos para resolução de conflitos ao cidadão.

Infelizmente, mesmo após a reformulação do Código de Processo Civil brasileiro, o índice de autocomposições não se elevou de forma significativa. Segundo dados do CNJ, em 2019 apenas 11,5% dos processos foram encerrados pela via de acordos. Enquanto isso, fala-se que nos Estados Unidos esse percentual é de praticamente 95% (causas cíveis).

A respeito do assunto, cabe salientar que, **do ponto de vista da análise econômica, nem sempre a autocomposição de conflitos é salutar**, visto que é extremamente importante que a jurisdição continue mostrando sua função social básica, que é determinar alterações de comportamentos indesejados na sociedade.

Sobre a baixa efetivação de acordos, a análise econômica busca vencer a passiva e impotente conclusão de que tal índice se deve a problemas culturais. Sugere-se, visando sempre uma análise racional e científica, que essa problemática apresenta correlação com a **instabilidade da jurisprudência, a falta de segurança jurídica e a deficiente configuração do sistema brasileiro de distribuição de custas.**

Adentrando no assunto, fala-se que a análise racional de qualquer acordo parte da formação do chamado **"preço de reserva"** pelas partes, informação conhecida a partir da perspectiva de possível ganhos/perdas no processo e que depende da existência de informações corretas sobre o ordenamento e, ainda, sobre o comportamento da jurisprudência.

Em simples palavras, o **preço de reserva seria o menor valor que o autor aceitaria receber em acordo e, ao mesmo tempo, o maior valor que o réu estaria disposto a pagar,** evitando-se a demanda. Dentro das margens do preço de reserva das partes, o acordo é viável e salutar, denominando-se **"zona de acordos"**.

> **Exemplo:** Suponha que um autor queira ingressar com ação indenizatória buscando a condenação do réu em cem mil reais. Analisando a jurisprudência, considera que suas chances de vitória são de 80%. Como custos para litigar, estima que gastará dez mil reais. Seu preço de reserva, portanto, é de setenta mil reais.
>
> Já o réu também estima que as chances do autor são de 80%, mas seus custos judiciais são de cinco mil reais. Então, seu preço de reserva é de sessenta e cinco mil reais.
>
> Entre os dois valores (65 mil e 70 mil), revela-se a zona de acordos.

Em suma, as partes realizam acordos buscando sempre três objetivos, quais sejam: maximização do ganho de retorno, redução de riscos e, ainda, redução de custos.

Como causas para não realização de acordos, três elementos principais são descritos:

> (i) falta ou ausência de qualidade de informações para as partes;
>
> (ii) envergadura dos custos de litigância;
>
> (iii) valor controvertido entre o que é requerido pelo autor e minimamente aceito pelo réu.

A respeito da ausência de informações (ou falta de qualidade nestas), fala-se que, quando uma parte tem conhecimento inclusive sobre as provas que a outra produzirá no processo, maiores são as chances de acordo, eis que mais facilmente poderá calcular a probabilidade de vitória ou derrota na demanda.

Da mesma forma, calculando adequadamente suas probabilidades de vitória ou fracasso, a parte poderá modular adequadamente o valor controvertido na discussão, alcançando uma **zona de acordo mais realista.**

Outros fatores são também elencados como influenciadores do índice de acordos, tais como a **urgência das partes em resolver o conflito**, o **acréscimo de custos** no transcorrer da lide, a **inexistência de benefícios** a alguma das partes pelo vagar processual (ex: parte beneficiada com liminar), **aversão natural das partes ao risco.**

A questão da riqueza de informações disponíveis às partes na realização das negociações parece ser ponto central da análise. Em razão disso, existem propostas de **compartilhamento obrigatório de provas** que, em teoria, aumentariam as chances de acordo.

Compartilhamento obrigatório de provas – aproximando-se da chamada *discovery* do direito americano, o compartilhamento obrigatório de provas seria uma alternativa para o aumento do poderio de informação comum às partes que, então, viabilizaria a idealização e concretização de acordos. Em um sistema assim, o silêncio da parte contrária poderia indicar que, na verdade, ela não tem provas relevantes sobre o que pretensamente deseja demonstrar em juízo, o que resultaria em ofertas de acordo em menor valor. Em outras palavras, as partes que compartilham mais provas seriam aquelas com maiores chances de fazerem melhores acordos, a ponto destes se aproximarem dos valores de uma pretensa sentença, economizando ambos os lados com os custos de judicialização. O sistema, entretanto, apenas funciona quando há proibição posterior de utilização de provas demonstráveis no período de negociações (pré-judicialização).

Regra da oferta de acordo – por tal regra, a parte que declina de uma proposta de acordo fica sujeita a custear os valores da litigância judicial ainda que se sagre vencedora na demanda, visto que se faz uma comparação entre a sentença e o acordo rejeitado. Em outras palavras, se a sentença não for mais favorável que a oferta recusada, a parte que vencedora pagará as custas processuais originadas nas fases posteriores à rejeição do acordo.

4.5. Análise econômica do processo. Demandas de valor esperado negativo

A demanda de valor esperado negativo é **aquela que apresenta custos a litigar superiores ao proveito possível do resultado da própria ação**. Racionalmente, tais demandas não seriam propostas.

Segundo Jorge Luis da Costa Silva, a frivolidade não estria presente somente no ato de ajuizamento de uma demanda insignificante, mas também no próprio ato de resistência infundada ao direito do autor, ou na interposição de recursos manifestamente infundados (SILVA, 2020, p. 166).

Costuma-se dizer que tais demandas são gênero das seguintes espécies:

(i) demandas/ações frívolas – com reduzida chance de êxito;

(ii) demandas/ações de aborrecimento

Se, racionalmente, as demandas de valor negativo não têm razão de ser, por que continuam sendo propostas? A resposta é que alguns autores buscam, além do proveito econômico, **benefícios indiretos** a partir da litigância por eles iniciada. Fala-se, aliás, que tais comportamentos podem ser encaixados nos chamados "modelos de disfarce" ou "ações de aborrecimento".

Modelo do disfarce – No modelo do disfarce, um autor que tem poucas chances de êxito na ação judicial tenta, em espécie de disfarce, imitar a conduta processual de outros demandantes, estes sim, legítimos. O objetivo do autor dissimulado é, sob disfarce, confundir o pretenso demandado que, não distinguindo as situações, oferecerá acordos economicamente vantajosos ao autor da demanda.

Em outras palavras, mesmo tendo uma perspectiva processual incerta e possivelmente perdedora, o autor do "modelo do disfarce" ingressa com a demanda e tenta forçar (indiretamente) o demandado a celebrar acordo.

> **Exemplo:** Suponha que a jurisprudência tenha delimitado que, para situações de atrasos de viagens aéreas, o parâmetro de quatro horas é utilizado para configuração do dano moral. Em tais hipóteses, poder-se-ia cogitar de um autor que, somando períodos de atraso de seus voos de ida e volta, argumenta que esperou (no

> tempo somado dos trechos) mais de quatro horas. Ingressando com a ação, argumenta ter esperado tempo superior ao delimitado pela jurisprudência e, contando com a falta de cautela da empresa demandada, pode receber proposta de acordo a ele vantajosa.

De fato, a manobra do disfarce é mais comum em situações de gratuidade de justiça ou, ainda, no seio dos Juizados Especiais, situações em que são comuns as ações de massa, com assimetria de informações entre as partes e, ainda, escassez de tempo de análise dos processos pelas empresas demandadas.

Os inconvenientes dessa prática são inúmeros, visto que, de um lado, as empresas têm conhecimento de um número médio de ingresso dessas ações, e reduzem a média dos valores de proposta de acordo para todos os consumidores (internalizando o custo da fraude). De outro lado, há um claro inconveniente ao próprio Judiciário, pois as ações de valor esperado positivo acabam tendo acordo frustrado (pelo baixo valor oferecido), o que aumenta o número de demandas repetitivas que são conclusas a julgamento.

Ação de aborrecimento – Em tais hipóteses, o demandado tem conhecimento de que a ação proposta pelo autor apresenta valor esperado negativo e, mesmo assim, é indiretamente obrigado a oferecer acordo a fim de evitar custos de litigância.

Em outras palavras, nas ações de aborrecimento, sob o ponto de vista da análise econômica, o réu é praticamente obrigado a oferecer ou aceitar um acordo porque, mesmo sendo este desvantajoso, tão mais o seria continuar com a demanda em trâmite, dado que seus custos judiciais são maiores.

4.6. Análise econômica do processo. Demandas de valor esperado negativo. Discussões e soluções

As demandas de valor esperado negativo seriam, sempre, indesejadas? Não. Há casos em que a situação é **socialmente desejável**, muito embora seja desvantajosa do ponto de vista econômico.

O fenômeno ocorre nas hipóteses em que, por exemplo, discutem-se situações que envolvem **direitos coletivos ou individuais homogêneos.** Da mesma forma, nos casos em que se busca uma **virada jurisprudencial** sobre determinado tema, uma ação em si pode parecer desvantajosa financeiramente, mas o precedente criará uma situação vantajosa para um sem número de ações futuras.

> Um exemplo interessante citado por Luiz Fux e Bruno Bodart é o caso Brown vs. Board of Education, de 1954, em que a Suprema Corte Americana entendeu que a segregação racial em escolas era

ilegal, violando a garantia da proteção igualitária. Mesmo tendo valor econômico negativo, a demanda formou um precedente histórico e importantíssimo, tendo vencido a jurisprudência até então consolidada em Tribunais inferiores, que haviam decidido pela legitimidade da segregação racial, sob o argumento chamado separate, but equal.

Em termos gerais (e ressalvadas as situações desejáveis – como as acima mencionadas), pode-se dizer que as demandas de valor esperado negativo podem ser evitadas pela via da readequação do sistema de custas, implementação de sucumbências progressivas, aprimoramento das sanções por condutas ou práticas processuais desleais, viabilização da penalização monetária de procuradores (advogados), exigência de depósitos prévios para tomada de certas medidas processuais (ações rescisórias, por exemplo), incentivo à produção antecipada de provas e compartilhamento de provas (o que viabilizaria mais acordos e reduziria o número de ações sob o modelo de disfarce), e incentivo a melhor formação de juízes para evitação de erros judiciais.

4.7. Análise econômica do processo. Precedentes, estabilidade da jurisprudência e segurança jurídica

A inexistência da chamada "loteria da jurisprudência" é fator determinante na busca de maior eficiência do processo. No Brasil, ainda é comum ouvir a frase "cada cabeça, uma sentença", que demonstra a ausência de segurança jurídica vivenciada pela sociedade, bem como a percepção coletiva do trabalho exercido pelo Poder Judiciário, literalmente comparado a um jogo de sorte/azar.

A oscilação irracional da jurisprudência prejudica principalmente os agentes que buscam se informar antes de demandarem em juízo. Ao se depararem com múltiplos posicionamentos divergentes, o sujeito informado assume a mesma posição daquele que sequer estudou suas chances de êxito no litígio.

Para Posner, a jurisprudência deveria servir como um campo de pesquisa para que os sujeitos fizessem uma comparação de seus casos com situações análogas e, então, tomarem uma decisão mais racional sobre o ajuizamento da demanda. O autor usa, inclusive, nomina a jurisprudência com expressão "estoque de capital", que serviria para direcionar a decisão dos sujeitos.

Embora ainda não tenham apresentado o resultado prático esperado, não se pode dizer que o Código de Processo Civil tenha se omitido na missão de pacificação jurisprudencial. As novas disposições sobre incidentes de resolução de demandadas repetitivas, força dos julgados dos tribunais superiores e determinação de fundamentação específica de *distinguishing* são claros mecanismos de busca do objetivo de pacificação jurisprudencial.

No que se refere à coisa julgada, há propostas de autores de Análise Econômica do Direito, como Posner e Bruce Hay, no sentido de dispensabilidade do instituto diante da constatação de que a possibilidade de as partes vislumbrarem sucessivos processos contra ela deflagrados aumentaria a chance da realização de acordos definitivos.

As propostas, todavia, são alvos de inúmeras críticas, sendo majoritárias as posições (inclusive reiteradas por Fux e Bodart) no sentido de que a coisa julgada é instituto com maiores benefícios do que malefícios, garantindo tanto segurança jurídica como redução de custos sociais.

▸ Como esse assunto foi cobrado em concurso?

(FGV – 2022 – TJ/PE – FGV – Juiz de Direito Substituto) É significativo o debate no meio jurídico acerca dos limites e das possibilidades da utilização de argumentos consequencialistas para fundamentar uma decisão. O pragmatismo jurídico é uma corrente jusfilosófica que, em linhas gerais, sustenta que uma decisão deve ponderar as consequências, seja para buscar efeitos desejados, seja para evitar efeitos indesejados. Como correlatos do consequencialismo, o pragmatismo jurídico apresenta outras duas características: o antifundacionalismo e o contextualismo. Essas duas últimas características podem ser respectivamente entendidas como:

a) a abertura do raciocínio jurídico para outros campos do saber, especialmente para poder dimensionar a ação desejada; a busca das características pessoais de cada um dos sujeitos envolvidos no conflito sob julgamento;

b) a negação das fontes formais do direito e de sua estatalidade como dogma jurídico; a ideia de que se deve privilegiar o impacto instrumental das decisões jurídicas, pois o fim da jurisdição é a pacificação social;

c) a afirmação da natureza prático-dogmática da doutrina jurídica que em nada se confunde com uma ciência do direito; a utilização instrumental do processo, sendo orientado pelo princípio da economia processual;

d) a adoção do conceito de pluralismo jurídico como inversão fundacional do monismo jurídico; o enquadramento do caso no contexto jurisdicional, tendo em vista o livre convencimento do juiz para a tomada da melhor decisão no caso concreto;

e) a recusa em admitir verdades preconcebidas, afirmando que todo princípio é apenas uma hipótese a ser testada; a crença de que somente as circunstâncias dimensionam corretamente o problema e é a partir dele (problema) que se deve buscar uma solução jurídica.

Alternativa correta: letra E.

(2022 –TRF-4 – Juiz Federal) Dadas as assertivas abaixo, assinale a alternativa CORRETA.

I – Ao enunciar que "justiça é igualdade" e que "a injustiça é excesso e falta", Aristóteles expressa a teoria clássica da justiça; nela, a justiça não é uma coisa, nem um sentimento, ela é, em vez disso, a virtude de aplicar medidas e regras.

II – A análise econômica do direito aplica teorias e métodos da economia a diversas áreas do sistema jurídico; assim, propõe-se a descrever e explicar instituições jurídicas a partir do critério "eficiência", entendido como o emprego dos recursos a fim de maximizar a satisfação humana.

III – A análise econômica do direito, quando propõe avaliações normativas das soluções jurídicas e do funcionamento do sistema jurídico, sujeita-se às críticas endereçadas ao utilitarismo, seja por ignorar questões que constituem o núcleo do conceito de justiça, tais como os problemas de distribuição, seja por subordinar os indivíduos ao agregado de resultados, impondo-lhes sacrifícios em nome do agregado de benefícios.

a) Estão corretas apenas as assertivas I e II.

b) Estão corretas apenas as assertivas I e III.

c) Estão corretas apenas as assertivas II e III.

d) Estão corretas todas as assertivas.

e) Nenhuma das assertivas está correta.

Alternativa correta: letra D.

(VUNESP – 2023 –TJ/SP – Juiz de Direito Substituto) Richard H. Thaler recebeu o prêmio Nobel de Economia de 2017 por ter demonstrado, a partir de pesquisa que uniu a economia à psicologia, que:

a) os seres humanos nem sempre são racionais e suas escolhas são feitas com base em considerações pessoais e culturais.

b) as pessoas são seres racionais que tendem a decidir com pragmatismo e sem influência de emoções.

c) as pessoas tomam decisões com base nas informações disponíveis e não avaliam ou são influenciadas por questões sociais.

d) os seres humanos, nas suas decisões financeiras, não levam em consideração estímulos subjetivos, como descrito pela economia clássica.

Alternativa correta: letra A.

▸ **Como esse assunto foi cobrado em concurso?**

(FGV – 2024 – Exame Nacional da Magistratura – ENAM 2024.2) A estruturação dogmática de um sistema de precedentes judiciais obrigatórios é um dos pilares do Código de Processo Civil de 2015. O Art. 926, ao dispor que "os tribunais devem uniformizar sua jurisprudência e mantê-la estável, íntegra e coerente", prevê deveres gerais para os tribunais no contexto da construção e manutenção de um sistema de precedentes (jurisprudência e súmula), persuasivos e obrigatórios, sendo eles: o dever de uniformizar sua jurisprudência; o dever de manter essa jurisprudência estável; o dever de integridade; e o dever de coerência. Sobre o tema, analise as afirmativas a seguir.

I. O dever de uniformizar pressupõe que o tribunal não pode ser omisso diante de divergência interna, entre seus órgãos fracionários, sobre a mesma questão jurídica.

II. As mudanças de posicionamento (superação; overruling) devem ser justificadas adequadamente, além de terem sua eficácia modulada em respeito à segurança jurídica.

III. A coerência e a integridade são pressupostos para que a jurisprudência possa ser universalizada, sendo legitimamente aplicada a outros casos semelhantes.

Está correto o que se afirma em:

a) I, apenas.

b) I e II, apenas.

c) I e III, apenas.

d) II e III, apenas.

e) I, II e III.

Alternativa correta: letra E.

5. ECONOMIA COMPORTAMENTAL. HEURÍSTICA E VIESES COGNITIVOS. A PERCEPÇÃO DE JUSTIÇA. PROCESSO COGNITIVO DE TOMADA DE DECISÃO

5.1. Economia comportamental. Heurística e vieses cognitivos

A análise econômica do direito utiliza-se, em boa parte da sua abordagem, da constatação de que o humano tem **preferências logicamente ordenadas**, direcionando comportamentos para satisfazer, na maior medida do possível, essas preferências em detrimento de outras. Essa constatação decorre da **teoria da escolha racional**, e pressupõe que o humano, diante de uma situação, utiliza da racionalidade para tomada de decisões.

Entretanto, nossa vida cotidiana apresenta uma sequência incalculável de pequenas, médias e grandes escolhas. Antes mesmo de sentarmos para tomarmos café da manhã, realizamos algumas dezenas de escolhas de ação (levantar ou não da cama, abrir ou não as cortinas, calçar chinelos ou sapatos, olhar as mensagens no celular, decidir se vamos (ou não) tomar banho, etc.).

Seria razoável que todas essas mínimas escolhas fossem realizadas com esforço inédito e completo de raciocínio, refletindo-se exaustivamente sobre seus esforços e suas consequências? Obviamente não.

A maioria das atividades cotidianas são realizadas em "modo automático", seja pela criação de hábitos, seja pela involuntariedade do comportamentos intuitivos, verdadeiras ações que se aproximam de um inconsciente prático.

Esse mecanismo de automatização das ações é, de certa forma, uma programação cerebral que possibilita o direcionamento de energias para a **tomada racional de decisões** nas situações em que tal **racionalidade é efetivamente necessária.**

Em resumo, nosso complexo sistema cognitivo estabelece, pela via da **classificação de ações repetitivas e cotidianas**, um formato de automatização de decisões, transformando certas escolhas e ações em intuitivas ou habituais. Com isso, o próprio sistema cognitivo "economiza" a energia que seria gasta na racionalização de todas essas tarefas e direciona essa energia para as situações em que a reflexão será realmente necessária.

É neste ponto que reside o estudo da **heurística**, ponto central de estudo do que se denominou **Análise Econômica Comportamental**, vertente que reúne a interdisciplinaridade entre Direito, Psicologia e Economia.

Conceituadas como **processos mentais que auxiliam na resolução de problemas**, as heurísticas são verdadeiros **atalhos mentais**, efetivas estratégias práticas que diminuem o tempo de tomada de decisões, viabilizando que as pessoas funcionem sem parar para pensar (e refletir) a cada novo momento de ação.

A abordagem teve como embrião a proposta do psicólogo Herbert Simon, que demonstrava terem os humanos capacidade limitada para tomada de decisões racionais. Foi o trabalho de Amos Tversky e Daniel Kahneman, todavia, que expôs as formas de funcionamento do pensamento, e abordou sobre **vieses cognitivos, identificados como erros de raciocínio não intencionais.**

Atuando como verdadeiros algoritmos no pensamento humano, as heurísticas viabilizam a tomada mais rápida de decisões, fazendo isso por meio de **processos inconscientes de classificação e categorização de pessoas e objetos.**

Algumas heurísticas comuns podem ser citadas:

a) **Representatividade** – ainda que sem base lógica ou estatística para tanto, a pessoa assume que algo acontecerá baseando-se em conceitos prévios que detém sobre o assunto. É normalmente vinculada a estereótipos e preconceitos. Ex: concluir erroneamente ser solteira uma mulher da qual se tem a informação que seja adepta ao movimento feminista.

b) **Disponibilidade** – baseando-se exclusivamente em suas recordações, a pessoa acredita que algo tem mais probabilidade de acontecer, mesmo que isso seja cientificamente desacreditado. Exemplo: dada a memorização histórica do ataque terrorista no dia 11 de setembro de 2001, a pessoa modula seu comportamento acreditando ser mais provável que um avião seja jogado contra um prédio do que o próprio prédio, por questões estruturais, venha a cair.

c) **Afeto** – baseia as decisões em emoções vivenciadas no passado, sejam elas positivas ou negativas, ignorando elementos objetivos de decisão. Ex: juiz que já foi acusado da prática de um crime altera sua postura em julgamentos do mesmo crime a que foi acusado.

d) **Ancoragem** – as decisões são tomadas utilizando a ancoragem de elementos recentemente vistos pelo sujeito, ainda que tais elementos não guardem qualquer relação com o problema a ser decidido. Trabalha-se, aqui, com uma forma de sugestão inconsciente. Ex: teste da roleta adulterada, proposto por Kahnemann. Após uma roleta adulterada apresentar o número 10 como vencedor, um maior percentual de alunos respondeu, ao ser perguntado quantos países africanos faziam parte da ONU, um número parecido com o sorteado. A ancoragem foi comprovada quando a adulteração da roleta sorteou o número 65, e outros alunos apresentaram resposta numérica muito superior aos primeiros, embora questionados sobre a mesma pergunta.

O problema das heurísticas é que não temos pleno controle a respeito de **quais** decisões estão sendo automatizadas pelo sistema cognitivo, e nem mesmo sobre a forma de categorização e classificação das pessoas e objetos.

Obviamente, não precisamos racionalizar sobre a sequência de marchas a cada oportunidade em que dirigimos um carro. E isso é ótimo. Entretanto, o que pode evitar que um policial, por exemplo, estabeleça involuntariamente uma automatização na classificação e identificação de sujeitos com "atitude suspeita"? E se essa automatização levar em conta o critério racial do abordado? E se o magistrado que analisar o caso também apresentar semelhante enviesamento de atuação?

Por serem resultado do processo evolutivo humano e da própria história de cada pessoa, esses princípios heurísticos podem resultar em atuações enviesadas, normalmente decorrentes de falácias.

Esses **vieses** estão sendo identificados em número cada vez maior. São famosos na literatura, por exemplo, o **viés confirmatório** (maior tendência em se aceitar informações que são crenças prévias do sujeito), o **viés retrospectivo** (tendência de avaliar eventos pretéritos acreditando que tinha, antes do fato, o conhecimento que hoje detém sobre ele), **viés da impressão inicial** (acreditar na existência de outras qualidades a partir da primeira impressão de beleza da pessoa ou objeto), **viés da impossibilidade de ignorar a prova excluída** (enviesamento possível após a manutenção do mesmo juiz após uma prova ser declarada inválida), dentre outros.

5.2. A Percepção de justiça. Processo cognitivo da tomada de decisão

Conhecendo a abordagem teórica desenvolvida pelos estudiosos da heurística, mostra-se possível **confirmar a sua ocorrência prática** e, mais do que isso, adotar cautelas para que decisões importantes não sejam contaminadas pela adoção de **atalhos mentais enviesados**.

Como regra, uma decisão prolatada em processo judicial deveria ser tomada com acionamento completo do sistema racional e reflexivo. A prática, no entanto, mostra que a maioria das decisões são tomadas durante ou logo após a realização de atos presenciais (como audiências), local em que o magistrado fica exposto a um sem número de influências indiretas que poderão criar vieses disfuncionais para prolação da decisão. Assim, a repercussão dos vieses cognitivos sobre as decisões judiciais poderia se dar na interpretação da legislação, na interpretação das provas colhidas ou até mesmo na fundamentação da decisão.

É possível que se promova, no objetivo de evitar os vieses, um **processo de desenviesamento (debiasing)**, que é passível de realização pelo próprio sujeito, agindo de forma contraintuitiva, sempre buscando argumentos contrários aos que primeiro elaborou - no que denomina de desenviesamento *stricto sensu* -, ou pela forma de distanciamento do sujeito enviesado - no que se denomina de isolamento, a exemplo das situações em que um juiz (que teve contato com provas ilícitas, por exemplo) é afastado do julgamento do caso.

Interessante abordagem também é feita por FUX e BODART (2021, pg. 68), ao analisarem que, inclusive para fins de acordos judiciais, os vieses têm sido observados como obstáculos de difícil vencimento. Infelizmente, são rotineiramente constatadas as ocorrências do viés do autointeresse (em que a parte processa seletivamente as informações a ela mais benéficas - afastando-se de um acordo), bem como do chamado efeito *deadline*, em que partes otimistas deixam para fazer acordos na última oportunidade possível.

Por fim, Nascimento cita o termo *Nudge*, desenvolvido por Cass Sunstein e Richard Thaler, partindo das pesquisas de Daniel Kahneman sobre o tema. Tomando como base o pressuposto de que as decisões humanas não são totalmente racionais, os *nudges* seriam espécies de incentivo para que as pessoas tomassem melhores decisões e fizessem melhores escolhas. Seriam o que se pode chamar de estímulo, empurrãozinho, cutucão (NASCIMENTO, 2024, p. 188). Como exemplo desses pequenos incentivos, o autor cita o caso do desenho de moscas nos mictórios do aeroporto de Schiphol em Amsterdam na Holanda, que faziam com que os homens quisessem 'acertar na mosca', reduzindo as gotas de urina indesejadas pelo chão do banheiro em 80%.

▸ Como esse assunto foi cobrado em concurso?

(FUNDEP – 2022 – TJM/MG – Juiz de Direito Substituto) O comportamento judicial pode ser influenciado por um conjunto de pessoas perante as quais os juízes consideram importante manter uma reputação objetiva. Embora a ideia de que os juízes se importam com aquilo que as pessoas pensam a seu respeito não seja objeto de preocupação por parte dos modelos dominantes, ela está presente no senso comum e encontra apoio em pesquisas empíricas desenvolvidas no âmbito da psicologia social.

Com base nessa afirmativa, que trata dos vieses cognitivos no processo de tomada de decisões, assinale a alternativa correta.

a) No caso de tribunais que adotam deliberações internas secretas, que não divulgam o conteúdo dos votos dissidentes ou que estejam pouco frequentemente noticiados pela mídia, haverá pouca influência à reputação de seus membros a exposição às plateias externas e internas.

b) No caso das Cortes Supremas, a criatividade exercida para além dos limites tradicionais é mais valorizada pela comunidade jurídica do que a capacidade de se manter fiel a dispositivos legais, claros e precisos ou a precedentes anteriores.

c) Na situação em que se está diante de temas específicos que apresentam complexidade, de grande carga moral, a influência dos fatores ideológicos tem um maior peso que a de qualquer outro fator extrajurídico, ocorrendo um entrincheiramento ideológico.

d) Na hipótese em que há julgadores com opiniões divergentes, mas com interesse comum na busca da verdade, o viés de confirmação de cada indivíduo agrava a busca para uma melhor decisão, uma vez que não estarão em melhor posição para procurar e encontrar argumentos a favor de sua solução preferida.

Gabarito: Alternativa C.

6. GOVERNANÇA CORPORATIVA E COMPLIANCE NO BRASIL. MECANISMOS DE COMBATE ÀS ORGANIZAÇÕES CRIMINOSAS E LAVAGEM DE DINHEIRO. *WHISTLEBLOWER*

6.1. Governança corporativa e *compliance* no Brasil

A governança corporativa pode ser conceituada como o formato pelo qual empresas e organizações são dirigidas mediante relacionamento entre sócios, diretores, órgãos de fiscalização e outras partes interessadas.

Ela é, então, um conjunto de processos, regulamento, mecanismos e políticas que tem como objetivo regular a administração de uma empresa.

Esse sistema é baseado em uma listagem de boas práticas empresariais que engloba não apenas a figura dos sócios e diretores, como antigamente se pensava, mas compreende toda uma noção de responsabilidade social perante terceiros.

No Brasil, a expressão governança corporativa ganhou notoriedade a partir da década de 90, com a fundação do Instituto Brasileiro de Governança Corporativa (IBGC). O Código das Melhores Práticas de Governança Corporativa do IBGC indica que

> O conceito de cidadania corporativa deriva do fato de a empresa ser uma pessoa que deve atuar de forma responsável. Na prática, para operar, uma empresa depende não apenas das licenças previstas em dispositivos legais e regulatórios, mas também do aval de um conjunto de partes interessadas que a afeta ou é afetado pelas suas atividades. Os agentes de governança devem considerar, portanto, as aspirações e a forma pela qual a sociedade em geral entende e absorve os efeitos positivos e negativos – as externalidades – da atuação das organizações e responde a eles.

Dentre os princípios que devem ser seguidos destacam-se o da transparência, equidade, responsabilidade corporativa e prestação de contas.

Historicamente, a necessidade de realização do que hoje se conhece como governança corporativa decorreu da constatação da prática de fraudes em grandes empresas, principalmente na Inglaterra, que afetaram sócios minoritários detentores de ações comercializadas em Bolsa de Valores.

A partir disso, estabeleceu-se que as empresas precisavam seguir determinadas regras de transparência e exposição de dados em relatórios semestrais para, estando sob o controle de auditorias internas e também dos acionistas, a confiança no mercado de ações como um todo fosse retomada.

Na Bolsa de Valores do Brasil, por exemplo, as empresas que apresentam alto nível de governança corporativa estão listadas (ou catalogadas) no que se denominou de "Novo Mercado". Assim, os pretensos acionistas podem consultar se a empresa faz parte deste seleto grupo e, a partir daí, constatar que há naquele potencial investimento um elevado grau de cuidado com transparência e equidade.

Curiosidade: Na Bolsa de Valores do Brasil, são requisitos para que uma empresa seja catalogada como "Novo Mercado" (alto índice de governança corporativa, ter, além da unificação de todas as ações como ordinárias, os seguintes requisitos:

a) Manutenção de no mínimo 25% das ações em circulação, ou 15% se o volume diário de negociações for superior a R$25 milhões);

b) Formação de um conselho de administração da empresa com ao menos 5 membros independentes e com mandato de até 2 anos;

c) Adoção da política de Tag Along de 100%, onde todos os acionistas têm a possibilidade de vender suas ações por um preço igual ao vendido pelo controlador em caso de dissolução;

d) Transparência na administração da empresa, com informações sobre a diretoria e gestão divulgadas aos acionistas;

e) Divulgação da situação financeira e operacional da empresa, incluindo fatos relevantes, resultados financeiros e informativos relacionados;

f) Adoção da função de Compliance e de áreas de Auditoria Interna;

g) Comitê de Auditoria, sendo ele estatutário ou não estatutário;

h) Realização de oferta pública de aquisição de ações (OPA), em caso de saída do Novo Mercado.

Desse modo, existe um conjunto de regras que uma empresa listada na Bolsa deve seguir para ser listada no Novo Mercado. Ele se revela, em termos práticos, como um "selo" de garantia aos potenciais investidores de que aquela empresa tem boa governança corporativa.

Uma das formas de concretização da governança corporativa é a instituição de *compliance*, conceituado como meios para prevenir, identificar e corrigir a ocorrência de atos ilegais ou antiéticos no interior das empresas, no que se incluem práticas de corrupção, lavagem de capitais e fraudes contra acionistas ou terceiros.

Visando a permanência das empresas em atividade por longo prazo, o *compliance* firma padrões éticos de atuação, estabelece condutas socialmente responsáveis, previne danos e preserva valores tangíveis e intangíveis da empresa.

Um dos instrumentos mais inovadores da legislação brasileira que interligou as questões referentes à governança corporativa e proteção de interesses públicos e coletivos foi a Lei 12.846/13, que dispõe sobre a responsabilização administrativa e civil de pessoas jurídicas pela prática de atos contra a administração pública, nacional ou estrangeira.

A norma dispõe sobre a responsabilização objetiva administrativa e civil de pessoas jurídicas pela prática de atos contra a administração pública, nacional ou estrangeira.

Para abranger todas as situações verificadas na prática, a legislação indica ser aplicável às sociedades empresárias e às sociedades simples, personificadas ou não, independentemente da forma de organização ou modelo societário adotado, bem como a quaisquer fundações, associações de entidades ou pessoas, ou sociedades estrangeiras, que tenham sede, filial ou representação no território brasileiro, constituídas de fato ou de direito, ainda que temporariamente.

Logo no art. 2º da norma fala-se que as pessoas jurídicas serão responsabilizadas objetivamente, nos âmbitos administrativo e civil, pelos atos lesivos previstos nesta Lei praticados em seu interesse ou benefício, exclusivo ou não.

A responsabilização da empresa, todavia, não exclui a responsabilidade individual de seus dirigentes ou administradores ou de qualquer pessoa natural, autora, coautora ou partícipe do ato ilícito.

O art. 5º da Lei indica o que são considerados atos lesivos à administração pública:

> Art. 5º Constituem atos lesivos à administração pública, nacional ou estrangeira, para os fins desta Lei, todos aqueles praticados pelas pessoas jurídicas mencionadas no parágrafo único do art. 1º , que atentem contra o patrimônio público nacional ou estrangeiro, contra princípios da administração pública ou contra os compromissos internacionais assumidos pelo Brasil, assim definidos:
>
> I – prometer, oferecer ou dar, direta ou indiretamente, vantagem indevida a agente público, ou a terceira pessoa a ele relacionada;
>
> II – comprovadamente, financiar, custear, patrocinar ou de qualquer modo subvencionar a prática dos atos ilícitos previstos nesta Lei;
>
> III – comprovadamente, utilizar-se de interposta pessoa física ou jurídica para ocultar ou dissimular seus reais interesses ou a identidade dos beneficiários dos atos praticados;
>
> IV – no tocante a licitações e contratos:
>
> a) frustrar ou fraudar, mediante ajuste, combinação ou qualquer outro expediente, o caráter competitivo de procedimento licitatório público;
>
> b) impedir, perturbar ou fraudar a realização de qualquer ato de procedimento licitatório público;
>
> c) afastar ou procurar afastar licitante, por meio de fraude ou oferecimento de vantagem de qualquer tipo;

d) fraudar licitação pública ou contrato dela decorrente;

e) criar, de modo fraudulento ou irregular, pessoa jurídica para participar de licitação pública ou celebrar contrato administrativo;

f) obter vantagem ou benefício indevido, de modo fraudulento, de modificações ou prorrogações de contratos celebrados com a administração pública, sem autorização em lei, no ato convocatório da licitação pública ou nos respectivos instrumentos contratuais; ou

g) manipular ou fraudar o equilíbrio econômico-financeiro dos contratos celebrados com a administração pública;

V - dificultar atividade de investigação ou fiscalização de órgãos, entidades ou agentes públicos, ou intervir em sua atuação, inclusive no âmbito das agências reguladoras e dos órgãos de fiscalização do sistema financeiro nacional.

Segundo o disposto no art. 6º da legislação, na esfera administrativa, serão aplicadas às pessoas jurídicas consideradas responsáveis pelos atos lesivos as penas de multa, no valor de 0,1% (um décimo por cento) a 20% (vinte por cento) do faturamento bruto do último exercício anterior ao da instauração do processo administrativo, excluídos os tributos, a qual nunca será inferior à vantagem auferida, quando for possível sua estimação; e também a pena de publicação extraordinária da decisão condenatória.

Além de dispor sobre a forma de processamento administrativo da causa (art. 8º até 15), a norma inovou prevendo a possibilidade de se firmar acordo de leniência com as pessoas jurídicas responsáveis pela prática dos atos previstos na referida Lei que colaborem efetivamente com as investigações e o processo administrativo, sendo que dessa colaboração resulte a identificação dos demais envolvidos na infração, quando couber, e, também, a obtenção célere de informações e documentos que comprovem o ilícito sob apuração.

Além da responsabilização em procedimento administrativo, não se afasta a possibilidade de punição na seara judicial, que tem previsão nos artigos 18 a 21. A legitimidade para ingresso das referidas ações é dos próprios entes, por meio de suas procuradorias, ou do Ministério Público.

São penalizações possíveis na seara judicial: perdimento dos bens, direitos ou valores que representem vantagem ou proveito direta ou indiretamente obtidos da infração, ressalvado o direito do lesado ou de terceiro de boa-fé; suspensão ou interdição parcial de suas atividades; dissolução compulsória da pessoa jurídica; proibição de receber incentivos, subsídios, subvenções, doações ou empréstimos de órgãos ou entidades públicas e de instituições financeiras públicas ou controladas pelo poder público, pelo prazo mínimo de 1 (um) e máximo de 5 (cinco) anos.

Em tutela de urgência ou evidência, bem como no pedido final, o Ministério Público ou a Advocacia Pública ou órgão de representação judicial, ou equivalente, do ente público poderá requerer a indisponibilidade de bens, direitos ou valores necessários à garantia do pagamento da multa ou da reparação integral do dano causado.

Por fim, importante disposição está inscrita no art. 25 da norma, que estabelece que prescrevem em 5 (cinco) anos as infrações previstas nesta referida leit6, contados da data da ciência da infração ou, no caso de infração permanente ou continuada, do dia em que tiver cessado.

Aprofundamento: Em provas orais ou de segunda fase (dissertativas), é importante demonstrar conhecimento que supera a letra da legislação nacional.

Nesse ponto, mostra-se interessante que o candidato mencione que a legislação em questão está em consonância com o disposto na Convenção de Mérida, que versa sobre corrupção.

A Convenção das Nações Unidas contra a Corrupção tem como finalidades: promover e fortalecer as medidas para prevenir e combater mais eficaz e eficientemente a corrupção; promover, facilitar e apoiar a cooperação internacional e a assistência técnica na prevenção e na luta contra a corrupção, incluída a recuperação de ativos; e, promover a integridade, a obrigação de render contas e a devida gestão dos assuntos e dos bens públicos.

Segundo Nascimento, esse tratado parte da compreensão de que a corrupção desestabiliza a segurança das sociedades, enfraquecendo instituições e os próprios valores da democracia, da ética e da justiça, o que compromete sobremaneira o desenvolvimento sustentável e o Estado de Direito. Ademais, a corrupção possui vínculos com outras formas de delinquência. (NASCIMENTO, 2024, P. 197).

▸ Como esse assunto foi cobrado em concurso?

(2019 – MPE/GO – MPE/GO – Promotor de Justiça) A Lei n. 12.846/2013, também conhecida como Lei Anticorrupção Empresarial, representa um importante marco com vistas a promover um efetivo combate à corrupção no Brasil. Dentre as principais inovações da Lei, destacam-se as seguintes, exceto:

a) A imposição de responsabilidade subjetiva, civil e administrativa à pessoa jurídica por atos lesivos à Administração Pública, nacional ou estrangeira.

b) A possibilidade de responsabilização das pessoas jurídicas por atos lesivos à Administração Pública, nacional ou estrangeira, mesmo nas hipóteses em que não há participação de agente público.

c) A previsão do chamado acordo de leniência, a ser celebrado com as pessoas jurídicas responsáveis pela prática dos atos previstos na lei, para incentivá-las a colaborar efetivamente com as investigações e o processo administrativo.

d) A possibilidade de atenuação da sanção por intermédio de mecanismos de integridade da pessoa jurídica ("compliance").

Gabarito: Alternativa A.

(2022 – MPE/RJ – MPE/RJ – Promotor de Justiça) Sobre os Programas de Integridade (compliance), assinale a alternativa correta.

a) A OCDE formulou um guia para empresas multinacionais, com a finalidade de promover um padrão empresarial responsável a nível global, e uma das recomendações feitas é a adoção da devida diligência com base no risco (risk-based diligence).

b) A definição das medidas de prevenção, detecção e comunicação é o primeiro passo na formulação de um programa de compliance que tenha por objetivo a prevenção à lavagem de dinheiro.

c) A efetividade de um programa de compliance deve ser realizado por meio de um teste de idoneidade, que se limita a avaliar em abstrato a implementação do programa.

d) A implementação de processos internos de denúncia de irregularidades nas empresas privadas teve origem na Inglaterra, onde são denominados de whistleblowers.

e) A implementação do programa de compliance se dá com o estabelecimento de um processo para averiguação dos descumprimentos ao programa, assim como a instituição de um plano de avaliação continuada.

Gabarito: Alternativa A.

(FGV – 2024 – Exame Nacional da Magistratura – ENAM 2024.1) O termo compliance pode ser entendido como "estar em conformidade" e vem ganhando crescente importância na implementação de estruturas, processos e mecanismos tanto no setor privado como no setor público. Para minimizar os riscos de corrupção, o compliance foi ganhando espaço no setor público, especialmente com a entrada em vigor da Lei Anticorrupção (Lei nº 12.864/2013).

Sobre o tema, analise as afirmativas a seguir.

I. Por meio da responsabilidade subjetiva, as empresas podem ser punidas por atos de corrupção, independentemente de culpa, bastando a comprovação de que tais atos tenham sido praticados em seu interesse ou benefício.

II. A responsabilização da pessoa jurídica não exclui a responsabilidade individual de seus dirigentes ou administradores ou de qualquer pessoa natural, autora, coautora ou partícipe do ato ilícito.

III. A Lei Anticorrupção não abrange todas as esferas da Administração Pública (municipal, estadual e federal), tendo incidência direta apenas no âmbito federal.

Está correto o que se afirma em

a) II, apenas.
b) I e II, apenas.
c) I e III, apenas.
d) II e III, apenas.
e) I, II e III.

Gabarito: Alternativa A.

6.2. Mecanismos de combate às organizações criminosas

Considerando que a corrupção não decorre, na sua maioria, da prática de atos isolados e de pequena monta, e sim de verdadeira invasão do sistema público por um sistema corrupto bem organizado e montado, fala-se que este mal, além de ser combatido pela Lei Anticorrupção, também deve ter olhar especial no enfoque criminal.

Não raras vezes, a prática de corrupção está aliada a esquemas fraudulentos ou atuação de organizações criminosas de grande porte, sendo necessário que o Estado, por meio da iniciativa legislativa, crie barreiras para essas práticas.

Assim, a **Lei 12.850/13** foi editada com o escopo de definir o que é, para fins legais, organização criminosa e dispor, ainda, sobre a investigação criminal, os meios de obtenção da prova, infrações penais correlatas e o procedimento criminal de apuração e penalização dessa prática.

Já no art. 1º, § 1º, a norma aponta ser considerada como organização criminosa a associação de 4 (quatro) ou mais pessoas estruturalmente ordenada e caracterizada pela divisão de tarefas, ainda que informalmente, com objetivo de obter, direta ou indiretamente, vantagem de qualquer natureza, mediante a prática de infrações penais cujas penas máximas sejam superiores a 4 (quatro) anos, ou que sejam de caráter transnacional.

Inovação importante da lei foram os **meios de prova** que, adaptando-se à complexidade da atividade desenvolvida pelas organizações, permitiu que. em qualquer fase da persecução penal, serão permitidos, sem prejuízo de outros meios já previstos em lei, os seguintes meios de obtenção da prova: I – colaboração premiada; II – captação ambiental de sinais eletromagnéticos, ópticos ou acústicos; III – ação controlada; IV – acesso a registros de ligações telefônicas e telemáticas, a dados cadastrais constantes de bancos de dados públicos ou privados e a informações eleitorais ou comerciais; V – interceptação de comunicações telefônicas e telemáticas, nos termos da legislação específica; VI – afastamento dos sigilos financeiro, bancário e fiscal, nos termos da legislação específica; VII – infiltração, por policiais, em atividade de investigação, na forma do art. 11; VIII – cooperação entre instituições e órgãos federais, distritais, estaduais e municipais na busca de provas e informações de interesse da investigação ou da instrução criminal.

Considerando que tais práticas são, normalmente, praticadas por grupos que contam com a participação de agentes públicos para seus atos, a norma dispõe que, se houver indícios suficientes de que o funcionário público integra organização criminosa, poderá o juiz determinar seu afastamento cautelar do cargo, emprego ou função, sem prejuízo da remuneração, quando a medida se fizer necessária à investigação ou instrução processual.

Nos termos do disposto no art. 2º, § 2º, a condenação com trânsito em julgado acarretará ao funcionário público a perda do cargo, função, emprego ou mandato eletivo e a interdição para o exercício de função ou cargo público pelo prazo de 8 (oito) anos subsequentes ao cumprimento da pena.

Por fim, fala o art. 23 da norma que o sigilo da investigação poderá ser decretado pela autoridade judicial competente, para garantia da celeridade e da eficácia das diligências investigatórias, assegurando-se ao defensor, no interesse do representado, amplo acesso aos elementos de prova que digam respeito ao exercício do direito de defesa, devidamente precedido de autorização judicial, ressalvados os referentes às diligências em andamento.

▸ Como esse assunto foi cobrado em concurso?

(2015 – FCC – TJ/GO – Juiz de Direito) De acordo com a Lei nº 12.850/2013, que define organização criminosa e dispõe sobre a investigação criminal, os meios de obtenção da prova, infrações penais correlatas e o procedimento criminal

a) a ação controlada, consistente em retardar a intervenção policial ou administrativa relativa à ação praticada por organização criminosa ou a ela vinculada, independe de prévia comunicação ao juiz competente, em razão da urgência.

b) a infiltração de agentes de polícia em tarefas de investigação será precedida de circunstanciada, motivada e sigilosa autorização do Ministério Público, que estabelecerá seus limites.

c) o colaborador beneficiado por perdão judicial ou não denunciado não poderá ser ouvido em juízo a requerimento das partes, mas apenas por iniciativa da autoridade judicial.

d) não será admitida colaboração premiada depois de proferida sentença condenatória.

e) caso preste depoimento, o colaborador renunciará, na presença de seu defensor, ao direito ao silêncio e estará sujeito ao compromisso legal de dizer a verdade.

Gabarito: Alternativa E.

(2015 – FCC – TJ/PE – Juiz de Direito) Em relação à Lei nº 12.850/2013 -Lei das Organizações Criminosas, é correto afirmar que:

a) a concessão do benefício da colaboração premiada levará em conta a natureza, as circunstâncias, a gravidade e a repercussão social do fato criminoso, a eficácia da colaboração, mas não a personalidade do colaborador.

b) beneficiado por perdão judicial ou não denunciado, o colaborador não poderá mais ser ouvido em juízo.

c) autoriza a infiltração, por policiais, em atividades de investigação, independentemente da existência de investigação formal iniciada, para preservar o sigilo das investigações.

d) não prevê expressamente a interceptação de comunicações telefônicas dentre os meios de obtenção de prova.

e) o retardamento da intervenção policial ou administrativa, na ação controlada, será previamente comunicado ao juiz competente que, se for o caso, estabelecerá os seus limites e comunicará ao Ministério Público.

Gabarito: Alternativa E.

6.3. Lavagem de dinheiro e *whistleblower*

A lavagem de dinheiro encontra previsão típica na **Lei 9.613/98**, e dispõe restar caracterizado o ato quando alguém ocultar ou dissimular a natureza, origem, localização, disposição, movimentação ou propriedade de bens, direitos ou valores provenientes, direta ou indiretamente, de infração penal.

Da mesma forma, incorre na pena quem, para ocultar ou dissimular a utilização de bens, direitos ou valores provenientes de infração penal os converte em ativos lícitos; os adquire, recebe, troca, negocia, dá ou recebe em garantia, guarda, tem em depósito, movimenta ou transfere; importa ou exporta bens com valores não correspondentes aos verdadeiros.

Por fim, também é responsabilizado aquele que utiliza, na atividade econômica ou financeira, bens, direitos ou valores provenientes de infração penal; ou participa de grupo, associação ou escritório tendo conhecimento de que sua atividade principal ou secundária é dirigida à prática de crimes previstos na referida Lei.

Fala-se que, atualmente, o Brasil vive a terceira geração da lei de lavagem de capitais, ao passo que qualquer infração penal pode ser antecedente ao crime de lavagem de capitais.

Uma das missões da governança corporativa e do *compliance* é justamente combater a lavagem de capitais, atuando para evitar a prática dessas ações pela própria empresa (o que é óbvio), mas também por eventuais clientes.

Em outras palavras, a governança corporativa assume uma missão de, além de cuidar de sua própria atividade, tomar precauções para que seus serviços não sejam utilizados como instrumentos de lavagem de dinheiro praticados por terceiros.

Se, eventualmente, um funcionário ou servidor dessas instituições perceber que ela está realizando lavagem de capitais, ou sendo utilizada como instrumento para essa prática (ainda que sem auferir benefícios), poderá denunciar essa ocorrência às autoridades, fenômeno que, em outros países, leva o nome de *whistleblower.*

Em tradução livre, a palavra *whistleblower* significa "assoprador de apito". No meio jurídico, a palavra é utilizada para nominar aquele que revela, por meio de exposição, a ocorrência de determinada conduta ilícita no contexto de instituições públicas ou privadas.

No cenário internacional, a figura do *whistleblower* é utilizada para denominar um anônimo que, por ter acesso a informações internas da instituição, detém capacidade de identificar e produzir prova mínima sobre determinada conduta ilícita.

Todo contexto jurídico que envolve essa prática apresenta alguém que aponta informações sérias e razoáveis da prática de ilícitos e, em contrapartida, precisa de proteção contra represálias, sejam elas de cunho físico, profissional ou pessoal.

A Convenção de Mérida já trazia a figura do *whistleblower* em seu Artigo 33. No Brasil, essa dualidade de elementos (apontamento de informações + proteção do denunciante) apareceu inicialmente, ainda que de maneira tímida, na Lei de Acesso à Informação (Lei nº 12.527, de 2011), a qual incluiu o art. 126-A, na Lei nº 8.112/1990.

Houve, todavia, incremento do instituto pela disposição da Lei 13.608/18, que dispôs sobre o serviço de denúncias anônimas e previu a possibilidade de recompensa ao denunciante em até 5% do valor recuperado, em caso de denúncia de crimes praticados contra a administração pública.

Essa figura do "denunciante" criada pela legislação brasileira parece ter dado maior atenção ao instituto da recompensa do que propriamente da proteção de quem denuncia. Esses elementos fazem com que alguns doutrinadores sustentem não ser adequado vê-la como equivalente a um *whistleblower*, pois este é identificado pela existência de um *insider* (funcionário ou servidor da instituição) e, também, por privilegiar mecanismos de proteção jurídica ao denunciante.

Somente com a edição da Lei 13.964/19 que se pode afirmar de maneira mais sólida, a concretização do instituto do *whistleblower* no Brasil. Segundo a norma em questão:

> A Lei nº 13.608, de 10 de janeiro de 2018, passa a vigorar com as seguintes alterações:
>
> Art. 4º-A. A União, os Estados, o Distrito Federal e os Municípios e suas autarquias e fundações, empresas públicas e sociedades de economia mista manterão unidade de ouvidoria ou correição, para assegurar a qualquer pessoa o direito de relatar informações sobre crimes contra a administração pública, ilícitos administrativos ou quaisquer ações ou omissões lesivas ao interesse público.
>
> Parágrafo único. Considerado razoável o relato pela unidade de ouvidoria ou correição e procedido o encaminhamento para apuração, ao informante serão asseguradas proteção integral contra retaliações e isenção de responsabilização civil ou penal em relação ao relato, exceto se o informante tiver apresentado, de modo consciente, informações ou provas falsas.
>
> Art. 4º-B. O informante terá direito à preservação de sua identidade, a qual apenas será revelada em caso de relevante interesse público ou interesse concreto para a apuração dos fatos.
>
> Parágrafo único. A revelação da identidade somente será efetivada mediante comunicação prévia ao informante e com sua concordância formal.
>
> Art. 4º-C. Além das medidas de proteção previstas na Lei nº 9.807, de 13 de julho de 1999, será assegurada ao informante proteção contra ações ou omissões praticadas em retaliação ao exercício do direito de relatar, tais como demissão arbitrária, alteração injustificada de funções ou atribuições, imposição de sanções, de prejuízos remuneratórios ou materiais de qualquer espécie, retirada de benefícios, diretos ou indiretos, ou negativa de fornecimento de referências profissionais positivas.
>
> § 1º A prática de ações ou omissões de retaliação ao informante configurará falta disciplinar grave e sujeitará o agente à demissão a bem do serviço público.

> § 2º O informante será ressarcido em dobro por eventuais danos materiais causados por ações ou omissões praticadas em retaliação, sem prejuízo de danos morais.
>
> § 3º Quando as informações disponibilizadas resultarem em recuperação de produto de crime contra a administração pública, poderá ser fixada recompensa em favor do informante em até 5% (cinco por cento) do valor recuperado.

É importante lembrar que a realização da denúncia não isentará, em todas as oportunidades, o denunciante de eventual punição. Se a prática de lavagem de dinheiro era realizada de maneira suspeita de forma rotineira, pode-se entender que o agente esteve, até o momento da denúncia, atuando com o que doutrinariamente se chama de "cegueira deliberada".

A teoria da cegueira deliberada busca justificar a punição de agentes que, embora sem atuação direta no delito de lavagem de dinheiro, tenham a plena capacidade de perceber que eventual transação econômica apresentava elementos de lavagem de dinheiro. Em outras palavras, sustenta-se a possibilidade de punição daquele que, podendo ver que algo ilícito acontecia "na sua frente", optou por deliberadamente fingir cegueira, simulando que não via a irregularidade. Por essa razão, a prática também é conhecida como "instrução de avestruz" (visto que o animal esconde a cabeça na terra, e deliberadamente fica sem ver o que se passa além de seu campo de visão).

> ▸ **Como esse assunto foi cobrado em concurso?**
>
> **(2016 - MPE/SC - Promotor de Justiça)** Nos crimes de "lavagem" ou ocultação de bens, direitos e valores, previstos na Lei n. 9.613/98 (Lavagem de Dinheiro), incorre nas mesmas penas quem participa de escritório tendo conhecimento de que sua atividade principal ou, até mesmo secundária, é dirigida à prática de crimes previstos na supramencionada legislação repressiva.
>
> *Gabarito: Certa.*

> **(2017 - MPE/RS - Promotor de Justiça)** O detentor de recursos provenientes da exploração do jogo do bicho, usando empresa da qual é proprietário, emite títulos de crédito frios em favor de seu parceiro, com a finalidade específica de dar aparência de licitude à parte deste nos lucros da atividade ilegal. Propositadamente, os títulos não são pagos no vencimento e encaminhados a cartório para protesto. Notificado, o proprietário da empresa liquida os títulos usando dinheiro em espécie, recebido pelo cartório, que não questiona a origem dos recursos e os deposita em sua própria conta bancária, o que faz com que a instituição financeira também

não questione a origem dos recursos, pois provenientes da liquidação de títulos em cartório. Por fim, o cartório credita os valores na conta do credor.

Com base no fato descrito acima, assinale a alternativa correta.

a) De acordo com o art. 1º da Lei n. 9.613/98, "Ocultar ou dissimular a natureza, origem, localização, disposição, movimentação ou propriedade de bens, direitos ou valores provenientes, direta ou indiretamente, de infração penal" constitui-se em crime de lavagem de dinheiro, punido com reclusão, de três a 10 (dez) anos, e multa, desde que não extinta a punibilidade da infração antecedente.

b) O atual tratamento legal ao crime de lavagem de dinheiro no Brasil insere-se na doutrinariamente designada terceira fase ou terceira geração da repressão penal a tal tipo de delito.

c) No caso hipotetizado na questão, apesar da intenção específica dos envolvidos em emprestar aparência de licitude aos recursos através de tais manobras, o crime de lavagem de dinheiro não estaria configurado em virtude de terem sido os recursos provenientes da prática de contravenção penal.

d) Na hipótese de participação delitiva do funcionário do cartório no crime de lavagem de dinheiro, que exatamente por isso não questionava a origem dos recursos em espécie dados em pagamento dos títulos, consequência legal imediata e automática de seu indiciamento pela autoridade policial seria a do afastamento do cargo, sem prejuízo de remuneração e demais direitos previstos em lei, até o trânsito em julgado da sentença penal.

e) Não há crime de lavagem de dinheiro se o agente deposita o dinheiro obtido com a corrupção em sua própria conta bancária e o consome em viagens, passeios e restaurantes. O simples aproveitamento econômico do produto de uma infração penal não configura o delito de lavagem. Mas, a utilização culposa, na atividade econômica ou financeira, de bens, direitos ou valores provenientes de infração penal, configura espécie de crime de lavagem de dinheiro.

Gabarito: Alternativa B.

(2019 – CESPE – TJ/SC – Juiz de Direito) Ao receber ação penal para o processamento de crime de lavagem de valores, de acordo com a legislação especial que trata do assunto, o juiz de direito substituto atuará corretamente no caso de

a) suspender o processo, mas determinar a produção antecipada de provas, caso o réu, citado por edital, não compareça aos autos nem constitua advogado.

b) indeferir eventual pedido de declinação de competência do feito para a justiça federal quando somente a infração penal antecedente for de competência da justiça federal.

c) emitir ordem, após o trânsito em julgado de ação de competência da justiça federal ou estadual, para que o valor constante da sentença penal condenatória e depositado judicialmente como medida assecuratória seja incorporado definitivamente ao patrimônio da União.

d) suspender, após ouvir o Ministério Público, medida assecuratória de bens e valores sob o fundamento de que a execução imediata poderá comprometer as investigações.

e) não receber a denúncia sob o fundamento de que a peça foi instruída com infração penal antecedente cuja punibilidade foi extinta.

Gabarito: Alternativa D.

(2023 – FGV – TJ/MS – Juiz de Direito) Antônia, professora e estudiosa do instituto do whistleblower, se depararou com o texto de um articulista sobre essa temática. No texto, o articulista afirmava que o instituto, em sua essência, era caracterizado pela adoção de medidas que impedissem retaliações em relação àquele que, por ter conhecimento de ilicitudes, no ambiente público ou privado, colabore com as autoridades constituídas. A partir dessas noções básicas, Antônia questionou Inês, sua aluna, a respeito de aspectos específicos dessa temática. Inês respondeu, corretamente, que:

a) o instituto foi absorvido, na legislação brasileira, pela figura da colaboração premiada, de modo que o colaborador deve oferecer informações úteis ao deslinde de infrações penais, sendo alcançado pelas medidas de incentivo e de proteção que venham a ser pactuadas;

b) são elementos essenciais do instituto as normas de incentivo, como se verifica em relação às recompensas em dinheiro, e as normas de proteção, de modo a garantir a integridade da esfera jurídica do colaborador, sendo que a legislação brasileira adotou apenas as primeiras;

c) aquele que colabora com as autoridades constituídas é normalmente um insider, mas a lei brasileira que trata do oferecimento de informações úteis é aplicável a qualquer pessoa, tendo ainda incursionado nos comandos de proteção e previsto a possibilidade de todos os entes federativos oferecerem recompensas;

d) o instituto é caracterizado pelo fato de o colaborador, apesar do envolvimento direto na prática do ilícito, poder se beneficiar da consensualidade de pura reprimenda, aceitando a aplicação da sanção proposta pelo Estado, ou da consensualidade de colaboração, oferecendo informações para a obtenção de um benefício;

e) as normas de incentivo e de proteção podem ser vistas como elementos essenciais do instituto, que é precipuamente direcionado tanto ao insider como ao outsider, embora a legislação brasileira sobre a temática tenha tratado apenas do primeiro, que deve ter um liame com a estrutura pública ou privada na qual ocorreu o ilícito.

Gabarito: Alternativa C.

CAPÍTULO

VIII

Direito da Antidiscriminação

1. ORGANIZAÇÃO DO ESTUDO

Das inserções promovidas pela Resolução 423 na Resolução 75 do CNJ, talvez o ponto que versa sobre Direito da Antidiscriminação seja o mais inovador e diferenciado. Explica-se.

Enquanto os pontos de Direito Digital e Pragmatismo, Análise Econômica do Direito e Economia Comportamental guardam relação com uma visão inovadora e tecnológica do ordenamento jurídico, exigindo dos candidatos um conhecimento técnico adequado aos novos tempos, o Direito da Antidiscriminação chega aos editais de concurso como ponto específico de maneira atrasada.

Os assuntos aqui trabalhados foram, durante muito tempo, exigidos em disciplinas como Direito Constitucional, Direitos Humanos, Direito Penal e Direito Civil. Embora não haja equívoco nisso, pois o ordenamento é uno, a especificação da disciplina parece ter sido uma medida interessante.

Agora, a Resolução n. 75 do CNJ conta com os seguintes pontos de cobrança, no enfoque do direito antidiscriminatório:

DIREITO DA ANTIDISCRIMINAÇÃO
1 - Conceitos Fundamentais do Direito da Antidiscriminação.
2 - Modalidades de Discriminação.
3 - Legislação antidiscriminação nacional e internacional.
4 - Conceitos Fundamentais do Racismo, Sexismo, Intolerância Religiosa, LGBTQIA+fobia.
5 - Ações Afirmativas.
6 - Direitos dos Povos indígenas e das comunidades tradicionais.

Como dito, muitos desses pontos eram exigidos em questões de outras disciplinas, o que permite uma melhor compreensão e análise estatística sobre o que virá a ser cobrado em novas provas.

2. PONTOS DE DESTAQUE

Analisando as questões de concursos anteriores, pode-se dizer que os pontos de maior cobrança serão:

- Racismo estrutural
- Modalidades de discriminação
- Ações afirmativas
- Conceitos fundamentais

3. CONCEITOS FUNDAMENTAIS DO DIREITO DA ANTIDISCRIMINAÇÃO

3.1. Aspectos introdutórios

A abordagem do Direito da Antidiscriminação deve ser iniciada com a derrubada de uma falsa premissa utilizada pela maioria dos legisladores e doutrinadores que se aventuram a tratar deste tema: a noção do significado da palavra **discriminação.**

Por muito tempo, entendeu-se que a discriminação poderia ser constatada apenas quando manifestada na sua forma **direta**, ou seja, quando evidenciasse a **imposição de tratamento desvantajoso e desigual de uma pessoa a outra**, postura tomada a partir de uma **diferenciação que as normas jurídicas de um Estado consideram inválida ou incorreta.**

As noções de **intencionalidade** e **arbitrariedade** sempre estiveram, portanto, vinculadas como fatores obrigatórios na identificação de um ato discriminatório.

Há, atualmente, uma proposta muito mais completa (e complexa) sobre o conceito de discriminação, e que agora passa a permear as abordagens do Direito da Antidiscriminação.

A proposta antidiscriminatória tem missão mais ampla do que apenas a evitação da discriminação. No contexto de um Estado Democrático de Direito, adota-se a ideia de que as **instituições sejam verdadeiras agentes de transformação social, superando-se a noção simplista de mera "vedação da arbitrariedade" como medida para evitação do ato discriminatório.**

Reconhece-se, a partir dessa nova proposta, o **caráter estrutural** de determinados processos de exclusão a que certas camadas da sociedade estão expostas e, a partir dessa percepção, visualiza-se que novas posturas podem ser adotadas com a intenção de solucionar o problema.

Nas palavras de Adilson José Moreira (2021, pg. 40):

> a análise tradicional da igualdade sob um ponto de vista formal e um ponto de vista material também se mostra esgotada. Essas duas perspec-

> tivas ainda estão fortemente ligadas a uma concepção liberal da sociedade e a uma noção de que as diferenças entre grupos podem ser plenamente compreendidas a partir de uma análise de desvantagem material.

A proposta, então, é que a igualdade passe a ser vista na pluralidade de dimensões que ela mesma apresenta, e não apenas sob os focos da abordagem formal e material que, embora continuem importantes, agora fazem parte de um novo todo unitário.

Em outras palavras, se o que se busca em um Estado Democrático de Direito é a **integração social,** a igualdade deve ser buscada e incentivada em todas as suas dimensões, ou seja, **jurídica, política, moral e psicológica.**

3.2. Conceito

O Direito da Antidiscriminação contempla e designa o âmbito do conhecimento jurídico que busca regular e **concretizar o sistema protetivo dirigido à generalidade das pessoas com foco na inclusão de grupos vulneráveis**.

Assim, após a constatação de que certos grupos enfrentam um histórico social de discriminação, o Direito da Antidiscriminação apresentará normas a eles protetivas.

Para Moreira (2021, pg. 41):

> O Direito Antidiscriminatório compreende então um aparato teórico, um corpo de normas jurídicas, precedentes jurisprudenciais, medidas legislativas e políticas públicas necessárias para a consecução de um programa de transformação social presente nos textos constitucionais das democracias contemporâneas. Ele está estruturalmente relacionado com o objetivo de construção de uma sociedade justa na qual as pessoas possam ter acesso aos meios necessários para poderem viver de forma digna.

Desse modo, como advertido na introdução, o Direito da Antidiscriminação **vai além de uma noção de vedação da prática de atos discriminatórios praticados por arbitrariedade,** alcançando a idealização de um projeto de expansão democrática pela via de medidas inclusivas.

Busca-se, em outras palavras, **construir uma noção de sociedade em que todos são reconhecidos como protagonistas culturais e sociais na mesma medida**.

Como afirmou o Min. Ayres Britto no julgamento da ADI 4277, o avanço de uma sociedade democrática depende da *identificação e eliminação de mecanismos que promovem a inadequada hierarquia social.*

Por fim, ao esclarecer o objetivo sistêmico do Direito da Antidiscriminação, Moreira (2021, pg. 45) afirma que este ramo do Direito busca "combater práticas excludentes responsáveis por diferenciações arbitrárias que impactam de maneira negativa o status social das pessoas".

Dica: O Direito Antidiscriminatório, portanto, trabalha não apenas com fins voltados para a extinção da chamada discriminação negativa, consistente no tratamento desvantajoso praticado de maneira intencional e arbitrária por certos indivíduos, mas também para promover a discriminação positiva, voltada para a criação de ações que efetivem a integração social de grupos vulneráveis.

3.3 Parâmetros de definição

Quanto à **natureza** específica, o Direito da Antidiscriminação pode ser definido como uma área jurídica dotada de normas que visam à redução e anulação de disparidades e diferenças culturalmente significativas entre grupos sociais. Essas normas podem objetivar a eliminação da discriminação negativa e, ainda, promover a discriminação positiva.

É interessante notar que esse rol de mecanismos que buscam a efetivação das diversas formas de igualdade leva em consideração o aspecto da *igualdade entre grupos*, superando a mera análise de relação individual que, por muito tempo, permeou as discussões acadêmicas.

Quanto ao **status jurídico**, o Direito da Antidiscriminação pode ser visto como um **subsistema do Direito Constitucional**, encontrando pilares mestres no princípio magno da dignidade humana e no da igualdade.

No **status teórico**, esse ramo do direito compreende uma **área de iniciativa investigativa que abrange reflexões sociológicas, filosóficas, psicológicas, jurídicas e políticas incidentes sobre as causas das situações de vulnerabilidades e das formas de exclusão social duradouras, bem como sobre eventuais propostas a solucioná-las.**

Quanto à **função**, pode-se dizer que o Direito da Antidiscriminação tem enfoque primordial na **emancipação social e no aumento da autonomia de sujeitos que passam a se reconhecer como atores sociais**, razão pela qual deve servir como ponto de partida para o processo de jurisdição constitucional (função frente ao Judiciário), bem como funcionar como norteador de ações legislativas (função frente ao Legislativo) e de políticas públicas (função frente ao Executivo).

Quanto aos **objetivos**, parece claro que a **promoção efetiva da igualdade** toma posição de protagonismo, sendo importante ressaltar, uma vez mais, que tal igualdade não pode ser verificada apenas no âmbito individual, mas também de grupos.

São objetivos também a propositura de medidas inclusivas direcionadas ao aprimoramento do bem-estar de grupos que estejam em situação de desvantagem socialmente já consolidada, ou seja, uma desvantagem "não passageira" ou momentânea.

> **Atenção:** A ideia da criação de medidas inclusivas parte da noção de que algumas desvantagens socialmente consideradas se originam dos chamados "estigmas", fenômenos sociais que transformam grupos em castas, impedindo o reconhecimento de certas pessoas como merecedoras do mesmo respeito que as demais. Livrar a sociedade dos estigmas, portanto, é mais um dos objetivos deste ramo do Direito.

Também pode ser reconhecido como um objetivo do Direito da Antidiscriminação o fomento à ação autônoma dos indivíduos, permitindo que eles, inseridos em seus grupos de afeto, possam identificar suas concepções pessoais de felicidade, descolando-se de noções previamente concebidas (ou forçadamente impostas) neste aspecto.

Quanto à **estrutura**, o Direito da Antidiscriminação **engloba normas constitucionais, de tratados internacionais e normas legislativas específicas**, bem como **decisões judiciais** que, no sistema brasileiro, cada vez mais ganham contornos vinculativos para condutas posteriores. A estrutura, todavia, não fica apenas na seara jurídica, abrangendo a atuação concreta de instituições responsáveis pela proteção dos direitos previstos nesse sistema.

Quanto às **fontes,** este ramo do Direito **apresenta normas direcionadas à proteção universal dos sujeitos,** mas principalmente normas criadas **com foco na proteção de grupos minoritários.** Dada a atual formatação do sistema de precedentes no Brasil, pode-se falar que o Poder Judiciário, no exercício de sua função contramajoritária, também pode editar fontes de Direito da Antidiscriminação.

3.4. História do Direito da Antidiscriminação

Não há uma data certa que identifique o nascimento desse ramo do Direito. Todavia, é comum a indicação de que **três momentos históricos** foram determinantes para a consolidação deste ramo jurídico.

Primeiro, fala-se do **constitucionalismo social** característico do início do Século XX. Introduzindo um sistema constitucional de normas programáticas e com centralidade no princípio da igualdade material, pode-se dizer que este momento histórico seja a gênese do ramo do Direito ora debatido.

Na **segunda metade do Século XX**, a incorporação da dignidade humana como ponto central de ordenamentos jurídicos democráticos foi mais um passo na consolidação do Direito da Antidiscriminação como elemento de análise diferenciada no mundo jurídico.

Por fim, **as mobilizações sociais e políticas que marcaram a segunda metade do Século XX e o início do Século XXI,** reivindicando direitos a grupos minoritários, também pode ser considerado como um marco fundamental para o nascimento desse ramo jurídico, este de cunho mais material e menos formal.

A trajetória histórica da luta do Direito da Antidiscriminação não é retilínea e uniforme, mas variável e ampliativa. Se, no início de sua proposta, as discussões se restringiam a aspectos de raça e sexo, com o passar do tempo elas ganharam ampliações para os debates da limitação física, identidade de gênero e outros.

Hoje, fala-se que esses grupos comungam da noção de que o Direito da Antidiscriminação deve ter como balizas a **insuficiência teórica do princípio da igualdade formal, reconhecendo-se que existe claro impacto desproporcional de normas aparentemente neutras frente aos múltiplos e plurais grupos sociais. Esse é o ponto central da discussão.**

Se o momento histórico não é facilmente identificável, a **razão** do nascimento parece ser clara: lutar por **emancipação** de grupos e indivíduos.

> **Aprofundamento:** Mais do que emancipação, fala-se hoje em uma noção de "empoderamento comunitário" para demonstrar que a inclusão social de grupos minoritários não pode ser realizada pela via da eliminação das características que marcam esses grupos, em fenômeno conhecido como "política assimilacionista". O empoderamento comunitário visa demonstrar que é possível criar uma sociedade em que a diversidade seja vista como algo positivo, e não como uma ameaça.

4. MODALIDADES DE DISCRIMINAÇÃO

A chamada **primeira geração** das teorias da discriminação apresenta uma diferenciação importante entre discriminação **direta e indireta,** assunto que é costumeiramente objeto de questões de prova.

Em avanço teórico, fala-se também em discriminação interseccional, multidimensional, inconsciente, organizacional, estrutural e intergeracional.

Pela importância, cada qual receberá tratamento individualizado.

4.1. Discriminação direta

A **discriminação direta** compreende a noção do termo para a maioria das sociedades liberais, envolvendo as **noções de intencionalidade e arbitrarieda-**

de. Nota-se, nesse ponto, que a vedação de tratamento desvantajoso aparece como elemento nuclear da noção teórica de discriminação direta.

A **intencionalidade** revela-se quando uma pessoa discrimina a outra de maneira voluntária e consciente, tendo sua ação motivada por razões ou interesses não justificáveis, eis que baseados em preconceitos ou estereótipos.

Normalmente, a discriminação direta está interligada à chamada discriminação negativa, visto que seu ato é produtor de danos à pessoa ou ao grupo discriminado.

Ao resumir o conceito, MOREIRA (2021, pg. 389), citando THOMSEN (2018, pg. [illegible]7) indica que a discriminação direta tem quatro elementos: arbitrariedade, intencionalidade, tratamento desvantajoso e utilização de um critério proibido por lei.

Normalmente, a discriminação direta envolve um critério comparativo, ao passo que o discriminador se utiliza da comparação de um grupo majoritário frente a uma característica ou status socialmente desvalorizado de outro.

Desse modo, é comum a utilização desse critério comparativo para evidenciar a ocorrência de discriminação racial (por exemplo), demonstrando o agente discriminado que tal conduta contra ele praticada seria tomada de forma diversa perante membros de um grupo racial dominante cognato.

Em outras palavras, a discriminação direta se revela quando um agente trata outro de maneira desfavorável ou com distinção, muito embora os critérios morais e jurídicos não justifiquem qualquer ação nesse sentido (violação do dever de tratamento simétrico).

Em interessantíssima abordagem, McCOLGAN (2005, pg. 47) indica que a discriminação direta também pode ocorrer no aspecto legislativo, a exemplo da edição de uma norma que, sem racionalidade, adota determinado critério para tratamento diferenciado entre grupos e pessoas, violando deveres de simetria.

Em análise crítica, fala-se que a discriminação direta pressupõe a prática do ato discriminatório por um único vetor somado à via de um tratamento intencionalmente discriminatório. Essa perspectiva, todavia, utiliza a premissa de que os agentes sempre atuam com racionalidade (elemento da intencionalidade), o que não justifica algumas manifestações discriminatórias regadas de percepções inconscientes negativas sobre pessoas do grupo discriminado.

Roger Raupp Rios (2008, pg. 91) cita as três espécies de discriminação direta no direito norte-americano:

a) Discriminação Explícita (*facial discrimination*): manifestada intencionalmente, direta e objetivamente contra uma pessoa ou grupo de pessoas.

b) Discriminação na Aplicação do Direito (*discriminatory application*): verificada quando, em tese, a medida não é discriminatória, mas sua **aplicação** o é. O exemplo utilizado por ele é o das revistas policiais, conhecidas como "baculejos". Os atos, por si só, não são discriminatórios, especialmente porque fazem parte da atividade policial; todavia, quando esses atos de investigação recaem sobre pessoas ou grupos étnicos específicos, revelam a aplicação discriminatória.

c) Discriminação na Concepção (*discrimination by design*): verifica-se quando da própria formulação das leis, das políticas públicas ou de ações no âmbito privado, as quais evidenciam um padrão discriminatório. O exemplo citado é o da exigência de atributos físicos pré-determinados, como a necessidade de "boa aparência" para ocupar determinados postos de trabalho.

Segundo o autor, o ordenamento jurídico brasileiro sanciona claramente a discriminação na sua forma direta e intencional.

4.2. Discriminação indireta

A discriminação indireta, por sua vez, parte de um estudo social mais complexo e afasta-se das noções vinculadas unicamente a critérios de intencionalidade e arbitrariedade, conceito tradicional acima estudado.

Observada inicialmente a partir da experiência americana no caso *Griggs v. Duke Power Co.*, de 1971, a discriminação indireta analisa efeitos desproporcionais de certas medidas sociais a determinados grupos. No caso em tela, constatou-se que a exigência de comprovação de término do segundo grau e nota mínima em teste de aptidão para ingresso no trabalho em uma fábrica tinha, como consequência indireta, a redução desproporcional das chances de pessoas negras, já que o contexto histórico da época era de recente término do período de segregação.

Em determinadas hipóteses, a exclusão de determinadas pessoas ou grupos pode ser visualizada ainda que não exista intenção discriminatória. Algumas decisões políticas (sejam revestidas de normas jurídicas ou decisões institucionais) podem apresentar efeito negativo desproporcional frente a um grupo ou classe de pessoas, dando origem ao que se denomina **discriminação indireta**.

Trata-se da Teoria do Impacto Desproporcional, a qual está vinculada aos conceitos de discriminação de fato e discriminação por ações neutras (NASCIMENTO, 2024, p. 841). Essa teoria foi citada na ADI nº 4424, no voto do Ministro Joaquim Barbosa.

Em outras palavras, a discriminação indireta não trabalha com noções de intencionalidade e arbitrariedade na realização de uma conduta executiva, legislativa ou judicial, mas sim com os **efeitos discriminatórios** que uma ação pode apresentar.

De maneira ainda mais simplificada, a discriminação indireta ocorre quando se deixa de perceber que uma conduta aparentemente neutra afetará diferentemente determinados grupos, ampliando ou majorando suas vulnerabilidades. Revela-se de modo mais sorrateiro, disfarçado.

Nessa espécie de discriminação, portanto, inexiste o elemento central da discriminação direta: a intenção explicita de discriminação.

Para evitar generalizações, a discriminação indireta exige a presença de um impacto desproporcional sobre determinado grupo. Os efeitos da decisão precisam ser vistos como incompatíveis com o interesse geral de eliminação de estigmas, preconceitos e hierarquias sociais.

Assim como ocorre na análise da discriminação direta, a constatação de discriminação indireta também demanda uma **atividade comparativa.** Entretanto, a análise aqui efetivada é de **efeitos em relação ao grupo.**

▸ **Como esse assunto foi cobrado em concurso?**

(2017 - DPE/AC - CEBRASPE - Defensor Público) Assinale a opção correta, relativa à diversidade de gênero.

a) Cisgênero e transgênero são termos sinônimos e se referem a pessoas que não se identificam com comportamentos sociais do gênero que lhes foi atribuído, pelo saber médico, ao nascer.

b) Conforme a Corte Interamericana de Direitos Humanos, a ausência de consenso internacional quanto aos direitos da população LGBT obsta a efetiva proteção desses indivíduos contra atos de discriminação.

c) Caracteriza-se como discriminação indireta, entre outros, ato aparentemente neutro que acarrete desvantagens, especificamente, para mulheres.

d) Há, vigente no Brasil, tipo penal específico relativo à criminalização da homofobia e da transfobia.

e) A Convenção sobre a Eliminação de todas as Formas de Discriminação contra a Mulher é, também, o principal instrumento do direito internacional voltado à proteção da população LGBT.

Gabarito: Alternativa C.

(2017 – MPT – MPT – Procurador do Trabalho) Analise as seguintes assertivas:

I – À luz da teoria do impacto desproporcional, há ofensa ao princípio da igualdade, ainda que não haja intenção de discriminar, se houver real impacto, de modo desproporcional, de medidas teoricamente neutras, colocando determinados grupos em situação desvantajosa em relação a outros segmentos.

II – As ações afirmativas objetivam corrigir distorções resultantes de uma aplicação puramente formal do princípio da igualdade, de modo a permitir a grupos sociais determinados a superação de desigualdades decorrentes de situações históricas particulares.

III – Segundo jurisprudência dominante do Supremo Tribunal Federal, a Convenção para a Eliminação de Todas as Formas de Discriminação Racial, da Organização das Nações Unidas, ao prever a transitoriedade das ações afirmativas, ofende o princípio constitucional da igualdade material, aplicando-se, ao caso, interpretação conforme a Constituição.

IV – As noções de discriminação indireta e do impacto desproporcional foram objeto de análise pelo Supremo Tribunal Federal, que, ao interpretar norma que estabelece limite máximo para o valor dos benefícios previdenciários, excluiu de sua aplicação o salário da licença à gestante, respondendo a Previdência Social pela integralidade do pagamento.

Assinale a alternativa CORRETA:

a) Todas as assertivas estão corretas.

b) Apenas as assertivas I, II e IV estão corretas.

c) Apenas as assertivas I e II estão corretas.

d) Apenas as assertivas III e IV estão corretas.

e) Não respondida.

Gabarito: Alternativa B.

(2022 – FGV – TJ/PE – Juiz de Direito Substituto) O Brasil é signatário de diferentes convenções de direitos humanos que vedam várias formas de discriminação direta. Você, contudo, se depara com uma situação que caracteriza discriminação indireta ou disparate impact. Tal situação se caracteriza quando:

a) ocorre alguma distinção, exclusão, restrição ou preferência que tenha o propósito ou o efeito de anular ou prejudicar o reconhecimento, gozo ou exercício em pé de igualdade de direitos humanos e liberdades fundamentais em qualquer campo da vida humana;

b) um ato deliberado e intencional do administrador público limita o acesso de um grupo vulnerável específico a determinados direitos fundamentais, sejam eles de natureza civil, política, econômica, social ou cultural;

c) certas políticas, práticas e normas, com natureza universal e neutras em relação aos seus destinatários, produzem consequências menos gravosas para um grupo e mais gravosas para outro grupo, sem que haja uma justificação razoável para isso;

d) existe a violação ou restrição de direitos humanos ou liberdades públicas das gerações futuras, como consequência de medidas adotadas pelas autoridades da geração presente, caracterizando, assim, uma situação de preferência geracional;

e) determinadas ações ou omissões praticadas por indivíduos ou grupos privados produzem como resultado indireto a restrição ou privação de direitos próprios da esfera pública, contribuindo para um cenário de maior precarização das camadas hipossuficientes da sociedade.

Gabarito: Alternativa C.

(2023 – VUNESP TJ/RJ – Juiz Substituto) A respeito do Direito Antidiscriminatório, assinale a alternativa correta.

a) A teoria da discriminação interseccional tem origem nas críticas recebidas por líderes de movimentos minoritários que deduzem que tais grupos são homogêneos e que seus integrantes sofrem com a opressão da mesma forma.

b) Pode-se afirmar que o Direito Antidiscriminatório é um subsistema do Direito Administrativo, encontrando fundamento no princípio da legalidade.

c) A discriminação não pressupõe uma relação de hierarquia entre indivíduos e pode ocorrer entre sujeitos pertencentes a um mesmo grupo.

d) São três os fundamentos jurídicos do Direito Antidiscriminatório: a objetividade jurídica, a racionalidade constitucional e a universalidade de direitos.

e) A discriminação indireta se dá quando uma norma tem um impacto desproporcionalmente negativo sobre um dado grupo vulnerável, podendo tal norma ser neutra, no sentido da instituição responsável não ter a intenção de prejudicar o grupo atingido.

Gabarito: Alternativa E.

4.3. Discriminação interseccional

A noção de que as pessoas estão inseridas em múltiplos lugares sociais permite o questionamento a respeito da insuficiência de utilização do critério comparativo binário para análise e solução de desigualdades.

A proposta da chamada discriminação interseccional surge da abordagem realizada por mulheres negras que, inseridas em pelo menos dois vetores discriminatórios, verificavam não ter representatividade em movimentos unitários de combate à desigualdade.

Em outras palavras, essas mulheres constataram que o movimento contra o racismo era, normalmente, capitaneado por homens, ao passo que o movimento feminista era normalmente liderado por mulheres brancas. A observação de que existem *minorias dentro de minorias* deu origem à conclusão da existência de discriminações interseccionais.

Os sistemas de discriminação e dominação, de acordo com essa proposta, não operam na sociedade de forma individual e isolada, mas conjunta e convergente. Essa convergência de mecanismos afeta determinados grupos de maneira absolutamente grave, retirando-lhes, inclusive, a visibilidade.

A proposta, então, busca reduzir ou exterminar o aspecto comparativo característico das formas de discriminação de primeira geração (direta e indireta), pois conclui que essas propostas não levam em consideração o caráter interseccional de alguns mecanismos discriminatórios.

A denominação, portanto, não poderia ser mais exata. Interseção significa "encontro de duas linhas ou de dois planos que se cortam; cruzamento." e, em encaixe ao tema ora debatido, serve para denominar as situações em que diversos mecanismos de discriminação comungam (agindo simultaneamente) em um caso concreto.

Em ótimo resumo, MOREIRA (2021, pg. 422) explica

> a noção de discriminação interseccional designa as formas como vetores específicos de discriminação confluem para formar uma vivência social particular construída a partir das formas como racismo e sexismo restringem simultaneamente as oportunidades de um grupo social. Deve-se ter em mente que essas formas interseccionais de opressão não são produzidas intencionalmente como se postula na concepção tradicional de discriminação. Muitas vezes são consequência de um tipo de opressão que interage com outras já existentes, produzindo assim a continuidade da exclusão.

Pela análise simultânea desses vetores, a abordagem dos teóricos da discriminação interseccional afirma que o ideal de igualdade pela via do tratamento simétrico não consegue promover a inclusão de *minorias dentro de minorias*, que demandaria a consideração conjunta das discriminações sofridas para ser corretamente observado.

4.4. Discriminação multidimensional

A teoria da multidimensionalidade de opressões não se opõe à abordagem da discriminação interseccional, mas tem origem na busca da ampliação da margem de análise para questões classistas (classe social) e de homofobia.

Aplica-se, então, uma abordagem que aponta a existência de diferentes fatores de discriminação, indicando que se deve ter cuidado inclusive para a inexistência de homogeneidade interna de grupos tradicionalmente discriminados.

Fala-se, então, que racismo, sexismo, classismo e homofobia não são vetores discriminatórios que atuam de maneira isolada no processo de subordinação de minorias, mas elementos que se somam no contexto de exclusão de indivíduos e grupos.

A partir da constatação da complexidade desses elementos, é possível visualizar que algumas propostas de movimentos sociais devem ser baseadas em tal complexidade, e não em generalizações a respeito das pessoas que compõem o grupo.

Como exemplo, pode-se dizer que um grupo que combate a homofobia não deve, a partir da generalização da experiência de homossexuais brancos, concluir que o esforço do movimento deve apenas se direcionar para garantir o direito de publicidade da orientação sexual, visto que, para homossexuais negros e pobres, a discriminação racial e a privação econômica são os elementos discriminatórios mais intensos de suas vidas.

De certa forma, essa teoria da multidimensionalidade também auxilia como elemento fiscalizador para que membros de certos grupos e movimentos sociais não monopolizem as bandeiras e reivindicações do todo unicamente a partir de suas experiências.

4.5. Discriminação inconsciente

Inaugurando o que a doutrina concebeu como teorias da discriminação de segunda geração, fala-se que a discriminação inconsciente propõe debate a partir da problematização da intencionalidade como elemento central do ato discriminatório.

Busca-se evidenciar, por meio dessa proposta, que existem mecanismos consolidados de discriminação mesmo naquelas sociedades que proíbem explicitamente a discriminação em seus ordenamentos jurídicos.

Desse modo, ainda que o sujeito não tenha a intenção consciente de discriminar o outro, o ato discriminatório pode ocorrer, visto que o agente detém, ao longo de sua vida, uma série de esquemas mentais formadores de estereótipos que, via de consequência, darão vazão à prática de atos discriminatórios inconscientes.

Influenciando diretamente no comportamento das pessoas, alguns conteúdos sociais acabam se tornando generalizações culturais sobre minorias, dando origem a atos discriminatórios que não carregam intencionalidade em seus núcleos, mas que apresentam igual resultado maléfico.

Na discriminação inconsciente, o agente discriminador, embora não ciente das motivações de sua conduta, atua de maneira discriminatória frente a pessoas ou grupos de pessoas.

Para a teoria psicanalítica, tal forma de discriminação é explicada pela incidência do plano inconsciente, visto que, embora a sociedade diga (por meio de normas, inclusive) que o racismo não é aceitável, o sujeito continua carregando seus preconceitos de maneira não voluntária.

Já para a psicologia cognitiva, o fenômeno da categorização de manifestações culturais pode ser o responsável pela prática de tais atos. Ao generalizar informações para categorizar comportamentos e pessoas, o sujeito forma esquemas discriminatórios que se produzem efeitos modificando suas manifestações finais, ainda que isso não seja desejado conscientemente. Em outras palavras, o comportamento passa a ser automático frente a pessoas categorizadas pelos esquemas mentais do sujeito.

▸ Como esse assunto foi cobrado em concurso?

(**2022 – DPE/RS – CESPE/CEBRASPE – Defensor Público**) Plínio, homem negro, de 24 anos de idade, caminhava em direção à parada de ônibus quando escutou a sirene de uma viatura policial e a ordem para que levantasse suas mãos. Após a busca pessoal, o abordado perguntou aos policiais militares o motivo da abordagem e eles responderam que Plínio se encontrava em situação de fundada suspeita.

Considerando essa situação hipotética, julgue o seguinte item.

A seletividade racial nas ações policiais depende da presença do racismo individual.

Alternativas

a) Certo

b) Errado

Gabarito: Errado.

4.6. Discriminação organizacional

Essa proposta busca estudar as razões pelas quais determinados grupos, mesmo alheios à intenção de discriminar, apresentam formação homogênea, principalmente no ambiente de trabalho.

Fala-se que, ainda que de maneira sutil e inconsciente, os responsáveis por determinar contratações e promoções no ambiente organizacional são culturalmente determinadas a reconhecerem qualidades em pessoas semelhantes a elas, fator que justifica, também, a razão pela qual as indicações para trabalho também são dotadas dessa característica.

Assim, fala-se que as desvantagens sociais não decorrem apenas da prática de atos deliberadamente discriminatórios, mas da manifestação inconsciente de pessoas que optam pela indicação, contratação e promoção de sujeitos a eles semelhantes, formando um círculo de preferências determinado por aspectos raciais, de gênero, etc.

As chances de acesso a postos de trabalho por grupos minoritários, então, são reduzidas também por este fator, fenômeno observado inclusive em grupos de pessoas engajadas com ideais igualitários.

A consolidação dessa prática leva a uma categorização de grupos em que determinados conteúdos culturais são reproduzidos, intensificando formas de exclusão não dotadas de intencionalidade.

Em resumo, a discriminação organizacional decorre da construção de uma cultura que dita perfis profissionais para certos cargos e funções. As características positivas para a ocupação desses cargos são, normalmente, apresentadas na sua maioria por pessoas de grupos dominantes.

É nesse debate que se abre espaço para a análise da chamada **discriminação estética**, ação que identifica como ideias alguns padrões ocidentais de traços humanos, e que acabam determinando um forçado ajuste estético por pessoas de grupos minoritários que, tentando evitar a discriminação, abrem mão de sua cultura ou escondem características pessoais não identificadas com as do grupo dominante (alisamento de cabelo, maquiagem para branqueamento artificial da pele, utilização de determinada vestimenta para parecer mais magro, mais másculo ou mais feminino etc.). Trata-se da espécie "Discriminação na Concepção (*discrimination by design*)", citada supra.

A discriminação estética, por muitas vezes, é praticada sob o "véu argumentativo" da eficiência comercial, sendo praticada de maneira velada por empresas que, acreditando terem melhores chances de venda ao exporem um vendedor(a) bonito(a), discriminam pessoas com maior ou igual grau de competência nos critérios de contratação.

Abre-se, então, flanco para o que se denomina de "racionalidade instrumental" que, sob a justificativa do aumento da eficiência comercial, dá início a um legítimo sistema segregador.

4.7. Discriminação institucional

A discriminação institucional tem dimensão coletiva e está presente na rotina de instituições sociais públicas e privadas. Ela se conceitua, então, como a discriminação praticada no seio das instituições que, controladas por grupos dominantes, generalizam tratamentos desfavoráveis contra determinados grupos a partir da consolidação de estereótipos negativos existentes na cultura de determinado local.

Muito embora não seja um objetivo das instituições, elas acabam promovendo uma subordinação das minorias, que não recebem o mesmo tratamento dado a outros grupos.

Também vinculada ao elemento inconsciente, a discriminação institucional não apresenta intencionalidade discriminatória, mas é ínsita à atuação de determinadas instituições que, pela via da estatística, demonstram o quanto suas ações são direcionadas em desfavor de grupos minoritários.

Ela é, de certa forma, uma discriminação sistêmica que está enraizada na ação das instituições, e se manifesta inclusive por seus membros que, embora pertencentes a grupos minoritários, atuam de maneira discriminatória frente a outros grupos minoritários ou ao seu próprio grupo (como o agente policial negro que, na abordagem de negros, comporta-se com maior agressividade do que na comparação com a abordagem a brancos).

Cabe repetir que a discriminação institucional não é dotada de intencionalidade, mas de uma estrutura sistêmica que evidencia o comportamento como um instrumento de dominação social, cegando inclusive seus agentes a respeito dessa maneira de agir.

E veja-se que nem mesmo o exercício coletivo do poder por meio da democracia funciona para colocar fim a essa forma de discriminação, visto que as instituições continuam funcionando, de maneira autônoma, conforme os interesses dos grupos dominantes.

Fala-se que a discriminação institucional pode assumir quatro formas: (i) impedimento de acesso à instituição; (ii) discriminação no ambiente interno das instituições; (iii) negação dos serviços e; (iv) oferecimento diferenciado na qualidade dos serviços.

Gomes ensina, no contexto da discriminação institucional, que o conceito de racismo institucional surgiu em 1967, a partir do movimento "Panteras Negras", a fim de especificar como se manifesta o racismo nas estruturas de organização da sociedade e das instituições. Segundo o autor, ele ocorre por meio de manutenção de mecanismos cegos de discriminação, aparentemente sem atores, sendo, não raro, tolerado pelos poderes públicos e segmentos sociais (GOMES, 2021, p. 34-35).

4.8. Discriminação estrutural

A discriminação estrutural é identificada como a consequência da influência de elementos discriminatórios nas mais diversas dimensões da vida, que acabam forçando a exclusão de pessoas e grupos minoritários.

Reforça-se, aqui, a ideia de que a discriminação apresenta caráter sistêmico e estrutural que, no decorrer do tempo, soma tipos e manifestações de dominação social contra grupos minoritários.

Como resultado, tem-se a chamada estratificação social, que insere determinadas minorias em situação de subordinação, ao passo que têm sua vida regulada e limitada pela atuação conjunta desses fatores discriminatórios.

A discriminação estrutural, como se vê, opera na via da articulação e soma de inúmeras práticas excludentes que se prolongam no tempo. Por exemplo, o sexismo impede a inserção justa de mulheres no mercado de trabalho, causando por isso também uma menor representação política desse grupo, o que, via de consequência, enfraquece o sistema de proteção política dessa minoria.

Cabe advertir que a discriminação apenas será vista como estrutural na medida em que a acumulação de desvantagens for causadora de estratificação, inserindo determinadas minorias naquilo que se denomina como subordinação durável. Casos pontuais podem ser vistos como discriminação direta ou indireta, mas não como estrutural.

Como bem colocam TURRA e VENTURA (1995, pg. 50), o Brasil apresenta hoje um fenômeno "racial cordial", no qual a maioria das pessoas afirma viver em um país racista e, ao mesmo tempo, não se considera racista e sequer consegue identificar as causas ou formas pelas quais este se manifesta. O fenômeno, portanto, é de claro racismo estrutural, pois a cultura social condena o racismo, mas mantém (independentemente da vontade individual) um sistema invisível de exclusão desse grupo.

Os resultados do racismo estrutural têm incalculável dimensão, pois extrapolam a ofensa privada e, no Brasil, chegam a causar situações de pobreza crônica, eis que suas vítimas são impedidas de acessarem serviços públicos ou privados, postos de trabalho, meios de educação e serviços básicos de saúde e saneamento. Como consequência de segundo grau, acabam sendo forçados a viverem em áreas periféricas da cidade, onde a chegada dos serviços é ainda mais difícil.

4.9. Discriminação intergeracional

A discriminação intergeracional é, na verdade, uma consequência temporal longínqua das espécies de discriminação acima analisadas. Nela, os efeitos da exclusão social se revelam prejudiciais ao longo do tempo, afetando as gerações futuras de pessoas discriminadas.

Essa forma de discriminação apresenta aspectos práticos visíveis na realidade brasileira, a se verificar pela quantidade quase inexistente de negros, por exemplo, que conseguem sobreviver da renda oriunda do patrimônio recebido por herança.

De fato, a discriminação intergeracional é mais uma constatação do que uma forma de discriminação, pois evidencia a estratificação social e o caráter estrutural e sistêmico das formas discriminatórias acima analisadas.

Neste ponto, estudiosos introduzem a expressão "justiça histórica" para fundamentar a importância das ações afirmativas em um Estado Democrático de Direito. Para tal proposta, a intergeracionalidade da discriminação revela processos de marginalização e exclusão que perduraram ao longo da história, determinando de maneira direta a formatação econômica de certos grupos sociais da atualidade.

Há, em outras palavras, a criação de desvantagens materiais duráveis que, com o avançar das gerações, passam a se revelar cada vez mais intensas. De um lado, esse privilégio econômico beneficia um grupo dominante e prejudica o grupo dominado.

Na ótima definição de MOREIRA (2021, pg. 479) "a discriminação racial faz com que grupos minoritários permaneçam insulados de processos que permitem o acúmulo de riqueza".

Na prática, enquanto alguns conseguem alcançar um patamar adequado de vida por meio do trabalho e da herança patrimonial, outros apenas podem contar com a própria força de trabalho, o que gera ainda mais desigualdade, dado que os primeiros se beneficiaram de medidas discriminatórias no passado.

Não por acaso, quando da elaboração de voto no ADPF 186, o Ministro Ricardo Lewandowski salientou que "as disparidades entre negros e brancos possuem um caráter estrutural e que acompanha os primeiros de geração após geração".

4.9.1. *Discriminação e necropolítica*

Necropolítica é um termo criado por **Achille Mbembe**, um pensador crítico camaronês, para identificar e descrever a relação existente entre **poder e morte**. O autor argumenta que o poder político é exercido por meio da capacidade de dar e tirar vida, relação que é particularmente evidente em contextos coloniais e de opressão racial.

Para o autor, essa forma de poder normalmente manifesta-se pela via da apresentação de um discurso que aponta **determinados grupos como inimigos** (por vezes fictícios). A solução proposta pelo discurso é que, com suas mortes, não haverá mais violência. Assim, matar os membros desses grupos seria, nessa falsa lógica, um aceitável mecanismo de proteção.

O próprio autor indica exemplos de consolidação desses falsos discursos na seara internacional, como a Palestina, alguns locais da África e Kosovo, que são normalmente atrelados a imagens de conflitos armados supostamente apenas resolúveis pela via da morte.

No âmbito interno dos países, o filósofo argumenta que a necropolítica se manifesta por meio de práticas como a violência policial, a negação de serviços básicos, e a imposição de precárias condições de vida que levam à morte prematura de certos grupos populacionais. Ele também argumenta que a necropolítica tem um papel importante na construção e manutenção de uma ordem social desigual.

Alguns termos utilizados pelo autor são importantes para provas de concurso, a exemplo de **"zonas de morte"**, que seriam locais normalmente selecionados por um critério racista e em que a ação de matar (de ou deixar morrer) pelo Estado estaria resguardada pelo discurso da criação de segurança. Ainda, o autor fala em **"corpo matável"** para nominar aquele que, já apontado pelo critério racial como alvo, está em constante risco.

Por fim, Mbembe fala em **"mundos de morte"**, que seriam formas de existência social nas quais algumas grandes populações são submetidas a condições de vida em eminente risco, carregando um simbólico estado de limbo entre viver e morrer, a ponto de serem nominados como "mortos-vivos".

Com base na obra de Mbembe, alguns autores trazem críticas às **escolhas políticas** realizadas diariamente pelos governantes, aqueles que detêm o poder. Isso porque essas escolhas definem **quem vive e quem morre**, em questões envolvendo, especialmente, **segurança pública e saúde**. Quando um Governo opta por limitar o acesso à saúde em determinada região, não instalando unidades de saúde, sua escolha pode representar a morte de pessoas daquele bairro, o mesmo pode-se falar quanto à limitação de orçamentos para determinadas políticas públicas de acesso à saúde. Há críticos que afirmam que a mesma situação ocorre com as **operações policiais** que, em regra, ocorreriam somente em locais onde residem pessoas mais pobres e vulneráveis, sujeitando os moradores da região, ainda que não envolvidos com a criminalidade, a risco de morte.

4.10. Teoria Crítica de Raça

4.10.1. O que é Teoria Crítica de Raça?

Teoria Crítica de Raça (TCR) é um coletivo de ativistas, acadêmicos e estudiosos sobre o tema que se empenharam em analisar a fundo e tentar transformar as relações existentes entre **raça, racismo e poder.**

Surgiu nos **anos 70** nos Estados Unidos da América, em um momento em que se observou que os avanços referentes aos Direitos Civis obtidos nos anos 60 estavam perdendo forças e que **formas não tão explícitas de racismo** (vide itens acima já estudados), estavam ganhando espaço.

Na elaboração de obras sobre o tema, são pioneiros os autores Derrick Bell, Alan Freeman e Richard Delgado. Após eles, vários outros estudiosos uniram-se e o primeiro encontro ocorreu próximo a Madison, Wisconsin, em 1989, com vários outros ocorrendo posteriormente.

A Teoria Crítica de Raça tem como uma de suas principais premissas que **a experiência dos membros de minorias deve ser parâmetro para toda e qualquer análise jurídica**. Critica, portanto, a neutralidade da interpretação das normas, pois como regra, a norma posta, o texto da lei, consegue refletir as agruras e atender às necessidades específicas das pessoas pertencentes a esses grupos.

Afirma que a **neutralidade na interpretação da ordem jurídica é incapaz de promover a inclusão social e realizar verdadeira mudança no panorama já posto** (afirmando, inclusive, que por vezes essa é justamente a intenção, a manutenção do *status quo*).

Conforme Nascimento, o Direito, ciente de suas vulnerabilidades à institucionalização dos preconceitos, tem de assumir o caminho oposto, servido como meio de combate ao racismo (NASCIMENTO, 2024, p. 855).

A TCR possui características **ativistas**, ou seja, não busca apenas compreender as desigualdades, mas deseja modificar o mundo ao seu redor, a fim de que essas não mais existam. Segundo Thula Pires, os cinco elementos que a constituem são: a) papel central dos conceitos de raça e racismo e suas ligações com outras formas de subordinação; b) desafiar a ideologia dominante; c) compromisso com a justiça social; d) construção do conhecimento a partir da experiência; e) perspectiva interdisciplinar (PIRES, 2012, p. 87).

Para Gomes, o conceito de racismo institucional e a sua correlação com o sistema de Justiça possuem na Teoria Crítica da Raça o referencial teórico para o estudo e o consequente combate dos mecanismos de subordinação, os quais fazem da abolição da escravidão negra no Brasil um processo ainda inacabado (GOMES, 2021, p. 32).

O tema ganha cada vez mais relevância no mundo jurídico e, por via reflexa, começa a ser exigido em concursos públicos, especialmente para as carreiras da Defensoria Pública, de forma que precisamos ter conhecimento de seus principais conceitos, a fim de garantir eventual questão que apareça em prova.

4.10.2. Escolas de Pensamento: Idealista e Realista

Dentro da Teoria Crítica Racial há duas principais escolas de pensamento, os **idealistas** e os **realistas ou deterministas econômicos**.

Para os **idealistas**, o racismo e o preconceito são uma questão de **pensamento, atitudinal e discursiva**. A raça e a forma como ela é vista e pensada não passa de uma **construção social**.

Já para a escola dos **realistas ou deterministas econômicos**, o racismo contra os negros, tem sua origem na **escravidão**, em razão da necessidade de mão de obra barata pelo capitalismo. Afirmam que o racismo é a forma utilizada para a sociedade para garantir benefícios concretos para determinadas pessoas, tratam-se de benesses **concretas**, não apenas existentes no mundo das ideias ou em conceitos pressupostos.

> **Essa diferença possui relevância prática.** Isso porque, os idealistas entendem que o combate ao racismo deve ocorrer através de mudanças no cenário universitário quando ao ensino, a análise cuidadosa de discursos e punição às falas racistas, o combate à fixação de estereótipos na mídia, disseminação de informações por meio de seminários e congressos e aumento da representatividade. Por sua vez, para os realistas, o combate ao racismo somente ocorrerá mediante alterações definitivas nas condições materiais das minorias, não bastando alterações de discursos e conceitos.

Por fim, apenas para que não se deixe de fazer referência, há uma **terceira escola**, que pode ser denominada de **mista**, que afirma que ambas são essenciais para solução dos preconceitos.

4.10.3. Storytelling *jurídico e apreciação da narrativa*

Segundo a Teoria Crítica de Raça, o ***storytelling*** (em tradução livre, **contar história**) é uma das formas de combate ao preconceito, consistente nas **mino-**

rias contarem as suas histórias, a fim de que todas as pessoas entendam o racismo através dos casos apresentados.

Os *storytellers* partem da premissa de que as pessoas de grupos dominantes não possuem **"dupla consciência"**, ou seja, não são capazes de se colocar no lugar do outro e, ainda, enxergar seus privilégios.

Segundo essa linha de pensamento, é preciso que as pessoas pertencentes às minorias **saibam contar as suas histórias**, a fim de que todos tomem conhecimento dos sofrimentos passados. Afirmam que mediante essa forma de apresentação do racismo, evita-se que as pessoas acreditem **somente naquilo que as beneficia**, em verdadeira **convergência de interesses** para manutenção do *status quo*.

A TCR afirma que uma das grandes funções dos contadores de histórias é a **função destrutiva**, uma vez que ao exporem casos reais, atacam preconceitos que já estão arraigados em nossa sociedade.

Por outro lado, ao contar a história, o sujeito experimenta verdadeira **catarse** (estado de liberação psíquica), de forma que o *storytelling* possui também uma **função de cura**.

4.10.4. Análise Interseccional dos Preconceitos

A **análise interseccional ou interseccionalidade** consiste em uma análise conjunta de diversos fatores que ocasionam racismo (em sentido amplo), tais como: raça, origem, classe, sexo, orientação sexual, apreciando como se dá essa combinação e de que forma afeta as pessoas que se encontram em mais de um desses grupos.

> **Vamos entender o conceito com um exemplo:** A pessoa de nosso exemplo é uma mulher negra. Caso ela participe de um grupo de feministas majoritariamente brancas, ela poderá não se sentir representada. Por outro lado, se ela participar de um grupo ativista de direitos sociais de pessoas negras composto majoritariamente por homens, pode ser que não sejam buscados objetivos que dizem respeito especificamente às mulheres. E mais, caso ela levante essas questões ela pode ser afastada do grupo acusada de divisionismo.

Nota-se que essas categorias, quando conjugadas, afetam as pessoas **de forma diversa** de quando aplicadas individualmente.

Assim, o perspectivismo ajuda a analisar as situações postas sob o ponto de vista de pessoas interseccionais, o que **evita a simplificação** da experiência humana, que é, como regra, extremamente complexa.

4.10.5. Essencialismo e antiessencialismo

A discussão entre essencialismo e antiessencialismo diz respeito à necessidade de encontrar-se um **denominador comum** entre todos os grupos oprimidos que buscam seus direitos.

Para os **essencialistas** é necessário que seja feita essa análise apurada de todas as minorias, a fim de que se localize em cada uma delas um ponto em comum para que possam lutar em conjunto, gerando assim, mais força em um eventual movimento para obtenção de seus objetivos.

Essa forma de pensamento é **frontalmente contrária ao que vimos anteriormente na interseccionalidade**, pois muitos grupos, em razão de suas características específicas não se encaixarão em uma única categoria oprimida.

Isso pode ter como consequência o avanço de direitos apenas para alguns dos grupos componentes da grande gama de oprimidos, deixando-se para trás outros grupos, em especial, as **duplas minorias**, que se enquadram em situações muito mais específicas de difícil abarcamento em uma busca de ponto comum de opressão.

Por outro lado, os **antiessencialistas** entendem que em razão das características próprias de cada grupo oprimido é impossível que as lutas ocorram de maneira unida, devendo haver espaço para todos e manifestação respeitosa, sem exclusão, dos objetivos que cada um busca.

4.10.6. Nacionalismo x Assimilação

A fim de apreciar melhor os conceitos, transcreve-se trecho da obra **Teoria Crítica da Raça: uma introdução**, de autoria de Richard Delgado e Jean Stefancic:

> *Dois amigos, William e Jamal, estão andando por uma rua central. Ambos são afro-americanos e amigos íntimos desde o ensino médio. Ambos têm pele de cor parda e olhos cor de avelã. Ambos são formados em universidades de prestígio. William veste terno e carrega uma bolsa feita por um designer famoso. Há três anos atua como advogado associado em um grande escritório de advocacia. Jamal, que é executivo da indústria musical e ganha o dobro do salário de William, exibe uma camisa kente de bom gosto e usa tranças estilo cornrow em seu cabelo. A caminho de um almoço para discutir um novo contrato de gravação, eles falam sobre amigos comuns, suas famílias e suas carreiras. Ao chegar no restaurante, um estabelecimento gastronômico badalado no centro da cidade que atende a jovens profissionais, William e Jamal trocam olhares, e, sem falar nada, William entra primeiro e pede ao maitre uma mesa tranquila para dois.*

> *Os dois amigos ilustram os dois polos da forma como as minorias raciais podem se representar e se posicionar. A posição* ***nacionalista,*** *ou* ***separatista,*** *ilustrada por Jamal considera que as pessoas de minorias raciais devem abraçar sua cultura e suas origens. Jamal, que por opção vive em um bairro negro sofisticado e manda os filhos para as escolas locais, poderia facilmente se encaixar no estilo de vida dominante. Mas ele se sente mais à vontade trabalhando e vivendo em ambientes negros e considera que tem o dever de contribuir para sua comunidade. Consequentemente, faz o máximo de negócios possíveis com outros negros. A última vez que ele e a família se mudaram, por exemplo, fez várias ligações até encontrar uma empresa de mudanças cujos proprietários fossem negros. Ele doa dinheiro para diversas organizações filantrópicas e faculdades afro-americanas. E, é claro, seu trabalho na indústria musical lhe dá a oportunidade de impulsionar a carreira de músicos negros, coisa que ele faz.*
>
> *William também faz doações para várias causas dos negros. E, embora exerça a advocacia em um escritório predominantemente branco, para clientes corporativos que, em sua maioria, também são brancos, sempre que possível faz trabalho voluntário em benefício da população carcerária, que em sua grande maioria é de afro-americanos. William vive em um subúrbio integrado que é 90% branco, com alguns negros e pessoas de outras minorias raciais, a maioria profissionais liberais como ele.*

Como se pode observar, os **nacionalistas** defendem que as minorias devem fortalecer seus laços com suas culturas, expandir os espaços por elas ocupados, não abandonando suas raízes. Outra característica é sempre auxiliar as pessoas pertencentes às minorias sempre que for possível, a fim de que outros se engrandeçam, alterando o *status quo.*

De forma diversas, os que defendem a **assimilação**, entendem que a separação é prejudicial. Para que preconceitos sejam findados, é necessários que as minorias ocupem espaços dominados pelas maiorias dominantes, demonstrando seu valor, alterando paradigmas e findando com o preconceito. A quebra das barreiras ocorre mediante a **representatividade** das minorias em espaços sabidamente dominados pelas maiorias.

5. LEGISLAÇÃO ANTIDISCRIMINAÇÃO NACIONAL E INTERNACIONAL

5.1. Aspectos constitucionais

O Estado brasileiro evidencia, já no preâmbulo de sua norma maior, que se busca instituir, por meio da Constituição da República de 1988, um Estado Democrático destinado a assegurar o exercício dos direitos sociais e individuais, a liberdade, a segurança, o bem-estar, o desenvolvimento, a **igualdade** e a justiça como valores supremos de uma sociedade fraterna, **pluralista e sem preconceitos**, fundada na harmonia social.

Embora não dotado de força normativa específica, o preâmbulo da Constituição é inegavelmente um forte suporte interpretativo para todo o ordenamento, e não apenas ao texto que lhe segue.

De todo modo, para deixar ainda mais clara sua intenção de formar uma sociedade plural e não discriminatória, o texto constitucional é recheado de referências ao tema.

O art. 3º da Carta Magna, ao elencar os **objetivos da República**, explicita em seu inciso IV, a missão de promover o bem de todos, **sem preconceitos de origem, raça, sexo, cor, idade e quaisquer outras formas de discriminação.**

No mesmo sentido, o art. 4º da CF/88, ao indicar os princípios pelos quais o estado brasileiro é regido, aponta a prevalência dos direitos humanos, a autodeterminação dos povos e o **repúdio** ao terrorismo e **ao racismo** de forma expressa, deixando clara a intenção do constituinte de promover um sistema garantidor de liberdades e, ao mesmo tempo, transformador de cenários sociais discriminatórios.

> **▸ Como esse assunto foi cobrado em concurso?**
>
> *(2010 - DPE/BA - CEBRASPE - Defensor Público)* A República Federativa do Brasil rege-se, nas suas relações internacionais, pelo repúdio ao racismo.
>
> a) Certo
>
> b) Errado
>
> *Gabarito: Certa.*

Além disso, o art. 5º da CF/88, núcleo das disposições sobre direitos individuais e coletivos de nosso ordenamento, indica que homens e mulheres são iguais em direitos e obrigações (inc. I), que a crença religiosa ou convicção filosófica não podem ser motivos para privar alguém de direitos (inc. VIII), que a lei punirá a discriminação que viole direitos e liberdades fundamentais (inc. XLI), e prevê a utilização obrigatória do Direito Penal para indicar que, em nosso país, o racismo constitui crime inafiançável e imprescritível.

Neste ponto, importante destacar que o STF, em julgamento de Mandado de Injunção (MI 4733/DF) e Ação Direta de Inconstitucionalidade por Omissão (ADO 26/DF), fixou a tese de que, "até que sobrevenha lei emanada do Congresso Nacional destinada a implementar os mandados de criminalização definidos nos incisos XLI e XLII do art. 5º da Constituição da República, as condutas homofóbicas e transfóbicas, reais ou supostas, que envolvem aversão odiosa à orientação sexual ou à identidade de gênero de alguém, por traduzirem expressões de racismo, compreendido este em sua dimensão social, ajustam-se, por identidade de razão e mediante adequação típica, aos preceitos primários de incriminação definidos na Lei nº 7.716, de 08.01.1989, constituindo, também, na hipótese de homicídio doloso, circunstância que o qualifica, por configurar motivo torpe (Código Penal, art. 121, § 2º, I, "in fine")" (STF. Plenário. ADO 26/DF, Rel. Min. Celso de Mello; MI 4733/DF, Rel. Min. Edson Fachin, julgados em 13/6/2019 (Info 944)).

Há, ainda, outros dispositivos esparsos no texto constitucional que fundamentam o arcabouço normativo antidiscriminatório, a exemplo do art. 7º, incisos XX e XXXI, que proíbem a discriminação no mercado de trabalho, o art. 215, § 1º, que protegem manifestações culturais populares, indígenas e afro-brasileiras, e o art. 231, que reconhece as tradições e organizações indígenas. Já os arts. 6º e 201 preveem a proteção à maternidade, o art. 143, § 2º traz a isenção do alistamento militar e o art. 201, § 7º enuncia prazos diferenciados para aposentadoria.

5.2. Dispositivos internacionais

Na esfera internacional, podem ser citados como exemplos de tratados e convenções com adesão brasileira os seguintes documentos:

- Pacto Internacionais sobre Direitos Civis e Políticos de 1966 (decreto n. 592/1992);
- Pacto Internacional de Direitos Econômicos, Sociais e Culturais de 1996 (decreto n. 591/1992);
- Convenção Americana de Direitos Humanos de 1969 (decreto n. 678/1992).
- Convenção Interamericana para Prevenir, Punir e Erradicar a Violência contra a Mulher de 1994, conhecida como Convenção de Belém do Pará.
- Convenção Interamericana para a Eliminação de todas as formas de Discriminação contra as Pessoas Portadoras de Deficiência de 1999.
- Convenção sobre a Eliminação de Todas as Formas de Discriminação contra a Mulher, aprovada em 1979 pela ONU (Organização das Nações Unidas).
- Convenção 169 da OIT (Organização Internacional do Trabalho) sobre Povos Indígenas e Tribais de 1989.
- Declaração das Nações Unidas sobre Direitos dos Povos Indígenas.
- Convenção nº 111 da OIT (Organização Internacional do Trabalho) sobre discriminação em matéria de emprego e profissão.
- Convenção Interamericana contra Toda Forma de Discriminação e Intolerância;
- Convenção Interamericana contra o Racismo, a Discriminação Racial e Formas Conexas de Intolerância.

> – Tratado de Marraqueche para Facilitar o Acesso a Obras Publicadas às Pessoas Cegas, com Deficiência Visual ou com Outras Dificuldades para Ter Acesso ao Texto Impresso, firmado em Marraqueche, em 27 de junho de 2013.

O Plenário do Senado aprovou por unanimidade, em dois turnos, no dia 10 de fevereiro de 2021, o Projeto de Decreto Legislativo (PDL) 562/2020, que confirmou a adesão do Brasil à Convenção Interamericana contra o Racismo, a Discriminação Racial e Formas Correlatas de Intolerância.

Trata-se de convenção firmada pelo Brasil na 43ª Sessão Ordinária da Assembleia Geral da Organização dos Estados Americanos, ocorrida na Guatemala, em 05 de junho de 2013. A convenção foi aprovada pelo Congresso Nacional, na forma do art. 5º, § 3º da Constituição Federal em 18 de fevereiro de 2021 e promulgado pelo Decreto Presidencial 10.932/22 no dia 11 de janeiro de 2022.

O Decreto possui alguns conceitos, como racismo, discriminação racial, discriminação racial indireta, múltipla ou agravada e intolerância, dentre outros, bem como fixa compromissos, políticas e medidas a serem tomadas pelos Estados ratificantes da Convenção.

Importante mencionar que há, hoje, quatro Tratados com status de Emenda Constitucional no Brasil: (i) Convenção Internacional da Pessoa com Deficiência (Convenção de Nova York); (ii) o Protocolo Facultativo da Convenção de Nova York; (iii) Tratado de Marraqueche para facilitar o acesso a obras publicadas para pessoas cegas; (iv) Convenção interamericana contra o Racismo.

> ▸ **Como esse assunto foi cobrado em concurso?**
>
> **(2019 – DPE/SP – FCC – Defensor Público)** É documento internacional de direitos humanos incorporado ao ordenamento jurídico brasileiro sob o rito estabelecido pelo artigo 5º, parágrafo 3º, da Constituição Federal:
>
> a) Convenção Internacional para a Proteção de Todas as Pessoas contra o Desaparecimento Forçado.
>
> b) Convenção Interamericana sobre o Racismo, a Discriminação Racial e Formas Conexas de Intolerância.
>
> c) Convenção Interamericana sobre a Proteção dos Direitos Humanos das Pessoas Idosas.
>
> d Convenção das Nações Unidas sobre os Direitos Humanos dos Trabalhadores Migrantes e Membros de suas Famílias.
>
> e) Tratado de Marraqueche para Facilitar o Acesso a Obras Publicadas às Pessoas Cegas, com Deficiência Visual ou com Outras Dificuldades para ter Acesso ao Texto Impresso.
>
> *Gabarito: Alternativa E.*

5.3. Aspectos legais

Na legislação nacional, inúmeros dispositivos podem ser citados como exemplificativos dessa manifestação jurídica.

Historicamente, fala-se da Lei Afonso Arinos, de 1051, que tornou contravenção a prática da discriminação racial. A norma, obviamente, já foi revogada, mas é lembrada por aspectos históricos.

A Lei n. 7.716/1989 define os crimes resultantes de discriminação ou de preconceito de raça, cor, etnia, religião ou procedência nacional. A norma, como se vê, não prevê, expressamente, punição para condutas homofóbicas e transfóbicas.

Todavia, como mencionado acima, o Supremo Tribunal Federal, no julgamento da ADO 26/DF, Rel. Min. Celso de Mello e do MI 4733/DF, Rel. Min. Edson Fachin, ambos julgados em 13/6/2019, entendeu que havia mora inconstitucional do Congresso Nacional na estipulação de crimes de tais naturezas e, por isso, entendeu por estender a tipificação prevista para os crimes resultantes de discriminação ou preconceito de raça, cor, etnia, religião ou procedência nacional à discriminação por orientação sexual ou identidade de gênero.

Ainda quanto à questão de gênero, na ADI nº 4275, o STF decidiu que não é requisito a realização de cirurgia de transgenitalização para que uma pessoa transexual tenha o direito de alterar seu nome em documentos oficiais, sequer necessitando de processo judicial para tanto.

O Estatuto da Criança e do Adolescente (lei n. 8.069/1990) também pode ser citado como norma de Direito Antidiscriminatório, pois dispõe sobre a proteção integral da criança e do adolescente, proibindo qualquer forma de discriminação contra eles e assegurando a participação na vida familiar e comunitária sem discriminação (art. 16, V).

A lei n. 9.029/1995 dispõe sobre a discriminação nas relações de trabalho e proíbe a adoção de práticas discriminatórias que limitem o acesso e a manutenção do trabalho.

Da mesma forma, o Estatuto da Pessoa Idosa (lei n. 10.741/2003) assegura direitos às pessoas com idade igual ou superior a 60 anos. Além da não discriminação, a lei garante a prioridade absoluta dos direitos das pessoas idosas, o que inclui o atendimento preferencial, a destinação privilegiada na destinação de recursos públicos, etc.

A Lei 10.639/2003, que determina o ensino de história da África e cultura afro-brasileira em todas as escolas nacionais.

A Lei Maria da Penha (lei n. 11.340/2006) criou mecanismos para prevenir e coibir a violência doméstica e familiar contra as mulheres.

Importante destaque recebe o Estatuto da Igualdade Racial (lei n. 12.288/2010), que busca garantir e efetivar a igualdade de oportunidades e os direitos étnicos individuais e coletivos para a população negra.

A Lei de Cotas (lei n. 12.711/2012) obrigou as instituições federais de educação superior a adotar em seus processos seletivos de graduação a reserva de no mínimo 50% das vagas para estudantes do ensino público, de baixa renda e pretos, pardos e indígenas. Já a Lei nº 12.990/14 regulamentou as cotas raciais nos concursos públicos.

A Lei Brasileira de Inclusão da Pessoa com Deficiência (lei n. 13.146/2015) apresenta a definição de pessoa com deficiência e garante a prioridade absoluta a seus direitos.

Ainda, Lei Antiterrorismo (lei n. 13.260/2016) apresenta interessante definição que indica ser o terrorismo "a prática por um ou mais indivíduos de atos [...] por razões de xenofobia, discriminação ou preconceito de raça, cor, etnia e religião, quando cometidos com a finalidade de provocar terror social ou generalizado, expondo a perigo pessoa, patrimônio, a paz pública ou a incolumidade pública".

Em 11 de janeiro de 2023, a Lei 14.532 alterou a Lei nº 7.716/89 e o Código Penal, para tipificar como crime de racismo a injúria racial, prevendo pena de suspensão de direito em caso de racismo praticado no contexto de atividade esportiva ou artística e prevendo pena para o racismo religioso e recreativo, bem como para o praticado por funcionário público. Em inovador dispositivo, indicou-se que a pena será aumentada de metade nas hipóteses em que a conduta for praticada por intermédio dos meios de comunicação social, de publicação em redes sociais, da rede mundial de computadores ou de publicação de qualquer natureza.

6. CONCEITOS FUNDAMENTAIS DO RACISMO, SEXISMO, INTOLERÂNCIA RELIGIOSA, LGBTQIA+FOBIA

6.1. Racismo

A noção de raça como critério de classificação entre seres humanos é, do ponto de vista da história da humanidade, relativamente recente, remontando ao Século XVI. O conceito, entretanto, é relacional e histórico, pois é atrelado às circunstâncias temporais em que esteja sendo utilizado.

Fala-se que a palavra **raça** pode apresentar duas vertentes de significado: uma característica biológica (traço físico, a exemplo da cor da pele); e uma característica étnico-cultural (costumes, língua, origem geográfica).

Para ALMEIDA (2019, pg. 25) a partir do iluminismo e das experiências colonialistas, a classificação de seres humanos em raças foi utilizada "como uma das tecnologias do colonialismo europeu para a submissão e destruição de populações das Américas, da África, da Ásia e da Oceania". Essa classificação sempre foi acompanhada de um intenso processo de *desumanização*, que servia para os fins mais variáveis, desde a exploração econômica até o genocídio.

Hoje, com a evolução da tecnologia, sabe-se que inexistem diferenças biológicas ou culturais que possam fundamentar e justificar um tratamento diferenciado entre seres humanos, sendo a noção de raça um fator político que, embora criado por ficção, tem impactante força nas decisões injustas e discriminatórias de uma sociedade, pois naturalizam a segregação.

Ultrapassada a lição sobre raça, ALMEIDA (2019, pg. 28) conceitua o racismo com "uma forma sistemática de discriminação que tem a raça como fundamento, e que se manifesta por meio de práticas conscientes ou inconscientes que culminam em desvantagens ou privilégios para indivíduos, a depender do grupo racial ao qual pertençam".

Diferente de racismo são os conceitos de preconceito racial e discriminação racial, já que o primeiro é vinculado à noção de juízos preliminares fundamentados em estereótipos sobre indivíduos de um determinado grupo, enquanto a discriminação racial é a prática de tratamento diferenciado a membros de grupos raciais diversos.

Em outras palavras, enquanto o preconceito atua no âmbito interno, subjetivo e abstrato do indivíduo, a discriminação é ato objetivo, que na maioria das vezes é externalizado de forma direta ou indireta.

Diferente também é o conceito de **colorismo**, identificado como a discriminação que ocorre a partir da cor da pele. Veja-se que o racismo pode atingir asiáticos, latinos, indígenas e outros, ao passo que o colorismo ocorre seguidamente ao racismo caso a pessoa tenha a pele mais escura. Ou seja, quanto mais escura a pele da pessoa negra, mais discriminação e exclusão ela irá sofrer ou quanto mais clara a pele, mais aceita será a pessoa.

O racismo, portanto, apresenta um caráter sistêmico, sendo diferente de apenas um ato discriminatório, identificando-se efetivamente como um processo de imposição de desvantagens a grupos de raças diversas.

Na concepção **individualista**, o racismo seria uma espécie de patologia social, uma anormalidade que deveria ser identificada e combatida por instrumentos jurídicos aptos a impor seu fim. Nessa concepção, o fenômeno do racismo ocorre em grupos isolados, não sendo possível falar-se em "instituições racistas". Por estar vinculada a uma noção legalista e restrita, essa concepção é considerada ultrapassada.

Na concepção **institucional**, o racismo ultrapassa o espectro individual e passa a ser visto como resultado da ação das instituições em determinada sociedade. Essas instituições, a partir do momento em que causam efeitos diversos para segmentos raciais diversos, atuam na promoção da desigualdade baseada em critérios de raça.

Como bem explica ALMEIDA (2019, pg. 34)

> a desigualdade racial é uma característica da sociedade não apenas por causa da ação isolada de grupos ou de indivíduos racistas, mas fundamentalmente porque as instituições são hegemonizadas por determinados grupos raciais que utilizam mecanismos institucionais para impor seus interesses políticos e econômicos.

Mais adiante, o mesmo autor complementa

> No caso do racismo institucional, o domínio se dá com o estabelecimento de parâmetros discriminatórios baseados na raça, que servem para manter a hegemonia do grupo racial no poder. Isso faz com que a cultura, os padrões estéticos e as práticas de poder de um determinado grupo tornem-se o horizonte civilizatório do conjunto da sociedade.

A constatação de racismo institucional é clara em determinadas situações da realidade brasileira. Algumas instituições públicas, por exemplo, sequer debatem a questão da desigualdade racial de suas condutas porque, ao fim e ao cabo, têm plena ciência da total disparidade de resultados de suas ações frente à população negra, por exemplo. É, no dizer popular, "tanto evidente como dissimulado".

Na iniciativa privada, o racismo institucional também se revela em inúmeras situações. Basta falar que, em muitas entrevistas de emprego (ou mesmo nos vídeos que ensinam comportamento para candidatos de entrevistas), a noção de "boa aparência" carrega consigo inegáveis elementos estéticos identificados com a cultura da população branca.

Veja-se que, de fato, o racismo institucional é mais sutil e menos direto do que aquele visualizado no ato individual (este mais agressivo e direcionado). Entretanto, não menos reprovável é o institucional, já que opera por meio de forças invisíveis que, em ação segregacionista, molda um comportamento social que se institucionaliza nas diversas esferas de convivência.

Na concepção **estrutural**, o conceito de racismo ganha uma roupagem mais completa e complexa. Além de evidenciar que o racismo ultrapassa o espectro individual, busca demonstrar a força que o *poder* detém na formatação das relações raciais, concretizando-se quando um grupo detém o controle direto ou indireto das instituições.

Desse modo, considerando que comportamentos individuais e condutas institucionais decorrem da forma de atuação da sociedade, tem-se a conclusão de que: se indivíduos e instituições são racistas, isso significa que a sociedade é, como regra, racista e, portanto, o racismo é estrutural.

O racismo é, em palavras mais simples, um processo social que ocorre independentemente da percepção dos membros da sociedade. Essa sociedade, muito embora condene atos individuais de racismo, continua sendo formatada para ser uma fábrica de desigualdades raciais.

▸ Como esse assunto foi cobrado em concurso?

(2021 – DPE/SC – FCC – Defensor Público) O "racismo estrutural", consoante Silvio Luiz de Almeida,

a) é produto de uma patologia social e de um desarranjo institucional, sendo um fenômeno incontornável, revelando-se inúteis as ações e políticas institucionais antirracistas.

b) é resultante da produção de padrões de comportamento e conduta de instituições hegemonizadas por determinados grupos raciais que impõem seus interesses políticos e econômicos ao restante da sociedade.

c) decorre unicamente de indivíduos e grupos estruturalmente racistas.

d) é uma decorrência da forma com que se constituem as relações sociais, de modo que o direito faz parte da mesma estrutura social que o reproduz enquanto prática política e como ideologia.

e) é uma manifestação irracional do Estado moderno, que funciona norteado pela impessoalidade e pela técnica, de maneira que o direito é o melhor instrumento para combatê-lo, seja punindo criminal e civilmente os racistas, seja estruturando políticas públicas de promoção de igualdade.

Gabarito: Alternativa D.

(2022 – DPE/RS – CESPE/CEBRASPE – Defensor Público) Para falar de racismo, é preciso antes diferenciar o racismo de outras categorias que também aparecem associadas à ideia de raça: preconceito e discriminação.

Podemos dizer que o racismo é uma forma sistemática de discriminação que tem a raça como fundamento e que se manifesta por meio de práticas conscientes ou inconscientes que culminam em desvantagens ou privilégios para indivíduos, a depender do grupo racial ao qual pertençam.

Embora haja relação entre os conceitos, o racismo difere do preconceito racial e da discriminação racial. O preconceito racial é o juízo baseado em estereótipos acerca de indivíduos que pertençam a determinado grupo racializado, o que pode ou não resultar em práticas discriminatórias. Considerar negros violentos e inconfiáveis, judeus avarentos ou orientais "naturalmente" preparados para as ciências exatas são exemplos de preconceitos.

A discriminação racial, por sua vez, é a atribuição de tratamento diferenciado a membros de grupos racialmente identificados. Portanto, a discriminação tem como requisito fundamental o poder – ou seja, a possibilidade efetiva do uso da força –, sem o qual não é possível atribuir vantagens ou desvantagens por conta da raça. Assim, a discriminação pode ser direta ou indireta. A discriminação direta é o repúdio ostensivo a indivíduos ou grupos, motivado pela condição racial, exemplo do que ocorre em países que proíbem a entrada de negros, judeus, muçulmanos, pessoas de origem árabe ou persa, ou ainda lojas que se recusam a atender clientes de determinada raça. Já a discriminação indireta é um processo em que a situação específica de grupos minoritários é ignorada – discriminação de fato – ou sobre a qual são impostas regras de "neutralidade racial" sem que se leve em conta a existência de diferenças sociais significativas – discriminação pelo direito ou discriminação por impacto adverso. A discriminação indireta é marcada pela ausência de intencionalidade explícita de discriminar pessoas. Isso pode acontecer porque a norma ou prática não leva em consideração ou não pode prever de forma concreta as consequências da norma. (Silvio Almeida. Racismo Estrutural (Feminismos Plurais). Editora Jandaíra.)

Com base nas ideias e nos aspectos linguísticos do texto anterior, julgue o item que se segue.

Infere-se do texto que pessoas de determinados grupos raciais obtêm privilégios com as práticas de racismo.

a) Certo

b) Errado

Gabarito: Certo.

O texto trata os termos "racismo", "discriminação racial" e "preconceito racial" como semanticamente relacionados, embora distintos entre si.

a) Certo

b) Errado

Gabarito: Certo.

(2017 – DPE/SC – FCC – Defensor Público) Sobre o sistema penal e a questão racial, é correto afirmar:

a) A criminalização secundária do racismo no Brasil conseguiu reverter o quadro histórico do preconceito na sociedade brasileira.

b) A injúria racial impede a substituição da pena privativa de liberdade por pena restritiva de direitos.

c) O racismo é característica estrutural do processo de criminalização secundária no Brasil.

d) A despeito do grande número de pessoas negras presas no Brasil, não se pode afirmar que o sistema penal brasileiro atue de forma discriminatória em virtude dos princípios constitucionais.

e) Apesar da previsão constitucional de imprescritibilidade do crime de racismo, sua aplicação prática é inócua diante da falta criminalização primária dos crimes de racismo.

Gabarito: Alternativa C.

(2023 – MPE/PA – CEBRASPE – Promotor de Justiça Substituto) No que tange ao Estatuto da Igualdade Racial e ao racismo estrutural observado nos quadros funcionais de empresas e instituições, assinale a opção correta.

a) A falta de ascensão de pessoas negras na carreira funcional das empresas se deve à falta de estudos e à baixa experiência profissional dessa população, o que mostra não ser possível provar a existência de racismo institucional no âmbito do mercado de trabalho, visto que o grau de instrução e a experiência profissional são determinantes nas condições de acesso e ascensão profissional.

b) As ações previstas no Estatuto da Igualdade Racial não se aplicam às empresas do setor privado, pois a norma é expressamente restrita ao poder público.

c) As práticas de ações afirmativas adotadas pelas empresas têm comprovado que a questão da diversidade e inclusão de gênero e raça ameaça a imagem, a sustentabilidade institucional, negocial e financeira das empresas, em vez de gerar mais negócios.

d) Cabe ao poder público promover ações que assegurem a igualdade de oportunidades no mercado de trabalho para a população negra, inclusive mediante a implementação de medidas para a promoção da igualdade nas contratações e na ascensão profissional.

e) As condições estabelecidas pelas empresas que priorizam pessoas brancas na inclusão e ascensão no mercado de trabalho podem ser caracterizadas como racismo institucional, mas não podem ser objeto de atuação do Poder Judiciário para averiguar a existência de práticas de racismo e discriminação racial nas relações de trabalho nas empresas, pois esta seria uma atuação restrita do Ministério Público do Trabalho.

Gabarito: Alternativa D.

O conhecimento dessa concepção, entretanto, não pode ser utilizado como subterfúgio para o abandono da luta contra atos racistas individuais. Pelo contrário, essa luta é o "mínimo esperado" de um cidadão consciente.

Em termos ideais, o que se espera é que o sujeito, consciente da existência de um racismo estrutural, reformule manifestações comportamentais para adequá-las a uma postura antirracista.

Aprofundamento: Conhecendo a noção de racismo estrutural, é possível falar em racismo reverso?

Não, considerando que o racismo é um processo político e, portanto, dotado de imposição de poder de um grupo dominante, não se

> pode dizer que haveria racismo das minorias às maiorias (por isso denominado de "reverso").
>
> Entretanto, isso não quer dizer que membros de grupos minoritários não possam praticar atos de discriminação racial e/ou serem preconceituosos (estes são, lembre-se, conceitos diversos). Ex: um negro pode ser condenado pela prática de crime de racismo em ato praticado contra um branco.
>
> A questão é que, do ponto de vista estrutural, o grupo minoritário não tem poder de impor desvantagens sociais ao grupo majoritário (no sentido de dominante).

A ideia de que o Direito tem aptidão para solucionar todos os problemas que envolvem o racismo também deve ser afastada. Em manifestações legislativas recentes, o Direito foi utilizado como instrumento legitimador do racismo, a exemplo das manifestações normativas na África do Sul (*apartheid*), as Leis *Jim Crow* (nos Estados Unidos) e as próprias Leis de Nuremberg, no período nazista.

Não só nas manifestações legislativas o Direito fracassou, mas em precedentes judiciais importantes com no Caso McCleskey v. Kemp, de 1987, em que a Suprema Corte Americana proibiu que alegações de preconceito racial fossem consideradas em condenações criminais, mesmo que apoiadas em estatísticas confiáveis, a não ser que fosse comprovada a intenção de discriminação dos agentes do Estado contra os réus.

Em sendo assim, cabe alertar que o Direito não pode ser visto como a ferramenta definitiva na luta pelo fim do racismo. Ele é, como bem referia Luiz Gama, mais uma arma na complexa luta contra a submissão e contra a desigualdade.

> ▸ **Como esse assunto foi cobrado em concurso?**
>
> **(2021 – DPE/RJ – FGV – Defensor Público)** "O recrudescimento cautelar do sistema de controle brasileiro refletiu os objetivos reais e ideais de um país racista que tinha como problema maior a questão negra, calcada em termos genocidas como condição de sobrevivência da sua falsa branquidade. Contexto que impôs uma cisão em nosso Direito Penal: ao lado do Direito Penal declarado para os cidadãos, alicerçado no Direito Penal do fato construído às luzes do Classicismo, o Direito Penal paralelo para os "subcidadãos", legitimado no Direito Penal do autor consolidado pela tradução marginal do paradigma racial-etiológico, que, por sua vez, situa seu fundamento na periculosidade que exala dos corpos negros, um sistema outrora identificado por Lola Aniyar de Castro (2005, p. 96) como "subterrâneo" que aqui jamais se ocultou, sendo operacionado sob os olhos de quem quiser enxergar." (GÓES, Luciano. Abolicionismo penal? Mas qual abolicionismo, "cara pálida"?. Revista InSURgência. Brasília. Ano 3. v.3. n.2. 2017. Pg. 98).

Considerando a afirmativa acima, é possível compreender o fenômeno do encarceramento em massa no Brasil, sob o ponto de vista empírico e teórico, a partir da correlação entre:

a) o racismo individualista e o minimalismo penal;

b) o racismo estrutural e o direito penal do inimigo;

c) o racismo institucional e o minimalismo penal;

d) o racismo estrutural e o abolicionismo penal;

e) o racismo individualista e o direito penal do inimigo.

Gabarito: Alternativa B.

(2023 – MPE/MG – FUNDEP – Promotor de Justiça Substituto) De acordo com decisão proferida pela Corte Interamericana de Direitos Humanos, no julgamento do caso 12.001, o Estado brasileiro foi considerado responsável pela violação do direito à igualdade perante a lei, à proteção judicial e às garantias judiciais, consagrados, respectivamente, nos artigos 24, 25 e 8 da Convenção Americana, em prejuízo de Simone André Diniz. Segundo os fatos estabelecidos, em 2 de março de 1997, a senhora Aparecida Gisele Mota da Silva fez publicar na parte de Classificados do jornal "A Folha de São Paulo" o seguinte anúncio: "doméstica. Lar. P/ morar no empr. C/ exp. Toda rotina, cuidar de crianças, c/docum. E ref.; Pref. Branca, s/filhos, solteira, maior de 21a. Gisele". A senhora Simone André Diniz, de cor negra, para candidatar-se à vaga anunciada, ligou para o telefone informado no anúncio, tendo sido atendida por uma colega de trabalho de Aparecida Gisele Mota da Silva, de prenome Maria Tereza, que lhe indagou sobre a cor de sua pele. Em contestando ser negra, Simone André Diniz foi informada que não preenchia os requisitos exigidos para o cargo. Houve abertura de inquérito policial para apuração dos fatos, sendo que o Ministério Público optou por promover seu arquivamento, entendendo estar ausente motivo para a instauração da ação penal, justificando, inclusive, que a preferência exigida seria compreensível, visto que uma empregada doméstica negra já havia maltratado, anteriormente, os filhos de Aparecida Gisele. O juízo homologou o arquivamento.

A omissão estatal em combater a discriminação, no caso citado, foi entendida pela Corte como sendo prática de:

a) Racismo estrutural.

b) Racismo institucional.

c) Racismo estrutural e institucional.

d) Racismo funcional.

Gabarito: Alternativa B.

(2024 – TJ/SC – FGV – Juiz de Direito Substituto) Em uma gincana jurídica, os grupos Alfa, Beta e Gama foram instados a apresentar assertivas que se mostrassem harmônicas com os alicerces estruturais do Direito da Antidiscriminação. O grupo Alfa sustentou que a base filosófica da antidiscriminação está lastreada na igualdade formal plena. O grupo Beta, por sua vez, defendeu que a igualdade entre os distintos segmentos da espécie humana há de ser construída a partir de um padrão idealístico de nivelamento existencial, não se harmonizando com construções teóricas que busquem censurar o tratamento diferenciado realizado em uma perspectiva indireta. Por fim, o grupo Gama defendeu que o combate à denominada discriminação reversa é uma das formas de se construir a igualdade plena na realidade fenomênica.

Ao analisar essas assertivas, os jurados concluíram, corretamente, que:

a) todas as assertivas estão certas;

b) todas as assertivas estão erradas;

c) apenas a assertiva do grupo Beta está certa;

d) apenas a assertiva do grupo Gama está certa;

e) apenas as assertivas dos grupos Alfa e Beta estão certas.

Gabarito: Alternativa B.

6.2. Sexismo

O sexismo pode ser conceituado como a **forma de preconceito ou de discriminação baseada no sexo ou gênero de uma pessoa**. Ele pode, em teoria, afetar qualquer gênero, mas é particularmente documentado como prejudicial às mulheres, visto que aqui também se considera um aspecto estrutural desse termo, como a seguir se verá.

O sexismo pode estar baseado no sexo ou no gênero, que são conceitos diversos. Enquanto o sexo é determinado com o nascimento, o gênero é o conjunto de valores socialmente construídos que indicam as características e comportamentos que determinada sociedade designa para as pessoas de cada sexo (homens e mulheres).

Normalmente, o sexismo tem sido ligado a estereótipos e papéis de gênero, normalmente incutindo a crença de que um sexo ou gênero é intrinsecamente superior a outro e, ainda, que determinados papéis na sociedade devam ser atribuídos a um grupo social dominante.

Os estereótipos de gênero, portanto, variam de acordo com cada sociedade e cultura, sendo um conjunto de ideias que permeia a análise do comportamento dos diferentes sexos no ambiente social.

Assim como ocorre no racismo, é plenamente possível que mulheres tenham preconceito ou ajam com discriminação sexista contra homens. Entretanto, em uma visão estrutural (de sociedade), o sexismo está vinculado com a noção de desigualdade praticada pelo grupo dominante masculino contra o grupo feminino. Simone de Beauvoir, em sua obra "O Segundo Sexo", publicada na segunda metade do século XX, expôs a ausência de simetria entre homens a mulheres, demonstrando a subalternidade da mulher.

Para MOREIRA (2021, pg. 609) o "caráter estrutural do sexismo faz com que ele esteja presente na operação de instituições públicas e privadas porque estas são controladas por homens, o que garante a eles a possibilidade de criar normas que sempre representam seus interesses".

Muitas vezes escondido sob o manto da "diferença natural", o sexismo se faz presente quando a sociedade **reiteradamente reproduz processos que excluem as mulheres das decisões sobre o futuro daquela sociedade.**

> **Curiosidade:** Para se ter uma ideia, o Senado Federal do Brasil, no ano de 2016, realizou uma reforma de suas instalações e, então, passou a contar com banheiro para mulheres no salão do Plenário. Em outras palavras, desde a construção do prédio, em 1960, não havia banheiro feminino no plenário da casa, sinal claro de que a sociedade na época pouco cogitava sobre a participação feminina na alta casa do Congresso brasileiro. Ainda hoje, apesar das mulheres serem maioria na população brasileira, elas representam uma média de 15% das cadeiras no Legislativo brasileiro.

De acordo com o art. 1º da Convenção sobre a Eliminação de Todas as Formas de Discriminação contra a Mulher, de 1979 "a expressão 'discriminação contra a mulher' significará toda a distinção, exclusão ou restrição baseada no sexo e que tenha por objeto ou resultado prejudicar ou anular o reconhecimento, gozo ou exercício pela mulher, independentemente de seu estado civil, com base na igualdade do homem e da mulher, dos direitos humanos e liberdades fundamentais nos campos político, econômico, social, cultural e civil ou em qualquer outro campo".

A fim de efetivar seus objetivos, a Convenção acima citada menciona a possibilidade de criação de ações afirmativas, indicando que "A adoção pelos Estados-Partes de medidas especiais de caráter temporário destinadas a acelerar a igualdade de fato entre o homem e a mulher não se considerará discriminação na forma definida nesta Convenção, mas de nenhuma maneira implicará, como consequência, a manutenção de normas desiguais ou separadas; essas medidas cessarão quando os objetivos de igualdade de oportunidade e tratamento houverem sido alcançados".

A disparidade de tratamento ocorre nas mais diversas searas da convivência humana, embora seja denunciada (cada vez mais) a partir da ideia de diferenciação na remuneração laboral e na participação política. Quanto ao primeiro aspecto, a questão salarial não parece ser o único elemento diferenciador, sendo comum que ideias formuladas por mulheres sejam tomadas por grupos masculinos que, ao final, recebem o crédito pela iniciativa (fenômeno conhecido como *Bropropriating*).

A questão remuneratória, todavia, é importantíssima, pois a discriminação praticada tem inclusive fundamento histórico: dado que os homens sempre tomaram as decisões políticas, nunca houve efetiva valorização econômica do trabalho feminino (inclusive no ambiente doméstico) porque este era considerado o "lugar natural" da mulher.

Essa desvalorização revestida (e dissimulada) de "lugar natural" foi apenas o início de um processo estrutural de tratamento diferenciado que resulta, hoje, na diferença remuneratória de mulheres e homens, inclusive quando ambos desempenham funções idênticas.

O aumento do número de mulheres no setor público (principalmente após a Constituição Federal de 1988) não é acaso. Em um processo de seleção (concurso público) que não está baseado em critérios desenvolvidos e reproduzidos por um grupo dominante, elas colocam-se em posição mais aproximada do ideal igualitário e, por suas competências técnicas, aparecem em número cada vez maior nas listas de aprovação.

O combate ao sexismo fundamentou medidas jurídicas de discriminação direta e objetiva, a exemplo da edição da famosa Lei Maria da Penha. A complexidade da questão, todavia, extrapola a normatividade jurídica e alcança o plano cultural, devendo-se ter ciência da existência de uma **cultura da violência,** fenômeno compreendido como a normalização da discriminação/violência contra mulheres, e consequente aceitação social do quadro.

A normalização da violência é uma prática que se utiliza de mecanismos famosos de "inversão da culpa", como a culpabilização da vítima, a normalização de agressões masculinas como formas de controle da família, a erotização da violência sexual, rotulação da mulher agredida como "louca", e o alto nível de despreocupação social perante agressões sofridas por mulheres, inclusive em ações de instituições públicas.

Normalmente, as manifestações sexistas são regadas da chamada **dupla moral,** formação equivocada de raciocínio que considera, para homens, um critério de ética comportamental e, para mulheres, um critério completamente diferente.

Na luta contra o sexismo, é comum citar-se o expoente do feminismo como um movimento social e político iniciado a partir do século XVIII que defende, como principal causa, a igualdade de direitos entre homens e mulheres.

Esse movimento, entretanto, compreende uma série de desdobramentos técnicos que se articulam com conceitos já analisados nesta obra quando do tratamento do tema "discriminação", a exemplo dos correlatos feminismo interseccional, feminismo liberal e feminismo radical. Pode-se citar, ainda, o feminismo cultural, o qual reconhece o papel fundamental da cultura na formação das crenças e identidades individuais e coletivas a respeito da perspectiva de gênero, criticando estereótipos e representações sexistas das mulheres. O feminismo Ecofeminista tem um viés de estudo que analisa as interações entre justiça de gênero e exploração ambiental considerando a interligação entre os sistemas de opressão.

Por ser também um problema de caráter estrutural, o machismo se adapta às novas exigências comportamentais da sociedade e passa a atuar (e ser constatado) em comportamentos mais sutis e inconscientes, como no caso do vendedor de automóveis ou corretor de imóveis que, na negociação com um casal, dirige a palavra apenas ao homem, transparecendo seu preconceito de que este é quem toma as decisões (micromachismo).

É incorreto falar que o feminismo seria o oposto de machismo. Este, por conceito, é a crença de que o homem é superior à mulher, devendo ela ser submissa a ele. O feminismo não é crença equivalente (de que a mulher é superior ao homem), mas sinônimo de luta pelo fim do que os estudiosos do tema denominam de patriarcado, termo identificado com a desigualdade injustificada de poder social existente entre homens e mulheres.

Como bem refere MOREIRA (2021, pg. 597) o "patriarcalismo pode ser definido como um sistema de organização social baseado na subjugação das mulheres aos homens em todos os espaços sociais".

No seio do movimento feminista, é comum falar-se em necessária **sororidade**, que é a necessária aliança e solidariedade que deve existir entre mulheres para defesa e apoio contra a discriminação.

Importante mencionar que, em 17 de março de 2023, o Conselho Nacional de Justiça (CNJ) aprovou a Resolução nº 492, a qual estabelece o Protocolo de Julgamento com Perspectiva de Gênero, o qual servirá como base para os julgamentos em todo o Poder Judiciário. A resolução também cria o Comitê de Acompanhamento e Capacitação sobre Julgamento com Perspectiva de Gênero no Poder Judiciário e o Comitê de Incentivo à Participação Institucional Feminina no Poder Judiciário. Tal normativa estabelece a obrigatoriedade de os magistrados receberem capacitação em Direitos Humanos, gênero, raça e etnia, sob uma perspectiva interseccional. O objetivo é evitar que procedimentos e decisões judiciais incorram em atos discriminatórios que desconsideram as invisibilidades (culturais, políticas ou normativas), garantindo o efetivo acesso à justiça para mulheres e meninas.

A imprescindibilidade do julgamento sob perspectiva de gênero encontra guarida na própria inserção, pela Lei nº 14.321/22, de um novo tipo penal na Lei de Abuso de Autoridade (Lei nº 13.864/19), qual seja, o crime de violência institucional, previsto no art. 15-A. A intenção do legislador foi coibir a revitimização perante situações de violência que chegam aos órgãos estatais, inclusive ao Poder Judiciário.

A resolução nº 496/2023 incluiu na Resolução nº 75/2009 a necessidade de cobrança do tema: 8. Gênero e Patriarcado. Gênero e Raça. Discriminação e Desigualdades de Gênero – questões centrais. Protocolo de julgamento com perspectiva de gênero.

Como esse assunto foi cobrado em concurso?

(2021 – DPE/RJ – FGV – Defensor Público) "Em março de 2021, foi tornado público o Relatório 'Mulheres nas audiências de custódia no Rio de Janeiro', com os dados referentes ao ano de 2019 recolhidos e analisados pela Defensoria Pública do Estado do Rio de Janeiro".

"De acordo com a pesquisa, considerando os 533 casos das mulheres que, no momento da audiência de custódia, atendiam aos critérios objetivos para prisão domiciliar, foi possível observar que 25% das mulheres, apesar de cumprir os requisitos legais, permaneceram presas preventivamente. Verificou-se também que, em decisões judiciais que aplicaram prisão preventiva para mulheres que atendiam aos critérios objetivos para prisão domiciliar, aproximadamente 65,5% contêm alguma referência à prisão domiciliar. Ou seja, essa questão foi de alguma forma introduzida no curso da audiência de custódia e, mesmo assim, essas custodiadas continuaram presas."

Fonte: Defensoria Pública do Estado do Rio de Janeiro, Diretoria de Estudos e Pesquisas de Acesso à Justiça, Relatório "Mulheres nas audiências de custódia no Rio de Janeiro", 2019. Disponível em: https://www.defensoria.rj.def.br/uploads/arquivos/15396od0ac82483580bc117104cac177.pdf

Em linha com o pensamento criminológico feminista brasileiro contemporâneo, é correto afirmar que o lastro epistemológico para análise do processo de criminalização de mulheres parte:

a) da constatação de que existem crimes próprios das mulheres, tais quais o infanticídio, o aborto, os envenenamentos, que ficaram sempre impunes, por serem ignorados ou desconhecidos, já que mais presentes na esfera doméstica (A. Peixoto);
b) das reflexões teóricas segundo as quais as oportunidades, as habilidades e as redes sociais historicamente contribuíram

para o predomínio da criminalidade masculina, enquanto esses mesmos fatores limitaram as oportunidades das mulheres nesse campo (R. Simon);

c) da conclusão de que a criminalidade feminina é largamente mascarada, pois não há interesse da polícia em investigar mulheres que praticam crimes, e, além disso, em grande parte dos crimes, elas funcionam como cúmplices ou receptadoras de bens, fazendo com que as mulheres fiquem ocultas e não sejam punidas. (O. Pollak);

d) da ideia de que a masculinização do comportamento de mulheres em razão do paradigma de gênero do mundo ocidental as libertou de seguirem o padrão atribuído ao feminino e de agirem como homens e participarem cada vez mais de espaços até então tipicamente masculinos, dentre os quais está também a criminalidade (F. Adler);

e) da impossibilidade de uma etiologia criminal, pois cada caso traz consigo as peculiaridades das histórias de vida e das experiências das mulheres e, com estas, as razões que impulsionaram as práticas criminosas, que podem tanto ser relativas à subsistência da mulher e de sua família ou a situações específicas de violências das mais diversas ordens. (E. Pimentel).

Gabarito: Alternativa E.

6.3. Intolerância religiosa

Nos termos do art. 5º, inc. VI da Constituição Federal, "é inviolável a liberdade de consciência e de crença, sendo assegurado o livre exercício dos cultos religiosos e garantida, na forma da lei, a proteção aos locais de culto e a suas liturgias".

Enquanto a liberdade de consciência está vinculada com a liberdade de pensamento e ideologia de vida, a liberdade de crença guarda relação com o aspecto religioso e transcendental.

Diz-se que a liberdade de crença apresenta um aspecto positivo, consistente no direito de escolha da própria religião a cada pessoa, e um aspecto negativo, consistente na liberdade conferida às pessoas de simplesmente não terem religião.

Fala-se, nesse sentido, que o Estado brasileiro é laico (ou leigo), não adotando religião oficial. Sob o aspecto histórico, vale lembrar que todas as Constituições brasileiras, exceto a de 1824 (que tinha a religião católica como a oficial), adotaram a laicidade do Estado.

Garantindo a liberdade de crença, o art. 19, inc. II da CF fala que é vedado à União, aos Estados, ao Distrito Federal e aos Municípios estabelecer cultos religiosos ou igrejas, subvencioná-los, embaraçar-lhes o funcionamento ou manter com eles ou seus representantes relações de dependência ou aliança, ressalvada, na forma da lei, a colaboração de interesse público.

Em 2012, o Ministério Público Federal propôs Ação Civil Pública em face do Banco Central porque, desde 1986, passou-se a inserir na moeda brasileira a expressão "Deus seja louvado". Alegava-se, como argumento principal, a incompatibilidade da expressão em documento oficial de um Estado laico. A ação, todavia, foi julgada improcedente sob o argumento de que a menção a Deus não seria vista como uma forma de direcionamento do Estado às liberdades individuais das pessoas.

Da mesma forma, no julgamento da ADI 2.076, o STF entendeu que a inserção da frase "sob a proteção de Deus" não é aspecto jurídico, e sim político, que não tinha caráter inconstitucional.

A liberdade religiosa vem prestigiada no texto constitucional também pela disposição inserida no art. 210, § 1º da CF, que indica que o ensino religioso, de matrícula facultativa, constituirá disciplina dos horários normais das escolas públicas de ensino fundamental. Ademais, no julgamento da ADI 5258/AM, o STF considerou inconstitucional lei do Estado do Amazonas que impunha/exigia a manutenção de bíblias em bibliotecas públicas (Info 1012).

Segundo entendeu o STF no julgamento da ADI 4.439, o ensino religioso pode ter natureza confessional, o que significa que pode ser vinculado a diversas religiões e, ainda, pode ministrar os ensinamentos de apenas uma religião (em escolas católicas, por exemplo, não se mostra necessário o ensino sobre outras religiões).

Para MARTINS (2021, pg. 831) "tal decisão acaba por prestigiar as religiões e as Igrejas da maioria, permitindo uma espécie de 'catecismo estatal' na escola pública, em detrimento da minoria".

Ao lado da liberdade de crença, o texto constitucional assegura o exercício de cultos religiosos, nisso compreendidas as cerimônias, liturgias e procissões.

A partir dessa concepção de liberdade, duas discussões vieram à tona: (i) a possibilidade de sacrifícios de animais nos cultos; (ii) a chamada Guarda sabática.

Sacrifício de animais: No RE 494.601, o STF analisou recurso interposto pelo Ministério Público Gaúcho que levantava a inconstitucionalidade de norma estadual permissiva a sacrifícios animais, destinados à alimentação humana, em cultos religiosos. O STF declarou a norma constitucional e ainda afastou a necessidade de consumo humano posterior ao abate, advertindo que tais situações não são equiparáveis ao abate por entretenimento, mas para exercício da liberdade religiosa em sua plenitude.

Para boa parte da doutrina, a liberdade conferida deve ser exercida de maneira razoável, evitando-se qualquer dano de monta considerável ao meio ambiente e, ainda, impedindo-se o abate por meio cruel.

A respeito do tema, merece lembrança brilhante a sustentação oral proferida por Hédio Silva Jr, advogado da União de Tendas de Umbanda e Candomblé do Brasil, que apontou ser o feito em questão aquilo *"que esta Corte já chamou de racismo religioso, (...) Não vejo Instituição Jurídica ingressar com medida judicial pra evitar a chacina de jovens negros, mortos como cães na periferia, mas a galinha da macumba... parece que a vida da galinha da macumba vale mais do que a de milhares de jovens negros. É assim que coisa de preto é tratada no Brasil. A vida de preto não tem relevância nenhuma. A vida de preto não causa comoção social. A vida de preto não move instituições jurídicas. Mas a galinha da religião de preto... ah! essa vida tem que ser radicalmente protegida"*.

Guarda sabática: para algumas religiões, as atividades de trabalho e estudo são vedadas no período que compreende o pôr do sol de sexta-feira e o pôr do sol de sábado, naquilo que se denomina guarda sabática. Para casos de concursos públicos, por exemplo, tem-se adaptado a situação com a realização preferencial de provas aos domingos. Nas hipóteses em que as avaliações são aplicadas nos sábados, normalmente é resguardada a possibilidade de realização do certame após às 18h aos adeptos de tais religiões, que ficam em local isolado o horário da prova dos demais.

A Lei 9.394/96, dispõe em seu art. 7º-A, que "Ao aluno regularmente matriculado em instituição de ensino pública ou privada, de qualquer nível, é assegurado, no exercício da liberdade de consciência e de crença, o direito de, mediante prévio e motivado requerimento, ausentar-se de prova ou de aula marcada para dia em que, segundo os preceitos de sua religião, seja vedado o exercício de tais atividades, devendo-se-lhe atribuir, a critério da instituição e sem custos para o aluno, uma das seguintes prestações alternativas, nos termos do inciso VIII do caput do art. 5º da Constituição Federal, prova ou aula de reposição, conforme o caso, a ser realizada em data alternativa, no turno de estudo do aluno ou em outro horário agendado com sua anuência expressa; ou trabalho escrito ou outra modalidade de atividade de pesquisa, com tema, objetivo e data de entrega definidos pela instituição de ensino.

Tema diverso é a chamada assistência religiosa. Concretizando essa prerrogativa insculpida no art. 5º, inc. VII da CF, a Lei 9.982/00 indica que "aos religiosos de todas as confissões assegura-se o acesso aos hospitais da rede pública ou privada, bem como aos estabelecimentos prisionais civis ou militares, para dar atendimento religioso aos internados, desde que em comum acordo com estes, ou com seus familiares no caso de doentes que já não mais estejam no gozo de suas faculdades mentais".

Em consonância com a disposição constitucional, a própria Lei de Execuções Penais garante que a assistência religiosa, com liberdade de culto, será prestada aos presos e aos internados, permitindo-se-lhes a participação nos serviços organizados no estabelecimento penal, bem como a posse de livros de instrução religiosa.

Apesar de todo aparato normativo que garante liberdade religiosa, os tempos atuais têm apresentado um aumento significativo de atos classificados como crimes contra a liberdade religiosa.

A intolerância religiosa, então, manifesta-se no contexto social em que pessoas ou instituições não aceitam religiões ou crenças diferentes das suas, apontando críticas infundadas, fazendo humor ofensivo e/ou atacando locais de cultos.

O cenário mundial tem mostrado um infeliz crescimento de intolerância religiosa. Segundo relatório da ONG internacional Open Doors, em 2020, mais de 340 milhões de cristãos (contra 260 milhões em 2019), foram fortemente perseguidos no mundo.

De outro lado, os muçulmanos também foram alvos de perseguição, tornando-se vítimas de intolerância e discriminação religiosa. No ano de 2020, houve cerca de 325 crimes praticados contra muçulmanos na França, um aumento de 53% na comparação com o ano anterior.

No Brasil, o maior foco de discriminação religiosa se concentra nas religiões de matriz africana, a exemplo de umbandistas e candomblecistas. Só no primeiro semestre de 2019, houve um aumento de 56% no número de denúncias de intolerância religiosa em comparação ao mesmo período do ano anterior.

No Brasil, o Dia Nacional de Combate à Intolerância Religiosa, instituído pela Lei Federal nº 11.635, de 27 de dezembro de 2007, é celebrado em alusão à morte da Ialorixá baiana Gildásia dos Santos e Santos – conhecida como Mãe Gilda, vítima de violência e discriminação religiosa que foram concretizadas inclusive com invasão de seu domicílio e do terreiro onde exercia sua fé.

Ademais, considerando a popularização de programas evangélicos de televisão e rádio, o STF decidiu, ao analisar a ADI 2566/DF, ser inconstitucional a norma que proíbe o proselitismo em tais meios de comunicação. Ou seja, não pode uma Lei Estadual proibir a transmissão de conteúdo que visa converter as pessoas a determinada religião.

A prática de ato de intolerância religiosa constitui violação ao Estado Democrático de Direito, formato de sociedade que se apenas legitima ao proteger religiões (e manifestações religiosas) de maiorias e minorias.

Por fim, ainda sobre o tema, importante mencionar que o STF, quando do julgamento da ADPF 811/SP, decidiu que Decretos Estaduais e Municipais podem restringir o funcionamento de Igrejas durante a Pandemia. Na decisão, constou que essas restrições à realização de cultos, missas e demais atividades religiosas presenciais de caráter coletivo são compatíveis com a Constituição Federal, já que se tratam de medidas de contenção do avanço da pandemia da Covid-19. (STF. ADPF 811/SP, relator Min. Gilmar Mendes, julgamento em 8.4.2021 (info 1012)).

▸ **Como esse assunto foi cobrado em concurso?**

(**2019 – MPG/GO – Promotor de Justiça**) Assinale a resposta incorreta:

a) Segundo jurisprudência recente do Supremo Tribunal Federal, o ensino religioso nas escolas públicas de ensino fundamental, que constitui disciplina dos horários normais, poderá ter natureza confessional, na medida que sua matrícula É facultativa nos termos do artigo 210, § 1º, da CF/88.

b) Entendeu o STF, no julgamento da Ação Direta de Inconstitucionalidade (ADI) 2566, que é constitucional a proibição a proselitismo de qualquer natureza na programação das emissoras de radiodifusão comunitária.

c) É constitucional a lei de proteção animal que, a fim de resguardar a liberdade religiosa, permite o sacrifício ritual de animais em cultos de religiões de matriz africana, conforme entendimento recente do STF.

d) Conforme a Constituição Federal, o serviço militar é obrigatório nos termos da lei e que as Forças Armadas compete atribuir serviço alternativo aos que, em tempo de paz, após alistados, alegarem imperativo de consciência, entendendo-se como tal o decorrente de crença religiosa e de convicção filosófica ou política, para se eximirem de atividades de caráter essencialmente militar.

Gabarito: Alternativa B.

6.4. LGBTQIAPN+fobia

Segundo informações históricas, já no Século XIII a homossexualidade era objeto de discriminação social e estatal. Fala-se que o líder mongol Gengis Kahn, tinha na proibição da homossexualidade uma baliza fixa dos ordenamentos de seus impérios, inclusive com aceitação da pena de morte para a hipótese.

Mesmo com a evolução dos ordenamentos jurídicos, indivíduos LGBT continuaram sofrendo com a discriminação social e cultural, sendo alvos de ataques à honra, à integridade corporal e, não raras vezes, à vida.

Hoje, o termo LGBTQIAPN+ identifica lésbicas, gays, bissexuais, transexuais, queer, intersexuais, assexuais, pansexuais e outros grupos e variações de sexualidade e gênero.

A LGBTQIAPN+fobia guarda relação com a aversão e falta de tolerância à população do grupo acima identificado. O termo é utilizado como ampliação à homofobia, dado que esta, por conceito, apenas abrangeria a discriminação praticada contra gays e lésbicas.

Assim como ocorre nas demais formas de violência estrutural, as vítimas da LGBTQIAPN+fobia sofrem agressões diretas e indiretas, chegando-se à projeção de que, no Brasil, uma pessoa identificada com tal grupo é assassinada (ou comete suicídio) a cada 19 horas (levantamento sugerido pela ONG Grupo Gay da Bahia).

No desenvolvimento teórico do tema, algumas nomenclaturas especificam o direcionamento da discriminação contra segmentos do grupo, a exemplo da bifobia, que descreve a aversão ou a discriminação contra bissexuais; da lesbofobia, que se vincula ao preconceito e a violência contra mulheres lésbicas; a gayfobia, adstrita ao preconceito e violência contra homens gays; e a transfobia, termo utilizado para classificar atitudes ou sentimentos negativos e/ou violentos contra pessoas trans, o que inclui travestis, transexuais e transgêneros.

Aprofundamento: segundo NASCIMENTO (2024, p. 915-916), é necessário entender os conceitos relativos ao reconhecimento das pessoas quanto a sua orientação sexual:

Identidade de gênero: trata-se da forma como a pessoa se entende como um indivíduo social em relação ao gênero (homem, mulher, pessoa não binária (que não se vê nem como homem, nem como mulher);

Expressão de gênero: é como o indivíduo manifesta sua identidade em público, relativamente à sua forma de se vestir, de se comportar, independentemente do sexo biológico;

Sexualidade: tem relação com a genética binária do indivíduo quando do nascimento (masculino, feminino, intersexual (indivíduo que, biologicamente, possui caracteres físicos masculinos e femininos);

Orientação sexual: trata-se do desejo de se relacionar afetiva ou sexualmente com outrem, podendo o indivíduo ser homossexual, heterossexual ou bissexual;

Heteronormatividade: trata-se da imposição dos padrões pré-estabelecidos de gênero relativamente ao sexo biológico.

No Brasil, o julgamento da ADI 4.277 e da ADPF 132 significaram importante passo na luta dos direitos da população LGBTQIAPN+, tendo o Supremo Tribunal Federal dado interpretação conforme à Constituição ao art. 1723 do CC para dele excluir qualquer significado que importasse em impedimento do reconhecimento da união estável entre pessoas do mesmo sexo como entidade familiar.

Na sequência, o Conselho Nacional de Justiça editou a Resolução 175/2013, apontando ser "vedada às autoridades competentes a recusa de habilitação, celebração de casamento civil ou de conversão de união estável em casamento entre pessoas do mesmo sexo".

Ainda, quando do julgamento da ADO 26/DF, já citado supra, a Suprema Corte entendeu pela aplicação da Lei nº 7.716/86 às situações em que configurada a homofobia ou a transfobia. Na decisão, indicou o STF ser a hipótese configuradora de racismo em sua dimensão social, constituindo, também, na hipótese de homicídio doloso, circunstância que o qualifica, por configurar motivo torpe. Lembre-se que o julgamento se deu em sede de ADO, tendo a Corte entendido que houve omissão inconstitucional do Congresso Nacional por não editar lei que criminalizasse atos de homofobia e de transfobia.

▸ **Como esse assunto foi cobrado em concurso?**

(2021 – DPE/AM – FCC – Defensor Público) O Supremo Tribunal Federal decidiu que, até que sobrevenha lei emanada do Congresso Nacional, as condutas homofóbicas e transfóbicas, reais ou supostas, que envolvem aversão odiosa à orientação sexual ou à identidade de gênero de alguém

a) configuram feminicídio, na hipótese de crime de homicídio doloso, por identidade de razão e mediante adequação típica.

b) constituem, na hipótese de crime de homicídio doloso, circunstância que o qualifica, por configurar motivo torpe.

c) ajustam-se à incriminação da Lei nº 7.716/1989, sem menção no julgado a qualificadora ou agravante para qualquer crime em espécie.

d) possuem reflexo nas penas dos crimes de lesão corporal e ameaça pela incidência da agravante de motivo fútil.

e) possuem reflexo nas penas dos crimes que causam intimidação difusa ou coletiva pela incidência da agravante de perigo comum.

Gabarito: Alternativa B.

(2022 – DPE/PB – FCC – Defensor Público) O Supremo Tribunal Federal, ao decidir pela criminalização da homofobia e da transfobia, considerou que

a) a tipificação dos delitos contra a discriminação por orientação sexual ou identidade de gênero prescinde de nova lei, diante da aplicabilidade da Lei nº 7.716/1989 (Lei que define os crimes resultantes de preconceito de raça ou de cor) aos casos análogos.

b) o texto constitucional carece de mandado de criminalização contra a discriminação homofóbica e transfóbica, razão pela qual se deu uma interpretação extensiva à Lei nº 7.716/1989 (Lei que define os crimes resultantes de preconceito de raça ou de cor) para abarcar os crimes resultantes de homofobia e da transfobia.

c) a extensão da tipificação da Lei nº 7.716/1989 (Lei que define os crimes resultantes de preconceito de raça ou de cor) aplica-se com efeitos retroativos à discriminação homofóbica e transfóbica até que o Congresso Nacional venha a legislar a respeito.

d) se dessume da leitura do texto constitucional um mandado constitucional de criminalização relativo à discriminação por orientação sexual ou identidade de gênero, à luz dos tratados internacionais de que o Estado brasileiro é parte.

e) o dever de legislar sobre o tema decorre de compromissos internacionais assumidos pelo Estado brasileiro no combate à discriminação homofóbica e transfóbica, apesar da ausência de mora inconstitucional do Congresso Nacional.

Gabarito: Alternativa D.

(FGV – 2024 – Exame Nacional da Magistratura – ENAM 2024.1 – Reaplicação) Em julgamento emblemático, o Supremo Tribunal Federal reconheceu que os integrantes do grupo LGBTI+, como qualquer outra pessoa, nascem iguais em dignidade e direitos e possuem igual capacidade de autodeterminação quanto às suas escolhas pessoais em matéria afetiva e amorosa.

Nesse contexto, de acordo com o STF:

a) a existência de omissão normativa inconstitucional do Poder Legislativo da União foi declarada, para fins de cientificar o Congresso Nacional, para os efeitos legais cabíveis, visando à edição de lei no prazo de 180 (cento e oitenta) dias, que regulamente os mandados constitucionais de incriminação inscritos no Art. 5º, incisos XLI e XLII, da CRFB/88, que passam a ser considerados autoaplicáveis, após tal prazo, para enquadrar a homofobia e a transfobia em tipos penais já existentes no Código Penal.

b) até que sobrevenha lei emanada do Congresso Nacional destinada a implementar os mandados de criminalização definidos no Art. 5º, incisos XLI e XLII, da CRFB/88, as condutas homofóbicas e transfóbicas, reais ou supostas, que envolvem aversão odiosa à orientação sexual ou à identidade de gênero de alguém, por traduzirem expressões de racismo, compreendido este em sua dimensão social, ajustam-se, por identidade de razão e mediante adequação típica, aos preceitos primários de incriminação definidos na Lei nº 7.716/1989, constituindo, também, na hipótese de homicídio doloso, circunstância que o qualifica, por configurar motivo torpe.

c) a repressão penal à prática da homotransfobia alcança, restringe e limita o exercício da liberdade religiosa, qualquer que seja a denominação confessional professada, a cujos fiéis e ministros é vedado o direito de pregar e de divulgar, pela palavra, pela imagem ou por qualquer outro meio, o seu pensamento e de externar suas convicções de acordo com o que estiver contido em seus livros e códigos sagrados, porque o ordenamento jurídico veda o discurso de ódio.

d) até que seja editada lei sobre a matéria pelo Poder Legislativo, as condutas reais homofóbicas e transfóbicas, que envolvem discurso de ódio contra orientação sexual ou identidade de gênero de alguém, por traduzirem expressões de preconceito, compreendido este em sua dimensão social, ajustam-se, por identidade de razão e mediante adequação típica, aos preceitos primários de incriminação como terrorismo.

e) a omissão normativa inconstitucional do Poder Legislativo da União foi constituída, para fins de cientificar o Congresso Nacional, para os efeitos legais cabíveis, visando à edição de lei no prazo de 1 (um) ano, que regulamente os mandados constitucionais de incriminação inscritos no Art. 5º, incisos XLI e XLII, da CRFB/88, que passam a ser considerados autoaplicáveis, após tal prazo, em razão de analogia pro societate, para enquadrar a homofobia e a transfobia em tipos penais já existentes na legislação penal extravagante.

Gabarito: Alternativa B.

A sociedade brasileira ainda apresenta movimentos contrários à aceitação da diversidade LGBTQIAPN+. Em 2011, por exemplo, foi apresentado Projeto de Decreto Legislativo conhecido como "cura gay". O projeto buscava anular resolução do Conselho Nacional de Psicologia que proibia a realização de terapias para alteração da sexualidade, já que a própria OMS retirou, ainda em 1991, a homossexualidade do rol de doenças mentais. O projeto, todavia, buscava permitir a retomada da proposta de "tratamento" na forma de cura ou redirecionamento da sexualidade.

A inversão de narrativas também parece ser a tônica no país. O Projeto Escola sem Homofobia, que buscava educar alunos sobre "valores de respeito à paz e à não-discriminação por orientação sexual" logo foi rotulado de "kit gay" e acusado de "incentivar a homossexualidade", tendo sofrido com gigantesco movimento de *fake news* que anunciavam o risco de uma ditadura gay direcionada às crianças.

A respeito da proteção de direitos de orientação sexual, foi elaborado um documento, por um grupo de especialistas em Direitos Humanos, que trabalham uma série de princípios e direitos relativos ao tema: *Princípios de Yogyakarta*. Seu viés interpretativo de Direitos Humanos, serve como orientação e garantia da dignidade humana a todos.

7. AÇÕES AFIRMATIVAS

A clássica divisão dualista do princípio da igualdade informa a existência da chamada **igualdade formal**, também denominada de igualdade perante a lei (que consiste em tratamento igual a todos), e a chamada **igualdade material**, que prevê a necessidade de equalização prática das desigualdades constatadas em concreto (tratamento igual aos iguais e desigual aos desiguais, na medida de suas desigualdades, a fim de equalizá-las).

> **Curiosidade:** Não foi outra a lição de Ruy Barbosa em sua famosa "Oração aos moços", quando diz "*A regra da igualdade não consiste senão em quinhoar desigualmente aos desiguais, na medida em que se desigualam. Nesta desigualdade social, proporcionada à desigualdade natural, é que se acha a verdadeira lei da igualdade*".

Para o professor Flávio Martins (2021, pg. 773), são exemplos práticos de igualdade material em nosso ordenamento jurídico: a imunidade parlamentar, o foro por prerrogativa de função, as vagas reservadas nos concursos para pessoas com deficiência, o formato do processo penal contra o Presidente da República, as questões de direito do consumidor, as previsões sobre idade máxima em concursos públicos, dentre outros.

A equalização das desigualdades deve ser, neste contexto, promovida por iniciativas públicas e privadas, afinal, manter um discurso de igualdade formal apenas reforça e aumenta desigualdades reais e concretas em nosso cotidiano.

> **Curiosidade:** Segundo o INEP, em 2010, tão somente 2,6% dos formandos em medicina eram negros ou pardos.

A efetivação de medidas de igualdade material pode ser realizada, de acordo com a maioria dos estudiosos, pela via da implementação de políticas de cunho universalista ou, ainda, pelas chamadas **ações afirmativas.**

Enquanto as políticas universalistas apresentam número indeterminado de grupos destinatários, as **ações afirmativas buscam alcançar grupos sociais certos e determinados, atribuindo vantagens, por tempo limitado, a algumas pessoas, na tentativa de suplantar desigualdades históricas.**

Ao falar de ações afirmativas e do princípio da igualdade em livro próprio, o Ex-Ministro da Suprema Corte Joaquim Barbosa oferece o seguinte conceito:

> as ações afirmativas podem ser definidas como um conjunto de políticas públicas e privadas de caráter compulsório, facultativo ou voluntário, concebidas com vistas ao combate à discriminação racial, de gênero e de origem nacional, bem como para corrigir os efeitos presentes da discriminação praticada no passado, tendo por objetivo a concretização do ideal de efetiva igualdade de acesso a bens fundamentais.

Em outras palavras, a partir da constatação de que o modelo de igualdade formal gera distorções práticas, que se evidenciam de maneira cada vez mais clara ao longo dos anos, elaborou-se uma proposta de compensação dessas desigualdades concretas pela via da construção de mecanismos corretivos, que também podem ser chamados de técnicas de justiça distributiva.

Sob o aspecto histórico, fala-se que o nascedouro das ações afirmativas é a Índia, país que apresentou, por muitos anos, uma imagem extremamente desigual entre pessoas, chegando-se ao ponto de consagrar a existência de castas na sociedade. O *Government of India Act* é visto, hoje, como o instrumento que inaugurou o formato de ações afirmativas.

A nomenclatura, todavia, apenas aparece nos Estados Unidos – *affirmative actions*. No contexto americano, a "cláusula de proteção da igualdade" é identificada simbolicamente com a 14ª emenda, mas a expressão "ação afirmativa" aparece apenas em 1963, quando o Presidente Kennedy um Comitê de Igual Oportunidade de Empregos.

É questão comum nas graduações se as ações afirmativas, embora tenham boa intenção, não acabam sendo medidas igualmente discriminatórias. A resposta é dada pelo art. 1º, 4., da Convenção Internacional Sobre A Eliminação De Todas As Formas De Discriminação Racial, que preceitua:

> 4. Não serão consideradas discriminação racial as medidas especiais tomadas com o único objetivo de assegurar progresso adequado de certos grupos raciais ou étnicos ou de indivíduos que necessitem da proteção que possa ser necessária para proporcionar a tais grupos ou indivíduos igual gozo ou exercício de direitos humanos e liberdades fundamentais, contando que, tais medidas não conduzam, em consequência, à manutenção de direitos separados para diferentes grupos raciais e não prossigam após terem sidos alcançados os seus objetivos.

Da mesma forma, o art. 2º, 2., do mesmo diploma aponta que:

> Os Estados Partes tomarão, se as circunstâncias o exigirem, nos campos social, econômico, cultural e outros, as medidas especiais e concretas para assegurar como convier o desenvolvimento ou a proteção de cer-

> tos grupos raciais ou de indivíduos pertencentes a estes grupos com o objetivo de garantir-lhes, em condições de igualdade, o pleno exercício dos direitos do homem e das liberdades fundamentais.

Importa ressaltar, por óbvio, que as políticas de ações afirmativas carregam consigo o critério da temporariedade, ou transitoriedade, visto que, principalmente quando baseadas no aspecto racial, vigorarão apenas pelo tempo necessário a se corrigir as desigualdades que justificaram suas criações.

Como bem explica Marcio Cavalcante:

> Assim, na medida em que essas distorções históricas forem corrigidas e a representação dos negros e demais excluídos nas esferas públicas e privadas de poder atenda ao que se contém no princípio constitucional da isonomia, não haverá mais qualquer razão para a subsistência dos programas de reserva de vagas nas universidades públicas, pois o seu objetivo já terá sido alcançado.
>
> Assim, as políticas de ação afirmativa fundadas na discriminação reversa apenas são legítimas se a sua manutenção estiver condicionada à persistência, no tempo, do quadro de exclusão social que lhes deu origem. Caso contrário, tais políticas poderiam converter-se em benesses permanentes, instituídas em prol de determinado grupo social, mas em detrimento da coletividade como um todo, situação incompatível com o espírito de qualquer Constituição que se pretenda democrática.

7.1. Ações afirmativas no Brasil

A existência de desigualdade racial e social é fato histórico inegável e incontroverso no contexto brasileiro.

Para se ter uma ideia, a Constituição de 1824 não dispôs abertamente sobre o fim da escravidão, mantendo a condição estipulada pela legislação privada de que escravos eram bens móveis, assim como os semoventes (cavalos, ovelhas, vacas etc).

A Lei Áurea, publicada em 13 de maio de 1888, foi seguida de intenso protesto dos antigos proprietários de escravos, que exigiam indenização pela "expropriação" feita pelo governo. Embora não tenha pago indenizações, o governo da época empreendeu grandes fortunas para transportar, gratuitamente, imigrantes pobres da Europa, pessoas que passaram a substituir a mão de obra escrava no Brasil.

Os então escravos, agora libertos, foram colocados à margem da sociedade, em situação de completo abandono e com proteção jurídica ineficiente, pois embora livres, continuavam presos ao estigma de escravos (objetos, portanto).

Apenas em 1980, por iniciativa do deputado federal Abdias Nascimento, foi proposta lei para reserva de vagas a negros em concursos públicos. O projeto, todavia, não foi aprovado.

Em 1990, criam-se cotas para ingresso de pessoas com deficiência no serviço público da União (Lei 8.112/90). Em 1995, altera-se a legislação federal (Lei nº 9.100/95) para ser estabelecida a cota mínima de candidatas mulheres para as eleições, valendo a regra para todos os partidos. Já com a redação dada pela Lei nº 12.034/2009, o art. 10, § 3º da Lei nº 9.504/97 passou a prever que cada partido ou coligação preencherá o mínimo de 30% e o máximo de 70% para candidaturas de cada sexo.

Mais recentemente, por meio da Emenda Constitucional nº 117/2022, o § 7º do art. 17 da CF passou a prever que os partidos políticos devem aplicar, no mínimo, 5% dos recursos do fundo partidário na criação e na manutenção de programas de promoção e difusão da participação política das mulheres. O § 8º, por sua vez, prescreve que o tempo de propaganda gratuita no rádio e na televisão deve ser distribuído pelos partidos às respectivas candidatas, sendo de, no mínimo, 30%, proporcional ao número de candidatas.

Na ADPF 186/DF, o Supremo Tribunal Federal julgou que o sistema de cotas para ingresso em universidades públicas, com base no critério étnico-racial, é constitucional.

> **Curiosidade:** Trecho do voto do relator, Min. Ricardo Lewandowski, diz que "Não contraria – ao contrário, prestigia – o princípio da igualdade material, previsto no caput do art. 5º da Carta da República, a possibilidade de o Estado lançar mão seja de políticas de cunho universalista, que abrangem um número indeterminados de indivíduos, mediante ações de natureza estrutural, seja de ações afirmativas, que atingem grupos sociais determinados, de maneira pontual, atribuindo a estes certas vantagens, por um tempo limitado, de modo a permitir-lhes a superação de desigualdades decorrentes de situações históricas particulares." (ADPF 186/DF)

No julgamento da ADC 41, o Ministro Luís Roberto Barroso manifestou ser legítima a utilização, além da autodeclaração, de critérios de heteroidentificação para verificação da "negritude" do candidato, devendo ser respeitadas a dignidade humana, o contraditório e a ampla defesa.

> ▸ **Como esse assunto foi cobrado em concurso?**
>
> **(2021 – MPE/MG – FUNDEP – Promotor de Justiça)** Sobre o racismo, a discriminação racial e as formas correlatas de intolerância, assinale, nos termos da legislação vigente, a alternativa INCORRETA:

a) As medidas especiais adotadas com a finalidade de assegurar o gozo ou exercício, em condições de igualdade, de um ou mais direitos humanos e liberdades fundamentais de grupos que requeiram essa proteção caracterizam a prática de discriminação racial.

b) Racismo consiste em qualquer teoria, doutrina, ideologia ou conjunto de ideias que enunciam um vínculo causal entre as características fenotípicas ou genotípicas de indivíduos ou grupos e seus traços intelectuais, culturais e de personalidade, inclusive o falso conceito de superioridade racial.

c) Intolerância é um ato ou conjunto de atos ou manifestações que denotam desrespeito, rejeição ou desprezo à dignidade, características, convicções ou opiniões de pessoas por serem diferentes ou contrárias. Pode manifestar-se como a marginalização e a exclusão de grupos em condições de vulnerabilidade da participação em qualquer esfera da vida pública ou privada ou como violência contra esses grupos.

d) A discriminação racial pode basear-se em raça, cor, ascendência ou origem nacional ou étnica.

Gabarito: Alternativa A.

No mesmo sentido, ao julgar o RE 597285/RS, a Suprema Corte entendeu ser constitucional o sistema de cotas para ingresso em universidades públicas a alunos egressos de escolas públicas.

Ainda, no AgRg no AREsp 137112/SP, o Superior Tribunal de Justiça entendeu cabível a isenção tributária na compra de veículo por pessoa com deficiência ainda que o automóvel vá ser dirigido por terceira pessoa. No julgado, entendeu-se que o benefício não deixa de ser uma ação afirmativa em favor daqueles que, fisicamente, são acometidos de desfavores sociais.

Há também a previsão de que sejam reservadas às pessoas portadoras de deficiência até 20% das vagas em concursos públicos (art. 5º, § 2º da Lei nº 8.112/90).

Outras normativas e decisões continuaram instituindo ações afirmativas no contexto brasileiro, a citar:

- Lei 12.711/12: determina que 50% das vagas em Instituições federais de Ensino Superior sejam reservadas a estudantes egressos do ensino público.

- Lei 12.990/14: determina que 20% das vagas dos concursos públicos da administração federal sejam reservadas para população negra.

- ADC 41: o STF entendeu que o sistema de reserva de vagas, via cotas, também se aplica às Forças Armadas, exigindo assim a aplicação da Lei 12.990/14.

- Res. 203/15 do CNJ: estabelece que são reservadas para negros o percentual mínimo de 20% das vagas oferecidas nos concursos públicos do quadro de pessoal do Poder Judiciário.

7.2. Decisão judicial de efeitos aditivos

Por meio dessa espécie de decisão, o Poder Judiciário, em vez de simplesmente atuar como legislador negativo, estende o benefício de uma norma para grupo que não foi originalmente albergado pela disposição, evitando uma violação indireta à igualdade material.

Em outras palavras, busca-se evitar que o Poder Judiciário, amarrado à atuação como legislador negativo, declare uma norma inconstitucional e acabe, com isso, prejudicando tanto o grupo não albergado pelo benefício como aquele que foi efetiva e expressamente beneficiado pela norma.

Um exemplo simples pode facilitar ainda mais a compreensão: imagine que uma norma inove o ordenamento e preveja que negros passam a ter direito de cotas na proporção de 50% dos cargos em concursos públicos. A norma expressa, todavia, não menciona a população de origem indígena no texto, esquecendo-a completamente e fazendo com que tal grupo dispute vagas na ampla concorrência. Ao reconhecer a falha legislativa (violação da igualdade material por insuficiência de amparo), o Poder Judiciário pode, em vez de simplesmente declarar a norma inconstitucional (e prejudicar ambos os grupos – negros e indígenas), emitir decisão que inclui o grupo inicialmente alijado do direito.

8. DIREITOS DOS POVOS INDÍGENAS E DAS COMUNIDADES TRADICIONAIS

A chamada "ordem social" representa o conjunto de dispositivos inseridos na Constituição Federal que buscam proteger constitucionalmente alguns grupos vulneráveis, regular instituições sociais e bens jurídicos que sejam indispensáveis ao bem-estar social e, ainda, concretizar direitos sociais.

Os direitos dos povos indígenas, então, estão previstos neste espectro da Constituição, eis que os povos indígenas são vistos como minorias dignas de proteção especial.

8.1. Direitos dos povos indígenas. Legislação

Pode-se dizer que a legislação especial que regulamenta os direitos dos povos indígenas está exposta em quatro normas:

- A Constituição Federal, nos artigos 231 a 232.
- O Estatuto do Índio, Lei 6001/73.

- A Declaração das Nações Unidas sobre Direitos dos Povos Indígenas.
- A Convenção n. 169 da OIT, que ingressou no direito brasileiro por força do Decreto n. 5.051/04, sendo posteriormente substituído pelo Decreto nº 10.088, de 5 de novembro de 2019.

De acordo com o art. 231 da CF, são reconhecidos aos índios sua organização social, costumes, línguas, crenças e tradições, e os direitos originários sobre as terras que tradicionalmente ocupam, competindo à União demarcá-las, proteger e fazer respeitar todos os seus bens.

Veja-se, logo de início, que a Constituição Federal se preocupou em preservar não apenas a vida dos grupos indígenas, mas também dar guarida constitucional à cultura, às tradições, aos costumes, às crenças e línguas, indicando proteção especial ao grupo em questão.

A proteção constitucionalmente dada, todavia, não transforma as línguas indígenas em línguas oficiais brasileiras, ao contrário do que ocorre em países como a Bolívia. De todo modo, é assegurada a possibilidade de que os povos indígenas eduquem seus filhos utilizando a língua indígena. A CF/88 é expressa em indicar essa possibilidade no seu art. 210, § 2º.

Sobre a legislação internacional, cabe salientar que a Convenção n. 169 da OIT versa não apenas de direitos indígenas, mas também de povos tribais. Por se tratar de convenção internacional que versa sobre direitos humanos, apresenta força supralegal e infraconstitucional.

No que se refere ao Estatuto do Índio, é importante salientar que diversas de suas disposições não foram recepcionadas pela CF/88, merecendo cuidado a leitura da legislação desprovida de comentários. Inclusive, o Estatuto do Índio é baseado na superada lógica de que deve haver a integração dos índios à cultura branca, partindo do pressuposto de inferioridade desse povo, segundo ensina NASCIMENTO (2024, p. 925).

A proteção para tais grupos avançou também para a seara jurisprudencial, tendo o Supremo Tribunal Federal decidido, na ADPF 709, que a União deve adotar providências para garantir a vida, a saúde e a segurança de povos indígenas que eventualmente sejam vítimas de ilícitos e problemas de saúde decorrentes da presença de invasores de suas terras, principalmente diante da situação agravada pelo curso da pandemia ocasionada pelo novo coronavírus (Covid-19).

▸ Como esse assunto foi cobrado em concurso?

(2023 – MPE/BA – CEBRASPE – Promotor de Justiça Substituto) Assinale a opção correta a respeito da Convenção n.º 169 da OIT.

a) Essa convenção é aplicável a todos os povos indígenas, mas não contempla as comunidades quilombolas em território nacional.

b) Nesse instrumento internacional, não está previsto o mecanismo de consulta às populações tradicionais sobre ações do governo com impacto sobre seus direitos.

c) A referida convenção é um instrumento de proteção dos direitos humanos dos povos indígenas e tribais e determina que os governos respeitem a identidade étnica e cultural, os costumes e as tradições desses povos, e, para tanto, utiliza-se de duas premissas básicas e fundamentais: respeito e participação.

d) Essa convenção não é um instrumento jurídico utilizado para salvaguardar a integridade física, territorial e cultural das comunidades quilombolas e indígenas, pois a CF prevê possibilidade de reconhecimento e titulação das terras desses povos indígenas e tribais.

e) A autodeterminação dos povos tribais e indígenas prevista nessa convenção requer o consentimento do Estado, logo, segundo esse critério, deve-se respeitar, no Brasil, o marco temporal, ou seja, somente as comunidades tribais e indígenas que estavam ocupando seus territórios em 1988 possuem o direito à autodeterminação.

Gabarito: Alternativa C.

8.2. O debate sobre as terras indígenas

Nos termos do art. 20, inc. XI, da Constituição Federal, as terras tradicionalmente ocupadas pelos índios são bens da União. Entretanto, conforme preceito da própria Constituição, os índios possuem direitos originários pelas terras que tradicionalmente ocupam, devendo a União demarcar esses espaços e fazer respeitar os bens ali existentes.

De acordo com o art. 231, § 1º, são terras tradicionalmente ocupadas pelos índios as por eles habitadas em caráter permanente, as utilizadas para suas atividades produtivas, as imprescindíveis à preservação dos recursos ambientais necessários a seu bem-estar e as necessárias a sua reprodução física e cultural, segundo seus usos, costumes e tradições.

O processo de demarcação de terras indígenas é tema de muita controvérsia.

Em termos teóricos e ideais, esse reconhecimento é feito pela via administrativa, passando por uma fase de iniciativa e orientação da FUNAI e terminando em um decreto presidencial que homologa o procedimento administrativo em questão.

Esse procedimento está regulamentado no Decreto nº 1.775/96, que aponta o procedimento administrativo realizado para demarcação das terras. O procedimento é feito integralmente no seio do Poder Executivo e conta, em sua realização, com a possibilidade de múltiplos participantes. Em 2015, o STF decidiu que tal procedimento administrativo é constitucional (RMS 27255).

Para a doutrina, que segue a chamada **teoria do indigenato**, esse reconhecimento de terras indígenas tem natureza declaratória, e não constitutiva, pois se entende que a relação estabelecida entre o povo indígena e a terra é congênita.

A atuação prática, todavia, não parece ser tão simples. Em 2018, o Brasil foi condenado pela Corte Interamericana de Direitos Humanos por não ter demarcado as terras dos índios Xucuru em prazo razoável. O governo brasileiro, segundo dados, levou 16 anos para reconhecer a área de terras e retirar invasores do local.

Nos termos do art. 231, § 2º da CF, os índios detêm a posse permanente de terras por eles tradicionalmente ocupadas, sendo detentores do direito de usufruto exclusivo das riquezas nelas existentes. Essa exclusividade não afasta a possibilidade de utilização dos locais por "não índios", bem como a instalação de construções públicas e de estradas.

O aproveitamento dos recursos hídricos, incluídos os potenciais energéticos, a pesquisa e a lavra das riquezas minerais em terras indígenas só podem ser efetivadas com autorização do Congresso Nacional, ouvidas as comunidades afetadas, ficando-lhes assegurada participação nos resultados da lavra, na forma da lei (art. 231, § 3º, CF).

Segundo o STF, as terras tradicionalmente ocupadas pelos índios são domínio constitucional da União, sendo inalienáveis, indisponíveis e imprescritíveis (RE 183.188).

No mesmo sentido, o STF entendeu que as terras tradicionalmente ocupadas pelos índios são bens da União (art. 20, XI, da CF/88) e, portanto, não podem ser consideradas como terras devolutas de domínio do Estado-membro. (STF. Plenário. ACO 362/MT).

Reafirmando a proteção, dispõe o art. 231, § 6º da CF que são nulos e extintos, não produzindo efeitos jurídicos, os atos que tenham por objeto a ocupação, o domínio e a posse das terras a que se refere este artigo, ou a exploração das riquezas naturais do solo, dos rios e dos lagos nelas existentes, ressalvado relevante interesse público da União, segundo o que dispuser lei complementar, não gerando a nulidade e a extinção direito a indenização ou a ações contra a União, salvo, na forma da lei, quanto às benfeitorias derivadas da ocupação de boa-fé.

Além das disposições acima, a Carta Magna teve a cautela de dispor a respeito da remoção de grupos indígenas de suas terras originárias. Assim, aponta-se no art. 231, § 5º que é vedada a remoção dos grupos indígenas de suas terras, salvo, "ad referendum" do Congresso Nacional, em caso de catástrofe ou epidemia que ponha em risco sua população, ou no interesse da soberania do

País, após deliberação do Congresso Nacional, garantido, em qualquer hipótese, o retorno imediato logo que cesse o risco.

A respeito do tema, importante mencionar que, no Info 1110, a partir do julgamento com Repercussão Geral do Tema 1.031, o STF decidiu que o reconhecimento do direito às terras tradicionalmente ocupadas pelos indígenas não se sujeita ao marco temporal da promulgação da Constituição Federal (5/10/1988) e nem à presença de conflito físico ou controvérsia judicial existentes nessa mesma data.

No âmbito dessa decisão, exarada em 27/9/2023, restaram fixadas as seguintes teses:

> I – A demarcação consiste em procedimento declaratório do direito originário territorial à posse das terras ocupadas tradicionalmente por comunidade indígena;
>
> II – A posse tradicional indígena é distinta da posse civil, consistindo na ocupação das terras habitadas em caráter permanente pelos indígenas, nas utilizadas para suas atividades produtivas, nas imprescindíveis à preservação dos recursos ambientais necessários a seu bem-estar e nas necessárias à sua reprodução física e cultural, segundo seus usos, costumes e tradições, nos termos do § 1º do artigo 231 do texto constitucional;
>
> III – A proteção constitucional aos direitos originários sobre as terras que tradicionalmente ocupam independe da existência de um marco temporal em 05 de outubro de 1988 ou da configuração do renitente esbulho, como conflito físico ou controvérsia judicial persistente à data da promulgação da Constituição;
>
> IV – Existindo ocupação tradicional indígena ou renitente esbulho contemporâneo à promulgação da Constituição Federal, aplica-se o regime indenizatório relativo às benfeitorias úteis e necessárias, previsto no § 6º do art. 231 da CF/88;
>
> V – Ausente ocupação tradicional indígena ao tempo da promulgação da Constituição Federal ou renitente esbulho na data da promulgação da Constituição, são válidos e eficazes, produzindo todos os seus efeitos, os atos e negócios jurídicos perfeitos e a coisa julgada relativos a justo título ou posse de boa-fé das terras de ocupação tradicional indígena, assistindo ao particular direito à justa e prévia indenização das benfeitorias necessárias e úteis, pela União; e, quando inviável o reassentamento dos particulares, caberá a eles indenização pela União (com direito de regresso em face do ente federativo que titulou a área) correspondente ao valor da terra nua, paga em dinheiro ou em títulos da dívida agrária, se for do interesse do beneficiário, e processada em autos apartados do procedimento de demarcação, com pagamento imediato da parte incontroversa, garantido o direito de retenção até o pagamento do valor incontroverso, permitidos a autocomposição e o regime do § 6º do art. 37 da CF;
>
> VI – Descabe indenização em casos já pacificados, decorrentes de terras indígenas já reconhecidas e declaradas em procedimento demarcatório, ressalvados os casos judicializados e em andamento;
>
> VII – É dever da União efetivar o procedimento demarcatório das terras indígenas, sendo admitida a formação de áreas reservadas somente

> diante da absoluta impossibilidade de concretização da ordem constitucional de demarcação, devendo ser ouvida, em todo caso, a comunidade indígena, buscando-se, se necessário, a autocomposição entre os respectivos entes federativos para a identificação das terras necessárias à formação das áreas reservadas, tendo sempre em vista a busca do interesse público e a paz social, bem como a proporcional compensação às comunidades indígenas (art. 16.4 da Convenção 169 OIT);
>
> VIII – A instauração de procedimento de redimensionamento de terra indígena não é vedada em caso de descumprimento dos elementos contidos no artigo 231 da Constituição da República, por meio de pedido de revisão do procedimento demarcatório apresentado até o prazo de cinco anos da demarcação anterior, sendo necessário comprovar grave e insanável erro na condução do procedimento administrativo ou na definição dos limites da terra indígena, ressalvadas as ações judiciais em curso e os pedidos de revisão já instaurados até a data de conclusão deste julgamento;
>
> IX – O laudo antropológico realizado nos termos do Decreto nº 1.775/1996 é um dos elementos fundamentais para a demonstração da tradicionalidade da ocupação de comunidade indígena determinada, de acordo com seus usos, costumes e tradições, na forma do instrumento normativo citado;
>
> X – As terras de ocupação tradicional indígena são de posse permanente da comunidade, cabendo aos indígenas o usufruto exclusivo das riquezas do solo, dos rios e lagos nelas existentes;
>
> XI – As terras de ocupação tradicional indígena, na qualidade de terras públicas, são inalienáveis, indisponíveis e os direitos sobre elas imprescritíveis;
>
> XII – A ocupação tradicional das terras indígenas é compatível com a tutela constitucional do meio ambiente, sendo assegurado o exercício das atividades tradicionais dos povos indígenas;
>
> XIII – Os povos indígenas possuem capacidade civil e postulatória, sendo partes legítimas nos processos em que discutidos seus interesses, sem prejuízo, nos termos da lei, da legitimidade concorrente da FUNAI e da intervenção do Ministério Público como fiscal da lei.
>
> (STF. Plenário. RE 1.017.365/SC, Rel. Min. Edson Fachin, julgado em 27/9/2023 (Repercussão Geral – Tema 1.031) (Info 1110)).

Como explica Márcio André Lopes Cavalcante, a publicação da Lei nº 14.701/2023, que, dentre outras mudanças, regulamenta o art. 231 da Constituição Federal, para dispor sobre o reconhecimento, a demarcação, o uso e a gestão de terras indígenas, adveio do que a doutrina constitucionalista denomina de "*efeito backlash*". Esse efeito consiste em uma reação conservadora de parcela da sociedade ou das forças políticas (em geral, do parlamento) diante de uma decisão liberal do Poder Judiciário em um tema polêmico.

8.3. Capacidade processual

Importante evolução a respeito do tema entrou em vigor com a promulgação da CF/88 que, vencendo o disposto no art. 37 do Estatuto do Índio, passou a dispor que os índios, suas comunidades e organizações têm legitimidade para ingressar em juízo, atuando o Ministério Público não mais como um assistente ou substituto, mas sim a título de mera intervenção.

A disposição constitucional do art. 232 é tão poderosa que faz a doutrina mencionar que as comunidades indígenas não precisam estar constituídas na forma de pessoa jurídica para ingressarem em juízo. Segundo o STF, a disposição constitucional serve justamente para mitigar exigências burocráticas que não são compatíveis com o modo de agir daquelas populações, evitando-se que haja, por via indireta, inviabilização do acesso a direitos.

O próprio art. 12 da Convenção 169 da OIT disciplina que os povos interessados deverão ter proteção contra a violação de seus direitos, e poder iniciar procedimentos legais, seja pessoalmente, seja mediante os seus organismos representativos, para assegurar o respeito efetivo desses direitos. Deverão ser adotadas medidas para garantir que os membros desses povos possam compreender e se fazer compreender em procedimentos legais, facilitando para eles, se for necessário, intérpretes ou outros meios eficazes.

Em simples resumo, conclui-se que o art. 37 do Estatuto do Índio não foi recepcionado.

Por fim, cabe lembrar que o reconhecimento da legitimidade processual dos índios e de suas comunidades não aponta para a inexistência de legitimidade da FUNAI e do Ministério Público Federal, que continuam tendo atribuição de proteção dos direitos indígenas.

8.4. Outros direitos processuais

Seguindo o disposto no art. 63 do Estatuto do Índio, nenhuma medida judicial será concedida liminarmente em causas que envolvam interesses de silvícolas ou do Patrimônio Indígena, sem prévia audiência da União e dos órgãos de proteção ao Índio.

De mais a mais, aponta o art. 61 da mesma legislação que são extensivos aos interesses do Patrimônio Indígena os privilégios da Fazenda Pública, quanto à impenhorabilidade de bens, rendas e serviços, ações especiais, prazos processuais, juros e custas.

Todavia, quando nos processos se está discutindo interesses individuais, tais benefícios processuais não são reconhecidos.

A respeito da competência para análise de processos, muito embora o art. 109, inc. XI da Constituição Federal mencione que cabe à Justiça Federal processar e julgar "a disputa sobre direitos indígenas", cabe a lembrança que o Enunciado 140 da Súmula do STJ indica que "compete à Justiça Comum Estadual processar e julgar crime em que o indígena figure como autor ou vítima".

A súmula acima indicada tem aplicabilidade individual acentuada. Entretanto, é importante lembrar que, se o crime praticado ou sofrido por indígena puder afetar os interesses da coletividade indígena, a competência para análise do feito será da Justiça Federal (HC 77.820 - STJ).

Segundo decidiu o STF, na ADI 1499/PA, as Constituições Estaduais não podem dispor atribuições para a defesa dos direitos e interesses das populações indígenas. Isso porque somente a União pode legislar sobre a matéria, conforme determina o art. 22, XIV, da CF/88.

8.5. Resolução 287/09 do Conselho Nacional de Justiça

Em 2009, o Conselho Nacional de Justiça editou a Resolução 287, que estabelece procedimentos ao tratamento das pessoas indígenas acusadas, rés, condenadas ou privadas de liberdade, e dá diretrizes para assegurar os direitos dessa população no âmbito criminal do Poder Judiciário.

Os procedimentos da Resolução devem ser aplicados a todas as pessoas que se identifiquem como indígenas, brasileiros ou não, falantes tanto da língua portuguesa quanto de línguas nativas, independentemente do local de moradia, em contexto urbano, acampamentos, assentamentos, áreas de retomada, terras indígenas regularizadas e em diferentes etapas de regularização fundiária (art. 2º).

O reconhecimento da pessoa como indígena se dará por meio da autodeclaração, que poderá ser manifestada em qualquer fase do processo criminal ou na audiência de custódia (art. 3º).

Havendo identificação na condição de indígena, as cópias dos autos do processo deverão ser encaminhadas à regional da Fundação Nacional do Índio - Funai mais próxima em até 48 (quarenta e oito) horas.

Conforme o art. 5º da referida normativa, a autoridade judicial buscará garantir a presença de intérprete, preferencialmente membro da própria comunidade indígena, em todas as etapas do processo em que a pessoa indígena figure como parte se a língua falada não for a portuguesa; se houver dúvida sobre o domínio e entendimento do vernáculo, inclusive em relação ao significado dos atos processuais e às manifestações da pessoa indígena; mediante solicitação da defesa ou da Funai; ou a pedido de pessoa interessada.

Pela importância, outros dispositivos merecem citação:

Art. 6º Ao receber denúncia ou queixa em desfavor de pessoa indígena, a autoridade judicial poderá determinar, sempre que possível, de ofício ou a requerimento das partes, a realização de perícia antropológica, que fornecerá subsídios para o estabelecimento da responsabilidade da pessoa acusada, e deverá conter, no mínimo:

I – a qualificação, a etnia e a língua falada pela pessoa acusada;

II – as circunstâncias pessoais, culturais, sociais e econômicas da pessoa acusada;

III – os usos, os costumes e as tradições da comunidade indígena a qual se vincula;

IV – o entendimento da comunidade indígena em relação à conduta típica imputada, bem como os mecanismos próprios de julgamento e punição adotados para seus membros; e

V – outras informações que julgar pertinentes para a elucidação dos fatos. Parágrafo único. O laudo pericial será elaborado por antropólogo, cientista social ou outro profissional designado pelo juízo com conhecimento específico na temática.

Art. 7º A responsabilização de pessoas indígenas deverá considerar os mecanismos próprios da comunidade indígena a que pertença a pessoa acusada, mediante consulta prévia.

Parágrafo único. A autoridade judicial poderá adotar ou homologar práticas de resolução de conflitos e de responsabilização em conformidade com costumes e normas da própria comunidade indígena, nos termos do art. 57 da Lei nº 6.001/73 (Estatuto do Índio).

Art. 8º Quando da imposição de qualquer medida cautelar alternativa à prisão, a autoridade judicial deverá adaptá-la às condições e aos prazos que sejam compatíveis com os costumes, local de residência e tradições da pessoa indígena, observando o Protocolo I da Resolução CNJ nº 213/2015.

Art. 11. Para fins de determinação de prisão domiciliar a pessoa indígena, considerar-se-á como domicílio o território ou circunscrição geográfica de comunidade indígena, quando compatível e mediante consulta prévia.

Art. 13. O tratamento penal às mulheres indígenas considerará que:

I – para fins do disposto no art. 318-A do Código de Processo Penal, a prisão domiciliar imposta à mulher indígena mãe, gestante, ou responsável por crianças ou pessoa com deficiência, será cumprida na comunidade; e

II – o acompanhamento da execução das mulheres indígenas beneficiadas pela progressão de regime, nos termos dos arts. 72 e 112 da Lei de Execução Penal, será realizado em conjunto com a comunidade.

Art. 14. Nos estabelecimentos penais onde houver pessoas indígenas privadas de liberdade, o juízo de execução penal, no exercício de sua competência de fiscalização, zelará que seja garantida à pessoa indígena assistência material, à saúde, jurídica, educacional, social e religiosa, prestada conforme sua especificidade cultural, devendo levar em consideração, especialmente:

I – Para a realização de visitas sociais:

a) as formas de parentesco reconhecidas pela etnia a que pertence a pessoa indígena presa;

b) visitas em dias diferenciados, considerando os costumes indígenas; e

c) o respeito à cultura dos visitantes da respectiva comunidade.

II – Para a alimentação em conformidade com os costumes alimentares da respectiva comunidade indígena:

a) o fornecimento regular pela administração prisional; e

b) o acesso de alimentação vinda do meio externo, com seus próprios recursos, de suas famílias, comunidades ou instituições indigenistas.

III – Para a assistência à saúde: os parâmetros nacionais da política para atenção à saúde dos povos indígenas;

IV – Para a assistência religiosa: o acesso de representante qualificado da respectiva religião indígena, inclusive em dias diferenciados;

V – Para o trabalho: o respeito à cultura e aos costumes indígenas; e

VI – Para a educação e a remição por leitura: o respeito ao idioma da pessoa indígena.

8.6. FUNAI

A Fundação Nacional do Índio foi criada pela Lei 5.371/67 com a missão de coordenar e executar as políticas indigenistas do Governo Federal, promovendo e protegendo os direitos dos povos indígenas.

A FUNAI, portanto, tem legitimidade processual para essa defesa de direitos, dividindo atribuição com o Ministério Público Federal. Essa representação processual, aliás, pode ocorrer tanto no âmbito coletivo como no individual.

Um famoso exemplo de necessária intervenção se deu em julgamento do STJ que sedimentou o entendimento de que a intervenção da FUNAI nos litígios relacionados à destituição do poder familiar e à adoção de menores indígenas ou menores cujos pais são indígenas é obrigatória e apresenta caráter de ordem pública (REsp 1698635-MS).

> **Como esse assunto foi cobrado em concurso?**
>
> **(2016 – MP/GO – Promotor de Justiça)** Em se tratando de colocação em família substituta de criança ou adolescente indígena é, entre outros, obrigatório a intervenção e oitiva de representantes do órgão federal responsável pela política indigenista e de antropólogos, perante equipe interprofissional ou multidisciplinar que irá acompanhar o caso.
>
> *Gabarito: Correta.*

8.7 Quilombolas

O art. 68 do ADCT da CF/88 confere proteção aos remanescentes quilombolas dispondo que aos remanescentes das comunidades dos quilombos que estejam ocupando suas terras é reconhecida a propriedade definitiva, devendo o Estado emitir a eles os títulos respectivos.

Importante mencionar que além de estabelecer um direito para essas populações, o dispositivo constitucional ordena que o Estado assegure esse direito pela via da emissão de títulos de propriedade.

As terras dos remanescentes de quilombolas representam ponto de importante proteção jurídica porque utilizadas por este grupo social para a sua reprodução física, social, econômica e cultural.

O art. 2º do Decreto 4.887/2003 indica que se consideram remanescentes das comunidades dos quilombos os grupos étnico-raciais, segundo critérios de **auto-atribuição**, com **trajetória histórica própria**, dotados de **relações territoriais específicas, com presunção de ancestralidade negra relacionada com a resistência à opressão histórica sofrida.**

Como bem indicou o Min. Edson Fachin, "Os remanescentes de quilombos constituem grupo tradicional constituído a partir da resistência e luta pela liberdade, considerado o período de escravidão".

Na Lei nº 7.668/88, a União resta autorizada a constituir a Fundação Cultural Palmares, que possui, dentre outras atribuições, a função de realizar a identificação dos remanescentes das comunidades dos quilombos, proceder ao reconhecimento, à delimitação e à demarcação das terras por eles ocupadas e conferir-lhes a correspondente titulação (art. 2º, III).

Ao analisar a ADI 3239/DF, a Suprema Corte entendeu por afastar um marco temporal para reconhecimento dos direitos quilombolas, afirmando que, mesmo que na data da promulgação da CF/88 a terra não mais estivesse sendo ocupada pelas comunidades quilombolas, continua sendo possível, em tese, o exercício do direito previsto no art. 68 do ADCT.

Ao julgar a ADPF 742/DF, o STF determinou que a União formulasse, no prazo de 30 dias, um plano nacional de enfrentamento da pandemia Covid-19 no que concerne à população quilombola.

Na mesma ação, a Suprema Corte determinou a suspensão dos processos judiciais, notadamente ações possessórias, reivindicatórias de propriedade, imissões na posse, etc., que pudessem causar prejuízo às populações destas comunidades.

> ▸ **Como esse assunto foi cobrado em concurso?**
>
> **(2017 – DPU – Defensor Público)** Acerca da proteção a grupos vulneráveis, julgue o seguinte item:
>
> O reconhecimento da ascendência quilombola pelas autoridades federais independe de a própria comunidade atribuir-se essa característica.

a) Certo
b) Errado
Gabarito: Errado.

(2021 – DPE/RJ – FGV – Defensor Público) Após várias tentativas de diálogo com o Estado brasileiro para assegurar assistência à população quilombola no enfrentamento da pandemia de COVID-19, a Coordenação Nacional de Articulação das Comunidades Negras Rurais Quilombolas (CONAQ) constatou que não houve a elaboração e a implementação de um "Plano Nacional de Combate aos Efeitos da Pandemia de COVID-19 nas Comunidades Quilombolas", garantindo acesso às medidas de proteção recomendadas pela Organização Mundial de Saúde (OMS) às comunidades quilombolas, tais como itens de higiene, álcool em gel, equipamentos de segurança individual, acesso à água potável e segurança alimentar. A omissão em assegurar essas medidas acaba por inviabilizar o isolamento social para a população quilombola.

Em relação à omissão indicada pela CONAQ, considera-se que:

a) cabe mandado de injunção, à medida que a falta de norma regulamentadora vem tornando inviável o exercício dos direitos e liberdades constitucionais e das prerrogativas inerentes à nacionalidade, à soberania e à cidadania;
b) cabe a propositura de Arguição de Descumprimento de Preceito Fundamental, pois a violação a direitos fundamentais só pode ser suscitada no controle concentrado por esta via;
c) cabe Ação Direta de Inconstitucionalidade para sanar todas as violações que por ação ou omissão do poder público se concretizem contra a máxima efetividade da Constituição da República de 1988;
d) cabe Ação Direta de Inconstitucionalidade por Omissão para tornar efetiva norma constitucional em razão de omissão de qualquer dos Poderes;
e) cabe a propositura de Arguição de Descumprimento de Preceito Fundamental, por se tratar de impugnação de comportamento concreto da Administração Pública.

Gabarito: Alternativa E.

(2021 – DPE/SC – FCC – Defensor Público) Acerca da promoção da igualdade racial e da tutela dos direitos das comunidades quilombolas:

a) Todos os imóveis urbanos ou rurais oficialmente reconhecidos como áreas ocupadas por remanescentes de comunidades de quilombos que estejam sob a ocupação direta e sejam explorados, individual ou coletivamente, pelos membros destas comunidades são isentos do Imposto sobre a Propriedade Territorial Urbano (IPTU).

b) Nos estabelecimentos de ensino médio públicos, é obrigatório o estudo da história geral da África e da história da população negra no Brasil, sendo facultativo nas instituições privadas de ensino fundamental.

c) As famílias quilombolas inscritas no Cad-Único que tenham entre seus moradores quem receba o benefício de prestação continuada terão direito à isenção até o limite de consumo de 50 kWh/mês na conta de energia elétrica.

d) Aos remanescentes das comunidades dos quilombos que estejam ocupando suas terras, é reconhecida a posse definitiva, devendo o Estado emitir os títulos de imissão na posse.

e) A capoeira é reconhecida como patrimônio religioso de criação nacional, nos termos do art. 217 da Constituição Federal.

Gabarito: Alternativa C.

(2022 – DPE-TO – CEBRASPE – Defensor Público) No que tange ao regime jurídico de proteção das comunidades quilombolas, assinale a opção correta.

a) O Supremo Tribunal Federal admite a existência da denominada tese do marco temporal em relação ao reconhecimento da propriedade dos remanescentes de comunidades de quilombos.

b) A Constituição Federal de 1988, em atenção ao valor histórico-cultural dos extintos quilombos, consagrou diretamente, independentemente de lei, o tombamento de todos os documentos e sítios detentores de reminiscências históricas que lhes fazem referência.

c) A Constituição Federal de 1988, ao reconhecer o direito de propriedade aos remanescentes das comunidades dos quilombos, faz referência exclusiva às comunidades compostas por ex-escravizados, sem levar em conta outros processos de ancestralidade negra relacionados com a resistência histórica à opressão perpetrada contra o povo negro.

d) Segundo o Decreto n.º 4.887/2003, competem à Fundação Cultural Palmares a identificação, o reconhecimento, a delimitação, a demarcação e a titulação das terras ocupadas pelos remanescentes das comunidades dos quilombos, sem prejuízo da competência concorrente dos estados, do Distrito Federal e dos municípios.

e) O Decreto n.º 4.887/2003 reconhece o critério da autoidentificação das comunidades quilombolas e determina que ele, assim como o instrumento de vínculo associativo, seja inscrito no cadastro geral junto ao Instituto Nacional de Colonização e Reforma Agrária (INCRA).

Gabarito: Alternativa B.

Referências Bibliográficas

ALMEIDA, Silvio. Racismo estrutural. [Structural Racism]. São Paulo: Pólen, 2019.

BOBBIO, Norberto. O positivismo jurídico: lições de filosofia do direito, 1990.

BOCK, Anna M. B.; FURTADO, Odair; TEIXEIRA, Maria Lourdes T. Psicologias: uma introdução ao estudo de Psicologia. 13ª ed. São Paulo: Saraiva, 2002.

CASSAR, Volia Bonfim. Direito do Trabalho. 7 ed. Niterói: Impetus, 2012.

CAVALCANTE, Márcio André Lopes. Critério de desempate na promoção por antiguidade de magistrados. Buscador Dizer o Direito, Manaus. Disponível em: ‹https://www.buscadordizerodireito.com.br/jurisprudencia/detalhes/0336dcbab05b9d5ad24f433 3c7658a0e›. Acesso em: 19/09/2020.

CAVALCANTE, Márcio André Lopes. Excepcionalmente, é possível que o Judiciário determine o rompimento do vínculo estabelecido por sites de busca entre o nome da pessoa, utilizado como critério exclusivo de busca, e a notícia desabonadora apontada nos resultados. Buscador Dizer o Direito, Manaus. Disponível em: ‹https://www.buscadordizerodireito.com.br/jurisprudencia/detalhes/6d96718a701f5bfba283 bbdc71dfa5c4›. Acesso em: 23/08/2020.

CAVALCANTE, Márcio André Lopes. Excepcionalmente, é possível que o Judiciário determine o rompimento do vínculo estabelecido por sites de busca entre o nome da pessoa, utilizado como critério exclusivo de busca, e a notícia desabonadora apontada nos resultados. Buscador Dizer o Direito, Manaus. Disponível em: ‹https://www.buscadordizerodireito.com.br/jurisprudencia/detalhes/6d96718a701f5bfba283 bbdc71dfa5c4›. Acesso em: 23/08/2020.

CAVALCANTE, Márcio André Lopes. Juízes substitutos possuem a garantia da inamovibilidade. Buscador Dizer o Direito, Manaus. Disponível em: ‹https://www.buscadordizerodireito.com.br/jurisprudencia/detalhes/cedebb6e872f539bef8c 3f919874e9d7›. Acesso em: 22/09/2020.

CAVALCANTE, Márcio André Lopes. Nos concursos da Defensoria Pública podem ser exigidos três anos de atividade jurídica? Buscador Dizer o Direito, Manaus. Disponível em: ‹https://www.buscadordizerodireito.com.br/jurisprudencia/detalhes/a753a43564c29148df3 150afb4475440›. Acesso em: 26/08/2020.

CAVALCANTE, Márcio André Lopes. O juiz que conduz o processo não pode ser apenado com a multa prevista para os casos de cometimento de ato atentatório ao exercício da jurisdição, prevista no parágrafo único do art. 14 do CPC/1973 (art. 77, § 2º, do CPC/2015). Buscador Dizer o Direito, Manaus. Disponível em: ‹https://www.buscadordizerodireito.com.br/jurisprudencia/detalhes/7790583c0d8d74e930a 4441ad75ebc64›. Acesso em: 03/10/2020.

CAVALCANTE, Márcio André Lopes. O reconhecimento do direito às terras tradicionalmente ocupadas pelos indígenas não se sujeita ao marco temporal da promulgação da Constituição Federal (5/10/1988) nem à presença de conflito físico ou controvérsia judicial existentes nessa mesma data. Buscador Dizer o Direito, Manaus. Disponível em: ‹https://www.buscadordizerodireito.com.br/jurisprudencia/detalhes/c5374add-d1a3d024c3a026199cb8feaf›. Acesso em: 21/02/2024.

CAVALCANTE, Márcio André Lopes. Promoção de juiz federal para o TRF. Buscador Dizer o Direito, Manaus. Disponível em: ‹https://www.buscadordizerodireito.com.br/jurisprudencia/detalhes/cfecdb276f634854f3ef915e2 e980c31›. Acesso em: 22/09/2020.

CAVALCANTE, Márcio André Lopes. Quem julga os crimes cometidos por Desembargadores? Buscador Dizer o Direito, Manaus. Disponível em: ‹https://www.buscadordizerodireito.com.br/jurisprudencia/detalhes/30ee748d38e21392de 740e2f9dc686b6›. Acesso em: 27/10/2020.

CAVALCANTE, Márcio André Lopes. Constitucionalidade do sistema de cotas em universidades com critério étnico-racial. Buscador Dizer o Direito, Manaus. Disponível em: ‹https://www.buscadordizerodireito.com.br/jurisprudencia/detalhes/c81e728d-9d4c2f636f067f89cc14862c›. Acesso em: 30/12/2021.

COLÉGIO OFICIAL DE PSICÓLOGOS DA ESPANHA. Psicología jurídica. 1998. Disponível em: ‹www.cop.es/perfiles/contenido/juridica.htm› Acesso em 21/12/20.

CRETELLA JUNIOR, José. Curso de filosofia do direito. 11. ed.Rio de Janeiro: Forense, 2007.

CRISAFULLI. La constituzione e le sue disposizioni di principio. Milano, 1952, p. 15, apud BONAVIDES, Paulo. Curso de Direito Constitucional. São Paulo: PC Editorial Ltda, 2003.

CUNHA JR., Dirley da. Curso de Direito Constitucional. 10 ed. rev. ampl. e atual. Salvador: Juspodivm, 2016.

DELGADO, Richard; STEFANIC, Jean. Teoria Crítica de Raça: uma Introdução. 3. ed. São Paulo. Contracorrente. 2021.

DIDIER Jr., Fredie. Curso de direito processual civil. Vol. 1. Salvador: Juspodivm, 2015.

DURKHEIM, Emile. Da Divisão do Trabalho Social: São Paulo, Ed. Martins Fontes, 2013.

FERNANDES, Bernardo Gonçalves. Curso de Direito Constitucional. 6ª ed. Editora Juspodivm. 2014.

FERNANDES, Bernardo Gonçalves. Curso de Direito Constitucional. Juspodivm. 2014.

FERRY, Luc, Aprender a viver: filosofia para os novos tempos. 1.ed. Rio de Janeiro: Objetiva, 2007.

FERRY, Luc, Aprender a viver: filosofia para os novos tempos. 1.ed. Rio de Janeiro: Objetiva, 2007.

FISHER, S., & GREENBERG, r. P. (1977). A credibilidade científica das teorias e terapia de Freud. Columbia University Press. 1990.

FRANÇA, F. Reflexões sobre a Psicologia jurídica e seu panorama no Brasil. Revista Psicologia: Teoria e Prática, v.1, n. I, p. 73-80, 2004.

FUX, Luiz. BODART, Bruno. Processo Civil e Análise Econômica. São Paulo: Editora Forense. 2021.

GOMES, César de Oliveira. Racismo Institucional e Justiça: interfaces da Defensoria Pública da União. Rio de Janeiro: Lumen Juris, 2021.

GOMES, Joaquim B. Barbosa. Ação Afirmativa e Princípio constitucional da Igualdade – O direito como instrumento de transformação social. A experiência dos EUA. Rio de Janeiro: Renovar, 2001.

GONÇALVES JR, Jerson Carneiro. Concurso da Magistratura: Noções gerais de direito e formação humanística. São Paulo: Saraiva, 2011.

HARARI, Yuval Noah. Sapiens – uma breve história da humanidade; tradução Janaína Marcoantonio. – 1. ed. – Porto Alegre, RS: L&PM, 2015.

HOBBES, Thomas. Do cidadão. São Paulo, Martins Fontes, 2002.

JHERING, Rudolf von. A luta pelo direito. 12ª ed., Rio de Janeiro: Forense, 1992.

KUMPEL, Vitor Frederico. Noções Gerais de Direito e Formação Humanística. São Paulo: Saraiva. 2012.

LARENZ, Karl. Metodologia da Ciência do Direito. 6ª Ed. Editora Calouste. 1977.

LIMA, Paulo Marco Ferreira. Crimes de computador e segurança computacional. 2. ed. São Paulo: Atlas, 2011.

LUHMANN, Niklas. Complejidad y modernidad: de la unidad a la diferencia. Madrid: Trotta, 1998.

MAQUIAVEL, O príncipe. São Paulo, Revista dos Tribunais, 2008.

MARTINS, Flávio. Curso de Direito Constitucional. São Paulo: Editora Saraiva. 2021.

MARTINS, Sergio Pinto. Assédio Moral. Revista da Faculdade de Direito de São Bernardo do Campo, São Paulo, n. 13.

MASCARO, Alysson Leandro. Filosofia do direito – 6. ed. rev. e atual. – São Paulo: Atlas, 2018.

Matéria jornalística retirada do site da Revista BBC. Disponível em: https://www.bbc.com/portuguese/geral-47415949.

MBEMBE, Achille. Necropolítica. 1ª ed. São Paulo: n-1 edições, 2018.

MONTORO, André Franco. Introdução à ciência do direito. 33ª Ed. São Paulo: Editora RT.

MOREIRA, Adilson José. Tratado de direito antidiscriminatório. São Paulo: Contracorrente. 2021.

MOUGENOT, Edilson. Curso de processo penal. 13. ed. São Paulo: Saraiva Educação, 2019.

NASCIMENTO, Filippe Augusto Dos Santos. Manual de Humanística – Introdução às Ciências Humanas e à Teoria do Direito Para Carreiras Jurídicas. 3º Ed. – São Paulo: Juspodivm, 2024.

NEVES, José Roberto de Castro Neves. – 1ª ed. – Rio de Janeiro: Nova Fronteira. 2020.

Notícia do site institucional do CNJ. Disponível em: https://www.cnj.jus.br/cnj-aprova-estrategia-nacional-do-poder-judiciario-2021-2026/. Acesso em 21/10/20.

Notícia retirada do site: https://www.bbc.com/portuguese/brasil-41505548. Acesso em 20/12/2020.

NOVELINO, Marcelo. Curso de Direito Constitucional. Editora Juspodivm. 2012.

PIRES, Thula Rafaela de Oliveira. Criminalização do Racismo entre política de reconhecimento e meio de legitimação do controle social dos não reconhecidos. Tese (doutorado). Pontifícia Universidade Católica do Rio de Janeiro, Departamento de Direito, 2012.

POSNER, Richard Allen. Problemas de Filosofia do Direito. Tradução Jeferson Camargo. São Paulo: Martins Fontes, 2012.

Processo eletrônico e teoria geral do processo eletrônico: a informatização judicial no Brasil/José Carlos de Araújo Almeida Filho. – Imprenta: Rio de Janeiro, Forense, 2008.

RAMOS, André de Carvalho. Curso de Direitos Humanos. 4ª ed. São Paulo: Saraiva, 2017.

REALE, Miguel. Lições Preliminares de Direito, 27 ed. ajustada ao novo Código Civil. São Paulo: Saraiva, 2002.

REALE, Miguel. Lições preliminares de direito. 27 ed. São Paulo: Saraiva, 2006.

SANTO AGOSTINHO, A cidade de Deus. Petrópolis, Vozes, 2001, Parte II.

SERTILLANGES, A.D. A Vida Intelectual. 1. ed. São Paulo: É realizações Editora. 2020.

SILVA, Jorge Luís da Costa. Fatores Determinantes e Instrumentos de Dissuasão da Litigância Frívola. In: Revista Eletrônica de Direito Processual – REDP. Ano 14. Volume 21 Número 1, janeiro a abril, Rio de Janeiro, 2020. P. 100.

SILVA, Virgílio Afonso da. Interpretação constitucional e sincretismo metodológico. São Paulo: Malheiros, 2005.

SCHWAB, Klaus. A Quarta Revolução Industrial. Tradução: Daniel Moreira Miranda. São Paulo: Edipro, 2016.

SUPREMO TRIBUNAL FEDERAL, ADI n. 1985, Rel. Min. Eros Grau. DJ 3.3.2005.

THAMAY, Rennan; TAMER, Maurício. Provas no direito digital: conceito da prova digital, procedimentos e provas digitais em espécie. 1ª Ed. São Paulo: Thomson Reuters Brasil, 2020. Livro Eletrônico.

Vicente Paulo e Marcelo Alexandrino, Direito Constitucional Descomplicado, edição 2017.

EDITORA JusPODIVM
www.editorajuspodivm.com.br

JUS4014

COLOR system